Nick Kratzer | Wolfgang Menz
Knut Tullius | Harald Wolf

Legitimationsprobleme in der Erwerbsarbeit

Gerechtigkeitsansprüche und Handlungsorientierungen in Arbeit und Betrieb

2., erweiterte Auflage

Nomos

edition sigma

Die Deutsche Nationalbibliothek verzeichnet diese Publikation in der Deutschen Nationalbibliografie; detaillierte bibliografische Daten sind im Internet über http://dnb.d-nb.de abrufbar.

ISBN 978-3-8487-5982-8 (Print)
ISBN 978-3-7489-0099-3 (ePDF)

edition sigma in der Nomos Verlagsgesellschaft

2., erweiterte Auflage 2019

Vorbemerkung

Dieses Buch präsentiert die Ergebnisse einer breit angelegten empirischen Untersuchung, die von einem größeren „interinstitutionellen" Forscherteam am Münchner Institut für Sozialwissenschaftliche Forschung (ISF) und am Göttinger Soziologischen Forschungsinstitut (SOFI) gemeinsam konzipiert und durchgeführt wurde. Die Untersuchung wurde unter dem Projekttitel „Brüchige Legitimationen – neue Handlungsorientierungen? Gerechtigkeitsansprüche und Interessenorientierungen in Arbeit und Betrieb vor dem Hintergrund von Krisenerfahrungen" von Anfang 2012 bis Ende 2014 von der Hans-Böckler-Stiftung großzügig gefördert und von *Claudia Bogedan* als Forschungsreferentin betreut, wofür wir sehr dankbar sind. Ebenfalls bedanken möchten wir uns bei den Mitgliedern des wissenschaftlichen Beirats, die dem Projekt durch kollegiale Kritik und hilfreiche Hinweise dabei halfen, die eine oder andere Problemklippe erfolgreich zu umschiffen.

Die Untersuchung hatte einen längeren Vorlauf. Unmittelbarer Anlass für erste Projektpläne war die Weltwirtschaftskrise ab 2007, in deren Folge die Frage nach dem gesellschaftlichen Bewusstsein von Arbeitnehmerinnen und Arbeitnehmern auf der Tagesordnung arbeits- und industriesoziologischer Forschung wieder nach vorne rückte. Neben dem späteren Kernteam waren es *Dieter Sauer, Michael Schumann, Richard Detje* und *Klaus Peter Wittemann,* die zur ursprünglichen Projektidee beigetragen und durch engagierte Diskussion von Antragsversionen und Zwischenpapieren zur Projektreife und Realisierung Entscheidendes beigesteuert haben. Bald stieß von SOFI-Seite auch Berthold Vogel als Projektverantwortlicher zu diesem äußeren Kreis hinzu. Für die Unterstützung gebührt allen Beteiligten an diesem äußeren Kreis großer Dank.

Nick Kratzer, Wolfgang Menz und Sarah Nies vom ISF sowie Knut Tullius und Harald Wolf vom SOFI bildeten das operative Kernteam des Projektes, das die Untersuchungsanlage entwickelte sowie den Löwenanteil der empirischen Erhebungen und der Auswertungsarbeiten erledigte. Sarah Nies konnte aufgrund anderer Verpflichtungen leider nicht das Buch mit uns zusammen schreiben, gleichwohl verdanken wir ihr viele Ideen, die ihren Platz zwischen den zwei Buchdeckeln gefunden haben. Darüber hinaus haben uns von Seiten des ISF *Thomas Birken, Wolfgang Dunkel* und *Sandra Kawalec*, von Seiten des SOFI *Robert Thiele* und *Lukas Thamm* bei der Erhebung und Auswertung unterstützt. Für umfangreiche und gewohnt sorgfältige Transkriptionsarbeiten möchten wir uns ebenfalls bei *Rita Stark* (ISF München) bzw. *audiotranskription.de* und *Sabine Richers* (SOFI) bedanken.

Einer Vielzahl von Akteuren aus Unternehmen, Verbänden und insbesondere Gewerkschaften sind wir für ausführliche Gespräche sowie für die Vermittlung von Kontakten und Feldzugängen, ohne die unsere Erhebungen nicht möglich gewesen wären, zu Dank verpflichtet. Wir danken außerdem dem Institut DGB-Index Gute Arbeit (bis 2012: DGB-Index Gute Arbeit GmbH) sowie insbesondere *Frank Mußmann* von der Kooperationsstelle Hochschulen und Gewerkschaften der Universität Göttingen für uns zur Verfügung gestellte Daten der DGB-Index Befragung „Gute Arbeit" 2010.

Die wichtigsten Projektbeteiligten waren diejenigen, um deren Ansprüche an Arbeit und Betrieb es in dieser Studie geht: die Arbeitnehmerinnen und Arbeitnehmer, die uns in den Interviews Rede und Antwort standen und an den Gruppendiskussionen teilnahmen. Ihr Erfahrungs- und Kenntnisreichtum, ihre Urteilskraft und ihr Witz waren überwältigend. Wir haben versucht, auf dem begrenzten Raum, der dafür zur Verfügung steht, möglichst viel davon als Interviewzitat zu präsentieren und die Stimme der Befragten so weit es geht für sich selbst sprechen zu lassen. Unser großer Dank für die Gesprächsbereitschaft und außerordentliche Offenheit! Dieser Dank schließt auch die Experten aus Management und Betriebsrat ein, die uns unsere Erhebungen ermöglicht haben bzw. ebenfalls Gespräche mit uns geführt haben.

Das vorliegende Buch ist von seinen vier Autoren gemeinsam konzipiert und arbeitsteilig verfasst worden. Nick Kratzer war (mit-)zuständig für die Erarbeitung von Kapitel 2 und des Abschnitts 4.1.1, Wolfgang Menz der Kapitel 3 und 5 sowie der Abschnitte 4.1.3, 4.3.1, 4.3.3 und 4.4, Knut Tullius von Kapitel 2 und der Abschnitte 3.1.1, 3.1.4, 4.1.1, 4.2.2, 4.2.3, 4.3.1 sowie des Anhangs, Harald Wolf von Kapitel 1, 3 und 5 sowie der Abschnitte 4.1.2, 4.2.1 und 4.3.2. Die Schlussredaktion übernahm Harald Wolf. *Frank Seiß* vom ISF schließlich hat durch sein sorgfältiges Lektorat dem Text den allerletzten Schliff verpasst, wofür ihm die Autoren überaus dankbar sind.

Mit *Rainer Bohn* und bei der edition sigma ein Buch zu machen, war auch dieses Mal eine äußerst angenehme Erfahrung. Einen Verleger wie ihn, der sich auch durchs leider nicht immer zu vermeidende Überziehen von Terminen und andere Widrigkeiten nicht aus der Ruhe bringen lässt und zudem durch viele sachdienliche Hinweise zur Verbesserung des Textes beizutragen weiß, können sich Autoren nur wünschen.

Wie diese Auflistung zeigt, war dieses Buchprojekt in noch stärkerem Maße als sonst ein kollektives Unternehmen, das nur durch außergewöhnliche Ressourcenbereitstellung und die Anstrengungen vieler zu Ende gebracht werden konnte. Wir hoffen, mit den Ergebnissen, die hier gelesen werden können, auch den Nachweis zu erbringen, dass sich ein solcher Aufwand lohnen kann. Aber auch wenn viele beteiligt waren und geholfen haben: die Verantwortung für das Folgende tragen wie immer allein die Verfasser.

Göttingen und München, im Juli 2015

Nick Kratzer
Wolfgang Menz
Knut Tullius
Harald Wolf

Vorbemerkung zur 2., erweiterten Auflage

Die hiermit vorgelegte 2. Auflage unseres Buches ist um ein Nachwort, das die zwischenzeitliche Diskussion und Forschung aufgreift, und um eine aktualisierte Bibliografie der in diesem Nachwort zitierten neueren Literatur ergänzt. Mit Blick auf den Haupttext haben wir uns auf eine gründliche Durchsicht und die Korrektur verbliebener orthographischer, grammatischer oder sachlicher Fehler beschränkt. Vereinzelt schienen uns auch geringfügige stilistische Nachbesserungen, aber keine Revision oder grundlegende Überarbeitung der nun vergriffenen 1. Auflage angezeigt.

München, Hamburg, Göttingen,
im Juli 2019

Nick Kratzer
Wolfgang Menz
Knut Tullius
Harald Wolf

Inhalt

1 Einleitung

1.1 Die Fragestellung: Brüchige Legitimationen – neue Handlungsorientierungen?

Die Frage nach Legitimität oder Ablehnung des kapitalistischen Wirtschaftssystems stellt sich heute mit erneuerter Schärfe. Schien dessen Akzeptanz noch vor wenigen Jahren weitgehend ungebrochen, so sind die Verheißungen der neoliberalen Markterzählung, die jene Akzeptanz begründen sollte, inzwischen zusehends verblasst. Die Markterzählung besagt, dass es in der Marktgesellschaft genügt, wenn die rationalen Wirtschaftssubjekte sich als Konkurrenten auf Märkten gegenübertreten und dort unter Respektierung der Eigentumsrechte und der Prinzipien des Äquivalententauschs ihre Güter und Leistungen austauschen, damit Wachstum, Wohlstand und Tauschgerechtigkeit für alle garantiert sind. Weltweite Finanzkrisen und „Große Rezession" vermochten diese Markterzählung inzwischen zwar nicht völlig zu diskreditieren, haben sie aber im öffentlichen Diskurs fragwürdiger werden lassen. Dass für viele die Glaubwürdigkeit der Markterzählung erschüttert ist, zeigen zumindest vordergründig die Zahlen der Meinungs- und Umfrageforschung, die seit einiger Zeit schon eine schwindende Zustimmung zum politischen und ökonomischen System in Deutschland und eine zunehmende Artikulation von Ungerechtigkeitsempfinden anzeigen.[1]

Aber nicht nur die Legitimität, sondern auch die Funktionsweise des bestehenden Wirtschaftssystems muss sich noch aus ganz anderen Quellen speisen als denen des Markts. Was schon immer galt, trat angesichts jener Krisen und ihrer „Bewältigung" in den vergangenen Jahren wieder deutlicher zu Tage: dass eben moderne Gesellschaften keine reinen Marktgesellschaften sind und sein können, sondern dass Tauschakte wie Tauschakteure auf unterschiedliche Weise sozial und institutionell „eingebettet" sind und sein müssen (klassisch: Polanyi 1977; Aspers/Beckert 2008). Um sein Funktionieren zu sichern und hinreichend Akzeptanz zu finden, muss das kapitalistische Wirtschaftssystem Märkte stets mit anderen Sozialstrukturen und Institutionen kombinieren und dabei

1 Im Jahr 2010 hatte mehr als ein Viertel (28%) der Deutschen „keine gute Meinung" von der „Sozialen Marktwirtschaft", eine Mehrheit (58%) bewertete die wirtschaftlichen Verhältnisse – am Maßstab der Verteilungsgerechtigkeit – in Deutschland als „ungerecht" und lediglich jeder Fünfte als „gerecht". Mehr als zwei Drittel gaben an, die „soziale Gerechtigkeit" habe „in den letzten drei, vier Jahren abgenommen" (IfD Allensbach 2010), und ebenfalls eine Zweidrittelmehrheit bezweifelte, dass „man heute für seine Leistung belohnt" werde (Bertelsmann 2011, S. 3).

auch ganz heterogene normative Ressourcen in Anspruch nehmen. Nicht nur Staat und Recht, die die Märkte ordnen und begrenzen, sondern auch soziale Beziehungsgeflechte („Netzwerke") und vor allem Arbeitsorganisationen mit ihren Organisationskulturen und „betrieblichen Sozialordnungen" (Kotthoff 2009), in die die Akteure eingebunden sind, sowie kulturelle Leitbilder und soziale Konventionen, an denen sich die Akteure orientieren können, spielen eine zentrale Rolle für die Aufrechterhaltung und Legitimierung des Systems. Die Legitimität des Kapitalismus beruht entscheidend darauf, „dass er über die reine Tauschgerechtigkeit hinaus die in jenen Strukturen institutionalisierten materialen Gerechtigkeitsnormen in Anspruch nimmt" (Deutschmann 2012, S. 255). Die rein ökonomischen Normen, eine rein ökonomische Moral reicht nicht aus; nötig ist eine passende „moralische Ökonomie" (Thompson 1971), sind korrespondierende nicht-ökonomische Normen. Welche Normen aber sind das genau? Kann sich der Kapitalismus auch nach den großen Krisen der letzten Jahre noch auf sie stützen? Oder erwächst aus ihnen ein kritisches Potenzial, das die weiteren Entwicklungen beeinflussen könnte?

Die sozialwissenschaftliche Diskussion fokussiert bislang vor allem die „objektiven" Aspekte dieser Einbettungs- und Legitimationsprozesse bzw. von Entbettungs- oder Delegitimierungstendenzen im Gegenwartskapitalismus. In den Debatten über den „Finanzmarktkapitalismus" (z.B. Kädtler 2006, 2010; Windolf 2013) und den „desorganisierten Kapitalismus" (z.B. Streeck 2013) oder die „Varieties of capitalism" (z.B. Beyer 2013) und den Strukturwandel der Systeme industrieller Beziehungen (z.B. Müller-Jentsch 2013; Kädtler 2012) geht es im Grunde um die Mechanismen sozialer und institutioneller Einbettung von Märkten: die verschiedenen Momente und Dimensionen ihres Wandels, ihrer Kontinuität und ihrer Konvergenz. Diese Mechanismen werden zwar zunehmend so thematisiert, dass dabei auch die Frage der Legitimität und Legitimationsbeschaffung (und ihrer Gefährdung) in den Vordergrund rückt (z.B. Geis et al. 2012; Tullius/Wolf 2012). Und es ist kein Zufall, dass die Diskussion über mögliche „Legitimationsprobleme im Spätkapitalismus" (Habermas 1973) heute wieder aufgegriffen wird (Nachtwey 2010; Menz 2012). Die subjektiven Grundlagen der Legitimationsprozesse indes bleiben bislang, zumal empirisch, empfindlich unterbelichtet. Oft behilft man sich in der Diskussion mit dem groben und unklaren Bild, das sich aus den vorhandenen Daten der Meinungs- und Umfrageforschung (wie beispielhaft in Fußnote 1 zitiert) bzw. generell auf Basis quantitativer Erhebungen individueller Einstellungen ergibt. Oder man deduziert aus den Idealfiguren der herrschenden Diskurse recht umstandslos Realfiguren von Verhaltensmustern und Handlungsorientierungen. Umso wichtiger wird angesichts dieser Debatten- und Forschungslage eine möglichst genaue, intensive und empirisch gehaltvolle Betrachtung des „subjektiven Faktors": der Ansprüche, Orientierungen und Motivlagen der Akteure.

Hier setzt die vorliegende Untersuchung an. Sie zielt auf die Identifikation solcher subjektiver Legitimitätsquellen des kapitalistischen Wirtschaftssystems und das Aufdecken von Konstellationen und Situationen, in denen Legitimitätsglaube und Akzeptanz in Ungerechtigkeitsempfinden und Kritik umschlagen.

Warum wir uns dabei weitgehend auf den konkreten und zugleich gesellschaftlich zentralen Handlungsrahmen von Arbeitsorganisationen[2] und deren sozialer Ordnung beschränkt haben, also auf den Erfahrungsraum von Erwerbsarbeit und Betrieb, wird das Weitere verdeutlichen. Die Leitfragen unserer Untersuchung lauten wie folgt: Welche Legitimitätsansprüche und Gerechtigkeitsnormen machen Beschäftigte heute in Arbeitsorganisationen geltend? Welche Grundmuster solcher Ansprüche, die als subjektive Motivationen und Handlungsorientierungen in Arbeit und Betrieb praktisch wirksam sind, lassen sich rekonstruieren? Stützen diese die Legitimation der Machtarrangements und der überkommenen – in Deutschland über lange Zeit dominant „sozialpartnerschaftlichen" – symbolischen Ordnung oder stellen sie diese in Frage? Wir fragen im Einzelnen nach dem Stellenwert und der Eigenart von Ansprüchen auf Output- oder Verteilungsgerechtigkeit (d.h. der ergebnisbezogenen Legitimation von Erwerbsarbeit) und von Ansprüchen auf Input- oder Beteiligungsgerechtigkeit (d.h. Erwartungen und Ansprüche im Hinblick auf Beteiligung an Entscheidungsprozessen). Welche Ansprüche und Bewertungsprinzipien bringen die Beschäftigten in den verschiedenen betrieblichen Politikfeldern (bei Beschäftigungs- und Entgeltsicherung, Arbeitszeit, Leistung und Belastung, Arbeitsgestaltung und betrieblicher Innovationspolitik) in Anschlag? Wo entsprechen ihre Ansprüche den etablierten Verfahren und geltenden Prinzipien der Arbeitsorganisation, wo führen Ansprüche zu Kritik? Und daraus ergibt sich die generelle Frage: Wie nehmen die Beschäftigten heute ihre Stellung und ihre Rolle in Betrieb und Gesellschaft wahr (zugespitzt formuliert: sehen sie sich in der Position als Subjekt oder Objekt?) – und inwieweit korrespondiert diese Wahrnehmung mit ihren eigenen Ansprüchen?

Unsere Fragestellung richtet sich also primär auf Ansprüche auf Legitimität in einem wohlumgrenzten Handlungskontext. Nicht alle denkbaren subjektiven Orientierungen von Arbeitnehmern und Arbeitnehmerinnen oder von ihnen artikulierten Wünsche oder Interessen sind damit Gegenstand der Untersuchung. Unter Legitimitätsansprüchen verstehen wir normative Erwartungen, die von Beschäftigten explizit oder implizit hinsichtlich bestimmter betrieblicher Ord-

2 Wir verwenden den Begriff zur Abgrenzung gegenüber Interessenorganisationen wie Gewerkschaften oder Parteien, dem zweiten Grundtypus formaler Organisation. Arbeitsorganisationen basieren auf (Lohn-)Arbeit, die für eine spezialisierte materielle oder immaterielle Leistungsproduktion eingesetzt wird, und konstituieren sich – unter privater oder staatlicher Verfügungsgewalt – als Herrschaftsverbände (Betriebe) „von oben" (Schimank 2010).

nungen (z.B. Verteilungsregeln, Entscheidungsprozeduren, Maßnahmen der Krisenbewältigung) formuliert werden. Von bloßen „Wünschen“ unterscheiden sich solche Ansprüche dadurch, dass sie unter Rückgriff auf normative Begründungen formuliert werden (können) (Hürtgen/Voswinkel 2014, S. 40ff.). Mit der Formulierung eines Anspruchs wird also unter Rekurs auf eine geltende (genauer: als geltend unterstellte) Norm ein allgemeines (nicht bloß individuelles) Anrecht auf etwas (im Weiteren, nicht juridischen Sinne) benannt und unter Umständen auch eingefordert und eingeklagt (Wolf 2014, S. 9f.). Ansprüche auf Legitimität sind zugleich Ansprüche auf „Richtigkeit“ und „Angemessenheit“ gegenüber einer sozialen Ordnung. Eine soziale Ordnung ist dann legitim (hier folgen wir der Fassung des Legitimationsproblems bei Max Weber), wenn ihre Maximen den Ansprüchen ihrer „Mitglieder“ entsprechen. Die Gestaltung sowie die Erträge oder Folgen der zu bewertenden sozialen Ordnung sind dann nicht bloß individuell nützlich oder wünschenswert, sondern es kann ein Anrecht darauf formuliert werden, dass die Ordnung die Ansprüche einlöst (Menz 2009, S. 123–135).

Der uns interessierende soziale Ort von Legitimationsprozessen ist die Arbeitsorganisation, sind „Arbeit und Betrieb“. Die relevante soziale Ordnung, als der Gegenstand der Legitimitätsansprüche, kann hier der Betrieb, in dem man beschäftigt ist, als „Ganzes“ sein, es kann aber auch um „kleinere“ soziale Ordnungen gehen, z.B. die Prinzipien und Routinen der Arbeitsverteilung in der Arbeitsgruppe, die Entscheidungsregeln im Projektteam oder die Interaktionsbeziehungen zu den Kunden. Ansprüche auf Legitimität werden nicht nur positiv (bezogen auf erfüllte Erfahrungen), sondern vor allem auch negativ formuliert: mit Bezug auf Erfahrungen, dass Ansprüche uneingelöst blieben und bleiben. Legitimitätsansprüche sind also auch Kritikprinzipien, mit denen man auf Ungerechtigkeiten hinweist und diese anprangern kann. Wir verwenden dabei einen pragmatischen, d.h. handlungsorientierten Legitimitätsbegriff: Legitimitätsansprüche verstehen wir als (Bestandteil von) Handlungsorientierungen der Beschäftigten. Nicht um die abstrakte Bewertung von Prinzipien, Diskursen oder denkbaren Szenarien geht es uns in erster Linie, sondern um die Artikulation und Bewertung konkreter Erfahrungen und betrieblicher Handlungsmöglichkeiten. Uns interessiert die „Laienmoral“ (Sayer 2011) abhängig Beschäftigter, denen wir durchweg entsprechende reflexive und kritische Kompetenzen zutrauen, die es empirisch aufzuklären gilt.

So gestellt, ist die Frage nach den subjektiven Quellen der Legitimität – und eben der Kritik – von Arbeits- und Betriebsordnungen vor allem deshalb brisant (und von politischer Relevanz), weil sie zumindest mittelbar Aufschluss über die Stabilität, die Brüchigkeit oder Krisenhaftigkeit dieser Ordnungen geben kann. Wer eine soziale Ordnung für legitim erachtet, wird seine Handlungen an ihren Basisprinzipien orientieren; wer aber normative Prinzipien dieser

Ordnung nicht nur kritisch beurteilt, sondern auch handelnd mit ihnen (wie auch immer partiell oder temporär) bricht, kündigt ihr faktisch seine generalisierte Folgebereitschaft auf. Unsere Frage nach den brüchigen Legitimationen in Arbeit und Betrieb wird damit zum Teil der eingangs aufgeworfenen Frage nach der Legitimität des kapitalistischen Wirtschaftssystems, nachdem die neoliberale Markterzählung an Glaubwürdigkeit verloren hat.

Die pragmatischen Legitimitätsmuster, nach denen wir fahnden, gibt es per definitionem nur „im Kontext". Sie (ent-)stehen in je spezifischen sozialen Kontexten, die gewissermaßen ihre „Träger" sind und ihren Handlungsbezug herstellen und vermitteln: die unterschiedlichen Betriebs-, Beschäftigungs- und Arbeitskonstellationen als der konkrete arbeitsbezogene Handlungsrahmen und Erfahrungszusammenhang, in dem die Legitimitätsansprüche wirksam werden, ihren Praxistest erfahren und von Beschäftigten in Anschlag gebracht werden (bzw. *nicht* in Anschlag gebracht werden); und zugleich, mehr in einer Subjektdimension, die berufs- und beschäftigungsbiographischen Erfahrungshintergründe ebenso wie die in Kategorien wie Geschlecht oder anderen personenbezogenen Merkmalen zum Ausdruck kommenden unterschiedlichen Erfahrungsbezüge.

Wie die Erhebungen und Auswertungen zeigen, gibt es in unseren Untersuchungsfeldern mit Blick auf solche Kontexte eine Reihe typischer, besonders legitimitätsrelevanter „Problemlagen": Handlungs- und Erfahrungsbezüge – die sich so oder ähnlich auch in anderen Feldern finden dürften –, die einen besonders starken Resonanzboden für Legitimitätsansprüche und (Un-)Gerechtigkeitsempfinden darstellen. Es sind dies die Problemlagen einer Arbeitsordnung im Wandel (in unterschiedlicher Weise: bei Wissens-, Produktions- und Gemeinwohlarbeit), eines gleichzeitigen Handlungs- und Erfahrungsbezugs auf heterogene Arbeits- und Beschäftigungsordnungen (bei fragmentierter und prekärer Arbeit sowie bei Beschäftigten aus Ostdeutschland) und einer durch verschiedene Krisenursachen bewirkten Erschütterung der Beschäftigungsordnung. An diesen typischen Problemlagen machen sich die Gerechtigkeitsfragen und das Ungerechtigkeitsempfinden, die die Beschäftigten umtreiben, jeweils fest, an und in ihnen muss sich die Legitimität der betrieblichen Ordnung bewähren bzw. bemisst sich die Legitimität dieser Ordnung. Und mit Bezug auf solche Problemlagen konkretisiert sich auch jeweils die mitlaufende Frage nach dem wahrgenommenen und eingeforderten Subjekt- oder Objektstatus der Beschäftigten in spezifischer Weise. Unsere Ergebnisdarstellung wird deshalb dort, wo sie die Kontextualisierung der herauszuarbeitenden Legitimitätsansprüche fokussiert, diesen Differenzierungen folgen.

1.2 Theoretische Bezüge: Kapitalistischer Geist, Legitimationsprobleme, Gerechtigkeit und Kritik

Für die Soziologie waren subjektive Quellen der Legitimität des kapitalistischen Wirtschaftssystems von Anfang an ein zentrales Thema. Von den Klassikern hoben bekanntlich Weber und Marx die Bedeutung spezifischer Wissensformen für Entstehung wie Weiterentwicklung des modernen Kapitalismus besonders hervor. Während Weber sich vor allem für die Rolle religiöser Weltbilder und Handlungsorientierungen (Stichwort: „protestantische Ethik") bei der Herausbildung und Legitimierung moderner Wirtschaftsstrukturen und den kapitalistischen „Geist" interessierte, galt die Aufmerksamkeit von Marx eher den Bedingungen, der Eigenart und den möglichen Auswirkungen kapitalismuskritischer Orientierungen, also gleichsam dem Geist des Antikapitalismus und dessen sozialen Trägergruppen, vor allem der Arbeiterklasse und ihrem Klassenbewusstsein (Heil/Wolf 2013, S. 53). An beide Forschungstraditionen knüpfen wir mit der vorliegenden Untersuchung an. Allerdings haben sich die heute möglichen und sinnvollen theoretischen Bezüge durch die Forschung und die Diskussionen der letzten Jahrzehnte deutlich verschoben und weiterentwickelt.

Vor allem die Weber'sche Frage nach dem Geist und den Legitimationsformen des Kapitalismus ist erneut in den Vordergrund gerückt, wie die international geführte Diskussion über neue Leitorientierungen kapitalistischen Wirtschaftens und Organisierens zeigt. Die Diagnose des Endes der Vorherrschaft alter kapitalistischer Leitwerte und eines epochalen Leitbildwandels steht im Zentrum der breit rezipierten Studie über den neuen Geist des Kapitalismus von Boltanski und Chiapello (2003). Während den kapitalistischen Geist in seiner frühen Entwicklungsphase ein Kompromiss zwischen „familienweltlicher" und marktwirtschaftlicher Logik gekennzeichnet habe, hätten in der zurückliegenden zweiten Periode vor allem „industrielle", aber auch „bürgerschaftliche" Züge im Vordergrund gestanden. Der neueste Geist des Kapitalismus nun ist durch den Aufstieg der Ordnungsvorstellungen einer Projekt- und Netzwelt charakterisiert: durch die Umstellung auf eine anti-hierarchische, auf Autonomie und Kreativität ausgerichtete Integrations- und Entscheidungslogik und damit, wenn man so will, durch das Umpolen der Rechtfertigungslogik von Output- auf direkt-partizipativ konnotierte Input-Legitimationen (Hessinger/Wagner 2008; Wolf 2008).

Die erwähnten Konzepte stehen im Rahmen einer „Soziologie der Kritik", die von Boltanski und Mitarbeitern entwickelt wurde und an Bewertungs- und Urteilsformen, Rechtfertigungspraktiken und Kritik im Alltagshandeln interessiert ist (Boltanski/Chiapello 2003; Boltanski/Honneth 2009; Celikates 2009). Ebenfalls in diese Perspektive einer Soziologie kritischer Alltagspraktiken gehört die Wiederaufnahme der Ungerechtigkeitsproblematik durch Dubet und

Mitarbeiter (Dubet 2008). Eine Soziologie der Kritik formuliert Annahmen darüber, wie Subjekte auf Geltung wie Missachtung ihrer Gerechtigkeitserwartungen reagieren: Kritische Soziologie soll einer Soziologie der Kritik weichen (Dubet 2008, S. 47), die die Ansprüche und die kritischen Praktiken der Individuen ins Zentrum stellt. Die Subjekte können sich bei ihren Kritikpraktiken – in der Konzeption von Boltanski et al. – auf unterschiedliche normative Bezugssysteme („Rechtfertigungsordnungen“) berufen, die ihnen bestimmte Argumentations- und Kritiklogiken vorgeben (Boltanski/Thévenot 2007 [1991]). Die Legitimationsordnungen funktionieren nach unterschiedlichen normativen Logiken, die je spezifische Gerechtigkeitskriterien beinhalten (eben z.B. der „Industrielogik“, der „Marktlogik“, der „bürgerschaftlichen“ oder der „Netz-“ bzw. „Projektlogik“). Für eine solche Konzeption wird das Feld sozialer Praktiken – etwa auch in der Erwerbsarbeit – zu einem Feld umkämpfter Gerechtigkeit und Rechtfertigung.[3]

Wie erwähnt, richtet die Forschergruppe um François Dubet (2008) das Augenmerk ebenfalls auf Aspekte von subjektiven Handlungsorientierungen als Gerechtigkeitsorientierungen, die mit Blick auf die Frage der Legitimität und Kritik sozialer Ordnungen überaus relevant sind und auf die wir uns in unserer Analyse der Legitimitätsansprüche von Beschäftigten beziehen können. Zu nennen sind hier vor allem die drei Gerechtigkeitsprinzipien Gleichheit (des Status, u.a. in Bezug auf die Partizipationschancen), Leistung („distributive Gerechtigkeit“) und Autonomie (Ansprüche auf individuelle Selbstbestimmung und Selbstentfaltung; ebd., S. 19ff.), die Dubet et al. gleichsam als ewige normative Regulative von allen Arbeitsorganisationen betrachten. Gerade dadurch, dass „alle drei Prinzipien [...] gleichermaßen erstrebenswert, aber auch von Grund auf widersprüchlich [sind]“ (ebd., S. 40), wird nach Ansicht der Autoren eine ständige und unabschließbare Bewegung der Kritik ausgelöst. Aus beiden Ansätzen einer Soziologie der Kritik ergibt sich damit, dass Legitimitätsansprüche „pluralistisch“ und als potenziell konkurrierend und dynamisch zu konzipieren sind.

Neben diesen „weberianischen“ Ansätzen finden sich in jüngster Zeit aber auch einige Versuche, Legitimitäts- und Gerechtigkeitsfragen in der soziologischen Gegenwartsdiagnose zu einem Schlüsselthema zu machen, das in der Marx'schen Theorietradition bzw. der Tradition der kritischen Theorie steht. Die erneut aktuell gewordene Habermas'sche Titelformel von den „Legitimationsproblemen im Spätkapitalismus“ war eingangs bereits gefallen. Zu beobach-

3 Ähnlich haben auch Bora/Epp (2000) die Verfahrensgerechtigkeit als „contested concept“ rekonstruiert, das jeweils von unterschiedlichen „Hintergrundrationalitäten“ her benutzt wird, die in eine „Anspruchskonkurrenz“ (ebd., S. 15) treten, deren Ausgang nicht zuletzt von der Ressourcenausstattung der Kontrahenten abhängt.

ten ist zum einen in den letzten Jahren das Wiederaufgreifen dieser scheinbar veralteten Thematik unter den neuen Bedingungen des (alt gewordenen) Neoliberalismus und vor dem Hintergrund einer völlig veränderten gesellschaftspolitischen Gesamtkonstellation und ökonomischen Krisendynamik (Nachtwey 2010; Nullmeier 2010; Schäfer 2009; Menz 2009). Zum anderen tritt ein prominenter gesellschaftstheoretischer Entwurf wie der von Axel Honneth mit dem Anspruch auf, Gerechtigkeitstheorie als Gesellschaftsanalyse zu betreiben, und betrachtet dabei explizit das Erwerbssystem als wichtiges Feld einer solchen Analyse (Honneth 2011). Honneth reformuliert Gerechtigkeitsfragen anerkennungstheoretisch und fasst den Begriff der Anerkennung als den übergreifenden Moralbegriff. Zugleich konzipiert er die moderne Gesellschaft als Anerkennungsordnung und unterscheidet zwischen drei Anerkennungssphären: Anerkennung wird in Form von Liebe, Recht und sozialer Wertschätzung zugesprochen – oder in Form von Misshandlung, Entrechtung und Missachtung verweigert. Ungerechtigkeit wird empfunden, wenn Anerkennung ausbleibt. In einer solchen Perspektive erweisen sich vor allem die Folgeerscheinungen der Entgrenzung von Erwerbsarbeit als ein gravierendes, soziologisch aufzuklärendes Gerechtigkeitsproblem (ebd., S. 276).

Die alte Marx'sche Problematik des Arbeiterbewusstseins als Klassenbewusstsein und der Arbeiterklasse als „Klasse für sich" (oder nur „an sich") inspiriert hingegen die heutige soziologische Forschung offenbar kaum noch. Das war bekanntlich einmal ganz anders: Die Problematik war von der frühen Industriesoziologie als Frage nach der Integration oder der Verbürgerlichung der Arbeiterklasse und nach ihrem politischen Handlungspotenzial durchaus aufgegriffen und in empirische Forschung umgesetzt worden, und vor allem im Kontext der Renaissance des Marxismus in den 1960er und 1970er Jahren (Brandt 1990) hatte für eine kurze Phase eine politisch hoch aufgeladene und theoretisch ebenso ambitionierte „Arbeiterbewusstseinsforschung" Konjunktur (Heil/Wolf 2013). Ihre Ambition war letztlich, durch industriesoziologische Forschung „das offene Ende der *Marx*schen Theorie, wie sich das Klassenbewusstsein der Arbeiter im Verlauf der kapitalistischen Entwicklungsprozesse konstituiere, zu schließen" (Thomssen 1982, S. 313). Die wichtigsten Versuche in dieser Richtung wurden am SOFI Göttingen (Kern/Schumann 1970; Schumann et al. 1982), von der Erlanger Gruppe um Kudera (1979), der Berliner Projektgruppe (Bierbaum et al. 1977) sowie den Vertretern von Ansätzen, die die „relative Autonomie" subjektiver Deutungsmuster betonten (Hack et al. 1979; Neuendorff/Sabel 1976; Thomssen 1980), entwickelt. Der hohe Anspruch war indes seit Ende der 1970er Jahre dann bald „an seiner [...] Uneinlösbarkeit gealtert" (Thomssen 1982, S. 313). Neben ungelösten theoretischen Problemen (Knapp 1981; Voß 1984) war die in empirischen Einzelstudien kaum einholbare Komplexität eines zu umfassend konzipierten Gegenstands, aber auch das nachlassende (politische) Interesse am „Subjekt" Arbeiterklasse dafür verantwortlich, dass diese Forschungsperspektive bald verwaiste (Menz 2009, S. 18-41).

Das arbeits- und arbeitnehmer/innenbezogene „Bewusstseinsthema" ist seither in den verschiedensten soziologischen Forschungszusammenhängen zwar „aufgehoben" und läuft auch in der arbeits- und industriesoziologischen „Routineforschung" immer wieder mit. Allerdings geschieht dies oft in theoretisch nur noch wenig reflektierter Weise und meist, indem abwechselnd unterschiedliche Teilausschnitte eines „Arbeitsbewusstseins" – als Wahrnehmung und Deutung dieses oder jenes Aspekts der Erwerbsarbeit durch die Beschäftigten – isoliert untersucht werden (Hürtgen/Voswinkel 2012, S. 56). Dabei sehen wir durchaus gute Gründe, an einige Motive und Einsichten der älteren „Bewusstseinsforschung" in unserem Kontext zu erinnern und anzuknüpfen. Ein zweiter Blick zeigt nämlich, dass die für diesen Forschungsstrang seinerzeit im Vordergrund stehende Frage nach dem Klassen- und Gesellschaftsbewusstsein immer auch (zumindest implizit) die Frage nach (Un-)Gerechtigkeitsbewusstsein und Gesellschaftskritik war. Das sei an zwei Beispielen kurz angedeutet, um mögliche Bezüge in dieser Richtung plausibel zu machen (Wolf 2014, S. 37f.).

Dass die „Arbeiterbewusstseinsforschung" gleichsam notgedrungen auf Gerechtigkeitsansprüche stieß, zeigt die Studie *Am Beispiel der Septemberstreiks* (Schumann et al. 1971). Sie zeichnet nach, wie im Rahmen der politischen und ökonomischen Entwicklungen der 1960er Jahre im öffentlichen Diskurs das Problem sozialer Gerechtigkeit und einer gerechten Verteilung des Sozialprodukts virulent wurde. Erwartungen von mehr „sozialer Symmetrie" und Ansprüche auf „gerechte" Lohnsteigerungen als angemessene Beteiligung am Wirtschaftswachstum waren zuvor geschürt bzw. politisch legitimiert worden. Als diese Erwartungen sich nicht erfüllten, griffen die Arbeiter – so die Interpretation – zu unkonventionellen Formen der Interessenvertretung („wilde" Streiks), um die wahrgenommene Lücke zwischen gewachsenem Anspruch (auf „Lohngerechtigkeit") und der Wirklichkeit der wirtschaftlichen Ordnung zu schließen.

Die Studie *Leistung und Herrschaft* (Hack et al. 1979) – als zweites Beispiel – nimmt das Habermas'sche Thema der „Legitimationsprobleme im Spätkapitalismus" direkt auf und versucht es theoretisch weiter zu klären und zu diesem Zweck auch arbeits- und wissenssoziologisch zu „erden". An Habermas wird kritisiert, dass er seinen Herrschaftsbegriff ausschließlich „politisch" oder bestenfalls von der „Zirkulationssphäre" her definiere und damit die Sphäre der Produktion und der Erwerbsarbeit „als *nicht-legitimationsbedürftige* – durch Aussparung/Nichterwähnung" – aus der Legitimationsproblematik vollständig herausfallen lasse (ebd., S. 359). Von dieser Nichtberücksichtigung rühre letztlich auch die Habermas'sche Begrenzung auf Output-Legitimation und Verteilungsgerechtigkeit her, wenn die Rede auf Lohnabhängige kommt. Eine bereits von Hack et al. angestrebte „Alltagspragmatik" von Legitimationsprozessen – das können wir hier lernen – muss nicht nur, anders als bei Habermas, auch die Produktionssphäre berücksichtigen, sondern auf jeden Fall auch Ansprüche auf Input und Beteiligungsgerechtigkeit in die Analyse einzubeziehen.

Und zu lernen von der „Bewusstseinsforschung" ist schließlich auch noch ein gerüttelt Maß an Misstrauen gegenüber einer Forschung, die sich allein auf das gesprochene Wort und das „diskursive Bewusstsein" (Giddens 1992, S. 91ff.) der Akteure einlässt und verlässt. Die notwendige Brücke zum realen Handeln und den konkreten Handlungsbedingungen wurde damals immerhin – auf unterschiedliche Weise, mit unterschiedlichem Erfolg – zu schlagen versucht, denn „[v]erbalen Äußerungen haftet [...] immer etwas Unverbindliches, Revidierbares an; erst in der gesellschaftlichen Praxis wird manifest, was als Äußerung nur Indiziencharakter hat" (Osterland 1973, S. 415, Anm. 8). Diese Brücke – die Brücke zum praktischen Bewusstsein und zu pragmatischen Legitimitätsansprüchen – haben wir auch in unserer Untersuchung zu schlagen versucht.

Die Aktualität und Dringlichkeit dieser Frageperspektiven zeigt sich in einer gewissen Renaissance der arbeits- und industriesoziologischen „Bewusstseinsforschung" in den vergangenen Jahren. In unterschiedlicher Weise auf die skizzierten Herausforderungen reagierend, ist eine ganze Reihe empirischer Untersuchungen durchgeführt worden, die alte Frageperspektiven wieder aufgenommen und neue Befunde zu Tage gefördert haben. Zu denken ist hier an die neueren Arbeiten des Jenaer Forscherteams um Klaus Dörre, die unter anderem ein Grundmuster des heutigen Beschäftigtenbewusstseins freigelegt haben, das sich in der Formel „guter Betrieb – schlechte Gesellschaft" zusammenfassen lasse (Dörre et al. 2013). Als weiterer Beitrag, insbesondere zum Themenfeld „Wahrnehmung und Deutung der Wirtschaftskrise", sind einige direkte Vorarbeiten zu der vorliegenden Studie, die das ISF München gemeinsam mit dem Verein WISSENtransfer durchgeführt hat, zu nennen (Detje et al. 2011; Detje et al. 2013; Menz et al. 2013), zudem die vorangegangene Analyse von Gerechtigkeits- und Legitimationsansprüchen im Themenfeld „Leistung" (Menz 2009). Eine aktuelle Analyse subjektiver Arbeitsansprüche mit dem Fokus auf arbeitsinhaltliche Orientierungen und ihr immanentes Kritikpotenzial bietet Nies (2015). Und sehr nah an der auch in der vorliegenden Untersuchung gewählten Perspektive auf arbeitsbezogene Ansprüche von Beschäftigten schließlich liegt die neue Studie von Hürtgen/Voswinkel (2014), die Ansprüche aus dem Zusammenhang von Lebensorientierungen interpretiert. Auf all diese Bezüge werden wir im Verlauf der Untersuchung an der einen oder anderen Stelle zurückkommen, um unsere eigenen Überlegungen und Befunde zu schärfen. Im Schlussteil werden wir sie beim Versuch einer nochmals zuspitzenden Bilanz unserer eigenen Ergebnisse ausführlicher kritisch würdigen.

1.3 Ein Überblick: Argumentationsgang, Befunde, Interpretationen

Ziehen wir ein kurzes Zwischenfazit und geben wir einen Überblick über die folgenden Kapitel. Die Frage nach der Legitimität bzw. Kritik des kapitalistischen Wirtschaftssystems durch die ihm Unterworfenen stellt sich für die empirische Arbeits- und Industriesoziologie nicht als große „Prinzipienfrage" und nicht als Problem der Erhebung von Einstellungen. Sie stellt sich uns als Frage nach den Handlungsorientierungen von Beschäftigten und ihrem praktischen Bewusstsein, in dem sich Ansprüche an Erwerbsarbeit ausdrücken. Wer Ansprüche sagt, der muss auch Gerechtigkeit, Rechtfertigung und Legitimität sagen. Aber auch derart „pragmatisch" gefasst und empirisch untersucht – oder auch: *gerade* so –, lassen sich durch eine erwerbsarbeitsbezogene Anspruchsanalyse „von unten" profunde Erkenntnisse über zeitdiagnostisch und gesellschaftspolitisch relevante Sachverhalte gewinnen: etwa darüber, wie tief der neuer Geist des Kapitalismus auch im Bewusstsein der Beschäftigten bereits verankert ist und über welche normativen Ressourcen für Kritik Beschäftigte heute verfügen; darüber, ob und wie in der Erwerbsarbeit erfahrene Anspruchsverletzungen in Legitimationsprobleme der Wirtschaftsordnung münden; oder darüber, unter welchen Bedingungen Ungerechtigkeitsempfinden in der Erwerbsarbeit zu interessenpolitischer Aktivierung führen kann.

Wer praktisches Bewusstsein sagt, der muss aber auch Praxiskontext sagen, und die Dinge so anzupacken heißt dann natürlich nicht zuletzt: sich den aufgeworfenen Fragen mit einem angemessenen Untersuchungsdesign und den adäquaten Methoden zu nähern. Im nun folgenden *Kapitel 2*, „Untersuchungsdesign, Sample, Auswertungskonzept", breiten wir zunächst dieses Untersuchungsdesign und die gewählte Methodik aus. Außerdem beschreiben wir das Untersuchungssample und verorten es in den Untersuchungsfeldern. Die schnelle Leserin, die vielleicht nicht so sehr an Methoden- und Auswertungsfragen interessiert ist, kann hier gewiss manches überspringen, sollte sich aber mit den Sample- und den Kontextbeschreibungen etwas vertraut machen, weil in den Folgekapiteln immer wieder auf diese zurückgegriffen wird. Einige weitere Angaben zu untersuchungsmethodischen Details sowie zur genaueren Charakterisierung des Samples haben wir in den Anhang am Ende des Buches verbannt.

Die *Kapitel 3* und *4* bilden den empirischen und konzeptuellen Kern der Studie. In *Kapitel 3* – „Gerechtigkeits- und Rationalitätsansprüche an Arbeit und Betrieb" – präsentieren wir die zentralen Befunde der Anspruchsanalyse „von unten". Hier werden die von uns empirisch identifizierten fünf moralischen Anspruchsmuster – Leistungsgerechtigkeit, Fürsorge, Selbstverwirklichung, Beteiligung und Würde – als Spektrum von Gerechtigkeitsansprüchen vorgestellt. Und hier beschreiben wir die drei darüber hinaus ermittelten rationalen Anspruchsmuster, die wir zum Spektrum der technisch-funktionalen, bürokratisch-organisationalen und ökonomischen Rationalitätsansprüche zusammengefasst haben. Auch wenn hier schon immer wieder deutlich wird, welche Legitimationsprobleme und Gerechtigkeitskonflikte vorfindbar sind und entstehen können, dient dieses Kapitel vor allem der möglichst präzisen Fassung und anschaulichen Beschreibung der Anspruchsmuster als solchen.

In *Kapitel 4* – „Legitimitätsansprüche im Kontext: geteilte, gespaltene und erschütterte Arbeits- und Beschäftigungsordnungen" – geht es dann in der gebotenen Ausführlichkeit um das konflikthafte Wechselspiel zwischen Anspruch und Wirklichkeit. Hier wird zu zeigen sein, wie die Gerechtigkeits- und Rationalitätsansprüche eine permanente Bewertungs- und Vergleichsarbeit der Beschäftigten anleiten und begründen – und zwar jeweils in spezifischen Erfahrungs- und „Anwendungs"-Kontexten. Wie am Ende von Abschnitt 1.1 schon angedeutet, haben sich aus unserem Material einige besonders legitimitätsrelevante Problemlagen herausgeschält, an denen sich Gerechtigkeitsfragen und Ungerechtigkeitsempfinden typischerweise festmachen und an denen sich die Legitimität der Arbeits- und Beschäftigungsordnung besonders zu bewähren hat. An ihnen werden die Passungsverhältnisse oder Bruchstellen zwischen Ansprüchen und betrieblichen Realitäten konkret fassbar und analysierbar, mithin die Legitimationsprobleme diagnostizierbar, die heute in der Erwerbsarbeit virulent sind. Hier lässt sich konkret zeigen, wie Anspruchsverletzungen zur *De*-Legitimierung der Ordnung, zu Legitimitätskrisen und auch zu interessenpolitischer Aktivierung führen können – oder aber zur *Ent*-Legitimierung, wenn nämlich normative Erwartungen an Erwerbsarbeit zurückgenommen werden.

Kapitel 5 schließlich bündelt unter dem Titel „Legitimationsprobleme in der Erwerbsarbeit und darüber hinaus?" noch einmal die gewonnenen Ergebnisse und Perspektiven. Es schlägt den Bogen zurück zu unseren oben umrissenen Ausgangsfragen und stellt die Befunde in den Kontext des aktuellen Forschungsstands und der aktuellen arbeits- und industriesoziologischen sowie gesellschaftspolitischen Diskussion. Dort wird nicht nur noch einmal deutlich gemacht, wie vielfältig Gerechtigkeits- und Rationalitätsansprüche von Beschäftigten an Erwerbsarbeit heute sind und welche Gerechtigkeitskonflikte und welche Legitimationsprobleme für die Arbeits- und Beschäftigungsordnung aus ihrer Einforderung erwachsen können, sondern auch, welche weiterreichenden gesellschaftlichen wie politischen Entwicklungs- und wissenschaftlichen Forschungsperspektiven sich ausgehend von unseren Befunden eröffnen.[4] In einem *Anhang* dieses Buches finden sich dann neben dem Literaturverzeichnis noch nähere Informationen zu den Erhebungsinstrumenten sowie statistische Details zu unserem Untersuchungssample.

---

4 Im Nachwort zu dieser 2. Auflage, das auf Kapitel 5 folgt, haben wir diese Fragen mit Blick auf die seitherige Entwicklung und Diskussion aufgegriffen.

2 Untersuchungsdesign, Sample, Auswertungskonzept

Im Zentrum unserer Untersuchung steht die empirische Rekonstruktion erwerbsarbeitsbezogener Ansprüche von Beschäftigten: Welche Ansprüche und Bewertungsprinzipien bringen Beschäftigte in den verschiedenen betrieblichen Handlungsfeldern in Anschlag, wo formulieren sie Kritik, wo entsprechen ihre Ansprüche den Verfahren und Prinzipien der bestehenden Arbeits- und Beschäftigungsordnung? Um diese Fragen beantworten zu können, haben wir ein Untersuchungsdesign entwickelt, das hauptsächlich auf zwei Ebenen ansetzt. Auf einer ersten Ebene, als unmittelbare „Untersuchungsfälle", waren zunächst ausgewählte Individuen in den Blick zu nehmen, und zwar in ihrer Rolle als *Beschäftigte*, die erwerbsarbeitsbezogene Ansprüche „haben" bzw. artikulieren. Da es uns aber nicht bloß um das Aufzeichnen allgemeiner Meinungsäußerungen ging, sondern um Formen *praktischen* Bewusstseins, die in der Auseinandersetzung mit Bedingungen, Ereignissen und Erfahrungen in Arbeit und Betrieb und als Handlungsorientierungen wirksam werden, war auch die Kontextualisierung dieser Ansprüche von zentraler Bedeutung für unser Vorgehen. Auf einer zweiten Untersuchungsebene waren daher die arbeits- und betriebsbezogenen *Kontexte* der von den Beschäftigten formulierten Ansprüche auszuleuchten.

Durch diese Art des Zugangs, insbesondere durch den primären Fokus auf subjektive Ansprüche, unterscheidet sich die Anlage unserer Untersuchung einerseits vom klassischen Design arbeits- und industriesoziologischer Fallstudien, bei denen es um „Betriebsfälle" geht (vgl. Pflüger et al. 2010 sowie Wittemann et al. 2010), während wir zunächst die einzelnen Beschäftigten als Ausgangspunkt der Analyse nehmen. Andererseits unterscheidet sich unser Zugriff durch den expliziten Kontextbezug aber auch von einer vorrangig biografisch-subjektorientierten Analyse individueller Ansprüche an Arbeit, wie sie etwa Hürtgen und Voswinkel jüngst vorgelegt haben (Hürtgen/Voswinkel 2014).

Die Erhebung, Identifizierung und Interpretation subjektiver Anspruchs- und Orientierungsmuster bei gleichzeitiger Berücksichtigung der sie rahmenden und beeinflussenden sozialen Kontexte und Problemlagen machten ein komplexes Untersuchungsdesign erforderlich. Im Mittelpunkt des Erhebungskonzepts, das wir in Abschnitt 2.1 erläutern, stand der Einsatz qualitativer methodischer Verfahren der Datenerhebung in gezielt ausgewählten Untersuchungsfeldern. In Abschnitt 2.2 geben wir einen Überblick über unser Sample (befragte Beschäftigte, Untersuchungskonstellationen und -felder). Schließlich werden im zweiten methodischen Abschnitt 2.3 das Auswertungskonzept und die Analyse- und

Interpretationsschritte skizziert, die uns zu den Untersuchungsergebnissen führten, die wir dann in den folgenden Kapiteln präsentieren werden.

2.1 Methodik I: Erhebungskonzept

Den empirischen Ort, an dem wir nach Antworten auf die zentralen Forschungsfragen gesucht haben, bezeichnen wir als betriebliche „Konstellation", in der die beiden genannten Untersuchungsebenen gewissermaßen zusammentreffen (zum Konstellationsbegriff weiter unten). Bei der *Auswahl* solcher Konstellationen war zunächst so weit wie möglich sicherzustellen, dass die Ergebnisse ein breites und zugleich typisches Spektrum unterschiedlicher branchen- oder feldbezogener Handlungskontexte und Problemlagen abbilden. Das sprach zunächst für die Berücksichtigung von Untersuchungsfeldern sowohl im *Industriesektor* als auch im *Dienstleistungssektor*. Wir haben hier wie dort Untersuchungsfelder bzw. Branchen ausgewählt, in denen folgende Faktorengruppen jeweils in möglichst breit gefächerten Ausprägungen und Kombinationen auftreten: Beteiligungs- und Mitbestimmungspraktiken, Interessenvertretungsstrukturen, gewerkschaftlicher Organisationsgrad; Krisenbetroffenheit und -bewältigung im Gefolge der gesamtökonomischen Entwicklung (unter anderem: Export-/Binnenorientierung; Abhängigkeit von staatlicher Finanzierung, Konjunkturprogramme); branchenbezogene Reorganisationstendenzen und Entwicklungstrends (unabhängig von der „Großen Krise", z.B. Branchenkrisen, Outsourcing, Beschäftigungsentwicklung usw.); Beschäftigtenstrukturen (u.a. Qualifikation, Geschlecht).

Das führte zur Auswahl von zehn *Untersuchungsfeldern*: Einbezogen wurden einerseits Konstellationen in zentralen Branchen des industriellen Sektors, die nach wie vor für Deutschland typische Industriestrukturen repräsentieren: in der *Automobilindustrie*, im *Maschinenbau*, in der *Elektroindustrie*, der *Chemieindustrie* und der *Bauwirtschaft*. Darüber hinaus fand der im Rahmen sich ausdifferenzierender Wertschöpfungsketten immer wichtiger werdende Bereich der *Industrie-Dienstleistungen* Berücksichtigung. Die Erhebungen im klassischen Dienstleistungssektor wurden im *Öffentlichen Dienst*, im *Einzelhandel*, bei *Finanzdienstleistern* sowie im Feld *wissensintensiver unternehmensbezogener Dienstleistungen* durchgeführt (zu den Untersuchungsfeldern im Einzelnen Abschnitt 2.2).

In diesen Untersuchungsfeldern waren Informationen über die genannten Bedingungs- und Entwicklungsfaktoren wie -perspektiven zusammenzutragen und zu erheben. Hauptsächliche Datenquellen hierfür waren vorliegende Branchenstatistiken und -analysen, die Daten der DGB-Index-Befragung „Gute Arbeit“ 2010[1] sowie zusätzliche Interviews mit (insbesondere gewerkschaftlichen) Branchenexperten. Dieser begleitende unternehmensfeldbezogene Analyseschritt diente zum einen auch der Verortung der schließlich einbezogenen betrieblichen Konstellationen im sozioökonomischen Umfeld (vor allem der allgemeinen Branchenentwicklung). Ihm kam zum anderen auch eine wichtige Funktion bei der Vorauswahl der Konstellationen und in der Anbahnung von Betriebskontakten zu.

Wie gesagt, war der empirische Ort für die Suche nach erwerbsarbeitsbezogenen Ansprüchen für uns die betriebliche *Konstellation.* Gemeint ist damit das Handlungsfeld „Arbeit und Betrieb“, wie es sich aus Perspektive der Beschäftigten in Form von je spezifischen Beschäftigungs- und Arbeitsbedingungen konkretisiert und das den arbeitsbezogenen unmittelbaren Erfahrungszusammenhang der Beschäftigten umreißt. Unsere Konstellationen „befinden“ sich zwar „in“ Betrieben bzw. Unternehmen, sind aber in der Regel kleineren Zuschnitts, d.h., sie stellen meist kleinere Handlungseinheiten (z.B. Unternehmensbereiche oder Abteilungen) dar. Der Konstellationsbegriff soll unsere Vorgehensweise vom (Betriebs-)Fallstudienansatz abgrenzen, der weit umfassendere Analysen betrieblicher Strukturen und Prozesse implizieren würde, als es im Rahmen dieser Studie zu leisten war. Der Begriff verweist aber zugleich auf die Zentralität der Handlungsebene für unseren Untersuchungsansatz: Der Zusammenhang von Ansprüchen, Beschäftigtenhandeln und Arbeits- und Beschäftigungskontexten in unterschiedlichen betrieblichen Konstellationen musste konkret nachzuzeichnen sein.

Diesen relevanten Handlungskontext versuchten wir bei der Auswahl der Untersuchungskonstellationen in den genannten Untersuchungsfeldern entlang dreier Dimensionen systematisch zu variieren:

(a) im Hinblick auf die Form und das Ausmaß von *Beteiligung* der Beschäftigten an bzw. Ausschluss der Beschäftigten von betrieblichen und interessenpolitischen Entscheidungsverfahren,
(b) die Art und das Ausmaß der *Krisenbetroffenheit* bzw. ökonomischen Prosperität sowie

1 Diese Befragung ist eine vom „Institut DGB-Index Gute Arbeit“ (bis 2012 „DGB-Index Gute Arbeit GmbH“) seit 2007 regelmäßig in Auftrag gegebene repräsentativ angelegte standardisierte Umfrage unter abhängig Beschäftigten in Deutschland. Wir haben für unsere Untersuchung die Befragung des Jahres 2010 ausgewählt, weil in dieser auch ein Block mit Fragen enthalten war, die auf individuelle und betriebliche Krisenbetroffenheit und die Formen der Krisenbewältigung abhoben. In dem uns freundlicherweise zur Verfügung gestellten Datensatz wird u.a. eine Zuordnung der Beschäftigten nach Branchen vorgenommen, die der gebräuchlichen Klassifikation der Wirtschaftszweige des Statistischen Bundesamtes folgt (nach der zum damaligen Zeitpunkt angewandten sogenannten WZ 2003; vgl. dazu Statistisches Bundesamt 2008).

(c) die vorherrschenden *Arbeits- und Beschäftigungsformen* (Einfach-, Fach-, Wissensarbeit; Prekaritätsgrad der Beschäftigungsverhältnisse).

Neben unterschiedlichen Varianten von Krisenbetroffenheit (vom relativ stabilen übers dauerhaft prekäre betriebliche Beschäftigungssystem bis hin zur Schließungskrise) haben wir insbesondere versucht, sowohl „Aktivierungs-“ als auch „Passivierungskonstellationen“ in puncto Beteiligung zu berücksichtigen: Aktivierungskonstellationen, in denen die Arbeitnehmerinnen in Meinungsbildungs- und Entscheidungsprozesse direkt „eingeschaltet“ werden bzw. sich einschalten, was die Erfahrung der Anerkennung von Beteiligungsansprüchen impliziert und den Subjektstatus der Beschäftigten akzentuiert; Passivierungskonstellationen, in denen die Arbeitnehmer im Rahmen eines „Top-down-Managements“ aus den relevanten Meinungsbildungs- und Entscheidungsprozessen ausgeschlossen bleiben, was die Erfahrung von Missachtung von Beteiligungsansprüchen implizieren kann und den Arbeitnehmerinnen ihren Objektstatus vor Augen führt.

Hatten wir ursprünglich Erhebungen in 16 Unternehmen – verteilt auf die Untersuchungsfelder – geplant, so fiel diese Zahl vor allem deshalb deutlich höher aus, weil pro Unternehmen im Schnitt eine deutlich geringere Zahl von Beschäftigteninterviews zu realisieren war, als vorgesehen. In den schließlich ausgewählten 26 Konstellationen wurden zunächst Experteninterviews mit Vertreterinnen und Vertretern aus Management und Betriebsrat durchgeführt sowie betriebliche Dokumente (Geschäftsberichte, Organigramme, Statistiken etc.) ausgewertet. Die gewonnenen Informationen dienten einerseits in der Erhebungsanbahnungsphase und Durchführungsplanung der Auswahl der für die Beschäftigteninterviews infrage kommenden Personen und Bereiche, andererseits der genaueren Erfassung von Organisation, Struktur und Entwicklung des Betriebs und der ausgewählten Konstellation hinsichtlich der oben genannten drei Dimensionen.

Den Kern der Erhebungen bildeten dann in jeder Konstellation ausführliche Beschäftigteninterviews und Gruppendiskussionen als Grundlage für die Rekonstruktion von Anspruchsmustern. Hier war sicherzustellen, dass bei den sozialstrukturellen Merkmalen neben unterschiedlichen *Beschäftigungsformen* (unbefristet vs. befristet oder Leiharbeit) auch bei der Variable *Geschlecht* eine hinreichende Streuung erreicht wurde, um diesbezüglich möglichen Zusammenhängen mit Legitimitätsansprüchen nachgehen zu können. Darüber hinaus sollte gewährleistet sein, dass Beschäftigte sowohl aus gewerblichen als auch aus Angestelltenbereichen ihrem Gewicht in den untersuchten Bereichen entsprechend einbezogen wurden.

Die *Beschäftigteninterviews* wurden mit Hilfe eines Leitfadens geführt, der als flexibler Katalog von Themen und Fragen diente, deren Reihenfolge je nach

Gesprächsverlauf variieren konnte.[2] Mit Erzählaufforderungen wurden die Befragten zu ausführlichen Schilderungen arbeits- und betriebsbezogener Praxiserfahrungen angeregt. Die Erzählaufforderungen bezogen sich auf konkrete betriebliche Fragen, Kontroversen und Ereignisse, wie es etwa Flick im Sinne eines „episodischen Interviews" (Flick 1998, S. 124ff.; Flick 2007, S. 238ff.) vorschlägt. Damit griffen wir zwar auch auf Teilelemente des „narrativen Interviews" zurück (Hermanns 1995; Schütze 1977; im Kontext der Organisationsforschung: Holtgrewe 2002), zielten allerdings nicht – wie etwa Schütze – auf „autobiografische Stegreiferzählungen". In den Interviews ging es uns vor allem um die in den Praxisschilderungen implizit oder explizit enthaltenen Rechtfertigungs- und Bewertungsfiguren als Elemente der gesuchten Legitimationsansprüche, und wir versuchten durch diese Fragestrategie eine möglichst große Handlungsrelevanz der ermittelten Orientierungen sicherzustellen. Ergänzt wurden die episodisch-narrativen Passagen durch Nachfragen, Sondierungen, Detaillierungsaufforderungen usw., wie sie im Zentrum des Konzepts des „problemzentrierten Interviews" stehen (Witzel 1985, 2000; zur Fragestrategie in leitfaden-basierten Interviews auch Helfferich 2004; Bogner et al. 2014).

Ergänzt wurden die Beschäftigteninterviews durch *Gruppendiskussionen*, die jedoch nicht in jeder Konstellation realisierbar waren. Während in den Beschäftigteninterviews stärker die individuelle Arbeits- und Beteiligungspraxis fokussiert wurde, wurden für die Gruppendiskussionen Diskussionsanreize entwickelt, die Bezugnahmen auf kollektive Beteiligungserfahrungen und Handlungsmöglichkeiten anregen sollten. Der spontanere, weniger asymmetrische Verlauf solcher Diskussionen sowie die höhere Interaktionsdichte (Lamnek 2005) bei wechselseitiger Bezugnahme versprachen eine größere Natürlichkeit als bei Einzelinterviews (klassisch: Pollock 1955; Merton et al. 1990) – und es ist auch in einer ganzen Reihe von Gruppendiskussionen eindrücklich gelungen, Begründungs- und Rechtfertigungsfiguren gewissermaßen „in Aktion" aufzunehmen. Allerdings können in der Gruppe auch soziale Sanktionsmechanismen wirksam werden. Die Diskussionsteilnehmerinnen und -teilnehmer wurden aus Realgruppen (Arbeitsgruppen, Abteilungen) mit gemeinsamem Handlungs- und Erfahrungsraum ausgewählt, und zwar nicht nur im Sinne geteilter, aber einzeln verarbeiteter Erlebnisse (wie sie die „dokumentarische Methode" in den Mittelpunkt stellt: Bohnsack 2000; Bohnsack et al. 2001; Bohnsack et al. 2006), sondern vor allem im Sinne gemeinsamer Gruppenerfahrungen. Die Diskussionsleitung erfolgte möglichst non-direktiv (Loos/Schäffer 2001).

---

2 Die gemeinsam konzipierten Themenfelder und Leitfragen für die Beschäftigteninterviews und Gruppendiskussionen, die den arbeitsteilig durchgeführten Erhebungen in allen Konstellationen zugrunde lagen (siehe unten), sind im Anhang dokumentiert.

Die empirischen Erhebungen fanden zwischen August 2012 und Januar 2014 statt. Durchgeführt wurden 207 Beschäftigteninterviews und 19 Gruppendiskussionen (mit 113 Befragten) sowie 53 Experteninterviews (mit Management- und/ oder Betriebsratsvertretern). Flankierend wurden 18 Gespräche mit Expertinnen und Experten auf Branchenebene geführt. Die folgende Tabelle gibt einen Überblick über die gesamten Erhebungsarbeiten.

Tab. 1: Gesamtüberblick Erhebungen (Interviews und Gruppendiskussionen)

Untersuchungsfelder	Beschäftigten-interviews	Gruppendiskussionen	Experteninterviews	
			betrieblich	überbetrieblich
Industrie	101	12	34	7
Bau	18	2	2	2
Dienstleistung	88	5	16	9
Gesamt	207	19	53	18

Diese Erhebungen wurden arbeitsteilig durchgeführt. Das SOFI Göttingen war für die Organisation und Durchführung der Empirie in den fünf Industriebranchen, das ISF München für die Erhebungen in den Dienstleistungsbranchen und in der Bauwirtschaft zuständig. Diese Arbeitsteilung zwischen den beiden beteiligten Instituten folgte forschungspragmatischen Erwägungen und sollte auch eine möglichst große Vertrautheit der Forscher mit den jeweiligen feld- und konstellationsspezifischen Bedingungen gewährleisten. Das Vorgehen bei den Erhebungen war eng aufeinander abgestimmt, in einigen Fällen wurden die Befragungen auch gemeinsam von Forschern beider Institute durchgeführt.

2.2 Das Sample: Befragte, Konstellationen, Untersuchungsfelder

2.2.1 Die befragten Beschäftigten: einige sozialstrukturelle Merkmale

Insgesamt wurden für die vorliegende Studie 320 Beschäftigte befragt, davon 207 im Rahmen von ausführlichen Einzelinterviews, die in der Regel zwischen anderthalb und zwei Stunden dauerten. Einbezogen wurden fast ausschließlich abhängig Beschäftigte ohne Leitungsfunktionen.[3] Diese Interviews fanden in den allermeisten Fällen während der regulären Arbeitszeit oder im Anschluss daran innerhalb der 26 untersuchten Konstellationen bzw. Betriebe statt. In ei-

3 In einigen wenigen Fällen stellte sich erst im Gespräch heraus, dass der/die Befragte faktisch doch eine untere Führungsposition innehatte. Das wird z.B. bei der Zuordnung von Interviewpassagen im Text berücksichtigt.

nigen wenigen Fällen erzwangen die jeweiligen Umstände eine Durchführung der Befragungen außerhalb des Betriebs und teilweise in der Freizeit der Befragten. Die Anzahl der je Konstellation durchführbaren Beschäftigteninterviews hat stark variiert, in drei Fällen (*CH_A, EH_A, ID_B*) konnten nur jeweils zwei bzw. drei Gespräche geführt werden, während andererseits in elf Konstellationen neun bis 15 Interviews möglich waren. In allen anderen Konstellationen lag die Zahl der Interviews zwischen fünf und acht Gesprächen (vgl. Übersicht im Anhang). Darüber hinaus haben insgesamt 113 Beschäftigte an Gruppendiskussionen teilgenommen, die allesamt in den Betrieben durchgeführt wurden und in der Regel anderthalb Stunden dauerten.

Am Ende sowohl der Beschäftigteninterviews als auch der Gruppendiskussionen wurden mit Hilfe eines kurzen Fragebogens sozialstrukturelle Merkmale der Befragten erhoben, die wir hier – beschränkt auf die Befragten der 207 Beschäftigteninterviews – ausschnittweise dokumentieren (ausführlicher dazu im Anhang), auch um auf einige Abweichungen von der Zusammensetzung der deutschen Erwerbsbevölkerung insgesamt hinzuweisen. Wie der Vergleich mit repräsentativen Beschäftigtenbefragungen wie der BIBB/BAuA-Erwerbstätigenbefragung (2012) (vgl. dazu Nöllenheidt et al. 2014) oder auch dem DGB-Index „Gute Arbeit“ 2010[4] ergibt, sind unsere Befragten nämlich etwas „männlicher“, älter, qualifizierter und „westdeutscher“ als im dort ermittelten Durchschnitt.

Insgesamt 71 Befragte (bzw. 34%) sind weiblichen, 136 Befragte (bzw. 66%) männlichen Geschlechts, insofern ist unser Sample „männlicher“ als der Durchschnitt (vgl. Tab. 2). Der vergleichsweise hohe Anteil männlicher Befragter kommt vor allem dadurch zustande, dass in den Industriekonstellationen das angepeilte Ziel nicht realisiert werden konnte, weibliche Beschäftigte mindestens ihrem Anteil an der Gesamtbeschäftigung entsprechend zu berücksichtigen, und dass zudem relativ zu den Vergleichsstichproben mehr Industriebeschäftigte in unserem Sample vertreten sind.

4 Aus dem vom Institut für Empirische Sozialökonomie INIFES aufbereiteten und uns zur Verfügung gestellten Gesamtdatensatz der DGB-Index-Erhebung 2010 haben wir das Teilsample von etwa 1.980 Befragten ausgewertet, die in den in unserem Projekt erfassten Branchen (auf Ebene der „Zweisteller“ nach der Klassifikation der Wirtschaftszweige des Statistischen Bundesamtes WZ 2003; vgl. Statistisches Bundesamt 2008) tätig sind. Der Vergleich unserer kleinen Sozialstatistik mit den hier gezeigten Daten des DGB-Index-Teilsamples ist insofern aussagekräftiger als ein solcher mit der BIBB/ BAuA-Befragung, da in dieser die Daten aller Erwerbstätigen ausgewiesen sind.

Tab. 2: Geschlecht der Befragten (nur Einzelinterviews; in %)

Geschlecht	Männlich	Weiblich
Legitimationsprobleme	66	34
BIBB/BAuA 2012	55	45
DGB-Index 2010	52	48

Das Gros der von uns Befragten ist zwischen 35 und 54 Jahre alt und mehrheitlich bereits länger als zehn Jahre im selben Betrieb beschäftigt. Vergleicht man die Verteilung der Altersgruppen in unserem Sample mit den genannten Repräsentativerhebungen (Tab. 3), fällt auf, dass unsere Befragung diesbezüglich recht gut „trifft", auch wenn die Gruppe der 45- bis 54-Jährigen in unserem Sample deutlich stärker, die der 25- bis 34-Jährigen sowie die der über 55-Jährigen hingegen schwächer vertreten ist als in jenen Befragungen.

Tab. 3: Alter der Befragten (nur Einzelinterviews; Anteile nach Altersklassen; in%)

Alter (Jahre)	bis 24	25 bis 34	35 bis 44	45 bis 54	ab 55	k.A.
Legitimationsprobleme	7	16	21	40	13	2
BIBB/BAuA 2012	6	21	25	32	17	-
DGB-Index 2010	4	20	23	31	22	-

Hinsichtlich des *Qualifikationsniveaus* weist unser Beschäftigtensample einen hohen Anteil von schulisch wie beruflich bzw. akademisch höher Qualifizierten aus: lediglich ein bzw. zwei Prozent verfügen über keinen Schulabschluss bzw. keine Berufsausbildung, 40 bzw. 33 Prozent hingegen über eine Fachhochschul- oder Allgemeine Hochschulreife bzw. ein abgeschlossenes Studium zumindest an einer Fachhochschule. Einen Hauptschul- oder Realschulabschluss haben insgesamt 54 Prozent der Befragten, über eine abgeschlossene Lehre verfügen 61 Prozent (vgl. auch Anhang). Im Untersuchungsfeld Dienstleistungen liegen die Anteile akademisch Qualifizierter über jenen in der Industrie.

Im Sample der Einzelinterviews ist – wie auch unter allen Erwerbstätigen in Deutschland – das „Normalarbeitsverhältnis" die absolute Regel: 85 Prozent unserer Befragten arbeiten in einem unbefristeten Vollzeitbeschäftigungsverhältnis (Gesamt: etwa 87%; vgl. Statistisches Bundesamt 2014a). Die Zahl von Befragten in „atypischen" Beschäftigungsverhältnissen liegt mit 15 Prozent leicht über dem Gesamtdurchschnitt aller Erwerbstätigen (etwa 13%; vgl. ebd.) und leicht unter dem Anteil der Befragten in der DGB-Index-Befragung 2010 (vgl. Tab. 4). Wie die Tabelle zeigt, ist es uns bei der Gruppe der in Leih- oder Zeitarbeitsfirmen Tätigen (mit N = 10 bzw. 5%) gelungen, eine deutlich über der Verteilung unter allen Erwerbstätigen (2,52% im Jahr 2012; vgl. DIW 2013) oder auch der DGB-Index-Befragung 2010 (2%) liegende Anzahl zu interviewen.

Noch zwei letzte Hinweise zur Samplestruktur: 95 Prozent unserer Befragten besitzen die deutsche Staatsbürgerschaft, ein nicht genau bestimmbarer Teil der Befragten, der etwa auf zehn Prozent geschätzt werden kann, hat einen Migrationshintergrund. Insgesamt 27 Befragte (bzw. 13%)[5] unseres Samples sind in der ehemaligen DDR oder in den ostdeutschen Bundesländern geboren und größtenteils dort aufgewachsen und beruflich sozialisiert. Zum Zeitpunkt unserer Erhebungen arbeiteten in den insgesamt drei in Ostdeutschland untersuchten Konstellationen 14 Befragte, die selbst aus Ostdeutschland stammen, die knappe andere Hälfte (N = 13) arbeitet in „Westkonstellationen".

Tab. 4: Art des Beschäftigungsverhältnisses (nur Einzelinterviews; in Prozent)

Beschäftigungsverhältnis	Legitimationsprobleme (N = 207)	DGB-Index 2010 (N = 1.979)
Unbefristet beschäftigt	85	83
Befristet beschäftigt	1	8
Geringfügig oder in Teilzeit beschäftigt	8	8
In Zeitarbeit beschäftigt	5	2

2.2.2 *Die Konstellationen: Verteilung auf die Untersuchungsfelder und einige Strukturmerkmale*

Wie in Abschnitt 2.1 dargelegt, sind wir bei der Konzipierung der Erhebungen davon ausgegangen, dass es differierende betriebliche Aktivierungs-, Bewährungs- und Veränderungsbedingungen für arbeitsbezogene Beschäftigtenansprüche gibt, die schon bei der Samplebildung berücksichtigt werden sollten. Diese betrieblichen Handlungskontexte bezeichnen wir aus den oben angegebenen Gründen als Konstellationen. Die folgende Übersicht zeigt zunächst die Verteilung der insgesamt 26 Konstellationen, in denen wir Befragungen durchführen konnten, auf die einbezogenen Industrie- bzw. Dienstleistungsbranchen. Die Konstellationen werden hier und im Folgenden anonymisiert nach einem einheitlichen Schema dargestellt. Die ersten zwei Buchstaben geben jeweils in Kurzform die Branchenzugehörigkeit an (also etwa „AU" für Automobilindustrie, „BA" für Bauwirtschaft, „ÖD" für Öffentlichen Dienst usw.). Der nach einem Unterstrich folgende Buchstabe dient der Nummerierung verschiedener

5 Laut BIBB/BAuA-Erwerbstätigenbefragung, die nur den aktuellen Wohnort ausweist, gaben 2012 rund 20 Prozent der Befragten an, in Ostdeutschland (inkl. Berlin) zu wohnen.

Konstellationen derselben Branche.[6] Aus Anonymisierungsgründen verzichten wir hier auf nähere Angaben zum einzelnen Unternehmen (etwa zu Größe oder Standort des Unternehmens oder der Betriebsstätte).

Im Industriesektor und seinen klassischen Kernbranchen Automobilindustrie (inkl. Zulieferindustrie), Maschinenbau, Elektroindustrie und Chemieindustrie, aber auch in der Bauwirtschaft, haben wir überwiegend Konstellationen an Standorten von Großunternehmen untersuchen können. Im Falle der beiden Industrie-Dienstleister handelt es sich um kleinere Produktions- bzw. Logistikbetriebe, „angedockt" an bzw. integriert in große Produktionsstandorte von Automobilendherstellern. Im Falle des Öffentlichen Dienstes stellen die jeweiligen Konstellationen kleinere Organisationseinheiten dar, bei den Einzelhandelskonstellationen handelt es sich einerseits um kleinbetriebliche Vertriebseinheiten des Einzelhandels, andererseits um größere Märkte. Bei den Finanz- und Wissensintensiven Dienstleistungen wurden ebenfalls größere Standorte von Großunternehmen der jeweiligen Branchen einbezogen.

Wichtige Unterscheidungsmerkmale der Betriebe und der Konstellationen sind in Tabelle 5 festgehalten, die einen groben Überblick in Bezug auf die Merkmale „Wirtschaftliche Lage/Krisenhintergrund", „Beteiligungsform" und „Arbeits- und Beschäftigungstypus" liefert.

---

6 Beispiel: Im Einzelhandel wurden vier Konstellationen untersucht. Entsprechend werden diese Konstellationen als EH_A bis EH_D bezeichnet.

Tab. 5: Merkmale der Betriebe/Konstellationen

Betrieb/Konstellation	Wirtschaftliche Lage; „Krisenhintergrund“	Dominanter Beteiligungsmodus[a]	Arbeits- und Beschäftigungstypus in der Konstellation[b]
		Automobilindustrie	
AU_A: PKW-Endhersteller/Werkzeugbau & Entwicklung	Starkes Wachstum; abgefederte Krise 2009	„verblassende“ Aktivierung Unternehmen; Passivierung	Facharbeit, Wissensarbeit; Normalarbeit
AU_B: NFZ-Komponentenwerk/Produktion	Relativ stabil (anhaltende Restrukturierung); massive Krise 2009	„verblassende“ Aktivierung Unternehmen; Passivierung	Facharbeit; Normalarbeit
AU_C: PKW-Aggregate/ Produktion	Langanhaltende Restrukturierung und Krise	Starke Aktivierung Interessenpolitik	Facharbeit; Normalarbeit
AU_D: PKW-Endhersteller/Planungsbereich	Wachstum; abgefederte Krise 2009	„verblassende“ Aktivierung Unternehmen; Passivierung	Wissensarbeit; Normalarbeit
AU_E: PKW-Zulieferer/ Produktion	Langanhaltende Restrukturierung	Passivierung	Facharbeit, Einfacharbeit; Normalarbeit
		Industrie-Dienstleistungen	
ID_A: Industrie/Produktionsdienstleister für Auto-OEM	Wachstum	Aktivierung Interessenpolitik	Vorwiegend Einfacharbeit; Werkverträge/ANÜ
ID_B: Industrie/Logistikdienstleister für AutoOEM	Wachstum	Aktivierung Interessenpolitik	Vorwiegend Einfacharbeit; Werkverträge/ANÜ
		Chemieindustrie	
CH_A: Chemie/Produktion	Stabil	Passivierung	Facharbeit, Wissensarbeit; Normalarbeit
CH_B: Chemie/Chemiepark-Dienstleister	Relativ stabil (nach Auslagerung)	Passivierung	Facharbeit; Normalarbeit
		Maschinenbau	
MA_A: Feinwerkstechnik/Produktion und Entwicklung	Relativ stabil, aber fortgesetzte Schrumpfung nach deutlichem Einbruch 2009	„verblassende“ Aktivierung Unternehmen; Passivierung	Facharbeit, Wissensarbeit; Normalarbeit (strategische Nutzung Leiharbeit)
MA_B: Maschinenbau/ Produktion und indirekter Bereich	Relativ stabil, aber tendenziell Schrumpfung nach	begrenzte Aktivierung Interessenpolitik	Facharbeit; Normalarbeit (strategische Nutzung Leiharbeit)

Betrieb/Konstellation	Wirtschaftliche Lage; „Krisenhintergrund“	Dominanter Beteiligungsmodus[a]	Arbeits- und Beschäftigungstypus in der Konstellation[b]
	Kriseneinbruch 2009		
MA_C: Anlagenbau/ Produktion und indirekte Bereiche	Relativ stabil nach massiver Krise 2009	Passivierung	Facharbeit; Normalarbeit (strategische Nutzung Leiharbeit)
MA_D: Prozesstechnologien/Produktion und Entwicklung	Starkes Wachstum	Passivierung	Einfacharbeit, Facharbeit, Wissensarbeit; Normalarbeit (strategische Nutzung Leiharbeit)
		Elektroindustrie	
EL_A: Elektro/ITK-Entwicklung	Langanhaltende Restrukturierung (Personalabbau, Auslagerung)	begrenzte Aktivierung Interessenpolitik	Wissensarbeit, Normalarbeit; (strategische Nutzung Werkverträge)
EL_B: Elektro/Zulieferer	relativ stabil, aber teilw. Entlassungen, Auslagerungsgefahr	begrenzte Aktivierung Interessenpolitik	Einfacharbeit, Facharbeit; Normalarbeit
		Bau	
BA_A: Baufirma	stabil (vergangene Baukrise als Hintergrund)	Aktivierung Unternehmen	Facharbeit; Normalarbeit
BA_B: Baufirma/Zentrale Technik	stabil (vorangegangene Fusion als Hintergrund)	Aktivierung Unternehmen	Wissensarbeit; Normalarbeit
		Einzelhandel	
EH_A: Handel	Auslagerungsgefahr	Passivierung	Einfacharbeit; Normalarbeit/ Teilzeitarbeit
EH_B: Handel	Insolvenz/Schließung	Passivierung	Einfacharbeit, Facharbeit
EH_C: Handel	Standortschließung	Aktivierung Interessenpolitik	Einfacharbeit, Facharbeit; Normalarbeit/TZ-Arbeit
EH_D: Handel	Relativ stabil	Passivierung	Einfacharbeit, Facharbeit; Normalarbeit/TZ-Arbeit

Betrieb/Konstellation	Wirtschaftliche Lage; „Krisenhintergrund"	Dominanter Beteiligungsmodus[a]	Arbeits- und Beschäftigungstypus in der Konstellation[b]
		Finanzdienstleistungen	
FD_A: Finanz-IT	Standortschließung	Aktivierung Interessenpolitik	Wissensarbeit; Normalarbeit
		Wissensintensive Dienstleistungen	
WD_A: Dienstleistung	Relativ stabil, teilw. Entlassungen	Aktivierung Unternehmen	Wissensarbeit; Normalarbeit
WD_B: IT-Dienstleister	Relativ stabil; Reorganisation	Aktivierung Unternehmen	Wissensarbeit; Normalarbeit
		Öffentlicher Dienst	
ÖD_A: Kommunalverwaltung	kommunale Finanzkrise	Aktivierung Unternehmen	Facharbeit; Normalarbeit
ÖD_B: Kommunale KITAs	Relativ stabil	Aktivierung Interessenpolitik (+Aktivierung Unternehmen)	Facharbeit; Normalarbeit; vorrangig weiblich

a – Wir unterscheiden drei Ausprägungen von Beteiligungsangeboten und -praktiken: Unternehmerische Aktivierung: Einflussmöglichkeiten/Beteiligung am Arbeitsplatz/im eigenen Arbeitsumfeld (teilweise als explizite Beteiligungsstrategie der Organisation, teilweise als arbeitspraktische Beteiligung); Interessenpolitische Aktivierung: Beteiligungsstrategien der interessenpolitischen Seite, Aktivitäten der Belegschaftsbasis; Passivierung: weder unternehmerische noch interessenpolitische Aktivierung/Beteiligung.

b – Wir unterscheiden bezüglich des in der jeweiligen Konstellation dominierenden Arbeits- bzw. Qualifikationstyps zwischen (un- und angelernter) „Einfacharbeit", (beruflich qualifizierter) „Facharbeit" und (zumeist akademisch qualifizierter) „Wissensarbeit", zudem zwischen „Normalarbeit" i.S. des „Vollzeit-Normalarbeitsverhältnisses" und davon abweichenden Beschäftigungsformen.

2.2.3 Die Untersuchungsfelder: Strukturmerkmale und Entwicklungstendenzen

Die Strukturmerkmale und Entwicklungstendenzen der Branchen, denen unsere Untersuchungskonstellationen zuzuordnen sind, sind ausgesprochen heterogen. Auch die „Große Rezession" in den Jahren nach 2007 hat hier zu keiner (in diesem Falle negativen) Vereinheitlichung geführt: Neben den exportorientierten Branchen, insbesondere dem Maschinenbau und der Automobilindustrie, die – zumindest vorübergehend – besonders von den krisenhaften Einschnitten betroffen waren, aber in der Folge auch wiederum eine besondere Aufwärtsdynamik entwickelt haben, stehen etwa Branchen aus dem Dienstleistungsbereich, die bereits seit Jahren oder Jahrzehnten Stagnationstendenzen aufweisen, von der Weltwirtschaftskrise aber wiederum nur am Rande oder indirekt betroffen waren. Darüber hinaus sind die Sektoren und Untersuchungsfelder jeweils durch einige weitere Besonderheiten gekennzeichnet, die für das Verständnis und die Einordnung der Befunde relevant sind und auf die wir deshalb im Folgenden schlaglichtartig eingehen.

Die *Automobil- und Automobilzulieferindustrie* – der *fünf Untersuchungskonstellationen* (und insgesamt *31 Befragte*) zuzuordnen sind – ist bekanntlich gesamtwirtschaftlich eine der prägenden Industriebranchen. In den Krisenjahren 2009 und 2010 sanken dort Umsatz- und andere wirtschaftliche Kennziffern ebenso wie die Beschäftigungszahlen erheblich, jedoch wurden zum Zeitpunkt unserer Untersuchung 2013 die jeweiligen Vorkrisenwerte bereits wieder übertroffen (Statista 2014a; Statistisches Bundesamt 2014b). Den Auswirkungen der „Großen Rezession" begegneten die Automobilhersteller und -zulieferer gemeinsam mit der Gewerkschaft IG Metall durch ein sozialpartnerschaftlich orchestriertes Bündel von Maßnahmen zur Standort- und Beschäftigungssicherung. Dazu zählten neben der politischen Durchsetzung der „Abwrackprämie" die extensive Nutzung von Kurzarbeit – laut DGB-Index „Gute Arbeit" 2010 in fast 60 Prozent der Betriebe der Befragten –, die Reduzierung von Leiharbeit (DGB-Index 2010: in 53% der Betriebe) sowie der systematische Abbau von Überstunden (ebd.: in fast 60% der Betriebe). Laut interviewten Branchenexperten für die Krisenbewältigung bedeutsam waren auch das Insourcing von Fertigungsumfängen und das zeitliche Strecken von Entwicklungsvorhaben mit dem Ziel der Reduktion von Entwicklungsausgaben. Konnte ein krisenbedingter Beschäftigungsrückgang in den „Stammbelegschaften" insofern erfolgreich abgewendet werden, findet der Beschäftigungseinstieg seitdem überwiegend über Arbeitnehmerüberlassung, Werkverträge und Befristungen statt. Mit ca. 100.000 Leiharbeitern im Jahr 2013 macht diese Beschäftigtengruppe mittlerweile gut 13 Prozent der Gesamtbeschäftigung in der Branche aus (IG Metall 2013). Dominanter – und ganz überwiegend männlicher – Beschäftigungstypus ist gleichwohl die unbefristete (Vollzeit-)Beschäftigung auf der Grundlage einer qualifizierten beruflichen oder akademischen Ausbildung, während der Anteil von „Einfacharbeit“ an allen Tätigkeiten in dieser Branche bei knapp unter 20 Prozent liegt, damit aber gleichwohl höhere Anteile aufweist als die anderen Industriebranchen unseres Samples (Abel et al. 2014, S. 37).

Gleichsam am Rande der Automobil- wie anderer Kernindustrien angesiedelt, ist im Zuge der weiteren Ausdifferenzierung und Fragmentierung industrieller Wertschöpfungsketten das Feld der sogenannten *Industrie-Dienstleistungen* (*zwei Konstellationen, neun Befragte*) immer bedeutsamer geworden; eine Branche „undercover“, die erst in jüngster Zeit Konturen gewann und als solche noch in keiner Wirtschaftsstatistik auftaucht (Meißner/Bochum 2011). Ihr Entstehen wurde durch zwei ökonomische wie politische Globaltrends bzw. Weichenstellungen ermöglicht bzw. befördert: „Outsourcing“-Strategien der großen Industrieunternehmen einerseits, arbeitsmarktpolitische Flexibilisierungs- und Aktivierungsstrategien andererseits. Infolge der Auslagerung von Produktions- und Dienstleistungsfunktionen (wie Instandhaltung, Logistik, Vormontage, Gebäudereinigung etc.) aus verschiedenen Industrien etablierten sich auf diese Funktionen spezialisierte große Industrie-Dienstleistungsfirmen mit teilweise mehreren Zehntausend Beschäftigten, aufgeteilt auf viele kleinbetrieblich organisierte Standorte in der Peripherie von Industriebetrieben. Ein starker Konkurrenzdruck wirkt sich negativ auf die Arbeits- und Beschäftigungsbedingungen aus: Das Entlohnungsniveau liegt deutlich niedriger als in der Industrie, es dominieren Formen von Einfacharbeit mit niedrigen Qualifikationsanforderungen und hohen körperlichen Belastungen; zugleich findet sich häufig – so auch in den beiden Konstellationen unseres Samples – ein hoher Anteil prekärer Beschäftigung, insbesondere von Leiharbeit (Meißner 2013). Die industriellen Beziehungen gleichen einer Parallelwelt zu den sonst eingespielten Arrangements, die sich durch das Umgehen von Tarifbindungen, das Ausnutzen von Lohndifferenzen und nur schwach ausgeprägte betriebliche und gewerkschaftliche Vertretungsstrukturen auszeichnet (Helfen/Nicklich 2013). Die Auswirkungen der wirtschaftlichen Krisenverläufe entwickeln sich parallel zu den Abnehmerindustrien, wobei die Industrie-Dienstleistungen teilweise auch hier als Flexibilisierungspuffer (Stichwort: Insourcing) dienen und entsprechend überdurchschnittlich betroffen waren.

Die *Chemische Industrie* (mit *zwei Konstellationen* und *elf Befragten* vertreten) ist – so die Einschätzungen der interviewten Branchenexpertinnen und -experten – von der Krise ab 2007 „kalt erwischt“ worden. Zwei Strategien zur Krisenbewältigung in der Branche stechen hervor: analog zur Autoindustrie vor allem die Einführung von Kurzarbeit, zum anderen der Abbau von Arbeitszeitkontenguthaben und die Schaffung bzw. Ausschöpfung von Regelungen in Tarifverträgen zur Verkürzung der Arbeitszeit ohne Lohnverzicht. Die Beschäftigung ging ab 2008 zurück, zu großflächigen betriebsbedingten Kündigungen kam es aber nicht, sondern der Beschäftigungsabbau wurde wesentlich über Nicht-Ersetzung der normalen Fluktuation, Abfindungen und die Entlassung von Leiharbeitnehmern umgesetzt. Diese Maßnahmen haben nach Angaben der Branchenexperten zwar partiell durchaus zu Konflikten zwischen Gewerkschaft und Arbeitgeberseite geführt, insgesamt seien die industriellen Beziehungen und die „Sozialpartnerschaft“ aus der Krise freilich gestärkt hervorgegangen. Im Jahr 2010 hat die Beschäftigung bereits wieder Vorkrisenniveau erreicht (Statista 2014b). Strukturell und interessenpolitisch ist die Chemische Industrie wie die Automobilbranche von Großunternehmen geprägt. Die großen „Restrukturierungsthemen“ sind laut Branchenexperten bereits in den 1990er Jahren abgeschlossen worden; häufig mit der Folge eines Aufbaus von Industrieparks im Zuge der Ausgliederung von Unternehmensteilen in Betreiber- oder Infrastrukturgesellschaften. Diese Betriebe übernehmen vormals von den Chemieunternehmen selbst erbrachte Dienstleistungsfunktionen und sind somit ebenfalls Ausdruck des skizzierten industriellen Tertiarisierungstrends, der zur Herausbildung einer ganzen Industrie-Dienstleistungsbranche beiträgt.

Gemessen am Branchenumsatz ist der *Maschinenbau* (*vier Konstellationen, 35 befragte Beschäftigte*) hinter dem Fahrzeugbau im Jahr 2012 die zweitgrößte Industriebranche in Deutschland. Hier übertraf die Beschäftigtenanzahl im Jahr 2012 mit fast einer Million die Werte vor der Krise (VDMA 2014, S. 9). Die „Große Rezession“ hat teilweise zu bleibenden Einbrüchen geführt (etwa im Segment der Bau- und Baustoff- oder Papiermaschinen), während sich andere Branchensegmente (vor allem Motoren, Kunststoffmaschinen oder Industrieöfen) wirtschaftlich mittlerweile wieder erholt haben. Zwecks Krisenbewältigung und Sicherung der (Stamm-)Beschäftigung spielten Flexibilisierungsinstrumente in Tarifverträgen eine wichtige Rolle, hinzu kamen betriebliche Vereinbarungen zur Beschäftigungssicherung (Lauenroth 2010). Wie auch in den anderen Industriebranchen wurden vielfältige Möglichkeiten der Arbeitszeitflexibilisierung (Dispan 2009, S. 12ff.) ebenso genutzt wie Kurzarbeit (DGB-Index 2010: 66%), Überstundenabbau (72%) und Zwangsurlaub (43%); Leiharbeit wurde massiv reduziert und befristete Beschäftigungsverhältnisse wurden nicht verlängert. Nichtsdestotrotz sind im Jahr 2009 50.000 Arbeitsplätze in den Stammbelegschaften abgebaut worden (Lauenroth 2010). „Flexible Spezialisierer“ scheinen im Vergleich zu „Standardproduzenten“ die Krise besser überstanden zu haben (Fuchs/Kempermann 2010, S. 12ff.). Die Branche unterliegt insgesamt einem starken Verlagerungsdruck in Richtung BRIC-Staaten, insbesondere nach China, welches zugleich größter Importeur deutscher Maschinenbauerzeugnisse ist (VDMA 2014, S. 22). Die Qualifikations- und Beschäftigungsstruktur ist durch Facharbeit und hochqualifizierte Wissensarbeit geprägt, der Anteil der „Einfacharbeit“ liegt nur bei knapp neun Prozent (Abel et al. 2014, S. 37). Innerhalb der Branche ist ein Bedeutungszuwachs von

Dienstleistungen in Vertrieb und Service zu beobachten. Die wachsende Bedeutung des Dienstleistungsbereichs mit häufig höherqualifizierten Beschäftigten sowie die große Zahl meist inhabergeführter kleiner oder mittelständischer Unternehmen erschwert gewerkschaftliche Versuche der Erhöhung des Organisationsgrads (gegenwärtig mit ca. 35 bis 40% deutlich unter den Werten der Automobilindustrie).

In der deutschen *Elektroindustrie* sind etwa 800.000 Arbeitnehmer beschäftigt; sie gehört damit neben dem Fahrzeugbau und dem Maschinenbau zu den drei größten Industriebranchen; die mit Abstand größte Teilbranche ist die Automationstechnik (Statista 2013; ZVEI 2013). Die Segmente der Elektrohausgeräte- und der Kommunikations- und Informationstechnik, denen *zwei Konstellationen* und *15 befragte Beschäftigte* zugehören, finden sich an vierter und fünfter Stelle. Die Elektroindustrie ist in den Jahren vor der „Großen Rezession" insbesondere durch den Export sehr stark gewachsen, hat 2008/2009 deutliche Einbrüche gesehen, erreichte aber bereits im Jahr 2011 wieder Rekordabsatzzahlen. Die wichtigsten beschäftigungspolitischen Instrumente in der Krise waren auch hier Kurzarbeit und Abbau von Zeitkonten (Baszenski/Stowasser 2013, S. 68), die Reduzierung von Leiharbeit (DGB Index: in 40% der Betriebe), aber auch genereller Personalabbau. In manchen Großunternehmen ist Leiharbeit laut Branchenexperten um 30 Prozent reduziert worden, hat aber mittlerweile auch in der Elektroindustrie wieder Konjunktur. Zur Bewältigung der Wirtschaftskrise arbeiteten IG Metall und Arbeitgeberverband teilweise eng zusammen – schon 2008 wurde ein Tarifvertrag geschlossen, der es in Abhängigkeit von der wirtschaftlichen Lage des Betriebes ermöglicht, eine Tariferhöhung um bis zu sieben Monate zu verschieben (WSI 2008, S. 22), eine Regelung, die 2009 von etwa 25 Prozent der Unternehmen genutzt wurde, häufig im Rahmen von beschäftigungssichernden Vereinbarungen (WSI 2010, S. 7ff.). Als dominanter Arbeits- und Qualifikationstyp kann in der Elektroindustrie inzwischen Fach- und Wissensarbeit angesehen werden (Abel et al. 2014, S. 37), der Ingenieursanteil liegt bei etwa 23 Prozent (Dulitz 2012). Gleichzeitig findet sich allerdings noch ein relevanter Anteil eher gering qualifizierter Einfacharbeit (knapp 20%; vgl. Abel et al. 2014, S. 37).

Die *Bauindustrie* (*zwei Konstellationen*, *18 Befragte*) hatte ihre eigene große Branchenkrise, die mit spektakulären Insolvenzen und Übernahmen, massivem Beschäftigtenabbau und einer einschneidenden Veränderung der Betriebs- und Organisationsstruktur einherging, bereits im Verlauf der vorangegangenen zehn Jahre erlebt. Mitte der 1990er Jahre endete die vorangegangene Wachstumskonstellation der Bauwirtschaft (Trettin et al. 2006), hinzu kam eine massiv verschärfte internationale Konkurrenz. In der Folge sanken zwischen 1995 und 2005 die Beschäftigtenzahlen in der Bauwirtschaft von 2,9 auf 1,7 Millionen. Zugleich wurden Subvertragsverhältnisse massiv ausgeweitet, Kleinstbetriebe nahmen stark zu – die Beschäftigungsverhältnisse polarisierten sich in halbwegs stabile Kernbelegschaften und ein breites Spektrum unsicherer Beschäftigung der Randbelegschaften, Subunternehmer, Kleinselbständigen usw. Zum Zeitpunkt der „Großen Krise“ fand gerade eine gewisse Konsolidierung statt, die schließlich durch die staatlichen Krisenbekämpfungsmaßnahmen (insbesondere das Konjunkturpaket 2 im Jahr 2009) positiv unterstützt wurde. Im Ergebnis stabilisierten sich die Beschäftigtenzahlen und sind seit 2008 sogar wieder leicht gestiegen (Angaben nur für Bauhauptgewerbe, nach ZDB 2014). Trotz dieser „objektiv“ geringen Krisenbetroffenheit verzeichnet der DBG-Index eine recht hohe subjektive Krisenwahrnehmung: Etwa die Hälfte der befragten Baubeschäftigten fühlte sich in der Krise persönlich „teilweise“ oder „sehr“ unter Druck gesetzt – Werte, die in etwa denjenigen der Automobilindustrie entsprechen. Der Frauenanteil ist im Bauhauptgewerbe mit unter zehn Prozent sehr gering; bei Ingenieurs- und Architekturbetrieben erreicht er immerhin etwa ein Drittel. Die industriellen Beziehungen sind traditionell kooperativ angelegt; der gewerkschaftliche Organisationsgrad liegt unter 25 Prozent, variiert allerdings stark nach Betriebsgröße. Während die Gewerkschaften nur wenig Zugang in die kleinbetrieblichen Handwerksbereiche haben, sind sie in den Großunternehmen deutlich besser vertreten.

Mit mehr als 3 Millionen Beschäftigten arbeiten im *deutschen Einzelhandel* (*vier Konstellationen, 26 Befragte*) mehr Menschen als in Automobilindustrie, Maschinenbau und Chemischer Industrie zusammen. Davon ist allerdings nur noch ein gutes Drittel vollzeitbeschäftigt (im Erhebungsjahr 2013 1,1 Mio.), die Anzahl der sozialversicherungspflichtigen Teilzeitbeschäftigten steigt kontinuierlich an und liegt derzeit bei gut 940.000. Geringfügige Beschäftigungsverhältnisse sind seit einigen Jahren, ausgehend von einem relativ hohen Niveau, ein wenig rückläufig und lagen im Jahr 2013 bei knapp 900.000 (HDE-Zahlenspiegel 2014). Diese Beschäftigungsentwicklung ist Ergebnis massiver Strukturveränderungen und schon länger anhaltender Stagnationstendenzen. Der rapide Aufschwung des Online-Versandhandels mit jährlichen Wachstumsraten um die zehn Prozent (von vergleichsweise niedriger Ausgangsposition) kann am geringen Wachstum nichts Grundlegendes ändern (HDE 2012). Der Strukturwandel zeichnet sich durch einen anhaltenden Konzentrationsprozess aus, die Unternehmensstrategien sind auf geografische Expansion, quantitatives Wachstum und Verdrängung ausgerichtet (Wortmann 2003). Die Verkaufsflächen wachsen sowohl in absoluten Zahlen als auch pro Beschäftigten (Warich 2009, S. 19) bei gleichzeitiger Reduzierung der Zahl der Verkaufsstellen. Beide Entwicklungen führen zu einer forcierten Verdrängung mittelständischer (Fach-) Einzelhändler. Die Folgen der "Großen Krise" kamen im Einzelhandel in stärker vermittelter Weise als in den Industriebranchen und zudem zeitverzögert zum Tragen. Der private Konsum, von dem der Einzelhandel stark abhängig ist, ließ in Deutschland weniger nach, als zunächst erwartet worden war. Im Jahr 2009 erfolgte mit drei Prozent ein im Branchenvergleich vergleichsweise geringer Rückgang (WABE-Institut 2012). Zeitgleich prägten allerdings Insolvenzen und Schließungen großer Einzelhändler (Karstadt, Neckermann, Quelle) das öffentliche Bild – dies stellte sich aber eher als Krise bestimmter Vertriebsmodelle (Versandhandel, Kaufhäuser) oder einzelner Unternehmen dar. Die Beschäftigtenstruktur im Einzelhandel ist stark weiblich geprägt, mehr als zwei Drittel der hier Beschäftigten sind Frauen. Das Lohnniveau ist niedrig; selbst bei Vollzeitbeschäftigung liegen die Arbeitsentgelte häufig nur wenig über dem Niveau der Existenzsicherung. Wer Teilzeit arbeitet oder geringfügig beschäftigt ist, kann bestenfalls einen Zuverdienst zum Haushaltseinkommen erwirtschaften. Der gewerkschaftliche Organisationsgrad im Einzelhandel ist insgesamt niedrig, variiert aber stark. Insbesondere in Kaufhäusern und den großen Einzelhandelsketten ist die Gewerkschaft ver.di deutlich besser vertreten als im Branchendurchschnitt.

Das *Kreditgewerbe* (*eine Konstellation, 14 Befragte*) verzeichnete erhebliche Einbrüche der Erträge während der Krise ab 2007, für die Beschäftigten waren Krisenprozesse allerdings schon deutlich länger spürbar. Massive Reorganisations-, Zentralisierungs- und Auslagerungstendenzen betrafen insbesondere die Infrastruktur- und Back-Office-Bereiche und dauern bis heute unvermindert an (Stadlinger 2013). Die größten Reorganisationsprozesse im Privatkundenvertrieb waren im Jahr 2008 allerdings vorerst weitgehend abgeschlossen. Die vorangegangenen massiven Filialschließungen setzten sich kaum noch fort (Roth 2012). Insgesamt erlebte das Kreditgewerbe seinen stärksten Beschäftigtenrückgang zwischen 2000 und 2006, und zwar um etwa 100.000 Stellen auf 680.000. Die allgemeine „Große Krise" 2007/2008 traf also Belegschaften, die bereits über erhebliche „Krisenerfahrungen" verfügten. Trotz verstärkter Reorganisationsanstrengungen der Unternehmen im Gefolge der Finanzmarktkrise sinken die Beschäftigtenzahlen in den letzten Jahren deutlich weniger (Erhebungsjahr 2013: knapp 650.000 Beschäftigte). Eine neue Welle von Restrukturierungen – insbesondere im Filialbereich – zeichnet sich allerdings derzeit gerade in ersten Ansätzen ab (Menz/Nies 2015). Die Beschäftigtenbefragung des DGB-Indexes „Gute Arbeit" zeigt, dass sich die Beschäftigten im Kreditgewerbe stark von Entgeltreduzierungen, Intensivierung der Arbeit und Umstrukturierungen betroffen sahen – erheblich mehr als andere Dienstleistungsbranchen und fast so stark wie etwa in der Automobilindustrie. Leicht überdurchschnittlich betroffen sah man sich auch von Arbeitsplatzabbau, und immerhin etwa 42 Prozent der Befragten haben sich durch die Krise „teilweise" oder „sehr unter Druck gesetzt gefühlt" (DGB-Index 2010). Im Vergleich mit anderen Dienstleistungsbranchen sind die Verdienste gut, insbesondere im privaten Bankensektor ist der Anteil von (besserverdienenden) AT-Angestellten hoch. Der Frauenanteil an den Beschäftigten ist überdurchschnittlich, aber hier gilt – wie fast überall –, dass erheblich mehr Frauen als Männer in Teilzeit beschäftigt sind.

Unser Untersuchungsfeld der *wissensintensiven unternehmensbezogenen Dienstleistungen* (*zwei Konstellationen, 28 Befragte*) deckt sich nicht mit den üblichen Branchenabgrenzungen für die Wirtschafts- und Beschäftigtenstatistik, so dass hier quantitative Aussagen etwa zur Beschäftigtenentwicklung kaum möglich sind. Wir zählen zu diesem Bereich all jene hochqualifizierten Dienstleistungstätigkeiten, die im direkten Auftrag für andere Unternehmen erbracht werden, beispielsweise Consultingtätigkeiten oder IT-Dienstleistungen. Die Beschäftigten in den wissensintensiven unternehmensbezogenen Dienstleistungen sind gut bis sehr gut qualifiziert, nicht selten sind sie gesuchte Experten. Ähnlich wie im Bereich der Industrie-Dienstleistungen besteht hier eine starke Abhängigkeit von den Auftraggebern aus dem produzierenden Gewerbe, die sich vor allem auch in einer besonderen Betroffenheit von der „Großen Krise" niederschlägt, die ansonsten für den Dienstleistungsbereich weniger kennzeichnend ist. In einer unserer beiden Konstellationen sind etwa 70 Prozent des Umsatzes von Auftraggebern aus dem Bereich Gebrauchs- und Konsumgüter abhängig. Die Krisenhaftigkeit der Auftraggeberbranchen macht sich in diesem Feld insofern unterschiedlich bemerkbar – was zu unternehmensintern differenzierter Krisenbetroffenheit führen, zugleich aber auch für Ausgleichsmöglichkeiten zwischen unterschiedlichen Prosperitäts- und Krisenkonstellationen sorgen kann. Hinsichtlich der subjektiven Krisenbetroffenheit ist die Branche, legt man den breiten Zuschnitt von „unternehmensbezogenen Dienstleistungen" des DGB-Indexes 2010 zugrunde, in jeglicher Hinsicht Mittelmaß: Sie fällt in keiner Weise aus dem Rahmen des Durchschnitts der Dienstleistungsbranchen.

Im *kommunalen Öffentlichen Dienst* (*zwei Konstellationen, 20 Befragte*) besteht bereits seit längerem eine strukturelle Unterfinanzierung – bei allerdings ganz erheblichen regionalen Differenzen. Hinzu kommen seit 2007 die Krisenfolgen in Form von zurückgehenden Steuereinnahmen (insbesondere der Gewerbesteuer) und zugleich steigenden Sozialausgaben (Ernst & Young 2012). Insgesamt sind die Staatsschulden in Deutschland zwischen 2007 und 2010 von 65 Prozent auf 83 Prozent des Bruttoinlandsprodukts angestiegen (ver.di 2012). Seitdem ist ihre Entwicklung wieder rückläufig – was sich allerdings nicht nur auf eine wirtschaftliche Erholung und entsprechend gestiegene Staatseinnahmen, sondern auch auf verschärfte Sparbemühungen (d.h. Ausgabenkürzungen, die nicht zuletzt die Beschäftigten betreffen) zurückführen lässt. Der Öffentliche Dienst bekommt die Folgen der Krise vor allem über eine Verknappung der Staatsfinanzen zu spüren, wenn die Krisendynamik ihren Verlauf von einer Finanz- in eine Wirtschaftskrise nimmt und schließlich in eine Krise der Staatsfinanzen mündet. Insbesondere die Gemeindefinanzen bleiben insgesamt weiterhin defizitär, allerdings sind die Unterschiede zwischen Kommunen und Regionen ausgesprochen groß. Nach anhaltendem Personalabbau stagnieren die Beschäftigtenzahlen in den Gemeinden seit dem Jahr 2005 bei Werten zwischen 1,3 und 1,4 Millionen (Öffentlicher Dienst insgesamt: 4,6 Mio.). Der größte Teil von ihnen sind Angestellte, Beamte machen im kommunalen Öffentlichen Dienst einen viel geringeren Anteil aus als bei Bund und Ländern.[7] Der gewerkschaftliche Organisationsgrad ist, verglichen mit anderen Dienstleistungsbereichen, hoch; er variiert allerdings deutlich nach Tätigkeitsbereich. Die Frauenquote im Öffentlichen Dienst steigt seit längerem und liegt derzeit bei etwa 55 Prozent, in den Kommunen bei über 60 Prozent. Allerdings unterscheidet sich das Geschlechterverhältnis stark nach Tätigkeitsfeldern. So sind die Beschäftigten in Kindertagesstätten zu 95 Prozent weiblich, während Männer z.B. den Bereich kommunale Infrastruktur dominieren.

2.3 Methodik II: Auswertungskonzept

Die 207 durchgeführten Beschäftigteninterviews, 19 Gruppendiskussionen und 70 Experteninterviews wurden alle mittels Tonaufnahme dokumentiert und anschließend transkribiert. Beschäftigteninterviews und Gruppendiskussionen wurden sodann mit Hilfe von Software zur qualitativen Datenanalyse codiert. Diese Codierung, d.h. das Auffinden und Markieren der zentralen Themen und Konzepte im gesamten transkribierten Textkorpus, war bereits Teil der inhaltlichen Auswertungs- und Interpretationsarbeit. Diese erfolgte in drei Schritten: Zunächst wurden die handlungsrelevanten *Ansprüche* der Beschäftigten interpretativ aus dem vorliegenden Textmaterial erschlossen. Diese wurden dann zu *Anspruchsmustern* verdichtet und im Anschluss zu den jeweiligen spezifischen Merkmalen und Bedingungen von Arbeit und Betrieb in Beziehung gesetzt (*Kontextanalyse*).

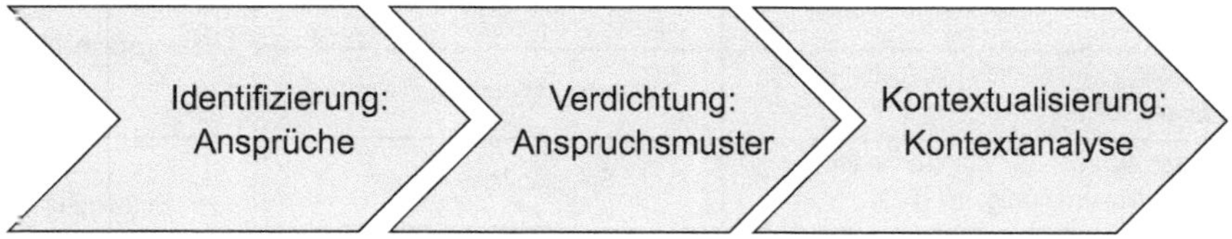

7 Angaben nach Statistischem Bundesamt, Fachserie 14 Reihe 6, Jahr 2013.

Im Zuge der *Anspruchsanalyse* wurden zunächst die von den Beschäftigten artikulierten Legitimitätsansprüche hinsichtlich der Verfahren und Ergebnisse der arbeits- und betriebspolitischen Entscheidungsprozesse, der Organisations- und Rationalisierungsformen, Strategien und Umsetzungsformen der „Krisenbewältigung" gesammelt und systematisiert. Ergebnis war eine umfangreiche Liste mit vielfältigen Ansprüchen und Orientierungen. Diese manifesten Anspruchsformulierungen wurden dann auf Gemeinsamkeiten und Differenzen hinsichtlich latenter übergreifender Sinnstrukturen untersucht. Wir gingen davon aus, dass die Aussagen der Befragten auf der Ebene des manifesten Sinns (Erzählungen, Schilderungen, Bewertungen, wie sie in den Interviews formuliert wurden) auf bestimmte allgemeine Prinzipien und Maßstäbe der Bewertung und Beurteilung zurückführbar sind, die den Einzelaussagen und -urteilen (einzelne Ansprüche: Sollensaussagen, Forderungen, Kritik) normativ unterlegt sind und zugrunde liegen. Diese basalen Prinzipien und Maßstäbe, die wir im Interpretationsprozess rekonstruiert, zu charakteristischen Mustern verdichtet und mit passenden zusammenfassenden Begriffen belegt haben, nennen wir *Anspruchsmuster*. In diesem zweiten Schritt haben wir also versucht, den „moralischen" oder auch „rationalen" Kern der zuvor gefundenen Ansprüche zu ermitteln. Dieser Schritt war einerseits ein empirisch-induktiver, erfolgte aber zugleich auch „im Dialog" mit bekannten Befunden und Konzepten aus Forschung und Diskussion über Gerechtigkeitsvorstellungen und Legitimitätsansprüche von Beschäftigten, die bereits in der Einleitung skizziert wurden. Tabelle 6 zeigt beispielhaft den „Weg" von der Erzählung über deren Interpretation als Anspruch oder Orientierung bis zur Verdichtung bzw. Zuordnung zu Anspruchsmustern (vgl. Tab. 6).

Tab. 6: Vom erzählten Anspruch zum basalen Anspruchsmuster

Erzählung	Interpretation als Orientierung/ Anspruch	Anspruchsmuster
Findet Kita mit gemischter Struktur gut (ÖD)	Chancengleichheit	Leistungsgerechtigkeit
Fordert vollen Rentenanspruch nach 45 Jahren (BA)	Anerkennung der Lebensleistung	
Ärgert sich über Chefin, die ihn für Eigeninitiative gerügt hat (WD)	Selbständiges Agieren	Beteiligung
Wehrt sich gegen Strafversetzung (ID)	Sich wehren	

Im Auswertungs- und Deutungsschritt der *Kontextanalyse* haben wir die Anspruchsmuster in Beziehung zu charakteristischen arbeits- und betriebsbezogenen Bedingungen und Problemlagen gesetzt, von denen sie geprägt werden und in denen sie als Deutungsmaßstab und Handlungsorientierung wirksam sind. Die empirische Grundlage hierfür bildeten einerseits auch hier die Beschäftigteninterviews und Gruppendiskussionen, andererseits aber vor allem die Interviews mit betrieblichen Experten sowie betriebliche Dokumente. Hier haben wir nach typischen Kombinationen – und nach „Resonanzen“ und „Dissonanzen“ – zwischen spezifischen betrieblichen, arbeitsbezogenen und weiteren sozialstrukturellen Merkmalen einerseits und den vorgefundenen Anspruchsmustern andererseits gesucht. Die Kontextanalyse sollte damit auch Hinweise auf mögliche Erklärungsansätze für etwa nach Betrieben oder Arbeits- und Beschäftigungsformen unterschiedlich ausgeprägte Anspruchsmuster liefern. Als die in dieser Hinsicht wichtigsten Kontextdimensionen erwiesen sich zum einen bestimmte arbeitsbezogene Problemlagen – solche, die die *Arbeitsordnung* (im weitesten Sinne: die Nutzungsbedingungen von Arbeitskraft) betreffen – und zum anderen Problemlagen, die die *Beschäftigungsordnung* prägen (die Verkaufsbedingungen von Arbeitskraft). Es zeigte sich, dass die Beschäftigten ihre Gerechtigkeits- und Rationalitätsansprüche im Bezugsrahmen von geteilten, relativ stabilen Arbeitsordnungen anders artikulieren, gewichten und ins Spiel bringen als in heterogenen oder gleichsam gespaltenen Arbeits- und Beschäftigungsordnungen und in gefährdeten oder gar kollabierenden Beschäftigungsordnungen.

Die ursprünglich anvisierte Akzentsetzung der Auswertung auf die jeweiligen Beteiligungs- und Krisenbedingungen als zentrale anspruchsrelevante Kontexte, die auch – wie in Abschnitt 2.1 ausgeführt – unsere Konstellationsauswahl steuerte, kommt auch in dieser Interpretationsperspektive zum Tragen. Es ergibt sich jedoch eine modifizierte Bündelung – auch zusätzlicher – relevanter Kontextfaktoren. Sie wird im Einzelnen in Kapitel 4 erläutert, in dem wir die Ergebnisse der Kontextanalyse der erwerbsarbeitsbezogenen Gerechtigkeits- und Rationalitätsansprüche der befragten Beschäftigten ausführlich vorstellen und diskutieren. Doch zuvor wenden wir uns nun diesen Anspruchsmustern selbst zu.

3 Gerechtigkeits- und Rationalitätsansprüche an Arbeit und Betrieb

Als erstes empirisches Hauptergebnis unserer Studie präsentieren wir in diesem Kapitel die Befunde unserer Anspruchsanalyse: Wir stellen die Bandbreite der Legitimitätsansprüche der befragten Beschäftigten vor. Es geht hier erst einmal darum, die Vielfalt dieser Ansprüche an Erwerbsarbeit zu dokumentieren, die jeweilige Eigenart der einzelnen Anspruchsmuster möglichst genau und anschaulich zu charakterisieren sowie auf häufige Formen der Verbindung unterschiedlicher Legitimitätsansprüche hinzuweisen. In der Einleitung hatten wir als eine Grundannahme formuliert, dass Beschäftigte nicht (nur) als bloße rationale Tauschinteressenten und egoistische Nutzenmaximierer in Arbeitsorganisationen eintreten und agieren, sondern sich in einem deutlich weiteren Horizont einer *moralischen* Ökonomie mit buchstäblich anspruchsvolleren normativen Ansprüchen als der neoliberal verklärte und allenthalben bemühte *homo oeconomicus* bewegen. Wie das Folgende zeigen wird, hat sich diese Grundannahme eindrucksvoll bestätigt.

Die Suche nach diesen Legitimitätsvorstellungen folgte zunächst einem recht groben Raster. Einerseits wurden Ansprüche im empirischen Material identifiziert und klassifiziert, die auf *Outputlegitimität* oder Verteilungsgerechtigkeit reflektieren (d.h. auf die *ergebnisbezogene* Seite von Erwerbsarbeit), und zwar im Hinblick auf betriebliche Politikfelder und Themen wie Entlohnung, Arbeitszeit, Arbeitsintensität/Belastung, Beschäftigungssicherung, Arbeitsgestaltung oder betriebliche Innovationspolitik. Andererseits wurde nach Ansprüchen auf *Inputlegitimität* oder Beteiligungsgerechtigkeit gefahndet (auf Beteiligung an Entscheidungsprozessen gerichtete, d.h. *beteiligungsbezogene* Ansprüche). Diese Suche war überaus ergiebig. Die ursprüngliche einfache Unterscheidung zwischen Output- und Inputlegitimität musste allerdings im Lauf des Auswertungs- und Interpretationsprozesses – in intensiver Auseinandersetzung nicht nur mit dem Material, sondern auch mit vorliegenden gerechtigkeitstheoretischen und soziologischen Konzepten – deutlich ausdifferenziert und erweitert werden. Das Ergebnis ist ein doppeltes Spektrum von Legitimitätsansprüchen: von Gerechtigkeitsansprüchen einerseits und von Rationalitätsansprüchen andererseits.

Bevor wir uns diesen nun im Einzelnen zuwenden, sind noch einige Begriffsklärungen nötig. Wenn wir *Ansprüche auf Legitimität* in den Fokus rücken, dann ist dazu nochmals zu betonen, dass wir nicht alle denkbaren Orientierungen oder von den Befragten artikulierten Interessen, Wünsche oder Aspirationen ins engere Auswertungsvisier genommen haben. Legitimitätsansprüche sind zunächst – und das macht ihren Charakter als *Ansprüche* aus – normative bzw. *normativ begründete Erwartungen*, in unserem Fall hinsichtlich bestimmter betrieblicher Ordnungen oder Ordnungselemente (z.B. personalpolitischer Strategien, Verteilungsregeln, Entscheidungsprozeduren, Formen der Krisenbewältigung, Rationalisierungskonzepte usw.; vgl. zum Folgenden: Wolf 2014, S. 9f.). Auch wenn wir sagen, dass ein Subjekt ihn „hat", verweist ein Anspruch unmittelbar auf Objektives und Verallgemeinerbares. Denn ein „Anspruch auf etwas" geht über das rein subjektive Wollen oder Wünschen hinaus: Er enthält den Bezug auf eine geltende *Norm* (und das Einklagen oder In-Anspruch-Nehmen eines *Wertes*), die das Wollen oder Wünschen fundiert, begründet und legitimiert (Hürtgen/Voswinkel 2014, S. 40ff.).[1] Von Ansprüchen *der Beschäftigten* sprechen wir hier also nicht in dem Sinne, dass es sich um deren „rein subjektive" Strebungen oder Forderungen handeln würde; der objektive Normbezug bleibt immer mitgedacht, und Beschäftigtenansprüche können sich in der Regel auch mehr oder weniger ausgeprägt auf Rechtsnormen (gesetzliche Regelungen wie das Betriebsverfassungsgesetz, Tarifverträge) stützen und sind entsprechend unterschiedlich stark institutionalisiert. Aber es geht zugleich doch um Erwartungen, Werte und Normen, die von Subjekten angeeignet und internalisiert worden sein müssen. Sie sind insofern ein – sicher veränderbarer, aber doch „haltbarer" – Aspekt ihrer persönlichen Identität. Die Beschäftigten können solche Ansprüche in ihrem Denken, Reden und Argumentieren artikulieren (diskursiv und explizit). Und solche Ansprüche können als mehr oder weniger bewusste Handlungsmaxime in ihrem Handeln (praktisch, oft implizit) wirksam sein.[2]

Legitimitätsansprüche sind außerdem – in ihrem Bezug auf Legitimation bzw. *Legitimität* – Ansprüche auf „Richtigkeit" und „Angemessenheit" gegenüber *einer sozialen Ordnung*. Wir verwenden also einen empirisch-soziologischen Legitimitätsbegriff in der Tradition Max Webers: Eine soziale Ordnung ist dann legitim, wenn ihre Maximen den Ansprüchen ihrer Mitglieder entsprechen.

1 Anspruch ist deshalb auch ein grundlegender Rechtsbegriff: im Zivilrecht das Recht eines/r Einzelnen (des Gläubigers), ein Tun oder Unterlassen von Anderen (dem Schuldner) einfordern zu können (BGB § 194). Schon wenn von Ansprüchen in diesem formalrechtlichen Sinn – im Sinne eines Rechtes also, etwas von Anderen verlangen oder einfordern zu können – die Rede ist, geht es um die *gerechte* Behandlung einer Person (der eigenen Person) oder einer „Sache", wie abstrakt oder konkret diese auch gefasst sei.

2 Giddens (1992) unterscheidet analog, wie schon erwähnt, zwischen *diskursivem* und *praktischem Bewusstsein*. Letzteres ist all das, was die Subjekte (teilweise stillschweigend) darüber wissen, wie in ihrem Handlungskontext zu handeln ist (gehandelt werden soll) und welche Handlungsgründe (Normen, Werte) dabei geltend gemacht werden können – ohne immer schon in der Lage zu sein, diesem Wissen einen direkten diskursiven Ausdruck zu geben.

Dabei geht es nicht um ein – wie und von wem auch immer festzustellendes – „objektives" Zusammenfallen von Anspruch und Realität. Kriterium für bestehende Legitimität ist der „Legitimitätsglaube" der Mitglieder der sozialen Ordnung: ihre Vorstellung, dass die Ordnung „angemessen" und „richtig" ist. Legitimitätsansprüche sind per Definition *normative* Ansprüche. Die Gestaltung sowie die Erträge oder Folgen der zu bewertenden sozialen Ordnung sind nicht bloß individuell nützlich oder wünschenswert, sondern es kann gewissermaßen ein Anrecht darauf formuliert werden, dass die Ordnung den Ansprüchen entsprechen soll (Menz 2009). Die „soziale Ordnung" als der Gegenstand der Legitimitätsansprüche kann etwa der Betrieb sein, in dem man beschäftigt ist, ebenso aber auch „kleinere" soziale Ordnungen, z.B. die Prinzipien der Arbeitsverteilung in der Arbeitsgruppe oder auch die Interaktionsbeziehungen zu den Kunden. Ansprüche auf Legitimität einer solchen Ordnung werden in unseren Interviews und Gruppendiskussionen häufig nicht positiv formuliert (also bezogen auf Beispiele, wo sie erfüllt werden), sondern anhand von Fällen, wo die Ansprüche uneingelöst geblieben sind. Legitimitätsansprüche sind hier die Kritikprinzipien, mit denen man auf Ungerechtigkeiten hinweist und diese anprangert. Die Frage nach der Legitimität von (betrieblichen oder anderen sozialen) Ordnungen – und nach der Brüchigkeit und den Rissen in dieser Legitimität – ist vor allem auch deshalb von Bedeutung, weil ihre Beantwortung Aufschluss über die Stabilität oder den Wandel dieser Ordnungen verspricht. Wer eine soziale Ordnung für legitim erachtet, wird seine Handlungen an ihren Basisprinzipien orientieren und damit einen Beitrag zu ihrer Stabilität leisten. Wer ihre Legitimität anzweifelt, ist in seinem Handeln nicht nur nicht mehr auf diese Basisprinzipien verpflichtet, sondern dürfte auch am Wandel der Ordnung interessiert sein. Wir verwenden also einen handlungsorientierten Legitimitätsbegriff: Normative Ansprüche verstehen wir als (Bestandteil von) Handlungsorientierungen der Beschäftigten. Daran orientierte sich unser empirisches Vorgehen bei den Erhebungen und darauf richtete sich unsere Aufmerksamkeit bei der Auswertung: Es ging uns nicht (in erster Linie) um die abstrakte Bewertung denkbarer Szenarien oder Prinzipien, sondern vor allem um die Darstellung und Bewertung konkreter Erfahrungen und betrieblicher Möglichkeiten.

Wie bereits angemerkt, unterscheiden wir – um dem Material gerecht zu werden – bei den Legitimitätsansprüchen zwischen Gerechtigkeits- und Rationalitätsansprüchen. *Gerechtigkeitsansprüche* nennen wir alle *moralischen* Ansprüche, die hinsichtlich der sozialen Ordnung (des Betriebs, der Arbeitsgruppe usw.) formuliert werden; sie beanspruchen, dass diese Ordnung bestimmte Werte realisiert bzw. bestimmten moralischen Prinzipien folgt. Diese Gerechtigkeitsansprüche bilden gleichsam den Kern der „Laienmoral" abhängig Beschäftigter mit Bezug auf Arbeit und Betrieb (vgl. Sayer 2011). Dem Spektrum dieser Gerechtigkeitsansprüche widmet sich der folgende Abschnitt 3.1. Über diese moralischen Anspruchsmuster hinaus formulieren Beschäftigte aber auch Ansprüche, die sich auf die Funktionalität und Rationalität der Arbeits- und Beschäftigungsordnung beziehen. Solche Legitimitätsansprüche fassen wir unter dem Begriff *Rationalitätsansprüche* zusammen.[3] Auch Rationalitätsansprüche stützen sich auf normative Prinzipien und können die Grundlage für Kritik an der Ordnung bilden; sie sind moralischen Ansprüchen nicht nachgeordnet – können mit gleichem (oder auch höherem, ebenso auch niedrigerem) Nachdruck eingefordert werden – und setzen weder logisch noch empirisch die Realisierung moralischer Ansprüche voraus. Auch können beide Formen von Ansprüchen – Gerechtigkeits- wie Rationalitätsansprüche – zugleich formuliert werden bzw. einander überlagern, und sie können auch in Widerspruch zueinander geraten. Wir fanden in unserem Material den Rekurs auf technisch-funktionale, ökonomische und bürokratische Rationalitätsansprüche, die wir in Abschnitt 3.2 eingehend erörtern. In einer Zwischenbetrachtung am Ende des Kapitels versuchen wir dann noch einmal wichtige Aspekte der ausgebreiteten Vielfalt an Legitimitätsansprüchen und Kritikperspektiven in der Erwerbsarbeit zusammenfassend zu bündeln (Abschnitt 3.3).

3.1 Das Spektrum der Gerechtigkeitsansprüche

Das Spektrum der Gerechtigkeitsansprüche, das wir aus dem empirischen Beschäftigteninterview- und Gruppendiskussionsmaterial gewonnen haben, umfasst fünf unterschiedliche Anspruchsmuster, die im Folgenden präsentiert und mit vielen „sprechenden" Zitatpassagen aus dem Material illustriert werden.[4] Es handelt sich um das Leistungsprinzip bzw. den Anspruch auf Leistungsge-

---

3 Wir schließen mit dieser Differenzierung teilweise an Suchman (1995) an, der zwischen „moralischen", „pragmatischen" und „kognitiven" Legitimitätsansprüchen unterscheidet. Was wir „Gerechtigkeitsansprüche" nennen, umfasst im Wesentlichen Suchmans „moralische" Ansprüche, seine „pragmatischen" Legitimitätsorientierungen sind unsere „Rationalitätsansprüche". Kognitive Orientierungsmuster zu den Legitimitätsansprüchen zu zählen erscheint uns dagegen nicht plausibel.

4 Vorab ein Hinweis zu den Quellenangaben bei Zitaten aus dem empirischen Material. Wie in Kapitel 2 dargelegt, stammt das ausgewertete empirische Primärmaterial aus drei Quellen: den Beschäftigteninterviews, den Gruppendiskussionen und den Experteninterviews. Die Quellenangaben zu den Zitaten aus *Beschäftigteninterviews* erfolgen durchgehend so: Angabe der Tätigkeit/des ausgeübten Berufs des/der Befragten, Angabe der Konstellation (durch ein Branchenkürzel, z.B. „MA" für Maschinen-/Anlagenbau oder „ÖD" für Öffentlichen Dienst, und einen Buchstaben als Konstellationsbezeichnung, z.B. EH_A = Einzelhandel, Konstellation A) und der Interviewnummer. Zitate aus *Gruppendiskussionen* sind ergänzend zum Konstellationskürzel durch den Buchstaben „G" markiert, also z.B. MA_C_G1. Auszüge aus *Experteninter-*

rechtigkeit (Abschnitt 3.1.1), das Fürsorgeprinzip (3.1.2), das Anspruchsmuster Selbstverwirklichung (3.1.3), den Beteiligungsanspruch (3.1.4) und das Würdeprinzip (3.1.5). Für alle diese Anspruchsmuster gilt der Grundsatz, dass „[d]er Inbegriff von Gerechtigkeit [...] *Gleichheit* [ist]" (Ladwig 2011b, S. 86). Gerechtigkeit heißt, alle Anspruchsberechtigten im Hinblick auf einen gültigen Anspruch als Gleiche zu behandeln (Ladwig 2011a, S. 16ff.). Das kann, muss aber nicht Gleichbehandlung bedeuten. Einige dieser Anspruchsmuster implizieren und legitimieren als Ergebnis je spezifische Differenzierungen und Ungleichverteilungen bei den „Gütern", um die es jeweils geht (wie das Leistungs-, das Fürsorge- und das Selbstverwirklichungsprinzip), andere Egalisierung und „Indifferenz" (wie die Ansprüche auf Beteiligung und Würde). Das hat selbstverständlich wichtige Konsequenzen für die Legitimationsproblematik, die uns noch häufiger beschäftigen werden. Bei der Kategorisierung der Anspruchsmuster konnten wir zwar lose an das von Dubet (2008) erarbeitete Konzept dreier für Arbeitsorganisationen konstitutiver „Prinzipien der Gerechtigkeit" in allerdings sehr modifizierter Form anknüpfen[5], mussten dieses jedoch um zwei Prinzipien erweitern – jenes der Würde und jenes der Fürsorge –, um der im empirischen Material zum Ausdruck kommenden Differenziertheit von Ansprüchen an Arbeit und Betrieb gerecht zu werden.

3.1.1 Leistungsgerechtigkeit

Das Beschäftigungsverhältnis gilt primär als Tauschverhältnis: zwischen einer zu erbringenden Leistung der Arbeitskraft und einer Gegenleistung der Arbeitsorganisation, nicht nur, aber hauptsächlich ausgedrückt in Geld bzw. materiellen Gratifikationen – die die Grundlage bilden für die Reproduktionsmöglichkeiten der Arbeitskraft. Dieser Kern des Beschäftigungsverhältnisses als Leistungs-Geld-Nexus bildet nach wie vor, wie die empirischen Befunde zeigen, auch den Kern der arbeits- und betriebsbezogenen Anspruchs- und Gerechtigkeitsproblematik aus der Beschäftigtenperspektive. Obwohl seit langem bestrit-

---

views schließlich sind mit einer Funktionsbezeichnung und ergänzend mit einem „E" versehen, z.B. „Betriebsrat, AU_B_E, 2". Die Zitate wurden von uns, sofern zur besseren Verständlichkeit notwendig, behutsam sprachlich geglättet, Auslassungen oder auch zum besseren Zitatverständnis eingefügte Informationen sind durch eckige Klammern markiert […].

5 Dubet (2008) unterscheidet die Gerechtigkeitsprinzipien „Leistung", „Autonomie" und „Gleichheit", wir sprechen statt von Autonomie lieber von Selbstverwirklichung. „Gleichheit" unterscheiden wir nicht als eigenen Anspruch, weil wir meinen, dass es erstens irreführend ist, Gleichheit – wie gesagt das Grundprinzip von Gerechtigkeit – als eine ihrer Unterformen zu fassen, und dass zweitens unsere Bezeichnungen auch die (auch bei Dubet zum Teil gemeinten) empirisch vorzufindenden Sachverhalte besser treffen. Wir kommen auf diese begriffliche Problematik in der Zwischenbetrachtung (Abschnitt 3.3) noch zurück.

ten wird, dass eine Zurechnung eines individuellen Leistungsbeitrags als Basis von Gratifikationsdifferenzierungen in hochvergesellschafteten Arbeits- und Beschäftigungssystemen möglich ist, weshalb „das ideologische Legitimationsmodell der ‚Leistungsgesellschaft' nicht mehr zur Rechtfertigungsformel für globale industrielle Sozialstrukturen taug[e]" (Offe 1970, S. 18), bleibt „Leistungsgerechtigkeit" ein zentrales Anspruchsmuster.

Das Leistungsprinzip scheint in der Tat zu einer Art normalisiertem Beschäftigtenhabitus und einem weitgehend „kritikfesten Schema" geworden zu sein (ebd., S. 19), dessen jeweils zugrunde liegende „soziale Konstruktion individueller Leistung" (Verheyen 2014) sich in immer neuen Varianten reproduziert. Flankiert wird dies durch den Umstand, dass die entsprechenden Ansprüche teilweise in Rechtsnormen gegossene Referenzen – z.B. Tarifverträge, die Entgeltansprüche durch Zuschreibung individueller Leistungsmerkmale begründen – und damit einen relativ hohen Institutionalisierungsgrad besitzen. Durch das Leistungsprinzip werden einerseits soziale Ungleichheiten (in Form der Entgelthierarchie) legitimiert, andererseits kann es auch als Kritikprinzip – zur Kritik an Ungleichheit und Ausbeutung, an Enteignung von geschaffenem Reichtum – Verwendung finden (Dubet 2008, S. 27). Als Maßstab von Leistungsgerechtigkeit dominiert in unserem Material nach wie vor ein aufwandsbezogener Leistungsbegriff, der auf das konkrete Leistungsverhalten sowie auf berufliche Kompetenzen und Qualifikationen verweist. Gerahmt wird er teilweise auch noch von einem allgemeinen „Leistungsbewusstsein" der Beschäftigten, das in mancher Hinsicht – sieht man vom früher zentralen Merkmal der Körperlichkeit der Arbeit ab – an Topoi erinnert, die schon Popitz et al. (1957, S. 237ff.) als Merkmale des Arbeiterbewusstseins beschrieben haben. Der primäre Adressat des Beschäftigtenanspruchs auf Leistungsgerechtigkeit ist der Arbeitgeber bzw. die Leitung der Arbeitsorganisation, die über Höhe und Verteilung der Gegenleistung (im Rahmen tarifvertraglicher und gesetzlicher Regelungen) entscheidet. Aber auch gegenüber anderen Adressaten wird dieses Anspruchsmuster geltend gemacht: gegenüber den Kolleginnen und Kollegen, an die Forderungen nach einem angemessenen Beitrag zum Arbeitsergebnis von Arbeitsteam oder Abteilung gestellt werden. Darüber hinaus impliziert das Prinzip der Leistungsgerechtigkeit auch einen häufig thematisierten Selbstbezug: die Anforderung nämlich, eine in Relation zu den empfangenen Gratifikationen als fair empfundene Arbeitsleistung zu erbringen, die zur Selbstverpflichtung werden kann.

Gehen wir die genannten Aspekte der Reihe nach durch. Die Frage zunächst, ob das Leistungsprinzip als Maßstab und Legitimationsgrundlage der Gratifikationsverteilung (bei Entgelt, Position, Arbeitsbedingungen usw.) im Betrieb noch trägt, stellt sich für die von uns interviewten Beschäftigten im Grunde überhaupt nicht: Das ist unter ihnen weitgehend unstrittig. Dagegen wird die Frage der Ausprägung bzw. Ausformung dieses Prinzips sowie die Frage nach erlebten Ungerechtigkeitserfahrungen, die sich an diesem Prinzip festmachen, differenziert beantwortet. Zuerst ist daher zu klären, welcher Leistungsbegriff bei den Beschäftigten dominiert und wie Leistung von ihnen bewertet wird; zum zweiten, was als „gerechter" Leistungsaustausch gilt und welche Vergleichshorizonte zur Beurteilung herangezogen werden. Beide Aspekte lassen sich nur analytisch voneinander trennen, sie treten in den erzählten Erfahrungen der Befragten in der Regel zusammen und ineinander verschränkt auf.

Einen einheitlichen *Leistungsbegriff* legen die Befragten ihren Urteilen und Forderungen in Bezug auf Leistungsgerechtigkeit zwar nicht zugrunde – dafür sind ihre Arbeitskontexte zu unterschiedlich. Aber eine wichtige Gemeinsamkeit drängt sich doch auf: Sowohl in Dienstleistungswie in industriellen Tätigkeitsfeldern, sowohl bei Angelernten wie bei Fachkräften und Wissensarbeiterinnen weisen die Äußerungen ganz überwiegend eine starke Orientierung an einem *aufwandsbezogenen Begriff von Leistungsgerechtigkeit* auf. Die Gratifikationen, die die Beschäftigten von ihrem Arbeitgeber für ihre Leistung einfordern, werden primär als Gegenleistung für aufgewendete Arbeitsmühe und Anstrengung oder für eingebrachte Fähigkeiten und Qualifikationen betrachtet. Dieser gemeinsame Grundzug hält sich sehr deutlich durch – trotz allen Wandels bei der betrieblichen Leistungspolitik (Menz 2009, S. 197ff.) und trotz der zunehmenden gesellschaftlichen Bedeutung des „Markterfolgs" als Maßstab materieller und symbolischer Anerkennung (Neckel 2014). Bei den von uns befragten Beschäftigten ist also keineswegs ein neuer erfolgs- oder marktbezogener Begriff von Leistungsgerechtigkeit an die Stelle eines aufwands- bzw. arbeitskraftbezogenen getreten.

Das heißt umgekehrt freilich nicht, dass das Erfordernis, die Arbeitsorganisation und das eigene Leistungsverhalten am ökonomischen Ergebnis und Markterfolg auszurichten, für die Befragten und ihre Handlungsorientierungen keine Rolle spielen würde. Dass etwa „Deadlines" einzuhalten und Kunden zufrieden zu stellen sind, dass das Produktionsvolumen (und damit häufig die Arbeitszeit der Beschäftigten) sich an den Volatilitäten des Absatzmarktes auszurichten hat, dass so gesehen „der Markt" zentrale Bedingungen für die betriebliche Steuerung und die Anforderungen an die Beschäftigten setzt, ist im Grundsatz unbestritten und gilt als legitim. Aus dem damit gesetzten Ergebnis- oder Erfolgsbezug erwächst jedoch kein Gerechtigkeitsanspruch. Die Orientierung am Marktergebnis und Erfolg wird vielmehr zu einem Aspekt ökonomischer oder auch technisch-funktionaler Rationalitätsansprüche, die relativ unverbunden neben den moralischen Ansprüchen auf Leistungsgerechtigkeit stehen können (dazu ausführlich die Abschnitte 3.2.1 und vor allem 3.2.3).

Die Konkretisierungen dieses allgemein geteilten aufwands- oder arbeitskraftorientierten Prinzips von Leistungsgerechtigkeit, das die Beschäftigten zur Anspruchsbegründung verwenden, unterscheiden sich freilich. Sie stützen sich zum einen auf den direkten *Arbeitsaufwand und -input*, zum anderen auf die *Ausbildungsaufwendungen*, die in die Arbeit einfließen. Der Verweis auf den direkten Arbeitsaufwand wird insbesondere von „Einfacharbeitern“ und Facharbeitern in der Produktion an der „Sichtbarkeit“ ihres Schaffens als körperliche wie geistige Leistungsverausgabung im Arbeitsprozess festgemacht, die sich in einer angemessenen betrieblichen Gegenleistung ausdrücken muss – wenn es gerecht zugeht. Als Aufwandsnachweis dient gelegentlich auch das stoffliche Resultat: Die Leistung hat sich gewissermaßen im funktionierenden Produkt materialisiert.

> „Der Lohn an einem Band zum Beispiel ist der geringste, und das ist nicht fair. Das kann ich Ihnen schon mal sagen. [...] Das eigentliche Brot wird dort verdient, da ist die Knochenarbeit, die harte Arbeit. Diese Jungs oder Frauen verrichten für uns die Arbeit, und weil sie so hart arbeiten, geht es uns allen so gut. Wir leben ja nicht vom Geld, wir leben von der Arbeit, wir vergessen das sehr oft.“ (Produktionsplaner, AU_C, 4)

> „Es gibt Leute, die erkennen deine Leistung an. Die sehen das ja, was man kann. Kannst ja mit den Händen beweisen, was du da an den Maschinen verdrahtest und so, ob das korrekt und anständig verdrahtet ist. Man sieht das ja auch bei der Inbetriebnahme, ob Störungen da sind, Fehler in der Verdrahtung, Fehler in der Verkabelung, das sieht man ja.“ (Elektriker, MA_A, 8)

Solche „konkretistischen“ Versionen des Aufwandsbezugs sind freilich auch kontrovers. Insbesondere Wissensarbeiter bestreiten, dass ihre Leistung in einer solchen Weise sichtbar gemacht oder in anderer Form direkt ermittelt werden könne – zu facettenreich seien ihre Tätigkeiten, zu vielfältig die bei der Arbeit zu berücksichtigenden Ziele, zu wenig „handgreiflich“ das Arbeitsergebnis.

> „Ich bin ja keiner, der am Band steht, das ist ja auch das nächste Problem, wie misst man Leistung?“ (Personalreferent, BA_B, 9)

> „Was ist leistungsbezogen? Also zum Beispiel im Sozialamt, wie definiere ich leistungsbezogen gute Arbeit oder schlechte Arbeit? Ist eine gute Leistung, indem ich dann sage: ‚Ok, ich bin knallhart, ganz brutal und gebe nur 500.000 im Jahr aus‘? Oder ist es eine gute Leistung: ‚Ja, gut, ich habe jetzt eine Million ausgegeben, damit die Leute ihr Geld haben‘? Ist es eine gute Leistung, wenn ich dem sage: ‚Ich möchte fünf Stunden weniger arbeiten‘? Ist es eine gute Leistung, indem ich zum Telefon greife und mit den Leuten rede? Oder ist es eine gute Leistung, ich habe solche Akten, weil ich für jeden Scheiß schreibe? Was ist eine gute Leistung? Wie definiere ich das? Über Fallzahlen? Über Fallzahlen kann man auch definieren, was eine gute Leistung, was eine schlechte Leistung ist. Aber man kann nur definieren die Menge. Also ob ich da gut gearbeitet habe oder nicht, kann ich über Fallzahlen

gar nicht machen. Es gibt auch Leute, denen geht, wenn ich das einfach mal so sage, die Tätigkeit am Popo vorbei. Die machen einfach ihren Job. Und wenn die dann viele Fallzahlen als Job betrachten, ist das nicht gut für die Kundschaft, aber die haben dann eine tolle Leistung gemacht und das sehe ich also etwas sehr differenziert." (Sachbearbeiter, ÖD_A, 5)

Leistung drückt sich aus dieser Perspektive in einer besonderen *Haltung* zur und in der Arbeit aus, nicht in mess- und zählbaren Ergebnissen. Leistung wird hier letzten Endes zur Leistungs*bereitschaft*, zur motivationalen Disposition, zum „Einsatzwillen" (Personalreferent, BA_B, 9), im Rahmen professioneller Vorstellungen von guter Arbeit. Dies wird in den Interviews häufig in Abgrenzung zu Beschäftigten formuliert, denen dieses schwer fass- und definierbare Arbeitsethos zu fehlen scheint und die ihre Tätigkeit als bloßen „Job" begreifen und entsprechend „unengagiert" arbeiten. Eine solche Auffassung von Leistung als subjektives Arbeitsengagement scheint in verschiedenen Dienstleistungsbereichen typisch zu sein, findet sich aber auch in der Industrie.

„Wenn ich den Laden oft anschaue, sage ich, ich bin halt so, ich denke mir allerweil, wenn ich in den Laden reingehe und sehe, wie dreckig das teilweise ist, dann denke ich mir: ‚Pfui Teufel!'. So bin jetzt ich eingestellt. [...] Das sieht niemand. Dann habe ich es halt gemacht. Ich kann es ja nicht so lassen. [...] Wenn du was sagst: ‚Habe ich nicht gesehen', ja, das kannst du einem Blöden erzählen. So keine Arbeitsmoral, kein Bock." (Verkäuferin, EH_A, 1)

„Jetzt macht jeder mehr oder weniger so seinen Job in Anführungsstrichen, wobei ich das Wort Job immer ganz fürchterlich finde: ‚Wir reißen hier mal was ab, um hier unser Geld zu kriegen.' [...] Man geht hierhin, macht seinen Job und kriegt dann am Monatsende sein Geld. Eigentlich, weiß ich nicht, bringe ich mich da, glaube ich, schon ein bisschen mehr ein oder möchte mich da vielleicht auch ein bisschen mehr einbringen." (Sachbearbeiterin Bauamt, ÖD_A, 11)

Besser objektivierbar scheint Leistung anhand von Ausbildungsaufwendungen, durch nachweisbare Qualifikationen und Zertifikate zu sein. Ein solcher ausbildungsbasierter Leistungsbegriff – der Verweis auf den zeitlichen und sachlichen Aufwand für die Qualifizierung der Arbeitskraft – dient nicht nur Fachkräften und Wissensarbeitern zur Begründung eigener Ansprüche oder zur normativen Absicherung der Besserstellung gegenüber Kollegen, die über geringere Qualifikationen oder fachliche Erfahrungen verfügen. Er wird auch von Beschäftigten vertreten – und dies verdeutlicht die Stärke dieses Bewertungsmaßstabs –, denen selbst die qualifikatorischen Voraussetzungen fehlen.

„Ich bin ja nur eine einfache Arbeiterin. Und wenn einer Gelernter ist, wäre es nicht normal, wenn ich dann genauso viel verdienen würde wie er. Irgendwo müssen ja auch ein bisschen Abweichungen sein, denke ich mal, ne? Ist schon eigentlich ok." (Montagearbeiterin, AU_E, 9)

> „Und ich kann mich auch nicht mit jemand, realistisch gesehen, vergleichen, der studiert hat und ganz, ganz lange Stuhl gedrückt hat. Die Ziele, die in meinem Rahmen stehen, versuche ich zu erfüllen und derjenige, der jahrelang studiert hat, dass wir dann in derselben Reihe sind, das geht auch nicht. Also wir können als Menschen in derselben Reihe stehen, aber gehaltsmäßig kann man [das] nicht." (Montagearbeiterin, MA_D, 10)

Der Leistungsbegriff fungiert hier also nicht nur als Kritikprinzip oder zur Anspruchsbegründung, im Gegenzug werden durch ihn auch niedrige Positionen im Ungleichheitsgefüge gerechtfertigt – auch aus der Perspektive derer, die in der bildungsmeritokratischen Schichtung weiter unten stehen. Nicht nur bei Wissensarbeitern also, sondern gerade auch bei „Einfacharbeitern" und Facharbeitern wie Fachangestellten sind entsprechende Orientierungen tief verankert. Die Hochschätzung von „Bildungskapital" als legitimes Besserstellungsmerkmal und lohnende Investition (nicht zuletzt für die eigenen Kinder) scheint unter ihnen weitgehend ungebrochen zu sein.

Doch auch Kritik an bildungsmeritokratischen Ausdeutungen des Aufwandsbezugs und der Verteilung von (materieller wie immaterieller) Anerkennung haben wir im Interviewmaterial gefunden. Bisweilen wird auch in Frage gestellt, ob die früheren Aufwendungen für (Aus-)Bildung ein sinnvoller Gradmesser für aktuelles Leistungsverhalten sein können, und der Verdacht geäußert, dass Bildungstitel hauptsächlich der Sicherung von ungerechtfertigten Statusdifferenzen und Privilegien dienen.

> „Ich finde zum Beispiel, dass die Bildung in der heutigen momentanen Gesellschaft eine unglaublich hohe Wertung hat. Ist überbewertet, völlig überbewertet. Der Mensch, der gebildet ist, hat das Zehnfache zu verdienen wie einer, der gar keine Schule besucht hat, ohne die Leistungen zu vergleichen. Wir vergleichen nicht mehr die Leistungen, sondern die Bildung, oder den Status oder den Posten, den er innehat." (Produktionsplaner, AU_C, 4)

Zumindest ein rein formaler Bezug auf Bildungsabschlüsse leuchtet auch manchen Wissensarbeitern, die in ihrer betrieblichen und beruflichen Stellung von bildungsbezogenen Differenzierungen überwiegend profitieren, kaum ein.

> „Also bei uns ist es so, dass Ingenieure, die von der Fachhochschule kommen, eine Tarifgruppe weniger verdienen als die, die von der Uni kommen. Ich komme von der Fachhochschule. Im Nachhinein denke ich mir, also im Nachhinein würde ich das anders machen, würde ich an der Uni studieren. Hätte ich meinen Abschluss genauso gut gemacht, bin ich mir sicher, aber ich hätte halt einfach, würde, weiß nicht, 400 Euro mehr verdienen und das ist echt lachhaft eigentlich, weil ich hier die gleiche Arbeit mache." (Bauingenieurin, BA_B, 1)

Weit vehementer als in ausbildungsbezogenen wird indes in direkt arbeitsaufwandsbezogenen Begriffen Kritik an Arbeitsorganisationen artikuliert. Dies geschieht vielfach durch Verweis auf physische Belastungen und arbeitsbedingte gesundheitliche Beeinträchtigungen. Deren Prägekraft für die Arbeitserfahrung ist für viele Beschäftigte – nicht nur, aber vor allem in der Industrieproduktion oder am Bau – nach wie vor groß, auch wenn dies im allgemeinen Diskurs, der sich seit geraumer Zeit vordringlich um wachsende psychische Belastungen dreht, etwas unterzugehen droht. Für viele Einfach- und auch Facharbeiter sind körperliche Belastungen nach wie vor gravierend – eben auch als Aspekt von Leistungsgerechtigkeit.

> „Ich fand das schon immer ungerecht, dass man immer bei den Kleinen dann eigentlich holt und die Großen dann immer mehr, immer mehr dazu kriegen, obwohl es, wenn man mal in die Fertigungen reinguckt, was klar ist, das ist schon ein Knochenjob. Und nicht zu vergleichen dann mit jemandem [im Büro]. Dadurch dass ich halt auch viel Büroluft schnupper, [merke ich,] dass die Unterschiede zwischen Fertigung und Büro schon ganz gewaltig sind. Und dass das körperlich an den Damen und Herren an den Anlagen garantiert nicht ohne weiteres abgeht. Ist vielleicht ein anderer Stress. Ok, mit Sicherheit sogar im Büro, man ist vielleicht vom Kopf her müde, aber Fertigung ist körperliche Arbeit und die sollte halt auch dementsprechend gewürdigt werden. Ist in meinen Augen nicht so.“ (Assistentin Schichtführung, EL_B, 2)

> „Die Leistung, die einer auf dem Bau bringen muss mit der körperlichen Arbeit, dann ist es eigentlich, würde ich behaupten, unterbezahlt, würde ich behaupten. Ist auch der Grund, warum wir kaum Nachwuchs kriegen auf dem Bau. Weil wer will auf den Bau gehen, wenn man am Ende vom Monat sagen wir mal mit 2.000 nach Hause kommt. Die 2.000 kriege ich woanders auch.“ (Bauarbeiter, BA_A, 4)

Aber auch psychische und soziale Belastungen können als Leistungskriterium angeführt werden und zur Rechtfertigung von Entgelt- und Anerkennungsforderungen dienen.

> „Das ist es. Ja, das ist einfach wirklich, also wenn man sieht, wie kaputt man hier immer rausgeht jeden Tag, müsste das halt auch irgendwie bezahlt werden.“ (Erzieherin, ÖD_B, 2)

Dass neben dem arbeits- und bildungsbezogenen Aufwandsprinzip noch ein drittes Element bei der Konkretisierung des Leistungsbegriffs eine Rolle spielt, wird vor allem deutlich, wenn die Rede auf die Verdienste von Managern kommt – und darauf, was die Befragten im Allgemeinen bzw. mit Blick auf den eigenen Betrieb diesbezüglich für „angemessen“ halten. Hier kommt ein weiteres (allerdings eher ambivalent betrachtetes) Kriterium für Leistung ins Spiel: Überwiegend wird auf die Figur der *Verantwortung* zurückgegriffen – ein Konzept, das Aspekte des Aufwandsprinzips mit einem Erfolgsbezug verbindet. Es geht gewissermaßen um die besondere Leistung, optimale Entscheidungen treffen zu können, und diese Leistung ist desto höher einzustufen, je folgenreicher die Entscheidungen sein können.[6] Es geht zugleich darum, in Haftung für die Folgen des eigenen Handelns und damit aber auch für eingegangene Risiken zu gehen.

> „Man fragt sich dann auch, wie wird jetzt da das Gehalt bemessen, speziell jetzt bei Managern natürlich. Klar haben die eine große Verantwortung und sollten dementsprechend auch entlohnt werden. Nur gab es natürlich auch mehrere Fälle, wo Manager ihre Verantwortung halt missbraucht haben oder nicht gut genutzt haben, haben halt [das] Volk oder den Angestellten stark geschädigt und kommen dann aber mit verhältnismäßig noch sehr glimpflicher Bestrafung aus der ganzen Sache wieder raus. Aber, ist halt eine ganz andere Welt, in die wir natürlich nur, ich sage mal, schemenhaft eintauchen können oder uns Überblick verschaffen können." (Dreher, MA_C, 9)

Die Urteile der Beschäftigten sind meist eher konditional formuliert: Sie würden eine Angemessenheit hoher Managergehälter nach dem von ihnen anerkannten Grundsatz der Leistungsgerechtigkeit nicht grundsätzlich ausschließen. Es wären durchaus „Entscheidungsleistungen" denkbar (die bestimmte Fähigkeiten voraussetzen und besondere Belastungen mit sich bringen), die sehr hohe Vergütungen rechtfertigen könnten – auch wenn den Befragten der darauf gemünzte Begriff der Verantwortung häufig recht diffus erscheint. Wesentlich ist, dass sie durchweg bezweifeln, dass für die Manager eine zentrale Implikation des Verantwortungsprinzips in der Praxis überhaupt gilt: die Verantwortlichkeit für negative Handlungsfolgen. Während die Beschäftigten für Fehlverhalten, zu geringe oder schlechte Leistungen unmittelbar haftbar gemacht würden, gelte die Rechenschaftspflicht für die Manager, deren Fehlverhalten weit größere Konsequenzen nach sich ziehe, häufig gerade nicht. Fehlentscheidungen mit hohen ökonomischen wie sozialen Folgekosten würden mit hohen Abfindungen noch „belohnt".

> „Würde ich auch in diese politische Job-to-do-Liste reinschreiben, dass eventuell auch mal Banken oder Bankmanager oder Manager allgemein für ihren Scheiß selber verantwortlich sind. Also immer nur die Tantiemen kassieren, und wenn es mal knapp wird, dann sind sie weg mit einer Abfindung, wem will man so was erklären?" (Schlosser, MA_C, 1)

Das Prinzip Verantwortung dient allerdings nicht nur zur Rechtfertigung (oder Kritik) hoher Managergehälter, es kann auch kritisch „von unten" in Anschlag gebracht werden, um auf die monetäre Unterbewertung gesellschaftlich nützlicher Arbeit hinzuweisen.

---

6 Damit finden sich alle drei Leistungsmaßstäbe – Ausbildungsaufwendungen, unmittelbarer Arbeitsaufwand, Verantwortung – in unserem Material wieder, die Offe vor nunmehr fast 50 Jahren aus der damaligen Literatur zusammengestellt hatte (Offe 1970, S. 127ff.).

> „Ich glaube also, dass der öffentliche Dienst im Gesamtbereich zu schlecht bezahlt wird. Für die Verantwortung, die er hat." (Erzieherin, ÖD_B, 5)

Der Vergleich mit Managern führt dann nicht zur normativen Akzeptanz der eigenen Schlechterstellung und zur Abwertung, sondern vielmehr zur Untermauerung der Forderung nach einer deutlichen Aufwertung der eigenen Leistung.

> „Sicherlich auch, dass einfach die Bezahlung definitiv zu gering ist für die Verantwortung und für die Leistung, die wir im Moment bringen. Letzten Endes, wenn ich so meine Tätigkeit hier vergleiche, die ja eigentlich Managerqualität hat und jetzt durch dieses Bildungskonzept und durch diese vielen Mitarbeiter umso mehr, überlege ich mir, was so ein Bankmanager mit zwölf Mitarbeitern verdienen würde. Und dann kann ich eigentlich auch nur müde drüber lächeln, für welches Gehalt ich hier morgens wirklich mir die Hacken aufreiße." (Erzieherin mit Leitungsfunktion, ÖD_B, 2)

Wie solche Äußerungen zeigen, nehmen die Befragten häufig *Vergleiche* vor, wenn sie die Relation zwischen ihrer Leistung und der Gegenleistung der Arbeitsorganisation bewerten. Zum Vergleich ziehen die Beschäftigten von ihnen als identisch oder analog betrachtete Leistungen *anderer* – im Betrieb, in der Branche oder in der Wirtschaft generell – heran. Eine (minoritäre) Gruppe verweigert allerdings solche Vergleiche regelrecht. Sie enthält sich explizit eines in diesem Sinne vergleichenden Gerechtigkeitsurteils nicht zuletzt deshalb, um zu erwartendes Ungerechtigkeitsempfinden zu vermeiden.

> „Wie sagt man immer so schön? Der Vergleich ist der Anfang der Unzufriedenheit oder so was. Ja, also ich komme mit meinem Geld gut aus, ich kann damit gut leben. Darum geht es nicht. Wenn ich mich mit anderen Kollegen vergleiche, die dasselbe tun, werde ich sicher angemessen bezahlt. Auch wenn ich wüsste, dass ich sicherlich in anderen Unternehmen mehr verdienen könnte." (Key-Account-Manager, WD_B, 10)

> „Ich kann nicht klagen, sagen wir mal so. Ich versuche mir da aber auch nicht allzu viele Gedanken drüber zu machen oder da mich jetzt ständig zu vergleichen. Ich bin zufrieden, ich denke, ich verdiene ganz gut, komme gut damit zurecht." (Bauingenieur, BA_B, 5)

In den vielen Fällen allerdings, in denen verglichen wird, führen die Vergleiche häufig gerade nicht zu Unzufriedenheit, sondern zu einer deutlichen Relativierung vorhandener Ansprüche. Viele Beschäftigte beurteilen zwar die betrieblichen Gratifikationen angesichts ihres Arbeitsaufwands oder auch angesichts hoher Gewinne des Unternehmens als ungerecht niedrig. Durch Entgeltvergleiche über die Betriebe oder Branchen hinweg erscheint die eigene Situation dann allerdings nicht selten in deutlich rosigerem Licht. Dies trifft insbesondere auf Befragte aus Branchen und Unternehmen zu, die sich innerhalb des deutschen Lohngefüges tatsächlich in einer vergleichsweise günstigen Position befinden: Beschäftigte aus Kernunternehmen des Maschinenbaus oder der Automobilindustrie zum Beispiel.

> „Also als Mitarbeiter macht man Vergleiche. So, ne? Jetzt haben wir bei [Firmenname] immer gut verdient. Und ich vergleiche das immer mit außerhalb. Wie viel verdient der? Und was für, was für Tätigkeiten führt der aus? Da sind wir immer noch gut, bin ich immer noch gut bedient mit meinem Job und mit meinem Lohn und so weiter." (Mechaniker, AU_C, 2)

> „Mein Lohn ist ok. Wenn ich eine Verkäuferin wäre oder eine Friseuse, würde ich viel... noch weniger verdienen. Und so stehe ich eigentlich ganz gut da." (Montagearbeiterin, AU_E, 9)

Aber auch für Beschäftigte aus Bereichen, in denen das Entgeltniveau niedriger ist, bilden nicht automatisch besser gestellte Branchen den Vergleichshorizont. So ist etwa das Urteil unserer Befragten aus dem Einzelhandel insgesamt gespalten. Auch hier wird einerseits im Hinblick auf die Würdigung und Anerkennung der Leistung vielfach Kritik am Unternehmen in Entgeltfragen geübt. Ein guter Teil der Befragten sieht sich gleichwohl andererseits im Vergleich nicht generell schlechter gestellt – zumindest, solange analoge Tätigkeiten in der gleichen Branche herangezogen werden (und dies ist wiederum typisch für diese Befragten). Den Hintergrund für eine solche Relativierung einer eigentlich vorhandenen Unzufriedenheit aufgrund verletzter Ansprüche auf Leistungsgerechtigkeit bildet – zumindest auf den unteren und mittleren Qualifikationsebenen im Dienstleistungsbereich – die Wahrnehmung eines generellen gesellschaftlichen Rückschritts. Die Beschäftigten argumentieren vor der Erfahrung sinkender oder stagnierender Löhne bei steigenden Lebenshaltungskosten, sie nehmen wahr, dass jüngere Kolleginnen niedrigere Einstiegsgehälter bekommen, dass eigene Entgelte als „Besitzstände" gelten. Relativ betrachtet geht es den einzelnen Befragten dann vergleichsweise gut, aber nur deshalb, weil sie innerhalb eines Gesamtprozesses der schleichenden Verschlechterung der Entgeltbedingungen sich doch noch als die „Gewinner" sehen können.

> „Nehmen wir z. B. mal das Einstellungsgehalt für einen ungelernten Verkäufer. Ich habe mich das erste Mal bei [Einzelhandelskette] 1991 im November beworben, war in München am Frankfurter Ring da, dieser [Markt], der da war, der jetzt mittlerweile auch nicht mehr ist. Der wollte mir zahlen damals 2.480 DM brutto. Unser heutiges Einstellungsgehalt für einen nicht gelernten Verkäufer liegt bei 1.200 noch etwas Euro." (Verkäufer, EH_B, 2)

> „Die Aufgaben, heißt es, alle machen das Gleiche, aber die Bezahlung stimmt nicht, nein. Sie kriegen viel weniger, die jüngeren Kolleginnen, ja. Und das finde ich ungerecht, das ist wirklich ungerecht, weil sie machen die gleiche Arbeit, ja, den gleichen Auftrag haben sie." (Erzieherin, ÖD_B, 4)

Auch das Erleben der Wirtschaftskrise führte bei vielen Befragten zu einer Verschiebung der Vergleichshorizonte nach unten. Während über Jahre im öffentlichen Diskurs von einer massiven Weltwirtschaftskrise die Rede war, sehen sich die von uns befragten Beschäftigten persönlich vergleichsweise wenig betroffen. Indem ihr (medial vermittelter) Vergleichsmaßstab sinkt, erscheint die eigene materielle Situation noch als vergleichsweise günstig (ausführlicher dazu Abschnitt 4.3.1). Diese relativierenden Vergleiche machen die erhaltenen Gratifikationen, setzt man sie allein zur eigenen Leistung in Beziehung, zwar keinesfalls „gerechter", aber sie dämpfen womöglich doch die interessenpolitischen Orientierungen der Betroffenen. Ist man nicht relativ betrachtet – allen Ungerechtigkeitserfahrungen zum Trotz – immer noch ein wenig privilegiert? Es gibt allerdings auch bemerkenswerte Abweichungen von dieser verbreiteten Tendenz, Vergleiche vor allem „nach unten" anzustellen, die im Ergebnis zu einer Relativierung eigener Ansprüche führen: Das ist zum einen die Gruppe der Erzieherinnen und zum anderen die Gruppe der Einfacharbeiter im Bereich der Industrie-Dienstleistungen. Eine Erklärung für die besondere Anspruchsdynamik, die für diese Beschäftigtengruppen kennzeichnend ist, versuchen wir in den Abschnitten 4.1.3 und 4.2.1.

Es gibt allerdings gleichsam eine Untergrenze, an der sich alle Relativierungen brechen und die zugleich eine Grenze des Leistungsprinzips als Gerechtigkeitsprinzip markiert. Diese Grenze verläuft entlang von Bedürftigkeitskriterien: Wenn die Entgelteinschnitte so gravierend sind, dass elementare menschliche Bedürfnisse tangiert sind, nützt auch kein Vergleich mit denjenigen, denen es womöglich noch schlechter geht. Hier geht es letztlich nicht mehr um Fragen von Leistung, um Fragen der Rechtfertigung oder Kritik sozialer Unterschiede nach Maßgabe eines Leistungsbeitrags, sondern hier treten dann gleichsam basalere Prinzipien wie Würde (Abschnitt 3.1.5) oder auch das Bewertungsprinzip der Fürsorge in Kraft (siehe den folgenden Abschnitt 3.1.2) und ersetzen das Leistungsprinzip als Begründung von Gerechtigkeitsansprüchen an Arbeit und Betrieb.

Leistungsgerechtigkeit ist nicht nur ein Anspruch, der an den Arbeitgeber adressiert wird, um eine angemessene Vergütung und Anerkennung normativ zu begründen. Auch die Kolleginnen und Kollegen im unmittelbaren Arbeitsumfeld werden am Leistungsprinzip gemessen. Hier geht es häufig ebenfalls um Fragen der Entgeltdifferenzierung und ihrer Angemessenheit, häufiger aber noch um die Verteilung von Lasten und Pflichten innerhalb der Arbeitsgruppe oder Abteilung. Wer erbringt seinen angemessenen Anteil am gemeinsamen Gesamtergebnis, wer engagiert sich, wer lässt es zu locker angehen? Wo solche Beobachtungen und Beurteilungen angestellt werden, entstehen fast zwangsläufig Unzufriedenheit und Kritik.

„Wo man sich echt drüber ärgert, es gibt genug Leute, die machen ja einfach ihre Arbeit, machen das vernünftig, und es gibt leider auch einige, die machen mehr oder weniger den ganzen Tag nichts. Also die trödeln den Tag rum, sage ich mal. Fahren durch die Gegend, und da sagt keiner was zu. Das ist was, was einen stört, und das stört nicht nur mich, das stört viele Leute. Das ist natürlich einfach ungerecht." (Sachbearbeiterin Bauamt, ÖD_A, 11)

„Da gibt es halt bestimmte Patienten, die fürs blöd Schauen das Geld kriegen. Die es nicht verdienen, die kriegen es halt nicht fürs Arbeiten, sondern bloß, dass sie da sind. Die bloß ein Daseinsrecht haben, ohne dass sie was dafür tun. Du bist dann da und kannst hinter ihnen herräumen, weil die tun den ganzen Tag nichts anderes wie das. [...] Manche schmuggeln sich halt so durchs Leben. Die können das. Die wurschteln sich durch, die schütteln sich ab, weil da kommen die anderen Deppen schon und machen die Arbeit." (Verkäuferin, EH_A, 1)

In Leistungskriterien zu denken und das Verhalten anderer nach ihnen zu beurteilen führt in vielfacher Hinsicht zu „horizontaler" Kritik innerhalb von Beschäftigtengruppen. Leistungsgerechtigkeit kann, wo sie als sozialmoralischer Anspruch an die Kollegen adressiert wird, zu Ab- und Ausgrenzung führen. Nicht immer wird hier allerdings ein rigides Leistungsprinzip eingefordert, das für alle gleichermaßen gilt; es besteht durchaus Raum für Rücksichtnahme und begründete Differenzierungen (auch darauf gehen wir im folgenden Abschnitt 3.1.2 zum Fürsorgekonzept ein).

Hierin zeigt sich ein generelles Dilemma, mit dem die Beschäftigten umgehen müssen, sobald sie Ansprüche auf Leistungsgerechtigkeit in Anschlag bringen: Das Anspruchsmuster der Leistungsgerechtigkeit umreißt insofern – wie in anderer Weise auch das Fürsorge- und das Selbstverwirklichungsprinzip – ein besonderes normatives Spannungsfeld, als es immer zugleich Gleichheit wie auch Differenzierung einfordert und legitimiert. Einerseits ist das Prinzip der Gleichbehandlung für Leistungsgerechtigkeit – wie für jeden anderen Gerechtigkeitsanspruch – zentral: Wer Gleiches leistet, soll auch gleich verdienen, gleiche Wertschätzung erhalten usw. Dass die Einschätzung der Leistung „ohne Ansehen der Person" geschieht (oder zumindest geschehen soll), wird von den Beschäftigten immer wieder betont. Askriptive persönliche Merkmale wie Nationalität oder Geschlecht würden beispielsweise im Umgang unter den Beschäftigten keine Rolle spielen, rassistische oder sexistische Diskriminierung gebe es praktisch nicht, so die Mehrheitsmeinung (der allerdings eine qualifizierte Minderheit von weiblichen Beschäftigten widerspricht, siehe dazu die Abschnitte 3.1.5 und 3.3.3). Wer „seine Leistung" erbringt, sei unter den Kollegen auch anerkannt, In- wie Ausländer, Männer wie Frauen. Dies sei sowohl normativer Maßstab als auch weithin geübte Praxis.

„Das sind alles Arbeitskollegen, sonst nix." (Bauarbeiter, BA_A, 7)

Allerdings wird gegebenenfalls durchaus in Frage gestellt oder muss doch im Zweifelsfall anhand jeweils relevanter Leistungskriterien genau überprüft werden, ob die Leistungsfähigkeit bestimmter Gruppen auch wirklich vorliegt.

> „Holst du einen ausländischen Mitarbeiter in die Firma oder nach Deutschland zum Arbeiten, da müssen die die Qualifikation auch wirklich vorweisen können. Das kann man kurz testen oder so was, das geht nicht lange, ein halber Tag, dann weiß man, ob die was drauf haben, ja oder nein. Und wenn sie es nicht drauf haben, dann ist es halt nichts zum Arbeiten. [Dass wir] den Stand vom deutschen Handwerk auch halten können, weil wir haben einen verdammt guten Ruf weltweit, den haben wir nicht von ungefähr. Den haben wir nicht, weil wir pfuschen oder weil wir murksen, sondern weil wir gute Arbeit abliefern, das wollen wir uns eigentlich beibehalten.“ (Bauarbeiter, BA_A_G2)

Insgesamt ist eine Neutralisierung von Geschlecht in solchen Zusammenhängen die Regel: Geschlecht wird in Leistungsfragen von unseren Befragten weitgehend de-thematisiert. Weder wird von einer geschlechterspezifisch begründet geringeren Leistungsfähigkeit von Männern oder Frauen gesprochen, noch finden sich in den Beschäftigten- und auch den Experteninterviews positiv konnotierte Bezüge auf Geschlechterdifferenzen (etwa Hinweise auf die besonderen Kommunikationsfähigkeiten von Frauen, die eine Zeit lang immer wieder durch die Managementliteratur geisterten). Auch auf Nachfrage herrscht in den Interviews eine „Semantik der Gleichheit“ (Wetterer 2009) vor, Geschlechterdifferenzen in der Leistungsfähigkeit werden in aller Regel explizit verneint.[7]

Ein zentrales Moment von Leistungsgerechtigkeit besteht im Prinzip der Gegenseitigkeit. Aus der Tauschbeziehung zur Arbeitsorganisation ergibt sich nicht nur ein Anrecht auf Anerkennung und Vergütung durch den Arbeitsgeber, sondern auch eine Verpflichtung der Beschäftigten, ihren Part in dieser Beziehung einzuhalten, d.h., eine der Tauschrelation angemessene Leistung zu erbringen.

> „Irgendwie fühle ich mich schon als aufrichtiger Mensch dazu verpflichtet, das zu erbringen, wofür ich bezahlt werde.“ (IT-Entwickler, WD_B, 1)

Leistungsgerechtigkeit ist aus Beschäftigtenperspektive immer auch ein Anspruch an sich selbst. Dieser Selbstanspruch, durch vorberufliche und berufliche Sozialisationsprozesse verinnerlicht, ist im Arbeitshabitus und Berufsethos

7 Die einzige Ausnahme bilden die (männlich dominierten) Industriearbeiterbereiche, wo gelegentlich auf eine geringere Leistungsfähigkeit von Frauen verwiesen wird – zumeist mit dem ergänzenden Hinweis, dass dies keine sonderlich große Rolle in der Arbeitspraxis spiele. Interessanterweise finden sich solche expliziten Geschlechterbezüge nicht in denjenigen (in der Beschäftigtenstruktur stärker weiblich geprägten) Dienstleistungsbereichen, wo ebenfalls die körperlichen Anforderungen hoch sind (z.B. in Teilen des Einzelhandels).

der verschiedenen Beschäftigtengruppen tief verankert. Er wird auch „horizontal“ wirksam: Wenn ich von meinen Kollegen Engagement und Anstrengung einfordere, richte ich diese Forderung zugleich an mich. Diese normative Selbstverpflichtung, die mit dem Leistungsprinzip verbunden ist, wird insbesondere dann spürbar, wenn man gegen sie verstößt: Sie macht sich als schlechtes Gewissen bemerkbar.

> „Ich denke mal, das ist auch so ein bisschen persönliche Einstellungssache. Kann ich es mit meinem Gewissen vereinbaren, einfach mal zu sagen, ich bleibe zu Hause, oder nicht? [...] Also ich habe echt ein schlechtes Gewissen, wenn ich nach acht Stunden sage ‚Ich gehe jetzt‘, wirklich. Nur wenn ich, wenn ich private Termine habe, die sich nicht verschieben lassen, dann nicht. Aber das ist dann auch wieder, da hat man privat ja auch Druck, ah, dann ist das auch keine Erholung. Also ich kann nicht guten Gewissens sagen ‚Ok, ich gehe heute um fünf und mache mir einen schönen Abend‘. Weil ich weiß, dass Kollegen bei uns hier sitzen und rödeln. Das ist schwierig. Ja.“ (Bauingenieurin, BA_B, 4)

Diese selbstdisziplinierende Wirkung des Leistungsprinzips wird in vielen Zitaten deutlich. Und kaum etwas verunsichert mehr, als die eigene Leistungsfähigkeit in Gefahr zu sehen, als das Gefühl zu haben, „seinen“ Teil des (leistungs-)gerechten Austauschs nicht einhalten zu können.

> „Darüber mache ich mir im Moment gerade viel Gedanken, weil ich merke, dass die Leistung weniger wird. [...] Man wird mir kein Geld mehr wegnehmen können, außer es ist eine so globale Sache, dass alle weniger kriegen. Außer bei dieser Leistungsbewertung. Ich gucke mir an, wenn in dem Portal die Expertise gefragt wird, bin ich noch zwei oder bin ich doch eigentlich vier?“ (Produktmanager, WD_B, 4)

> „Ich denke, es entstand aus dieser Entlassung, dass ich dann vor zwei Jahren mal in die Psychotherapie gegangen bin, weil ich immer das Gefühl hatte, ich leiste nicht genug, ich mache es nicht ordentlich genug. Ohne dass da wirklich verstandesmäßig was dahinterstand, dass es einem noch mal passieren könnte, dass dankend abgelehnt wird, man wird nicht mehr gebraucht. Aber es verselbstständigte sich etwas dieses ‚Man muss 120 Prozent leisten‘, um, was weiß ich, anerkannt zu werden oder sonst.“ (Assistentin, WD_B, 2)

Selbst in der Situation der Insolvenz berichtet eine Befragte von dem schlechten Gewissen, das daraus resultiert, dass sie ihr Leistungsversprechen – obwohl unverschuldet – derzeit nicht einhalten kann.

> „Das Gehalt? Das ist ja das Schlimme. Das Gehalt, was ich jetzt verdiene, fühle ich mich zu überbezahlt, weil man das nicht mehr macht, was man alles gemacht hat. Das ist bei mir drinnen, dieses schlechte Gewissen, weil du eigentlich mehr leistest sonst, mehr machen kannst. Aber das ist ja momentan nicht alles da. Ja und ich meine, die Bestellungen werden von der Zentrale gesteuert, hast keinen Einfluss. Die Ware kommt, hast keinen Einfluss und musst damit leben, was kommt. Du

kannst dich höchstens noch um die Optik kümmern oder vielleicht ein bisschen was wieder anders umstellen für die Augen, für den Kunden da sein, ja. Das ist das Schlimme, mit was ich momentan nicht klarkomme." (Verkäuferin, EH_B, 3)

3.1.2 Fürsorge

Nicht nur bei der Leistungsgerechtigkeit geht das allgemeine Gerechtigkeitsgebot der Gleichheit mit Ungleichbehandlung und Differenzierung einher: Nicht nur ungleiche Leistungen, sondern auch ungleiche Bedürfnisse sind ein naheliegender Grund für gerechte Ungleichbehandlung (Ladwig 2011a, S. 93). Mit dem Begriff der Fürsorge benennen wir den moralischen Anspruch an Organisationen und Akteure, entsprechend den Lebensbedürfnissen konkreter, spezifischer Personen oder Personengruppen zu agieren. Diese Personen(gruppen) kommen hier nicht in erster Linie als abstrakte Arbeits- und Leistungskraft, sondern als konkrete Personen in den Blick, mit spezifischen Eigenschaften und Fähigkeiten und situiert in einem bestimmten sozialen (etwa familiären) Kontext. Der Fürsorgeanspruch verlangt, dass die Menschen gemäß ihrer jeweiligen Besonderheit und damit verbundenen spezifischen Bedürfnissen zu behandeln sind: als Junge oder Alte, Leistungsgeminderte und Kranke, als Eltern oder Kinder usw. Grundprinzip dieses normativen Anspruchs ist der angemessene „Umgang mit der Verwundbarkeit und Kontingenz des Lebens" (Aulenbacher et al. 2015).

Fürsorglichkeit führt, als gültiger Anspruch, nicht einfach zu Wunsch- oder Bedürfnisbefriedigung bestimmter Gruppen oder Individuen, sondern zum Eingehen auf deren berechtigte und wohlbegründete Forderungen. Den Bewertungen und Urteilen, die unter Rückgriff auf das Fürsorgeprinzip vorgenommen werden, liegen Begründungen dafür zugrunde, *warum* und auf *welche* Besonderheiten und Bedarfe eingegangen werden sollte (und auf welche nicht). Es geht beim Fürsorgeprinzip – jedenfalls dort, wo unsere Befragten mit ihm argumentieren – keinesfalls in erster Linie um spontane Empathie, um situative Anteilnahme, sondern um regelgeleitetes, aber eben differenziertes Handeln. Auch das Fürsorgeprinzip impliziert Grundsätze und Regeln, die bei allen in gleicher Weise anzuwenden sind und aus denen Berechtigungen folgen, aber auch abgelehnt werden können.[8]

Ob „Fürsorge" wirklich das richtige Wort für den hier gemeinten *Begriff* ist, sei dahingestellt. Bei der Wahl der Bezeichnung haben wir uns gegen das in

8 Daher erscheint uns die Gegenüberstellung von Gerechtigkeit (justice) und Fürsorge (care) in der Zwei-Moralen-These nicht plausibel, die Gilligan (1984) unter anderem entlang der Unterscheidung von Regel- und Anspruchsorientierung (justice) einerseits und emotionaler Anteilnahme (care) andererseits formuliert.

Gerechtigkeitstheorien oder der sozialpolitischen Debatte geläufigere Bedürfnis- oder Bedarfsprinzip bzw. „principle of need“ (z.B. Miller 1999) entschieden, weil es für unsere Zwecke zu einseitig erscheinen könnte. Auch die Rede vom Bedürfnisprinzip impliziert eine immanente personenbezogene Differenzierung; sie bleibt aber tendenziell beschränkt auf die Seite der Versorgung mit oder Inanspruchnahme von Leistungen und eignet sich damit in erster Linie für Fragen distributiver Gerechtigkeit. Das Wort Fürsorge drückt dagegen besser die Zweiseitigkeit von „care giving“ und „care receiving“ (Saraceno 2008) aus, nicht nur die Bedürftigkeit *nach*, sondern auch die Fähigkeit *zur* Fürsorge. Die Nähe zur Debatte um (Für-)Sorgearbeit oder care work (Feministische Studien 2000; Aulenbacher/Dammayr 2014b) ist gewollt. Zwar fassen wir den Fürsorgebegriff thematisch weiter als in dieser Debatte; das normative Prinzip, das der Praxis der Sorgearbeit häufig zugeschrieben wird, ist aber identisch: Es geht darum, die Besonderheiten und Abhängigkeiten konkreter Personen in Rechnung zu stellen und die entsprechende Asymmetrie von Beziehungen anzuerkennen. Das Konzept der Fürsorge berücksichtigt, dass Menschen nicht nur Träger von Rollen sind (z.B. als Leistungsträger, Betriebsbürger), sondern auch Anspruch auf Achtung ihrer Besonderheit hinsichtlich der Entwicklung und Veränderung ihrer Fähigkeiten und Bedürfnisse haben (Senghaas-Knobloch 2008).[9]

Ein solcher Gerechtigkeitsanspruch auf Fürsorge ist unter unseren Befragten weit verbreitet und wird im Hinblick auf ganz unterschiedliche betriebliche Politik- und Handlungsfelder artikuliert. Fürsorge ist nicht nur ein arbeitsinhaltlicher Anspruch in bestimmten Berufsfeldern oder ein Rechtfertigungsprinzip von bestimmten „sozialen“ oder gemeinwohlorientierten Organisationen, sondern ein Anspruch, der in der betrieblichen Praxis in ganz unterschiedlicher Weise und gegenüber ganz unterschiedlichen Adressaten formuliert wird. Ebenso wie die anderen von uns unterschiedenen Anspruchsmuster ist „Fürsorge“ ein Querschnittsbegriff, der unterschiedliche Themenfelder umfasst. Genauso

9 Es gibt noch weitere bedenkenswerte Konzeptvorschläge. Aulenbacher et al. haben jüngst den Begriff der „Sorgsamkeit“ vorgeschlagen, der ebenfalls dieses normative Prinzip bezeichnet und neben der Fürsorge zugleich die Selbstsorge der Subjekte umfasst (Aulenbacher/Dammayr 2014a; Aulenbacher et al. 2015). Klinger verwendet „Lebenssorge“, um zu betonen, dass es sich um ein „lebensleitendes und -begleitendes Prinzip“ handelt (Klinger 2013, S. 84). Conradi profiliert aus Perspektive der Ethik den Begriff der „Achtsamkeit“, um den Beziehungs- und Interaktionscharakter von Care-Tätigkeiten herauszustellen (Conradi 2001). Und mit dem Begriff der „Fürsorgerationalität“ betont Waerness, dass die (überwiegend weiblichen) Fürsorgearbeiterinnen als rationale Akteure ernst zu nehmen sind und nicht nur „aus ihrem Gefühl oder aus Nonkonformität heraus handeln“ (Waerness 2000, S. 61). Obwohl uns alle diese Überlegungen plausibel erscheinen, haben wir uns für den konventionellen und stärker alltagssprachlichen Begriff der Fürsorge entschieden.

wenig wie das Prinzip „Leistungsgerechtigkeit“ nur beim Thema Leistungspolitik oder in Entgeltfragen bemüht wird oder der Beteiligungsanspruch nur im Hinblick auf die offizielle Interessenvertretung, genauso wenig beschränkt sich „Fürsorge“ auf arbeitsinhaltliche Aspekte im Feld der Care-Arbeit (vgl. auch Senghaas-Knobloch 2000). Ein solches Prinzip finden wir in unserer Empirie also keineswegs nur bei Beschäftigten in Bereichen, die in der Diskussion um Fürsorge(*erwerbs*)arbeit im Zentrum stehen: bei personenbezogenen sozialen Dienstleistungen, in denen es um Pflege, Erziehung oder Betreuung geht. Fürsorglichkeitsansprüche sind innerhalb unseres Samples gleichsam universell, wir finden sie quer zu den Sektoren und Branchen sowie Tätigkeitstypen, auch wenn sie in denjenigen Konstellationen stärker zutage treten, wo sie gleichsam zum Berufsethos gehören oder wo sie gefährdet erscheinen.

Adressaten solcher Ansprüche sind sowohl personale Akteure als auch Organisationen. An die Kolleginnen und Kollegen im eigenen Arbeitsumfeld richtet sich die normative Erwartung, in der Urlaubs- und Arbeitszeitorganisation auf die familiären Hintergründe Rücksicht zu nehmen sowie die Anstrengungen und Bemühungen von leistungsschwächeren Beschäftigten anzuerkennen. Die Unternehmen und stärker noch der Staat sollen – zumindest in begründeten Fällen und Situationen – das Leistungsprinzip fürsorgeorientiert modifizieren und auf die besonderen Fähigkeiten und Eigenschaften spezifischer Beschäftigtengruppen eingehen sowie die Befriedigung allgemeiner Grundbedürfnisse sicherstellen. Eine Achtsamkeit gegenüber der menschlichen Leistungsfähigkeit wird vom Unternehmen erwartet, aber auch als Anspruch an sich selbst formuliert. Häufig wird der Anspruch auch stellvertretend erhoben: Es wird im Namen derjenigen gesprochen, die fürsorgebedürftig sind, aber dies womöglich selbst nicht einfordern können, etwa im Namen „schwächerer“ Kolleginnen oder Klienten.

Gehen wir im Folgenden die zentralen betrieblichen Themen- und Politikfelder durch, in denen das Fürsorgeprinzip von unseren Befragten normativ in Anspruch genommen wird. Am stärksten verbreitet und am wenigsten umstritten ist das Prinzip der Differenzierung nach persönlichen Besonderheiten und Bedürftigkeiten im Fall der *Arbeitszeitorganisation*, insbesondere bei der Urlaubsplanung. Die Verteilung der Anwesenheitspflichten erfolgt nicht nach dem abstrakten Prinzip der Gleichbehandlung aller, sondern es werden dabei die persönlichen, insbesondere die familiären Hintergründe der Beschäftigten berücksichtigt. Dies geschieht wiederum nach relativ klar definierten Regeln, nicht aufgrund einer jeweils situativen Einzelfallprüfung. Eine Betriebsrätin aus dem Einzelhandel beschreibt die allgemein akzeptierten Grundsätze bei der Urlaubsorganisation folgendermaßen:

„Azubi, Alleinerziehende mit Kindern, Verheiratete mit Kindern. Was bleibt davon noch übrig, weil die haben Vorrang? Und der Rest, wenn sie sich nicht einig werden, der wird dann halt ausgelost, von denen, die ledig sind, keine pflegebedürftigen Leut' daheim haben, wo man sagt, da muss man auch noch Obacht drauf haben. Ansonsten, dann wird es ausgelost." (Betriebsrätin EH_A_E, 1)[10]

Solche Grundsätze sind bei der Arbeitszeitverteilung weitgehend unumstritten. Dies bedeutet allerdings nicht, dass deren Umsetzung immer unproblematisch wäre und sich konsensuell abspielen würde. Schwieriger als die Urlaubsplanung ist etwa die Regelung der Schichtplanung. Hier ist bisweilen unklar, welche persönlichen Merkmale als berücksichtigenswert gelten sollten. Erscheint es gerechtfertigt, familienbedingt von Nachmittags- oder Wochenendschichten befreit zu werden, oder überschreitet dies bereits das angemessene Maß von Fürsorgeorientierung? Problematisch wird es auch, wenn gleichsam systematische Verzerrungen in der Arbeitsgruppe entstehen, weil bestimmte Beschäftigte (Jüngere, Ledige, Kinderlose) mit zusätzlichen Leistungsanforderungen konfrontiert werden, während andere sich dem mit Verweis auf ihre familiäre Situation entziehen können. Das Fürsorgeprinzip wird im Hinblick auf die Arbeitszeit in der Regel folgendermaßen konkretisiert: Spontane Flexibilitätsanforderungen (z.B. bei Krankheit der Kinder), eingeschränkte Möglichkeiten der Urlaubsplanung und – in gewissen Grenzen – auch Ansprüche auf eine unterschiedliche *Lage* der Arbeitszeiten sind berechtigterweise zu berücksichtigen. Aber eine grundsätzlich andere *Dauer* der Arbeitszeit oder generell quantitativ reduzierte Leistungsanforderungen sind mit der eigenen familiären Situation nicht zu rechtfertigen. Entstehen hier dauerhafte Ungleichgewichte, wird dies als ungerecht empfunden, und es entstehen „horizontale" Konflikte unter den Beschäftigten.

Eine andere Form der personenbezogenen Differenzierung beim Geltendmachen von Ansprüchen, die sich ebenfalls primär auf das Verhältnis der Beschäftigten untereinander bezieht, finden wir im Feld der *„horizontalen" Leistungspolitik*. Leistungspolitik umfasst nicht nur die betrieblichen Instrumente zur Aktivierung sowie zur Steuerung und Kontrolle des Leistungsverhaltens „von oben", gewissermaßen die vertikale Dimension; auch die ausführend Beschäftigten selbst betreiben Leistungspolitik: Sie beobachten und bewerten das Leistungsverhalten der Kolleginnen und Kollegen, etwa in der eigenen Arbeitsgruppe oder der Abteilung; sie weisen ihnen in der alltäglichen Arbeitskooperation – in der Regel informell – Tätigkeiten und Aufgaben zu oder entlasten sie

10 Ob die Urlaubs- oder Schichtplanung selbstorganisiert durch die Arbeitsgruppe durchgeführt oder vom Vorgesetzten verantwortet wird, ändert nichts am Anspruchsprinzip. Wenn die Team- und Abteilungsleiter, Meister etc. die Organisation vornehmen, berücksichtigen sie ebenso Fürsorgekriterien wie im Fall der Selbstorganisation durch die Arbeitsgruppe.

von Anforderungen; sie sanktionieren Arbeitsverhalten, das sie als unangemessen empfinden. Insbesondere in Arbeitsformen, die besonders stark auf direkte Kooperation angewiesen sind, und dort, wo Gruppen oder Teams kollektive Leistungs- und Ergebnisziele erreichen müssen, spielt eine solche „horizontale“ Leistungspolitik eine zentrale Rolle. Häufig verbinden sich gerade bei Gruppen- oder Teamarbeit informelle Leistungsnormen, die Leistungsbereitschaft und „Engagement“ besonders betonen, mit – zumindest in begründeten „Sonderfällen“ – fürsorgeorientierten Differenzierungen. Wir beobachten eine bereits in vorangegangenen Studien (Kuhlmann/Schumann 2000; Menz 2009, S. 362ff.) festgestellte leitende Unterscheidung zwischen „Können“ und „Wollen“. Normativ bewertet wird das Wollen, d.h. die Bemühung, Leistung zu erbringen. Wenn mangels Fähigkeiten, für die der Einzelne keine Verantwortung trägt – etwa aufgrund von verminderter Leistungsfähigkeit im Alter –, das Leistungsergebnis zwar reduziert ist, ausreichendes Bemühen aber vorliegt, ist der Leistungsunterschied gerechtfertigt.

> „Jeder schuldet letztlich nur, so viel er leisten kann. Und es können nicht alle gleich viel leisten. OK, Mitarbeiter A war früher 110 Prozent, kann jetzt aber nur noch 80. Das liegt nicht daran, dass er nicht will, sondern er kann es einfach nicht mehr.“ (Jugendamtsmitarbeiter, ÖD_A, 2)

> „Was mir vielleicht auch ein bisschen zu kurz kommt, ist altersgerechte Arbeit. Also das fehlt mir hier auch immer noch ein bisschen, wenn Leute wirklich nicht mehr so können, gerade so in der Montage und dass diese Zeiten nicht angepasst werden. Also ich möchte den Beruf auch noch in 40 Jahren machen, und dafür muss sich aber etwas ändern. Dafür darf ich nicht gesehen werden wie ein Zwanzigjähriger und das in *der* Zeit schaffen müssen. [...] Wenn man die irgendwie in andere Zeitmodelle, dass man denen mehr Zeit gibt oder so...“ (Elektrikerin, MA_B, 9)

Das aufwandsbezogene Leistungsprinzip wird hier nach Fürsorgekriterien relativiert und differenziert. Obgleich das Leistungsprinzip hierdurch nicht seine Priorität verliert, wird nicht auf einer rigiden Einhaltung eines abstrakten identischen Leistungsmaßes beharrt, sondern die individuellen Möglichkeiten werden bei der Beurteilung berücksichtigt. Der gleiche Aspekt wird auch bei der Frage nach der Vergütung und Anerkennung der Leistung durch den Arbeitgeber in Anschlag gebracht, also in der vertikalen Dimension. Kriterien der fürsorglichen personenbezogenen Differenzierung werden in das Prinzip der Leistungsgerechtigkeit, das zunächst in Fragen der Gratifikation Vorrang besitzt, gleichsam korrigierend eingebaut.

> „Ich finde es halt viel schlimmer, wenn ich weiß, ich habe einen Kollegen, der kann, aber er will nicht. Setzt sich hin ‚Ach nee, das interessiert mich jetzt gerade nicht, was die anderen tun‘, verlangt aber dann von uns, wenn er krank ist, dass wir seine Arbeit mit übernehmen. Also das sind dann so Sachen, nein, das geht nicht.

Aber bei einem Kollegen, der jetzt schon älter ist und zum Beispiel auch vielleicht nicht so, so was hatten wir zum Beispiel, auch mit einem PC-Programm nicht ganz so gut zurechtkommt, dem greift man halt unter die Arme und versucht, das ihm so gut wie möglich zu zeigen. Und während der dann halt weniger arbeitet, weil er es halt einfach auch nicht kann, sich aber trotzdem bemüht, hat er trotzdem das gleiche Recht, genauso viel zu kriegen. Ich meine, der macht ja auch seinen Job. Vielleicht ein bisschen anders." (Projektassistent, WD_A, 2)

Solche am Fürsorgeprinzip orientierte (Forderungen nach) Korrekturen am Leistungsprinzip finden sich im Feld der horizontalen und vertikalen Leistungspolitik dort, wo es um die begründete Unterschreitung einer allgemein erwartbaren Leistungsfähigkeit bzw. eines Leistungsstandards geht, insbesondere beim Umgang mit älteren Kollegen, Kranken oder Behinderten. Diese „besonderen" Beschäftigten bedürften besonderer Achtsamkeit, so die geteilte normative Grundannahme. Anders stellt es sich freilich dar, wenn sich der Fokus auf die Frage einer generellen bedürfnisorientierten Differenzierung des Entgelts richtet, und vor allem dann, wenn mit individuellen Bedürfnissen zusätzliche Entgeltansprüche begründet werden sollen. Typisches Diskussionsbeispiel für eine bedürfnisbezogene Entgeltdifferenzierung ist die Frage, ob das Vorhandensein und die Anzahl von Kindern ein relevantes Vergütungskriterium sein soll. Generell befürworten viele Befragte zwar eine solche *bedürfnisbezogene Einkommensdifferenzierung* durchaus. Allerdings sehen die meisten hier weniger den Arbeitgeber in der Pflicht als vielmehr den Staat (und z.B. die Steuer- und Familienpolitik). Stellvertretend für viele andere steht folgendes Statement:

„Eigentlich ist es ja keine Sache des Arbeitgebers, Kinder zu haben zu unterstützen, sondern eigentlich auch Sache eher des Staates." (Pädagogische Jugendamtsmitarbeiterin, ÖD_A, 1)

Das Anspruchsmuster wird also je nach Adressat differenziert, unterschiedliche Adressaten sind gewissermaßen jeweils *primär* für die „Bedienung" unterschiedlicher Gerechtigkeitsprinzipien „zuständig". Während vom Unternehmen vorrangig die Orientierung am Leistungsprinzip erwartet wird, falle das Fürsorge- bzw. Bedürfnisprinzip in den Bereich des Staates. Eine solche „moralische Spezialisierung" wird häufig durch Bezug auf ökonomische Rationalitätskriterien untermauert und begründet. Würde das betriebliche Entgelt mit der Kinderzahl steigen, hätte der Arbeitgeber letztlich ein ökonomisch begründetes Interesse, Kinderlose einzustellen und Eltern zu diskriminieren – das Prinzip der Bedürfnisorientierung würde damit in der Praxis konterkariert, so ein häufig angeführtes Argument. Hier gilt also das Fürsorgeprinzip zwar normativ als richtig, Erwägungen der „technischen" Umsetzbarkeit führen aber dazu, dass bestimmte Adressaten aufgrund als legitim geltender ökonomischer Rationalitätsansprüche diesbezüglich nicht mehr wirklich in die (Legitimations-)Pflicht zu nehmen sind. Dies ist ein Fall von partieller Entlegitimierung der Ordnung, die mit bestimmten Gerechtigkeitsansprüchen gar nicht mehr konfrontiert wird.

Eine weitere bedürfnis- bzw. fürsorgeorientierte Brechung und Korrektur erfährt das Leistungsprinzip hinsichtlich der Untergrenze des Einkommens. Von der eigenen Arbeit leben zu können ist wichtige normative Forderung vieler unserer Befragten quer durch alle Branchen und Qualifikationsniveaus (und damit auch unabhängig von potenzieller eigener Betroffenheit). Auch eine niedrige Ausbildung oder eine Arbeitsmarktlage, die Niedriglöhne überhaupt erst möglich macht, rechtfertigt es in den Augen der Befragten nicht, die Löhne unter das Niveau der Befriedigung menschlicher Grundbedürfnisse zu drücken.

> „Gut, dass eine ungelernte Kraft nicht das verdienen kann, was eine gelernte hat, die jahrelang gelernt hat, ist schon klar. Aber unter zehn Euro, das ist ein Witz. Weil du auch gar nicht mehr damit leben kannst. Du kannst doch gar nicht mehr existieren mit dem Lohn, das ist das. Wer kann heute noch damit leben? Gar keiner mehr. Das finde ich halt unfair. Du sollst nach Leistung entlohnt werden, ist schon klar, aber ich meine, für fünf Euro jemanden einstellen und dann noch so quasi jemanden ersetzen, der langjährig da ist, weil der kann es ja genauso, ist ja wurscht..." (Verkäuferin ohne Berufsausbildung, EH_A, 1)

> „Also es kann einfach nicht sein, dass man von seiner Arbeit nicht leben kann oder von einem Job nicht leben kann. Und das geht nicht. Das läuft hier echt schief." (Bauingenieurin, BA_B, 1)

> „Und für vernünftige Arbeit will heutzutage jeder seinen vernünftigen Lohn haben. Es kann doch nicht angehen, wenn einer acht Stunden arbeiten geht, der nachher zum Sozialamt rennt und noch diesen Zuschuss beantragen muss, damit er seine Familie am Leben hält." (Erzieherin, ÖD_B, 7)

Ein solcher bedarfsorientierter Grundanspruch auf einen „vernünftigen Lohn" hat auch Schnittmengen mit dem Würdeprinzip (Abschnitt 3.1.5), bleibt aber doch eng an das Leistungsprinzip gebunden. Die Grundbedürfnisse befriedigen zu können gehört zu den moralischen Grundprinzipien des Menschseins (Würdeanspruch). Zugleich wird ein solcher Anspruch doch zumeist mit der Forderung nach einem Leistungsbeitrag verbunden: Wer arbeitet, sollte – unabhängig von Qualifikation, Arbeitsmarktbedingungen, Ergebnisoutput usw. – ein angemessenes Niveau an Bedürfnisbefriedigung erzielen können. Wer sich dagegen nicht ausreichend „anstrengt" (z.B. indem er sich nicht um Arbeit bemüht, sondern von Transferleistungen lebt), wird zwar nicht vom Würdeprinzip ausgenommen; er darf allerdings nur ein geringeres Niveau der Bedürfnisbefriedigung für sich reklamieren als der Arbeitende – so die weitgehend geteilte Norm.

Über diesen Anspruch auf eine bedürfnisorientierte Mindestvergütung hinaus formulieren die Beschäftigten weitere Fürsorgeansprüche gegenüber dem

Unternehmen, die insbesondere in den Feldern der *betrieblichen Sozialpolitik* sowie der *Familien- und Work-Life-Balance-Orientierung* relevant werden. Zwar erwartet gewiss niemand mehr, dass sein Arbeitgeber sich um alle sozialen Belange der Beschäftigten zu kümmern habe. Das Modell eines fürsorglich-paternalistischen fordistischen Unternehmens, das von Werkswohnungen oder der Vereinsförderung bis zur betrieblichen Gesundheits- und Altersvorsorge für sämtliche Lebensbereiche seiner Mitarbeiter Sorge zu tragen habe, ist zwar in manchen Bereichen als Reminiszenz und verblasste historische Vergleichsfolie noch überraschend präsent (siehe Abschnitt 4.3.2). Ein wirklicher Bezugspunkt der Erwartungen oder Forderungen der Beschäftigten ist ein solches Modell aber nicht mehr. Gleichwohl finden sich auch heute Ansprüche der Beschäftigten, die sich als ausgeprägte Erwartung einer Fürsorgeorientierung des Unternehmens für „seine" Belegschaft deuten lassen.

> „Ich finde aber schon, dass es natürlich eine unternehmerische Sorgfaltspflicht oder so eine Art Kümmern um die Mitarbeiter, das gibt es schon, finde ich schon. Und [das Unternehmen], die ist halt auch, also finde ich nach wie vor, sollte sich auch so verstehen, nicht so wie andere Firmen ist, obwohl wir jetzt börsennotiert sind." (Projektassistentin, WD_A, 6)

Diese Vorstellung einer besonderen unternehmerischen Fürsorgepflicht führt zu einer weiteren Brechung und Relativierung einer Vorstellung einer auf bloße Markt- und Tauschvorgänge reduzierten Arbeitnehmer-Arbeitgeber-Beziehung. Es geht hier nicht einfach um ein rein quantitatives Austauschverhältnis von Arbeitsleistung und monetärer Gegenleistung, sondern auch um die Berücksichtigung besonderer Bedürfnisse, Fähigkeiten und Eigenschaften, um die Rücksichtnahme auf die Wechselhaftigkeit der Leistungsfähigkeit und die privaten Bedingungen der Beschäftigten, um ein längerfristiges wechselseitiges Füreinander-Einstehen. Das beinhaltet von Beschäftigtenseite, dem Unternehmen auch in schwierigen ökonomischen Situationen treu zu bleiben. Andersherum impliziert es auch, dass das Unternehmen für seine Beschäftigten im Bedarfsfall besondere Sorge zu tragen habe, insbesondere hinsichtlich lebensphasenbezogener Veränderungen. Konkretisiert werden solche Ansprüche auf Rücksichtnahme auf die Kontingenzen des Lebens etwa hinsichtlich einer familien- und demografiegerechten Personalpolitik.

> „Ich finde es schön, dass es einigermaßen möglich ist momentan, zumindest entsprechend diesen Regelungen und auch entsprechend der anvisierten Führungspolitik hier, auf die individuellen Bedürfnisse der Mitarbeiter Rücksicht zu nehmen. Hier im Konzern haben wir den sogenannten Demografietarifvertrag, der noch mal auch konzernweit ziemlich viele Freiheiten und ziemlich viele solcher Absichtserklärungen beinhaltet, dass auf die individuellen Lebensumstände Rücksicht genommen werden soll. Das finde ich eigentlich sehr gut, dass das gemacht wird. Ich empfinde jetzt persönlich eigentlich aus so einem relativ plumpen, relativ kühlen Ge-

rechtigkeitsgedanken so, gleiches Recht für alle. Was jetzt privat ist, ist eigentlich privat, und jeder, der hier ist, der sollte eigentlich die gleichen Rechte haben. aber ich finde es trotzdem schön, dass wir die Möglichkeiten haben, auf die individuellen Umstände der Kollegen einzugehen. Ich finde es schön, dass diese Möglichkeit besteht." (IT-Entwickler, WD_B, 1)[11]

Solche Fürsorgeansprüche an das Unternehmen werden – wie andere Anspruchsmuster auch – insbesondere dort offen artikuliert, wo ihre Einlösung unter Druck zu geraten scheint, wo aber auch deren Adressierbarkeit ans Unternehmen zunehmend in Frage steht. Dies betrifft insbesondere solche Arbeitsorganisationen und Konstellationen, in denen sich die Beschäftigten mit einem Umbruch von einer regional verankerten und mit ihren Mitarbeitern verbundenen „sozialen" Firma hin zu einem nur noch „geldorientierten" Unternehmen konfrontiert sehen, das aus seinen „Human Resources" nur noch Profit ziehen will.

> „Der Unterschied ist einfach der, bis vor ein paar Jahren gab es ja hier noch den Professor [X], der war ja hier noch der Chef. [...] Der war noch ein bisschen mit der Firma hier verbunden, so mental und gefühlsmäßig und überhaupt. Das war noch [eine lokale] traditionelle Firma, wo die Schäfchen hier, die Mitarbeiter so das Gefühl hatten, es wird sich um sie gekümmert. Das ist jetzt total vorbei. Also wir sind jetzt hier keine Mitarbeiter mehr, sondern Human Resources, das merkt man auch an jeder Ecke." (Projektassistent, WD_A, 1)

> „Also vor ein paar Jahren hätte ich gesagt: ‚Ja, ist ein guter Arbeitgeber.' Ich bin, also ich war einmal sehr schwer krank und bin hier auch sehr unterstützt worden, auch von meinem Chef. Und jetzt das letzte Jahr oder das letzte eineinhalbe Jahr hat sich das eben halt auch mit der Firmenumstrukturierung geändert. [...] Also nachdem ja die letzten Jahre auch der Vorstand sich verändert hat, hat sich auch, finde ich, die Firmenpolitik sehr verändert. Also es war bis vor ein paar Jahren noch relativ sozial, also die Firma war ziemlich sozial eingestellt. Auch so mit Heimarbeit für Mütter, dass sie halt wieder arbeiten können, aber trotzdem sich um die Kinder kümmern usw. usf., das hat sich sehr verändert. [...] Es wird eigentlich nur noch geldorientiert gearbeitet. Also es wird auch nicht mehr auf die Menschen geschaut, was ich sehr schade finde, weil die Firma zieht aus ihren Leuten eben den Profit." (Projektassistentin, WD_A, 2)

So kritikwürdig und bedauernswert die Beschäftigten eine solche deutliche Abkehr von einem fürsorglichen Unternehmensmodell auch finden: Sie betrachten diese Abkehr doch eher als einen Normalisierungsprozess. Mit der veränderten

---

11 Das Zitat zeigt zugleich das potenzielle normative Spannungsverhältnis zu anderen „kühlen Gerechtigkeitsgedanken", z.B. dem Anspruch der Gleichbehandlung, wie er etwa im Leistungsprinzip verankert ist, aber auch dem Respektieren des Privaten, wie es dem Würdeprinzip entspricht.

Eigentümer- und Unternehmensstruktur sowie der stärkeren Profitorientierung wird die Organisation zu einem heute als ganz „normal" geltenden Unternehmen, in dessen Arbeits- und Beschäftigungsordnung umfassende Fürsorglichkeit eben gar nicht mehr zum „Programm" gehört. Damit wandelt sich Fürsorge hier vom gültigen Anspruch an das Unternehmen zu einem bloßen Wunsch, dessen Realisierung man von jener Ordnung gar nicht mehr erwartet (ausführlicher betrachten wir die Konstellation, aus der die beiden letzten Zitate stammen, in Abschnitt 4.1.1). Hier kommt es mithin – zumindest im Hinblick auf den Gerechtigkeitsanspruch der Fürsorge – zu einer schleichenden *Entlegitimierung* der Ordnung: Der Anspruch wird zurückgenommen und gar nicht mehr an die Arbeitsorganisation adressiert.

Zur Fürsorgekategorie lässt sich auch manche Kritik der Beschäftigten an den betrieblichen *Leistungsbedingungen* zählen. Viele der Befragten berichten über eine Zunahme der Leistungsanforderungen über Jahre und Jahrzehnte hinweg – dies wird häufig als in der jeweiligen Branche übliche, fast schon natürliche Entwicklungstendenz betrachtet. Steigende Leistungsziele, Arbeitsverdichtung, immer engere Terminplanungen, eine wachsende Vielfalt von Anforderungen usw. gehören zu den kaum hinterfragten Erfahrungen vieler Beschäftigter, auch wenn körperliche Belastungen im engeren Sinne anscheinend eher abgenommen haben. Leistungsanforderungen und Belastungen werden in ganz unterschiedlichen normativen Begriffen diskutiert, häufig in Begriffen der Leistungsgerechtigkeit, aber auch in Fragen der ökonomischen und organisationalen Rationalität – etwa dann, wenn kritisiert wird, dass das Unternehmen arbeitsorganisatorisch unsinnige Anforderungen stellt, oder wenn es um Fragen von (vermeintlichen) Marktnotwendigkeiten geht.

Zur Kollision mit dem Fürsorgeprinzip kommt es dann, wenn die Leistungsanforderungen so massiv werden, dass sie ganz grundsätzlich mit dem Prinzip der menschlichen Leistungsfähigkeit in Widerspruch geraten, wenn also die Anforderungen nicht einfach nur unangenehm und im erwarteten Maße belastend sind, sondern wenn sie die Arbeits- und Reproduktionsfähigkeit der Beschäftigten direkt einschränken.

> „Von außen ist schon auch Druck da, eben durch die unmenschlichen Termine, sage ich mal, die wir momentan haben. Das ist einfach nicht, das ist nicht leistbar, für jeden Einzelnen von uns nicht leistbar." (Bauingenieurin BA_B, 4)

Ein nicht unerheblicher Teil unserer Befragten verfügte über Erfahrungen im unmittelbaren Arbeitsumfeld oder „am eigenen Leib" mit Überlastungen, die so weit gehen, dass sie die Lebensbedingungen ernsthaft tangieren: mit stressbedingten Krankheiten und Burn-out. Dies betrifft insbesondere Beschäftigte aus sozialen Tätigkeitsfeldern, Erzieherinnen und pädagogische Mitarbeiterinnen aus dem Öffentlichen Dienst, aber auch unter unseren Befragten im Einzelhandel sind Überlastungserfahrungen überproportional häufig zu finden.

> „Und ja, die Arbeitsbedingungen sind halt eben auch nicht immer ganz gut, wenn Kollegen ausfallen. Ja, und dazu kam, dass ich also drei Jahre hintereinander selber gesundheitlich angeschlagen war. In den drei Jahren, ich schätze mal fast eineinhalb Jahre krank und dann irgendwann habe ich gedacht: ‚Du schaffst das nicht mehr.' So, dieses Abschalten fällt mir so schwer. Ich bin also in den Urlaub gefahren und meinte nachts im Traum immer noch Leuten helfen zu müssen, Probleme zu lösen." (Pädagogische Jugendamtsmitarbeiterin, ÖD_A, 13)

> „Weil wir in den letzten Jahren einen unheimlich hohen Ausfall haben an Burnout, an langzeitkranken Frauen, an depressiven Kolleginnen, und das hängt auch mit unserer Arbeit zusammen. Also unsere Arbeit ist in den letzten Jahren eher belastend gewesen und nix mehr Bereicherndes, sondern es war einfach so und ist in vielen Häusern immer noch so, dass wir am Limit gehen und dass sich da irgendwie so am Horizont nichts auftut, dass wir da eine Besserung sehen." (Erzieherin, ÖD_B, 5)

Überlastungen führen zumeist nicht zu offen ausgetragenen Gerechtigkeitskonflikten in den Unternehmen, sondern eher zu persönlichen Auseinandersetzungsprozessen mit den eigenen Arbeitsbedingungen und den eigenen Ansprüchen und Erwartungen hinsichtlich Arbeit und Leben. Als Ursache gilt nicht allein betriebliche Überforderung, sondern auch das eigene (Über-)Engagement. Entsprechend sind die Lösungen, die die Beschäftigten suchen, häufig individueller Art: Arbeitszeitreduzierung, Wechsel der Tätigkeit oder Verzicht auf Karriere. Daraus erklärt sich, dass Fragen von Anforderungen, Leistung und Gesundheit zwar in den Betrieben und in unseren Interviews eine wichtige Rolle spielen, dass sie aber nur selten zu normativen Kristallisationspunkten werden, an denen sich weiterreichende Gerechtigkeitskonflikte festmachen.

> „Ich bin Teilzeit aus gesundheitlichen Gründen. Ich konnte es nicht mehr schaffen. Es sind so hohe Ansprüche, dann bin ich auf 70 Prozent runter und ich hoffte, ich kann irgendwann mal wieder auf 100 zurück, aber ich schaffe es nicht gesundheitlich und, ja. Und ich bin auch nicht zufrieden, wenn ich nicht hundertprozentig alles gebe. In sozialen Berufen ist das immer so, ja. Und ich nehme den weniger Verdienst und alles, aber lieber so, als kaputt gehen." (Erzieherin, ÖD_B, 4)

> „Und für [das Unternehmen] habe ich immer mein ganzes Zeug reingeknallt, bis dann der Punkt kam, der Druck war zu groß, wo ich dann gesagt habe ‚Ok, Du hängst Deinen Abteilungsleiterjob jetzt an den Nagel', weil dann ist die Gesundheit drunter ist gelitten, man hat alles zu viel in sich aufgebaut, mitgenommen nach Hause und alles. Stand immer hinter seinen Mitarbeitern und irgendwo hat man das als Mensch dann nicht mehr verarbeiten können. Dann ist halt meine Krankheit ausgebrochen und dann war ich auf Kur und da habe ich für mich dann einen Weg ge-

sucht, wo ich gesagt habe, nein, das machst du jetzt nicht mehr. [...] Das ist aber auch ein Lernprozess über die ganzen Jahre, muss ich sagen, das war nicht immer einfach gewesen.“ (Verkäuferin, EH_B, 3)

Eine besonders herausgehobene Bedeutung hat das Fürsorgeprinzip in einer anderen Hinsicht, die stärker durch das jeweilige Tätigkeitsfeld geprägt ist: *als Element arbeitsinhaltlicher Orientierungen der Beschäftigten*. Dies betrifft insbesondere den Bereich sozialer Dienstleistungen, also unsere Befragten aus den Tätigkeitsfeldern Erziehung und Kommunalverwaltung (siehe ausführlicher zu diesen Konstellationen Abschnitt 4.1.3). Hier fungiert Fürsorge zunächst als Anspruch an sich selbst bzw. an das eigene Arbeitshandeln: Handlungsleitendes Prinzip und Maßstab einer guten Arbeitsleistung ist die Orientierung am Wohl und an den Bedürfnissen des sozialen Gegenübers: der Klienten, der Bürgerinnen, der Kunden. Auch diese Orientierung zielt nicht auf unmittelbare Wunscherfüllung (des Kunden, des Kindes) oder situative Zufriedenheit (der Klientin, des Bürgers). Für die Beschäftigten in den Kindertagesstätten sind die Prinzipien guter Erziehung und richtiger Bildung der normative Maßstab, und nicht, spontan das zu tun, was das Kind gerade gerne hätte. Ein solches fürsorgliches Handeln beinhaltet im Gegenteil allerlei Restriktionen für den Klienten, ähnlich etwa auch im Fall der Befragten aus dem Bereich Jugendamt und Bürgerbüro. Es geht darum, den berechtigten Ansprüchen, Interessen und Bedürfnissen der Bürger sowohl dem einzelnen Bürger, der das Amt besucht, als auch der Bürgerschaft in ihrer Gesamtheit – gerecht zu werden, und zwar unter Abwägung zwischen verschiedenen Ansprüchen und unterschiedlichen Interessen. Die Erteilung einer Baugenehmigung etwa hat sich nicht nur nach den Forderungen des einzelnen Bauherrn zu richten, sondern auch die Interessen und Rechte der Allgemeinheit einzubeziehen.[12] Gerade im Bereich des Jugendamts sind fürsorgliche Abwägungen zentraler Bestandteil der Arbeit: Wie kann das Kindeswohl am besten gewahrt werden – durch das Belassen der Kinder in einer problematischen Herkunftsfamilie oder durch die Betreuung in einer Pflegefamilie oder einem Kinderheim?

Adressaten des Fürsorgeanspruchs sind aber auch hier nicht nur das eigene Selbst sowie konkrete Personen im sozialen Nahbereich, sondern auch die Arbeitsorganisation bzw. der Arbeitgeber, und zwar in mehrfacher Hinsicht. Diese

---

12 In praktisch allen unseren Interviews in der Kommunalverwaltung werden solche genuinen Fürsorgeansprüche (im Sinne einer entsprechenden Bürger- oder Klientenorientierung) formuliert. Es geht den Beschäftigten dort keineswegs nur um den Vollzug bürokratischer Regeln, die gleichwohl ebenfalls eine wichtige Rolle spielen und einen eigenständigen Legitimitätsbezug besitzen (nämlich den auf bürokratische Rationalität; siehe Abschnitt 3.2.2). In der Praxis treten – wie in Kapitel 4 en détail gezeigt wird – verschiedene Anspruchsmuster immer wieder miteinander verschränkt auf.

haben sich – diesem Anspruchsmuster zufolge – nicht nur an ökonomische oder organisatorische Rationalitätskriterien, an Prinzipien der Leistungs- oder Beteiligungsgerechtigkeit zu halten, sondern einen konkreten sozialen Nutzen zu produzieren, der sich an den wohlverstandenen Bedürftigkeiten und Ansprüchen des jeweiligen „Publikums" orientieren soll: der Klienten oder Kunden oder auch einer weniger spezifizierten allgemeinen Öffentlichkeit (z.B. als Gemeinwohlorientierung). In unseren Untersuchungskonstellationen heißt dies konkret: der zu betreuenden Kinder und ihrer Eltern im Falle der Erzieherinnen und Erzieher, der Bürger der Stadt in der Kommunalverwaltung. Dies ist für diese „fürsorgeorientierte" Beschäftigtengruppe geradezu ihr zentrales berufsethisches Bewertungsprinzip – mit seiner Erfüllung steht und fällt für sie die Legitimität der Arbeits- und Beschäftigungsordnung. Dieser subjektiv stark verankerte und besetzte Fürsorgeanspruch ist zugleich immer auch in der Arbeitsorganisation selbst institutionalisiert, er ist – in unterschiedlichen Ausformulierungen – wesentlicher Bestandteil des organisationsoffiziellen Leitbildes und Handlungsprogramms.

Die subjektive Besetzung des Fürsorgeanspruchs geht so weit, dass die Beschäftigten im Bereich sozialer Dienstleistungen deutlich seltener als in anderen Tätigkeitsfeldern mit den eigenen Interessen und Ansprüchen als Arbeitnehmer argumentieren, sondern zumeist vermittelt über die Kunden- bzw. Klientenbedürfnisse. Nicht deshalb, weil sie als Beschäftigte einen direkten Anspruch darauf hätten, sondern weil die Fürsorgeorientierung der Organisation gegenüber ihren Klienten und *deren* Fürsorgeansprüche es erforderlich machten, seien z.B. die Personalausstattung und die Leistungsbedingungen zu verbessern.

> „Also ich wünsche mir was, für die Kinder wünsche ich mir wirklich, selbst wenn man hundertprozentig ausgestattet ist, ich finde, pro Haus müsste es mindestens eine Kollegin immer mehr geben, weil es immer Kolleginnen gibt, die krank sind oder in Urlaub oder Fortbildung. Also ich finde, ich muss, für diese Kinder braucht man einfach unendlich viel Zeit, um die über die Jahre hinweg zu begleiten. [...] Alles, was an Grunderfahrungen wie Bindung, Zuwendung, Geborgenheit, so Beziehungsarbeit, ja Vertrauen, das findet über uns statt, und das finde ich halt einen hohen Anspruch, und da muss man dem Anspruch auch gerecht werden. Also insofern finde ich, brauchen wir einfach immer mehr Personal in den Kitas." (Erzieherin, ÖD_B, 5)[13]

Zum Wohle der Klienten stellen die Beschäftigten sogar auch immer wieder eigene Ansprüche zurück, die sie „eigentlich" gegenüber ihrem Arbeitgeber hät-

13 So gewendet und als Kern der Arbeitsaufgabe aufgefasst, kann der Fürsorgeanspruch in solchen Berufsfeldern gewissermaßen mit funktionalen Erfordernissen der Berufsausübung verschmelzen und auch in Termini eines „technisch-funktionalen" Rationalitätsanspruchs übersetzt werden (siehe Abschnitt 3.2.1).

ten.[14] Gerade wenn es um unmittelbare Gefährdungen geht, zählt nicht ihr Beschäftigteninteresse (z.B. an guten Arbeitsbedingungen, Einhaltung der Arbeitszeit, erträglicher Beanspruchung). Selbst wenn Überstunden nicht bezahlt werden, können die Erzieherinnen die Kinder nicht unbetreut lassen. Oder die Schwimmmeister überschreiten ihre Höchstarbeitszeiten, denn „es geht immerhin um Menschenleben" (ÖD_A, 4). Bestimmte Bedürfnisse der Kunden sind schlicht unhintergehbar und dürfen nie außer Acht gelassen werden, sie haben gleichsam jederzeit normativen Vorrang vor den – ebenfalls berechtigten, aber relativ betrachtet nachgeordneten – Beschäftigtenansprüchen.

Zugleich kann die Fürsorgeorientierung hier auch zum Bestandteil des Leistungsprinzips und Gegenstand von Leistungsgerechtigkeit umgedeutet und damit auch interessenpolitisch positiv gewendet werden. „Fürsorge" fungiert im Bereich sozialer Dienstleistungen als zentrales Prinzip der Begründung von Anforderungen gegenüber dem Arbeitgeber hinsichtlich Arbeits- und Leistungsbedingungen sowie Entgelt. Wenn fürsorgliches Arbeiten zur Kernaufgabe wird, dann kann Fürsorgeorientierung z.B. zur Begründung für eine angemessene Entlohnung werden: Fürsorgliches Handeln ist der zentrale Leistungsbeitrag der Beschäftigten, der entsprechend anerkannt und vergütet werden muss, so die Argumentation. Dabei können die Beschäftigten an die offiziellen Leitbilder von Bürger-, Kunden- oder Gemeinwohlorientierung der Arbeitsorganisation anschließen und appellieren. Im Ergebnis deutet sich damit eine spezifische Ambivalenz des Fürsorgeprinzips in diesen Beschäftigungsfeldern hinsichtlich der Begründung interessenpolitischer Ansprüche an, auf die wir in Abschnitt 4.1.3 näher eingehen werden.

Der normativen Orientierung im Sinne des Tätigseins für Klienten und Bürger im öffentlichen Bereich scheint in privatwirtschaftlichen Unternehmen auf den ersten Blick die „Kundenorientierung" zu entsprechen. Und insbesondere von Beschäftigten mit direktem Kundenkontakt wird das Prinzip der (fehlenden) Kundenorientierung auch häufig als Kritikprinzip gegenüber dem Unternehmen verwendet: Das Unternehmen stelle falsche Regeln für die Kommunikation mit den Kunden auf, ignoriere deren Anliegen, lasse den Beschäftigten zu wenig Zeit und Raum für kundengerechtes Agieren und handele damit gleichsam gegen das eigene Ziel und Interesse (vgl. Voswinkel 2005). Bei die-

14 Dies verweist darauf, dass die Berufung auf das Fürsorgeziel beim Untermauern von Ansprüchen an den Arbeitgeber nicht nur ein strategischer Zug ist (im Sinne eines Anschlusses an bestehende, aber nicht unbedingt selbst geteilte Leitbilder und Prinzipien), sondern hier tatsächlich ein „eigenes" Ziel der Beschäftigten vorliegt. Den Hintergrund bilden dabei, wie bereits angemerkt, nicht „persönliche" normative Maßstäbe, sondern die berufliche Sozialisation und die beruflichen Leitorientierungen der Beschäftigten.

ser Beschäftigtengruppe (insbesondere im Einzelhandel) ist dies eines der wichtigsten Kritikprinzipien überhaupt in unserem Sample. Dieses Kritikprinzip und die Ansprüche, auf die es sich stützt, bleiben aber im Rahmen einer Rationalitätskritik. Den Kern der Kritik bildet dann nicht der Bezug auf moralische Bewertungsmaßstäbe, sondern auf fehlende oder falsch verstandene ökonomische Rationalität.

> „Also ich habe immer die Priorität beim Kunden gesetzt. Wenn der dann fertig war, zum nächsten Kunden, und wenn dann Kasse ist, habe ich gesagt, erst Kunde, dann gehe ich vor, weil wir leben ja vom Kunden, nicht vom was weiß ich was, und ich habe dann schon bevorzugt schon Kunden gemacht. Also mein Gott, das ist das Wichtigste, der Kunde im Markt muss bedient werden." (Verkäuferin, EH_B, 1)

3.1.3 *Selbstverwirklichung*

Ein drittes Anspruchsmuster, das – freilich auf ganz andere Weise als das der Leistungsgerechtigkeit oder das der Fürsorge – auf eine gerechte Ungleichbehandlung hinausläuft, ist das der Selbstverwirklichung. Das Ideal der Selbstverwirklichung und Selbstentfaltung gilt als Kernkomponente der modernen Subjektkonzeption (Taylor 1996). Es wird oft auch mit dem Begriff der (individuellen) Autonomie belegt.[15] Der Anspruch, der aus diesem Ideal erwächst, nämlich aktives Subjekt seiner eigenen Lebensgestaltung und Lebensführung zu sein, verweist zunächst auf den Privatbereich intimer Nahbeziehungen, von Familie und Freizeit, als das Hauptfeld, in dem entsprechende Strebungen zur Entfaltung kommen sollen, bezieht sich potenziell aber auf den gesamten Lebenszusammenhang und eben auch auf Erwerbsarbeit. Bereits Hegel spricht von einem „unendliche[n] Recht des Subjekts, daß es sich selbst in seiner Tätigkeit und Arbeit befriedigt findet" (Hegel 1986, S. 36f.). In dieser Tradition gilt gerade „Arbeit als die wesentliche Form der Selbstverwirklichung [und] als höchster Ausdruck menschlicher Kreativität" (Dubet 2008, S. 28), und dementsprechend ist sogar die Rede davon, dass „weit eher die Arbeit als die Freizeit" Chancen zur Selbstverwirklichung eröffne, nachdem die Trennung in die Reiche der Notwendigkeit und der Freiheit „weithin aufgehoben" sei (Höffe 2015, S. 164).

---

15 So auch bei Dubet (2008), bei dem die so verstandene Autonomie ebenfalls ein zentrales Gerechtigkeitsprinzip in der Arbeitswelt darstellt. Wir sprechen von Selbstverwirklichung, weil dies die auch bei Dubet gemeinte Sache besser trifft und der Begriff der Autonomie, indem er sowohl auf individuelle wie auf kollektive Selbstbestimmung und Selbstgesetzgebung (sowie auf „negative" wie „positive" Freiheit) verweist, einen viel weiter zu fassenden Bedeutungshorizont besitzt (vgl. Wolf 1999).

Der Anspruch auf Selbstverwirklichung artikuliert sich erwerbsarbeitsbezogen vor allem in Erwartungen von Beschäftigten im Hinblick auf eine „subjektivierende" Arbeitsgestaltung, oft im Sinne von Interessantheit, Abwechslungsreichtum, Kreativität und Gestaltungsfreiräumen (in) der Arbeit. Damit sind die subjektiven Orientierungen berührt, die in der arbeitssoziologischen Debatte unter dem Stichwort „normative Subjektivierung" seit längerem diskutiert werden. Wenn diesbezüglich von *Anspruch* oder gar, mit Hegel, emphatisch von einem „unendlichen *Recht*" gesprochen wird, verweist das auf eine zunehmende Institutionalisierung der Selbstverwirklichungsidee, zumindest auf der Leitbildebene von Arbeitsorganisationen, und damit ihre Relevanz für die Legitimität von Arbeits- und Beschäftigungsordnungen. In der Debatte findet diese Objektivierung im kritischen Verweis auf die Ambivalenzen von Subjektivierung ihren Ausdruck. Wir haben es nicht bloß mit Selbstverwirklichungsansprüchen „von unten", von den Subjekten her, zu tun, sondern auch immer mehr mit Selbstverwirklichungsimperativen „von oben": der unternehmerischen Forderung, die Kreativitätspotenziale und individuellen Gestaltungsinteressen in den Dienst des Unternehmens zu stellen (Bröckling 2007). Die „Künstlerkritik", die sich auf das Prinzip der Selbstverwirklichung beruft, sei durch dessen Institutionalisierung von einem oppositionellen Anspruch zu einem herrschaftslegitimierenden Rechtfertigungsprinzip geworden und tauge daher heute kaum noch zu einer folgenreichen Gesellschaftskritik (Boltanski/Chiapello 2003). Autonomie könne unter diesen Bedingungen auch zu einer Belastung werden und zu Überforderung führen (Ehrenberg 2004).

Unser Interviewmaterial zeigt sehr eindrücklich die Relevanz und Stärke des Wunsches nach Selbstverwirklichung – der auch den Charakter eines Anspruchs annehmen *kann* (darauf kommen wir zurück) – auch in der und durch die Erwerbsarbeit. Im Zusammenhang mit der Frage danach, was für die Beschäftigten „gute Arbeit" ist, taucht immer wieder – gleichviel, ob Einfacharbeiter, Fachkraft oder Wissensarbeiter – die Formel auf, Arbeit solle in erster Linie „Spaß machen". Mit dieser vielstrapazierten Formel verbindet sich eine Vielfalt verschiedener Elemente, die wir zum Anspruch der Selbstverwirklichung zählen und die oft miteinander verschränkt auftreten. Zum „Spaß" gehört zunächst der vergleichsweise bescheidene Wunsch, dass die Tätigkeit eine gewisse Abwechslung bietet und dass Betriebsklima und Zusammenarbeit „stimmen". Er verbindet sich mit der Kritik an Monotonie, an Routine- und Repetitivarbeit, an Standardisierung und Dequalifizierung.

> „Ich bin zufrieden mit dem, was ich [an Entgelt] bekomme, ich bin aber auch kein Mensch, der da besonders finanziell-materiell orientiert ist. Mir ist es viel wichtiger, dass mir meine Arbeit Spaß macht und dass ich gefordert bin, dass ich mich nicht

langweile, dass ich tolle Kollegen habe, mit denen ich auch gerne zusammenarbeite, und einfach gerne zur Arbeit gehe. Wenn ich davon dann leben kann, ist das in Ordnung.“ (Controllerin, AU_E, 6)

„Das ‚Mischen‘ von Arbeit wird heute schwerer, weil wir immer mehr standardisieren. [...] Diese Vereinfachung, die man hat. Man macht immer das Gleiche, diese gleichen Abläufe, die dann kommen. Dadurch wird das auch immer monotoner, ja.“ (Disponentin/Fertigung, MA_C, 7)

„Na gut, das ist nicht mehr ganz so gegeben, weil viele Arbeiten sehr vereinfacht wurden, sage ich mal so. Das ist nicht mehr so... früher haben sie hier mal ein Gerät gehabt, das waren 50, 60 Teile sage ich mal, heute sind es vielleicht nur 20 Teile und es ist alles standardisiert worden. Wo es dann wieder Spaß macht, wenn ein neues Produkt entwickelt wird, kommt ein neues Produkt ins Modul, und das weiter zu fördern, das zum Laufen zu bekommen, das Gerät, da macht es wieder Spaß, dann ist wieder was los. Sonst wird es... es ist einfach, bauen sie Gerät A, B, C, [sind] immer die gleichen Abläufe, jeden Tag dasselbe.“ (Montagearbeiter, MA_A, 6)

„Sicher, es kann wahnsinnig eintönig sein, dann bohrt man am Tag 50 bis 100 Löcher. Aber es gibt halt auch Tage, da macht es Spaß, da muss man einmessen, da muss man mitdenken, da muss man selbstständig arbeiten, solche Aspekte halt sind ganz cool.“ (Auszubildender, BA_A, 1)

Diese Forderung, „nicht immer das Gleiche machen zu müssen“ (Bauingenieur BA_B, 2), verbindet sich häufig mit dem weitergehenden Anspruch, Reihenfolge, Ablauf und Strukturierung der eigenen Tätigkeit oder auch die Lage der Arbeitszeit selbst festlegen zu können, in Bezug auf das individuelle Arbeitshandeln selbstständig disponieren zu können, statt peniblen Vorgaben und Anweisungen folgen zu müssen.

„Also heute lege ich sehr viel mehr Wert darauf, selbstständig meine Arbeit zu erledigen. Das heißt also, ich kann das nicht gebrauchen, so einen Job, wo ich morgens zur Arbeit komme und mein Chef sagt mir, so, und heute machst du das und das. Ich habe mein Arbeitsgebiet. Ich weiß, was ich dafür zu tun habe. Erledige das selbstständig und gehe in den allerseltensten Fällen mal zu meiner Chefin, wenn ich irgendwo Unterstützung brauche oder, passiert ja mal, oder Hilfe brauche. Aber das ist wahnsinnig selten. Die Selbstständigkeit in der Arbeit ist mir wichtiger geworden, das war früher nicht so wichtig.“ (Assistentin, WD_B, 2)

„Positiv ist auf jeden Fall, dass ich viel Spielraum habe. Ich entscheide, welche Gefahr in Verzug ist. Ich entscheide, wann ich was mache, und wir haben viele Bereitschaftszeiten auch in der Arbeitszeit, d.h. wenn ich mal zwischendurch sage: ‚Nein, jetzt ist aber gut, es liegt nichts Dringendes an‘, dann kann ich mich auch ganz offiziell zwei Stunden in meine Wohnung zurückziehen, muss das Handy anlassen. Also wenn dann einer anruft, wenn ein Notfall ist, muss ich wieder raus. Aber diese

Freiheit, selber zu planen und auch mal bewusst eine längere Pause zu machen ganz offiziell, keiner schimpfen kann, das ist ein super Vorteil." (Bauamtsmitarbeiter, ÖD_A, 10)

„Dass ich sehr selbstständig, sehr frei die Tätigkeiten, die ich definiert habe, mit dem Kunden vereinbart, mit meinen Kollegen, die mitarbeiten, führen kann und durchführen kann. Also die Selbstständigkeit, das ist der absolut höchste Reiz an dem ganzen Thema." (Projektleiter IT-Entwicklung, WD_B, 7)

„Für mich ist es ein Teil von, Luxus will ich nicht sagen, fast wie eine Art Gehaltsbestandteil, dass ich mich so organisieren kann, wie ich das will. Wenn ich um zehn erst komme, weil ich morgens noch ins Fitnessstudio will, dann mache ich das. Und wenn ich abends bis elf bleiben will, weil ich es fertig kriegen will, dann mache ich das auch. Und wenn das eingeschränkt würde, dann hätte ich das Wichtigste bei der Arbeit wahrscheinlich das eine oder andere Mal verloren, nämlich den Spaß." (Key-Account-Manager, WD_B, 10)

Hier zeigen sich auch deutliche Anklänge an Beteiligungsansprüche, was den Nahbereich des Arbeitshandelns angeht (siehe Abschnitt 3.1.4). Allerdings sind Ich und Selbst in solchen Äußerungen immer großgeschrieben, der Selbstbezug, das *Sich*-entfalten-Wollen steht im Vordergrund. Zur expliziten Verbindung mit Beteiligungsansprüchen kommt es umso mehr, je stärker die organisatorischen bzw. institutionellen Voraussetzungen der Selbstentfaltung in den Blick geraten; wir kommen hierauf noch zurück.

Die beiden bislang genannten Elemente des Selbstverwirklichungsanspruchs – Abwesenheit stupider, repetitiver Arbeit; Elemente von individueller Selbstorganisation – sind zunächst nicht inhaltlich definiert. Der nächste, nur analytisch davon zu trennende Schritt besteht in einem positiven Bezug auf eigene subjektive Fähigkeiten, Kompetenzen und Potenziale, die in die Arbeit „eingebracht werden" sollen, wie eine ebenfalls sehr geläufige Formulierung in den Interviews lautet. Es geht nicht nur darum, möglichst wenigen Vorgaben gehorchen zu müssen, sondern auch darum, Eigenes mitbringen zu können, sich in der Tätigkeit und im Produkt ausdrücken zu können. Der Akzent liegt vor allem auf der Möglichkeit, die besonderen, ganz persönlichen Neigungen und Fähigkeiten „einzubringen" und zu entwickeln, „sein Ding machen" zu können.

„Gute Arbeit ist für mich, dass man sich auch einbringen kann und auch sieht, was da passiert, und Hintergründe und auch eine gewisse Freiheit hat in seinem Tagesablauf und denkt, so den Arbeitstag zu gestalten, sage ich mal." (Verfahrensmechaniker, AU_E, 4)

Frage: „Was ist das denn, das, was Spaß macht? Jetzt haben Sie auch gesagt, Sie mögen den Begriff Job nicht, das klingt Ihnen zu distanziert."

Antwort: „Ja, so, als wenn man mal eben was abreißen würde. Man geht hier hin, macht seinen Job und kriegt dann am Monatsende sein Geld. Eigentlich weiß ich nicht, bringe ich mich da, glaube ich, schon ein bisschen mehr ein oder möchte mich da vielleicht auch ein bisschen mehr einbringen. Und das muss schon Spaß machen.“ (Sachbearbeiterin Bauamt, ÖD_A, 11)

„Also, positiv für mich selber ist, dass mir das Spaß macht, was ich tue. Dass wir technologisch in den Jahren deutlich weitergekommen sind. [...] Wo ich mich auch sehr einbringen konnte.“ (Entwickler, MA_D, 2)

„Ich meine, die Arbeit macht Spaß, das ist ganz klar. Ich meine, das Schöne ist halt, wenn man mit seiner Arbeit Erfolg hat, ja. Ich sage jetzt mal klassisch, man lässt sich eine tolle, einen tollen alternativen Vorschlag einfallen zu einer Ausschreibung und das kommt dann, wird dann tatsächlich Auftrag und auch so umgesetzt. Ja, man kann sagen: ‚Das war meine Idee‘, das ist, ich sage mal, was Schönes.“ (Bauingenieur, BA_B, 2)

In solchen Formulierungen schwingt bereits ein anderer, ebenfalls sehr gebräuchlicher positiv besetzter Begriff mit: derjenige der persönlichen „Kreativität“, die es zu realisieren und zu entfalten gilt.

„Aber ich habe hier viele, viele Möglichkeiten, mich auszutoben, weil ich mag den kreativen Bereich. Und nachdem wir da hinten eben... ich mache die Dekorationen, ich kann Schilder hier schreiben, weil das ist ja mein Büro hier, ich kann mich auch tagsüber austoben, wenn ich Lust habe. Also ich kriege hier schon alle Möglichkeiten, die ich brauche, dass ich wirklich kreativ arbeiten kann, auch Dekoration.“ (Verkäuferin, EH_B, 8)

„Die Arbeit muss natürlich bestimmten Spezifikationen genügen, aber wie ich dann dahin komme, das ist ja dann meiner Kreativität überlassen, ne? Je nachdem, wie ich mir die Arbeitsabläufe so einteile, dass ich da intelligent hinkomme und dann am Ende noch das Ergebnis sehe, das sehe ich positiv. Ich habe was zum Anfassen. Das Teil ist fertig, sieht vielleicht auch noch optisch gut aus, das macht Spaß.“ (Werkzeugmacher, AU_C, 1)

Diese oft angeführte subjektive Kreativität, die sich austoben können soll, kann je nach Person ganz unterschiedlicher Natur sein. Was in diesem Sinne jeweils „Spaß“ macht, hängt sozusagen vom Charakter, vom Habitus bzw. von unterschiedlichen sozialen, z.B. qualifikatorischen, Voraussetzungen ab. Der eigene individuelle Anspruch auf Selbstverwirklichung wird in Differenz und Abgrenzung zu den entsprechenden Ansprüchen anderer formuliert. Die Ansprüche auf Selbstverwirklichung sind deshalb ungleicher Natur, besitzen aber bei aller Unterschiedlichkeit die gleiche Berechtigung. Jeder soll sich nach seiner eigenen Façon verwirklichen dürfen.

„Natürlich, die Tätigkeit sucht man sich auch dahingehend aus, um vielleicht das Bestmögliche aus seinen Qualifikationen, seinen Neigungen herauszuholen, ja? Ich sage mal, [...] wir haben hier Staplerfahrer, ich bewundere die Leute immer wieder. Die den ganzen Tag Paletten hin und her schieben. Ich habe da richtig Hochachtung vor. Für mich persönlich wäre das gar nichts, ich würde daran kaputt gehen, an dieser Arbeit. Aber ich finde das immer faszinierend, manche, die identifizieren sich mit der Arbeit so, die kennen das nicht anders. Ich finde das einfach faszinierend, ne? Wobei das für mich persönlich nichts wäre. Ähm, weil ich mir eben Arbeit anders vorstelle diesbezüglich, ja?“ (Instandhaltungsmechaniker, MA_C, 6)

Eine ganze Reihe von Befragten sieht in erster Linie in den sozialen Beziehungen (zu Kollegen oder auch zu Kunden), in die man in der Arbeit eingebunden ist, eine wichtige Chance zur Realisierung von derartigen Selbstverwirklichungsansprüchen und weniger in den fachlich-stofflichen Herausforderungen und Gestaltungsmöglichkeiten.

„Der Mensch hat ja generell einen guten Spielraum, seine Arbeitswelt zu gestalten. Er ist derjenige, der seine Beziehungen auch bestimmt und mitgestaltet. [...] Also ich bin in Interaktion, sobald ich hier meine Arbeit aufnehme, bin mit anderen Menschen zusammen. Es beginnt eine [Inter-]Aktion, die den ganzen Tag andauert. Ich finde das generell *immer* aufregend, mit Menschen zu sein, mit ihnen zu agieren, gemeinsam als Team zu arbeiten.“ (Produktionsplaner, AU_C, 4)

„Weil, hier habe ich einen Bereich wirklich gefunden, wo ich gesagt hab, das, das macht mir Spaß, das ist so mein Ding. Das mache ich auch gerne. Und wenn, wenn ich einen Kunden zwei Stunden berate. Das, das macht einem dann nichts aus. Wenn man sich dann mit einer Farbpalette mit einem Kunden zusammenstellt und sagt, okay, passen Sie auf, rot und grün in einem Raum schaut nicht so toll aus. Ähm, wo man dann halt wirklich auch mit dem Kunden lachen kann und so was.“ (Verkäuferin, EH_B, 7)

Als eine zusätzliche Facette von Selbstverwirklichung lässt sich ein weiter gefasster Sinnanspruch benennen, der an die eigene Arbeitstätigkeit gestellt wird. Hier verbindet sich der Inhalt der Arbeit mit einer über die unmittelbare Tätigkeit hinausreichenden gesellschaftlichen Nützlichkeit. Zum Einbringen eigener Eigenschaften und Fähigkeiten kommt hier eine soziale Sinnhaftigkeit hinzu, eine erstrebte, als positiv empfundene Wirksamkeit des eigenen Arbeitshandelns – besonders ausgeprägt im Bereich sozialer Dienstleistungen (ausführlicher in Abschnitt 4.1.3). Hier ergeben sich dann auch spezifische Bezüge zum Anspruch der Fürsorge.

„[Das ist das,] was ich wollte und das macht mir nach wie vor Spaß und das ist auch genau das, was ich wollte. Also von daher ist meine Arbeitszufriedenheit im Prinzip hier sehr groß, weil ich zum einen genau die Arbeit mache, die ich machen würde, die mir auch so ein gutes Gefühl gibt, dass ich ein bisschen was bewirke und dass das auch wirklich einen Unterschied macht, ob ich das tue oder nicht.“ (pädagogische Bauamtsmitarbeiterin, ÖD_A, 8)

„Ich habe irgendwie einen Beruf gesucht, in dem ich irgendwie was bewirken kann und was bewegen kann. Also in dem ich auch so anderen Menschen ein bisschen helfen kann, weil ich schon das Gefühl hatte, ich habe da Kompetenzen auch. Und habe dann eben an meiner Mutter gemerkt, dass es ein Beruf ist, wo es geht, wo man mit seiner eigenen Haltung ganz viel beeinflussen kann. Also auch jetzt nicht unbedingt gleich auf 1.000 Leute, aber vielleicht dann auf zehn oder 20 Kinder und Familien. Also und das hat mich natürlich schon auch geprägt, dass ich gesagt habe, ja gut, wenn ich Einfluss oder ja was bewirken möchte, dann ist das ein guter Platz auch mit einer mittleren Reife und auch jetzt nicht, um jetzt studiert zu sein, da eigentlich für Menschen auch zu arbeiten oder mit Menschen zu arbeiten.“ (Erzieherin, ÖD_B, 2)

Dass das Ideal der Selbstverwirklichung einen die verschiedenen Lebenssphären übergreifenden Gestaltungsanspruch impliziert, der nicht nur – sondern bestenfalls: auch – in der Erwerbsarbeit in Anschlag kommt, wird immer wieder deutlich. Manche Befragte verweisen direkt auf die Übertragbarkeit von Gestaltungsleistungen und -ansprüchen von der Arbeits- auf die Privatsphäre und umgekehrt.

„Ich schätze mal, dass ich in [den] letzten 20 Jahren sehr selbstständig arbeiten konnte für mich, das hat mir Spaß gemacht, dass ich mich selber ein Stück weit organisieren konnte. [...] Also damals in diesem Musterbau, wo ich das dann erst als Vertreter gemacht habe, dann habe ich das am Ende halt gesteuert und ich denke mir, dass ich recht gut organisieren kann. Ich habe zum Beispiel mein Haus selber gebaut, komplett selber. Also ich habe das gezeichnet und ich habe jeden Stein und jeden Sandhaufen, jeden Zementsack selber bestellt. Das macht mir also Spaß. [...] Und das überträgt sich auch auf meine Arbeit, also ich plane sehr viel und kann sehr viel steuern. Und das macht mir Spaß.“ (Planer, AU_E, 7)

Im Prinzip der Selbstverwirklichung verschwimmen die Grenzen von Arbeit und Leben – zeitlich, aber auch inhaltlich. Wenn sie als Folge der Realisierung von Selbstverwirklichungsansprüchen gedeutet wird, wird eine solche Entgrenzung als positiv erlebt – „Beruf“ und „Hobby“ gehen ineinander auf.

„Das heißt, für mich ist Arbeit tatsächlich Teil meines Lebens. Ich gehe da gerne hin. Ich stehe auch gern um 3 Uhr nachts auf, wenn mir was einfällt von der Arbeit, und fange dann an und arbeite rum, und mache dann Telkos [Telefonkonferenzen] mit Indien und so was. Mir macht das immer Spaß und für mich ist das wie für andere ein Hobby.“ (Key-Account-Manager, WD_B, 10)

Dieser übergreifende, nicht-erwerbsarbeitsspezifische Charakter des Selbstverwirklichungsprinzips spielt auch eine Rolle beim individuellen Abwägen und Priorisieren der verschiedenen Ansprüche an Arbeit. Subjektive Entfaltungsansprüche stehen potenziell in Konkurrenz und teilweise in Konflikt mit den anderen erwerbsarbeitsbezogenen Interessen, vor allem denen an Arbeitsplatz- und Entgeltsicherung, aber auch im Hinblick auf Leistung, Belastung und Work-Life-Balance. Der Selbstverwirklichungswunsch kann – muss aber nicht – im Zweifelsfall auf andere persönliche Handlungsfelder verschoben oder er kann auch bei Konzentration auf andere Ansprüche in der Arbeit per saldo doch noch realisiert werden.

> „Also letztendlich gehen wir ja alle nur arbeiten, damit wir Geld verdienen und damit wir unser Leben gestalten können. Wenn das natürlich noch ein bisschen Spaß macht, ist das noch besser. Aber die Entlohnung ist natürlich schon ein wichtiger Faktor, weil sonst können Sie sich ja auch nicht viel leisten. Oder Ihre Freizeit gestalten oder in Ihrer Freizeit Ihren Hobbys nachgehen. Also ich würde jetzt nicht wechseln, wo ich jetzt nur 20 Prozent weniger verdienen würde, aber das wäre vielleicht *noch* interessanter. Das würde ich jetzt nicht machen, ne." (Einkäufer, MA_C, 3)

> „Mein Anspruch ist, dass ich mitdenken kann, dass ich kreativ sein kann. Und dass ich meine Familie ernähren kann, ich muss es ja einfach mal so sagen, das sind natürlich die Grundkriterien." (Mechaniker, MA_B, 4)

> „Selbst wenn ich eine Stelle angeboten bekomme mit mehr Geld, aber sie mir keinen Spaß macht, was habe ich denn davon? Ich gehe ein, ich gehe unter. Dann mache ich doch lieber da, wo ich ein kleines Stückchen weniger Geld bekomme, wo ich sage, das passt aber noch, äh, aber ich habe Spaß an der Arbeit. Ich sage mal so, acht, neun Stunden ist man auf der Arbeit, Pi mal Daumen, mit Arbeitszeit und Fahrt, et cetera, ja. Acht Stunden schläft man, hat man nicht mehr viel (lacht). Und weshalb soll man da dann ganz trübe sein: ‚Mh, schon wieder zur Arbeit, uh.' Nein, das muss man auch nicht haben. So sehe ich das." (Technikerin, AU_E, 3)

Ein gewisser „trade off" zwischen verschiedenen Ansprüchen ist möglich – etwa durch bewusste Reduzierung inhaltlicher Ansprüche an die Arbeit zugunsten des Privatlebens oder auch durch eine Rücknahme der Ansprüche auf Leistungsgerechtigkeit zugunsten der Selbstverwirklichung.

> „Als ich angefangen habe, meine Verträge in der Arbeit zu leben, vertragsgetreu zu arbeiten oder einfach nur, was gefordert ist, zu liefern. Denn dadurch wird ja Arbeit auch ein bisschen uninteressanter. Aber es ermöglicht einem, für andere Dinge mehr Zeit zu haben." (Projektleiter IT, WD_B, 7)

> „Da habe ich mich dann ein bisschen [mit Eingruppierungsregeln] beschäftigt, und dann gab es tatsächlich von einem Gericht, glaube ich, einen Beschluss, dass die Tätigkeit eines Jugendpflegers als sehr hoch anzusiedeln ist im Bereich der Verantwortung. Und von daher auch dem Recht, dass das die Vergütung entsprechend sein [müsse]. Aber es [...] hat für mich nicht gegriffen. [...] Das ist ärgerlich. Aber deswegen will ich versuchen, kein Magengeschwür zu kriegen, weil das wäre es die Sache nicht wert. Ich finde es nach wie vor einfach für mich persönlich noch wich-

tiger, dass ich mich hier wohlfühle in meiner Arbeit. Dass ich jeden Tag mit einem gewissen Spaß und Elan hier hinkomme und nicht, weil es dann 100 Euro mehr gibt oder 80 Euro." (Mitarbeiter Jugendamt, ÖD_A, 3)

Nicht immer also treten bei den Beschäftigten arbeitsinhaltliche oder berufliche Selbstverwirklichungsziele im Ergebnis einer grundsätzlichen Wahlentscheidung („Selbstverwirklichung" versus „Einkommen") oder auch eines tagtäglichen Abwägens („kreativ sein können" versus „fürs Projekt Überstunden machen müssen") einfach in den Hintergrund. Für manche sind erlebte oder antizipierte Einschränkungen ihrer Selbstverwirklichungsansprüche so gravierend, dass sie den Arbeitsplatz oder den Betrieb wechseln. Bei den beiden folgenden Zitaten handelt es sich mithin nicht zufällig um Aussagen eines Facharbeiters, der von der Produktion in die Prozessentwicklung, und eines Wissensarbeiters, der vom Einkauf in die Forschungs- und Entwicklungsabteilung wechseln konnte.

„Und wie gesagt, irgendwann wurden die Stückzahlen wieder zurückgenommen, die alten Linien, die sie uns da hingestellt haben, wurden dann auch verschrottet. So wurde mein Aufgabengebiet ein bisschen kleiner und dann brach die nächste Werkstatt weg, die auch verlagert wurde ins Ausland, und dann dachte ich mir irgendwann: So, jetzt muss ich – obwohl der Job eigentlich noch Spaß gemacht hat und ich ganz gerne diese Arbeit ausgeführt habe – dann halt doch mal reagieren, bevor es zu spät ist. Und daraufhin habe ich mich als Verfahrens- und Prozessentwickler beworben in eine andere Abteilung." (Verfahrensmechaniker, AU_E, 4)

„Also ich war schon immer so ein bisschen [...] ein kleiner Freigeist, das liegt, glaube ich, vielleicht auch ein bisschen an der Person dran. Also das habe ich auch im Einkauf gemerkt, weil das ist irgendwann stumpf. Das ist nicht so meine Baustelle. Ich brauche so ein klein bisschen Kreatives drinnen, weil wenn man da so ein bisschen den Bogen raus hat, dann stellt man dieselben Fragen seinem Gegenüber am Telefon und kriegt im Prinzip immer dieselben Antworten. Irgendwann wird das langsam langweilig. Und natürlich auch so ein bisschen das Thema: Aufgabe, Weg, Ziel. Im Einkauf kann man ganz klare Zielvorgaben definieren, dementsprechend ist da auch ein ganz anderer Habitus, also ein ganz anderer Umgang mit den Menschen untereinander, als wenn ich jetzt so im Bereich der F&E bin, wo eben gesagt wird: Man möchte schon Kreativität haben, und dann hat man eben auch einen anderen Führungsstil, in dem man sich befindet." (Konstrukteur, AU_A, 4)

Das Prinzip der Selbstverwirklichung wird auch von den Befragten aus der Bauwirtschaft oder dem Dienstleistungssektor auffällig oft mit Wahlentscheidungen in Zusammenhang gebracht: mit Blick auf die Arbeitstätigkeit, den Arbeitgeber oder auch ganz grundsätzlich mit der Berufswahl.

Frage: „Und wenn Sie sich einen anderen Job suchen müssten, aus was für Gründen auch immer, worauf würden Sie achten, was wäre Ihnen am wichtigsten?"

> *Antwort:* „Interessante Aufgaben. Also definitiv nicht immer das Gleiche machen müssen." (Bauingenieur, BA_B, 2)
>
> *Frage:* „Was ist denn für dich jetzt wichtig, wenn du einen neuen Job suchst? Was sind für dich da die wichtigsten Kriterien?
>
> *Antwort:* „Die wichtigsten Kriterien? Gut, es kommt drauf an, ob ich in der gleichen Branche bleibe oder nicht. Also muss mir erst mal Spaß machen, also zumindest sollte er ein bisschen Spaß machen, weil jeden Morgen aufstehen und:
>
> ‚Ah, schon wieder dahin, eigentlich gar keine Lust', dann ist das auch nicht das Richtige." (Verkäufer, EH_B, 7)
>
> „Wenn bei mir der Spaß verloren geht von der Arbeit, dann ist es Zeit, mir was Neues zu suchen. Und so mache ich das konsequent und da bin ich auch ganz zufrieden mit. Insofern, das wäre einer der Gründe tatsächlich für mich zu sagen:
>
> ‚Okay, ist das das Richtige?' [...] Weil ich habe immer schon nur Jobs gemacht, die mir wirklich Spaß gemacht haben. Und wenn sie keinen mehr gemacht haben und ich auch nicht der Meinung war, dass das noch so wird, wie ich mir das erwarte, bin ich gegangen und habe mir was Neues gesucht." (Key-Account-Manager, WB_B, 10)

Dies lässt sich einerseits so interpretieren, dass das Selbstverwirklichungsideal für diese Beschäftigten so zentral ist, dass es für sie sogar das wichtigste Kriterium für die wohl folgenreichsten Entscheidungen in ihrer Berufsbiographie darstellt. Selbstverwirklichung ist in der Tat von hoher Dringlichkeit für viele unserer Befragten. Andererseits kommt in der Verbindung mit Tätigkeits- und Berufswahl zum Ausdruck, dass es offenbar schwierig ist (oder als schwierig eingeschätzt wird), Selbstverwirklichung am einmal gewählten oder zugewiesenen Arbeitsplatz im Nachhinein noch aktiv einzufordern. Womöglich gelingt es nicht (oder es erscheint als wenig aussichtsreich), dieses Prinzip als normativ untermauerten gültigen *Anspruch* wirksam zu artikulieren („voice"), es bleibt damit beim – vielleicht durch „choice" oder „exit" zu realisierenden – individuellen *Wunsch.* Die Unterscheidung zwischen Wunsch und Anspruch liegt in diesem Fall nicht in der Vehemenz, sondern in der Frage, wer für die Erfüllung zuständig ist und von wem man sie einfordern kann: Selbstverwirklichung als solche wird kaum gegenüber den Unternehmen aktiv eingeklagt, die Verantwortung dafür, Selbstverwirklichungsansprüche zu erfüllen, schreibt das Individuum sich selber zu. Wenn das am aktuellen Arbeitsplatz nicht möglich scheint, ziehen die Beschäftigten eher individuelle Konsequenzen im Sinne eines Arbeitsplatzwechsels in Erwägung, als den Konflikt mit dem Unternehmen zu suchen.

Damit widerspricht dieser Befund doch ein Stück weit den Annahmen, die in der eingangs aufgerufenen Subjektivierungsdebatte kursieren. Das dürfte auch damit zusammenhängen, dass es in einem Gutteil unserer Untersuchungsfelder (vor allem in der Industrie) offenbar nicht allzu weit her ist mit den Selbstverwirklichungsimperativen und den Kreativitätsforderungen „von oben", denen sich die Beschäftigten in ambivalenter Weise ausgesetzt sähen, an die sie aber auch appellieren könnten (mit der wichtigen Ausnahme bestimmter Bereiche von Wissensarbeit; siehe Abschnitt 4.1.1). Auch deshalb ist der erkennbare Selbstverwirklichungsanspruch „von unten" im Zweifels- und Konfliktfall immer noch ein durchaus kritischer und „oppositioneller" – der aber in der beschriebenen Weise eher individuell zu realisieren versucht wird.

Eine stärkere normative Kraft gewinnen Selbstverwirklichungsansprüche, wenn sie sich mit anderen Anspruchsmustern verbinden. Oft beschränken sich Selbstverwirklichungsansprüche nicht auf abstrakte Formeln wie „Spaß" oder „Entfaltung" allein, sondern verknüpfen sich explizit mit den inhaltlichen Feldern der Arbeit. So bedeuten Selbstverwirklichungsansprüche bei Erzieherinnen beispielsweise, dass die Beschäftigten positiv auf das Leben und die Entwicklung der Kinder einwirken möchten. Ihr individueller Selbstverwirklichungsanspruch verbindet sich so mit einem Fürsorgeanspruch. Ähnlich werden Selbstverwirklichungsideale, die sich in spezifischen Qualitätsvorstellungen der eigenen Arbeit ausdrücken, gegen das Unternehmen nicht explizit als Selbstverwirklichungsanspruch geltend gemacht, sondern beispielsweise in den Begriffen technisch-funktionaler Rationalität und, damit wiederum verbunden, von Beteiligungsgerechtigkeit. Rekurriert wird in der Kritik dann weniger auf die „Erlebnisqualität", die die Arbeit für die Beschäftigten haben soll, sondern auf ihre Beteiligungsqualität und deren produktive Funktion. Das schließt natürlich keinesfalls aus, dass in einer derartigen Argumentation letztlich ein Selbstverwirklichungsinteresse steckt, bloß scheint dieses allein kein legitimerweise einklagbarer Anspruch zu sein, solange es sich nicht mit „stärkeren" Ansprüchen verbünden kann.

> „Was könnte, sollte gleich bleiben? Ja, einfach dass man immer mit dem Spaß an der Freud, dass man hingeht und irgendwas machen kann, wo man dann zufrieden ist, wenn man zufrieden heimgeht. Was natürlich nicht immer ist, aber wäre natürlich perfekt, wenn es immer so wäre." (Auszubildender, BA_A, 1)

Um es noch einmal zu betonen: Die skizzierten Formen der Individualisierung bei der Verfolgung des Selbstverwirklichungsprinzips (einschließlich der etwaigen Entscheidung für eine „exit"-Option) bedeuten offensichtlich gerade nicht, dass Selbstverwirklichungswünsche weniger drängend wären. Aber im sozialen Feld Betrieb stehen in aller Regel nicht in ausreichendem Maße normative Strukturen zur Verfügung, auf die die Beschäftigten sich berufen können, um diese Wünsche in Form von wirklichen und wirksamen Ansprüchen zu reformulieren. Womöglich erklärt sich daraus auch eine weitere Auffälligkeit: Sieht man von der Monotoniekritik ab, in der sich gleichsam der kleinste gemeinsame Nenner des Anspruchsmusters ausdrückt, stehen in den einschlägigen Interviewpassagen überwiegend Beispiele (halbwegs) geglückter Selbstverwirklichung im Vordergrund. Selbstverwirklichungsansprüche werden – anders als die meisten anderen Ansprüche – sehr häufig anhand von Positivbeispielen expliziert, in denen solche Ansprüche zumindest in einem gewissen Maße als eingelöst erscheinen.

Gleichwohl wird die Realisierung und Behauptung von Selbstverwirklichungsansprüchen von vielen als gefährdet erlebt und auch beschrieben. Organisatorische Neuerungen etwa, die Handlungsspielräume beschneiden, werden auch unter Verweis auf das Prinzip Selbstverwirklichung kritisiert. So wird die in einer Reihe von Betrieben in Gang gesetzte Standardisierung von Arbeitsprozessen (beispielsweise im Zuge der Einführung von „Ganzheitlichen Produktionssystemen“) von den dort Befragten auch als Angriff auf ihre Selbstverwirklichungsansprüche aufgefasst.

> „Das Negative liegt eigentlich nicht an der Arbeit, das ist eigentlich so das Drumherum, dieses Verwaltungsgerödel da. Hier [durch das „Produktionssystem“], da kriegt man vorgeschrieben, wo die Hämmer zu liegen haben, ne? Das sind so Spezifikationen, das Werkzeug muss da liegen und dann nur immer das, was du gerade brauchst [...]. Alles muss dokumentiert werden, da ist ein Zettel, da gibt es einen Chart, das wird dann ausgehängt, da sind dann Kringel oder Kreuze oder Häkchen. Diese Zettel sind für mich ein rotes Tuch. Und zwar weil dann jeder Idiot... – man kann einen Affen drauf dressieren quasi: ‚Der Hammer, der liegt nicht am vorgesehenen Platz, das ist ein Fehler!‘“ (Werkzeugmacher, AU_C, 1)

An diesen Statements zeigt sich erneut, wie eng die vorherrschende Ausdeutung des Selbstverwirklichungsprinzips mit Beteiligungsfragen zusammenhängen kann. Von der ersten Person Singular zur ersten Person Plural ist es manchmal ein fließender Übergang – und damit von der Einforderung von individuellen Entfaltungschancen in der Arbeit zum Anspruch auf kollektive Beteiligung.

3.1.4 Beteiligung

Der Anspruch darauf, gleichberechtigt an allen Entscheidungen beteiligt zu sein, die das Gemeinwesen betreffen, ist der Kernanspruch einer demokratischen Ordnung. Für Arbeitsorganisationen in einer kapitalistischen Wirtschaft ist hingegen nicht nur eine ungleiche Verteilung von Gratifikationen (eine Lohn- und Gehaltshierarchie), sondern auch eine asymmetrische Verteilung von Positionen mit unterschiedlichen Einflusschancen konstitutiv („positionale Ungleichheit“, Nollmann 2004) und damit eine Entscheidungs- und Beteiligungshierarchie. Dem Anspruch nach der Leitwert des politischen Systems, spielt das Prinzip gleicher Beteiligung damit zwar in Arbeitsorganisationen generell eine nachgeordnete Rolle. Wie stark es indes als moralischer Anspruch auch in die Sphäre von Arbeit und Betrieb hineinwirkt, zeigt unser Material sehr eindrucksvoll. Die Berufung auf dieses Prinzip findet hier längst nicht mehr nur eine objektive Stütze in Gesetzesregelungen (insbesondere des Betriebsverfassungsgesetzes) oder Tarifverträgen, die Mitbestimmungsrechte festschreiben. Sie wurde in den letzten Jahrzehnten auch vielerorts durch die Ausbreitung beteiligungsorientierter Managementkonzepte – wie ambivalent auch immer – ermutigt und zumindest partiell institutionalisiert (z.B. Wolf 1994, 2003). In immerhin mehr als einem Drittel unserer Untersuchungskonstellationen haben die Beschäftigten Erfahrungen mit einer derartigen Aktivierung von Beteiligungsansprüchen durch das Unternehmen gemacht.[16] Auf eine Formel gebracht: Bei dem Gerechtigkeitsanspruch auf Beteiligung geht es – gemünzt auf die Erwerbssphäre – im Kern um den vollwertigen „Bürgerstatus im Betrieb“, und das heißt in der Konsequenz: um (Status-)Gleichheit in Bezug auf Mitentscheidung und Partizipationschancen in allen Fragen der Arbeits- und Beschäftigungsordnung.

In unserem Interviewmaterial artikuliert sich ein starker und weit verbreiteter Anspruch auf direkte Beteiligung vor allem da, wo es um den unmittelbaren Nahbereich der Arbeit geht: die Partizipation oder Nicht-Partizipation an den („kleinen“) Entscheidungen, die den engeren Kooperationszusammenhang, z.B. einer Arbeitsgruppe oder einer Abteilung, betreffen. Kritik speist sich – gerade in der Produktions- sowie in „einfacher“ Dienstleistungsarbeit – häufig aus der Erfahrung einer Missachtung: dass die Beschäftigten sich selbst als Experten ihrer eigenen Arbeitstätigkeit begreifen, dass ihnen dieser Status aber im Betrieb immer wieder explizit oder implizit aberkannt wird – durch (häufig als unsinnig erlebte) Vorschriften oder Anweisungen, mangelndes Vertrauen in ihre Fähigkeiten oder schlicht durch managerielle Ignoranz gegenüber dem alltäglichen kompetenten Arbeitshandeln der „Ausführenden“. Die Stärke dieses Anspruchs wird in der oft vehementen Kritik am Ausschluss aus Entscheidungsprozessen bzw. – insbesondere in der Industrie, aber auch in einigen Dienstleistungsbereichen – an einer „Pseudobeteiligung“ sehr deutlich. Mit Bezug auf diesen Nahbereich ist offene Kritik besonders ausgeprägt, hier wird Nichtbeteiligung an Entscheidungen häufig als Ungerechtigkeitserfahrung thematisiert. Man fühlt sich oft „verschaukelt“ oder mit seinen Vorschlägen hingehalten; es werde lediglich das „Gefühl“ vermittelt, man könne Einfluss nehmen, de facto würden Entscheidungen aber „sowieso“, in nicht transparenter Weise, andernorts oder völlig anders getroffen, als die „gefragten“ Betroffenen es erwarteten.

Hauptsächliche Kritikadressaten sind einerseits die unmittelbaren Vorgesetzten, andererseits und häufiger noch die darüber liegenden Hierarchieebenen, die sich in der Wahrnehmung der Beschäftigten in besonderer Weise durch

16 Wie sich Tabelle 5 in Abschnitt 2.2.2 entnehmen lässt.

Unkenntnis über die tatsächlichen Bedingungen und Anforderungen eines funktionierenden Produktionsprozesses auszeichnen. Kritik an ignorierten bzw. verletzten Beteiligungsansprüchen wird dabei oftmals mit technisch-funktionalen Rationalitätsansprüchen (siehe Abschnitt 3.2.1) verknüpft und damit zusätzlich zu rechtfertigen versucht.

> „Wenn man manchmal Vorschläge macht, da wird man auch dann nur so angehört wie: Man hat ja davon keine Ahnung. Bei uns ist immer das, wir sind den ganzen Tag da draußen in dem Fertigungsbereich und haben da schon mit zu tun und eigentlich diejenigen, die darüber entscheiden, sind die wenigste Zeit da draußen. Ich will sie jetzt nicht schlecht machen, das sind alles..., da sind teilweise Ingenieure dabei und Studierte, aber [das] ist eine Praxisfrage. Und wenn man da mal was anklingen lässt, zum Beispiel bei einer Veränderung, die jetzt einen selber beeinflusst, weil man dann noch einen Schritt mehr machen muss oder so, dann [...] heißt [es] gleich, es gefällt einem jetzt nicht oder so, statt dass man mal vielleicht mal zuhört und sagt: ‚Ja, da hat der Kollege ja Recht, der macht das ja jeden Tag.' Das Gefühl hat man nicht, dass man da in der Richtung hört." (Montagearbeiter, ID_A, 4)

> „Grundsätzlich erst einmal ist das [Möglichkeiten zur Beteiligung] ganz schlecht. Also das ist relativ schwierig. Also ich glaube, dass wir viele Mitarbeiter haben, die nicht dumm sind, deren Ideen und Gedanken durchaus mal gehört werden *sollten*. Aber ob man da nun einmal zuhört und es dann einfach wieder auf die Seite schiebt, ich weiß es nicht. Also das ist schwieriger. Definitiv. [...] Die Richtung ist ziemlich knallhart vorgegeben, ne." (Entwicklungsmechaniker, MA_B, 4)

> „Also normalerweise [...] stelle ich mir das eigentlich immer so vor, dass man einen Vorschlag macht und der dann auch bearbeitet wird. Weil, es kann ja nicht sein, dass jeder nur nach dem arbeitet, was irgendein anderer Oberster jetzt durchsetzen will, sondern es muss mehr gefragt werden: ‚Okay, wie findet ihr das, ich habe, was weiß ich, es gibt jetzt ein neues Konzept, schaut euch das mal an, wie findet ihr das?' Dass man das dann an den Betriebsrat weitergibt, und die dann natürlich auch an die Zentrale. Und dass es dort dann auch bearbeitet und ernst genommen wird. Weil, ständig nur dieses, dieses: ‚Ja, ja, okay, wir machen, wir machen, wir machen!', das bringt nichts. Das bringt nichts. Also da müsste schon Mitspracherecht sein." (Verkäuferin, EH_B, 10)

Beteiligungsansprüche überlagern sich, wie oben ausgeführt, häufig mit Selbstverwirklichungsansprüchen und sie verbinden sich auch mit Ansprüchen an Leistungsgerechtigkeit. Beteiligt zu werden an Entscheidungen wird gerade als eine Voraussetzung dafür angesehen, im Betrieb die Arbeitsleistung bringen zu können, die man dem Arbeitgeber legitimerweise zu schulden meint. Wird man nicht hinreichend einbezogen in arbeitsplatzbezogene Entscheidungen, leidet darunter die eigene Leistungsfähigkeit (und die des Arbeitssystems insgesamt). Als eigentliche Expertinnen bzw. Experten im Arbeitssystem will und muss man daher einbezogen werden, damit die Arbeit besser (oder überhaupt) läuft und damit was „'rumkommt" – auch für den Betrieb. Freilich stoßen die Beschäftigten auf eine ganze Reihe von mehr oder weniger verdeckten Formen der Blockade oder des Widerstands gegen solcherart notwendige Partizipation.

Eine offene Form der Blockade ist die direkte Zurückweisung von Beteiligungsansprüchen durch das Management, im Industriesample am offensichtlichsten in den beiden Konstellationen im Feld der Industrie-Dienstleistungen (siehe Abschnitt 4.2.1). Eine weniger offene, aber nicht weniger Kritik und Ungerechtigkeitsempfinden auslösende Form betrieblicher Zurückweisung von Beteiligungsansprüchen ist „Pseudobeteiligung", oft im Kontext „verblassender" Aktivierung durch unternehmerische Partizipationskonzepte.[17] Offizielle Firmenpolitik und „Führungsphilosophie" sehen die aktive Aufforderung zur (und den Anspruch an) Beteiligung der Beschäftigten vor. „Pseudobeteiligung" liegt dann vor, wenn man angesprochen und auch nach seiner Meinung gefragt wird, diese dann aber letztlich bei den Vorgesetzten nicht wirklich zählt. Deutlich wird dies im Hinblick auf betriebliche Optimierungsprogramme, wie das betriebliche Vorschlagswesen, insbesondere aber KVP („Kontinuierlicher Verbesserungsprozess").

Solche Programme werden von den Beschäftigten häufig prinzipiell begrüßt, eben weil sie eine offizielle und formalisierte Legitimationsgrundlage für ihr Mitwirkungsverlangen bilden. Ihre Erfahrungen mit diesen Instrumenten sind jedoch inzwischen oft negativ, ihre Kritik ausgeprägt. Normativer Kernpunkt der Kritik: Man wird als Individuum und als Kollektiv („die Arbeiter", „die Unteren") letztlich nicht ernst genommen und eben nicht als mitspracheberechtigter Betriebsbürger anerkannt; hier werden Anspruchsverletzungen sehr deutlich, auch bezogen auf das Bedürfnis nach Selbstverwirklichung.

> „Wir werden immer angesprochen, ich möchte jetzt nicht sagen, dass wir gefragt werden oder sonst irgendwas. Wir legen unsere Tätigkeiten, legen wir mit Stichpunkten dem Management vor. Dass man jetzt sagt, das ist wichtig, dass man das hat, wenn man das nicht macht, dann erfolgt das oder das oder das, aber man hat nie das Gefühl, dass das irgendwie, ja, berücksichtigt wird." (Abteilungsassistentin, EL_A, 1)

> „Gut, heute wird da eigentlich so kommuniziert, also: Ja, macht euch auch mal Gedanken, ne. Das finde ich auch alles in Ordnung. Nur, wenn man sich dann Gedanken macht – und diese Gedanken sollten sich dann auch eigentlich in der [Entscheidung] wiederfinden, sage ich mal. Aber wenn sie das nicht tun, dann sagt man auch irgendwann: Komm, die machen sowieso, was sie wollen, ob du was sagst oder nicht." (Mechaniker, MA_A, 5)

---

17 Vgl. auch hierzu Tabelle 5 in Abschnitt 2.2.2. Zu diesem „postpartizipativen" Erfahrungskontext, der dort vorfindbaren Anspruchsdynamik und Legitimationsproblematik siehe insgesamt den Abschnitt 4.1.2.

„Ich habe noch nie erlebt, dass da nun wirklich was kommt, sondern es wird immer gesagt: ‚Ja, ja, da sitzen wir dran.‘ Oder: ‚Haben wir ja selbst als Problem erkannt. Ja. Ja.‘ Punkt. Ja? Also die Ernsthaftigkeit, die vermisse ich da, da könnte die Firma ein bisschen mehr tun und damit auch die gelebte Mitarbeit oder Mitarbeiter-, wie soll ich sagen, Einflussnahme [...] verbessern, also da sehe ich ein Defizit.“ (Entwickler, MA_D, 3)

„Mit der Thematik Einführung [eines ‚Ganzheitlichen Produktionssystems‘] hier im Hause hat man versucht, dem Mitarbeiter den Glauben zu schenken, mehr Einfluss auf gewisse Dinge zu haben. Das mag in gewissen Bereichen auch stimmen. [...] Und Ideenansätze werden auch nicht unbedingt verworfen. Gewisse Dinge können wir dann über das Verbesserungsvorschlagswesen mit einbringen. Wobei, sage ich mal, schieben viele einen Frust, weil [...] man glaubt ja immer, man hat die tollste Idee der Welt, und wundert sich, wie viel Geld da im Endeffekt bei rumkommt, wenn man mal was durchgebracht hat. Wenn man dann mal, sage ich mal, so einen Betrag von 25 Euro zur Belohnung bekommt, den auf dem Lohnstreifen sieht, was da letztendlich von übrig bleibt, dann stellen sich manche schon die Frage: ‚Warum habe ich mir gedanklich und auch vielleicht auch körperlich so viel Arbeit damit gemacht?‘ Ne?“ (Instandhaltungsmechaniker, MA_C, 6)

In den Dienstleistungsfeldern ist in der Regel der Formalisierungsgrad von Beteiligung geringer als in der Industriearbeit. Im Einzelhandel macht die Mehrheit der Betriebe unseres Samples kaum explizite Beteiligungsangebote (siehe Abschnitt 4.3.3). Bei Wissensarbeit herrscht demgegenüber eine generelle wechselseitige Erwartung sowohl von Unternehmenswie auch von Beschäftigtenseite vor, dass ein eigenständiges Beteiligungshandeln – zumindest in gewissem, auf das eigene Arbeitsumfeld bezogenem Maße – erwünscht und gefordert ist. Explizite Beteiligungsinstrumente gibt es hier beispielsweise bei Reorganisationsprozessen, wo etwa fall- und themenbezogen Partizipationsgruppen einberufen werden; standardisierte Instrumente wie KVP, Vorschlagswesen usw. sind dagegen in der Wissensarbeit weniger relevant. Zu Enttäuschungen, die in einer Kritik an„Pseudobeteiligung“ ähnlich wie in der Produktion führen, kann es in beiden Varianten kommen: wenn der offiziellen Ansprache als kompetente Beteiligungssubjekte keine entsprechende Praxis der Wahrnehmung und Einbindung entspricht oder wenn die von den Partizipationsgruppen erarbeiteten Ergebnisse folgenlos bleiben.

„Man hat von oben erkannt, es geht nicht mehr so weiter. Und man hat im Prinzip auch Werkstätten gebildet, Teams zusammengeholt, wo vom normalen Angestellten bis zu der unteren Leitungsfunktion Leute drin sind. [...] Alle sitzen da und die Köpfe rauchen und man denkt, wie kommt man da am besten raus? Und wenn man das einem größeren Gremium vorstellt, ist man ganz erschrocken, wie viel Vorbehalte es von anderen dann gibt, und fragt sich dann: ‚Hast du wirklich so doof um die Ecke gedacht?‘ Deswegen, also ich habe den Eindruck, [...] ja, es wird eben dieses Angebot gemacht: ‚Gestalte mit', aber ich habe schon ein bisschen so die Wahrnehmung, dass sich das eigentlich nicht konkret auswirkt.“ (Projektleiter IT, WD_B, 13)

„Das heißt zwar immer, ja, also jeder Vorgesetzte, und hier gibt es viele Vorgesetzte, es heißt immer so, ja, kommt ruhig, wenn was ist, meine Türen sind offen. Wenn einer Ideen und Vorschläge hat. Aber die Regel Nummer 1 heißt: ‚Geh niemals irgendwo hin, komm niemals mit Vorschlägen, mach niemals irgendwelche Anmerkungen oder sonst was.' Nicht nur bei den Vorgesetzten ist das ungern gesehen, sondern das ist hier auch vieles in der Firma, wird ja auch hier im Haus gemacht, so gerade von den Programmen her. Wenn man jetzt da irgendwie wagt, irgendwie mal drauf hinzuweisen, dass das jetzt aber nicht besonders gut ist für die tägliche Arbeit, ist natürlich sofort jemand beleidigt, weil der hat es ja gemacht. Also man darf echt nix sagen.“ (Projektassistent, WD_A, 1)

Wie bei anderen Gerechtigkeitsansprüchen messen und bewerten die Beschäftigten auch in puncto Beteiligungsanspruch die erfahrene Beteiligungsrealität an anderen, „alternativen“ Ordnungen, in diachroner („früher“ vs. „heute“) und synchroner („dort“ vs. „hier“) Perspektive. In manchen Konstellationen in der Industrie, in denen in den 1990er Jahren Gruppenarbeit eingeführt wurde, werden neuerliche Einschränkungen der Informations- und Beteiligungsmöglichkeiten, etwa durch die Wiedereinsetzung eines nicht von der Gruppe gewählten Teamleiters (als de-facto-Vorarbeiter), kritisiert. In anderen grenzen Zentralisierung oder Standardisierung, etwa im Gefolge der Einführung „Ganzheitlicher Produktionssysteme“, früher erlebte Beteiligungsmöglichkeiten heute wieder ein (Abschnitt 4.1.2). Verbreitet findet sich Kritik aufgrund verletzter Beteiligungsansprüche im Vergleich mit anderen Gruppen im Betrieb. Vor allem der Vergleich mit Angestellten und Angehörigen höherer Statusgruppen führt den Beschäftigten in der Produktion ihre relativ begrenzten Beteiligungsmöglichkeiten vor Augen und nährt Kritik.

„Wenn man sich zum Beispiel da mit den Leuten darüber unterhält, da kommen dann immer solche Sprüche wie ‚Naja, das ist ja schon immer so', ne, dass halt, sage ich mal in Anführungsstrichen, die Studierten manchmal einfach Ausnahmen haben, die normale Arbeiter nicht haben.“ (Qualitätsprüferin, AU_E, 1)

„Es war eine große Runde, es ging darum, wie man unsere Entwicklungskollegen in Übersee in das Projekt mit einbindet. Wir waren zehn, von der Entwicklungsleitung, viele Abteilungsleiter, wie es bei solchen internationalen Sachen ist, und ich eben als Experte dabei. Und wir waren uns alle einig, wir machen es so. Und hinterher haben wir es eben genau andersherum gemacht. Das wurde aber nicht mehr in dieser Besprechung entschieden und begründet, sondern das kam dann einfach so. Und da kommt man sich dann schon ein bisschen albern vor. Wenn man in so einer großen Runde von Kompetenzträgern Konsens erzielt, und dann wird dann eben der Rückwärts- und nicht der Vorwärtsgang eingelegt. Das war für mich ein Schlüsselerlebnis. [Lacht.]“ (Entwickler, MA_D, 2)

Das Erleben von Beteiligungsgrenzen wird hier vor dem individuellen erwerbsbiographischen Hintergrund als Verlust beklagt; es treibt die Beschäftigten jedoch auch in anderen Fällen nicht zu Protest oder zu Widerstand – weder individuell noch kollektiv. Anstatt sich für die Durchsetzung von Beteiligungsansprüchen (man antizipiert: vergeblich) „aufzureiben" oder (unnütz) „Energie zu investieren", tendieren die Befragten zum Arrangement mit beteiligungsresistenten Verhältnissen.

> „Da mag ich einfach keine Energie investieren. Mir jedes Mal dann wieder selber vor Augen zu halten, [lacht] wie, wie man dann vorgeführt wird an so einer Stelle, einfach weil die Entscheidung überhaupt nicht kommt." (Entwickler, MA_D, 2)

> „Überwiegend wird es [d.h. Anregungen, Vorschläge] nicht angenommen. Sondern das wird über die Preisschiene durchgezogen, das Thema, letztendlich. Wenn ich Tipps anrege, gebe, heißt es [beim Strategischen Einkauf der AG] ja immer: ‚Wir haben den Lieferanten. Der hat sich nicht bewährt. Der liefert nicht pünktlich, die Qualität passt nicht. Oder die Kommunikation ist nicht in Ordnung.' Das sind so Anregungen und was ich als Tipps sagte, aber [zu Ihrer] Frage, nein, es wird nicht so angenommen dann. Könnte man jetzt sagen, ist frustrierend für einen. Aber man hat sich arrangiert. Ich kenne es nicht anders mehr." (Einkäufer, MA_B, 6)

Es gibt allerdings einen durchaus fließenden Übergang von der Gewährung von (nahbereichsbezogener) Beteiligung zur organisationalen Ignoranz gegenüber den in diesem Rahmen erbrachten Leistungen. Insbesondere bei qualifizierter Dienstleistungsarbeit bewerten die Beschäftigten ihre arbeitsplatz- und tätigkeitsbezogenen Entscheidungsspielräume insgesamt positiv, sehen im Gegenzug aber auch ein gewisses Desinteresse von Vorgesetzten und Arbeitgeber hinsichtlich der kompetenten Nutzung dieser Entscheidungsmöglichkeiten durch die Mitarbeiter. Im dort oft gehörten Satz: „Sie machen das schon!" (Sachbearbeiterin Bauamt, ÖD_A, 12) schwingt beides mit: Vertrauen in die Beschäftigten und mangelnde Bemühungen, die Beschäftigten bei ihrer Arbeitstätigkeit zu unterstützen.

> „Mein Chef lässt uns... man könnte natürlich auch sagen, weil es ihm wurscht ist, aber wir haben, sagen wir so, relativ hohe Freiheit, wie wir unsere Tätigkeit gestalten." (Entwickler, FD_A, 3)

> „[Die Führungskräfte] können natürlich nicht in die Details reingehen, ist klar, das sind komplizierte Sachen, um die es geht. Aber das ist oft so, dass das Grundverständnis nicht da ist [...] und dass überhaupt, also so aktive Führungsarbeit, so: ‚Was machen meine Mitarbeiter eigentlich? Und an welchen Punkten muss ich die unterstützen von mir aus auch als Führungskraft, wo müsste ich sie vielleicht mal kontrollieren oder so' – da findet eigentlich nichts statt." (Pädagogische Bauamtsmitarbeiterin, ÖD_A, 8)

„Also ich habe hier unbedingt das Gefühl, Einfluss auf die Ausgestaltung meiner Arbeit zu haben. Die Kehrseite ist: manchmal eben auch keine Anleitung. Wir möchten das in dem Rahmen abgearbeitet wissen, oder die Standards oder so haben. Also in allen Stationen, die ich hier hatte, war ich immer sehr frei. Mir liegt das, mir gefällt das, aber ich weiß eben auch von Kollegen, die hätten lieber gerne mal eine Ansage: ‚So und so!'" (Mitarbeiter Jugendamt, ÖD_A, 2)

In unserem Material finden sich zwar einige Hinweise darauf, dass das Beteiligungsprinzip auch im Hinblick auf Entscheidungen und Verfahren reklamiert wird, die sich nicht nur auf den „Nahbereich" beziehen, sondern Betrieb oder Unternehmen insgesamt betreffen. Jedoch ist dies eher die Ausnahme von der Regel; und die Regel lautet, dass man sich für Entscheidungen auf der Ebene des Betriebs oder des Unternehmens schlicht für nicht „zuständig" hält. Nachfragen unsererseits im Hinblick auf diesbezügliche Beteiligungsansprüche wurden deshalb gelegentlich auch mit Unverständnis aufgenommen: Der den Beschäftigten qua Arbeitsvertrag zugewiesene Status in der betrieblichen Hierarchie, der ihnen ein „Mandat" für Entscheidungen dieser Art gerade vorenthält, wird nur äußerst selten explizit in Frage gestellt.

„Was das Betriebliche insgesamt anbelangt, puh, das ist schwer zu sagen. Ich habe da jetzt nicht unbedingt so den Einfluss, glaube ich, drauf und ich glaube auch nicht, dass ich den haben möchte. Mich da zu sehr beteiligen, ich glaube, ich würde das gar nicht wollen. Im gewissen Maße ja, was jetzt unbedingt meinen Arbeitsplatz, beziehungsweise die Kollegen oder meine direkte Abteilung anbelangt, wohl, aber über das andere Betriebliche würde ich das, glaube ich, gar nicht wollen, weil ich mir ja gleichzeitig dadurch dann, ja, zusätzlich Arbeit an Land ziehe, die ich dann eigentlich nicht möchte." (Bauplaner, AU_E, 5)

„*Kann* ich als Mitarbeiter in der untersten Ebene überhaupt mitarbeiten in den Entscheidungen, die getroffen werden, die weltweit dann gelten sollen, die über den ganzen Kontinent gehen, weil man ist ja nicht bloß jetzt hier in Deutschland ansässig, sondern man ist ja weltweit ansässig? Habe ich das Wissen, um überhaupt eine richtige Entscheidung zu treffen? Was das weltweit für Auswirkungen haben kann? Nein. [...] Weil jeder bloß einen gewissen Blickwinkel sieht. Aber er sieht nicht das Ganze." (Abteilungsassistentin, EL_A, 1)

„Aber als Arbeitnehmer darf ich ja nicht entscheiden, welche Sachen, die der Vorstand gerade für richtig hält. Dazu, denke ich, sind meine Infos auch viel zu gering. Worüber soll ich abstimmen? Ob die ein Werk in Amerika bauen oder nicht, ich weiß ja nicht, was dahinter steckt. Welchen Absatzmarkt, welche Umfragen die da hinten gestartet haben, wie der Absatzmarkt sein könnte. Welche Förderung der amerikanische Staat da gibt oder... Da bin ich ja gar nicht so drüber informiert. [...] Da muss ich so ein bisschen drauf vertrauen, dass die nicht alles falsch machen." (Schlosser, MA_C, 2)

Die Beteiligungsansprüche unserer Wissensarbeiter reichen jedoch häufig etwas weiter über den eigenen Arbeitsplatz und dessen unmittelbare Umgebung hinaus. Kritisiert wird nämlich etwa, dass wichtige Rahmenbedingungen der eigenen Arbeit nicht für Beteiligung offenstehen und dass damit Eigenverantwortung zwar pro forma verlangt und eingeräumt wird, zu ihrer Realisierung aber die geeigneten Mittel fehlen.

> „Ich sage mal so, es wäre manchmal ganz interessant, mehr Einfluss darauf zu haben, welche Projekte in der zentralen Technik dann tatsächlich bearbeitet werden, die im Konzern angeboten werden. Und da gibt es so und so viel Projekte, wo man sagt, wieso ist das eigentlich nie bei uns gelandet. [...] Da gibt es auch wieder ganz viele Projekte, wo ich sage: ‚Was machen *die* eigentlich den Scheiß?' Da gibt es so Riesenprojekte, die wirklich interessant, technisch extrem anspruchsvoll sind, die nie bei uns landen, und irgendwelche duckeligen Erdmassenermittlungen, die landen dann bei uns." (Bauingenieur, BA_B, 2)

> „Mehr mitentscheiden, ja. Das ist, das fehlt hier so ein bisschen. Also einerseits wird den Mitarbeitern viel Verantwortung zugestanden, was die Aufgabenlösung angeht, aber die Mittel dahin, die bleiben doch aufs Büro beschränkt." (Bauingenieurin, BA_B, 1)

Auch wenn also klar ist, dass Entscheidungen im Kleinen, d.h. die beanspruchte Partizipation im Nahbereich, von Entscheidungen im Großen abhängig sind: Umfassendere Beteiligungsansprüche hinsichtlich der Ebene Betrieb oder Unternehmen formulieren auch die befragten Wissensarbeiter selten.

> „Man kann nicht alle fragen, ich verstehe es schon. Man muss schon auch mal was beschließen. Doch ja, ist für mich legitim." (Fachliche Projektassistenz, WD_A, 6)

> „Die Mitarbeiter, die ihre Jobs machen, die sind eingekauft für eine gewisse Tätigkeit, und da gehört Unternehmensplanung überhaupt nicht dazu. Es gehört dazu, Mitarbeiterbefragungen zu machen und eben die entsprechenden Personen oder ausgebildeten Leute, sprich, Rollen zu haben, die das interpretieren können und dann sehen können, welche Schwachstellen gibt es – ich nehme jetzt die negativ belegten Wörter –, und wie ich die Schwachstellen eventuell beseitigen oder verbessern kann, das obliegt nicht dem Mitarbeiter. Wenn das jeder Mitarbeiter machen könnte, dann bräuchten wir keine Vorgesetzten. Nur, man benötigt in einem wirtschaftlich orientierten Unternehmen, das auf Gewinn hinarbeitet, benötigt man eben gewisse Schnittstellen, Rollen, die eben für die Organisation im Hinblick auf das Ziel des Unternehmens arbeiten müssen [...]. Und dieser ganze Wust, da muss der Mitarbeiter unten auch überhaupt nicht mitbestimmen. Wie die Organisation, wie eine Firma sich aufstellen: nee." (Projektleiter IT, WD_B, 7)

Eine solche Perspektive impliziert allerdings zugleich, den Führungskräften und Geschäftsführungen die Verantwortlichkeit und Haftung für ihre eigenen Entscheidungen zuzuweisen. Die hierarchische Ungleichverteilung von Entscheidungsmöglichkeiten gilt in einer funktional differenzierten Organisation als legitim; die Entscheidungsträger stehen dabei aber in der Pflicht, verantwortungsvoll zu agieren und „richtige" Entscheidungen gemäß anerkannten – vor allem technisch-funktionalen und ökonomischen – Rationalitätsmaßstäben zu fällen. Wenn diese Verantwortung nicht vernünftig genutzt oder gar missbraucht wird, wird Beteiligung von den Beschäftigten für diese Ebene dann doch – gewissermaßen als „sekundärer" Anspruch – eingefordert. Kommt es zu eklatanten Fehlentscheidungen, werden Beteiligungsansprüche auch in diesem Feld aktiviert. Am deutlichsten wird dies in unseren „Schließungsbetrieben", wo die massive Kritik an fehlgelaufenen Managemententscheidungen auch in Beteiligungsbegriffen formuliert wird (siehe hierzu auch die Abschnitte 3.2 sowie ausführlich Abschnitt 4.3.3).

> „Ich weiß nicht, wenn man sich zu viel einmischt, vielleicht gibt es dann ein Riesendurcheinander, das kann vielleicht sein. Aber ich meine, wenn man jetzt denkt, wenn man da mal an Rom zurückdenkt oder so mit dem Senat, da waren ja auch aus verschiedenen Bevölkerungsschichten die Leute dabei und konnten mitreden. Und dann wurde halt dann zusammen drüber geredet und man konnte dann irgendeine Einigung halt dann erzielen. Und ich denke mal, wenn mehr Leute aus den Märkten ein bisschen mitsprechen könnten, wie gesagt, ein paar Leute aus dem Betriebsrat halt oder so was, dann wäre es bestimmt vermeidbar gewesen. Man kann natürlich jetzt auch das pauschal nicht sagen. Vielleicht wäre dann vielleicht irgendwas anderes schief gegangen, kann auch sein." (Auszubildender, EH_B, 4)

> „Also manche Entscheidungen lassen sich quasi vom eigenen Blickwinkel ganz schlecht nachvollziehen (...) Wir hatten zum Beispiel in diesem Krisenjahr ein Gespräch mit unserem damaligen [...] Divisionsmanager. Und der hat klipp und klar gesagt, also da war auch noch die Online Division bei uns usw., es werden keine Programmierer mehr eingestellt und und und. Es hat keine zwei Wochen gedauert, bis die nächste Neueinstellung in dem Bereich da war. Das war, das kratzt ein bisschen an der Glaubwürdigkeit und ist natürlich für die Abteilung, die sich daran halten, die finden das natürlich ungerecht, die keine Leute dort einstellen und aufbauen, wo viel zu tun ist. Und solche Entscheidungen sind des Öfteren schon da. Was der Hintergrund ist, das wird oft nur mangelhaft transportiert." (Projektassistent, WD_A, 10)

Eine abgeschwächte Artikulation von Beteiligungsansprüchen, wie sie im letzten Zitat bereits anklingt, ist allerdings auch hinsichtlich Betrieb und Unternehmen insgesamt durchgängig präsent, und zwar die Forderung nach Information, Transparenz und Kommunikation. Wenn man auch nicht aktiv mitentscheiden will, so will man doch für wert befunden werden, angemessen informiert zu werden. Dies wird besonders in Krisensituationen zur nachdrücklichen Forderung, deren Nichterfüllung Kritik hervorruft.

> „Und da bist Du schon ein wenig machtlos. Aber das [...] kommt halt aus der Situation raus, wo wir die Baukrise gehabt haben. Da haben wir vieles geschluckt in der Hoffnung, dass wir den Arbeitsplatz behalten können und dass wir weiter in unserem Bereich arbeiten können. [...] Du kriegst keine gescheite Info oder kein Feedback oder sonst irgendwas. Das ist leider auch verloren gegangen. Wir werden auch nicht informiert, ob das jetzt notwendig ist und warum wir das so machen, das hörst du immer nur hintenrum. [...] Druck rausnehmen, glaube ich, kann er [der Chef] nicht. Er könnte nur mehr informieren, mit den Leuten reden, die Notwendigkeit zeigen. Und das ist halt auch ein wenig ein Schwachpunkt." (Polier Hochbau, BA_A, 5)

> „Wie gesagt, man fühlt sich halt so ein bisschen ignoriert. So stehengelassen. Man kriegt halt mal ein bisschen so ein Fitzelchen Information und dann wird man stehen gelassen." (Verkäuferin, EH_B, 10)

> „Also das ist null Information. Das ist das Schlimmste eigentlich, dass du gar nichts weißt, wie es weitergeht, warum, weshalb." (Verkäufer, EH_B, 1)

Die Bandbreite der Beteiligungsorientierungen ist also recht groß. Weit verbreitet finden sich mehr oder weniger ausgeprägte, in jedem Fall aber für legitim gehaltene Beteiligungsansprüche im arbeitsplatzbezogenen „Nahbereich". Moralische Basis für diese Ansprüche und Grundlage für Kritik an ungerechtfertigtem Ausschluss aus entsprechenden Entscheidungen ist ein von den Beschäftigten reklamierter – in unterschiedlichem Maß vom jeweiligen Berufsethos untermauerter – Status als kompetente/r und entscheidungsfähige/r Akteur/in in diesem Nahbereich. Legitimatorische Stützung finden diese Ansprüche in betrieblichen Partizipationsangeboten, und gerade dort, wo diese angebotene Partizipation seitens des betrieblichen Managements nicht (mehr) „gelebt" wird, findet sich massive Kritik an den Zuständen. Eher selten dagegen artikulieren sich direkte Beteiligungsinteressen mit Blick auf übergreifende und „strategische" Unternehmensentscheidungen. So weit geht in aller Regel die Definition der eigenen Beschäftigtenrolle als „Betriebsbürger" schlicht nicht. Diese Ebene liegt jenseits der dieser Rolle zugeschriebenen „Kompetenzen", Zuständigkeiten und Verantwortlichkeiten. Beteiligungsansprüche finden sich diesbezüglich aber im Krisenfall: wenn die eigentlich legitimierten Entscheidungsträger versagen. Daraus ergeben sich jedoch keine eigenständigen Verfahrensansprüche oder gar weitergehende explizite Ansprüche auf eine Demokratisierung der Unternehmen. Eine effektivere und weitergehende Beteiligung soll hier „im Notfall" dazu dienen, den Output zu verbessern und die Entscheidungsrationalität zu erhöhen (vgl. hierzu vor allem Abschnitt 4.3.3).

3.1.5 Würde

„So geht man mit Menschen nicht um!“ Dieser Topos taucht in den unterschiedlichsten Varianten in unseren Interviews immer wieder als Schlussurteil über geschilderte inakzeptable, intolerable persönliche Verhaltens- und betriebliche Vorgehensweisen auf. Der Mensch als solcher erscheint durch sie dann in seiner Würde angegriffen und verletzt. Solche Würdeverletzungen können insbesondere im direkten Umgang von Menschen auftreten: verletzende Äußerungen, herabwürdigendes Verhalten, Beleidigungen usw. Beschäftigte werden angeschrien, ungefragt geduzt oder einfach ignoriert. Auch sexistische und rassistische Äußerungen sind zur Kategorie der Würdeverletzungen zu zählen. Aber auch jenseits direkter Interaktion kann es um Würde gehen und kann diese in Gefahr geraten: wenn strukturelle Abhängigkeiten so ausgeprägt sind, dass sie Grundbedingungen des Menschseins gefährden, wenn Verfahren und Maßnahmen des Unternehmens die Beschäftigten zu bloßen Objekten degradieren. Oft geht auch beides, basale Unterlegenheit und entmenschlichendes Verhalten in der direkten Interaktion, miteinander einher. Auch in Arbeit und Betrieb sollen, so besagt das eingangs zitierte Urteil, grundlegende Prinzipien und Implikationen des Mensch-Seins gelten, aus denen sich bestimmte „Basics“ jeglicher Interaktion, jeglichen „Umgangs“ miteinander ergeben.

> „Ich denke, für jeden von uns ist das wichtig, dass man als Mensch angesehen wird und dass man als Mensch behandelt wird. [...] Jeder Mensch hat verdient, mit Respekt behandelt zu werden.“ (Montagearbeiterin, MA_D, 10)

Achtung der Person der Interaktionspartner, gegenseitiger Respekt, ein „menschlicher“ Umgang sind immer, überall und von jedem gefordert, eine Haltung, die auf unantastbare menschliche Eigenschaften, den Gleichheitsgrundsatz und die daraus folgende Forderung nach Gleichbehandlung verweist. Es handelt sich um einen generalisierten Anspruch auf Wahrung körperlicher und seelischer Unversehrtheit, auf Einhaltung angemessener Distanz gegenüber der Person, basaler Normen der Höflichkeit und des „Anstands“, auf Befriedigung menschlicher Grundbedürfnisse. Wer sich auf Würdeprinzipien beruft, meint: Die Grundeigenschaften und -bedürfnisse der Menschen seien zu achten.[18]

Diese Regeln gelten alle unabhängig von Ansprüchen wie Leistungsgerechtigkeit, Fürsorge oder Selbstverwirklichung, die Differenzierungskriterien zur Basis der Gleichbehandlung machen. Sie sind unterschiedslos auf alle anwendbar und von jedem einzuhalten. Sie sind insofern bedingungslos, als man sie

18 Zum Würdebegriff in Bezug auf Arbeit und Betrieb sowie als Einführung in die entsprechende Diskussion vgl. Sayer (2011, S. 189–215).

sich nicht (etwa durch Leistung) erarbeiten muss, als sie nicht von einem bestimmten Status abhängen, als sie auf alle Menschen anwendbar sind und nicht nur auf bestimmte, die das sich wünschen usw. Im Würdeprinzip werden die Beschäftigten nicht in einer spezifischen Position oder Rolle (z.B. als besonderer Leistungsträger, als Vertreter einer besonderen Funktion oder Aufgabe), mit bestimmten konkreten Eigenschaften (z.B. als fürsorglicher Vorgesetzter) adressiert, sondern schlicht als Angehöriger der Gattung Mensch. Das Würdeprinzip ist ein generalisierender Anspruch. Es gilt unabhängig von Betrieb, Unternehmen und Branche, in der Arbeitswelt wie im Privaten – was allerdings keinesfalls bedeutet, dass das Würdeprinzip in der Praxis nicht spezifischen Verletzungen ausgesetzt ist, die sich je nach Bereich in typischer Weise unterscheiden.

Der Anspruch auf menschenwürdige Umgangsformen wird – wie die meisten anderen Ansprüche auch – zumeist nur dann explizit und ausführlich formuliert, wenn er verletzt wird. Das Einklagen von Würde und Respekt als Anspruchsmuster taucht entsprechend häufig in jenen Unternehmen auf, wo in der Wahrnehmung der Beschäftigten oft Respektlosigkeit erfahrbar ist; das gilt im Dienstleistungsbereich insbesondere für den Einzelhandel, in der Industrie vielerorts, zumindest im Produktionsbereich. Seltener berufen sich Höherqualifizierte in unseren Interviews auf dieses Prinzip – gewiss nicht, weil der Anspruch bei ihnen fehlt, sondern weil sie ihn weniger häufig als verletzt erfahren. Der Anspruch wird hier eher als selbstverständlich (und daher nicht erwähnenswert) angesehen, und er wird in der Arbeitspraxis weniger als gefährdet erlebt.

Dass in Arbeitsorganisationen Würde und Respekt nicht oberstes Gebot sind, wird dabei von allen Befragten gesehen und durchaus in Rechnung gestellt. In der Regel wird „nur" beansprucht, dass man „auch" als Mensch, Individuum, Person wahrgenommen werden will und nicht bloß als Organisationsmitglied und Mittel zum Unternehmenszweck. Sobald diese Ansprüche ins Spiel kommen, wird gerade die Spannung thematisiert, die vor allem zur „Profitorientierung" existiert, aber auch zur Aufrechterhaltung von organisatorischen Hierarchien, die stets potenziell zur Würdeverletzung bzw. zur diesbezüglichen Ungleichbehandlung führen können. So finden sich eher ausnahmsweise auch Schilderungen „friedlicher Koexistenz" und positive Beschreibungen („Ich wurde immer korrekt und mit Respekt behandelt"), aber das erscheint allen im Kontext von Erwerbsarbeit als keineswegs selbstverständlich und als durchaus voraussetzungsvoll. Würdeverletzungen durch die Ungleichbehandlung in der betrieblichen Hierarchie erscheinen oft auch als die andere Seite der Verletzung von basalen Beteiligungsansprüchen.

> „Was müsste sich ändern? Na ja, die Umgangsformen, denke ich einfach, diese Klassengesellschaft, die müsste sich ändern. Das merkt man halt, diese Hierarchie, dass dann doch schon den Leuten anders da gekommen wird, in einem andern Ton oder wie auch immer, das müsste sich, denke ich, als erstes in der Kommunikation, die müsste sich auf jeden Fall ändern, das wäre so... genau." (Montagearbeiter, ID_A, 2)

> „Die Hierarchien, also man kriegt das bei [Automobilhersteller] schon extrem zu spüren. Da wird man sogar manchmal als Sachbearbeiter nicht eingeladen zu irgendwelchen Gremien oder Sitzungen, weil es dann heißt: ‚Nee, es sollte mindestens der Teamleiter sein, der da teilnimmt', obwohl eigentlich der Sachbearbeiter die ganze Arbeit macht. Und das war bei [einem anderen Unternehmen] eben nicht so, also das war ein viel lockerer Umgang und das hat man da überhaupt nicht zu spüren bekommen, finde ich. Oder dass [...] die Chefs ihre eigenen Parkplätze haben und so, mag ja vielleicht ein Stück weit auch normal und in Ordnung sein, aber ich kannte es halt vorher nicht von der anderen Firma." (Produktionsplaner, AU_D, 4)

Wie gesagt: Anerkennung und Respekt der persönlichen Integrität und Würde werden in Arbeit und Betrieb generell als fragil bzw. kontingent begriffen, als immer gleichsam doppelbödig: Es geht nie um Würde als Selbstzweck im betrieblichen Zusammenhang, das wissen alle Beteiligten. Die Waage droht sich in Zweifelsfällen stets in Richtung „Unternehmenswerte" und betriebliche Kalküle zu senken. In einer ganzen Reihe von Statements und Konstellationen finden sich Entwicklungsaussagen: Würde wird als zunehmend gefährdet erfahren. Die Veränderungen der letzten Jahrzehnte (Bedeutungszunahme des Finanzmarkts, Auslagerungen, Arbeitsintensivierung, Entlassungen) werden nicht zuletzt in Begriffen eines deutlich veränderten Umgangs mit Person und Persönlichkeit der Beschäftigten und ihrer Anerkennung thematisiert.

> „Das ist ein allgemeiner Kulturwandel, der da stattfindet. [...] Der Arbeitnehmer ist weniger wert als früher. Die Wertschätzung ist nicht mehr so gegeben, wie es früher war. Es wird viel mehr... die Firma, die Gesellschaft, die Aktiengesellschaft besteht aus Zahlen. Das Wohl der Aktionäre liegt deutlich über dem Wohl der Mitarbeiter. [...] Man spürt das im Kollektiv. Man spürt das im Umgang allgemein mit den Mitarbeitern." (Schlosser, CH_B, 4)

> „Ich glaube, dass es, von ganz oben angefangen, das Miteinander hier deutlich an Wärme verloren hat. Also, auch Wärme im Sinne von respektvoll miteinander umgehen. [...] Ne, also, das Verhältnis ist ja sicherlich kälter geworden. Ja, und [...] ich fürchte, dass der Umgang miteinander auch schlechter geworden ist, ja, dass die Motivation zurückgegangen ist, sich hier für irgendwas zu verkämpfen." (Technische Assistentin, AU_E, 2)

> „Wir sind keine Arbeitnehmer mehr, wir sind Human Resources. Wir sind quasi nix weiter als Rollen mit Walzblech oder Fässer voll Rohöl oder sonst irgendwas. Wir sind nichts anderes. Und genauso läuft das halt auch ab.“ (Projektassistent, WD_A, 1)

Adressat des Anspruchs auf Würde sind häufig die Unternehmen, ebenso auch die Vorgesetzten, nicht selten aber auch die Kunden. Kollegen tauchen als Adressaten deutlich seltener auf, Betriebsräte und Gewerkschaften gar nicht – offensichtlich, weil diese den Würdeanspruch normalerweise nicht verletzen. Es sind einerseits „personale“ Adressaten, die mit dem Anspruch konfrontiert werden (insbesondere natürlich, wenn es um den Umgangston, Beleidigungen, respektloses Handeln in Face-to-face-Beziehungen geht), andererseits aber auch die Arbeitsorganisation („der Arbeitgeber“), die als unpersönliche Akteure mit ihren Strukturen und Entscheidungen das Mensch-Sein der Beschäftigten missachten bzw. sich diesbezüglich indifferent zeigen. Würdeverletzungen können durch weitere strukturelle Ursachen verstärkt werden, etwa die Arbeitsmarktbedingungen, fehlende politische Regulierungen und Rechtlosigkeit.

Gerade die Kunden verstoßen im Urteil der Befragten bisweilen gegen basale Würdeprinzipien, wenn sie in der unmittelbaren Interaktion die Beschäftigten verbal herabwürdigen. Dies betrifft insbesondere den Einzelhandel und hier wiederum Frauen etwas häufiger als Männer.[19]

> „Dann sind die Leute hier rein[gekommen], die haben uns angequatscht, das war nicht mehr zivil. Also sage ich, wir müssen uns teilweise mit bösen Kunden rumschlagen. [...] Das sind Menschen, die hier arbeiten und nicht bloß irgendjemand.“ (Verkäuferin, EH_B, 8)

> „Neulich, bestes Beispiel: Ich [...] bediene einen Kunden, quatscht mich einer von der Seite an: ‚Können Sie mir helfen?‘ Ich sage: ‚Ja, ich mache hier bloß fertig.‘ Bin fertig, geh hin zu ihm: ‚Was brauchen Sie?‘ ‚Eine Leiter.‘ Sage ich: ‚Ja, für was?‘ ‚Ja, ich brauche eine Leiter, jetzt bringen Sie mir eine Leiter.‘ Dachte ich mir ‚Häh, was ist denn jetzt los?‘ Sage ich: ‚Für was brauchen Sie denn die Leiter? Muss ich schon wissen, wo und was.‘ ‚Ja, ich brauche was aus dem Regal.‘ Sage ich: ‚Ach so, Sie wollen, dass man hochsteigt.‘ ‚Ja, jetzt stellen Sie sich doch nicht so blöd an und holen Sie eine Leiter!‘ Ich sage: ‚Hallo, geht es noch?‘ Ganz ruhig: ‚Wenn Sie mir nicht sagen, was Sie brauchen, kann ich Ihnen nicht helfen.‘ ‚Jetzt tun Sie nicht so dumm!‘ Sage ich: ‚Was ist denn jetzt los? Was brauchen Sie denn?‘ ‚Ja, ich brauche da oben die Abzugshaube.‘ Sage ich: ‚Ja, sehen Sie es, sagen Sie es doch gleich, hätten Sie schon lange.‘ – ‚Bäbäbäbä, blöder Bauerndepp, Trampel!‘“ (Verkäufer, EH_B, 2)

19 Die anderen Bereiche interaktiver Arbeit, in denen wir Befragungen durchgeführt haben – insbesondere Kommunalverwaltung und Kindertagesstätten –, scheinen davon nicht betroffen.

„Aber du sollst immer: ‚Cheese!' Du musst dir alles von den Leuten an den Kopf schmeißen lassen, und dann sollst du ruhig bleiben. Ich merke halt schon, dass die Leute ekelhafter werden. Wirklich ekelhafter. Unzufrieden, wenn irgendwas nicht passt, dann pampen sie dich an und alles. Also das merkt man schon gewaltig." (Verkäuferin, EH_A, 1)

„Dann reißt, irgendwann reißt der Geduldsfaden, weil man dann wirklich nur noch Beschimpfungen wie blöde Kuh oder... Das schlimmste, was ich hatte, war: ‚Du Schlampe, du kannst hier eh nichts.' Da muss man schon mit den Tränen teilweise kämpfen." (Verkäuferin, EH_B, 10)

Es gibt einige stärker strukturell begründete Erfahrungen und Themen, bei denen der Anspruch auf menschenwürdige Behandlung und die betrieblichen Realitäten in der Wahrnehmung von Befragten in besonders eklatanter Weise auseinanderklaffen. Das ist zum einen der Leiharbeiterstatus, der nicht nur bei den Leiharbeitnehmern selbst, sondern bei vielen Befragten als Symbol verletzter Würde in der Erwerbsarbeit schlechthin gilt. Zum anderen löst gerade bei Betriebsschließungen bzw. Entlassungen die entwürdigende Exekution entsprechender Entscheidungen große Empörung aus – wie überhaupt das Thema Würde und Respekt in besonderer Weise emotional aufgeladen ist. Das zeigt sich auch in der zum Teil drastischen Wortwahl. In der Leiharbeit werden die Beschäftigten als dem Status einer Sache, eines Objekts angenähert betrachtet; hier ist des Öfteren von Sklaverei oder modernem Menschenhandel die Rede.

„Hier bei [dem Werkvertragsunternehmen, bei dem der Befragte als Leiharbeiter arbeitet], die würden es am liebsten einfach nur festlegen. Das ist aber jetzt [...] ein Phänomen, was ich in vielen ostdeutschen Betrieben beobachtet habe, dass halt eben die Leute nicht geschätzt werden, sondern die werden wie... na, es hat schon irgendwas mit Sklavenhaltertum zu tun. Also so wie mit Frühkapitalismus, so was, was wir nur aus Schulbüchern kennen, wie der Frühkapitalismus war, wo die Arbeitnehmer ja schon irgendwo nur ausgenutzt worden sind und keinerlei Rechte und nur Pflichten hatten und so, das wird heute hier noch so praktiziert. Einem Ossi, der so handelt, auch einem ostdeutschen Unternehmer, nehme ich das noch nicht mal übel, weil er hat es ja [...] zu Ostzeiten noch so beigebracht bekommen, dass die Arbeitnehmer [im Kapitalismus] quasi willenlose und rechtlose Bestandteile des Unternehmens sind, über das der Unternehmer frei verfügen kann, ne." (Montagearbeiter, ID_A, 3)

„Und auch in unserer heutigen Zeit ist Versklavung möglich, sieht man leider immer wieder."

Frage: „Was meinen Sie damit?"

„Ja, also Leiharbeit ist so kurz davor, finde ich, das ist unwürdig und unter der Würde der Menschen. Das hätte nicht sein dürfen." (Produktionsplaner, AU_C, 4)

Auch jenseits von Leiharbeit gibt es als so grundlegend und einseitig erlebte Abhängigkeitserfahrungen, dass diese sich nur als Würdeverletzung charakterisieren lassen. Das Gefühl, rechtlos zu sein, sich nicht wehren zu können, grundsätzlich am kürzeren Hebel zu sitzen, findet sich zum Teil auch in gering vergüteten Dienstleistungsbereichen. So beschreibt eine angelernte Verkäuferin das Gefühl, in der Arbeit grundsätzlich der Willkür des Unternehmens unterworfen zu sein:

> „Weil ich sage ja, dass du eventuell vielleicht aussortiert wirst. Weil, es ist ja eigentlich auch so, wenn sie dich loshaben wollen, dann bringen sie dich schon irgendwie los. Und wenn sie dir was unterschieben [...]. Das haben sie mit anderen Mitarbeiterinnen schon geschafft. [...] So quasi Diebstahl oder sonst was unterschieben. Und wenn sie zu dritt oder zu viert da im Büro auf dich einreden, so quasi, du hast einen Fehler gemacht, das und das, und die unterschreiben das, ich weiß nicht, was ich machen würde.“ (Verkäuferin, EH_A, 1)

Würdeverletzungen entstehen dann, wenn die Beschäftigten Degradierungserfahrungen durchlaufen. Als massiven Angriff auf ihre Würde begreifen etwa die Beschäftigten eines Einzelhandelsunternehmens die plötzliche Schließung ihres Standorts, die mit einer sofortigen Aussperrung verbunden war (zur Konstellation insgesamt: Abschnitt 4.2.3). Die Umstände und Folgen dieser Betriebsschließung überschreiten gewissermaßen die Grenze „normaler Ungerechtigkeiten“, die sich in den Anspruchsfeldern von Leistung, Fürsorge, Selbstverwirklichung und Beteiligung bewegen. Diese werden, wie wir sahen, ebenfalls vielfach kritisiert, aber sie können im Zweifelsfall noch relativ leicht als im Kapitalismus „normale“, sich aus ökonomischen Kalkülen und „Sachzwängen“ eben ergebende Sachverhalte „akzeptiert“ und „rationalisiert“ werden. Dies scheint hier nicht mehr möglich, da die betrieblichen Maßnahmen einen basalen Verstoß gegen Grundprinzipien des menschlichen Umgangs darstellen. Bemerkenswert ist, wie gesagt, der besonders affektgeladene Charakter vieler darauf bezogener Äußerungen:

> „Das wäre eigentlich was, was ich mir wünschen würde letztendlich, dass man halt Leute, die ja auch teilweise 30, 40 Jahre da gearbeitet haben, die da mehr oder weniger zu Hause sind, für die eine ganze Welt zusammengebrochen ist, die teilweise auch alleinlebend sind, für die das ihr sozialer Anknüpfungspunkt auch war, dass man halt einfach auf die Art und Weise nicht mit Menschen umgeht, das wäre noch eine Anmerkung.“ (Abteilungsleiter, EH_C, 6)

> „Wenn sich das natürlich wirtschaftlich für die mehr lohnt, ist das ja alles schön und gut, wenn sie das so aufspalten. Wenn man da besser Steuern absetzen kann, was auch sicher der Fall ist, dann ist das alles schön und gut, aber so mit den Mitarbeitern umzuspringen, wenn dann halt mal Schluss ist, ist schon ein Ding. Das ist halt der Vorteil für die, dass sie eben uns auf die Art und Weise von heute auf morgen loswerden konnten.“ (Haustechniker, EH_C, 2)

Zur Wahrung von Würde und Respekt gehört ebenso die Sicherung der Grundbedingungen menschlicher Existenz auch in materieller Hinsicht, so die vielfach geteilte Perspektive. Dazu zählen ein Entgelt, von dem man „menschenwürdig“ leben kann, und die Möglichkeit, überhaupt in einem Beschäftigungsverhältnis zu stehen, das einem eine gewisse Grundsicherheit gibt. Dies zu vernachlässigen oder zu übergehen kommt einer Entwürdigung gleich, die noch weiter reicht als eine Vernachlässigung speziellerer Sonderbedürfnisse (deren Beachtung im Fürsorgeprinzip eingefordert wird). Das Grundinventar an Würdeansprüchen beinhaltet aus Beschäftigtenperspektive auch das ungeschriebene Recht auf „Angstfreiheit“: Niemand sollte um seine Existenz fürchten müssen oder die Chance vorenthalten bekommen, sich eine Existenz aufzubauen.

> „Bei uns Mitarbeitern geht es immer um eine Existenz. [...] Und das wird auch in den Medien immer so schön falsch dargestellt. In den Medien heißt es immer, ja, [die Einzelhandelsfirma, in der der Befragte arbeitet] ist pleite, holen Sie sich jetzt Ihre Ware. Die Mitarbeiter, ja, die, buh, die sind scheißegal. Das wäre mir halt mal wichtig, dass mal wirklich einer sagt und auf den Tisch klopft und sagt, ganz ehrlich, Leute, guckt auf die Mitarbeiter. Die können von heute auf morgen ihren Job verlieren. Sitzen auf der Straße, sitzen im Arbeitsamt. Es gibt einen Mitarbeiter, der hat sich erschossen oder erhangen, ich weiß es nicht. Ich weiß nur, dass er sich umgebracht hat. Der hatte Existenzangst aufs Übelste.“ (Verkäuferin, EH_B, 10)

> „Was halt gemacht wird, finde ich nicht okay. Gleiche Arbeit, weniger Einkommen. Und dann noch halt, dass sie, dass denen [den Leiharbeiterinnen] gesagt wird: ‚Morgen bist du da und dann übermorgen da.‘ Und das, das ist nicht okay. Das ist der moderne Menschenhandel, leider. [...] Wenn ich an mich denke, wenn ich sowas hätte, so einen Vertrag hätte, ich könnte mir keine Familie aufbauen. Ich könnte zu keiner Bank gehen. [...] Mir werden ja Chancen verbaut, sage ich mal. Also Gott sei Dank, dass ich das nie hatte. Ich weiß es von meinen beiden Kindern. Die sind in der Situation, die sind beide bei so einer Firma, wo es immer verlängert wird. Mit Sachgrund, wie es so schön heißt.“ (Einkäufer, MA_B, 6)

Berührungspunkte bzw. fließende Übergänge hat das Anspruchsmuster der Würde damit auch zum Thema Leistungsgerechtigkeit, speziell in dem Anspruch darauf, dass jede erbrachte Arbeitsleistung zumindest zur Finanzierung grundlegender Bedürfnisse befähigen muss; auch zum Aufbau einer – wie auch immer – bürgerlichen Existenz: einen Partner und Kinder zu haben, vielleicht ein Haus bauen zu können.

> „Ich denke mal, das hängt auch ein bisschen was mit der Würde... oder mit dem, was Arbeit bedeutet halt, zusammen. Eigentlich sollte auch jeder seinen Lebensunterhalt verdienen können damit, ne. Und das hat auch nicht unbedingt was mit Leistungsfähigkeit zu tun. Oder mit Leistung, die gebracht wird. [...] Ich denke mal, wenn jemand arbeitet und, sagen wir mal, gute Arbeit macht, hat das auch an sich

einen Wert. [...] Damit [...] jemand, der hier putzen tut, im Prinzip schon [...] einen gewissen Lebensunterhalt verdienen können muss dabei." (Softwareentwickler, EL_A, 4)

„Da würde, also wenn ich [auch weiterhin] Leiharbeiter nur wäre, würde ich sagen, nee [keine Kinder]. Weil es ist so, du musst den Kindern ja auch was bieten können, du musst dann ja auch, ja, sagen wir mal, Nahrung einfach nur, ne, geben. Und würde ich nicht machen dann." (Leiharbeiter, MA_A, 1)

Anzumerken ist, dass der Topos Würde und Respekt sich nicht nur auf die Person, sondern auch auf Tätigkeiten und Arbeiten selbst beziehen lässt, denen eine spezifische Würde zugeschrieben wird – die sich dann auf diejenigen überträgt, die diese Tätigkeiten ausüben. Auch das tangiert dann offensichtlich den Leistungsbegriff – kann in eine spezifische Vorstellung von einer (besonders oder weniger) würdigen und wertvollen Leistung übergehen.

„[Arbeit] muss mit Würde behaftet sein, also dass Arbeit eben auch würdevoll ist und nicht entmenschlichend ist, dass es Akzeptanz hat, dass es eine Sache ist, dass das, was ich mache, auch gut ist für alle oder dem entspricht, was eigentlich alle so ein bisschen möchten." (Konstrukteur, AU_A, 4)

„In [der Endmontage], das war so der schwierigste Teil, ist schon ein ganz harter Job. Respekt vor den Menschen, die das für uns verrichten müssen. Seitdem habe ich *großen* Respekt, weil wirklich, äh, das Brot mit solcher Arbeit für uns alle verdient wird. [...] Der Lohn an einem Band zum Beispiel ist der geringste, und das ist nicht fair. Das kann ich Ihnen schon mal sagen. Weil ich Ihnen zu Beginn sagte, das eigentliche Brot wird dort verdient, da ist die Knochenarbeit, die harte Arbeit. Diese Jungs oder Frauen verrichten für uns die Arbeit, und weil sie so hart arbeiten, geht es uns allen so gut." (Produktionsplaner, AU_C, 4)

„[Ich denke,] dass die Achtung vor der Arbeit einfach wieder steigen muss. Nach *meiner* Meinung. [...] Weil Arbeit so wichtig ist, weil sinnvolle Arbeit wichtig ist. Weil jeder auch [.] dann [.] weiß, dass seine Arbeit anerkannt wird, ne? Der Müllwerker, der wird ja gebraucht. Wenn der nichts mehr macht, dann haben wir ein Problem, ne? Also, ist er wichtig, der ist wichtiger als mancher Chef [...]. Und da müssen wir dann hin. Achtung vor der Arbeit, Respekt vor der Arbeit, wir sind alle wichtig." (Werkzeugmacher, AU_C, 1)

Eine solche tätigkeitsbezogene Deutung von Würde kann dann allerdings auch leicht in die Hervorhebung von Differenzen umkippen und zur Abwertung anderer führen, die „unwürdige" oder „sinnlose" Tätigkeiten ausüben (etwa die Fachangestellten oder Wissensarbeiter in produktionsvorgelagerten Bereichen aus Perspektive eines Teils der Produktionsarbeiter). Umgekehrt gilt etwa bei manchen in „differenzierender" Weise auch: Wer nichts „leistet" oder seine Arbeitskraft (und -zeit) nicht verausgabt, wer also etwa „nur" soziale Sicherungsleistungen bezieht, kann diesen „Respekt" auch verlieren.

„Bei manchen habe ich das Gefühl, [...] da haben die so eine Hartz-IV-Laufbahn, wo sie meinen, das ist das goldene Zeitalter: Ich brauche nicht zur Arbeit, brauche nicht aufzustehen oder so. Oder irgendwann ja [...], du musst ja bekloppt sein, für das Geld gehe ich doch nicht los, ne. Also da habe ich überhaupt kein Verständnis für." (Mechaniker, MA_A, 5)

„[Im] Endeffekt ist es ja so, dass halt viele sehen, dass man ohne Arbeit auch weit kommt. Und das Geld kriegt. Macht auch sehr viel aus. Weil heute, wenn du in Anführungszeichen keine Arbeit nicht hast, die Jungen, die wohnen noch daheim, die kriegen Hartz IV, haben aber noch keinen Strich gearbeitet, und mit welchem Recht kriegen sie das Geld – ganz ehrlich, finde ich nicht in Ordnung. Sie kriegen Kindergeld, und wenn ich keine Arbeit habe, dann habe ich keinen Anspruch auf Arbeitslosengeld. Die haben ja noch nie gearbeitet in ihrem Leben. Warum haben dann solche Kinder überhaupt Anspruch auf Hartz IV?" (Verkäuferin, EH_A, 1)

Offenkundige Bezüge, auf die wir bereits gestoßen waren, existieren auch zwischen Würde- und Beteiligungsansprüchen. Ähnlich wie letztere implizieren auch erstere die Gleichbehandlung und -berechtigung aller Beteiligten. Beteiligungsansprüche gehen jedoch über den basalen Anspruch, von den anderen nicht-diskriminierend „als Mensch" angesprochen und behandelt zu werden, hinaus und zielen auf einen – gegebenenfalls durch Erfahrung, Sachverstand, Leistung, Engagement zusätzlich untermauerten – aktiven betrieblichen Status als Mitentscheider/in. Würde ist gewissermaßen ein Grundanspruch, ohne dessen Verwirklichung alle weiteren Ansprüche grundsätzlich in Frage zu stehen scheinen: Beteiligung, Selbstverwirklichung, Fürsorge oder Leistungsgerechtigkeit sind ohne die Wahrung von Würde schwerlich denkbar.[20]

3.2 Das Spektrum der Rationalitätsansprüche

Neben Gerechtigkeitsansprüchen formulieren Arbeitnehmer auch normative Ansprüche an Arbeits- und Beschäftigungsordnungen, die sich auf die Funktionalität und Rationalität der bewerteten Arbeitsorganisation, ihrer Ziele, Abläufe und Entscheidungen beziehen. Ein wichtiger Zweck von Arbeitsorganisationen besteht aus Beschäftigtenperspektive darin, dass diese Arbeitsplatz und Einkommen für ihre Mitglieder sichern – indem sie sich erfolgreich auf dem Markt (bzw. gegenüber den Anforderungen ihrer Umwelt) behaupten, entsprechende

20 Betrachtet man die Menschenwürde als Kernbestandteil der Menschenrechte und deren Wesen wiederum als die Bewahrung vor *absoluten* Übeln, kann man darüber streiten, wie die „Schnittmenge" zwischen Würdeprinzip und Gerechtigkeitsidee, in deren Brennpunkt vor allem die Vermeidung *relationalen* Unrechts steht, genau zu bestimmen ist – was Gerechtigkeitstheoretiker denn auch ausgiebig tun (vgl. Ladwig 2011a, S. 203ff.).

Ressourcen generieren und diese Ressourcen ebenso effizient bzw. effektiv wie nachhaltig einsetzen. Darauf gerichtete Legitimitätsansprüche fassen wir unter dem Begriff Rationalitätsansprüche zusammen.[21]

Beide Formen von Ansprüchen – Gerechtigkeits- wie Rationalitätsansprüche – können zugleich formuliert werden. Etwa: Es ist richtig und angemessen, von einem Unternehmen zu erwarten, dass es sich beispielsweise unter schwierigen Marktbedingungen behauptet, dass es rational organisiert ist, mit den eigenen Ressourcen effizient und schonend umgeht. Es ist ebenso richtig und angemessen, von einem Unternehmen zu erwarten, dass es z.B. die Vergütung nach Prinzipien der Leistungsgerechtigkeit organisiert oder die Würde der Beschäftigten nicht angreift. Natürlich können die beiden Anspruchsgruppen in Gegensatz geraten, z.B., wenn die Effizienz auf Kosten der Leistungsgerechtigkeit gesteigert werden könnte.

Auch Rationalitätsansprüche sind Legitimitätsansprüche, denn es handelt sich um Fragen der anspruchsbasierten Bewertung der Prinzipien und des Handelns der Organisation: Wer gegen diese Ansprüche verstößt, wird Adressat von – teils erheblicher – Kritik, für die bestimmte Gründe angeführt werden können und die sich auf tendenziell verallgemeinerungsfähige Prinzipien beruft. In den Interviews findet sich eine Vielzahl von solcherart „rational" begründeten Situationsbewertungen und Anlässen für Kritik, die sich in unterschiedlichen Formen oder Ausprägungen bündeln lassen. Die Befragten rekurrieren in ihren Bewertungen auf technisch-funktionale, bürokratische und ökonomische Rationalitätsvorstellungen.

Dass diese drei Rationalitätsdimensionen in Arbeitsorganisationen eine wichtige Rolle spielen, ist evident. Sie gehören sozusagen zum Kernprogramm und zu den Kernversprechen einer kapitalistisch verfassten Arbeits- und Beschäftigungsordnung. Alles andere als evident ist hingegen ihre genaue inhaltliche Bestimmung, die vielmehr umstritten bleibt und, wie wir sehen werden, zum Bezugspunkt unterschiedlicher Legitimitätsvorstellungen werden kann. Technisch-funktionale Rationalitätsnormen leiten sich aus den Arbeits- und Kooperationserfordernissen des jeweiligen technisch-organisatorischen Settings mit seinen je spezifischen stofflichen oder auch immateriellen „Sachlogiken" ab (Abschnitt 3.2.1). Bürokratische Rationalitätsansprüche beziehen sich auf die Regeln, Routinen und Hierarchien der Formalorganisation, in deren Rahmen sich Dienstleistungswie Industriearbeit gleichermaßen abspielen (Abschnitt 3.2.2). Und der besondere Stellenwert von ökonomischer Rationalität

21 Wir schließen mit dieser Differenzierung, wie bereits angemerkt, teilweise an Suchman (1995) an. Weberianisch ausgedrückt könnte man auch sagen, dass es bei den Gerechtigkeitsansprüchen um Ansprüche an die materiale Rationalität, hier dagegen um Ansprüche an die formale Rationalität von Arbeitsorganisationen geht.

liegt auf der Hand – diese war schon immer Selbstanspruch und öffentliches Rechtfertigungsprinzip von Unternehmen, gleichsam ihr Basisprinzip. In Zeiten neoliberaler Hegemonie und ihres Leitprinzips der „Ökonomisierung“ weitet es sich aus und beansprucht fast universelle Geltung, nicht nur in der Privatwirtschaft, sondern auch im Öffentlichen Dienst (Abschnitt 3.2.3).

3.2.1 Technisch-funktionale Rationalität

Diesem Rationalitätsanspruch zufolge soll die Arbeitsorganisation sich an den Prinzipien der Effektivität und Funktionalität orientieren, die der „Sachlogik“ des Arbeitsprozesses entsprechen. Diese Logik ergibt sich aus den stofflichen Besonderheiten der jeweiligen Produktionstätigkeiten oder aus den stärker immateriellen Anforderungen von Dienstleistungsprozessen und den aus den jeweiligen Besonderheiten resultierenden Arbeits- und Kooperationserfordernissen. Sie umfasst Aspekte der Funktionalität und Qualität des Produkts bzw. der Dienstleistung einerseits, der Funktionalität und Effizienz des technisch-organisatorischen Prozesses der Produktherstellung bzw. Leistungserbringung andererseits.[22] Arbeit jeglicher Provenienz hat eine solche Eigenlogik und Eigenzeit. Und diese erscheinen bisweilen als so wenig manipulierbar wie Naturprozesse.

> „Eine gute Schwangerschaft dauert auch neun Monate. [...] Technik, Engineering, Entwicklung – es dauert seine Zeit. Auch ein Manager kann es nicht beeinflussen.“ (Techniker, EL_A_G1)

Die Arbeitenden können diese sachliche Eigenlogik zwar ebenfalls nicht direkt beeinflussen, gleichsam über sie verfügen oder sie manipulieren. Aber sie sind gewissermaßen die Nächstbetroffenen, sind mit diesen Erfordernissen im direkten Umkreis ihres Arbeitshandelns und in ihren Kooperationsbezügen unmittelbar, konkret und permanent konfrontiert. Die Auseinandersetzung mit diesen Erfordernissen sedimentiert sich gleichsam im individuellen und kollektiven Erfahrungswissen der Beschäftigten. Und auch ihre Ausbildung und ihr beruflicher Habitus verpflichten sie gewissermaßen, in unterschiedlicher Weise und in unterschiedlichem Maß, auf diese technisch-funktionale Seite der Arbeit. Ein „vernünftiges Arbeiten“ ist letztlich nur möglich, die Qualität der Arbeitsergeb-

22 Das ist die „Logik des Arbeitsprozesses“, die Ekardt, Löffler und Hengstenberg beschreiben: „Die Arbeitenden hängen [...] im Prozess der Leistungserbringung [...] nicht als Marionetten an den Fäden der Formalorganisation, sondern sie gehen auf dem festen Grund der Stofflichkeit der Arbeit und deren Logik, und diese bildet einen überindividuellen und jeder spezifischen Arbeitsorganisation zugrundeliegenden allgemeinen gesellschaftlichen und kulturellen Tatbestand einer jeweils bestimmten technisch-zivilisatorischen Entwicklungsstufe“ (Ekardt et al. 1992, S. 280).

nisse ist nur zu sichern, wenn man sich diese Logik „aneignet“. Hervorzuheben ist genau dies: dass sich die Beschäftigten ganz überwiegend als die Vertreter, „Hüter“ und „Anwälte“ technisch-funktionaler Rationalitätsansprüche betrachten, die Entscheidungshierarchie und das Management hingegen oft als Problem für ihre Realisierung und als Adressaten entsprechender Kritik.

Kontur gewinnen technisch-funktionale Rationalitätsansprüche in den Statements der Befragten vor allem beim Reflektieren und Kritisieren der Grenzen ihrer betrieblichen Durchsetzung bzw. der *defizitären* oder *fehlenden* Ausrichtung an entsprechenden Rationalitätskriterien. Wenn ihnen nicht hinreichend Rechnung getragen wird, ergeben sich negative Konsequenzen für die Arbeitsbelastung, da der Arbeitsaufwand dann von einer „Normalleistung“ abweicht, die einer Beachtung dieser Kriterien angemessen wäre. Häufig ist daher die Beschreibung von Problemen der Über- oder Fehlbelastung der Ausgangspunkt für den Verweis auf die im Erfahrungswissen der Beschäftigten „gespeicherte“ technisch-funktionale Eigenlogik.

> „Ich glaube, der Arbeitsaufwand entspricht nicht mehr der Normalleistung des Mitarbeiters. Man wird automatisch *überlastet*, ohne auf [den] Mitarbeiter zu hören, ohne die Erfahrung, die er hat über lange Zeit, [um] zu sagen: ‚Ich brauche halt eine Woche dazu‘ und ‚Das geht nicht in zwei Tagen‘, ne?“ (Techniker, EL_A_G1)

Technisch-funktional begründete Kritik an organisationalen Dysfunktionalitäten und fachlichen Fehlentscheidungen des Managements, die Verschwendung oder Ineffizienz zur Folge haben, findet sich in den Interviews zuhauf. Insbesondere in den Dienstleistungsbereichen richtet sich technisch-funktional begründete Kritik häufig gegen die organisationalen Entscheidungs- und Kooperationsprozesse, die unübersichtlich und unlogisch, häufig auch zu träge und langsam seien. Zwar erscheint hier die „Sachlogik von Arbeit“ oft nicht ganz so eindeutig wie etwa in der Produktion, aber auch hier häufen sich Dysfunktionalitäten, die am Ende zu einem überflüssigen organisationalen Mehraufwand (und häufig eben auch zu erhöhten Anforderungen an die Beschäftigten) führen.

> „Man konnte früher kleine Dienstwege gehen. Und mittler[weile]..., also die Firma, finde ich, zeichnet sich dadurch aus, dass viel zu viele Leute an Entscheidungen beteiligt sind. Dass es dadurch natürlich extrem lange dauert, bis man überhaupt eine Entscheidung hat, und die ist dann oft schon, sage ich jetzt mal, wieder einfach überholt, wenn man dann eine getroffen hat.“ (Assistentin, FD_A, 11)

> „Also das schlägt schon durch, dass sozusagen Konzernrichtlinien und was es da so alles gibt, dass das sozusagen auch bis runter in die Ebene reicht und dass man da schon damit kämpfen muss. Für mich sind viele Sachen sinnvoll. [...]. Aber es ist Fakt, dass wir, wenn wir jetzt auch einfach dieses Beratungsgeschäft nehmen, ich hatte vor jetzt gerade zwei Stunden wieder so ein Meeting, wo wir zusammen mit

externen Beratern, einem Kunden [...] sozusagen ein Entwicklungsprojekt machen, da sind wieder Fragen hochgekommen, wo wir uns eigentlich alle an den Kopf greifen und fragen: ‚Wie kann das passieren?'" (Projektleiter IT, WD_B, 13)

„Das Meiste ist wirklich, dass man von oben in letzter Sekunde noch Anforderungen reinkippt, die unmöglich umzusetzen sind, aber die hat jetzt irgend so ein Großkopferter mal zugesagt wegen irgendeiner Kondition, dann muss das noch durchgeprügelt werden, so nach dem Motto ‚Mit der heißen Nadel gestrickt', dann wundert man sich, dass [man] in bestimmten Testphasen das noch gar nicht testen konnte, natürlich nicht, wenn es noch gar nicht entwickelt ist." (Technischer Mitarbeiter, FD_A, 1)

Nicht zuletzt die nichtsachgemäße Ausrüstung mit Arbeitsmitteln, die zur Erschwerung oder gar Verhinderung der Ausführung der „eigentlichen" Arbeitsaufgaben führt, ist oft Thema von Problembeschreibungen sowohl in der Industrie wie auch in den Dienstleistungsfeldern.

„Ja, Probleme gibt es hauptsächlich eigentlich mit den Tools. Dass man jetzt sagt, man verzweifelt. [...] Ich sage immer, wir arbeiten in einer Kommunikationsindustrie und haben die schlechtesten Voraussetzungen, was Internet betrifft, was Geschwindigkeit betrifft, wir sind nur am Meckern und Rödeln, mehr oder weniger, weil irgendwie die Tools einfach dann nicht hinhauen." (Abteilungsassistentin, EL_A, 1)

„Also wir haben hier Hardware stehen, die ist zehn Jahre alt zum Teil, oder es werden dann ganz verschiedene Systeme irgendwie zusammengebastelt. Wir haben EDV-Leute, die müssen dann jedes Mal irgendwelche Wunder da vollbringen. [...] Also das ist, so einmal in der Woche hat man irgendwie eine Meldung:‚Jetzt fällt mal für eine Stunde die EDV aus', und für manche Arbeitsbereiche ist das halt katastrophal. Wir hatten hier letztes Jahr eine Situation, da hing am Bürgerbüro ein Zettel: ‚Aufgrund von EDV-Problemen können die nächsten zwei Wochen keine Personalausweisanträge bearbeitet werden.' (Pädagogische Bauamtsmitarbeiterin, ÖD_A, 8)

„Und das ist häufig etwas, wo ich den Anspruch darauf habe, dass ich eine vernünftige Maschine und vernünftiges Werkzeug habe zum Arbeiten, was aber nicht immer der Fall ist. Sondern dass man auch, wenn wirklich eine Reparatur ist, dass es dann oft auch, ich sage mal, [eher] pro forma repariert wird als wirklich instandgesetzt. Also es wird nicht behoben, sondern erst mal nur [zu]gedeckt. [...] Und deswegen, das ist für mich natürlich ganz wichtig, dass die Firma da in die Zukunft investiert und nicht nur kurzfristig entscheidet, sage ich mal." (Dreher, MA_C, 5)

Unter technisch-funktionalen Gesichtspunkten werden ebenfalls oftmals problematische technisch-organisatorische Strukturen und Abläufe, die durch Unternehmensentscheidungen (z.B. „Make-or-buy") und Rationalisierungsmaßnahmen entstehen, kritisch thematisiert. Ein wichtiger Problemkomplex, der hier immer wieder auftaucht, ist die zunehmende Fragmentierung der Arbeitsprozesse durch Produktionsverlagerungen oder Outsourcing (siehe Abschnitt 4.2.1). Im Ergebnis verfügt etwa ein Werkzeugmaschinenhersteller über keine eigene Teilefertigung mehr, reduziert ein anderer Maschinenbauer empfindlich seine eigenen Instandhaltungskapazitäten oder vergeben Automobilfirmen generell zunehmend Logistik-, Montage- und auch Entwicklungstätigkeiten an Zulieferer und Werkvertragsunternehmen. Durch das Auseinanderreißen von Prozessen und die Zunahme von Kooperation „auf Distanz" verringern sich in der Sicht der Beschäftigten generell die Möglichkeiten der achtsamen und flexiblen Rücksichtnahme auf technisch-funktionale Arbeitsanforderungen.

> „Angefangen habe ich [hier], [da] wurde noch gefertigt. Seit 1992 sind wir ein reiner Montagebetrieb. Wir haben seitdem 100 Prozent Kaufteile. Sie können es also nicht mehr selbst beeinflussen wie früher. Die Fertigung. Sie sind zu 100 Prozent auf den Lieferanten angewiesen. [...] Früher konnten Sie nochmal hingehen in die Halle und sagen: ‚Komm, das Teil bräuchten wir als erstes und als zweites und so weiter.' Das ist vorbei. Das ist diese hohe Abhängigkeit, die wir heute haben." (Konstrukteurin, MA_B, 3)

> „Ist halt nur die eigene Fertigung, die ist halt da nicht mehr so. Man muss sich jetzt nicht mit den eigenen Leuten auseinandersetzen, sondern mit den Externen halt, die das für uns fertigen. Was es nicht unbedingt einfacher macht... Also wenn man eine eigene Fertigung hat, ich sehe es immer noch, es ist immer noch das Beste. Die Wege sind viel kürzer, man kann wesentlich schneller reagieren, man muss nicht alles fünf-, sechsmal überprüfen, ob [es] ‚sauber' ist, ne, aber..." (Konstrukteur, MA_B, 7)

> „*Wir* können es besser. [...] Der Riesenvorteil an Standortmitarbeitern und Standortinstandhaltern, eigene Instandhaltung, ist eben, die kennen sich hier aus, ja? Die kennen die einzelnen Maschinen und Anlagen, die sind viel mehr im Boot letztendlich, auch Fehler zu lokalisieren. Wenn ich jemand Externes dran hole, wenn er nicht gerade vom Maschinenhersteller ist, der hat eigentlich schon verloren." (Instandhaltungsmechaniker, MA_C, 6)

Unter Berufung auf technisch-funktionale Rationalitätskriterien geraten bei den Befragten häufig dezidiert *ökonomisch* legitimierte Maßnahmen und Strukturen in die Kritik. Ökonomische Entscheidungskriterien (häufig genannt: „Kopfzahl"-Vorgaben für die Personalbesetzung oder Umsatzziele, Ergebnisbudgets) abstrahieren in ihrer Sicht vielfach allzu sehr von konkreten Arbeits-, Kooperations- und Kompetenzerfordernissen, was „vor Ort" vielfältige Probleme aufwerfen kann.

> „Man hat einen Bedarf von 100 Glühbirnen, um seine Arbeit verrichtet zu können, und man bekommt dann nur 50 Glühbirnen, weil das Geld nicht da ist. Das ist ja auch so ein Witz. Diese Abteilung, die die Materialien an die Filialen verteilt [...] Kugelschreiber, Werkzeuge, also alles, was Arbeitsmaterial betrifft, die haben auch ein Budget, was sie verwalten müssen. Und wenn sie unter diesem Budget bleiben,

kriegen diese Personen eben eine Prämie am Ende des Jahres. Und dementsprechend sind natürlich auch diese Entscheidungsträger, wer was wie viel bekommt, natürlich sehr knauserig, weil alle natürlich auf diese Prämie aus sind.“ (Mitarbeiter Haustechnik, EH_C, 2)

Wahrgenommen wird in dieser Kritikperspektive auch eine generelle ökonomisch induzierte Beschleunigung von Prozessen, die eine Verkürzung von Reaktionszeiten und Planungshorizonten bewirkt, was konträr zu sachlichen Erfordernissen steht.

> „Was sich verändert hat *meiner* Meinung nach hier, ist eigentlich die Geschwindigkeit, wie soll ich sagen, dieses Planerische umsetzen zu müssen. [...] Das ist eine irrsinnige Geschwindigkeit, die wir mittlerweile aufnehmen, und ich glaube, mit dem Handicap, mit dem Qualitäts*problem* nenne ich das mal, dass gewisse Probleme nicht wirklich gelöst werden, sondern einfach im Moment akut, ich sage mal, gestillt werden, der Schmerz, aber so die Ursache nicht bekämpft ist.“ (Meister, MA_C, 4)

Interessant ist auch, dass technisch-funktionale Rationalitätsansprüche in Konflikt geraten können mit unmittelbar markt- und kundenbezogen legitimierten Entscheidungen, die den Prozess der Leistungserstellung verändern bzw. – in der Sicht der Befragten – beeinträchtigen. Beispiele sind hier die ausgeprägte „Schaufensterfunktion“ der Montage in vielen Maschinenbaubetrieben oder auch Entscheidungen von Marketingabteilungen über das Produktdesign, die Arbeit und Funktionalität verändern.

> „Ich sage mal, es wird viel auf Ordnung und Sauberkeit gelegt, zu viel unserer Meinung nach. Weil, wir sollen immer noch arbeiten. [...] Dann wird eher – das ist dann wieder Vorstand – [...] auf irgendwelchen Meetings beschlossen: neues Design. Dann müssen die das umsetzen, da werden wir aber nicht gefragt. Also da interessiert das dann auch nicht, ob das vorteilhafter zum Arbeiten ist, sondern nur, dass das Design, sage ich mal, gut aussieht. Da werden wir wenig mit einbezogen.“ (Elektrikerin, MA_B, 9)

Was allerdings aus der Perspektive von Produktionsarbeitern der Vorstellung von technisch-funktionaler Rationalität *ihrer* Arbeit widerspricht, kann aus Sicht z.B. von Beschäftigten im Marketing, nach den dort relevanten „sachlichen“ Kriterien, gerade „technisch-funktional“ geboten sein. Je mehr die Marktbearbeitung und der Kundenbezug zu zentralen Aspekten des Arbeitshandelns von Beschäftigten werden, desto mehr verschwimmen gewissermaßen auch technisch-funktionale und ökonomische Rationalitätsaspekte. Oder genauer ausgedrückt: umso mehr wird das, was wir technisch-funktionale Rationalitätsansprüche nennen, in ökonomischen Begriffen ausgedrückt.

In vielen Statements wird deutlich, wie stark die „Besetzung“ technisch-funktionaler Rationalität bei einem Großteil der Befragten ist, besonders ausgeprägt bei Facharbeitern/-angestellten und Wissensarbeitern. Diese Rationalitätsansprüche sind oft gewissermaßen Bestandteil einer professionellen Moral und natürlich des berühmten „Produzentenstolzes". Insofern besitzen diese Ansprüche auch eine moralische Dimension bzw. werden nicht selten in moralische Termini übersetzt und mit ihnen in Zusammenhang gebracht. Am unmittelbarsten ist der Bezug zum Leistungsanspruch, da in der Regel Aspekte der Leistungsverausgabung und Belastung berührt sind. Nicht mit angemessenen Arbeitsmitteln und -gegenständen ausgestattet zu sein, ist dann beispielsweise nicht nur technisch-dysfunktional, es ist zugleich eine Missachtung der beruflichen Fähigkeiten und des fachinhaltlichen Engagements der Beschäftigten. Es schwingt aber auch ein Moment von „Fürsorge" bei der Vorsicht und Achtsamkeit im Hinblick auf die Einhaltung technisch-funktionaler Erfordernisse mit, insofern diese die Arbeit von Kolleginnen (auf späteren Prozessstufen) oder den Nutzen für den Kunden beeinflusst. Von der Verantwortung, die man diesbezüglich habe, ist bisweilen die Rede (und kritisch: vom Mangel an Verantwortungsbewusstsein, den die Missachtung dieser Ansprüche erkennen lässt).

Vor allem aber Beteiligungsansprüche werden häufig mit dem Einfordern technisch-funktionaler Rationalitätsansprüche verknüpft und untermauert. Das überrascht nicht: Wenn man diese Rationalitätsansprüche einklagt, dann logischerweise auch die Beteiligungsansprüche der kompetentesten Experten. Entsprechend finden sich in den Interviews auch häufig Variationen über das alte organisationssoziologische Thema „Amtshierarchie" versus Sachkompetenz. Entgegen der ursprünglichen Weber'schen Unterstellung, dass in modernen Bürokratien Amtsautorität und Fachqualifikation zusammenfallen, hob die Organisationsforschung bekanntlich schon früh die zunehmende Diskrepanz zwischen hierarchischer Positionsautorität und Expertenwissen und das Aufbrechen entsprechender Konflikte hervor. Die „funktionale Autorität" (H. Hartmann) der Experten, so wurde etwa gemutmaßt, könne sich zu einer eigenständigen Legitimationsgrundlage (bzw. neuen Form der Herrschaft) entwickeln (vgl. Mayntz/Ziegler 1977, S. 61f.). Wenn man so will, verstehen sich Beschäftigte vielfach als „funktionale Autorität", der die bürokratische Autorität und Rationalität der manageriellen „Amtshierarchie" gegenübersteht.

> „Und da konnte man argumentieren, wie man wollte, der [Vorgesetzte] sagte: ‚Mhm, mhm, alles klar, wir machen es aber trotzdem so, wie ich es gesagt habe.' Ist dann halt so. Ist schade, wenn man weiß, man steht aus einem technischen Gesichtspunkt auf der richtigen Seite, aber lässt sich nichts ändern. Und das ist aber in den letzten Jahren für mein persönliches Empfinden besser geworden. Vielleicht auch dadurch, dass die Führungsebene, mit der ich zu tun habe, meine Kompetenz eher anerkennt." (Entwickler, MA_D, 2)

> „Die stehen dann über uns, sage ich mal, und die entscheiden. [...] Da ist eine Erwartung von mir, dass ich sage, ich möchte das, was ich kann, oder das, was ich gelernt habe, auch mit einbringen können, und nicht einfach nur als, als Maschiner da stehen und sagen: ‚Ja, Hauptsache die Maschine läuft und die Maschine macht das, dass die Maschine läuft.‘ [...] Ich möchte als Facharbeiter, sage ich mal, mein Teil auch mit einbringen können. Und das ist das, was, denke ich, oft oder manchmal nicht unbedingt der Fall ist.“ (Dreher, MA_C, 5)

Die bislang skizzierten technisch-funktionalen Legitimitätsansprüche ähneln in hohem Maße denen, die Boltanski/Thévenot (2007, S. 276ff.) als die Rechtfertigungs- und Kritikmuster der „industriellen Welt“ beschrieben haben[23]:

> „Die Objekte der industriellen Welt sind Instrumente oder Mittel, die zum Vollziehen einer Handlung eingesetzt werden, die sich als Produktionsaufgabe darstellt.“ (Ebd., S. 280)

Diese „instrumentelle Auffassung des Handelns“ (ebd.) geht mit einer Ordnungsvorstellung einher, welche

> „auf der Effizienz der Wesen, ihrer Leistung und Produktivität, ihrer Fähigkeit, ein normales Funktionieren zu gewährleisten und Bedürfnisse in nützlicher Weise zu befriedigen, [beruht]. [...] Effizienz beruht [hier] auf einer regelmäßigen Verbindung zwischen Ursache und Wirkung. Das einwandfreie Funktionieren der Wesen verlängert die Gegenwart in die Zukunft hinein und eröffnet so die Möglichkeit einer Vorhersage.“ (Ebd., S. 278)

Die Zeitlichkeit dieser Ordnung – und das ist, wie bereits eingangs angedeutet, ein wichtiger, in den Interviews oft auftauchender Aspekt – ist eine der Dauer, der langen und planbaren Fristen und des permanenten Fortschritts. Und „[d]ie Menschen haben in der industriellen Welt eine berufliche Qualifikation, die mit ihren Fähigkeiten und ihrer Tätigkeit zusammenhängt“ (ebd., S. 279). Professionalität, Expertise, Spezialistentum sind hier die hohen Werte. Wie wir sahen, stehen derartige technisch-funktionale Rationalitätsvorstellungen nicht nur häufig im Kontrast zu ökonomischen, sondern auch zu bürokratischen Rationalitätsvorstellungen.

---

23 Die „industrielle Welt“ entspricht in der Studie über den „neuen Geist des Kapitalismus“ von Boltanski/Chiapello (2003) der „Industriepolis“, die – zumindest im Managementdiskurs – als Legitimitätsrahmen an Bedeutung verloren haben soll. Wie dem auch sei: „Industrie“ sollte hier auf jeden Fall immer im ursprünglichen bzw. angelsächsischen Wortsinn (für jede planmäßige wirtschaftliche Betätigung) verstanden werden. Obwohl viele Beispiele in der folgenden Passage aus dem Bereich der industriellen Produktion stammen, besitzen natürlich – um es nochmals zu betonen – auch alle Dienstleistungsprozesse ihre je spezifische „technisch-funktionale“ Logik, an die sich Legitimitätsansprüche knüpfen können.

3.2.2 Bürokratische Rationalität

Auch heute noch bedeutet die betriebliche Herrschaft, der Beschäftigte sich unterworfen sehen, für sie „im Alltag primär: Verwaltung“ (Weber 1980, S. 126). Arbeitsorganisationen üben „legale Herrschaft“ mittels „gesatztem Recht“ über ihre Arbeitskräfte aus, gestützt auf einen „bürokratischen Verwaltungsstab“: das Management. Was als betriebliche „Bürokratie“ zunächst wie ein bloßes abstraktes Organisations- und Verfahrensprinzip erscheint, bekommt in unserem empirischen Material durchaus Eigenständigkeit als Rationalitätsprinzip bzw. -anspruch – und zwar zunächst einmal unabhängig von der weiteren Zweckbestimmung (z.B. der Gewährleistung von technisch-funktionaler oder ökonomischer Rationalität oder von Gerechtigkeitsansprüchen). Dieser eigenständige normative Bezug auf „bürokratische Rationalität“ verweist zum einen auf die Korrektheit von Verfahren und deren Einhaltung, die Orientierung an vorgegebenen Bestimmungen, auf Regelkonformität und Rechtssicherheit. Zum anderen zielen viele Wertungen und Urteile der Befragten auf die Formalität von Prozessen und die Abstraktion der Regeln von konkreten materialen Erfordernissen, auf die Schrift- bzw. Informationsförmigkeit betrieblicher Abläufe und Anweisungen – und die organisatorische Hierarchie als deren soziale wie personelle Verkörperung. Der bürokratische Rationalitätsanspruch erscheint somit von vornherein mehrdeutig und er wird sehr unterschiedlich, ja teilweise in völlig gegensätzlicher Weise „angerufen“.

Der erste genannte Aspekt – die Verfahrens- und Rechtssicherheit – ist ganz überwiegend positiv konnotiert und mit ihm identifizieren sich nicht wenige der Befragten. Wenig verwunderlich ist, dass dies insbesondere in unseren beiden Konstellationen der Kommunalverwaltung der Fall ist, wo die Gewährleistung von Regelkonformität ein Grundzug der eigenen beruflichen Tätigkeit ist (korrekter Vollzug der Regeln des Verwaltungshandelns).[24] Die Aneignung und Besetzung des Anspruchs wird hier aber auch auf andere Themen übertragen, z.B. das Entgelt: Auffällig ist etwa, dass im Fall der Kommunalverwaltung auch bei diesem Thema sehr häufig regelorientiert argumentiert wird – es geht um die Einhaltung des Tarifvertrags, zusätzlicher betrieblicher Regelwerke usw. –, während Entgeltfragen in den meisten anderen Fällen stärker durch Begriffe von (Leistungs-)Gerechtigkeit gerahmt sind. Zwar ist durchaus denkbar, dass Regeln als positive, institutionalisierte Gerechtigkeitsprinzipien verstanden werden, gewissermaßen als rechtsförmige Konkretisierung aktueller konsensfä-

24 Wie beim stärker markt- bzw. kundenorientierten Arbeitshandeln Aspekte ökonomischer Rationalität, nehmen bei Verwaltungstätigkeiten Aspekte bürokratischer Rationalität den Charakter sachlich-logischer Erfordernisse des eigenen Arbeitshandelns an – und damit von „technisch-funktionalen Rationalitätsansprüchen“ im hier gemeinten Sinne (vgl. Abschnitt 3.2.1).

higer Gerechtigkeitsnormen. Gleichwohl scheint die Regelhaftigkeit durchaus eine normative Eigenständigkeit zu gewinnen, eine Tendenz zur Selbstzweckhaftigkeit (womit sie etwa der Weber'schen Legitimität durch Legalität und der Luhmann'schen Legitimation durch Verfahren ähnelt, die letztlich alleine durch ihre positive Satzung entsteht, nicht durch eine darüber hinausreichende materiale Begründung).

Positiv wird auf den Verfahrens- und Absicherungsaspekt bürokratischer Rationalität aber auch in den anderen Konstellationen Bezug genommen. Vorgegebene Prozeduren im Umgang mit dem Personal sowie präzise und dokumentierte Vorgaben werden als Rahmung der Arbeit nicht nur akzeptiert, sondern – wo sie fehlen – auch eingefordert. Sie schaffen Verlässlichkeit und bilden die Grundlage für die Planbarkeit des eigenen Arbeitshandelns. Sie verbessern auch dessen Nachvollziehbarkeit für Kooperationspartner bzw. Kollegen, schaffen die Voraussetzungen und Anschlussmöglichkeiten für deren Arbeitshandeln.

> „Vorgesetzte, wenn die wissen: ‚Das will ich und das will ich, das muss gemacht [werden].' Also deswegen sage ich: Klare Ansage und dann läuft das, dann kann man das auch. Ich bin [es] so gewöhnt und ich liebe das einfach, weil – wie soll ich irgendwas erledigen, wenn ich nur Stichpunkte habe und das soll perfekt sein. Und das sind für mich klare Ansagen, dann kann ich auch gut arbeiten." (Montagearbeiterin, MA_D, 10)

> *Frage:* „Woran macht sich das so fest, also was wären Argumente dafür, dass es ein guter Arbeitgeber ist?"

> *Antwort:* „Ich würde sagen, dass das daran liegt, dass eine klare Linie dabei war, dass das, was gestern gesagt wurde, heute, also am Tag drauf, auch noch gegolten hat. Dass sich Vorgesetzte und auch Kollegen an ihre Aussagen vom Vortag erinnern konnten und auch dran festzuhalten waren und dass das Arbeitsklima insgesamt sehr offen und frei war und, ja, dass man sich aufeinander verlassen konnte." (Technischer Mitarbeiterin, FD_A, 15)

> „Ich meine, die Vorgabe einer Checkliste *muss* sein, da ja die Prüfungen auch strukturiert ablaufen müssen, um nachvollzogen werden zu können. Und es kann nicht jeder prüfen, was er möchte oder für wichtig hält, sondern der sollte eben auch schon einen vernünftigen Plan haben." (Qualitätsprüfer, MA_B, 1)

Nicht nur transparente Prozessvorgaben und Handlungsanleitungen sind bei einer ganzen Reihe von Befragten positiv konnotiert, sondern ebenfalls die Antizipierbarkeit und Verlässlichkeit des betrieblichen Umgangs mit dem Personal, die durch festgeschriebene Verfahren gewährleistet werden. Entsprechende Regularien können unter Umständen vor Vorgesetztenwillkür schützen oder – wenn von ihnen z.B. nach einem „Nasenfaktor" abgewichen wird – als Referenz von Beschwerden dienen.

„Gut, es laufen ja auch irgendwelche Leute dann rum, die [...] dann [eine Ausbildung als] Techniker machen oder vielleicht auch mal studieren. Für das Studium gibt es dann eben auch Regularien und die werden dann bei dem ein oder anderen eben auch forciert oder eben eher nicht forciert...“ (Qualitätsprüfer, MA_B, 1)

„Aber insgesamt kann man darüber [das betriebliche Vorschlagswesen] eigentlich einiges machen, wenn einen irgendwas nervt oder wenn man meint, es könnte besser gehen, und der Vorgesetzte, sage ich jetzt mal einfach, da keine Zeit für hat oder kein Interesse dran hegt. Dadurch, dass man es dann über [dieses Vorschlagswesen] macht, muss er sich ja dadrum bald kümmern.“ (Schlosser, MA_C, 2)

Ähnlich wie die technisch-funktionale, so ist auch die bürokratische Zeitlichkeit eine der langen Dauer: hier der Stabilität und Antizipierbarkeit von Regelungen und Prozeduren. Diese Verlässlichkeit und – vermutete – langfristige Geltung haben vor allem auch einen *Sicherheitsaspekt* in Bezug auf die individuelle Beschäftigungsperspektive. Daran knüpfen sich z.B. Erwartungen an Beschäftigungsstabilität, Einkommenssicherheit und möglicherweise Karriereinteressen. Gerade mit dem ausgebauten bürokratischen Personalwesen großer Konzerne, mit seinem dichten, langfristig gewachsenen Regel- und Sicherungswerk, verbinden manche Befragte solche Erwartungen.

„Ein Unternehmen, was sehr planerisch denkt, was für mich sehr wichtig war, weil ich bin auch ein Mensch, der sehr weit versucht vorauszuplanen, seine Zeit, seine Aktivitäten. [...] Allerdings war es mir einfach wichtig, in ein Unternehmen reinzukommen, wo du sagst: ‚Okay, da plant man sehr weit voraus. Du hast ein geregeltes Einkommen, und wenn nicht gerade alles zusammenbricht draußen in der Welt, sage ich mal, kannst du da auch langfristig einen Arbeitsplatz halten.‘ [...] Wo du sagst: ‚Okay, in ein großes Unternehmen, um einfach eine große, möglichst so Planungssicherheit zu bekommen.‘ Das war eigentlich mein Ansatz.“ (Meister, MA_C, 4)

Bürokratische Regelhaftigkeit wird bisweilen aber auch in eine direkte positive Verbindung mit technisch-funktionaler und ökonomischer Rationalität gebracht und *deshalb* eingefordert. Die Orientierung an erlernten Regeln und die Kontrolle ihrer Durchsetzung stellen nach dieser Vorstellung sicher, dass im Betrieb alles auch technisch-funktional und ökonomisch mit rechten Dingen zugeht – und genau dies werde aktuell mehr und mehr vernachlässigt.

„Heute brauchst du nichts mehr kontrollieren. Die [Lieferanten] können dich jetzt bescheißen. Das interessiert nicht, weil die Zeit nicht da ist, dass du das kontrollierst. Dann, wenn sie Inventur machen, dann geht ein Haufen Geld ab [...], da haben wir 100.000 Euro Minus, ja, mei, warum? Ja, wenn keiner kontrolliert, ist es kein Wunder. Ist ja vielleicht auch so gewollt, ich weiß es nicht. Aber normal ist das nicht. So habe ich es halt gelernt, dass alles kontrolliert worden ist. Ist wurscht, was wir geliefert gekriegt haben. Lieferschein, auspacken – so habe ich es gelernt damals. Das interessiert heute nicht mehr. Ist wurscht, was du kriegst.“ (Verkäuferin, EH_A, 1)

Der zweite Aspekt bürokratisch-organisationaler Rationalität – die Formalisierung und Hierarchisierung betrieblicher Prozesse – wird dagegen, vor allem in den Interviews mit Industriebeschäftigten, vielfach kritisch bewertet. Unter diesem Gesichtspunkt wird bürokratische Rationalität als Fremdanspruch und als vereinseitigte Managementperspektive auf Arbeit wahrgenommen. In der Zuspitzung erscheint hier die organisationale Bürokratie und Hierarchie als „organisierte Verantwortungslosigkeit“ – vor allem im Hinblick auf technisch-funktionale Rationalitätsansprüche, die zumeist als wichtigere Bezugsgröße und als Kritikfolie gegenüber bürokratischen Rationalitätsansprüchen herangezogen werden. Der (vermeintliche) Selbst- und Leerlauf von bürokratischer (E-Mail-) Kommunikation und Meetings ist ein oft bemühter Gemeinplatz. Statt sachbezogene Verantwortung zu übernehmen und problemadäquate Entscheidungen zu treffen, würden dadurch Probleme verschleppt oder verschleiert, die Verantwortung für Entscheidungen werde zwischen Bereichen hin- und hergeschoben. Häufiger taucht auch hier die moralisierende Chiffre der „Verantwortungslosigkeit“ auf: Das Management drücke sich gewissermaßen hinter einer formal-rationalen Fassade um die eigentlich wichtigen, sachgemäßen (technisch-funktional gebotenen) Entscheidungen. Und die Folgen seien dann „unten“, von den Arbeitenden „vor Ort“ auszubügeln und auszubaden (in Form von Nacharbeit, Mehrarbeit und Druck).

Die technisch-funktionale Rationalität wird hier also häufig als Kritikmaßstab angelegt. Der Managementüberbau der Entscheider – der (einer Karikatur von) bürokratischer Rationalität folgt bzw. Ökonomisierungsdruck weitergeben muss – verfehle und gefährde jene Rationalität ständig – und damit auch die Arbeitsrealität und die Leistungsbedingungen (und die Leistungs- und Beteiligungsansprüche) der Beschäftigten.

> „Und dann hat es ja auch keinen Sinn, gegenüber unseren Vorgesetzten sich zu positionieren, weil *die* ja den Druck wieder von *oben* kriegen. Und da reichen wir ja gar nicht hin. [...] Unser Chef, der muss in der Spur laufen gegenüber seinem Chef, und so wird der Druck von oben runtergegeben, und im Prinzip ist gar nichts offen, es wird nur das ausgeführt, was oben beschlossen wird. Und *da* oben, die an der Basis überhaupt nicht mehr angesiedelt sind und manchmal tolle Ideen haben, die ja an der Wirklichkeit vorbeilaufen, entstehen manchmal Sachen, wo man sich fragt: ‚Und wo ist der Effekt jetzt?‘“ (Instandhalter D, CH_A, G2)

Dass das Thema „Amtshierarchie versus Sachkompetenz“ recht häufig angesprochen wird, hatten wir bereits im letzten Abschnitt vermerkt. Oft wird von den Befragten kritisiert, dass bürokratische Rationalität überhandnehme, aber der bürokratischen Autorität keine „funktionale Autorität" entspreche. Die Vorgesetzten erscheinen in dieser Kritikperspektive als reine Verwaltungskräfte mit mangelhafter oder ganz fehlender technisch-funktionaler Sachkompetenz.

> *Diskutant B:* „Ich habe vor meinem Meister ja gar keinen Respekt, [...] das ist keine Führungsperson mehr für mich."
>
> *Diskutant D:* „Ja, warum aber? Ganz klare Antwort, weil er keine Fachkraft mehr ist. Er ist nur eine Verwaltungskraft. Er hat vom Gebiet keine Ahnung mehr, nichts."
>
> *Diskutant B:* „Das [hat sich] eindeutig einfach geändert, weil: Er hat keine Ahnung, ne, hat er auch nicht, er hat keine Ahnung. Der hat absolut keine Ahnung mehr." (Instandhalter B und D, CH_A, G2)

Verschärft wird diese Problematik durch eine hohe Personalfluktuation im Management, die in vielen Betrieben offenbar spürbar zugenommen hat. Umso schwieriger wird es für die Führungskräfte, sich spezielle Fachkenntnisse anzueignen, und umso stärker wird die Tendenz zur reinen „Verwaltungskraft" wahrgenommen, die auch die Interessen des ihr unterstellten Bereichs nicht sachgemäß vertreten kann.

> *Diskutant B:* „Was vielleicht manchmal auch für uns schlecht nachvollziehbar ist, [ist,] dass manchmal die Fluktuation von Führungspersonal doch recht oft passiert. Dass man im Prinzip sich an einen..., [auf] die Vorgehensweise eingestellt hat, und dann kommt wieder der nächste. Und das geht manchmal doch sehr flott, dass man da ein Problem hat, mitzuhalten. [Zustimmung]
>
> *Diskutant D:* „Sehr oft kommen ja Führungskräfte, die von dieser Fachabteilung gar keinen Schimmer haben, was da läuft. Muss er auch nicht. Aber man braucht..., oder wir Älteren sind dann immer wieder gefordert: Erklärung, Erklärung, Erklärung, Beispiele, und, und, und. Dann ist er so weit. Er kann uns vertreten, er ist durch. Und dann heißt es: Schluss." (Technische Angestellte Arbeitswirtschaft B und D, CH_A, G1)

Häufig wird ebenfalls kritisiert, dass die Vorgesetzten über keine ausreichenden Kenntnisse in Personalführung – als der für Führungsfunktionen notwendigen eigenen Fachkompetenz – verfügten:

> „Man nimmt Führungskräfte, die vorher einfach normale Kollegen, Sachbearbeiter waren. Und irgendeinen sucht man dann aus, Nasenentscheidung oder der hat auch mal sich hochgearbeitet, und die werden für diese Aufgabe gar nicht ausgebildet. Und das ist auch so ein Problem. [...] Da müsste man eigentlich mit als erstes ran, Führungskräfte auch auszubilden, dass sie lernen: ‚Wie führe ich meine Mitarbeiter?' oder ‚Wie leite ich die dazu an, dass sie ihre Arbeit gut machen?'" (technischer Sachbearbeiter Bauamt, ÖD_A, 6)

Die bürokratische „Rationalität" setzen die Beschäftigten also vielfach in Anführungszeichen. Aus Befragtensicht erscheint sie oftmals mehr als eine Irrationalität, die den Managementstrukturen und -entscheidungen anhaftet. Dieses Kritikmuster „irrationale Managementhierarchie versus rationale Problemlösung gemäß technisch-funktionalen Erfordernissen" ist bei den Befragten, wie bereits mehrmals angedeutet, recht verbreitet.[25] Der hierarchische Apparat wird in einigen Statements zum gewaltigen Überbau und zu einem Filter, der – gesteuert von fernen Vorgaben – technisch-funktional begründete Beteiligungsansprüche der Beschäftigten aussondert, kleinarbeitet oder leerlaufen lässt.

> „Wenn was ist, wir sind uns meistens einig. Dann müssen wir es aber dem Vorgesetzten melden. Dem melden wir es, und dann kommen immer wieder neue Lähm-Schichten. Und bis es ganz oben ist, ist das Ganze komplett zerlegt, ganz anders auch dargestellt. Wir unten..., jetzt mal die Basis: Wir halten sehr gut zusammen, haben *sehr* gute Ideen, arbeiten *viele* Sachen aus, und dann geht es eine Stufe höher, noch eine Stufe höher, und irgendwann verläuft das Ganze im Sand. Das heißt dann wieder: Du wirst dann, so kommt es mir vor, nicht wahrgenommen, was du sagst. Du arbeitest sehr gut und versuchst wirklich, gute Strukturen mit reinzubringen ins Unternehmen, gute Vorschläge, aber irgendwo wird es rausgefiltert, und bis es an der richtigen Stelle ist, ist es komplett zerlegt." (Technischer Angestellter, CH_A, G1)

Die Vorgaben für diesen Überbau werden zumeist als ökonomisch begründete und mit ökonomischen Zielen verknüpfte wahrgenommen und der Filter- und „Lähm"prozess der Managementabläufe als bürokratisch exekutierte ökonomische Rationalität – die mit anderen Legitimitätsansprüchen verbunden ist.

3.2.3 *Ökonomische Rationalität*

Ökonomische Rationalitätsansprüche sind Ansprüche an die Arbeitsorganisation bzw. an relevante Akteure, sich an Prinzipien der Wirtschaftlichkeit und Wettbewerbsfähigkeit zu orientieren und ihnen gemäß zu handeln. Im Unterschied zu technisch-funktionalen und bürokratischen Anspruchsmustern treten bei ihnen Bezüge zu betriebs- und marktwirtschaftlichen Größen in den Vordergrund, d.h. vor allem Anforderungen, die mit den Absatz-, Kapital- und Arbeitsmärkten in Zusammenhang gebracht werden. Da allgemein unterstellt

---

25 Rein theoretisch könnte diese Kritik auch als immanente Kritik und als Einklagen bürokratischer Rationalitätsansprüche gedeutet und ausformuliert werden: als Kritik an der Kluft zwischen der bürokratischen Realität und einem bürokratischen Ideal, bei dem etwa Amts- und Fachautorität zusammenfallen müssten. Empirisch wird in unseren Interviews in der Regel bürokratische Logik mit einem Auseinanderfallen beider Autoritätsformen und einer entsprechend „fachfremden" Hierarchie identifiziert.

wird, dass das Erreichen zentraler Ziele von Arbeitsorganisationen, im Zweifelsfall ihr Überleben und damit auch die Einkommenssicherheit und Beschäftigungskontinuität ihrer Mitglieder, von solchen Größen und Orientierungen direkt abhängen, ist es sehr wahrscheinlich, dass sich Beschäftigte auf die eine oder andere Weise zu diesen ökonomischen Rationalitätsansprüchen verhalten. Die Frage ist auch hier, wie sie diese Ansprüche interpretieren, ob und inwieweit sie sich diese „aneignen", sich mit ihnen identifizieren und sie – der Organisation oder auch sich selbst gegenüber – aktiv einfordern.

Besondere Bedeutung gewinnt diese Frage im Kontext der bereits seit längerem zu beobachtenden Umstellung der organisationsinternen ökonomischen Steuerungsprinzipien auf Marktgrößen. Die Diskussion über die „Vermarktlichung" von Betrieb und Arbeit (Sauer 2010) impliziert in weiten Teilen auch eine zunehmende subjektive Bedeutung (markt)ökonomischer Prinzipien im Beschäftigtenbewusstsein. Ähnliches legt auch die These der wachsenden Verbreitung von „Arbeitskraftunternehmern" mit ihren auf Selbstökonomisierung gepolten Erwerbsorientierungen (Pongratz/Voß 2003) nahe.

Charakteristische Differenzen finden sich zwischen unseren Untersuchungsbereichen bereits im Hinblick auf die „objektive" Seite der Vermarktlichung. Der Grad des direkten Marktbezugs der Arbeitstätigkeiten variiert in unseren Untersuchungsfällen stark; das eine Ende des Spektrums wird von den Großorganisationen etwa der Automobilindustrie markiert, wo die Marktorientierung sich für die Beschäftigten sicherlich in den Rahmenbedingungen (etwa in schwankenden Produktionsprogrammen und entsprechend flexibler Schichtplanung), nicht aber in der Kernlogik ihres täglichen Arbeitshandelns niederschlägt. Am anderen Ende stehen stark kunden- und marktbezogene Tätigkeiten, etwa im Einzelhandel oder auch bei wissensintensiven Dienstleistungen, wo die direkte Orientierung des Arbeitshandelns an Markt- und Erfolgskriterien unmittelbar erforderlich ist und zur absoluten Selbstverständlichkeit gehört. Unterschiedlich sind auch Grad und Ausprägung der Integration und Konstruktion unternehmensinterner Marktbeziehungen und Preisgrößen in den Organisationen (und zwar auch dort, wo kein unmittelbarer Markt- und Kundenbezug nach außen besteht). Interne Auftrags- und Abnehmerstrukturen, (simulierte) interne Kunden, Budgetierungen und Personalbemessung aufgrund von in- und externen Benchmarks usw. sind in vielen (auch und gerade größeren) Unternehmen seit langem üblich. Aber auch im Öffentlichen Dienst – klassischerweise ein marktferner Bereich – werden Bürger und Klienten zu Kunden umdefiniert und werden Steuerungsprinzipien eingeführt, die Marktmechanismen nachgebildet sind.

Hinsichtlich der subjektiven Seite, also bezogen auf das Beschäftigtenbewusstsein, fällt eine generelle Vermarktlichungsdiagnose – zumindest, soweit sie sich auf gehaltvolle normative Legitimitätsansprüche bezieht – noch deutlich schwerer. Auffällig sind in dieser Hinsicht die großen Unterschiede zwischen den Industriekonstellationen und den markt- und kundennahen Dienstleistungskonstellationen. Von Industriearbeitern und auch von vielen technischen Angestellten werden Anforderungen an Wirtschaftlichkeit und Ökonomisierung von Arbeit und Betrieb von allen Rationalitätsansprüchen am wenigsten als *Eigenansprüche* gedeutet. Allerdings liegt dem eine Basiserwartung und ein Basiseinverständnis zugrunde: Dass Wirtschaftlichkeit und Ökonomisierung Leitwerte von Arbeitsorganisationen sind, gilt ihren Mitgliedern als selbstverständlich, es ist evident, dass sich hier alles „rechnen" muss und Kosten minimiert werden müssen. Jenseits dieses Basiseinverständnisses ist man aber mit der ökonomischen Ratio und dem Ökonomisierungsgeist – bzw. ihren jeweils aktuellen Verkörperungen in Gestalt von Managementdiskursen, Rationalisierungskonzepten etc. – als Beschäftigter mehr konfrontiert, als dass man sich mit ihnen identifizieren oder sie selbst in Anschlag bringen und einfordern würde. Man erwartet sie bzw. muss jederzeit auf sie gefasst sein, beobachtet bisweilen auch aufmerksam das Verhältnis von ökonomisch formulierten Managementbegründungen und den realen Entwicklungen, traut sich dazu teilweise auch eine artikulierte eigene Meinung zu (dazu unten). Zumindest im industriellen Produktionsbereich erklärt man sich allerdings gewissermaßen für grundsätzlich „nicht zuständig" und „inkompetent", sowohl im sozialen bzw. hierarchischen wie auch im kognitiven Sinne.

> „Natürlich hat man immer gesagt: ‚Ja, geht nicht anders. So müssen wir [es] machen, die Wirtschaftskrise, ja.' [...] Ich habe es nicht verstanden, manche Sachen habe ich nicht verstanden, aber ich sage, vielleicht muss man auch nicht alles verstehen, was die von sich geben. Manchmal ist das ziemlich kompliziert, dass man sagt, okay, vielleicht bin ich so klein, dass ich das nicht verstehen muss." (Montagearbeiterin, MA_D, 10)

> „Es ist schwer zu sagen, bin kein Wirtschafter, kann nur auf meine Intuitionen [bauen], und die sind meistens falsch (lacht)." (Entwickler, EL_A, 7)

Die Sprache der ökonomischen Rationalität ist die Sprache der Entscheider und damit für viele Industriebeschäftigte eine Art Fremdsprache. Es gehört für diese Beschäftigten zur Rolle und Kernaufgabe des Managements, sich in dieser Sprache einen Reim auf die Dinge zu machen – und dann daran Übersetzungsangebote zu knüpfen, die für die eigene Arbeitsrolle anschlussfähig und für das eigene Arbeitshandeln instruktiv sind.

> „Und *da* ist die Perspektive von unserem Vorgesetzten eigentlich gefragt. Ich erwarte von meinem Vorgesetzten eigentlich, dass der die wirtschaftliche Lage erkennt, die Tendenzen erkennt. Denn alles, was der runterschickt, kann ich nur umsetzen." (Schweißtechniker, CH_B, 5)

Die Beschäftigtenhaltung ist häufig von einer meist lapidar artikulierten Anerkennung der Tatsache geprägt, dass eben „im Prinzip“ in Arbeitsorganisationen der Imperativ und das Primat der Wirtschaftlichkeit, der Gewinnerzielung oder der Konkurrenzfähigkeit herrschen. Mit diesen Prinzipien vom Management hinreichend plausibel und nachvollziehbar begründete Maßnahmen gelten deshalb als „normal“ und müssen dann eben auch vollzogen werden.

> „Also ich würde ja mitgehen, wenn man mir friedlich erklärt: ‚Es ist so, weil wir sind da einfach wettbewerbsfähiger. Wir sind da gut aufgestellt, weil unsere Kunden, die uns Arbeit geben, mögen das.‘ Ne, dann ist es eine Priorität für mich, dann ist es wichtig. Dann kann ich dem Mensch an der Maschine auch erklären: ‚Du, pass auf, ich weiß, es ist mühselig, aber es ist so, und schau, da sind die Aufträge und deswegen haben wir viel Arbeit.‘ [...] Dann ist es so. Dann sagt der Mensch an der [Maschine], also der Großteil wenigstens: ‚Okay, habe ich verstanden, machen wir.‘“ (Meister, MA_C, 4)

Betriebliche Maßnahmen, die mit ökonomischen Begründungen gerechtfertigt werden, nehmen viele Beschäftigte auch dann als „normal“ hin, wenn die so begründeten Maßnahmen als ungerecht empfundene Konsequenzen haben. Es muss nicht per se als problematisch wahrgenommen werden, wenn ökonomische Rationalität und Moralität, „Marktgerechtigkeit“ und Gerechtigkeit auseinanderklaffen. Sie können als unterschiedlichen Sphären zugehörig betrachtet werden. Die ökonomische Vernunft und Expertise, die beispielsweise hinter der Bildung einer Beschäftigungsgesellschaft als Maßnahme des Krisenmanagements oder der selektiven Auswahl von Kurzarbeitsbereichen steckt, ist dann die eine – ökonomisch-rationale – Seite, die moralische Anspruchs- und möglicherweise Interessenverletzung solcher Maßnahmen die andere Seite der Medaille „Beschäftigungsverhältnis“.

> „Also diese [Beschäftigungsgesellschaft], das war die Krönung hier. Nicht die Maßnahme an und für sich, die musste sein aus wirtschaftlichen Gründen, spreche ich auch nicht gegen, aber wie es kommuniziert wurde oder denen mitgeteilt, das... Und ich kenne mehrere, die da auch von betroffen waren, also...“ (Mechaniker, MA_A, 5)

> „In [einigen] Montagen habe ich es mir sagen lassen, dass es da nicht gerecht war. Dass es also wirklich Leute gab, die keine Kurzarbeit hatten, und welche, [die] dafür am Stück zwei Monate zu Hause bleiben mussten. Alles sachlich begründet. Aufgrund der Maschinentypenvielfalt. Eine Maschine ‚läuft‘ und [die andere] ‚läuft‘ nicht. Gut, das muss ich so hinnehmen, wenn es so war, dann war es so. Das hat man uns gesagt oder habe ich verstanden und mitgenommen, dass das nicht gerecht war. Aber kann ich nicht beurteilen.“ (Einkäufer, MA_B, 6)

Es handelt sich gewissermaßen um unterschiedliche Register, die nebeneinander existieren. Je stärker allerdings das Ungerechtigkeitsempfinden und die Kritik an Anspruchsverletzungen angesichts bestimmter Maßnahmen und ihrer Folgen wird, desto mehr tendieren Befragte auch dazu, Indifferenz und Akzeptanz gegenüber ökonomischen Werten abzulegen. Es ist dann in den Statements nicht mehr von einem zu akzeptierenden bzw. unbeeinflussbaren Nebeneinander, sondern von einem negativ bewerteten Gegensatz zwischen Ökonomisierungsinteressen der Organisation und Beschäftigteninteressen die Rede.

> „Das finde ich dann teilweise auch sehr negativ, dass, sage ich mal, die Firmenleitung oder [...] die Bereiche letztendlich nur Profit sehen, mit wenig Mitarbeiteraufwand ganz viel rausholen [wollen]. Und das geht eben zu Lasten der Mitarbeiter." (Instandhaltungsmechaniker, MA_C, 6)

Wie bereits angedeutet, thematisieren eine Reihe von Befragten die formulierten Managementansprüche auf Wirtschaftlichkeit und ökonomische Rationalität, um sie an den wahrgenommenen realen Entwicklungen und Folgewirkungen zu messen. Auch hierbei werden die Ansprüche prinzipiell akzeptiert, aber man positioniert sich gewissermaßen in der Rolle eines ideologiekritischen Beobachters. Dessen Urteil über das Verhältnis von Anspruch und Wirklichkeit fällt oft kritisch aus. Das Urteil kann sich auf Detailfragen beziehen und auch eher verhaltene Fragezeichen setzen.

> „Leiharbeiter, klar. [...] Sie sitzen ja bei uns jetzt da. Ich meine, solche Spitzen wird es immer geben, dass man sagt, man muss Spitzen irgendwie abbauen. Deswegen brauche ich keinen Mitarbeiter einstellen, den ich dann hinterher wieder hinaushaue. Aber ich meine, sie wollen ja *massiv* Dinge auslagern nach außen. Also wirklich fest weg, damit man *nichts* mehr zu tun hat. Wirklich an externe Firmen. Aber kann ich mir das wirklich leisten, dass ich mein gutes Know-how nach außen gebe?" (Abteilungsassistentin, EL_A, 1)

In den markt- und kundenorientierten Bereichen des Dienstleistungssektors dagegen, insbesondere im Einzelhandel, unterscheidet sich die Rolle ökonomischer Rationalitätsansprüche in charakteristischer Weise. In den industriellen Produktionssektoren weisen die Beschäftigten die Verantwortlichkeit für betriebsökonomisches und marktgerechtes Handeln den Führungskräften zu. Natürlich sollte die Organisation insgesamt ökonomisch rational agieren; für das Arbeitshandeln der Beschäftigten ist ökonomische Rationalität aber eher eine äußere Rahmenbedingung. Soweit für die eigene Orientierung nötig, sollen die Vorgesetzten den Beschäftigten die ökonomischen „Notwendigkeiten" in plausibler Weise „erklären", sie als „Dolmetscher von Marktzwängen" (Kocyba 2005) in deren Sprache und Handlungsbedingungen übersetzen. Ökonomische Anforderungen werden eher als notwendige Bedingung akzeptiert und kaum als normativer Anspruch selbst vertreten. Im Einzelhandel sehen sich die Beschäftigten dagegen häufig selbst als Verfechter ökonomischer Rationalität, die sie gegen die Unkenntnis, das Fehlverhalten oder Desinteresse – um nicht zu sagen: die Irrationalität – von Vorgesetzten, Organisation und Geschäftsführung durchsetzen wollen und müssen. Die ausführend Beschäftigten verstehen sich selbst, nicht die Führungskräfte oder irgendwelche entfernten Vertriebsplanungs- und Marketingabteilungen, als die Experten für Marktanforderungen und Kundenwünsche, denn die Beschäftigten sind in ihrer Arbeit täglich und in Echtzeit mit diesen Wünschen und Anforderungen konfrontiert. Und dies ist nicht nur äußere Rahmenbedingung der „eigentlichen" Arbeit (wie in der Industrieproduktion), sondern der zentrale Arbeitsinhalt: Beraten und Verkaufen, also direkte Interaktion mit den Marktakteuren ist das Kerngeschäft der Mitarbeiterinnen und Mitarbeiter im Einzelhandel.[26] Die Beschäftigten kennen sich nicht nur mit den konkreten Wünschen der Kunden im Einzelnen besser aus; auch in der quantitativen Zahlenwirtschaft sehen sie sich bisweilen als kompetenter als so manche Führungskraft.

> „[Der Marktleiter] hat dir alles abgenommen, hat wahllos bestellt [...]. Ist immer nur nach den Beständen gegangen, aber wir kannten ja unseren Warenabfluss. Da wusstest du ganz genau [...], wie viel du nimmst, dies und jenes, ob er das vorschlägt oder nicht, du wusstest, wo die ‚Dreher' sind. Und das hat er nicht gehabt und dadurch ist es hier schiefgelaufen." (Verkäuferin, EH_B, 3)

> „Nehmen wir mal ein Beispiel: Für einen Kunden habe ich jetzt zehn Türen bestellt, die ich sonst das ganze Jahr nicht verkaufe. Und der geht ja nach Verkauf und dann sieht der: ‚Uh, der hat zehn Türen verkauft, ah, da muss ich gleich wieder 20 bestellen, weil die gehen so gut', derweil habe ich die einmal in einem Jahr verkauft und das war zufällig und im Zeitraum von zehn Jahren sonst nicht einmal. Und der sieht das aber nicht, der sieht da: ‚Oh, zehn hat er verkauft, super, bestelle ich 20 neu.' Und so ist das dann gelaufen. [...] Denkst du auch, da fällst vom Himmel runter, wenn du das siehst." (Verkäufer, EH_B, 1)

Hinzu kommt eine schlechte Auswahl des Produktsortiments, die an den Kunden- und Marktinteressen vorbeiläuft.

> „Die ist verheerend, sage ich mal, die Einkaufspolitik. Die handeln nicht nach, die machen nix. Die Einkäufer sehen das nicht, was wir brauchen, finde ich. Die sind nicht auf dem Laufenden. Entweder sind das lauter alte Leute oder was weiß ich da. Das ist das Schlimme. Wenn die auch mal mit der Zeit gehen würden." (Verkäufer, EH_ B, 1)

---

26 Wie bereits in Abschnitt 3.2.1 angesprochen: Wird die Auseinandersetzung mit „ökonomischer Rationalität", wie bei allen Formen der „Marktbearbeitung", zum zentralen Arbeitsinhalt, verwandelt sich diese gleichsam in einen Teilaspekt der technisch-funktionalen Rationalität des spezifischen Arbeitshandelns, die dann in ähnlicher Weise wie bei den „marktferneren" Beschäftigten als wichtiger Bezugspunkt und als Kritikfolie dient.

Auch Werbe- und Marketingstrategien der Unternehmen werden nicht selten im Modus einer Kritik an mangelnder ökonomischer Rationalität beanstandet:

> „Wenn man nur irgendwie mal eine richtige, gescheite Marketingstrategie hätte. Wenn man da umdenken würde. Man fährt halt dann immer irgendwie auf dieser einen Schiene und man hätte die Möglichkeit, dass man dann mal wechseln könnte, aber wird einfach nicht gemacht. Vielleicht sind sie zu faul, sich was Neues auszudenken oder so was. [...] Wir haben Leute dort oben, die kriegen Millionen von Geld, von Euros kriegen die, nur damit die sich überlegen, was unser, ja wie soll ich jetzt sagen, unser Slogan oder unsere Einstellung zum Kunden usw. ist, nur dass die das überlegen, was wir denken, so [lacht]. [...] Die sollten sich dann lieber überlegen, wie kann ich anders wirtschaften, ganz ehrlich." (Auszubildender, EH_B, 4)

Gewissermaßen ein „klassischer" Gegenstand der Beschäftigtenkritik ist die arbeitgeberseitige Verknappung von Personalressourcen, die mittel- und langfristig betrachtet ökonomisch kontraproduktiv sei. Kundenorientiertes Handeln, etwa ausführliche Beratungsgespräche, werde dadurch immer schwieriger. Was kurzfristig zu Einsparungen führt, gefährde langfristig die Kundenzufriedenheit und -bindung und damit den ökonomischen Erfolg von Betrieb und Unternehmen.

> „Es wird auch mit Kunden schlecht umgegangen. Also da geht es eigentlich nur darum, dass der Kunde möglichst schnell zahlt, und der Rest ist eigentlich vollkommen uninteressant. Ob der jetzt noch irgendeine Frage hat oder eine Erläuterung braucht oder Reklamationen oder so was, also das wird alles einfach nur möglichst schnell weggehauen. Also es geht nur darum, dass der möglichst schnell zahlt, alles andere ist uninteressant." (Sachbearbeiter, EH_C, 5)

In ähnlicher Weise wird auch immer wieder eine falsche Investitionspolitik bemängelt. Aus falsch verstandenen Sparabsichten heraus würden wichtige Investitionen nicht getätigt, mit der Konsequenz, dass später teurere Reparaturen fällig würden oder Einnahmeausfälle entstünden, die im Ergebnis ökonomisch negativ zu Buche schlagen.

> „Auch ein gutes Beispiel: Schrankenanlage, vor zwei Jahren kaputtgegangen. Ein Kollege aus der Haustechnik hat ein Angebot von der ursprünglichen Firma geholt, die sie repariert hätte für 12.000 Euro. Also auf den neuesten Stand gebracht, dann hätte sie mit den bestehenden Karten und allem weiter funktioniert. Nein, ist uns zu teuer. Dann haben sie sechs Monate lang rumgeknausert [...]. Da haben wir ungefähr 200.000 Euro an Einnahmen vom Parkhaus verloren. Und am Ende haben sie eine komplette Neuanlage eingebaut, um ein Drittel kleiner, also zwei Ausfahrten anstatt drei Ausfahrten. Und 65.000 Euro haben sie dann bezahlt. Das sind solche Logiken, die ich bei dieser Firma nicht verstehe, dass da ewig rum und hin und her, und am Ende kommt es sie teurer, allein schon mit den Einnahmeverlusten, als hätten sie es gleich gemacht, gleich repariert." (Mitarbeiter Haustechnik, EH_C, 2)

Hier zeigt sich ein unterschiedlicher Zeitbezug der ökonomischen Rationalitäten (auf den wir zurückkommen). Die Beschäftigten sehen sich selbst in der Pflicht zu ökonomischer Weitsicht, während Arbeitsorganisationen – so die Kritik – sich auf immer kürzere Zeithorizonte hin orientierten – und damit „in the long run" die eigene Profitabilität gefährdeten.

Kennzeichnend wiederum für alle Beschäftigtengruppen – Industriearbeiter, Dienstleistungsbeschäftigte, Wissensarbeiter – ist, dass das Prinzip der ökonomischen Rationalität kritisch gegen das Unternehmen und seine Führungskräfte gerichtet wird, wenn der Anschein entsteht, ökonomische Rationalität diene nur als „Legitimationsfassade" (Meyer/Rowan 1977), um insgesamt einer verdeckten Agenda im Macht- und Eigeninteresse zu folgen. Die Organisation und die oberen Führungskräfte werden an denjenigen Prinzipien und Losungen gemessen, die diese selbst als Rechtfertigung ihrer Entscheidungen heranziehen und ausgeben – und dies ist unabhängig davon möglich, ob man das Prinzip ökonomischer Rationalität aus eigenem Antrieb verfolgt und seinem Handeln ebenfalls als leitende Maxime zugrunde legt (der Tendenz nach: kundenorientierte Dienstleistungsbeschäftigte, kundennahe Wissensarbeit) oder ob man das ökonomische Bestehen des Unternehmens eher als notwendige Bedingung für die Organisation, aber nicht als zentrales Ziel eigenen Arbeitshandelns ansieht (der Tendenz nach gewerbliche Beschäftigte in der Industrie).

Den grundlegenden Selbstanspruch des Managements, ökonomisch rational zu handeln, sieht man jedenfalls häufig als kaum oder gar nicht eingelöst. Das nährt Skepsis gegenüber entsprechenden Verlautbarungen und Legitimationsversuchen. Die Partialinteressen der Geschäftsleitung bzw. bestimmter Managementfraktionen, eine undurchschaubare betriebliche „Politik" um Macht und Einfluss sieht man dann viel eher am Werk als die viel beschworenen ökonomischen Rationalitätserfordernisse.

> „Da sind Millionen rausgeschmissen worden [durch bestimmte Produktentscheidungen], weil keiner sagt: ‚Nee, machen wir nicht.' [...] Kosten spielen da anscheinend keine Rolle. Und das sind alles so Fehlentscheidungen von Managern, weil keiner genügend Mumm hat zu sagen: ‚Nein, das machen wir nicht. Da sehen wir keinen Sinn drin.' Da traut sich keiner was [zu] sagen." (Abteilungsassistentin, EL_A, 1)

> „Also irgendwo in keinster Weise, [...] in irgendeiner Form ‚logisch' oder, wie sagt man, ‚kaufmännisch'. Für meine Begriffe geht es manchmal auch gar nicht... oder nicht ‚manchmal', einfach [gar] nicht um diese, wie soll man sagen, Wertschöpfung oder kaufmännische Sache. Sondern da geht es echt um die Befriedigung von einigen wenigen persönlichen Privatinteressen." (Assistentin, FD_A, 11)

> „Aber, ja, *sehr* viel Politik, also da kann ich Ihnen nur Recht geben. Ich denke, wenn es mein eigenes Unternehmen wäre oder wenn man eher so ein kleines mittelständisches Unternehmen hätte, in dem die Wege kürzer sind, würde man auch ganz

andere Entscheidungen treffen. Also wir, sage ich mal, wir hier als Standort verstehen so manche Entscheidungen auch einfach nicht. Weil wir mit unserem Kenntnisstand eigentlich sagen, es ist wirtschaftlich völliger Blödsinn, das zu tun. Und manchmal wird man gehört und wird auf [unsere] Fachkenntnis vertraut im Prinzip und manchmal wird man halt auch einfach überstimmt. Vielleicht hat man auch den Horizont nicht, welchem höheren Nutzen das dient..." (Controllerin, AU_E, 6)

„Also ich denke, da muss man schon wissen, wie hier das Unternehmen aufgestellt ist und wer dort in der Geschäftsführung sitzt oder wer der Geschäftsführer ist, dann versteht man auch viel. Also das ist..., da wird einfach nur mit Macht irgendwas durchgeprügelt." (Technischer Mitarbeiter, FD_A, 1)

Die Distanz des (wie auch immer kritischen) Beobachters wird aufgegeben, wenn die Befragten sich selbst zum Anwalt ökonomischer Rationalitätsansprüche machen. Das ist zum einen häufig dort der Fall, wo es zu Betriebsschließungen kommt. Entweder wird deren ökonomische Notwendigkeit überhaupt bezweifelt. Oder die Schließung wird auf Verstöße gegen die ökonomische Rationalität in der Vergangenheit zurückgeführt: Vorangegangene Fehlentscheidungen und Missmanagement haben dazu geführt, dass der Standort „heruntergewirtschaftet" und der vermeintliche Sachzwang Schließung selbst hergestellt wurde (siehe ausführlich Abschnitt 4.3.3). Unkenntnis und „politische" Eigeninteressen im Management (oder bei den Eigentümern) gehen hier aus Beschäftigtensicht eine fatale Verbindung ein.

„Aber die Überkapazitäten, die sind geschaffen worden. Das ist nicht über uns hereingebrochen, das ist gesteuert worden. Und zwar interessanterweise nicht von Leuten, die von Wirtschaft Ahnung haben, die Betriebswirtschaftslehre studiert haben, sondern von Leuten, die keine Ahnung haben, von den Aktionären nämlich, ne?" (Werkzeugmacher, AU_C, 1)

„Ich glaube einfach, dass es Dummheit ist. Die denken nicht nach, die wissen halt einfach wahrscheinlich gar nicht, wie es halt wirklich in so einem Markt ausschaut. Ich denke einfach, dass die das nicht wissen, sonst würden sie so nicht umgehen mit dem Geld, was erwirtschaftet wird." (Auszubildender, EH_B, 4)

Zum anderen ist es interessanterweise die Gruppe der prekär Beschäftigten, die in ihrer Kritik an der Unternehmenspolitik teilweise besonders stark auf ökonomische Rationalitätsargumente zurückgreift. Man dient sich damit gewissermaßen dem Unternehmen, d.h. hier: dem potenziellen und gewünschten Dauerbeschäftiger, als besonders kompatibel mit den betrieblichen Wirtschaftlichkeitsanforderungen an – so könnte dies interpretiert werden.

„[Die Montagegruppe organisiert sich die Arbeit so], dass jeder profitabel für die Firma, sage ich mal, auch arbeitet, ne? Dass keiner da Leerlauf hat oder sonst was, ne? Da geht es ja auch drum, Maschinen sollen ja fertig werden." (Elektriker [Leiharbeiter], MA_B, 8)

Nicht nur ob und in welchem Maß Wirtschaftlichkeitskriterien eine Rolle spielen, wird von den Beschäftigten thematisiert, sondern auch deren inhaltliche Bestimmung und Varianz. Ob die Beschäftigten sich ökonomische Rationalitäten aneignen oder zumindest als äußere Bedingung akzeptieren, hängt stark davon ab, was darunter gefasst wird. Während die Orientierung an Absatzmarktbedingungen und Kundenbedürfnissen auf eine starke normative Zustimmung trifft, wird die Ausrichtung der Organisation an Kapitalmärkten, an den Profitinteressen von Anteilseignern usw. überwiegend kritisch gesehen. In Aktiengesellschaften sieht man Kurzfrist- und Gewinnmaximierungsorientierungen am Werk, die man kritisiert und die es andernorts so nicht gebe bzw. in der Vergangenheit nicht gegeben habe – ohne dass es deshalb „unwirtschaftlich" zugehe bzw. zugegangen sei.

> „Und ich sage immer, eine ganze Aktiengesellschaft denkt nur von Quartal zu Quartal. Das wird ja in einer GmbH nicht passieren. Die machen doch eher langfristige Strategien [...]. Um den ROI zu verbessern, also den Return of Invest, gibt es nicht bloß die Möglichkeit, die Mitarbeiter hinauszuhauen. Ich kann auch an Arbeitswegen was verändern, um das auf Dauer dann irgendwie rentabler oder besser zu machen." (Abteilungsassistentin, EL_A, 1)

> „Das muss man jedes Mal neu ausloten: Was ist wirklich realistisch? Was gibt der Markt her, wo wir unsere Produkte verkaufen? Und wenn er nur zwei Prozent hergibt, dann gibt es halt nur zwei Prozent Marge. Und dann muss man halt vielleicht daran arbeiten, dass man günstiger wird oder dass man Marktteilnehmer rausdrängt, um sich da zu etablieren. Und da gibt es ja zig Möglichkeiten, aber nicht einfach sagen: ‚Hier wir wollen mehr Marge haben, macht jetzt mal!'" (Schlosser, MA_C, 1)

> „[Der Konzern] hat ja Einsparmaßnahmen eingeläutet. Und es gibt ja nichts Schlaueres [bei] einer AG, das immer über Mitarbeiterabbau oder Arbeitsplatzabbau zu kompensieren. [...] Wo keine Arbeit da ist, kann man keine erfinden, somit kann man auch nicht jeden in Lohn und Brot halten. Aber die Problematik ist ja, [dass] eigentlich Arbeit da ist, und man will immer nur, sage ich mal, das Produkt preiswerter anbieten über Abbau von Mitarbeitern. [...] Oder die Dividende hoch halten, indem man Mitarbeiter abbaut. Gerade in der AG als solches, ne?" (Instandhaltungsmechaniker, MA_C, 6)

> „Diese Rennerei der Aktien. Wir reden ja nicht darüber, dass Gewinne erzielt werden, wir reden ja über Gewinn*erhöhung*. Und wenn nicht eine gewisse Gewinnerhöhung da ist, [...] dann geht es so einer Firma ja schon schlecht. Das ist ja mittlerweile schon pervers. Wir reden ja über Gewinne in den utopischen Höhen und wir reden ja immer nur über eine Gewinnmaximierung. [...] Das ist ja irre. Ist ja wirklich irre." (Schlosser, CH_B, 4)

Ebenfalls kritisch registriert werden die zunehmende Orientierung an ökonomischen Partialzielen und die Nichtbeachtung der Folgewirkungen der Orientierung an wirtschaftlichen Bereichsrationalitäten – der fehlende Blick aufs und fürs Ganze.

> „Ich glaube, dass die, die Rechnung, die Endrechnung nicht am Ende durchgeführt wird, sondern nach jedem Teilabschnitt. Der Einkauf sagt: Okay, ich habe einen guten Preis vom Supplier, aber unterm Strich eine schlechte Qualität. Und man macht [nicht mehr] den Schlussstrich am Ende der Rechnung, sondern jeder schaut nur auf sich selbst, damit er gut wegkommt. Gutes [Ergebnis] heißt ja bei uns dann, dass er einen guten Preis hat, dass er gute Punkte hat. Aber für das [Gesamtunternehmen] ist es eigentlich negativ." (Techniker, EL_A, G1)

Viele Befragte nehmen in dieser Hinsicht gravierende Veränderungen wahr – in ihrer Sicht eindeutig zum Schlechteren. Die Haupttendenz dieser als negativ bewerteten Veränderungen weist in Richtung einer sich ausdehnenden „Welt des Marktes" im Sinne von Boltanski/Thévenot (2007, S. 267ff.). Mit Unbehagen wird konstatiert, dass Arbeit und Betrieb zunehmend in den Begriffen einer Marktwelt interpretiert und behandelt werden. Dieser um sich greifende Marktdiskurs wird von egoistischen Individuen bevölkert, die nur auf ihre individuelle Wunschbefriedigung aus sind, abwechselnd als Kunden, Konkurrenten, Käufer oder Verkäufer, welche in reinen Geschäftsbeziehungen zueinanderstehen. Die Koordination der Aktivitäten findet als Wettbewerb statt und ist vermittelt über Preise. Der Allgegenwärtigkeit des Preises als Messlatte entspricht die Allgegenwärtigkeit des Geldes, des Profits, der „Marge" als des Maßstabs aller Dinge. War der Betrieb der Vergangenheit bisweilen noch als – im positiven Sinne – „familiär" wahrgenommen worden, so geht es dort heute – um Heine zu variieren – nur noch allzu „famillionär" zu.

> „Als der alte Herr X [Geschäftsführer] noch gelebt hat, sage ich mal, war es sehr familiär. [...] Jeder hat so auf den andern aufgepasst und geholfen und so, und je mehr es so Richtung AG geht oder mehr wirtschaftlich, wo mehr also der Gewinn im Vordergrund steht, wurden [...] die Persönlichkeiten, die Arbeiter sage ich mal, mehr, ist mein Eindruck, zurückgedrängt, und da stand immer nur die Arbeit im Vordergrund und nur Gewinn, Gewinn, Gewinn." (Mechanikerin, MA_A, 7)

> „Verändert hat sich hier eine Menge. Früher war das [...] ein Familienunternehmen, dann war es mal eine GmbH, eine kleine AG, dann kam die große [Aktiengesellschaft] an, hat uns hier gekauft und ich sage mal so: Die X AG oder AG im Allgemeinen, ja, das sind ja eigentlich nur noch Profitgeier, muss man dazu sagen. Die gucken ja gar nicht mehr auf die Menschlichkeit, die wollen ja letztendlich nur immer Margen, Margen, Margen, irgendwelche Prozente, irgendwelche Dividenden für die Aktionäre bereitstellen, damit die befriedigt werden. Und letztendlich fallen dann die Mitarbeiter oder die Menschen, die letztendlich das ganze Gewerk hier veranstalten, hinten rüber. Ja, also in dem Sinne hat sich schon eine Menge verändert." (Instandhaltungsmechaniker, MA_C, 6)

Ein zentraler Aspekt ist für die Beschäftigten generell – wie schon angedeutet – das Verhältnis der ökonomischen Rationalitätsvorstellungen zur Zeit: Wie wird das langfristige Überleben der Arbeitsorganisationen – und damit der Beschäftigungsverhältnisse – bewertet, die Kontinuität, die Langfristperspektive und Nachhaltigkeit des Wirtschaftens? Dieser Aspekt ist natürlich vor allem deshalb zentral, weil mit ihm die längerfristigen Reproduktionsinteressen und die Perspektiven der eigenen wie familiären Lebensplanung verknüpft sind.

> „Die Frage [...], die mich beschäftigt, ist, *wie lange* wie viel Gewinn machen wir, und hoffentlich bleiben wir *noch ewig* bei [dem Konzern].“ (Einkäufer, MA_C, 3)

> „Man muss das versuchen, ein bisschen im Gleichgewicht zu halten, dass man einen soliden Grundumsatz schafft. [...] Also dass man dann nicht sagt, das geht immer wieder weiter steil nach oben, sondern dass man [...] dem Unternehmen realistische Ziele setzt. [...] Wenn ich ein Unternehmen führen würde, ich würde zusehen, dass das immer Gewinn fährt, [...] und zwar möglichst kontinuierlich. [...] Immer eine Kontinuität, das ist unheimlich wichtig.“ (Konstrukteurin, MA_B, 3)

Die Bedeutung ökonomischer Zeitlichkeit wird gerade im Zusammenhang mit jener diskursiven Vermarktlichung ganz besonders offensichtlich und von den Beschäftigten häufig artikuliert. Beobachtet wird von den Befragten eine mit der Marktlogik begründete eindeutige Abwertung von langen Fristen und von Stabilität. Die Welt des Marktes, die um sich greift, kennt letztlich keine wirkliche Dauer.[27] Die häufig artikulierte Kritik an dieser Zeitkonzeption beruft sich auf die ganz anders gelagerte Logik und Zeitperspektive des Einsatzes und der Reproduktion menschlicher Arbeitskraft – deren Erfordernissen Marktmechanismen und die bloße bare Zahlung nicht gerecht werden können – und lehnt sich auch an technisch-funktionale Rationalitätsgesichtspunkte an.

> „Die meinen immer, mit Geld kann man alles kaufen, aber die Arbeit kann man nicht kaufen, die Erfahrung, die wir bräuchten, also meiner Meinung nach. Die sagen immer: Ja, dieser Leiharbeiter kommt her. Den muss man *auch* erst mal einlernen. Bis der fertig ist und sich auskennt, geht er schon wieder, nach einem halben Jahr.“ (Elektroingenieur F, EL_A, G1)

Kritisiert wird die Abkoppelung der ökonomischen von der technisch-funktionalen Rationalität. Und umgekehrt: Je enger die Verbindung ökonomischer mit technisch-funktionalen Rationalitätsvorstellungen erscheint, desto nachvoll-

27 Jedenfalls in der idealtypischen Zuspitzung der Logik einer reinen Marktwelt: „Die Größe des Marktes steht in keinem Verhältnis zur Zeit. Wahre Größe hat [hier] keinerlei Erinnerung an Vergangenes, macht keine Entwürfe für die Zukunft. In den Geschäften macht man einen Sprung an die Spitze, genauso kann man unvermutet wieder in Konkurs gehen. Die mangelnde Stabilität ist kein Mangel wie in der Welt der Industrie.“ (Boltanski/Thévenot 2007, S. 268f.).

ziehbarer und akzeptabler sind Wirtschaftlichkeitsimperative und Kostensenkungsinitiativen des Managements für die Befragten.

> „Es gibt aber auch Führungskräfte, die sind gekommen oder haben dann [gefragt:] ‚Habt ihr da vielleicht sogar noch eine bessere oder andere Idee?' Und *die* wurden dann auch mit einbezogen, ich sage mal, um Maschinen vielleicht umzusetzen, um den Arbeitsplatz so zu gestalten, dass man da rückenschonender arbeiten kann, nicht mehr so weite Wege machen muss. Ich meine, hat natürlich auch was mit Wirtschaftlichkeit zu tun, ja? Aber Wirtschaftlichkeit ist auch, wenn man nicht so viel krank ist, ne." (Schlosser, MA_C, 8)

> „Wir könnten ja genug Kosten einsparen, wenn wir mehr Ressourcen hätten." (Elektroingenieur F, EL_A, G1)

Als Kritikhorizont scheinen hier wie in anderen Statements unterschiedlich klar artikulierte und unterschiedlich weit reichende Vorstellungen von einer Arbeits-, Beschäftigungs- und Qualitätsökonomie auf, die vor allem einen „pfleglichen Umgang mit Arbeitskraft" implizieren. Unterschiedliche Elemente einer alternativen ökonomischen Rationalität, die etwa auf „Nachhaltigkeit", „Gebrauchwertorientierung" oder eine gemeinsame Festlegung „unserer Marge" abhebt, werden bisweilen sichtbar. Diese Elemente werden nicht als ein kohärenter, abstrakter Gegenentwurf zu den vorherrschenden Ökonomisierungskriterien präsentiert. Sie artikulieren sich in engem Bezug zur eigenen Arbeits- und Kooperationserfahrung und lehnen sich wiederum häufig an wahrgenommene technisch-funktionale Erfordernisse an. Den Charakter eines wirklichen alternativen Rationalitäts*anspruchs* besitzen solche Vorstellungen freilich im Grunde nicht. Sie verbleiben, so, wie sie geäußert werden, eher im Modus des „Wünschbaren", eines „Schön wär's!", weil klar scheint: die Chancen ihrer Anerkennung und Geltung als Norm und Anspruch sind gering. Eine breitere Akzeptanz oder auch adressierbare „zuständige" Akteure und institutionelle Strukturen können für solche Vorstellungen von den Befragten, die sie äußern, nicht unterstellt werden.

> „So, wir müssen doch eigentlich das wirtschaftliche Denken umwandeln, ne? Wenn wir immer *mehr* haben wollen... Mehr als einen Fernseher kann ich nicht gucken. [...] Ich muss doch Formen finden, um zu sagen: Ich produziere, das braucht ein Mensch, und: Damit kann ich leben, das sind meine hundert Prozent. [...] So, und da muss doch ein Umdenken kommen: Wir haben da unsere Marge, *die* müssen wir erreichen, DIE ist gesund für uns und wir können noch hundert Leute davon beschäftigen *und* mitbringen. Und es wäre doch wünschenswert, wenn man mit dem zusätzlichen Gewinn Leute ausbilden, früher in den Ruhestand vielleicht schicken könnte oder Familien helfen, denen es *nicht* so gut geht, *dann* habe ich doch einen wirtschaftlichen Gew..., vielleicht den wirtschaftlichen Gewinn mal *anders*!" (Schweißtechniker, CH_B, 5)

3.3 Zwischenresümee: Die Vielfalt der Legitimitätsansprüche und Kritikperspektiven in der Erwerbsarbeit

In einem Zwischenschritt wollen wir uns einiger wichtiger bislang gewonnener Ergebnisse der Anspruchsanalyse nun noch einmal zusammenfassend vergewissern, bevor wir uns dann im zweiten empirischen Hauptkapitel den Erfahrungs- und „Anwendungs"-Kontexten der Beschäftigtenansprüche und dem konkreten Wechselspiel von Ansprüchen und betrieblichen Realitäten zuwenden. Die Legitimität von Arbeits- und Beschäftigungsordnungen, so viel wurde bis jetzt hinreichend deutlich, bemisst sich heute an einer großen Bandbreite von Beschäftigtenansprüchen. Ihre Vielfalt und Eigenart, die wir durch die Auswertung freilegen konnten, fügte sich zu einem doppelten Spektrum von Gerechtigkeitsansprüchen und von Rationalitätsansprüchen an Arbeit und Betrieb zusammen.

Die Klassifikation und Kategorisierung der empirisch artikulierten Ansprüche haben wir auch in Auseinandersetzung mit bereits vorliegenden soziologischen und gerechtigkeitstheoretischen Konzepten vorgenommen; auf entsprechende Anknüpfungspunkte, aber auch Abweichungen wurde en passant bereits des Öfteren hingewiesen. In diesem Zwischenresümee greifen wir solche losen Fäden wieder auf, um zunächst der Frage der Eigenart und Eigenständigkeit sowie der typischen Beziehungen und Verschränkungen der unterschiedlichen Legitimitätsansprüche noch einmal pointiert nachzugehen (Abschnitt 3.3.1). Die Arbeit der Bewertung der Konditionen von Erwerbsarbeit entlang solcher Ansprüche ist zugleich eine Arbeit der Kritik. Welche Kritikperspektiven sich auf der freigelegten Anspruchsgrundlage eröffnen und welche in unserem empirischen Material im Vordergrund stehen, diskutieren wir in Abschnitt 3.3.2. Dabei werden bereits angeklungene Motive einer „Soziologie der Kritik" wieder aufgerufen sowie historische Bezüge zu arbeitsgesellschaftlichen Kritik- und Konflikttraditionen anzudeuten versucht. Schließlich erörtern wir noch am Beispiel der Kategorie Geschlecht, welchen Stellenwert „personenbezogene Merkmale" für unsere Analyse- und Interpretationsperspektive haben, und leiten damit zur Analyse der Kontext- und Problemzusammenhänge über, in denen Legitimitätsansprüche an Erwerbsarbeit wirksam werden (Abschnitt 3.3.3).

3.3.1 Das doppelte Spektrum der Gerechtigkeits- und Rationalitätsansprüche im Forschungskontext

Vergleicht man unser Spektrum von insgesamt acht Anspruchsmustern, die wir identifizieren konnten, mit vorliegenden Typologien aus der empirischen Arbeits- bzw. Sozialforschung (z.B. Hürtgen/Voswinkel 2014; Dubet 2008) oder mit gerechtigkeitstheoretischen bzw. normativen Begriffsunterscheidungen (z.B. Miller 2008; Honneth 1994), fallen einige Differenzen ins Auge. Die offensichtlichste ist unser Einbezug von Rationalitätsansprüchen. Beschäftigte fordern nicht nur Gerechtigkeit, sie formulieren ebenso normative Forderungen hinsichtlich Sachgemäßheit, Wirtschaftlichkeit und Regelkonformität an Arbeits- und Beschäftigungsordnungen. Dass dies in unserer Studie so deutlich hervortritt, dürfte an unserem „pragmatischen" Anspruchs- bzw. Legitimitätsbegriff liegen, mit dem wir Ansprüche als Handlungsorientierungen fassen und damit die „lokale Gerechtigkeit" (Schmidt 1992) im konkreten Handlungskontext ins Zentrum rücken. In einer komplexen Gesellschaft mit einem umfangreichen, spezialisierten Institutionensystem, mit differenzierten Zuständigkeiten unterschiedlicher Organisationen und Akteure für unterschiedliche Aufgaben, variieren auch die Legitimitätsansprüche, die diese einerseits für sich selbst reklamieren und mit denen sie andererseits konfrontiert werden; wir sprachen hier bereits von einer „normativen Spezialisierung". Der Handlungskontext ist bei uns Erwerbsarbeit bzw. sind Arbeitsorganisationen, und die hier relevanten Legitimitätsansprüche beziehen sich auf die Gegenstände und Arten der Bewertung, die sich im lokalen Kontext von Arbeits- und Beschäftigungsordnungen vorfinden bzw. aufdrängen. Dass nun Arbeitsorganisationen im Rahmen dieser normativen Spezialisierung sowohl Erwartungen an ökonomische, technische und organisatorische Rationalität wecken als auch mit solchen konfrontiert werden, ist naheliegend. Von Arbeitsorganisationen wird beansprucht wie erwartet, dass sie unter Berücksichtigung der gegebenen Rahmenbedingungen, wie die Märkte sie setzen, effektiv und effizient agieren; zudem soll es dabei nachvollziehbar, halbwegs vorhersagbar und regelorientiert zugehen.

Dass andere Studien diese – in der normativen Alltagspraxis in Arbeit und Betrieb ausgesprochen relevanten – Ansprüche nicht wirklich in den Blick bekommen, dürfte also damit zusammenhängen, dass sie – schon vom Forschungsdesign her – von den konkreten Bewertungsgegenständen oft abstrahieren oder diese bestenfalls am Rand einbeziehen und damit auch die Ansprüche nicht im Kontext ihres konkreten sozialen Erfahrungszusammenhangs betrachten (können). Ansprüche werden dann zumeist als primär im Subjekt oder der Biographie verankert verstanden. Wichtig ist aus unserer Perspektive: In das, was wir empirisch als (kollektive) subjektive Ansprüche rekonstruieren können, geht immer die Wahrnehmung und Realität dessen ein, worauf sich diese Ansprüche beziehen. Zugleich rekurrieren diese Interpretationen und Bewertungen natürlich immer auf lokal bestehende, „verfügbare" Argumentations- und Bewertungsprinzipien. Die subjektiven Ansprüche gehen in diesem verfügbaren normativen Bestand aber nicht auf, sondern sie basieren immer auf eigenen Interpretations- und Deutungsleistungen (schon allein deshalb, weil der „normative Bestand" kaum einheitlich und widerspruchsfrei ist).

Unsere empirische Analyse hat uns gezeigt: Wir finden viele Interviews, in denen Rationalitätsansprüche eine klare normative Eigenständigkeit gegenüber Gerechtigkeitsansprüchen aufweisen. Insbesondere Ansprüche auf technisch-funktionale Effizienz, aber auch auf eine angemessene Marktausrichtung werden teilweise mit hohem normativem Nachdruck eingefordert – auch unabhängig davon, ob für die Reklamierenden Gerechtigkeitsansprüche damit berührt sind.[28] Darüber hinaus gilt dies ebenso unabhängig von der eigenen materiellen oder anderweitigen persönlichen Betroffenheit. Daran wird deutlich, dass wir es bei Forderungen nach technisch-funktionaler und ökonomischer Rationalität nicht mit rein zweckrationalen Handlungsorientierungen zu tun haben, sondern tatsächlich mit *Legitimitäts*ansprüchen, also normativen Ansprüchen. Um es in Webers Begriffen auszudrücken: Es erscheint als „richtig“ und „angemessen“, dass Arbeitsorganisationen solche Rationalitätskriterien erfüllen, es ist nicht einfach nur individuell nützlich und vorteilhaft (dies kommt natürlich häufig ergänzend hinzu). Dies wird etwa an denjenigen (Extrem-)Beispielen deutlich, wo die Beschäftigten das Prinzip der ökonomischen Rationalität gegen sich selbst richten, wo sie also rationalitätsbasiert gegen die eigenen Interessen argumentieren (siehe Abschnitt 4.3.3).

Vergleicht man unsere Anspruchsmuster mit den begrifflichen Unterscheidungen anderer Autoren, fällt weiterhin auf, dass der Gleichheitsgrundsatz, der aus empirisch-soziologischer Perspektive etwa bei Dubet und aus philosophischer Sicht z.B. bei Miller eine große Bedeutung hat, bei uns kein eigenständiges Gerechtigkeitsprinzip darstellt. Wie bereits zu Beginn des Kapitels angemerkt, sind wir der Ansicht, dass Gleichheit das Grundelement und Leitprinzip darstellt, auf dem jede Vorstellung von Gerechtigkeit basiert. Daraus ergibt sich, dass die Frage der Gleichheit – und die Frage nach Gleichbehandlung und Differenzierung – bei jedem unserer Gerechtigkeitsansprüche eine zentrale Rolle spielt und damit kein unabhängiges apartes Gerechtigkeitsprinzip konstituiert. Es gibt genauso wenig eine bedingungs- und kontextlose Forderung nach absoluter Egalität wie eine nicht an weitere normative Prinzipien gebundene, uneingeschränkte Legitimation von Ungleichheit. Alle Gerechtigkeitsansprüche beinhalten unterschiedliche Akzentsetzungen in Richtung Gleichbehandlung oder Ungleichbehandlung, aber alle umfassen auch Abwägungskriterien zwischen beiden, die sich auf das Basisprinzip der Gleichheit beziehen müssen.

So lässt sich mit Leistungsgerechtigkeit begründen, dass Einkommen und Anerkennung ungleich verteilt werden, aber nur, wenn zugleich der Grundsatz

28 Auch wenn dies empirisch nicht bei allen Befragten gleichermaßen zu finden ist, so zeigt es doch die prinzipielle Unabhängigkeit der Rationalitätsansprüche von Gerechtigkeitsforderungen und macht deutlich, dass es sinnvoll ist, sie in einem eigenen Typus zusammenzufassen.

‚Gleicher Lohn für gleiche Leistung' gilt, der wiederum dazu genutzt wird, Ungleichbehandlung zu kritisieren. Und auch auf das Prinzip der „Chancengleichheit", verstanden als Prozessregel, ist der Begriff der Leistungsgerechtigkeit zwingend angewiesen. Ähnlich lässt sich für den Fürsorge- wie auch den Selbstverwirklichungsanspruch sagen, dass sie Kriterien zur Differenzierung und Ungleichbehandlung zum Ausgangspunkt nehmen. Sie fordern ein, Menschen nach Maßgabe ihrer jeweils besonderen Lebensanforderungen oder individuellen Bedürfnisse und Fähigkeiten unterschiedlich zu behandeln. Der jeweiligen Maxime, Besonderheiten zu respektieren, liegt aber zugleich das Verständnis zugrunde, dass Ungleiches ungleich zu behandeln ist, um Gleichheit zu gewährleisten bzw. herzustellen. Am direktesten dem allgemeinen Gleichheitsgrundsatz verpflichtet sind sicherlich der Beteiligungs- und der Würdeanspruch. Sie gelten unabhängig vom Ansehen der Person, ein Anrecht auf Würde oder auf Beteiligung muss nicht per Leistung erst erarbeitet oder durch Nachweis besonderer Bedürfnisse begründet werden. Aber auch hier wird bei näherer Betrachtung ersichtlich, dass sie legitime Ungleichbehandlung ermöglichen oder sogar erfordern: Für unterschiedliche Menschen muss eine würdevolle Behandlung womöglich unterschiedlich aussehen, und das Prinzip gleicher Beteiligung an Entscheidungen kann Differenzierungen nach Betroffenheit oder auch Sachkompetenz durchaus einschließen. Alle Gerechtigkeitsansprüche kreisen um Fragen einer angemessenen Gleich- oder Ungleichbehandlung, nur legen sie jeweils andere Kriterien zu ihrer Rechtfertigung zugrunde, deren gemeinsamen Nenner aber die Meta-Norm der Gleichheit darstellt.

Einige Gerechtigkeitsansprüche, die wir unterschieden haben, finden direkte Pendants in anderen Studien, sind dort aber anders benannt und häufig auch etwas anders akzentuiert, ohne dass dies einen Unterschied ums Ganze ausmachen würde. Warum wir uns für Selbstverwirklichung anstelle von Dubets „Autonomie" entschieden haben, wurde bereits begründet (Abschnitt 3.1.3). In unserer Studie ist mit Würde benannt, was dem Anspruch der „Menschenrechte" bei Hürtgen und Voswinkel (2014) entspricht. Der Fürsorge-Begriff wird zwar insbesondere in der Diskussion um eine Ethik der Care-Arbeit profiliert, findet aber in der empirischen Anspruchsanalyse weniger Verbreitung. Er hat einige Parallelen zum Prinzip der „Vielfalt gesellschaftlicher Existenz" (Hürtgen/Voswinkel) wie auch zum Bedürfnisgrundsatz (z.B. Miller) oder zum Prinzip der Solidarität (z.B. Honneth). Bisweilen sind wir bei der Diskussion unserer Projektergebnisse dem Einwand begegnet, dass das Fürsorglichkeitsprinzip eher ein lebensweltlicher Anspruch sei, der womöglich in die Arbeitswelt gelegentlich importiert werde, aber dort keine wirkliche normative Verankerung aufweise. Diesem Argument nach wird also bestritten, dass Betrieb und Unternehmen relevante gesellschaftliche Orte sind, in denen Fürsorglichkeit eingefordert oder erwartet wird. Dem widersprechen unsere Analyseergebnisse (siehe zu „Fürsorge" als normativem Grundsatz im Betrieb auch Senghaas-Knobloch 2000). Sicherlich ist Fürsorge – anders als etwa Leistung oder auch technisch-funktionale Rationalität – kein primäres Rechtfertigungsprinzip der Betriebe und Organisationen selbst und auch nicht der wichtigste Basisanspruch der Beschäftigten. Es ist aber empirisch deutlich geworden, dass Fürsorge im Betrieb weit mehr ist als nur ein „Spartenbegriff" für bestimmte Tätigkeitsbereiche oder gewisse Einzelfälle. Überhaupt zeigt unsere Analyse: Zwar gibt es durchaus „normative Spezialisierungen", in denen bestimmte gesellschaftliche Institutionen mit jeweils spezifischen normativen Erwartungen konfrontiert werden; diese Spezialisierungen bezeichnen aber eher Akzentsetzungen und keine Ausschlussprinzipien. Wie wir gesehen haben, ist das Spektrum der normativen Ansprüche, das die Beschäftigten gegenüber Arbeitgeber, Vorgesetzten und Kolleginnen in Anschlag bringen, ausgesprochen vielfältig, und zwar überall. Im Betrieb herrscht keine normative Monokultur.

Erstaunlich finden wir, dass in den genannten Studien unser Anspruchsmuster der Beteiligung marginal bleibt. Zwar werden durchaus Beteiligungswünsche oder -ansprüche der Beschäftigten registriert, aber sie werden nicht als selbstständiger prozessbezogener Gerechtigkeitsanspruch wahrgenommen, der auch unabhängig von bestimmten Ergebnisansprüchen sein eigenes Recht besitzt. Diese Marginalisierung hängt gewiss auch mit der Reduktion von Gerechtigkeitsfragen auf – nur an Outputgrößen orientierte – Fragen der Verteilungsgerechtigkeit zusammen, die in der Diskussion vorherrscht. Unsere Erhebung belegt die normative Eigenständigkeit von Beteiligungsansprüchen. Zwar haben auch wir häufig das Phänomen vorgefunden, dass Beteiligung gewissermaßen instrumentell eingefordert wird – wenn z.B. kritisiert wird, dass bestehende Entscheidungsprozesse nicht zu gerechten oder rationalen Ergebnissen führen, und also – gleichsam „notgedrungen" – Beteiligung verlangt wird, um Ergebnis- und vor allem Rationalitätsansprüche zu realisieren. Das bedeutet aber nicht, dass der von uns vorgefundene Anspruch auf Beteiligung in einer bloß instrumentellen Funktion aufginge. Verschränkungen mit anderen Anspruchsmustern, auf die wir hingewiesen haben, sind für alle Ansprüche charakteristisch; ihr Fehlen wäre gerade hier verwunderlich, denn die Forderung nach Mitwirkung an Entscheidungen impliziert in concreto immer zumindest auch: an *welchen* Entscheidungen. Zumindest mit Bezug auf Entscheidungen im unmittelbaren eigenen Arbeitsumfeld sind Beteiligungsansprüche, die eigenständig und ergebnisunabhängig formulierbar sind, verbreitet.

Weitgehend unstrittig ist das Prinzip der *Leistungsgerechtigkeit*, das in praktisch allen theoretischen wie empirischen Gerechtigkeitsstudien in sehr ähnlicher Weise auftaucht. Zwar wird aus philosophischer bzw. normativ-begründender Perspektive nicht selten kritisiert, dass „Leistung" nicht recht als Prinzip der Verteilungsgerechtigkeit tauge, weil das, was als unterschiedliche

Leistung angesehen werde, eher von kontingenten Bedingungen oder Zufälligkeiten der Natur abhänge und nur selten von persönlicher Anstrengung (z.B. Rawls 1979, siehe als Gegenposition Miller 2008). Daraus spricht aber eher eine Enttäuschung über die mangelnde Realisierbarkeit und Praktikabilität des Leistungsprinzips als eine grundsätzliche Untauglichkeit für normative Begründungen. Dass das Leistungsprinzip *empirisch* verbreitet ist, dass es also ein in der normativen Praxis tatsächlich genutztes Prinzip zur Begründung von Ansprüchen oder zum Formulieren von Kritik ist, wird von niemandem ernsthaft bestritten, der jemals Erhebungen dazu durchführte – verschiedenen Diagnosen zum Trotz, die beinhalten, dass „Leistung" als Begründungsprinzip ausgedient habe angesichts der Offensichtlichkeit, mit der dieses Prinzip in der Praxis ständig verletzt werde (z.B. Offe 1970, mit anderem Fokus auch Neckel 2000[29]). Auch wenn die anhaltende und systematische Verletzung des Leistungsprinzips – sei es durch die mangelnde Zurechenbarkeit von Arbeitsaufwand und Ertrag in komplexen kooperativen Arbeitszusammenhängen (Offe), sei es durch die wachsende Vorherrschaft des Erfolgsprinzips in Arbeit und Gesellschaft (Neckel), sei es durch das Fortbestehen von gesellschaftlichen Segmentations- und Schließungsprozessen (z.B. Hartmann 2002) – wohl kaum geleugnet werden kann, so hat dies offensichtlich nicht dazu geführt, dass die normative Forderung nach Leistungsgerechtigkeit von den Beschäftigten aufgegeben worden wäre.[30]

Vielfach wird auf das logische oder auch das praktische Spannungsverhältnis zwischen verschiedenen Anspruchsprinzipien verwiesen, etwa zwischen Leistungsgerechtigkeit und Selbstverwirklichung (Dubet 2008) oder zwischen Fürsorge einerseits und Leistungsgerechtigkeit oder Marktrationalität andererseits (Riegraf 2014). Natürlich sind solche Widersprüchlichkeiten und die entsprechenden normativen Konflikte nicht in Abrede zu stellen; auffällig an der normativen Bewertungspraxis der Beschäftigten ist, unserem empirischen Material zufolge, aber ebenso sehr die *Verbindung* unterschiedlicher Anspruchsprinzipien miteinander. Selten wird unter Rückgriff auf nur ein einzelnes Prinzip argumentiert, vielmehr werden in der Regel zugleich unterschiedliche Prinzipien angeführt, um eine bestimmte Position zu begründen. Insofern ist unsere

29 Auch die empirischen Ergebnisse der Untersuchung von Neckel, Dröge und Somm relativieren die ursprüngliche Erosionshypothese von Neckel (vgl. Dröge et al. 2006; Neckel et al. 2004, 2005).

30 Vielleicht besteht hier eine Parallele zwischen den Laienwertlehren des Leistungsprinzips und den vorherrschenden Varianten ökonomischer Expertenwerttheorien – sei es neoklassisch auf den „Nutzen", sei es marxistisch auf „abstrakte Arbeit" rekurrierend, um den Wert bzw. Preis eines Gutes zu bestimmen –, denen es ebenfalls, ungeachtet schlagender Widerlegungen (zusammenfassend: Nitzan/Bichler 2009, part II), an Anhängern bis heute nicht mangelt.

Unterscheidung der acht Anspruchsmuster selbstverständlich analytischer Natur, die normative Praxis ist durch jeweils spezifische Verbindungen gekennzeichnet – auf typische Verbindungen wurde in der Darstellung der einzelnen Anspruchsmuster hingewiesen und auf sie wird im Folgenden immer wieder zurückzukommen sein. Gleichwohl haben die von uns unterschiedenen normativen Anspruchsmuster jeweils eine analytisch-logische Eigenständigkeit und sie können nicht aufeinander reduziert werden.

3.3.2 Erwerbsarbeit in der Kritik – alte und neue Perspektiven

Wenn unsere Studie untersucht, auf welche normativen Ansprüche sich die Beschäftigten berufen, dann ist damit zugleich die Frage nach der gesellschaftlichen Verfügbarkeit von Kritikressourcen aufgeworfen. Aus welcher normativen Perspektive sind Arbeit und Betrieb kritisierbar? Über welches Anspruchsarsenal verfügen die Beschäftigten, wenn sie Veränderungen einfordern? Wie kann das Verlangen nach Verbesserung der Arbeitsbedingungen oder gar nach Umbruch der gesellschaftlichen Verhältnisse begründet werden? In diesem Zusammenhang steht zur Diskussion, welche soziale Wirksamkeit die normativen Ansprüche theoretisch und praktisch haben können, also wie weit ihr Kritikpotenzial reicht, und damit auch: ob sie eine „überschießende", gar systemtranszendierende Kritik ermöglichen oder begründen oder ob die Kritik sich in erster Linie innerhalb der Grenzen der bestehenden „offiziellen" Rechtfertigungsverhältnisse bewegt. Solche Fragen werden uns auch im Weiteren noch beschäftigen, aber einige Überlegungen hierzu können wir auf der Basis der bisherigen Befunde schon anstellen.

Die moralische Ökonomie der Erwerbsarbeit hat eine lange Geschichte. Das Koordinatensystem der Werte und Normen, die die kapitalistische Ökonomie seit ihrem Beginn begleiten und die ihr entgegengesetzt wurden, ist im Verlauf dieser Geschichte immer wieder neu justiert worden, wodurch sich auch die möglichen und vorherrschenden Perspektiven von Kritik und Protest verschoben haben. Bildeten zunächst vorkapitalistische Gemeinschaftswerte, Sitten und Gewohnheiten („customs"; vgl. Thompson 1991) den moralischen Humus antikapitalistischen Protests, entwickelten sich die Kritik- und Protestkoordinaten unter dem Eindruck der Arbeitserfahrungen unterm Kapitalismus, mit unterschiedlichen Produktions- und Marktregimen und deren historischem Wandel, immer wieder weiter. Alle von uns identifizierten Anspruchsmuster spielen in der Geschichte der Arbeit wie der Arbeitskritik (und der Arbeiterbewegung) – in unterschiedlichem Ausmaß und mit unterschiedlicher sozialer Reichweite – bereits länger eine wichtige Rolle. Dabei deuten sich vor dem Hintergrund unserer Ergebnisse Kontinuitäten, aber auch Brüche an, was die Inanspruchnahme und Ausprägung von Kritikpotenzialen anbelangt.

Das Prinzip der *Leistungsgerechtigkeit* hat historisch betrachtet wohl die stärkste normative Kraft entwickelt, mit durchaus zwiespältigen Implikationen. Es steht der „nackten" ökonomischen Tauschlogik am nächsten. Allerdings rekurrieren alle von uns erörterten Varianten leistungsbasierter Laienwertlehren zur Begründung eines „gerechten Lohns" auf Bewertungskriterien – wie Arbeitsmühe, Qualifikation und Kompetenz –, die über die rein ökonomische Nutzenkalkulation und Marktkriterien deutlich hinausgehen. Angetreten war das moderne Leistungsprinzip als frühbürgerliche Kritik an ständisch-feudalen Privilegien. Nur die Arbeitsleistung sollte ausschlaggebend sein für die Begründung von Eigentumsrechten am Arbeitsprodukt und für die Einnahme einer entsprechenden gesellschaftlichen Position, nicht Attribute der Herkunft und Geburt, so die revolutionäre Forderung. Zunächst gegen die Geburtsprivilegien des Adels gerichtet, konnten später mit dem Leistungsprinzip weitere Diskriminierungen nach „angeborenen" Merkmalen wie etwa Geschlecht oder Nationalität kritisiert werden. Zugleich verwandelte es sich selbst in das Legitimationsinstrument einer Ungleichheitsordnung, derjenigen einer Meritokratie, und wurde zum Basisprinzip der Rechtfertigung von immer wieder neuen Anforderungen (und Zumutungen) an die Beschäftigten in Arbeitsorganisationen des Kapitalismus.

Die Realität der Leistungsgesellschaft lässt sich seitdem anhand endogener oder externer Maßstäbe kritisieren. Extern unter Rückgriff auf alternative Begriffe (etwa die fehlende solidarische oder fürsorgliche Komponente einer rein leistungsorientierten Gesellschaft), endogen durch das Einklagen des Leistungsprinzips gegen seine mangelhafte Realisierung. Die empirische Bedeutung einer kritischen Stoßrichtung endogener Kritik haben aus arbeitssoziologischer Sicht beispielhaft Popitz et al. (1957) in ihrem Befund eines auf Körperlichkeit bezogenen Leistungsbewusstseins von Industriearbeitern aufgezeigt, vor dessen Hintergrund die Besserstellung der Angestellten als ungerechtfertigt erschien. Leistungsgerechtigkeit hat hier weniger eine ungleichheitslegitimierende als eine hierarchiekritische Dimension. Spuren eines solchen auf Körperlichkeit bezogenen proletarischen Leistungsbewusstseins haben wir, wie angedeutet, auch heute noch gefunden – allerdings nur bei einer Minderheit der Beschäftigten. Für die gewerkschaftliche und sozialdemokratische Bewegung war ein solcher immanenter Bezug auf Leistung und Leistungsgerechtigkeit seit jeher bedeutend. Mit dem Verweis auf ihre immensen Leistungsbeiträge konnte die subalterne gesellschaftliche Stellung der Arbeiter überzeugend kritisiert werden. Heute noch fehlt in kaum einer Lohnrunde das gewerkschaftliche Argument „Guter Lohn für gute Arbeit": Als Begründung für die Entgeltforderung wird die erbrachte Leistung angeführt.

Die Forderung nach Leistungsgerechtigkeit ist freilich zwiespältig, weil mit ihr aufgrund des inhärenten Äquivalenzprinzips auch rigide Forderungen nach

Leistungsverausgabung und auch Ausgrenzungen begründet werden können. Die restriktive Seite des Leistungsprinzips zeigt sich etwa in der biblischen Forderung ‚Wer nicht arbeitet, soll auch nicht essen', die August Bebel sich zu eigen machte und zu einem sozialistischen Prinzip umdeklarierte (zitiert nach Olberg 2015). Dass eine herausragende Stellung von Leistung im Repertoire normativer Begründungen von Beschäftigten nicht nur kritisch „nach oben" wirkt, sondern zu Ausgrenzungstendenzen „innerhalb der Klasse" führen kann, machen aktuell beispielsweise die Arbeiten von Klaus Dörre und Kollegen deutlich. Das Leistungsbewusstsein der industriellen Kernbelegschaften sei auch dafür verantwortlich, Abgrenzungen zu prekär Beschäftigten zu legitimieren und zu verstärken (Dörre et al. 2013). Wenn das Leistungsprinzip, wie wir festgestellt haben, sich empirisch als ausgesprochen persistent und überlebensfähig erwiesen hat, ist damit also noch nicht gesagt, dass hier ein Anspruchsmuster virulent bleibt, das „von unten" kritisch gegen unbegründete Privilegien und ungerechtfertigte Machtverhältnisse gerichtet wird. Ebenso ist denkbar, dass Leistungsgerechtigkeit mehr und mehr zum horizontalen sozialmoralischen Anspruch herabsinkt und damit zu einem Mittel von Repression unter Beschäftigten wird (Menz 2005, 2009).

Während Leistungsgerechtigkeit ein erwerbsarbeitsbezogenes Konfliktfeld markiert, auf dem seit mindestens zweihundert Jahren vehemente Auseinandersetzungen geführt werden, hat *Fürsorge* in dieser Hinsicht eine viel weniger ausgeprägte Geschichte, zumindest, wenn man an offen ausgetragene Konflikte denkt. Fürsorge war nie Kampfbegriff von unten oder oben, es gibt keine breiten sozialen Bewegungen, die sich Fürsorge auf die Fahnen geschrieben hätten. Fürsorglichkeit war vor allem ein normativer Richtwert für individuelles Handeln, sei es für die (zumeist weiblichen) Beschäftigten in Pflege- und Betreuungsberufen, sei es als finanzielle Wohltätigkeit, aber kein explizit politisches Prinzip. Der christliche Bezug auf Caritas, Barmherzigkeit und Nächstenliebe unterstreicht, dass Fürsorglichkeit zwar lange Zeit als eine wünschenswerte moralische oder religiöse Haltung galt, aber kaum in Form von Rechtsansprüchen eingefordert werden konnte. „Fürsorge" beruht anders als Leistungsgerechtigkeit nicht auf Äquivalenz und als quantifizierbar (und „tarifierbar") geltender Gegenseitigkeit. Wer Fürsorglichkeit erwartet, hat in der Regel im Gegenzug nichts anzubieten. Fürsorgeverhältnisse sind prinzipiell asymmetrisch.

Erst neuerdings ändert sich diese Individualisierung und Entpolitisierung von Fürsorge. Care, Fürsorge oder Sorgsamkeit wird zum ausdrücklich politischen Leitbegriff für eine grundlegende gesellschaftliche Veränderung, orientiert an den Prinzipien einer lebenswerten und lebensgerechten Welt jenseits von Zwängen der Kapitalverwertung (Aulenbacher et al. 2015; Winker 2015). Für einen solchen normativ-politischen Aufwärtstrend des Fürsorgeanspruchs gibt es auch in unseren Befunden gewisse Anzeichen; insbesondere der Fall der

Erzieherinnen ist ein Beispiel für eine Politisierung des Fürsorgebegriffs mit klarer gesellschaftlicher Resonanz (siehe ausführlich Abschnitt 4.1.3). Darüber hinaus zeigt unsere Empirie, wie verbreitet Fürsorge als normativer „Querschnittsanspruch" ist. Fürsorge ist mehr als die arbeitsinhaltliche Orientierung einer spezifischen Beschäftigtengruppe; sie ist ein Prinzip, das in ganz unterschiedlichen Handlungsfeldern und von ganz unterschiedlichen Beschäftigten vertreten wird. Ob es allerdings in Zukunft eine so große gesellschaftlich-normative Kraft gewinnen wird wie etwa Leistung oder Rationalität (als die fortbestehenden Basisprinzipien von Arbeitsorganisationen), bleibt abzuwarten.

Auf den ersten Blick scheint der Anspruch auf *Selbstverwirklichung* seine „kritischsten" Zeiten schon hinter sich zu haben. Die größten gesellschaftlich-politischen Impulse, die von ihm ausgingen, fallen wohl in die 1970er und 1980er Jahre. Ein Teil der (damals) jüngeren Generation formulierte eine radikale Kritik an Sinnentleerung und Fremdbestimmung, gegen die Authentizität und Selbstbestimmung eingeklagt wurden – auch in der Arbeit (vgl. Reichardt 2014). Die empirische Forschung zum sogenannten Wertewandel konstatierte einen entsprechenden Wandel der Ansprüche an Erwerbsarbeit, der später in der Arbeitssoziologie unter dem Begriff einer „normativen Subjektivierung" diskutiert wurde (Baethge 1991). Seit einiger Zeit stehen diese Selbstverwirklichungsansprüche allerdings im Verdacht, ihren kritischen Impetus verloren zu haben. Der ehemals oppositionelle Anspruch „von unten" sei mittlerweile eine ganz normale Anforderung „von oben" geworden und diene damit heute „paradoxerweise" nur noch der Legitimation des wachsenden Zwangs zur Selbstoptimierung (Boltanski/Chiapello 2003; Honneth 2002). Zwar ist nicht zu bestreiten, dass wichtige Elemente einer „Künstlerkritik" längst auch den Managementdiskurs bevölkern. Unklar bleibt allerdings, warum „Selbstverwirklichung" damit auch sämtliches Kritikpotenzial verloren haben sollte, denn von einer vollständigen Umsetzung in der Arbeits*praxis* (im Unterschied zur Management*rhetorik*) ist schlicht nicht auszugehen (Nies 2015).

Dies gilt zumindest dann, wenn man unter Selbstverwirklichung nicht nur ein individualistisches romantisierendes Authentizitätsideal fasst. In einer breiteren Perspektive wird die lange Tradition dieses Anspruchs in der Geschichte der Arbeit(erbewegung) deutlich. Bereits der frühen Marx'schen Entfremdungskritik liegt als normativer Fluchtpunkt ein Selbstverwirklichungsbegriff zugrunde, der eng an Sozialität und Kooperation gebunden ist. Manche der Motive, die in die langanhaltenden Auseinandersetzungen um die Arbeitsbedingungen, insbesondere die Kritik am Taylorismus und den Kampf gegen die Degradierung von Arbeit (beispielhaft für viele: Braverman 1985) eingeflossen sind, lassen sich neben dem Beteiligungsanspruch – unter das fassen, was wir unter dem Anspruch der Selbstverwirklichung rubrizieren. Auch wenn sich die Arbeitsbedingungen seit Marx und seit Braverman grundlegend gewandelt haben und Subjektivität heute einen anderen Stellenwert besitzt, so kann man auch heute kaum behaupten, dass eine Kritik an der „inneren Qualität der Arbeit“ ins Leere laufen würde, weil ihre Forderungen mittlerweile weitgehend realisiert seien (vgl. Nies/ Sauer 2012).

Unsere Anspruchsanalyse hat gezeigt, dass Forderungen nach Selbstverwirklichung auch heute noch virulent sind (und ebenso, dass Selbstverwirklichung mehr ist als ein individualistischer Anspruch einer bestimmten Generation), und zwar bei ganz unterschiedlichen Beschäftigtengruppen. Ganz deutlich ist zudem: Sie haben sich keineswegs erübrigt qua Realisierung, ganz unabhängig davon, welchen Niederschlag der Selbstverwirklichungsdiskurs in den Unternehmen gefunden hat; die Kontextanalysen im folgenden Kapitel werden das untermauern. Allerdings macht unsere Analyse auch klar, dass dem Selbstverwirklichungsprinzip eine wichtige kritisch-soziale Kraft fehlt: Selbstverwirklichung ist heute unter den Beschäftigten häufig eher Wunsch als Anspruch – ein durchaus *drängender* Wunsch, der aber eben nicht als Anrecht formuliert wird. Bei der Berufswahl und beim Arbeitsplatzwechsel hat Selbstverwirklichung für die Beschäftigten eine große Bedeutung, sie wird aber nicht zur normativ fundierten innerbetrieblichen Forderung. Dies heißt zugleich, dass dieses Prinzip als direktes Motiv kollektiven interessenpolitischen Handelns nicht in Erscheinung tritt.

Historisch gesehen ist dies beim *Beteiligungsanspruch*, dessen Geschichte in Bezug auf Arbeit weit zurückreicht, ganz anders. Nicht nur höhere Löhne und eine Verbesserung der Arbeitsbedingungen waren bekanntlich zentrale Ziele der Arbeiterbewegung, sondern auch das Erkämpfen von Einfluss- und Mitbestimmungsmöglichkeiten. Zunächst bezog sich dies allerdings eher auf Staat und Politik als auf Arbeit und Unternehmen, schien doch die Perspektive der Überwindung des Kapitalismus es unnötig zu machen, schon im alten Arbeits- und Wirtschaftssystem für eine demokratische Neuordnung der Arbeitssphäre zu kämpfen. Diese Einschätzung änderte sich allerdings bald. In den frühen Entwürfen zu einer radikaldemokratischen „industriellen Autonomie“ (Korsch 1980 [zuerst 1919]) oder einer sozialdemokratischen Wirtschaftsdemokratie (Naphtali 1966 [zuerst 1928]), die eine Verzahnung der Ebenen Arbeitsplatz, Betrieb, Unternehmen und Gesamtwirtschaft vorsahen, diente Beteiligung immer auch dem Ziel einer grundlegenden demokratischen Transformation der Gesellschaft und war damit grundsätzlich ein politischer Anspruch, der weit über Arbeit und Betrieb hinausreichte. Nach einiger Zeit und vielen Auseinandersetzungen konnten die Unternehmen sich schließlich mit den nunmehr institutionalisierten repräsentativen Formen der Beschäftigtenbeteiligung (als betriebliche wie Unternehmensmitbestimmung) abfinden und diese auch im eigenen Sinne positiv nutzen.

Mit den neuen Managementkonzepten seit den 1980er Jahren wurde Beteiligung dann gar zu einer ausdrücklichen Managementstrategie (Greifenstein et al. 1993; Wolf 2003). Mit den neuen Arbeits- und Produktionskonzepten war ein neues Arbeitssubjekt gefordert, das eigene Wissensbestände und Ansprüche aktiv einbringt und auch erweiterte Entscheidungskompetenzen übernimmt. Auch Beteiligung ist damit nicht mehr nur ein oppositioneller Anspruch von „unten", sondern (jedenfalls seit einigen Jahrzehnten) ebenso Rechtfertigungsprinzip der Unternehmen wie auch Appell an die Beschäftigten. Damit ist allerdings noch nichts darüber besagt, ob Beteiligung nicht weiterhin ein brauchbarer Anspruch für die normative Fundierung von Kritik an Arbeit und Betrieb sein kann.

Unsere Analyse zeigt, dass Beteiligungsansprüche auch heute aus Perspektive der Beschäftigten wichtig sind. Sie macht aber auch die Grenzen ihrer heutigen Artikulierbarkeit deutlich: Sie äußern sich in erster Linie auf die eigene Tätigkeit und das eigene Arbeitsumfeld bezogen, und hier recht vehement. Sie sind eng gekoppelt mit der Vorstellung, die eigene Tätigkeit gut und richtig ausführen zu wollen und dafür über die geeigneten Ressourcen und Handlungsfreiheiten zu verfügen (sie sind damit sowohl mit Leistungswie auch mit technisch-funktionalen Effektivitätsvorstellungen eng verbunden). Die Reichweite der formulierten Beteiligungsansprüche in Betrieb und Unternehmen ist aber begrenzt, denn weitere Ebenen von Beteiligung über diesen eigenen Handlungsbereich hinaus werden kaum explizit oder gar systematisch anvisiert.

Die Beteiligungsansprüche erreichen damit nicht das Niveau einer artikulierten Forderung nach regelrechter Demokratisierung. Dass Arbeit und Betrieb immer auch Orte der Fremdbestimmung und Fremdgesetzgebung sind, dass sich hier die Regeln und Entscheidungsprozesse von denen im politischen Feld unterscheiden, wo repräsentativ-demokratische Verfahren legitimatorische Selbstverständlichkeit sind, scheint stillschweigend akzeptiert. Als (schwaches) Pendant solcher Verfahren steht im Zweifelsfall allen die Beteiligung über Stellvertreter im Rahmen der Institutionen betrieblicher Mitbestimmung vor Augen, die in vielen Bereichen den Status einer Hintergrundselbstverständlichkeit und nach wie vor eine hohe Legitimität besitzen. Wir möchten hieraus keineswegs ableiten, dass vom Beteiligungs- als Demokratieprinzip hinsichtlich Arbeit und Betrieb keine weiterdrängenden kritischen Impulse mehr zu erwarten wären. Aber die Perspektive einer grundlegenden Demokratisierung von Arbeitsorganisationen und Wirtschaft wird von den Befragten nicht offen formuliert – weder als Möglichkeit noch als Anspruch. Daran scheint auch die jüngste Wirtschaftskrise, in deren Folge die sozialwissenschaftliche und politische Diskussion um Wirtschaftsdemokratie neu zu beleben versucht wird (Meine et al. 2011), nichts geändert zu haben. Damit bleibt der Beteiligungsanspruch empirisch deutlich hinter seinem denkbaren Kritikpotenzial zurück.

Der Begriff der *Würde* entstammt – anders als etwa Leistung und Rationalität – nicht primär der Arbeitswelt. Würde ist in modernen Gesellschaften ein Grundrecht, von dem kein gesellschaftliches Feld ausgenommen ist. Er ist der wohl breiteste der von uns unterschiedenen Ansprüche, er umfasst alle Lebensbereiche gleichermaßen. Dass die Erwerbsarbeit die menschliche Würde nicht verletzen darf, ist Konsens zwischen allen Akteuren und Betriebsparteien. Die Beachtung der Menschenwürde ist eine normative Selbstverständlichkeit. Insofern wirkt eine nachgewiesene Würdeverletzung besonders schwer, Würde ist in besonderer Weise legitimationssensibel: Eine Ordnung mag in anderer Hinsicht noch so gerecht oder rational sein – wenn sie in die Würde eingreift, sind alle diese normativen oder pragmatischen Vorzüge nichts wert. Das Würdeprinzip verfügt also über ein besonderes Kritikpotenzial. Aus Würdeverstößen resultieren relativ unmittelbar Legitimitätskrisen.

Allerdings bleibt die Möglichkeit von Kritik unter Berufung auf das Würdeprinzip damit auch auf besonders schwerwiegende Probleme und Ungerechtigkeiten beschränkt. Während fast alle betrieblichen Sachverhalte unter Perspektive der technisch-funktionalen Rationalität, der Leistungs- oder Beteiligungsgerechtigkeit diskutiert (und kritisiert) werden können, greift das Würdeprinzip vor allem in besonderen Skandalfällen. Dann ist Würde auch ein besonders schlagkräftiger Anspruch. Dort, wo in unseren Erhebungen Kritik in Würdekategorien zu finden ist, heißt das, dass besonders massive Anspruchsverletzungen vorliegen müssen. Denn für Würde gilt stärker noch als für andere Ansprüche, dass sie in den Interviews kaum positiv formuliert wird, sondern immer nur dann angesprochen wird, wenn sie ernsthaft in Gefahr ist: etwa bei Übergriffen, die die Integrität der Person gefährden, bei Arbeitseinkommen unter dem Existenzminimum. Von Würdeverletzungen betroffen sind deutlich stärker Beschäftigte unter prekären Arbeitsbedingungen, mit geringem Einkommen und mit niedriger oder mittlerer Qualifikation.[31] Das Würdeprinzip birgt eine Tendenz zur normativen Dynamisierung über den konkreten Fall hinaus. Wenn Würdeverletzungen vorliegen, ist das nicht einfach ein lokales Problem oder das Ergebnis individuellen Fehlverhaltens. Vielmehr, so der Anspruch unserer Befragten, sei Arbeit in unserer Gesellschaft so zu gestalten, dass Würde und Respekt gewährleistet werden, und dies erfordert gegebenenfalls auch rechtliche Regulierungen oder staatliches Handeln (siehe Abschnitt 4.3.3). Verletzte Würde birgt offenbar ein immanentes Potenzial zu einer breiteren Politisierung.

31 Das heißt nicht, dass andere Beschäftigte solche Würdeverletzungen nicht thematisieren würden – sie tun dies aber dann in der Regel nicht aus persönlicher Erfahrung und am eigenen Beispiel, sondern insbesondere mit Bezug auf prekarisierte Beschäftigtengruppen.

Auf den ersten Blick scheint dagegen fraglich, ob Rationalitätsansprüche überhaupt in ähnlicher Weise wie Gerechtigkeitsprinzipien Kritikressourcen für die Beschäftigten darstellen. Bleibt „Rationalität“ nicht grundsätzlich im Rahmen der von Arbeitsorganisationen selbst bereitgestellten oder reklamierten Legitimitätsprinzipien? Dies könnte so interpretiert werden, dass mit Rationalitätsansprüchen nur „systemkonforme“ Kritik im Unternehmensinteresse möglich wäre, z.B. indem organisatorische Mängel oder sachliche Fehlentscheidungen moniert werden, die der Logik und dem wohlverstandenen Interesse des Unternehmens widersprechen. Die Folge wäre eine Perfektionierung der Rationalitätsprinzipien, ihre konsequentere Umsetzung, nicht aber grundsätzliche Kritik.

Eine derartige Argumentation wäre allerdings in mehrfacher Hinsicht kurzschlüssig. Nehmen wir das Prinzip *ökonomischer Rationalität*. Hier ist festzuhalten, dass selbst in diesem Prinzip, gerade wenn es als reine Marktrationalität ausgedeutet wird, ein nicht unbedeutendes Kritikpotenzial enthalten sein kann. Zwar gelten Marktanforderungen, betriebliche Vermarktlichungs- oder gesellschaftliche Kommodifizierungsprozesse einer sich kritisch verstehenden Sozialwissenschaft in der Regel (und ganz überwiegend zu Recht) als Ursache für vielerlei Gerechtigkeitsverletzungen und Irrationalitäten, für steigende Ungleichheit und ein Anwachsen sozialer Probleme. Nicht zu vergessen ist aber, dass mit Berufung auf Marktprinzipien häufig auch Kritik mobilisiert wurde und wird, um gegen Herrschaft und Willkür zu polemisieren. So ideologisch und interessegeleitet dies häufig auch geschieht – unter dem Banner der freien Märkte lassen sich Willkür, Bestechung und Despotie, aber auch die Rigiditäten von bürokratischen Regeln und Verfahren kritisieren. Die Vermarktlichung der betrieblichen Kooperations- und Steuerungsbeziehungen (bzw. der entsprechende Managementdiskurs) beschwört immer auch das Versprechen einer Befreiung von tayloristischen Herrschaftsstrukturen. Despotisches Vorgesetztenverhalten wird delegitimiert und durch die Sachlichkeit von Angebot und Nachfrage, von Preisen und Marktbeziehungen ersetzt. Radikalisiert man das Vermarktlichungsprinzip, steht betriebliche Herrschaft und schließlich die Aneignung von Profit selbst in Frage (Menz 2009, S. 399ff.) – bei einer wirklichen Durchsetzung von Marktprinzipien jedenfalls ließe beides sich eigentlich nicht rechtfertigen.

Auch wenn Marktrationalität prinzipiell ein solches utopisches, anti-herrschaftliches Potenzial einschließt, so ist unsere vorgefundene Beschäftigtenkritik, die in Begriffen ökonomischer Rationalität formuliert wird, doch weit entfernt davon, derart systemkritisch zu werden. Dort, wo sie besonders vehement eingefordert wird (siehe dazu insbesondere Abschnitt 4.3.3), richtet sie sich gegen Managementwillkür, Vetternwirtschaft und „politische“ Unternehmensentscheidungen, denen eine plausible ökonomische Begründung fehlt. Damit zeigt sie durchaus auch auf systemische Bruchstellen und Widersprüchlichkeiten – etwa, dass Konzerne keinesfalls nach den ökonomischen Rationalitätserfordernissen ihrer einzelnen Einheiten und Betriebe agieren *können* und dass der „Markt“ je nach Ebene und Einheit betrachtet ganz Unterschiedliches bedeuten kann. Insgesamt bleibt die empirisch vorfindbare Kritik nach Maßgabe von ökonomischer Rationalität aber in mehrfacher Hinsicht „lokal“: Sie wird hauptsächlich relevant bei marktnah arbeitenden Beschäftigtengruppen und sie entwickelt keine weitere Dynamik über den konkreten Fall hinaus. Im Kern geht es dabei dann eher um das schlechte lokale Management und um bornierte Akteure denn um generelle Irrationalitäten kapitalistischen Wirtschaftens.

Aussichtsreicher für eine weiterreichende Kritikperspektive, die zudem im normativen Horizont der Beschäftigten deutlich stärker und breiter verankert ist, ist der *technisch-funktionale Rationalitätsanspruch*. Zu ihm zählen Prinzipien wie technische „Effizienz“ und „Effektivität“, die zunächst nicht sonderlich herrschaftskritisch zu sein scheinen. Ansprüche auf eine arbeitslogische Sinnhaftigkeit, die ebenfalls zu diesem Rationalitätsanspruch zählen, können über reine Effizienz aber durchaus hinausweisen. Die eigene Arbeitstätigkeit soll sinnvoll eingebettet sein in einen kooperativen Zusammenhang, dessen Elemente rational aufeinander abgestimmt sind. Genauso gehören dazu Ansprüche auf fachliche Richtigkeit, die prinzipiell auch kritisch gegen die herrschenden Organisationsprinzipien gerichtet werden können. Entsprechende Kritik an schlecht abgestimmten Prozessen, unklaren Entscheidungsstrukturen, Verschwendung oder Bürokratie ist weit verbreitet. Das Einfordern von technischer Effizienz und Funktionalität von Arbeitsprozessen mag prinzipiell im Sinne des Betriebsinteresses liegen; in jedem konkreten Fall verbindet sich damit zumindest potenziell der Streit um dessen angemessene Auslegung. Legitimatorisch noch problematischer wird es, wenn der technisch-funktionale Rationalitätsanspruch aufdeckt, dass er innerhalb der bestehenden Prinzipien des Wirtschaftens systematisch nicht erfüllbar ist. Externe Marktanforderungen und deren organisationale „Umsetzung“ ebenso wie organisationsinterne Hierarchien, Rationalisierungsprogramme, Budgetvorgaben usw. verletzen Ansprüche auf Fachlichkeit und das Prinzip einer ‚guten Kooperation‘ fast tagtäglich. Das Prinzip technisch-funktionaler Rationalität kommt fast zwangsläufig mit Marktprinzipien ins Gehege. Hier ergreifen die Beschäftigten überwiegend Partei für erstere. Dem Anspruch auf technisch-funktionale Rationalität bleibt ein utopisches Potenzial inhärent: das einer rational organisierten Gesellschaft, die nicht den Zufälligkeiten und Zwängen von Kapital- und Absatzmärkten und betrieblicher Herrschaft unterworfen wäre. So betrachtet könnte man unter Anschluss an gewisse historische Vorbilder, die wir im letzten Abschnitt schon aufriefen, behaupten: Eine „gute“ betriebliche Kooperation verkörpert nicht nur Rationalität, sondern durchaus auch Prinzipien einer gesellschaftlichen Vernunft gegenüber der Anarchie des Marktes und der Despotie des bürokratischen Organisationsplans.

Der *bürokratische Rationalitätsanspruch* hat heute wohl insgesamt betrachtet die geringste Kritikkraft unter unseren Anspruchsmustern. Er ist empirisch sicherlich derjenige, der am wenigsten verbreitet ist und mit dem geringsten Nachdruck auftritt. Immerhin wurde in unserer Befragung deutlich, dass er durchaus ein eigener Legitimitätsanspruch sein kann. Auch jenseits von Zwecksetzungen kann allein die Korrektheit von Verfahren die Legitimität von Organisationen befördern bzw. andersherum die fehlende „Regelgerechtigkeit" Kritik herausfordern – unabhängig vom jeweiligen Gerechtigkeits-Output. Beispiele dafür finden sich vor allem bei unseren Beschäftigten aus dem Öffentlichen Dienst. Das Fehlen inhaltlicher Zwecksetzungen erscheint womöglich weniger verwunderlich, wenn man die theoriegeschichtlichen Vorbilder solcher Legitimitätsfiguren heranzieht. Man denke etwa an Webers Begriff der Bürokratie als eines der zentralen modernen Typen legitimer Herrschaft, die weitgehend selbstzweckhaft erscheint. In ähnlicher Weise hielt Luhmann eine materiale Unbestimmtheit der Legitimationsverfahren für typisch für funktional differenzierte Gesellschaften (Luhmann 1983). Die Zeiten – sollte es sie denn gegeben haben –, in denen bürokratische Rationalität der zentrale legitimatorische Stützpfeiler von Organisationen war, sind jedenfalls vorbei, folgt man unseren Befunden. Sie fungiert nur für wenige als Kritikprinzip. Bürokratie (zumindest die real existierende) ist häufige Zielscheibe der Kritik in der Perspektive von Beteiligung, Leistungsgerechtigkeit, Selbstverwirklichung und technisch-funktionaler wie auch ökonomischer Rationalität.

Hier erscheint es nun angezeigt, auf eine bemerkenswerte Leerstelle hinzuweisen. Während wir gesehen hatten, dass die Merkmale technisch-funktionaler wie auch ökonomischer Rationalität sich recht gut in den Kategorien der Rechtfertigungsordnungen von Boltanski/Thévenot – nämlich der „Industriepolis" und der „Marktpolis" – reformulieren lassen (siehe die Abschnitte 3.2.1 und 3.2.3), suchen wir nach einem Pendant einer „Projektpolis" in unserem Material eigentlich vergebens. Nun soll freilich die Legitimationslogik einer „Netz-" oder „Projektlogik" laut Boltanski/Chiapello ja als das zentrale Element eines „neuen Geistes des Kapitalismus" fungieren (Boltanski/Chiapello 2003; Hessinger/ Wagner 2008; Wolf 2008). Die Metapher des Netzwerks steht im Mittelpunkt dieses neuen Geistes, seine Losung lautet: Selbstverwirklichung durch Projektvielfalt; die Bedeutung von Handlungen und Akteuren manifestiert sich hier in ihrem „Projekt"-Charakter, im Grad des Projektemachens und dem allseitigen „Networking"; positiv bewertet sind Flexibilität, Polyvalenz, Autonomie, aber auch Teamspirit, Teamleitung und Vertrauensbildung; negativ konnotiert hingegen Misstrauen, Kommunikationsunlust, das Festhalten an einem Beruf und lokale Verwurzelung (vgl. Boltanski/Chiapello 2003, S. 147–

210). Weder derart ausgeprägte emphatische Vorstellungen von einer „Projekt- und Netzrationalität" finden wir in unserer Empirie als Anspruchsmuster und Kritikperspektive noch – wie oben skizziert – eine besonders starke betriebliche Wirksamkeit von Selbstverwirklichungsansprüchen, die man ebenfalls mit dieser prototypischen Legitimitätsordnung des neuen Geistes in Verbindung bringen könnte. Dieser Befund bestätigt bereits formulierte Kritik an der vorherrschenden Voreiligkeit, von Managementdiskursen direkt auf Beschäftigtendiskurse und Arbeitsrealitäten (kurz-) zu schließen. Stattdessen belegen unsere Befunde eher die „Lebendigkeit" einer Art „professioneller Industriepolis" als Rechtfertigungswie Kritikperspektive in Arbeitsorganisationen. Auf beides wird zurückzukommen sein.

Alle hier noch einmal genannten Anspruchsmuster sind – in unterschiedlicher Ausprägung – „auf beiden Seiten" auffindbar: Als Rechtfertigungsprinzip „von oben", mit dem die Angemessenheit und Richtigkeit der Organisationsprinzipien begründet werden soll (also gleichsam als Legitimitätsangebot), wie auch als normativer Anspruch „von unten". Auf keines der Prinzipien haben die Beschäftigten oder die Unternehmen ein normatives Monopol. Behauptungen von und Ansprüche auf Leistungsgerechtigkeit formulieren Management und Unternehmen genauso wie Beschäftigte, gleiches gilt etwa für Beteiligung oder auch für die Rationalitätstypen. Konflikte und Widersprüche entstehen aus der unterschiedlichen Konkretisierung der Ansprüche ebenso wie aus differierenden Gewichtungen, aber nicht aus einem grundsätzlich anderen Repertoire an Anspruchsmustern. Es gibt keine normativ unabhängige Arbeiter- oder Beschäftigtenmoral, der die betrieblichen Rechtfertigungen einfach äußerlich wären. Andersherum würden alle betrieblichen Rechtfertigungsversuche ins Leere laufen, wenn sie die bestehenden Ansprüche der Beschäftigten einfach ignorieren würden.

Die prinzipielle Doppelseitigkeit der Ansprüche heißt keinesfalls Kongruenz – dann wäre Kritik nicht möglich. Damit Kritik praktisch wirksam werden kann, muss sie immer eine Erdung in den verfügbaren oder den herrschenden Diskursen haben. Das können auch die Rechtfertigungsstrukturen „von oben" sein, also diejenigen Begründungen, mit denen die Organisationen sich selbst gegenüber ihren Mitgliedern oder der Umwelt zu rechtfertigen suchen. Dass ein bestimmter Anspruch auch im offiziellen betrieblichen Diskurs auftaucht oder in der Managementliteratur propagiert wird, besagt zunächst wenig über sein praktisches Kritikpotenzial (auch hier begehen Boltanski und Chiapello, wie gesagt, einen merkwürdigen Fehlschluss). Kritik entsteht aus der praktischen wie argumentativen Konfrontation der Ansprüche mit der (wahrgenommenen) Wirklichkeit. Die Verfügbarkeit von bestimmten Ansprüchen in den manageriellen Rechtfertigungen kann Kritik „von unten" durchaus „munitionieren" und verstärken (siehe dazu unsere Kontextanalyse der „postpartizipativen Produktionsarbeit“, wo fortbestehende Beteiligungsbehauptungen auf eine entleerte Praxis treffen, in Abschnitt 4.1.2).

Nicht jeder „von unten“ artikulierte Anspruch ist grundsätzlich herrschaftskritisch, wie etwa die Ambivalenz von Leistungsgerechtigkeit als ungleichheits-begründendes wie auch ungleichheitskritisches Anspruchsmuster zeigt. „Leistung“ kann zur Abgrenzung gegenüber denjenigen führen, die als weniger leistungswillig erachtet werden; sie kann genauso zur Kritik an ungerechtfertigten Privilegien „oben“ genutzt werden. Gleichwohl konnten wir unter unseren Anspruchsmustern einige hervorheben, die besonders geeignet erscheinen, kritisch gegenüber den aktuellen Rationalisierungsprinzipien und Herrschaftsansprüchen wirksam zu werden und die zugleich über eine hinreichende empirische Fundierung und Verbreitung verfügen, die versprechen, dass hier in Zukunft Konfliktpotenzial zu erwarten ist. Dazu zählen der Fürsorgeanspruch, das Würdeprinzip wie auch die technisch-funktionale Rationalität. „Beteiligung“ und „Selbstverwirklichung“ haben zwar ausreichendes immanentes normatives Potenzial, sie bleiben in der Bewertungspraxis in der Arbeit aber hinter ihren Möglichkeiten zurück: Beteiligung, weil ihre Reichweite reduziert ist auf das unmittelbare Tätigkeitsumfeld (und damit in der Nähe der „gemanagten Partizipation“ bleibt); Selbstverwirklichung, weil sie aus dem Kanon der Ansprüche eher ins Vorfeld der Wünsche zurückgedrängt bleibt.

3.3.3 Kontexte und Personen – das Beispiel Geschlecht

Das Hauptziel dieses Kapitels war es, die Merkmale typischer Ansprüche der Beschäftigten herauszuarbeiten und entlang ihrer normativen Gemeinsamkeiten zu allgemeinen Mustern zu verdichten. Von wenigen Andeutungen abgesehen, haben wir noch nichts Näheres dazu gesagt, von wem und in welchen Zusammenhängen diese Ansprüche formuliert werden. Im nun folgenden *Kapitel 4* gehen wir dazu über, die Anspruchsmuster in den jeweiligen lokalen Kontexten zu situieren, in welchen sie artikuliert werden und die zugleich Gegenstand der Bewertungen der Beschäftigten sind. Wir wechseln an dieser Stelle also die Blickrichtung: Während wir bisher die Unterscheidung der Anspruchsmuster in den Fokus nahmen, werden wir nun im Folgenden von ihren Anwendungs- und Bewertungskontexten ausgehen. Entsprechend gliedert sich das nächste Kapitel nach typischen Bedingungen und Problemkonstellationen, die wir dann daraufhin untersuchen, welche Ansprüche auf welche Weise jeweils wirksam werden.

An dieser Umschaltstelle sind noch einige letzte Zwischenbemerkungen angebracht. Unser Fokus auf den Kontext- und Problembezug der Legitimitätsansprüche könnte die Frage aufwerfen, ob wir damit nicht mögliche Differenzen zwischen den Ansprüchen hinsichtlich personenbezogener Merkmale unserer Befragten vernachlässigen. Lassen sich typische Unterschiede in den Ansprüchen erkennen, wenn man die Beschäftigten etwa nach Geschlecht, sozialer Herkunft oder Alter gruppiert? Im Folgenden möchten wir am Beispiel der Kategorie *Geschlecht* darstellen, warum uns der Rückbezug auf die sozialen Kontexte plausibler erscheint als eine Differenzierung nach personenbezogenen Merkmalen und wie wir im Weiteren trotzdem Strukturkategorien wie Geschlecht systematisch in die Darstellung einbeziehen können.

In den 1980er Jahren hatte Carol Gilligan mit ihrer „Zwei-Moralen-These" eine kontrovers geführte Debatte angestoßen, die sich um die Frage nach einer spezifischen „weiblichen Moral" drehte. Ihren Sozialisationsstudien nach folgen Mädchen und Frauen eher einem kontextbezogenen Fürsorgeprinzip, während Jungen und Männer nach abstrakteren, verallgemeinernden Regeln, die sie als Gerechtigkeitskonzepte definiert, bewerten (Gilligan 1984, zur anschließenden Diskussion siehe Nunner-Winkler 1991, 1994, 2010).[32] Aus gänzlich anderer theoretischer und methodischer Perspektive sieht auch die quantitative angloamerikanische Justice-in-Organizations-Forschung (mal mehr, mal weniger) typische Differenzen in den Ansprüchen von Männern und Frauen. Grob zusammengefasst, präferieren ihr zufolge Frauen deutlich stärker das Fürsorgeprinzip sowie ein wenig mehr distributive Gerechtigkeitsprinzipien wie das Prinzip der Leistungsgerechtigkeit (‚merit principle'), während Männer häufiger prozedurale Gerechtigkeit einfordern (was ungefähr unseren Beteiligungsansprüchen entspricht). Hinsichtlich Würde (übersetzt man ‚interactional justice' so in unsere Anspruchskategorien) finden sich keine relevanten Geschlechterdifferenzen (Davey et al. 1999; Jaffee/Hyde 2000; Major et al. 1989; Simpson/Kaminski 2007).

Die Frauen- und Geschlechterforschung hat solche Analyseansätze, die normative Ansprüche und Geschlechtszugehörigkeit weitgehend kontextlos zu korrelieren versuchen, allerdings schon seit längerem hinter sich gelassen. Stattdessen treten die Phänomene und Bestimmungsgründe für Herstellung und Reproduktion von Geschlechterdifferenzen in der Arbeitswelt selbst ins Zentrum. Differenzen in den Ansprüchen an die Arbeit und in der Arbeit würden sich damit aus der geschlechtlichen Segregation der Berufe sowie aus innerorganisationalen Mechanismen der Herstellung von Ungleichheit erklären (für die Perspektive der beruflichen Arbeitsteilung siehe z.B. Wetterer 2002, für die Organisationsperspektive z.B. Acker 1990, Wilz 2010). Nicht die Geschlechterzugehörigkeit als der Erwerbsarbeit irgendwie vorgelagertes Merkmal wird zur Bestimmungsgröße von (etwaigen) Unterschieden in Ansprüchen und Orientierungen, sondern in unseren Begriffen – die jeweiligen Arbeitskontexte und Pro-

32 Wie schon erwähnt, halten wir bereits die Polarisierung von Fürsorge und Gerechtigkeit nicht für überzeugend und plädieren dafür, das Fürsorgeprinzip selbst als Gerechtigkeitsanspruch zu betrachten (zur Begründung siehe Abschnitt 3.1.2).

blemlagen, in denen Frauen und Männer agieren, in deren Rahmen sie Erfahrungen machen und Ansprüche formulieren. Ein solcher kontextualisierender und problembezogener Fokus erscheint für unseren Zusammenhang viel plausibler, und unsere empirischen Befunde bestätigen unseres Erachtens seine Angemessenheit auch weitgehend (mit Bezug zum Haushaltskontext vgl. auch Liebig et al. 2011). Der Blick auf die Ungleichheiten in der Beschäftigtenstruktur erklärt in unseren Untersuchungsfällen die meisten der vorgefundenen geschlechterbezogenen Unterschiede in den formulierten Ansprüchen. Hinzu kommen aber auch geschlechterdifferente Erfahrungen mit Anspruchsverletzungen.

Bei einer personenbezogenen Auswertung der Anspruchsmuster entsteht auch bei unserem Sample zunächst der Eindruck, *Fürsorge* sei ein stärker weiblicher Anspruch und Beteiligung ein männlicher.[33] Bei näherer Betrachtung wird allerdings deutlich: Die Unterschiede hinsichtlich Fürsorge hängen damit zusammen, dass wir Bereiche einbezogen haben, wo Fürsorge als Element der arbeitsinhaltlichen Ansprüche eine hohe Bedeutung hat. Und dass sich hierdurch Unterschiede ergeben, verwundert kaum, sind doch Frauen in denjenigen Tätigkeitsbereichen, wo solche arbeitsinhaltlichen Orientierungen prägend sind, erheblich stärker vertreten als Männer (am deutlichsten bei unseren Erzieherinnen und in der Kommunalverwaltung). Die relevanten Unterschiede liegen zwischen den Konstellationen, nicht zwischen den Geschlechtern, denn Männer, die in diesen Arbeitsbereichen tätig sind, artikulieren keineswegs eine niedrigere Fürsorgeorientierung.

Auch die geschlechterspezifisch unterschiedliche Ausprägung von *Beteiligungsansprüchen* ergibt sich aus dem Zusammenhang spezifischer Problemlagen in den betrieblichen Konstellationen mit typischen Geschlechtersegregationen. So ist Beteiligung in den (dominant männlichen) Industriearbeitsbereichen seit langem ein offizielles Anspruchs- und Begründungsprinzip in der Arbeit – nicht nur unter den Beschäftigten, sondern ebenso im offiziellen betrieblichen Diskurs. Als Anspruchsmuster ist Beteiligung daher leicht verfügbar; Kritik in Begriffen von Beteiligung anzubringen ist in diesen Konstellationen naheliegend: Die Organisation wird an den Ansprüchen gemessen, die sie selbst pro-

33 So problematisch und wenig aussagekräftig derartige Quantifizierungen im Rahmen unseres qualitativen Forschungsdesigns auch sind, so seien doch einige grobe Hinweise gegeben: Die von uns befragten Frauen formulieren insgesamt etwas mehr Ansprüche auf Leistungsgerechtigkeit und auf Fürsorge und deutlich mehr Ansprüche auf Würde als die männlichen Befragten. Die Männer thematisieren etwas häufiger Ansprüche auf Beteiligung. Unterschiedet man nach unseren beiden Gruppen von Ansprüchen, fällt auf, dass die Männer in unserem Sample etwas häufiger Rationalitätsansprüche benennen und die Frauen mehr Gerechtigkeitsansprüche.

klamiert (oder zumindest in der Vergangenheit proklamiert hat – siehe dazu unsere Kontextanalyse der „postpartizipativen Produktionsarbeit“, Abschnitt 4.1.2).

Gänzlich anders liegt der Fall diesbezüglich beispielsweise im Einzelhandel mit seiner stärker weiblich geprägten Beschäftigtenstruktur. Auch hier bestehen in der Praxis durchaus Beteiligungsformen – diese bleiben aber in den Betrieben weitgehend inoffiziell und unthematisiert. Ähnlich wie in der Produktionsarbeit sind Prozesse der Dezentralisierung und Enthierarchisierung zu finden, Spezialisierungen und Zuständigkeiten der Verkäuferinnen werden im „integrierten Dienstleistungstaylorismus“ (Kutzner et al. 2009) des Einzelhandels zurückgefahren. Dezentrale Abstimmungs- und Aushandlungsprozesse, die in der Industrie als offizielle Beschäftigtenbeteiligung firmieren würden, werden erkennbar wichtiger. Dies geschieht allerdings eher „nebenbei“, als eine unausgesprochene Nutzung subjektiver Kompetenzen zur Selbstorganisation und formiert nicht ein offizielles Prinzip. Entsprechend können die Beschäftigten hier nicht – wie in der Industrieproduktion – auf „Beteiligung“ als offen verfügbares Rechtfertigungs- und Anspruchsprinzip zurückgreifen. Allgemeiner gesprochen: Die stärker weiblich geprägten (Dienstleistungs-)Arbeitsbereiche sind durch eine Selbstverständlichkeit von Nicht-Beteiligung bei zugleich informeller Selbstorganisation am Arbeitsplatz geprägt. In der männlich dominierten Industriearbeit ist Beteiligung offizielles Organisationsprinzip – und daraus entsteht Kritik an der mangelnden Realisierung dieses Prinzips. Die Unterschiede im Beteiligungsanspruch erklären sich aus den geschlechterspezifisch unterschiedlichen Beteiligungsangeboten und Adressierungsweisen von Seiten der Unternehmen: In Männerarbeitsbereichen werden die Beschäftigten stärker als beteiligungsorientierte Aktivsubjekte angesprochen, Frauen sind hingegen in solchen Tätigkeitsbereichen stärker vertreten, in denen die Abwesenheit offizieller institutionalisierter Beteiligungsformen als normal gilt.

In den genannten Fällen unterscheiden sich *innerhalb* der geprägten Konstellationen die Ansprüche von Männern und Frauen hinsichtlich Fürsorge und Beteiligung nicht. Vielmehr trifft die geschlechtliche Segregation der Berufs- und Tätigkeitsstrukturen auf unterschiedliche Kontextbedingungen in den jeweils stärker männlich bzw. weiblich geprägten Tätigkeitsbereichen.

Indes lösen sich nicht alle Geschlechterdifferenzen bei den Ansprüchen in einer solchen Geschlechtersegregation der Tätigkeiten auf. Wir finden auch einige auffällige Anspruchsdifferenzen von Männern und Frauen innerhalb der gleichen Konstellationen beziehungsweise über alle Konstellationen hinweg. Diese Unterschiede scheinen auf einer geschlechterdifferenten Erfahrung von Anspruchsverletzungen zu beruhen. Während Männer zu einer De-Thematisierung von Geschlecht in ihren Beschreibungen und Bewertungen tendieren (siehe dazu Abschnitt 3.1.1), berichten nicht wenige der befragten Frauen von spezifischen Ungerechtigkeitserfahrungen, die sie als geschlechterbezogene Diskriminierung erlebt haben. Dazu zählen etwa eine insgesamt niedrigere Vergütung von Frauen (stärker im Industriebereich thematisiert), erschwerte Bedingungen für die berufliche Karriere (von denen insbesondere im Feld der Wissensarbeit berichtet wird) oder generell eine höhere Notwendigkeit, die eigene Arbeitsleistung „unter Beweis" stellen zu müssen, um Anerkennung in der Arbeit zu erfahren. Dass bestimmte Ansprüche also von weiblichen Beschäftigten stärker thematisiert werden als von männlichen, liegt hier daran, dass jene entsprechende Anspruchsverletzungen erfahren haben. Werden Anspruchsverletzungen erlebt, steigt die Dringlichkeit, mit der diese Ansprüche formuliert werden.

Falls Frauen also tatsächlich generell – wie die quantitative Gerechtigkeitsforschung feststellt – dazu tendieren sollten, das Leistungsprinzip höher zu gewichten, dann ist die plausibelste Erklärung dafür, dass sie diesbezüglich generell mehr Ungerechtigkeitserfahrungen machen. Denn, wie wir gesehen haben: Die (Vehemenz der) Artikulation von Ansprüchen wächst offenbar insbesondere mit dem Grad ihrer erfahrenen Verletzung. Analog dazu erklärt sich die relativ geringere Bezugnahme auf das Würdeprinzip unter Männern. Männer sind nicht nur dort, wo die Würde in der Erwerbsarbeit in Gefahr gerät, etwas weniger vertreten (Ausnahme: Leiharbeit; vgl. Abschnitt 4.2.3). Sie haben auch – quer durch alle Tätigkeitsbereiche und Konstellationen – weniger Erfahrungen mit persönlichen Würdeverletzungen. Würdeangriffe wie Beleidigungen und Sexismus in der Kommunikation mit Kollegen und Kunden sind typisch weibliche Erfahrungen von Anspruchsverletzungen.

Diese Hinweise zu unserer Deutung und Analyse von Geschlechterdifferenzen in den Gerechtigkeits- und Rationalitätsansprüchen von Beschäftigten sollen an dieser Stelle genügen. In unserer weiteren Darstellung, die sich nach spezifischen Problemlagen von Arbeit gliedert, thematisieren wir die Geschlechterkategorie immer dort, wo sie in den dargestellten Konstellationen als besonders relevant erscheint. Es geht uns im Weiteren also nicht darum, etwaige personenbezogene Differenzierungen von Ansprüchen nachzuverfolgen, sondern Geschlecht als Element und Ergebnis von geschlechtersegregierenden Berufs- und Tätigkeitsstrukturen wie auch von innerorganisationalen Differenzierungsprozessen und Ungleichheitsstrukturen zu fassen. Darauf kommen wir etwa am Beispiel von „Gemeinwohlarbeit unter Kostendruck" (Abschnitt 4.1.3) oder von „Wissensarbeit unter Marktdruck" (Abschnitt 4.1.1) zurück.

Analoges gilt für andere „personenbezogene Merkmale" wie Schichtzugehörigkeit, Nationalität oder Alterskohorte, die wir allenfalls kursorisch, aber nicht systematisch als Bestimmungsfaktoren von Ansprüchen erörtern können. Der Kontext- und Problembezug von Legitimitätsansprüchen besitzt für unsere Analyse- und Interpretationsperspektive – und damit auch für die weitere Darstellung – das Primat.

4 Legitimitätsansprüche im Kontext: Geteilte, gespaltene und erschütterte Arbeits- und Beschäftigungsordnungen

Die Legitimitätsansprüche an Arbeit und Betrieb, die wir aus den Interviews und Gruppendiskussionen mit unseren Gesprächspartnerinnen und Gesprächspartnern herausdestilliert haben, sind nun im zweiten großen Analyse- und Darstellungsschritt in die realen sozialen Zusammenhänge zu stellen, von denen sie geprägt werden und in denen sie als Deutungsmaßstab und Handlungsorientierung wirksam sind. Uns interessieren ja nicht nur die Ansprüche „als solche", sondern auch ihr Verhältnis zur betrieblichen Wirklichkeit – und damit die Frage nach Stabilität oder Brüchigkeit der Legitimation betrieblicher Ordnung. Diesem Entsprechungs- oder Problemverhältnis zwischen Anspruch und Ordnung wenden wir uns nun zu und verorten die Legitimitätsansprüche der Beschäftigten en détail in den relevanten arbeits- und beschäftigungsbezogenen Kontexten: den konkreten Erfahrungszusammenhängen, Problemlagen und „Themen", im Hinblick auf die die Ansprüche *in vivo* artikuliert, und die Strukturen der betrieblichen Arbeits- und Beschäftigungsordnungen, in denen sie *in situ* aktualisiert werden.

Vor allem das Stichwort *„Arbeits- und Beschäftigungsordnungen"* ist hier entscheidend. Die in Kapitel 3 ausgebreiteten Anspruchsmuster müssen gleichsam als die innere Seite – als die innerliche Repräsentanz auf der Bewusstseinsebene – tatsächlich geltender bzw. von den Beschäftigten als geltend unterstellter sozialer Ordnungen begriffen werden. Genau deshalb sind die Gerechtigkeits- und Rationalitätsansprüche ja zugleich Legitimitätsansprüche: Die Prinzipien der geltenden – äußeren, auf der Ebene sozialer Beziehungen und Strukturen existierenden – Ordnung sollen diesen Ansprüchen entsprechen, nur dann gilt eine Ordnung als gerecht und legitim. Entsprechen sich die innere und die äußere Seite der Ordnung nicht und ergeben sich hier Diskrepanzen, gilt sie hingegen als ungerecht und illegitim und wir sprechen von Legitimationsproblemen oder einer Legitimitätskrise.

Dabei konzentrieren wir uns auf diejenigen Ordnungskontexte, die sich bei der Auswertung unseres Materials als bedeutsame Resonanzböden, Bewährungs- und Erfahrungsräume für die Legitimitätsansprüche und das (Un-)Gerechtigkeitsempfinden der von uns Befragten erwiesen haben. An diesen jeweils spezifischen Kontexten machen sich die (Un-)Gerechtigkeitsfragen, die die Beschäftigten umtreiben, und die Kritik, die sie formulieren, konkret fest. Folgende Fragen werden in den nächsten Abschnitten jeweils zu beantworten sein: Welche spezifischen Anspruchsmuster bzw. spezifischen Ausprägungen von Anspruchsmustern kennzeichnen den jeweiligen Kontext? In welchem Verhältnis stehen Anspruchsmuster und Praxis in der jeweiligen Arbeits- und Beschäftigungsordnung bzw. wie erklären sich die Ausprägungen der Anspruchsmuster aus diesem Ordnungskontext? Inwiefern gibt es Anzeichen für die Stabilität der Legitimationsordnung oder von De- oder Ent-Legitimierung? Resultieren dann aus den brüchigen Legitimationen Handlungskonsequenzen (etwa in Bezug auf Interessenpolitik)? Wenn ja: Welche? Wenn nein: Warum nicht?

Die dabei in den Blick geratenden Ordnungskontexte erweisen sich als sehr vielgestaltig und vieldeutig. Sie umfassen mehrere Ebenen, die wir analytisch auseinanderzuhalten versuchen. Einerseits erscheint der betriebliche Erfahrungsraum für jeden Beschäftigten als ein arbeitsbezogener Kontext, in dem – abstrakt gesprochen – die Nutzungsbedingungen der Arbeitskraft geregelt werden, kurz: *als Arbeitsordnung*; und andererseits als ein Kontext, in dem die Verkaufsbedingungen der Arbeitskraft festgelegt werden, kurz: *als Beschäftigungsordnung*. Je nach Untersuchungsfeld und Konstellation sind unterschiedliche Arbeits- und Beschäftigungsformen und unterschiedliche Formen ihrer Verschränkung und Entwicklung prägend.[1] Und damit ergeben sich auch, wie deutlich werden wird, teilweise recht unterschiedliche Legitimitätsfragen und -folgen. Hinzu kommt freilich, dass solche betrieblichen Kontextstrukturen nicht vom weiteren Kontext gesellschaftlicher Arbeitsteilung und gesellschaftlicher Erfahrung abgeschottet, sondern in diesen eingebunden sind. Das hat zur Konsequenz, dass häufig nicht nur eine von den Beteiligten geteilte Arbeits- und Beschäftigungsordnung den Bezugsrahmen ihrer Legitimitätsansprüche darstellt, sondern weitere Bezugsordnungen ins Spiel kommen und die Anspruchsdynamik ebenfalls entscheidend beeinflussen können. So finden wir, dass das Verhältnis von Ansprüchen und betrieblichen Praktiken und Ordnungen etwa auch durch die zunehmende Fragmentierung von Arbeit oder unterschiedliche (erwerbs-)biographische Erfahrungshintergründe – hier exemplarisch: der aus Ostdeutschland kommenden Befragten – oder auch den unterschiedlichen Grad der Einbindung in das Beschäftigungssystem – hier exemplarisch: die Leiharbeitnehmer/innen – mitgeprägt wird.

Für den Analysefokus und die Darstellung ergibt sich daraus Folgendes: Es finden sich zunächst eine ganze Reihe von Kontextkonstellationen, in denen sich die Legitimitätsproblematik vor allem um einen typischen, von den betrieblichen Akteuren *geteilten* Kern einer spezifischen gemeinsamen *Arbeitsordnung* dreht: die Arbeitsordnungen der hochqualifizierten „Wissensarbeit“, der „Produktionsarbeit“ und der „Gemeinwohlarbeit“, die sich zugleich alle-

1 Siehe dazu die Angaben in den Abschnitten 2.2.2 und 2.2.3 sowie im Anhang, auf die wir in diesem Kapitel immer wieder, manchmal auch stillschweigend, zurückgreifen werden.

samt im Wandel – unter Marktdruck, unter postpartizipativen Bedingungen und unter Kostendruck – befinden. Für diese Ordnungskontexte können wir jeweils bestimmte „Legitimitätsprofile“ und typische Stabilitätsbedingungen wie Bruchlinien im Verhältnis von Ansprüchen und betrieblichen Realitäten herausarbeiten (Abschnitt 4.1). Aber auch wenn es eine solche geteilte „Kernordnung“ gibt, heißt dies keineswegs, dass der Ordnungsrahmen und die Ordnungsbezüge der Legitimitätsansprüche sich darin erschöpfen würden. Der Normalfall ist vielmehr der eines mehrfachen oder *gespaltenen Ordnungsbezugs*: Verschiedene Ordnungen, die für die Befragten handlungsrelevant und -orientierend sind, existieren nebeneinander, überlagern sich und können sogar in Konkurrenz und in Widerspruch zueinander treten. Dass es dadurch zu ganz eigenen Anspruchsdynamiken und Legitimitätsproblemen kommen kann, werden wir an drei Beispielen zeigen: an fragmentierten Arbeits- und Beschäftigungsformen, an den krisendurchwirkten Erfahrungen eines gravierenden Ordnungsumbruchs, wie sie viele ostdeutsche Arbeitnehmer/innen durchgemacht haben, und an den Erfahrungen prekär Beschäftigter zeigen (Abschnitt 4.2). Schließlich stehen Arbeit und Betrieb permanent als Basis und Rahmen einer *Beschäftigungsordnung* in Frage, die im Zuge von Arbeitsmarktflexibilisierung und im Gefolge der großen Wirtschaftsrezession Ende der 2000er Jahre immer mehr die Merkmale des Leitbilds einer langfristigen und stabilen „Normalarbeit“ zu verlieren scheint. In einer ganzen Reihe der von uns untersuchten Konstellationen ist die Beschäftigungsordnung teilweise enormen Erschütterungen ausgesetzt und in einigen Fällen dominieren entsprechende Entwicklungen die Legitimitätsproblematik. In Abschnitt 4.3 zeichnen wir die Anspruchsdynamiken sowie die De- oder Entlegitimierungsprozesse nach, die dadurch ausgelöst werden. Im resümierenden Abschnitt 4.4 beleuchten wir – quer zur vorangegangenen Gliederung – zusammenfassend die Bedingungen und Hemmnisse für interessenpolitische Mobilisierungsprozesse, die in Anspruchsverletzungen ihren Ausgangspunkt nehmen.

Wie schon angedeutet: Dass bestimmte Beschäftigten- bzw. Befragtengruppen von den jeweiligen Problemlagen und Ordnungsmustern besonders „betroffen“ sind und diese bestimmten betrieblichen Konstellationen in besonderer Weise ihren Stempel aufdrücken, darf nicht zu dem Fehlschluss verleiten, es handle sich um rein „gruppenspezifische“ oder „konstellationsspezifische“ Probleme und Erfahrungen. Vielmehr kann sich ein und dieselbe Befragte durchaus mit mehreren dieser Problemzusammenhänge gleichzeitig konfrontiert sehen. So kann beispielsweise der Ordnungskontext der „Wissensarbeit unter Marktdruck“ – oder auch der „postpartizipativen Produktionsarbeit“ – mit der Eigen- oder Fremderfahrung fragmentierter oder prekärer Arbeit verbunden sein. In aller Regel überlagern sich unterschiedliche Ordnungskontexte und -bezüge – wie wir dann in Abschnitt 4.2 an besonders aufschlussreichen Beispielen herausarbeiten. Und mit den Erschütterungen und Krisen der Beschäftigungsordnungen sehen sich im Grunde alle Befragten, wenn auch auf unterschiedliche Weise, konfrontiert (Abschnitt 4.3). Gleichwohl gibt es eben betriebliche Konstellationen oder Beschäftigtengruppen, bei denen ein bestimmter Ordnungsbezug und bestimmte Anspruchsmuster im Vordergrund stehen und die Legitimitätsproblematik bestimmen. An ihnen kann die allgemeine Problematik besonders deutlich entwickelt werden. Das bringt unsere Darstellung zum Ausdruck – unter anderem auch durch die detailliertere Nachzeichnung der Befunde für einzelne Konstellationen, die für bestimmte Problemlagen exemplarisch sind.

4.1 Legitimitätsansprüche an Arbeitsordnungen im Wandel

Die zehn Dienstleistungs- und Industriebranchen, in denen wir unsere Befragungen durchgeführt haben, repräsentieren ein weites Feld von Organisations- und Arbeitsformen – mit unterschiedlichen Anforderungsstrukturen, Rahmenbedingungen und Entwicklungstendenzen. Das Arbeitserleben und die Arbeits- und Betriebserfahrungen der Befragten variieren daher erheblich, und entsprechend unterschiedlich sind damit die Erfahrungs- und Bewährungsräume für Legitimitätsansprüche. Freilich bilden sich in unseren Untersuchungsfeldern auch allgemeine Entwicklungstendenzen gesellschaftlicher Arbeit ab, die aus der soziologischen Diskussion über „Arbeit im Wandel" mehr oder weniger bekannt sind. Damit verbinden sich einige arbeitsbezogene Problemlagen, die gleichsam typische – betriebs- und teilweise branchenübergreifende – Brennpunkte oder Testfelder für Legitimitätsansprüche darstellen. Wir haben in unserem Material drei besonders klar konturierte arbeitsbezogene Problemlagen identifiziert, die zugleich – und das steht für uns ja im Zentrum – aus der Anspruchsperspektive der Beschäftigten, als rechtfertigungsbedürftige Ordnungen der Arbeit, „einen Unterschied machen": Sie werden im Folgenden unter den Titeln „Wissensarbeit unter Marktdruck" (4.1.1), „Postpartizipative Produktionsarbeit" (4.1.2) sowie „Gemeinwohlarbeit unter Kostendruck" (4.1.3) zusammengefasst und diskutiert.

Im jeweiligen Ordnungskontext dieser drei Problemlagen stehen für die Beschäftigten bestimmte Gerechtigkeits-, Rationalitäts- und Kritikthemen im Vordergrund, und es lassen sich unterschiedliche Anspruchsschwerpunkte, -kombinationen und -dynamiken – und damit Brüche und Risse betrieblicher Legitimität feststellen. Die dabei in den Blick geratenden arbeitsbezogenen Problemlagen und Entwicklungstendenzen sind in mehrfacher Hinsicht ein zentraler Erfahrungs- und Bewährungsraum für die Legitimitätsansprüche von Beschäftigten. Für sie gilt – ähnlich wie für die Krisenbetroffenheit, der wir uns dann im Abschnitt 4.3 zuwenden – in besonderer Weise der Aspekt des *Nicht-*

Ausblenden-Könnens und des *Sich-Verhalten-Müssens*: Die angesprochenen betrieblichen Anforderungen und Prozesse (die die Beschäftigten beobachten bzw. in die sie involviert sind) und deren Folgen (für die eigenen Handlungsbedingungen und -perspektiven) sind in jedem Fall und für jede Beschäftigte direkt zwingend und existenziell relevant. Betroffen sind zum einen hier immer ihre „Arbeitskraftperspektive" und Reproduktionsinteressen, die direkt an jene Problemlagen und Entwicklungstendenzen und die entsprechenden betrieblichen Leistungsansprüche (und deren Wandel) gekoppelt sind – wodurch die eigenen Ansprüche an Leistungsgerechtigkeit und Fürsorge notgedrungen immer wieder „aufgerufen" werden. Betroffen sind zum anderen sowohl die individuelle Subjektperspektive der Beschäftigten, d.h. die Konstitution und Reproduktion ihrer persönlichen Identität, in die Bezüge zu Selbstverwirklichungsansprüchen oder zur Würde, als auch sozusagen einer kollektiven Subjektperspektive auf Arbeit, in die Bezüge zu Beteiligungsansprüchen gewissermaßen eingebaut sind. Sobald die Arbeit und ihr Wandel in dieser Hinsicht – und zusätzlich im Hinblick auf die Rationalitätsansprüche – zum Thema werden, steht damit immer auch (potentiell) die Legitimität der betrieblichen Ordnung in Frage.

4.1.1 Wissensarbeit unter Marktdruck

Mit Wissensarbeit – in unseren Untersuchungsfeldern meint das vorwiegend: Arbeit von Ingenieuren, Technikerinnen und Softwarespezialisten – verbindet man gewöhnlich ein betriebliches Organisations- und Kontrollregime, in dem den Beschäftigten für die Bearbeitung komplexer wissensbezogener Arbeitsaufgaben erweiterte Einflusschancen und Handlungsspielräume zugestanden werden (müssen). Von den hochqualifizierten, oft über eine akademische Ausbildung verfügenden Wissensarbeiterinnen wird zugleich – gewissermaßen als Element des impliziten Arbeitsvertrags – die „eigenverantwortliche" und „kreative" Nutzung dieser Spielräume im betrieblichen Sinne als selbstverständlich erwartet. Das Organisations- und Kontrollregime von Wissensarbeit bildet so den Rahmen für eine spezifische Arbeitsordnung, die ein Arbeitssubjekt unterstellt, das gleichsam schon mit den passenden, auch lebensweltlich geprägten und wirksamen Wünschen und Erwartungen an Selbstverwirklichung, Kreativität und Gestaltungsoptionen an Arbeit und Betrieb herantritt (im Sinne einer „normativen Subjektivierung" [Baethge 1991]). Die solchermaßen sowohl von Seiten des Betriebs wie von Seiten der Beschäftigten, mithin *doppelt subjektivierte Wissensarbeit* ging in der Vergangenheit mit einer herausgehobenen Stellung der Beschäftigten in der Arbeitsordnung einher, in die ein spezifisches „sozial-moralisches Verhältnis wechselseitiger Anerkennung" (Kotthoff 2009) zwischen Arbeitgeber und Arbeitnehmer eingewoben war.

Diese Arbeitsordnung der Wissensarbeit befindet sich in einem tiefgreifenden Wandel, als dessen wesentlicher „Treiber" die Ausbreitung neuer Formen der Leistungssteuerung in den Unternehmen gilt. Wissensarbeit steht heute in weitaus stärkerem Maße „unter Marktdruck" bzw. Ökonomisierungsdruck als in der Vergangenheit (vgl. Marrs 2008; Vester et al. 2007; Kämpf 2008; Kotthoff/ Wagner 2008; Kratzer/Nies 2009). Die neuen Steuerungsformen zeichnen sich zum einen dadurch aus, dass Markt-, insbesondere Finanzmarkt-„Logiken" (gesteigerte Renditevorgaben und kurzfristige Wirtschaftlichkeitsziele) einen stärkeren Einfluss auf die Unternehmens-, aber eben auch die individuelle Leistungssteuerung haben („*Vermarktlichung*"; vgl. dazu etwa Sauer 2010; Faust et al. 2011). Das andere zentrale Merkmal neuer Steuerungsformen ist, dass die Beschäftigten eine aktivere Rolle bei der Bewältigung von (steigenden) Marktanforderungen spielen müssen, aber auch können („*Subjektivierung*"/„*Selbststeuerung*") (vgl. dazu auch Moldaschl/Voß 2002; Matuschek 2010; Lohr 2013).

In dieser unmittelbareren Konfrontation mit wachsenden Marktanforderungen liegen neue Ambivalenzen der Arbeit begründet. Zum einen sind damit die Bedingungen „subjektivierter" Arbeit nicht mehr auf eine relativ kleine, privilegierte Gruppe von Beschäftigten begrenzt, sondern breiten sich aus: Auch von „normalen" Angestellten und Facharbeitern wird vielerorts erwartet, dass sie sich in die Arbeit „einbringen" und ihre subjektiven Potenziale (samt lebensweltlichen Ressourcen) in den Dienst des Unternehmens stellen. Und auch viele „normale" Beschäftigte erhalten dafür im Gegenzug deutlich erweiterte Spielräume bei der Gestaltung ihrer Arbeit und der Organisation der Arbeitszeit.[2] Zum anderen gelten die Arbeitsbedingungen bei hochqualifizierter Wissensarbeit zwar als immer noch in vielerlei Hinsicht gut, aber nicht mehr als so privilegiert: Verlangt wird weiterhin hohe Einsatzbereitschaft für das Unternehmen und die Aufgabe sowie starkes Commitment, gewährt werden weiterhin relativ große Gestaltungsspielräume; aber die Leistungsanforderungen sind gestiegen und die Stabilität der Beschäftigungsverhältnisse hat abgenommen (Kratzer 2003; Grewer et al. 2007; Kämpf 2008; Kotthoff/Wagner 2008; Kratzer/Nies 2009; Gerlmaier/Latniak 2011).

Gefragt wird vor diesem Hintergrund in diesem Abschnitt nicht nur nach den spezifischen Ausprägungen der Anspruchsmuster qualifizierter und hoch-

2 So geben in der aktuellen BIBB/BAuA-Erwerbstätigenbefragung rund zwei Drittel der Befragten an, dass sie die „eigene Arbeit selbst planen und einteilen" können (Lohmann-Haislah 2012, S. 69). Dieses statistische Bild wird auch in einer Vielzahl von qualitativen Studien bestätigt, wie Matuschek in einem Literatur-Überblick konstatiert: „Im Durchgang durch unterschiedliche Branchen und Arbeitsgebiete hat sich gezeigt, dass die Subjektivierung von Arbeit in ihren unterschiedlichen Facetten weithin die Arbeitsbedingungen konturiert" (Matuschek 2010, S. 124).

qualifizierter Wissensarbeiter, sondern auch danach, welche Spuren die Auseinandersetzung mit einem wachsenden Marktdruck in diesen Anspruchsmustern hinterlässt und ob sich daraus Legitimationsprobleme für die Arbeitsordnung der Wissensarbeit ergeben. Ein etwaiger Befund gravierender Legitimationsprobleme hätte unseres Erachtens Konsequenzen über unser engeres Untersuchungsfeld hinaus. Denn schließlich schien (subjektivierte) Wissensarbeit einmal als positiver Entwicklungspfad in eine (Arbeits-)Zukunft jenseits tayloristisch-fordistischer Organisation und Deformation zu weisen; ihre Merkmale galten gewissermaßen als Charakteristika „guter", „menschengerecht" gestalteter Arbeit, etwa im Hinblick auf Handlungs- und Entscheidungsspielräume, Beteiligungsmöglichkeiten und anspruchsvolle, ganzheitliche Aufgaben (vgl. etwa Böhle 2012; Moldaschl 2012). Aber gerät nun subjektivierte Arbeit selbst in die Kritik? Und auf welcher normativen Grundlage? Auf der Grundlage einer stabilen Legitimationsordnung, d.h. als Kritik an veränderten Verhältnissen? Oder gibt es Anzeichen für sich verändernde Legitimitätsvorstellungen?

„Ein seltsam stabiles Beharrungsvermögen"?

Im Rahmen unserer Untersuchung haben wir insgesamt mit etwa 90 qualifizierten und hochqualifizierten Angestellten in Tätigkeitsfeldern und Arbeitskontexten Einzelinterviews geführt, die – cum grano salis – den Merkmalen subjektivierter Wissensarbeit entsprechen. Diese Beschäftigten sehen sich selbst als eine gegenüber anderen Teilen der Belegschaft privilegierte Gruppe. Nicht nur aufgrund „objektiver" Output-Merkmale des betrieblichen Tauschverhältnisses (etwa bzgl. Arbeitszeitgestaltung, Entgelt, Arbeitsbedingungen), sondern vor allem aufgrund der mit der eigenen Tätigkeit einhergehenden Beteiligungs- und Selbststeuerungsmöglichkeiten erkennt man sich in einer vom Arbeitskontext der „Arbeiter" positiv abgrenzbaren Situation. Man ist, wie es ein Konstrukteur aus dem Automobilbau sagt, „nicht nur ein Arbeiter, der gesagt bekommt, was er machen soll, [...] sondern das Gefühl, selber für die Dinge verantwortlich zu sein, ist sehr hoch" (Konstrukteur, AU_A, 3).[3]

Die arbeits- und betriebsbezogenen Ansprüche der von uns befragten Wissensarbeiterinnen kreisen insbesondere um die Anspruchsmuster Beteiligung, Selbstverwirklichung und Leistungsgerechtigkeit. Diese dominanten Anspruchsmuster stehen nicht in Konkurrenz zueinander, sondern bilden in der Regel eine Einheit: Zum Selbstverständnis dieser Gruppe gehört, dass man aufgrund der Qualifikation, der Einstellung zum Beruf und der anspruchsvollen

3 Dass viele „Arbeiter" eine solche Charakterisierung zurückweisen und ebenfalls Selbstverantwortlichkeit und Beteiligung in der Arbeit für sich reklamieren (und in ihren diesbezüglichen Ansprüchen enttäuscht werden), wird sich in Abschnitt 4.1.2 zeigen.

Tätigkeit, die man ausübt, einen nennenswerten Beitrag zum Unternehmenserfolg leistet. Die von Kotthoff einst als Signum der Arbeitseinstellung von Hochqualifizierten postulierte „Beitragsorientierung“ (Kotthoff 1997) scheint ungebrochen. Diese Ansprüche werden aber nur selten explizit formuliert – wenn man so will: „eingeklagt“ –, denn sie sind als notwendiges und strukturierendes Merkmal der Tätigkeit so selbstverständlich, dass sie in der Regel nur bei groben Verletzungen zum Thema werden. Und sie werden generell (zumindest zunächst) nicht moralisch begründet, sondern rational: Es ist der Anspruch auf die technisch-funktionale Rationalität der Organisation, der ihre ausgeprägten Ansprüche auf Beteiligung, Selbstverwirklichung und Leistungsgerechtigkeit untermauert und legitimiert.

Dieser grobe Aufriss wird im Folgenden auszufüllen und zu belegen sein. Die damit – in der Nomenklatur unserer Anspruchsanalyse – aufgerufenen Topoi erscheinen zunächst wohlbekannt. Sie werden seit langem analog in einschlägigen Studien zum Angestellten- und Hochqualifiziertenbewusstsein bemüht und verweisen auf eine doch über Jahrzehnte hinweg – trotz einer Reihe gravierender Veränderungen – sehr bemerkenswerte Stabilität. Zu dem bereits Baethge und Oberbeck angesichts der Rationalisierungsdynamik der 1980er Jahre verblüffenden Befund – dass nämlich das „zumindest dem männlichen qualifizierten Angestellten seit langem nachgesagte Berufsbewusstsein, das in einem individuellen Leistungs- und Karrieredenken mit stark arbeitsinhaltlich geprägten Zügen und einer hohen Identifikation mit dem Unternehmen sein Zentrum hat, [...] in seiner normativen Kraft ein seltsam stabiles Beharrungsvermögen“ besitze (Baethge/Oberbeck 1986, S. 351) –, der zwanzig Jahre später von Kotthoff und Wagner in ganz ähnlicher Weise bestätigt wurde (Kotthoff/Wagner 2008), zeichnen sich fürs Erste auch in unserem Zusammenhang deutliche Parallelen ab.

So verblüffend konstant die Arbeitsorientierungen von Hochqualifizierten zu sein scheinen, so wenig Grund scheinen sie auf den ersten Blick auch zu haben, an ihren Ansprüchen und Orientierungen Grundlegendes zu ändern: Für viele der von uns interviewten Wissensarbeiterinnen, wie beispielhaft die nächsten Zitate zeigen, ist die Arbeit hinsichtlich ihrer arbeits- und betriebsbezogenen Selbstregulierungsansprüche in der Tat „in Ordnung“.

> „Eine Funktionsbezeichnung ist eigentlich nicht wichtig. Wichtig ist der Inhalt der Arbeit, das, was so die Freiheiten oder den Rahmen [anbetrifft; d. Verf.], den man zur Selbstverwirklichung oder zur Bearbeitung von Projekten hat. Und das ist das, also da muss ich jetzt für die Firma sprechen oder spreche gerne auch für die Firma, was *MA_D* ausmacht. Freiräume, zumindest in dem Bereich der Entwicklung, werden angeboten und sind aus meiner Sicht auch unbedingt wichtig, damit Projekte vorangehen, damit die Arbeit vorangeht.“ (Entwickler, MA_D, 3)

> „Also, gute Arbeit ist für mich, wenn ich meinen Arbeitsablauf und auch meinen Arbeitstag und auch mein Arbeitspensum selbst gestalten kann. [...] Dass ich mir mein Arbeitspensum halt selber festlege. [...] Und das ist bei uns eigentlich von den Bedingungen her recht gut gegeben." (Entwickler, MA_B, 3)

> „Wie ich zum Ziel komme, ist meistens mir überlassen. Ich soll die Weiterbildung meiner Mitarbeiter organisieren, dann überlege ich mir, wie ich das am besten mache. Ich soll den Überblick behalten über die wirtschaftliche Entwicklung in meinem Bereich, dann überlege ich mir, wie ich das machen kann. Wenn ich das Gefühl habe, ich mache das besonders gut oder mir fällt irgendwas leicht, dann biete ich auch an, das gleich für den Fachbereich zu machen, das habe ich bei manchen Themen schon gemacht und so funktioniert das auch im Team. Es gibt Sachen, die mache ich nicht so gerne, die machen aber andere Kollegen besser, und dann übernehmen die so ein Thema auch für andere. Und das ist sehr selbstorganisiert, das gefällt mir gut." (Teamleiter, WD_B, 6)

Dieser erste Eindruck einer – wieder einmal – verblüffenden Kontinuität von Hochqualifiziertenorientierungen relativiert sich allerdings deutlich, wenn man die Anspruchsmuster der Wissensarbeiter in den Kontext der veränderten Bedingungen ihrer Arbeit stellt. Dann entsteht das Bild einer keinesfalls durchweg stabilen Legitimationsordnung, in der sich durchaus schwierige Auseinandersetzungen der Wissensarbeiter mit ihrer Arbeitssituation abspielen. Dass sie ihre eigenen Anspruchsmuster dabei kaum in Frage stellen, ist weniger, wie wir zeigen werden, einer Stabilität der Bedingungen geschuldet, sondern eher dem Gegenteil: Die Wissensarbeiterinnen behaupten ihre Ansprüche, wie es im obenstehenden Zitat heißt, gegen eine Arbeitssituation, die durch zunehmend begrenzte Einflussmöglichkeiten, eine erschwerte Realisierung von Selbstverwirklichungsansprüchen sowie „fraglichere" Ansprüche an Leistungsgerechtigkeit gekennzeichnet ist. Und sie üben, gerade durch Beharren auf ihren Ansprüchen, teilweise deutliche Kritik an den veränderten Bedingungen der Realisierbarkeit dieser Ansprüche. Im Zentrum der Kritik steht die Missachtung von Beteiligungs- und Selbstverwirklichungsansprüchen – und als Konsequenz dieser Missachtung auch die Verletzung von Ansprüchen auf Leistungsgerechtigkeit, weil notwendige Spielräume, „um Leistung zu bringen", nicht hinreichend gegeben sind.

Zunächst wenden wir uns jetzt den hier eng miteinander verbundenen Themen der Leistungsgerechtigkeit und Selbstverwirklichung zu; diese Thematik vertiefen wir durch die genauere Betrachtung einer Konstellation aus der Bauwirtschaft, die verdeutlicht, welche Legitimationsprobleme sich beim Aufeinandertreffen der typischen Anspruchsmuster von Wissensarbeitern mit einem wachsenden Marktdruck ergeben. Dieser Beispielfall wird außerdem Gelegenheit geben, ein Schlaglicht auf die Problematik der Geschlechterdiskriminierung zu werfen. Schließlich werden wir uns – dann wieder konstellationsübergreifend – mit dem dritten zentralen Anspruch der Wissensarbeiterinnen beschäftigen, dem auf Beteiligung.

Leistungsgerechtigkeit und Selbstverwirklichungsansprüche im Zeichen neuer Steuerungsformen

Leistungsgerechtigkeit und Selbstverwirklichung sind miteinander verbundene zentrale Themen der befragten Wissensarbeiter. Sie verstehen sich alle dezidiert als „leistungsorientiert“: Sie wollen nicht nur die gestellten Anforderungen erfüllen, sondern auch ein Ergebnis in der sachadäquaten Qualität abliefern. Leistung ist der zentrale Maßstab für die Bewertung der eigenen Arbeit, das Leistungsprinzip auf dieser prinzipiellen Ebene ungebrochen. Der Anspruch auf Leistungsgerechtigkeit hat vor allem zwei Komponenten: zum einen den Anspruch auf ein „faires“ Verhältnis von Leistung und Gegenleistung, wobei in dieses Verhältnis nicht nur die Vorstellung einer prinzipiellen Wechselseitigkeit eingeht, sondern auch die Vorstellung, dass beide Seiten mehr einbringen, als sie laut formalem Arbeitsvertrag müssten (als Kern eines „impliziten Vertrags“). Und zum anderen den Anspruch auf Bedingungen, die eine leistungsgerechte Verausgabung der eigenen Arbeitskraft ermöglichen und erlauben. Kritik richtet sich dann entweder auf Schieflagen im Verhältnis von Leistung und Gegenleistung, wobei es, wie das folgende Zitat zeigt, oft nicht so sehr um die vordergründige materielle Seite des Austauschs geht:

> „Früher habe ich ohne Probleme dann auch mal selbst Stunden hergeschenkt, aber irgendwann ändert sich das jetzt schon, weil man merkt, jetzt kommen die Nachteile, dass sich so was nicht auszahlt. Wenn man, na ja, wenn man meint, sich besonders anzustrengen, und dann eben dadurch einfach trotzdem irgendwie nicht weiterkommt, nicht befördert wird.“ (Beraterin, WD_A, 13).

Oder die Kritik richtet sich gegen die Einschränkung von Möglichkeiten der eigenverantwortlichen Arbeits- und Zeitgestaltung, die sowohl die Leistungserbringung als auch die Kommunikation und Zusammenarbeit erschweren:

> „In dem einen Projekt fühlte sich die Projektleiterin dazu genötigt, so eine Art Mikromanagement zu betreiben, das heißt, wirklich auf 15 Minuten genau die Zeiten erfassen zu lassen, die Buchung teilweise auch abzulehnen, wenn es nicht ganz klar war, was zu tun war. Sie hat dann gefordert, dass ich nur noch das tue, was sie mir sozusagen in Auftrag gibt. Das heißt, ich konnte nicht mehr proaktiv arbeiten, was aber in meiner Rolle eigentlich notwendig ist, und damit war eigentlich auch die Zusammenarbeit überhaupt nicht mehr produktiv.“ (Systemarchitekt, WD_B, 3)

Dass das dem Anspruch auf Leistungsgerechtigkeit zugrundeliegende Anerkennungsverhältnis ganz entschieden auch eine qualitative Seite hat, ist dem verbreiteten Anspruch auf Selbstverwirklichung geschuldet. Die Hochqualifizierten in unserem Sample haben deutlich häufiger als andere Beschäftigtengruppen explizite Erwartungen an eine erfüllende, ihren kreativen und wissenschaftlichen, teilweise sogar künstlerischen Neigungen entsprechende und die persönliche Entwicklung befördernde Arbeit. In einer ganzen Reihe von Schilderungen wird ein Anspruch auf eine interessante und herausfordernde Tätigkeit deutlich, der zudem das eigene Selbstverständnis als Experte bzw. Expertin widerspiegelt. Anspruchsvolle Aufgaben gestellt zu bekommen und diese auch den sachlichen Anforderungen gemäß „gut“ zu erfüllen, dabei kreativ sein und etwas entwickeln und voranbringen zu können, sind wesentliche Quellen der Motivation.

> „Ich bin, glaube ich, sehr ehrgeizig in der Sache, aber nicht mit dem Ziel, Karriere zu machen, sondern einfach die Sache besonders gut zu machen.“ (Beraterin, WD_A, 13)

> „Also man kann da schon kreativ sein, ne? Und ist natürlich dann auch ein schönes Gefühl, wenn du einfach siehst, dass die meisten Leute sich für so ein Produkt, wo dein geistiges Eigentum eben drinsteckt, entscheiden, und die müssen dann natürlich auch in der Regel dafür ganz schön sparen, die meisten Leute, dass sie sich das leisten können, und das findest du dann weltweit, ne? Siehst du hier und da, und das ist schon eine recht nette Reflektion dann eben.“ (Entwickler, AU_A, 4)

> „Wenn ich was erledigt habe, wenn ich das Gefühl habe, ich habe was geschafft heute, dann ist auch egal, ob ich dann schon um fünf Uhr gehe oder um halb sieben oder irgendwann... Viel später kann ich nicht gehen der Familie wegen, aber es hängt nicht an der Uhrzeit, sondern es hängt wirklich daran, ob ich das Gefühl habe, jawohl, heute habe ich was geschafft.“ (Teamleiter, WD_B, 6)

Die Selbstverwirklichungsansprüche der befragten Wissensarbeiter beschränken sich aber nicht auf die Arbeit, sondern erstrecken sich auch aufs Privatleben. Auch außerhalb der Berufssphäre, zumal in der Familie oder auch im Bekanntenkreis, möchte man sich persönlich „einbringen“ und braucht dazu – und hier schließt sich wieder der Kreis zur Leistungsgerechtigkeit – die entsprechenden Arbeitsbedingungen: Leistungsanforderungen, die einem psychisch und physisch noch genug Energie fürs Privatleben lassen sowie eine Arbeits(zeit)organisation, die auch an die privaten Bedürfnisse angepasst werden kann. Was mit diesen Ansprüchen auf Leistungsgerechtigkeit und Selbstverwirklichung geschieht, wenn die Wissensarbeiterinnen mit einem steigenden Marktdruck und wachsenden Leistungsanforderungen konfrontiert sind, betrachten wir nun näher am Beispiel einer ausgewählten Konstellation.

Ein exemplarischer Fall von Wissensarbeit unter Marktdruck: Leistungsgerechtigkeit und Selbstverwirklichung in einer Baufirma

Bei der betrieblichen *Konstellation BA_B* handelt es sich um den technischen Zentralbereich eines international tätigen Bauunternehmens, das nicht nur die Bauausführung, sondern auch den gesamten Prozess von der Beratung über die Projektierung bis zur Fertigstellung anbietet. Geplant und gebaut werden hauptsächlich größere Hochbauobjekte mit oft erheblichem Budgetvolumen. Die technische Zentrale, in der die von uns hier befragten Wissensarbeiter tätig sind, ist für Grundlagenentwicklung (etwa zum Thema Materialien) zuständig und fungiert als technischer Dienstleister – statische Berechnungen, technische Pläne, Materialkalkulationen – für die operativen Unternehmensbereiche. Die meisten hier Befragten lassen sich zwei Gruppen zuordnen: einerseits Ingenieuren, die mit Entwicklungs- und Planungsaufgaben für Bauprojekte betraut sind, andererseits Beschäftigten, die mit der kaufmännischen Begleitung (Kalkulation, Controlling etc.) von Bauprojekten befasst sind. Die folgenden Befunde basieren vor allem auf den Interviews mit den sechs Befragten mit einem technischen oder naturwissenschaftlichen Uni- oder FH-Abschluss.

In allen Interviews wird deutlich, dass das Unternehmen in mehrfacher Hinsicht unter erheblichem Marktdruck steht. Generell wird die Baubranche als Branche geschildert, in der ein starker Konkurrenzdruck herrscht. Großprojekte werden oft weltweit ausgeschrieben und entsprechend groß ist sowohl die Konkurrenz als auch der Kostendruck. Das Unternehmen versucht, seine relativ hohen Preise unter anderem durch eine höhere Qualität auszugleichen – und das auf einem Markt, der vor allem über den Preis funktioniere:

> „Das ist es eben, weil wir ja auch so kalkulieren müssen, dass wir später auch eine Chance haben, den Auftrag zu bekommen. Und wenn man da nicht knapp rangeht, hat man auch nicht wirklich Chancen, den Auftrag zu kriegen, weil leider in der Baubranche ist es immer noch so, dass in der Regel der günstigste Anbieter den Auftrag bekommt." (Bauingenieurin, BA_B, 4)

Auch wenn die Wissensarbeiter selbst keinen unmittelbaren Kontakt zu den Endkunden haben, sind sie doch von dem vom Endkunden ausgehenden Kosten- und Qualitätsdruck betroffen: Der Marktdruck wird von den operativen Bereichen an die internen „Dienstleister" weitergereicht und in der Folge beklagen alle, dass Budgets und Termine notorisch zu knapp kalkuliert werden (müssen) – und haben zugleich ein gewisses Verständnis dafür.

> „Da gibt es eine Frist, da muss abgegeben werden. Wir müssen ja wiederum den Operativen unsere Sachen abgeben, und die müssen dann noch Preise kalkulieren. Das heißt, die setzen uns eine Frist, wenn wir die überstreichen, dann müssen die halt schneller machen. Aber das können wir uns natürlich auch nicht erlauben, weil die unsere Auftraggeber immer sind." (Bauingenieurin, BA_B, 1)

„Also wenn Sie die Frage so beantwortet haben wollen, dann kann ich sogar fast sagen, ich fühle mich wie ein Sklave manchmal. Also unsere firmeninternen Auftraggeber, die behandeln uns wirklich wie, wie, ja wie Dienstleister eben. Aber wie welche, die gefälligst zu spuren haben. Die wissen ja, wie es ist. Die sehen ja, wenn ich eine E-Mail erst um 12 Uhr nachts schreibe. Und am nächsten Tag kommt eine E-Mail, hier, unsere Abteilung hätte den Ernst der Lage noch nicht erkannt. Also so was geht einfach nicht in meinen Augen, rein menschlich geht es nicht. Andererseits, wenn man es so betrachtet, wenn Sie einen Maler engagieren, Sie wollen jetzt Ihr Haus gestrichen haben und Sie wollen das bis zu einem ganz bestimmten Zeitpunkt gestrichen haben, weil dann die Möbel kommen, und der Malerbetrieb hat gerade Probleme, weil Leute krank sind oder weil andere wichtige Aufträge auch noch anstehen, das interessiert Sie ja auch nicht. Dann geben Sie den Auftrag jemand anderem, oder?“ (Bauingenieurin, BA_B, 4)

Wie sich hier andeutet, stehen die Wissensarbeiterinnen deshalb unter erheblichem Zeit- und Leistungsdruck und sind mit zum Teil erheblichen Belastungen und negativen Auswirkungen auf das Privatleben konfrontiert:

„Also ich will jetzt nicht..., doch, ich sage Ihnen meine Arbeitszeit: Ich habe fast über 50 Stunden die Woche, weil es ganz einfach fast nicht leistbar ist. Und es geht auch oft an die Grenze dessen, was man wirklich geistig und auch gesundheitlich, sage ich mal, noch vernünftig rechtfertigen kann. Also das ist schon ein Thema.“ (Bauingenieurin, BA_B 5)

„Nein, also der Hauptpunkt ist wirklich Arbeitszeiten hier bei uns, das ist das größte Thema momentan, was uns alle fertig macht. Weil das Privatleben kommt gerade wirklich bei den meisten, die an diesem tollen Projekt dransitzen, einfach viel viel zu kurz.“ (Bauingenieurin, BA_B, 4)

Damit geraten sehr deutlich auch die normativen Erwartungen der Beschäftigten an eine gute Projektarbeit unter Druck: Die zunehmende Konkurrenz am Absatzmarkt, „durchgestellt“ als „unrealistische“ Kundenanforderungen und entsprechend knapp kalkulierter Projektrahmen, macht es deutlich schwerer, die eigenen Ansprüche an Selbstverwirklichung in der Arbeit zu realisieren. Die derart komprimierte Projektabwicklung genügt letztlich aber auch nicht den eigenen professionellen Standards:

„Gut, wenn man unter Zeitdruck steht, wenn irgendein Projekt bis zu einem bestimmten Termin fertig werden muss... In letzter Zeit, sage ich mal, finde ich es dann eher stressig, wenn du dann halt wirklich, ich sage mal, fünf, sechs, sieben Projekte hast, die du betreust, und man ständig hin und her springt. Nicht mal irgendwo bei der Sache bleiben kann, sondern sich dann hinsetzt und sagt, jetzt musst du das machen, dann sitzt du gerade dran – geht das Telefon: ‚Ah, ich brauche ganz furchtbar dringend das und das‘, dann drehst du dich um, dann steht ein junger Kollege im Zimmer und sagt: ‚Wie geht das?‘“ (Bauingenieur, BA_B, 2)

Und auch der Anspruch auf Beteiligung und auf Mitgestaltung wird als nur begrenzt realisierbar eingeschätzt, weil man zwar viele Freiheiten hat, die Rahmenbedingungen aber kaum bis gar nicht beeinflussen kann:

> „Oder mehr mitentscheiden, ja, das fehlt hier so ein bisschen. Also einerseits wird den Mitarbeitern viel Verantwortung zugestanden, was die Aufgabenlösung angeht, aber die Mittel dahin, die bleiben doch aufs Büro beschränkt." (Bauingenieurin, BA_B, 1)
>
> *Frage:* „Wie viel Einfluss haben Sie denn selber drauf, was für Projekte Sie machen?"
>
> „Gar keinen."
>
> *Frage:* „Gar keinen? Hätten Sie da gerne mehr Einfluss?"
>
> „Auf das, was wir anbieten, sage ich mal. Ich sage mal so, es wäre manchmal ganz interessant, mehr Einfluss darauf zu haben, welche Projekte [hier] dann tatsächlich bearbeitet werden, die im Konzern angeboten werden." (Bauingenieur, BA_B, 2)

Angesichts des doch eindeutigen und von den Befragten weitgehend geteilten Urteils, dass die Arbeitsbedingungen im Hinblick auf Beteiligung, Selbstverwirklichung und auch Leistungsgerechtigkeit problematisch und kritikwürdig sind, ist dann aber durchaus bemerkenswert, wie wenig grundsätzlich die Kritik der Wissensarbeiter in *Konstellation BA_B* ausfällt – oder anders ausgedrückt: Ihre Kritik an den Arbeitsbedingungen wird nur sehr begrenzt als Legitimationsproblem wirksam oder direkt handlungsrelevant.

Dies hat zum einen etwas damit zu tun, dass die Beschäftigten die Tätigkeit „an sich" ebenso grundlegend positiv beurteilen wie das Unternehmen: Die Aufgaben werden im Großen und Ganzen als „spannend" und vielfältig erlebt, die Firma gilt alles in allem als guter Arbeitgeber, der Arbeitsplatz als sicher. Ein weiterer Grund für diese Art von Umgang mit Anspruchsverletzungen dürfte zum anderen darin liegen, dass die Kritik keinen rechten Adressaten hat. Für den wachsenden Marktdruck wird weniger das Unternehmen als vielmehr „der Markt" respektive die Auftraggeber verantwortlich gemacht. Ganz typisch die folgende Antwort auf die Frage nach den Gründen für die Abgabe zu knapp kalkulierter Angebote durch das Unternehmen, obwohl allen Beteiligten klar ist, dass solche Angebote später nicht gehalten werden können. Die Antwort beschreibt einen eingeübten, allen bewussten Mechanismus:

> „Müssen sie aber gezwungenermaßen, weil es eben alle machen, und man kriegt, also wenn man einen realistischen Preis macht, ganz realistisch, kriegt man keinen Auftrag mehr. Das ist so, also was will man machen. Das ist echt ein blödes System." (Bauingenieurin, BA_B, 1)

Vorherrschend ist die Überzeugung, dass dieses blöde System eben einfach zum Baugeschäft „dazugehört" und dass zugleich das *Unternehmen BA_B*, da es als relativ teuer gilt, in diesem System nur bestehen kann, wenn es qualitativ besonders hochwertige Dienstleistungen anbietet, dass es also die Konkurrenz nur über die Qualität ausstechen kann. Diese „Qualität" wiederum ist, so die Befragten, im Rahmen einer ohnehin durch das schiere Arbeitsvolumen schon angespannten Arbeitssituation nur durch besonderes Engagement zu erreichen. Aber auch die Selbstverwirklichungsansprüche, die sich ja insbesondere an qualitativen Merkmalen der Tätigkeit („gut", „interessant", „vielfältig", „spannend" etc.) festmachen, sind in diesem Rahmen nur über ein besonderes Engagement zu befriedigen. Ein nur schwer zu entwirrendes Problemknäuel.

Im Ergebnis bleibt die Kritik an der insgesamt stark belastenden Arbeitssituation letztlich ohne Adressat: An der eigentlichen Ursache kann man nichts ändern – und auch das Unternehmen hat scheinbar keinen großen Einfluss. Was man ändern könnte, wäre die persönliche Einstellung zur Arbeit – aber dies würde den eigenen Selbstverwirklichungs- und Leistungsansprüchen widersprechen, wäre auch gar nicht so einfach und würde vermutlich auch nicht glücklich(er) machen. Leistungszurückhaltung ist deshalb für die Befragten keine wirkliche Option – es sei denn, sie ließe sich mit anderen, mindestens gleichwertigen Ansprüchen bzw. Umständen rechtfertigen (etwa Kinder).

> „Das wäre auch noch so ein Thema, wenn ich jetzt ein Kind hätte, dann wäre die Sache ja auch erledigt. Weil was bei uns wirklich gut ist, es gibt die Möglichkeit, auch Teilzeit zu arbeiten. Wir haben einige Mütter bei uns in der Abteilung, die teilweise sogar von zu Hause aus gearbeitet haben, also wirklich Dauer-Homeoffice gemacht haben oder die eben nur halbtags arbeiten, zwei volle Tage nur pro Woche arbeiten oder vier halbe Tage, einen Tag frei. Also die Möglichkeit gibt es. Nur, dann ist wieder das Problem, dann kann man nur zuarbeiten. Also so voll in Projekte einbezogen werden mit Verantwortung auch noch, das ist dann nicht mehr drin, dessen muss man sich bewusst sein dann." (Bauingenieurin, BA_B, 4)

Die Normalität und Selbstverständlichkeit eines besonderen, über die formal abgefragte Leistung hinausgehenden Engagements in zeitlicher und inhaltlicher Hinsicht wirft natürlich Fragen der Leistungsgerechtigkeit auf. Im Hinblick darauf sehen sich die Beschäftigten mit mehreren „Verhandlungspartnern" konfrontiert. Der erste ist man selber: Der Anspruch auf Leistungsgerechtigkeit wird zunächst vor allem als individuelle Frage verhandelt, die sich um einen „gerechten" Ausgleich zwischen konfligierenden, aber in jedem Fall eigenen Ansprüchen dreht. Die Arbeitssituation wird dann als im Großen und Ganzen leistungsgerecht eingeschätzt, wenn es einem selbst gelingt, Leistung und Belastung in ein adäquates Verhältnis mit ausreichender Kompensation zu bringen, wobei die Kompensation in der Anerkennung durch Vorgesetzte und Unternehmen, aber auch ganz grundlegend in der Befriedigung eigener Qualitäts-

und Selbstverwirklichungsansprüche besteht (dies entspricht dem in Abschnitt 3.1.3 beschriebenen „Trade-off" zwischen Selbstverwirklichungs- und anderen Ansprüchen). Auch die Kollegen sind Verhandlungspartner. Von ihnen fordert man eine gerechte Verteilung der (Mehr-)Arbeit:

> „Das frustet, wenn man selber bis um 10 oder 12 Uhr nachts hier sitzt, morgens um 8 angefangen hat und ein Kollege kommt um 9 und lässt um 5 den Stift fallen." (Bauingenieurin, BA_B, 4)

Und vom Unternehmen fordert man vor allem eine greifbare Anerkennung des eigenen Beitrags, möglichst nicht nur in „symbolischer" Form, sondern auch materiell: als finanziellen Ausgleich von Mehrarbeit und/oder als Aufstiegsperspektive.

Da die „Marktzwänge" an sich als nicht verhandelbare Sachzwänge angesehen werden, ist eigentlich auch nicht verwunderlich, dass Ansprüche auf Leistungsgerechtigkeit vor allem Ansprüche auf die gerechte *Anerkennung* der Leistung sind – einer Leistung, die ja mehr ist und mehr sein muss als das, was „rein formal" von den Beschäftigten gefordert werden könnte. Damit wird die Wahrnehmung fehlender oder nicht ausreichender Wertschätzung des eigenen Leistungsbeitrags zu einer ganz zentralen Kritikperspektive.

Vom Anerkennungsdefizit zum Legitimationsproblem: Leistungsgerechtigkeit und Geschlecht

Ungerechtigkeitserfahrungen auf der Grundlage fehlender materieller und immaterieller Anerkennung können auch zu einem Bruch mit der bestehenden Legitimationsordnung führen. Als relevant erweist sich dabei das Thema der geschlechtlichen Diskriminierung. Besonders eindringlich sind in dieser Hinsicht Schilderungen einer Bauingenieurin, die sich einem blockierten Karriereweg gegenübersieht. An diesem Beispiel wird nicht nur deutlich, wie aus einem wahrgenommenen Anerkennungsdefizit ein manifestes Legitimationsproblem wird. Die fehlende Anerkennung wird von der Bauingenieurin als unternehmensseitiger Bruch mit Maximen der geteilten Legitimationsordnung empfunden. Was zunächst wie eine individuelle Zurückweisung aussieht, ist ihrer Meinung nach Ausdruck dafür, dass sich das Unternehmen nicht an die geteilte Legitimationsordnung, insbesondere in Bezug auf die Leistungsgerechtigkeit hält – und mehr noch: dass mit der scheinbar geteilten Legitimationsordnung eine systematische Ungleichbehandlung von Frauen geradezu verdeckt werden soll.

Die Bauingenieurin ist seit fast 20 Jahren im Unternehmen tätig und hat zunächst durchaus Karriere gemacht, fühlt sich jetzt aber „abgehängt" bzw. stillgestellt. Ihre weitergehenden Laufbahnambitionen sind enttäuscht worden, sie schildert ausführlich ihre Erfahrungen im Unternehmen hinsichtlich ihrer Aufstiegschancen bzw. das Scheitern ihrer beruflichen Pläne. Karriere ist dabei nicht nur ein langfristig gehegter Wunsch von ihr, vielmehr ist es ein ganz explizites, normativ unterfütterter *Anspruch*, den sie unter Bezug auf Kriterien der Leistungsgerechtigkeit untermauert. Ihr Anspruch auf Leistungsgerechtigkeit drückt sich in ihrer normativ begründeten Forderung nach einer ihrer Leistung angemessenen Position aus, nach einem ihrer Qualifikation und ihren Fähigkeiten angemessenen Arbeitsinhalt und einer Vergütung, die der ihr übertragenen Verantwortung entspricht. Dabei legt sie einen inhaltlich und auch zeitlich breiten Leistungsbegriff zugrunde, der vor allem ihre Fähigkeiten, aber auch ihr besonderes Engagement und ihre generalisierte Leistungsbereitschaft betont: Es geht um eine Anerkennung ihrer über viele Jahre gezeigten professionellen Gesamtleistung.[4]

Hier spielt auch hinein, dass die Befragte als alleinerziehende Mutter (mit einem Kind, das soeben aus dem gemeinsamen Haushalt ausgezogen ist) durchgängig auf einer Vollzeitstelle gearbeitet und auch regelmäßig die „normalen" Überstunden und „notwendige" Wochenendarbeit geleistet hat.

> „So, und ich wollte halt einfach damals auch nicht [...] hier ‚Mutter sein', weil ich dann einen Sonderstatus hatte, und sagen, ich möchte um 4 Uhr pünktlich meinen Löffel fallen lassen. Den Anspruch habe ich für mich gehabt. Ich wollte nicht diesen Vorwurf: ‚Das ist ja eine Mutter, und wenn man die mal braucht, dann ist sie nicht da.' Das wollte ich nicht. Das war nicht meine Maxime." (Bauingenieurin, BA_B, 11)

Zentrales Element ihrer Vorstellung von Leistungsgerechtigkeit ist dagegen die Neutralität gegenüber personalen und biografischen Besonderheiten und Beziehungen. Es soll, diesem Anspruchsmuster nach, nicht nach Zufälligkeiten oder der besonderen privaten Situation und den besonderen Eigenarten einer konkreten Person gehen, wenn organisationale Positionen und Arbeitsaufgaben vergeben werden, sondern gewissermaßen nach der „reinen", „abstrakten" Arbeitsleistung. Der Leistungsmaßstab hat für alle gleich zu sein – ganz unabhängig von womöglich individuell variierenden Möglichkeiten. Aus der Kollision dieses Anspruchs mit der betrieblichen Praxis der Vergabe von Positionen und Funktionen ergibt sich ihr zentrales Ungerechtigkeitserleben: Sie sieht ihren Anspruch auf Aufstieg durchkreuzt von undurchsichtigen, „personalisierten" Kriterien und Beziehungen. Dabei spielen „Männernetzwerke" eine zentrale Rolle.

4 Die Bedeutung der Zeitlichkeit ist, das wird hier deutlich, nicht nur hinsichtlich der technisch-funktionalen Rationalitätsansprüche (eine Sache, ein Projekt gut zu machen, erfordert „seine Zeit"; siehe dazu Abschnitt 3.2.1) von Belang: Dauer und Zeit sind auch wichtige Bestandteile eines aufwandsbezogenen Leistungsbegriffs, wie ihn Hochqualifizierte insgesamt vertreten.

> „Und hier das Unternehmen ist halt schon sehr stark männergeprägt, wenn ich das mal so andeuten darf. Und dann weiß man im Prinzip auch, wie so gewisse Entscheidungen getroffen wurden." (Bauingenieurin, BA_B, 11)

Das Reziprozitätsverhältnis zwischen dieser Wissensarbeiterin und der Arbeitsorganisation ist gestört – einseitig und grundsätzlich in Frage gestellt von den Vorgesetzten, von denen sie als weibliche Leistungsträgerin „nicht gesehen" wird.

> „Also ich habe ja sehr viele Jahre lang schon so für die Firma gearbeitet. Und irgendwann kommen Sie an eine Grenze, wo Sie sagen, wo stehen Sie eigentlich? Wollen Sie weiter so arbeiten? Also ich habe schon das Gefühl, dass ich hier eigentlich nicht gesehen werde." (Bauingenieurin, BA_B, 11)

In die nur scheinbar neutral formulierten Leistungsansprüche des Unternehmens gehen unter der Hand ungerechte Bewertungen ein (oder die neutralen Kriterien werden in der Praxis ungerecht umgesetzt), so dass am Ende stets nur die männlichen Beschäftigten profitieren. Es herrschen im Unternehmen nicht wirklich neutrale Prinzipien der Leistungsbewertung vor, sondern es wird (mindestens implizit) an Maßstäben gemessen, die Männer bevorzugen und Frauen benachteiligen.

> „Ich glaube, der Filter, dass eine Frau irgendwo vorwärts kommen will... also ich sage ganz einfach, wenn eine Personalentscheidung ist, und ich muss entscheiden, dann behaupte ich – zumindest in der Vergangenheit und vielleicht sicherlich auch heute noch –, es wird auf den Mitarbeiterstab geguckt und dann wird erst mal pling, pling, pling, alles weggeplingt, das sind die Frauen. Und dann wird auf die Männer geguckt." (Bauingenieurin, BA_B, 11)

Zentraler Adressat ihrer Gerechtigkeitsansprüche ist „das Unternehmen" im Allgemeinen bzw. sind die Vorgesetzten und Führungskräfte im Besonderen. Zugleich formuliert die Ingenieurin aber auch erhebliche Ansprüche an sich selbst. Fremd- und Selbstansprüche verlaufen dabei weitgehend parallel. Auch auf sich selbst bezogen ist ihr ein gewissermaßen „ent-personalisiertes" Leistungsprinzip wichtig. Leistungsgerechtigkeit heißt: Geben und Nehmen ohne Ansehen der Person. „Private" und personenbezogene Aspekte dürfen bei der Arbeit und ihrer Bewertung keine Rolle spielen, so ihre Überzeugung. So hat sie selbst nie auf einer Berücksichtigung ihrer Situation als alleinerziehende, Vollzeit arbeitende Mutter beharrt, sondern sie hat gleichsam als gute „abstrakte" Leistungsträgerin agiert. Dafür habe sie private Ansprüche massiv zurückgenommen – was sie auch gar nicht bereut oder an sich selbst kritisiert. Der – ihrer Gerechtigkeitsvorstellung nach angemessene – Verzicht darauf, persönliche Sonderrechte, private Ansprüche usw. einzubringen, wurde im Unternehmen aber weder wahrgenommen noch honoriert. Im Ergebnis hat ihre eigene

(Geschlechter-)Neutralität und „Ent-Personalisierung“ nicht gezählt. Denn letztlich hat gerade das „Persönliche“ zurückgeschlagen: die Männernetzwerke, die eben nicht „leistungsneutral“ sind.

Die massive Enttäuschung ihres Anspruchs auf Leistungsgerechtigkeit – also auf eine ihrem Engagement und ihren Fähigkeiten entsprechende betriebliche Position – führt nicht nur zu massiver Kritik am Unternehmen und seiner männlich geprägten Kultur im Allgemeinen und an ihren Vorgesetzten bzw. den Entscheidungsträgern im Personalbereich im Besonderen, sondern auch zu einer kritischen Reflexion ihres eigenen Handelns. Die Folgen sind zum Zeitpunkt des Interviews noch nicht abzusehen bzw. werden nicht klar. Einerseits scheint sie mit dem Unternehmen innerlich schon gebrochen zu haben, andererseits bleibt offen, ob sie es in der Konsequenz tatsächlich verlassen wird. Sie macht auch nicht „Dienst nach Vorschrift“, sondern bleibt die engagierte Leistungsträgerin, als die sie sich schon immer verstanden hat – dies nicht, weil das Unternehmen ihre Arbeitsleistung wirklich weiterhin „verdient“ hätte, sondern eher, weil sie „sich selbst“ und ihrem professionellen Selbstverständnis ein solches Verhalten schuldet.

In verschiedener Hinsicht ist diese Befragte typisch für unsere hochqualifizierten Wissensarbeiterinnen. Zwar wird nur selten eine geschlechterbezogene Diskriminierung so dezidiert beschrieben wie in diesem Fall. Häufig berichten Frauen aber, dass sie sich in besonderer Weise bewähren und ihre Leistungsfähigkeit in besonderer Weise unter Beweis stellen müssen, um von Kollegen, Vorgesetzten und Kunden anerkannt zu werden.

> „Also wenn man auf Baustellen kommt [...], da muss man sich schon erstmal mehr beweisen als Männer. [...]. Als Frau musst du erstmal zeigen, dass du das kannst, dass du das drauf hast, dass du mit den Leuten umgehen kannst, das ist auch schwierig für manche Frauen, auf einer Baustelle zurechtzukommen. Aber danach, wenn man das geschafft hat, hat man gewonnen. Dann hat man es, glaube ich, schon ein Stück weit einfacher.“ (Bauingenieurin BA_B, 1)

> „Also als Frau hat man am Anfang vor allem erst mal größere Anstrengungen, den Leuten zu zeigen, was man eigentlich kann. Man muss sich erstmal beweisen. Gut, wenn jetzt so ein Jungspund frisch vom Studium auf die Baustelle kommt, der muss sich auch erst mal beweisen. Aber wenn das dazu auch noch eine Frau ist, dann hat man es doppelt schwer.“ (Bauingenieurin BA_B, 4)

Charakteristisch ist ebenfalls, dass der Kritikmaßstab durchgängig das Leistungsprinzip bleibt. Die Wissensarbeiterinnen im Beispielfall fordern gerade keine Rücksichtnahme auf ihre familiäre Situation ein, machen also auch keine Fürsorgeansprüche geltend. Als Diskriminierung erscheinen „nur“ Verstöße gegen die Leistungsgerechtigkeit. Familienfeindliche Arbeitszeiten beispielsweise sind keine Ungerechtigkeit gegenüber Frauen (oder familiär engagierten oder besonders beanspruchten Männern), sondern erscheinen sachlich, nach Rationalitäts- und Leistungskriterien, gerechtfertigt. Ständige Verfügbarkeit, lange Arbeitszeiten usw. kollidieren zwar durchaus mit den persönlichen *Wünschen* der Bauingenieurinnen, nicht aber mit ihren normativen Ansprüchen. Geschlecht wird normativ neutralisiert.

> „Ich denke, das ist kein Ding für eine Frau, sondern das ist einfach der ständigen Ansprechbarkeit, Verfügbarkeit geschuldet. Projektarbeit, Teamarbeit, das geht schwerlich [...] – also ein Traum wäre für mich wirklich, freitags nicht zu arbeiten, also ein langes Wochenende. [...] Aber das ist außerhalb jeglicher Reichweite, ja. Und weil auch viele Abgabetermine dann freitags sind. [...] Also ich würde da jetzt niemals zu meinem Chef gehen und sagen: ‚Lass' uns mal da drüber reden!', weil das..., es ist nicht realistisch." (Bauingenieurin BA_B, 5)

Prinzipiell sei eine bessere Vereinbarkeit von Arbeit und Leben im Unternehmen durchaus möglich – aber nur unter Preisgabe von arbeitsbezogenen Selbstverwirklichungswünschen und von Leistungsansprüchen. Auf einer Teilzeitstelle müsse man seine Ansprüche an die Arbeit reduzieren. Inhaltlich interessante, anspruchsvolle Arbeit und „Teilzeit" passten nicht zusammen, so die verbreitete Einschätzung bei männlichen wie weiblichen Befragten.

Dies ist durchaus charakteristisch auch über diese exemplarische Konstellation hinaus. Für viele von uns befragte hochqualifizierte Frauen ist das Verhältnis von Arbeit und Leben ausgesprochen spannungsreich – dies wird aber nur wenig in gerechtigkeitsbasierten Ansprüchen an Unternehmen thematisiert. Dass man sich „halt" entscheiden müsse zwischen interessantem Job und Kindern (oder im Zweifelsfall zumindest die Familie so weit zurückstellt, dass man trotzdem bei der Arbeit voll verfügbar bleibt), gilt eher als „normal" und technisch-organisatorisch rational – sicherlich als unschön, aber letztlich nicht als ungerecht. Es wird nicht als Ausdruck der Diskriminierung von Frauen erlebt. Familien- und geschlechterbezogene Interessen können für die Befragten durchaus wichtig sein, sie begründen aber kaum Ansprüche. Das heißt, die „Vereinbarkeitsfrage" wird als individuelle Auseinandersetzung, häufig als Gewissenskonflikt erlebt und ausgetragen, nicht jedoch als Legitimitätsfrage, die aus besonderen Ansprüchen der Arbeitsorganisation gegenüber erwächst. Legitimitätsrelevant sind aber Verstöße gegen das (vermeintlich) geschlechtsneutrale Leistungsprinzip.

Beteiligung zwischen Selbstregulierung und Ohnmacht

Der Anspruch auf Beteiligung dreht sich, wie in Abschnitt 3.1.4 ausgeführt, um Statusgleichheit der Subjekte in Bezug auf Mitentscheidungen und Partizipation. Er ist für Wissensarbeiter ein Kernanspruch an die Arbeitsorganisation. Das Sich-Beteiligen und Beteiligt-Werden an Entscheidungsprozessen im Nahbereich ist für sie – stärker noch als für andere abhängig Beschäftigte – elementarer Bestandteil des impliziten Arbeitsvertrags und aufs engste mit individuellen Selbstverwirklichungsansprüchen und Fragen der legitimen Leistungsverausgabung verbunden. Daher bilden Verletzungen des Beteiligungsanspruchs den moralischen Kern ihrer arbeits- und betriebsbezogenen Kritik und Ungerechtigkeitserfahrungen. Weitergehende Beteiligungsansprüche, also etwa auf Beteiligung an organisationsbezogenen oder „strategischen" Entscheidungen, finden sich bei ihnen auch, haben dann aber eine zusätzliche normative Grundlage. Sie werden unter Verweis auf *technisch-funktionale und auch ökonomische Rationalitätskriterien* normativ begründet.

Der Beteiligungsanspruch bei Wissensarbeit bedeutet zunächst: Anspruch auf Selbstregulierung des Arbeitshandelns und der Organisation der eigenen Arbeit. Dieser Anspruch leitet sich aus dem professionellen Selbstverständnis der Wissensarbeiterinnen ab, zudem wird er in der Regel rational begründet, d.h., auch losgelöst von der eigenen Person formuliert. In der nachstehenden Antwort eines IT-Beschäftigten auf die Frage, welche Gründe ihn zu einem Arbeitsplatzwechsel bewegen würden, kommt deutlich zum Ausdruck, dass Beteiligung von ihm als Basis einer effizienten Form der Organisation, als Voraussetzung für „effektives" und „produktives" Arbeiten betrachtet wird.

> „Wenn man mir nicht vertraut und ich dadurch nicht mehr meine Arbeit effektiv machen kann. Also wenn ich halt alles, jeden Arbeitsschritt, erst vorher abstimmen muss und dadurch überhaupt nicht mehr so produktiv sein kann, das wäre für mich ein ziemlicher Änderungsgrund." (Teamleiter, WD_B, 6)

Zum prinzipiellen Beteiligungsanspruch gehört aber auch das Bewusstsein dazu, dass dieser nicht universell sein kann: Ganz prinzipiell wird die Prärogative des Managements für „strategische" Entscheidungen als legitimes Vorrecht der Hierarchie akzeptiert. Dem Management wird der Blick auf die Komplexität des „Ganzen" zugetraut, ein Blick, der einem „unten" verstellt ist und für den man sich auch als nicht zuständig und nicht so ohne weiteres hinreichend kompetent sieht.

> „Die Mitarbeiter, die ihre Jobs machen, die sind eingekauft für eine gewisse Tätigkeit, und da gehört Unternehmensplanung überhaupt nicht dazu. Es gehört dazu, Mitarbeiterbefragungen zu machen und eben die entsprechenden Personen oder ausgebildete Leute zu haben, die das interpretieren können und dann sehen können, welche Schwachstellen es gibt – ich nehme jetzt die negativ belegten Wörter. Und wie ich die Schwachstellen eventuell beseitigen oder verbessern kann, das obliegt nicht dem Mitarbeiter. Wenn das jeder Mitarbeiter machen könnte, dann bräuchten wir keine Vorgesetzten. Nur, man benötigt in einem wirtschaftlich orientierten Unternehmen, das auf Gewinn hinarbeitet, eben gewisse Schnittstellen, Rollen, die eben für die Organisation im Hinblick auf das Ziel des Unternehmens arbeiten müs-

> sen. Und dieser ganze Wust, da muss der Mitarbeiter unten auch überhaupt nicht mitbestimmen. Wie die Organisation, wie eine Firma sich aufstellt: nee." (Projektleiter IT, WD_B, 7)

Organisations- oder strategiebezogene Beteiligung erscheint diesem Befragten als gar nicht wünschenswert, weil sie als nicht funktional angesehen wird und die Entscheidungen auf dieser Ebene nicht als Aufgabe der Beschäftigten, sondern als Domäne des Managements gesehen werden.

Eine derartige „Selbstbegrenzung" des Anspruchs auf Beteiligung korrespondiert mit einem Verständnis von „rationaler" betrieblicher Organisation und der Rolle, die Wissensarbeiter darin spielen: Der Betrieb wird weniger als Autoritäts- und Machtstruktur denn als eine arbeitsteilige funktionale Organisation gesehen, die am besten „läuft", wenn jeder das tut, was er tun soll (und kann), und in der auch die Hierarchie durch ihre Entscheidungs- und Steuerungsfunktion rational legitimiert ist. In der „Selbstbegrenzung" sieht man sich – und diese Figur begegnet uns häufiger – zudem entlastet von „politischen" Entscheidungen auf vermachteten, intransparenten Hierarchieebenen; Entscheidungen zudem, bei denen es häufig um Beschäftigungserhalt oder Beschäftigungsabbau gehen kann.

> „Was die Strategie und so weiter in den Firmen betrifft, also da hat die Belegschaft keine Chance hier. Aber ich würde fast sagen, unsere Geschäftsführung hat auch keine Chance, was die Strategie betrifft, also das ist sehr, sehr schwierig, also das wird von oben gesteuert. Wenn der große Boss sagt: ‚Das macht ihr nicht mehr', dann machen wir das auch nicht mehr, so ungefähr. Also da hängen wir schon ziemlich am Tropf bei denen. Also, so kleinere Dinge, da denke ich mal schon, haben wir auch die Möglichkeiten mitzuwirken." (Konstrukteur, MA_B, 7)

> „Also man muss wirklich sagen, zumindest ist das mein Eindruck, das, was wir vorbereiten, das sind wirklich politische Entscheidungen, die getroffen werden müssen. Hier geht es um die Arbeitsplatzsicherung. [...] Ich glaube, da fehlt mir der Gesamtüberblick. Ich glaube nicht, dass es möglich ist, dass jemand hier aus unserer Ebene da wirklich mit reingehen kann." (Planer, AU_D_G)

Diese „gedämpften" Beteiligungsansprüche in Bezug auf betrieblich-strategische Entscheidungen gehen insofern nicht nur auf eine realistische Einschätzung der begrenzten Beteiligungsmöglichkeiten zurück, sondern sind auch Ausdruck der Legitimität hierarchischer Ungleichverteilung von Entscheidungsmöglichkeiten in einer funktional differenzierten Organisation. Eine solche Perspektive impliziert allerdings zugleich, den Führungskräften und Geschäftsführungen die Verantwortlichkeit und Haftung für ihre Entscheidungen zuzuweisen. Die Entscheidungsträger stehen dabei aber in der Pflicht, verantwortungsvoll zu agieren und „richtige" Entscheidungen gemäß technisch-funktionalen und ökonomischen Rationalitätsmaßstäben zu fällen.

Aufgrund der Zentralität des Beteiligungsanspruchs berührt seine Verletzung unmittelbar den Kern des Arbeits- und Berufsverständnisses und kann zum – gedanklichen – Bruch mit dem Arbeitgeber, zur Infragestellung des Beschäftigungsverhältnisses insgesamt führen:

> „Es wäre im Übrigen auch einer der Gründe, die mir die Arbeit vermiesen würden, wenn jemand kommt und sagt, du musst um acht kommen und du darfst um 15 Uhr dann gehen, oder du musst um 15 Uhr gehen, wäre ein Grund für mich zu überlegen, ob das richtig ist für mich." (Key Account Manager, WD_B, 10)

Die besondere Stärke des Beteiligungsanspruchs (und dessen moralischer Gehalt) im Nahbereich wird besonders in Erzählungen über Anspruchsverletzungen sichtbar. Anders formuliert: In einer Arbeitsordnung, in der Beteiligung und Selbstverwirklichung (im Rahmen des Betriebszwecks) zu den kaum zu hintergehenden Kernwerten gezählt werden, ziehen Beschneidungen von Beteiligungs- und Selbstverwirklichungsansprüchen besonders harsche Kritik auf sich.

Zielscheibe der Kritik sind etwa verschiedene Varianten von Pseudobeteiligung, deren gemeinsamer Grundtenor lautet: Man wird zwar angesprochen und auch nach seiner Meinung gefragt, diese zählt dann aber letztlich bei der Entscheidung durch die Vorgesetzten nicht wirklich. Eine Reihe von Beschäftigten berichtet über Versuche einer weiterreichenden Mitsprache, die aber ausgebremst wurden. Sie interpretieren das sachlogisch z.B. damit, dass Entscheidungen letztlich in Zentralbereichen und nicht bei ihnen – „die Musik spielt halt anderswo" – getroffen werden, verbinden diese Erfahrung teilweise aber auch mit einer Kritik an nicht ernstgemeinten Partizipationsangeboten, an einer sichtbaren Diskrepanz zwischen betrieblichem Beteiligungsimperativ und tatsächlicher Offenheit gegenüber Kritik oder Vorschlägen von Mitarbeitern.

> „Das heißt zwar immer, ja, also jeder Vorgesetzte, und hier gibt es viele Vorgesetzte, es heißt immer so, ja, kommt ruhig, wenn was ist, meine Türen sind offen. Wenn einer Ideen und Vorschläge hat. Aber die Regel Nummer eins heißt, geh niemals irgendwo hin, komm niemals mit Vorschlägen, mach niemals irgendwelche Anmerkungen oder sonst was." (Projektassistent, WD_A, 1)

Viele Hochqualifizierte fühlen sich von ihren Vorgesetzten „verschaukelt" oder hingehalten. Sehr häufig (lediglich) das „Gefühl" vermittelt zu bekommen, man könne Einfluss nehmen, jedoch immer wieder zu erleben, dass Entscheidungen de facto in intransparenter Weise, anderenorts oder völlig anders getroffen werden, als die „gefragten" Betroffenen es erwarteten, wird als gravierender Verstoß gegen ihre Beteiligungsansprüche gewertet. Normativer Kernpunkt der Kritik: Man wird als individueller Leistungsträger (und auch als Kollektiv) letztlich nicht ernst und „für voll" genommen – der Arbeitgeber verletzt gewissermaßen den impliziten Vertrag. Der Anspruch auf einen Status als „Betriebsbürger“ im Rahmen einer als legitim anerkannten Hierarchie (als Arbeitsteilung zwischen Funktionen) und die damit eng korrespondierende Vorstellung der Statusgleichheit wird auch dadurch verletzt, dass sich Vorgesetzte eben nicht als „Entscheider“ oder Steuerer, sondern als Herrscher gerieren – dass sie sichtlich auf die Nachvollziehbarkeit ihrer Entscheidungen und die versachlichte Kommunikation verzichten, ihren Anspruch alleine qua „Amtsmacht“ durchsetzen und/oder sich unverdiente Insignien von Herrschaft zugestehen.

Als Missachtung von Beteiligungsansprüchen werden, wie angedeutet, insbesondere nicht nachvollziehbare oder als irrational wahrgenommene Entscheidungen des Managements gedeutet und kritisiert – oder auch das Ausbleiben von Entscheidungen: Höhere Managementebenen würden sich häufig der Verantwortung dadurch entziehen, dass sie Entscheidungen verschleppten oder gar nicht träfen. Teilweise herrsche deshalb so etwas wie „organisierte Verantwortungslosigkeit“: Weder leiste das Management den erwarteten Beitrag im Rahmen der Arbeitsteilung zwischen „Oben“ und „Unten“, noch berücksichtige es die professionellen Kompetenzen der Beschäftigten in hinreichender Weise. Dies behindert und lähmt den Fortgang der eigenen Arbeit und zeigt den Beschäftigten überdies, dass sie eben doch nicht in dem Maße als Expertinnen anerkannt sind, wie sie meinen, es legitimerweise aufgrund ihrer tatsächlichen Rolle im Arbeitsprozess für sich beanspruchen zu dürfen.

Aber auch in Bezug auf Entscheidungsprozesse, die den eigenen Arbeits- und Nahbereich überschreiten, formulieren Hochqualifizierte zumindest implizit Beteiligungsansprüche bzw. diese werden über die von ihnen formulierte Kritik an fehlendem Einbezug in Sachfragen indirekt deutlich. Mit Blick auf solcherlei organisationsbezogene oder „strategische“ Entscheidungen hat diese Kritik eine noch stärker *technisch-funktionale* und auch *ökonomische* normative Grundierung. Einen *moralischen* Anspruch auf Beteiligung auf dieser Ebene erheben Wissensarbeiter nicht wirklich, aber sie bleiben doch die Anwälte von Rationalitätsansprüchen, für die sie die Expertenrolle reklamieren. Einbezug mit Blick auf betrieblich-strategische Entscheidungssituationen wird als zwar nicht moralischer, aber gleichwohl normativer Anspruch dann eingefordert, wenn die Entscheidungsverantwortung nicht vernünftig genutzt oder gar missbraucht wird. Bleibt diese Einbindung der Expertinnen und Experten „an der Basis“ aus, so ernten Intransparenz, wahrgenommenes Un- oder Halbwissen der „höheren Etagen“ und die Dysfunktionalität mancher Entscheidungen teils heftige Kritik. Die „funktionale Autorität“ der Hochqualifizierten in der Sache wird unzulässig durch die reine „positionale Autorität“ der Hierarchie ersetzt – mit im Ergebnis häufig ihre Interessen verletzenden Auswirkungen.

„Und hinterher haben wir es eben genau andersherum gemacht. Das wurde aber nicht mehr in dieser Besprechung entschieden und begründet, sondern das kam dann einfach so. Und da kommt man sich dann schon ein bisschen albern vor. Wenn man in so einer großen Runde von Kompetenzträgern Konsens erzielt und dann wird eben der Rückwärts- und nicht der Vorwärtsgang eingelegt, das war für mich ein Schlüsselerlebnis. [Lacht.] Muss ich wirklich sagen." (Entwickler, MA_ D, 2)

„Ja, was die Arbeit betrifft, die Projektarbeit, denke ich, ist sehr viel außerhalb bestimmt. Also das sind Dinge, die passieren dann irgendwo, was weiß ich, Meeting in [Nordamerika] und dann gibt es wieder neue Erkenntnisse, die vielleicht etwas anders sind als die, die man bisher kannte oder so. Also da ist schon sehr viel Fremdbestimmung dabei, und auch nicht immer ist das ganz einsichtig, sagen wir mal, was da dahinter steckt. Die Strategie wird nicht immer verstanden, die da dahintersteckt. Manchmal denke ich, haben wir an der Basis, sagen wir, unsere Entwickler und die Gruppenleiter vielleicht auch ein besseres Gefühl dafür, was in einem halben Jahr sein wird. Interessanterweise bestätigt sich das immer mal wieder." (Softwareentwickler, EL_A, 5)

Ansprüche an eine über den Arbeitsplatz hinausgehende Beteiligung basieren nicht zuletzt darauf, dass die Beschäftigten erkennen, dass die arbeitsplatzbezogenen Spielräume ihnen nicht allzu viel nützen, wenn die entscheidenden Parameter der Leistungsverausgabung (Termine, Budgets) an anderer Stelle entschieden werden und sie dabei gar nichts mitzureden haben.

Resümee und Ausblick: Bruchlinien der Legitimität, aber keine offenen Konflikte

Die in anderen Untersuchungen festgestellten Veränderungstendenzen subjektivierter Arbeit (so etwa Kämpf 2008; Kratzer/Nies 2009; Kratzer/Dunkel 2013; Heiden/Jürgens 2013) hinterlassen auch in unserem Sample ihre Spuren: (permanente) Restrukturierung, wachsende Anforderungen, mehr Bürokratie und mehr Controlling. Die Anspruchsmuster der Wissensarbeiter unseres Samples aber scheinen eine erstaunliche Stabilität aufzuweisen. Weder finden wir tiefere Spuren einer Überlagerung oder Verdrängung der normativen Ansprüche an Beteiligung, Selbstverwirklichung und Leistungsgerechtigkeit zugunsten einer marktökonomischen Rationalität, in der – für die Beschäftigten selbst – vor allem Markterfolg oder Rendite zählen würden. Die Arbeitsordnung der Wissensarbeit steht unter stärkerem Marktdruck, aber als Begründungsmuster von Ansprüchen lässt sich eine Ausrichtung auf den Markterfolg nicht feststellen. Noch finden wir Anzeichen für die von Kämpf (2008) in einer Untersuchung hochqualifizierter IT-Beschäftigter postulierte Erosion der Beitragsorientierung oder ein wachsendes Bewusstsein der Wissensarbeiter, mehr und mehr zu „normalen Arbeitnehmern" zu werden und den gleichen – steigenden – Risiken ausgesetzt zu sein wie weniger qualifizierte Beschäftigtengruppen. Zwar diagnostizieren die Hochqualifizierten in unserem Sample ebenfalls eine weitgehende Entsicherung der Arbeitsverhältnisse, sehen sich davon aber kaum unmittelbar betroffen: Die überwiegende Mehrzahl gibt an, das Unternehmen insgesamt und auch den eigenen Arbeitsplatz als sehr sicher einzuschätzen.

Bei näherem Hinsehen zeigt sich allerdings, dass zwar die Anspruchsmuster von Wissensarbeitern offenbar in der Tat ein großes Beharrungsvermögen aufweisen, dass diesen Anspruchsmustern aber im Rahmen veränderter Verhältnisse eine neue Bedeutung zukommt. Die (hoch)qualifizierten Angestellten „beharren" im Wortsinne auf ihren Ansprüchen, und zwar nicht nur trotz, sondern gerade auch wegen veränderter Verhältnisse. Unsere Befunde spiegeln so etwas wie Kontinuität in der Diskontinuität. Als relativ stabil erweisen sich dabei die „materiellen" Rahmenbedingungen sowie die Anspruchsmuster der Beschäftigten selbst. Deutliche Veränderungen zeigen sich aber in den wahrgenommenen Realisierungschancen für die Ansprüche. Die Ansprüche auf Leistungsgerechtigkeit, Selbstverwirklichung und Beteiligung geraten in Konflikt mit der zunehmenden Bürokratie in den Unternehmen sowie insbesondere mit dem steigenden Marktdruck. Die Beschäftigten sind mit einem Nebeneinander aus zwei letztlich konkurrierenden Legitimationsangeboten konfrontiert: Neben die traditionelle Wertschätzung professioneller Arbeit und kreativer Qualitätsproduktion tritt ein markt ökonomisch begründetes Legitimationsmuster.

Eine erste Bruchlinie zeichnet sich beim Leistungsbegriff ab. Durchleuchtet man das Interviewmaterial auf die Frage hin, welchen *Leistungsbegriff* Hochqualifizierte für ihre Gerechtigkeitsurteile zugrunde legen, dann zeigen sich ganz überwiegend starke Orientierungen an einem *aufwandsbezogenen Begriff* von Leistungsgerechtigkeit. Keineswegs also tritt ein erfolgs- oder marktbezogener Begriff von Leistung in den Orientierungen der Hochqualifizierten als Rechtfertigungs- und Bezugspunkt für Bewertungen und Kritik an die Stelle eines aufwandsbezogenen Leistungsbegriffs. Die monetäre und moralische Anerkennung, die die Hochqualifizierten von ihrem Arbeitgeber für ihre Leistung einfordern, wird primär mit dem Bezug auf den erbrachten Aufwand, die eigenen Fähigkeiten und Bemühungen begründet. Prinzipien der Marktrationalität bleiben gewissermaßen unverbunden danebenstehen. Dass etwa Projekt-Deadlines eingehalten und Kunden zufriedengestellt werden müssen, dass man sich ggf. an den Volatilitäten des Absatzmarkts ausrichten muss, dass also „der Markt" zentrale Bedingungen für die betriebliche Steuerung und die Anforderungen an ihre Arbeit setzt, ist im Grundsatz unbestritten und gilt als legitim. Ein solcher *Ergebnis- oder Erfolgsbezug* spielt aber keine zentrale Rolle als moralisches Prinzip, wenn die Beschäftigten ihre Ansprüche gegenüber dem Unternehmen begründen.

Eine zweite Bruchlinie zeigt sich im Zusammenhang von Marktdruck und Beteiligungsanspruch. Auch hier, wie generell in den von uns untersuchten

Kontexten von Wissensarbeit, berichten die Beschäftigten über hohe und größtenteils eingelöste Ansprüche an selbstreguliertes Arbeitshandeln und arbeitsplatzbezogene Beteiligung. Kurz: Sie verfügen in geradezu klassischer Weise über Handlungs-, Gestaltungs- und Entscheidungsspielräume, eines der zentralen Merkmale „menschengerecht" gestalteter Arbeit. Vereinzelt werden in dieser Konstellation nun aber Ansprüche an eine über den Arbeitsplatz hinausgehende Beteiligung formuliert. Die Interpretation dazu lautet: Die Beschäftigten „merken", dass die arbeitsplatzbezogenen Entscheidungsspielräume ihnen nicht allzu viel nützen, wenn die entscheidenden Parameter der Leistungsverausgabung (Termine, Budgets) an anderer Stelle entschieden werden und sie dabei eben gar nichts mitzureden haben. Dieser Punkt ist deshalb so interessant, weil er möglicherweise darauf verweist, dass der Handlungsspielraum hochqualifizierter Beschäftigter groß (vielleicht sogar noch größer als früher) sein kann und der damit verbundene Einfluss auf die eigene Arbeit gleichzeitig dennoch sogar sinken kann. Wäre dem so, wäre dies ein interessanter Beitrag zur Debatte um Stabilität oder Wandel der „verantwortlichen Autonomie": Die Beobachtung einer relativen Stabilität das Arbeitsmodells hochqualifizierter Beschäftigter würde dann nicht notwendigerweise der Beobachtung eines Wandels dieses Arbeitsmodells widersprechen. Berührt wären sozusagen zwei Ebenen: Eine „stabile" Ebene bilden die relativ großen Handlungsspielräume im „Nahbereich" der Arbeit, eine zweite Ebene, die des Wandels, wäre mit der Frage verbunden, wie viel Einfluss die Wissensarbeiterinnen auf ihre Arbeitsbedingungen nehmen können.

Wirklich erstaunlich – und damit natürlich auch erklärungsbedürftig – ist, dass das Aufeinandertreffen von im Kern widersprüchlichen Legitimationsangeboten zwar Anlass für Kritik ist, aber kein Auslöser für eine Erosion der vorhandenen Legitimationsmuster zu sein scheint. Für dieses zwar problematische, aber weitgehend konfliktlose Nebeneinander von traditioneller Beitrags- und neuer Marktorientierung möchten wir drei Erklärungsansätze anbieten:

(1) Die Ansprüche an Beteiligung, Selbstverwirklichung und Leistungsgerechtigkeit werden, wie beschrieben, mit der Perspektive technisch-funktionaler Rationalität verkoppelt und durch sie begründet: als notwendige Voraussetzungen für die Effizienz von Wissensarbeit. Deshalb ist die Kritik an zu eng gesetzten Terminen, an einer Kundenorientierung, die weder auf die Qualität der Arbeit noch auf die Qualität des Produkts oder der Dienstleistung Rücksicht nimmt, in erster Linie eine rational fundierte normative Kritik. Und dieser steht auf der anderen Seite eine zwar kritisierte, letztlich aber akzeptierte ökonomische Rationalität gegenüber, deren Legitimität sich aus dem Bewusstsein speist, dass die teure Qualitätsproduktion am Hochlohnstandort Deutschland im internationalen Wettbewerb unter hohem Druck steht. Die Kritik richtet sich dann aber eben weniger auf das Nebeneinander unterschiedlicher und auch wider-

sprüchlicher Legitimationsmuster, sondern auf die aus Sicht der Beschäftigten in einer rationalen Perspektive kritikwürdige Umsetzung: Den steigenden Anforderungen müsste mit mehr Effizienz begegnet werden, und das hieße für viele im Rahmen der Beitragsorientierung wohl: mehr Freiheiten und mehr Einflussmöglichkeiten statt mehr Bürokratie, größere Komplexität und engere Vorgaben. Also wenn man so will: Verfahrenskritik stabilisiert das eigene Anspruchsmuster, delegitimiert aber das konkurrierende Anspruchsmuster nicht.

(2) Der Ort der Kritik ist der Bereich, für den sich die Beschäftigten wirklich kompetent fühlen und für den sie sogar die Rationalitätshoheit beanspruchen: Ihre eigene Arbeit und das unmittelbare Arbeitsumfeld. Die Beschäftigten sehen den Betrieb nicht als Über- und Unterordnungsverhältnis, sondern als arbeitsteiligen Funktionszusammenhang, der dann am besten „rund läuft", wenn die Funktionen professionell besetzt sind und jeder dort tut, was er tun soll und am besten kann. Der Anspruch auf Beteiligung ist auch deshalb vor allem ein Anspruch auf Beteiligung im Nahbereich. Weitergehende Ansprüche auf Mitsprache bei organisationsbezogenen Fragen, der Marktausrichtung etc. äußern nur wenige, obwohl sie durchaus Marktkompetenz – durch Kundennähe – für sich reklamieren würden. Zu allen Fragen jenseits der eigenen Arbeit und des eigenen Arbeitsumfeldes hat man zwar durchaus eine Meinung, sieht sich aber weder in der funktionalen Verantwortung noch mit einer hinreichenden professionellen Kompetenz versehen, aus der sich Ansprüche ableiten ließen. Das Nebeneinander der beiden konkurrierenden Legitimationsordnungen hat daher nicht nur eine horizontale Dimension – d.h. parallel existierende Ordnungsvorstellungen –, sondern auch eine vertikale: Für Kritik an der neuen Marktausrichtung ist man nicht zuständig, und auch das befriedet von vornherein mögliche Konflikte. Aber auch wenn die Beschäftigten organisations- und marktbezogene Entscheidungen des Managements in ihren Auswirkungen auf ihre Arbeit kritisieren, ohne deren Legitimität in Frage zu stellen – betroffen sind sie dennoch, und dies zunehmend. Die gedachte Arbeitsteilung – hier Managementstrategie, dort Qualitätsproduktion – funktioniert nicht (mehr) wirklich. Die Musik – und eben auch die Musik ihrer eigenen Arbeit – spielt zunehmend woanders. Das mindert weder die Ansprüche der Beschäftigten an sich selbst und an die Rationalität der Arbeitsgestaltung noch reduziert es grundlegend ihre Handlungsspielräume im Nahbereich; aber wichtige Einflussgrößen ihrer Arbeit werden eben nicht (mehr) im Nahbereich entschieden und verhandelt. Die Organisation hat größeren Einfluss auf ihre Arbeit (etwa durch Vorgaben oder durch bürokratische Anforderungen), die Beschäftigten haben aber keinen größeren Einfluss auf die Organisation. Das Geltendmachen erweiterter Beteiligungsansprüche – in Bezug auf die Organisation insgesamt – findet an der als legitim erachteten Prärogative des (höheren) Managements seine Grenze. Den Managemententscheidungen – so irrational sie manchmal scheinen und

so dysfunktional sie in ihren Auswirkungen auf die eigene Arbeit oft sind – wird von den Hochqualifizierten letztlich eine rationale „Logik“, die des umkämpften Wettbewerbs auf globalen Märkten, zugeschrieben.

(3) Das Neben- und Übereinander gleichermaßen legitimer, aber oft widersprüchlicher Ansprüche führt dazu, dass der eigentliche Konflikt, bei aller Kritik, entweder keinen rechten Konfliktgegner hat – oder innerhalb der Person selbst auftritt und hier ausgetragen werden muss. Den Beschäftigten ist bewusst, dass sich die Kosten der eigenen Dienstleistung nur durch deren hohe Qualität rechtfertigen und auch „verkaufen“ lassen. Da aber aus den gleichen (Kosten-) Gründen die Ressourcen für die Qualitätsproduktion (Budgets, Zeiten, Kapazitäten, Fristen) knapper werden, wird der Anspruch an eine qualitativ gute, professionellen Standards entsprechende Arbeitsleistung zu einem Anspruch, den man nur in eigener Person erfüllen kann, im Zweifel unter Einsatz zusätzlicher eigener Ressourcen. Die in einigen Fällen thematisierte hohe Belastung, ja Überlastung ist dann die Kehrseite der Hoffnung auf Beteiligung. Leistung und Selbstverwirklichung und der (nur) partiellen Erfüllung entsprechender Ansprüche. Das Problem konkurrierender Legitimationsordnungen wird eben nicht als kollektiver Konflikt ausgetragen, sondern individualisiert und privatisiert.

In den Anspruchsmustern der Hochqualifizierten unseres Samples finden sich letztlich jedoch *keine* Anzeichen für eine Arbeitsorientierung, die in Richtung eines „neuen Geistes“ im Rahmen einer Netz- oder Projektordnung im Sinne von Boltanski und Chiapello (2003) weist. Der die Ansprüche und Handlungsorientierungen (und die Kritik) der Wissensarbeiterinnen prägende zentrale Ordnungsbezug ist vielmehr der einer „professionellen Rechtfertigungsordnung“, die – und dies dürfte deutlich geworden sein – freilich mit den „äußerlichen“ Ansprüchen einer „marktorientierten (Selbst-)Steuerung“ in einem äußerst spannungsreichen Verhältnis steht.

4.1.2 Postpartizipative Produktionsarbeit

Wir ändern nun die Perspektive und wenden uns dem Ordnungskontext der materiellen Produktion und der Produktionsarbeit zu. Zum gemeinsamen Erfahrungshintergrund vieler Befragter, die in solchen Kontexten beschäftigt sind, gehört eine breite Welle betrieblicher Partizipationsangebote, die inzwischen in Formen der „Normalisierung“ – im Doppelsinn der Veralltäglichung wie der Anpassung an überkommene Strukturen – eingemündet oder auch ganz abgeebbt ist. Partizipative Managementkonzepte hatten seit den frühen 1990er Jahren Hochkonjunktur und haben in den letzten beiden Jahrzehnten die Organisierungs- und Rationalisierungsbewegung vor allem in der verarbeitenden Industrie und den exportorientierten Wirtschaftsbranchen, aber auch einigen Dienstleistungsbereichen geprägt (vgl. Wolf 1994, 2003; Dörre 2002). Inzwischen ist der betriebliche Alltag aber nach diesem temporären Aufschwung durch verschiedene Arten der „Normalisierung" bis hin zur Aufkündigung der Partizipationsangebote gekennzeichnet. Insofern ist hier von „postpartizipativen" Arbeitsordnungen zu sprechen.

Vor allem durch die Einführung beteiligungsorientierter Formen von Gruppenarbeit und die sie begleitenden Partizipations- und Mitmachdiskurse waren zunächst – vielfach erstmals – Beteiligungsansprüche von Produktionsarbeitern auf die offizielle betriebliche Agenda gesetzt worden. Solche betriebliche Beteiligungsinitiativen, d.h. von Betrieb und Management initiierte und gestaltete (und in der Regel durch Betriebsräte mitinitiierte, flankierte und forcierte) Angebote und Maßnahmen verstärkter direkter Beteiligung der Beschäftigten, hatten auch in einer ganzen Reihe unserer Konstellationen im Laufe der 1990er und 2000er Jahre Einzug gehalten – und damit seitdem den Arbeitsbedingungen und den Arbeitserfahrungen der Beschäftigten ihren Stempel aufgedrückt: vor allem als Einführung von Team- oder Gruppenarbeit im Rahmen der Umsetzung von „Lean-Production"-Konzepten und als kontrollierte Einbindung in Optimierungsprogramme, insbesondere vom Typ „Kontinuierlicher Verbesserungsprozess" (KVP).

Solche Formen gezielter und kontrollierter Beschäftigtenbeteiligung haben wir, wie erinnerlich, als strukturierendes Moment einer bestimmten „Aktivierungskonstellation" bezeichnet – „Aktivierung" im Sinne der *Aktivierung von Beteiligungsansprüchen* – und bei der Fallauswahl zu berücksichtigen versucht. Wie in Abschnitt 2.1 dargelegt, nennen wir solche betrieblichen Konstellationen „Aktivierungskonstellationen", in denen die Beschäftigten in Meinungsbildungs- und Entscheidungsprozesse im alltäglichen Arbeitsumfeld, bei Umstellungen oder auch beim Krisenmanagement direkt eingeschaltet werden bzw. sich einschalten, was für die Beschäftigten die Erfahrung einer betrieblichen Anerkennung von Beteiligungsansprüchen impliziert. Diese Anerkennung kann sich – und das ist die Regel – im Rahmen eingespielter Beteiligungskonventionen mit normalisierten Prozeduren und konventionellen Beteiligungsformen (Information, Konsultation, in die Arbeitsorganisation eingebauten Formen direkter Partizipation, z.B. bei Gruppen- oder Projektarbeit) abspielen. Um diese Variante von Aktivierung handelt es sich im Folgenden, wobei zu präzisieren ist: Es geht um die frühere – zumeist in den 1990er Jahren beginnende – Aktivierung von Beteiligungsansprüchen, die inzwischen ein Normalisierungs- oder gar Rücknahmeschicksal durchgemacht hat. Das Verblassen bzw. die Rücknahme von Partizipations- und Aufwertungsversprechen der zurückliegenden Welle beteiligungsorientierter Rationalisierungskonzepte im Zuge von Standardisierung und der Einführung von „Ganzheitlichen Produktionssystemen" ist eine verbreitete Erscheinung, die seit längerem in der Forschung reflektiert wird (vgl. z.B. Springer 1999; Gerst 2011). Das trifft vor allem auf eine Reihe von Industriekonstellationen unseres Samples zu, ausgeprägt für die *Automobilkonstellationen AU_A, AU_B, AU_D* und die *Maschinenbaukonstellation MA_A*, während die Beschäftigten in anderen Untersuchungsfeldern einen solchen Aktivierungszyklus in der Regel nicht durchgemacht haben (siehe Abschnitt 2.2.2).[5]

Es zeigt sich – wie wir es auch erwartet hatten –, dass der Erfahrungshintergrund postpartizipativer Produktionsarbeit eine besondere Herausforderung für Legitimitätsansprüche der Beschäftigten an die betriebliche Ordnung darstellt – insbesondere natürlich für ihre Beteiligungsansprüche (aber auch die Rationalitäts- und die Leistungsansprüche). Diese Beteiligungsansprüche waren betrieblicherseits zunächst ja unmittelbar „angerufen" worden, und in modifizierter Form gilt das zumeist noch immer. Damit waren und sind hier Beteiligungsansprüche betriebsöffentlich und alltagspraktisch ein wichtiges Thema für alle Akteure. Und die angedeuteten Wandlungen und Umdeutungen bzw. Begrenzungen der betrieblichen Partizipationsangebote provozieren ständig Stellungnahmen und Positionierungen aller Beteiligten. Eine Untersuchungskonstellation soll unter diesen Gesichtspunkten im Folgenden als exemplarischer

5 In unseren *Dienstleistungskonstellationen* finden sich keine direkt gleichgelagerten Beispiele postpartizipativer Arbeitsordnungen – aus branchen- und konstellationsspezifisch unterschiedlichen Gründen. In der Mehrheit der Fälle im *Einzelhandel* haben Beteiligungskonzepte kaum Einzug gehalten, zumindest nicht als explizites Konzept (einzige Ausnahme: EH_D). Es gibt keine Gruppenarbeit, keine Gruppensprecher, nicht einmal regelmäßige Treffen der Arbeitsgruppe (sei es mit oder ohne Vorgesetzte), keine selbstorganisierte Arbeits- und Urlaubsplanung usw. – jedenfalls offiziell. Allerdings haben eine gewisse Enthierarchisierung und vor allem der Rückbau von Spezialisierungen dazu geführt, dass die Aufgabenzuschnitte breiter geworden sind und dass die Beschäftigten mehr Abstimmungsbedarf untereinander haben. Dieser Bedarf wird aber auf informellem Wege geklärt, durch dezentrale Absprachen untereinander (oder häufig auch nicht geklärt: Konflikte um die Arbeitsverteilung sind in manchen Konstellationen an der Tagesordnung, z.B. EH_A). Diese reduzierte Form von – durch arbeitsalltägliche Anforderungen „erzwungener" – informeller Beteiligung hatte nie ein besonderes Legitimationspotenzial, denn die Beschäftigten wurden (anders als in der industriellen Produktion) nie offiziell als Beteiligungssubjekte angerufen und haben die (implizite) Beteiligung auch nicht als Aufwertung der eigenen Person bzw. Arbeitskraft empfunden. Andersherum betrachtet heißt das, dass sich aus womöglich veränderten Anteilen informeller Partizipation dort, soweit erkennbar, auch keine Legitimationsprobleme ergeben haben. In Bereichen von *Wissensarbeit* wiederum gilt die aktive Beteiligung der Beschäftigten von jeher als Selbstverständlichkeit. Sie wird von beiden Seiten – Beschäftigten wie Management – gewünscht und erwartet und hat daher auch dort „offiziellen" Charakter, wo sie nicht in Regeln und Verfahren gegossen ist. Diese Selbstverständlichkeit von Beteiligung besteht dort weiterhin, wird allerdings – wie wir gerade sahen – durch den Wandel der Arbeit unterwandert und ausgehöhlt.

Fall ausführlich betrachtet und in ihrem Anspruchsprofil anschaulich gemacht werden.

Ein exemplarischer Fall postpartizipativer Produktionsarbeit: Enttäuschte Beteiligungsansprüche in einem Maschinenbaubetrieb

Bei der betrieblichen *Konstellation MA_A* handelt es sich um den Unternehmensbereich Messgeräte einer Maschinenbaufirma. Dieses traditionelle Geschäftsfeld umfasst neben der Entwicklung von Wägesystemen die Produktion elektronischer Leiterplatten und Baugruppen sowie die Montage der Wägesysteme. Befragt haben wir in der Endmontage beschäftigte Arbeitnehmer/innen. Ein Großteil der Beschäftigten verfügt über eine einschlägige Facharbeiterausbildung, es gibt aber auch Quereinsteiger aus anderen Berufsfeldern, die angelernt wurden. Das Anforderungsniveau der Montagetätigkeiten bewegt sich in einem Spektrum zwischen Fach- und Einfacharbeit. Die Arbeits- und Beschäftigungsbedingungen der Stammarbeiter gelten im regionalen Vergleich als sehr gut, ein Arbeitsplatz bei *Firma MA_A* ist begehrt. Die Personalstruktur ist einerseits durch einen hohen Anteil schon lange in der Firma Beschäftigter mit hoher Betriebsbindung und -identifikation charakterisiert.

> „Weil hier ist doch, ich sage mal, ein großer Teil, der hier [schon länger arbeitet]. Gerade in der [Montage] finde ich älteres Personal, das sich eigentlich auch mit dieser Firma sehr identifiziert, sage ich mal, ne, und auch für den Namen *MA_A* geradesteht, auch mal ein bisschen mehr macht als vielleicht in einer anderen Firma." (Montagearbeiter, MA_A, 6)

Andererseits ist aber auch die Randbelegschaft aus Leiharbeitern und Befristeten stetig angewachsen. In der Produktion ist die Leiharbeiterquote per Betriebsvereinbarung auf höchstens 20% der Beschäftigten begrenzt, was auf die inzwischen als normal geltenden Größenordnungen verweist. Die Leiharbeitnehmer/innen, mit denen wir sprachen, streben oft gezielt den Einsatz bei *Firma MA_A* an, um sich als Bewerber für einen der guten Arbeitsplätze bei diesem guten Arbeitgeber „bewähren" zu können.

Unter hohem personellen und finanziellen Aufwand wurde bei *MA_A* Mitte der 1990er Jahre Gruppenarbeit in den Montagen und automatisierten Fertigungsbereichen eingeführt, und zwar eine Form von Gruppenarbeit, die man in Anschluss an Gerst et al. (1995) als „strukturinnovativ" bezeichnen kann. Sie beinhaltete folgende (in Betriebsvereinbarungen festgeschriebene) Elemente erweiterter Beteiligungsmöglichkeiten der Beschäftigten: die Bildung teilautonomer Montagegruppen mit erweiterten Zuständigkeiten für dispositive und instandhaltende Aufgaben, gewählte Gruppensprecher als „Sprachrohr der Gruppe", regelmäßige Gruppengespräche, eine Gruppenprämie als Entlohnungsmodell sowie ein flexibles Arbeitszeitmodell. Diese „strukturinnovative" Beteiligungsinfrastruktur existiert seit nun fast zwei Jahrzehnten, die meisten von uns Befragten haben also lange unter diesen Bedingungen gearbeitet, und die Struktur existiert „im Prinzip" auch bis heute fort. Die aus Beschäftigtensicht wichtigsten positiven und auch heute noch wirksamen Elemente bzw. Konsequenzen der fortbestehenden partizipativen Seite der Arbeitsordnung fasst ein ehemaliger Gruppensprecher in einigen prägnanten Statements zusammen:

> „Ja, positiv ist gleich, dass man [...] ein Sprachrohr nach vorne hat und nicht das irgendwo in den vier Räumen nur versickert, die Stimmung einfach nur trübt, so kann man das gleich nach vorne, auch in höhere Ebenen vor allem bringen, und dass die genau sehen, die Herrschaften: Hm, da unten müssen wir mal ein bisschen was tun, da läuft irgendwas quer oder so, müssen wir mal ein bisschen Arbeit reinstecken. Das klappt eigentlich [...] relativ gut bei uns. Nicht immer, es gibt immer auch Vorgesetzte, die quer denken, sage ich mal, die ihre eigene Meinung haben, aber im Großen und Ganzen läuft das recht gut."

> „Auch die Arbeitseinteilung in dem Modul, das ist nicht mehr ganz so, wie es früher war, da sagte der Meister: Du machst das, das, das,... Sondern das machen wir unter uns schon so. Jeder hat eigentlich seinen Bereich, der weiß genau morgens dann: Das und das muss ich machen, damit der und der weiterkann oder so. Das klappt eigentlich schon, also bei uns klappt das sehr gut."

> „Das Arbeitsklima finde ich sehr, sehr angenehm für mich. Wie gesagt, kann mir meine Zeit einteilen, das ist sehr, sehr gut. Kann man morgens mal eine Stunde später kommen oder auch mal um neun kommen, das geht alles. Mit Absprache seiner Arbeitskollegen ist das alles möglich, jedenfalls viel, viel besser als diese starre Arbeitszeit, wie es früher war, sehr, sehr viel besser."

> „Ansonsten arbeiten wir eigentlich größtenteils, sage ich mal, zu 95% selbstständig, ohne dass wir eigentlich einen Meister brauchten, in Anführungszeichen, arbeiten wir selbstständig." (Montagearbeiter, MA_A, 6)

Damit waren und sind Beteiligungsansprüche – über die Mitbestimmungsrechte der Betriebsverfassung hinaus – im Arbeitsalltag institutionalisiert und direkte Einwirkungschancen der Produktionsarbeiterinnen auf Entscheidungen über bestimmte betriebliche Belange effektiv vorhanden. Das ist erkennbar wichtig auch für das Selbstwertgefühl mancher Befragter, das sich in dem vorhandenen Beteiligungsklima entwickeln und entfalten kann. Dieses Klima drückt sich z.B. in der Bereitschaft auch jüngerer Beschäftigter aus, das „Amt" eines Gruppensprechers zu übernehmen, und in der Art, in der sich diese Bereitschaft artikuliert.

> „Also ich habe mich dieses Jahr auch aufgestellt... Also das heißt eigentlich nicht so richtig freiwillig, [lachend] andere wollten das, weil ich mich nicht so getraut habe, weil ich jetzt halt noch neu in der Abteilung bin und mich mit dieser Sache eigentlich nicht so richtig auskenne, weil der, der das macht, der ist da topp drin, ja, der

> kennt die ganzen Leute, der weiß ganz genau, wie er was machen muss. So viele Sachen sind es jetzt zwar nicht, aber ich wurde aufgestellt und habe auch ein paar Stimmen bekommen, aber es hat nicht gereicht, ne. Aber ich war da jetzt nicht enttäuscht oder so drüber, ich war froh, dass ich überhaupt ein paar Stimmen gekriegt habe, weil dass man mich überhaupt gewählt hat, obwohl ich da erst neu drin bin, das ist ja schon irgendwie sehr bemerkenswert, muss ich sagen." (Mechanikerin, MA_A, 7)

Das ist freilich nur die eine Seite der betrieblichen Realität. Andere Statements machen sehr deutlich, dass es sich bei diesen partizipativen Elementen der Arbeitsordnung eher um – wichtige und weiterhin wirksame – „Überbleibsel" vergangener Zeiten handelt. Diese etablierten Formen der Beteiligung werden aktuell offensichtlich immer weniger „gelebt". Und sie werden inzwischen von neuen, wieder mehr auf Hierarchie und direkter auf Rationalisierungsziele abhebenden Strukturen überlagert und zunehmend in den Hintergrund gedrängt: einem intensivierten und gelenkten KVP, der Einsetzung von ungewählten Teamleitern – parallel zum gewählten Gruppensprecher – als „Sprachrohr des Meisters" (Mechaniker, MA_A, 2), der partiellen Rückkehr zu Fließprinzip und Automatisierungskonzepten gerade in den als „zukunftsfähig" geltenden Bereichen mit neuen Produktlinien. Solche Veränderungen werden von den Beschäftigten bisweilen bloß nüchtern konstatiert, und die entstandene andere Seite der betrieblichen Realität wird nicht von allen als offensichtliche Verschlechterung oder Rückschritt gewertet, bisweilen erscheint sie sogar als folgerichtige Fortsetzung.

> „Wir haben hier auch diese KVP-Boards gekriegt, wenn jetzt jemand irgendwie Verbesserungsvorschläge hat, das wird dann weiterbearbeitet und abgegeben, und es hat sich schon eine Menge verbessert, also was das angeht." (Mechanikerin, MA_A, 7)

Häufig wird allerdings – wie wir gleich im Einzelnen sehen werden – explizite Kritik an Beteiligungseinschränkungen und -kanalisierungen laut, die mit den konstatierten Veränderungen einhergehen. Eine schleichende „Rekonventionalisierung" der Arbeitsorganisation drückt dem Arbeits- und Beteiligungsalltag mehr und mehr ihren Stempel auf. Es ist eine eigentümliche Doppelstruktur der betrieblichen Beteiligungswirklichkeit entstanden, in der man sich sozusagen auf beide Seiten stützen und im Zweifelsfall berufen kann – bei allerdings deutlich zunehmendem Gewicht der partizipationsbegrenzenden bzw. -kanalisierenden Elemente, die „wieder in die Vergangenheit zurück[weisen]" (Mechaniker, MA_A, 2). Wie verarbeiten die Beschäftigten diese eigentümliche „postpartizipative" Erfahrung – welche Ansprüche treten in den Vordergrund, welche treten zurück? Artikuliert sich vor allem Kritik, oder überwiegt Anpassung?

Beteiligungsansprüche: Kritik an Anspruchsverletzungen und Skepsis hinsichtlich möglicher Anspruchsrealisierung

In *Konstellation MA_A* artikulieren die Befragten generell einen starken Anspruch auf Beteiligung im Nahbereich der Arbeitsgruppe oder Abteilung – um die Arbeit dort „vernünftig" bewältigen und gestalten zu können. Es herrscht die selbstverständliche Haltung vor, dass die aktive Mitbewältigung und Mitgestaltung der Arbeitsprozesse zu den legitimen Ansprüchen der Beschäftigten gehört. Nur wenn dies realisiert werde, seien auch – das ist den Statements zumeist unterlegt – die technisch-funktionale Rationalität der Abläufe und eine angemessene Produktqualität zu gewährleisten. Dieser Anspruch stützt sich auf den von den Beschäftigten für sich reklamierten Experten- und „Praktiker"-Status im Hinblick auf die Produktionsbelange und bezieht sich folgerichtig auch schon auf die Mitwirkung bei der Auslegung und Gestaltung betrieblicher Teilprozesse. Dafür bildet die vorhandene Beteiligungsinfrastruktur immer noch einen relativ guten Rahmen, der diesen Anspruch auch betrieblicherseits legitimiert. Man kann also durchaus *offen* mitbewältigen und -gestalten (wollen), und das bezieht sich auch auf die Beteiligung an Prozess-, teilweise sogar an Produktänderungen.

> *Frage:* „Werden die Beschäftigten bei Prozessinnovationen oder Produktinnovationen einbezogen?"

> „Ich sag mal, seit gut fünf Jahren, glaube ich, mehr als vorher, auch durch die Entwicklung[sabteilung]. Sonst hatte die Entwicklung ein Gerät entwickelt, hat das vorgestellt auf der Messe und dann sind die ganzen Sachen, die Pläne, in die Abteilung gegangen und dann wurde das Gerät gebaut, Punkt, peng. Und dann traten natürlich die Probleme auf, [lachend] wenn es erst mal in der Produktion laufen soll. Und seitdem das nicht so ist, muss ich sagen, seitdem die Entwicklung auch mehr sich in die Montage hingesetzt hat und wir das auch gefordert haben damals, weil wir ein paar mal auf die Nase gefallen sind durch diese Produkte, wir große Schwierigkeiten hatten, seitdem wir enger mit der Entwicklung zusammenarbeiten, läuft das viel, viel besser. Weil der einzelne Arbeiter, der unten an seinem [Montage-]Tisch sitzt, der sieht auch einen Fehler und sagt: ‚So können wir das gar nicht machen, wenn wir da irgendwas auf Schnelligkeit arbeiten wollen, das muss anders gebaut werden oder so.' Das ist schon sehr weit fortgeschritten hier, das finde ich sehr, sehr gut. Das ist zum Beispiel auch so ein Punkt, wo es dann wieder Spaß macht, was Neues." (Montagearbeiter, MA_A, 6)

> „Also das habe ich ja schon mitbekommen bei dieser [neuen Produktlinie]. Da wurde ja schon ein Gebäude weiter umgebaut [...], und da haben die Kollegen mitgeholfen [bei der] Arbeitsplatzgestaltung... Auf jeden Fall haben die da auch ein Mitsprachewort gehabt. Weil wir wissen ja besser, wie so ein Arbeitsplatz aussehen soll, als die Theoretiker, sage ich mal, ne, Praxis ist ja was anderes wie Theorie." (Montagearbeiter, MA_A, 4)

Diese offene Beteiligung der „Praktiker", auch an technisch-organisatorischen Umstellungen und insbesondere an der Suche nach ökonomischen Einsparungsmöglichkeiten, ist damit in *Konstellation MA_A* im Laufe der jahrelangen Partizipationspraxis zum selbstverständlichen Bestandteil der Rollendefinition als Produktionsmitarbeiter geworden. Er kann gleichsam bei Bedarf sowohl betrieblicherseits wie von Seiten der Beschäftigten auf- und angerufen werden. Ob der in manchen Äußerungen anklingende besondere Akzent auf dem ökonomischen Nutzen und dem Rationalisierungsbeitrag dieser Art von Beteiligung eher jüngeren Datums ist, lässt sich schwer entscheiden, ist aber angesichts des Gesamttenors der Statements stark zu vermuten.

> „Oder dass man heute viel mehr, eben durch das Hintergrundwissen, dass man hier selber schon in den Arbeitsabläufen guckt, Mensch, warum haben wir da so lange Laufwege, könnte man das nicht irgendwie anders positionieren, dass jeder Einzelne nicht so weit laufen muss, verkürzte Wege oder Arbeitsablauf vereinfachen, ne, warum so umständlich, ne." (Mechaniker, MA_A, 5)

Aber auch die Art der Gruppenentlohnung prämiert die Einengung von Partizipation auf die Suche nach Rationalisierungsbeiträgen. Man nutzt die Entscheidungsspielräume, um durch kleine Ökonomisierungsmaßnahmen bei der Arbeitsverteilung oder Arbeitszeitgestaltung die Gruppenprämie zu optimieren. Hier wird der realisierte Beteiligungsanspruch mit ökonomischen Rationalitätsvorstellungen und einer an individuellen Aufwänden und „Bereitschaften" festgemachten Vorstellung von Leistungsgerechtigkeit verkoppelt. Diese Verknüpfung wird von der Gruppe teilweise auch zu Lasten von „unflexiblen" Kolleginnen oder von „Minderleistern" durchzusetzen versucht.

> „Dann werden natürlich die etwas Langsameren, sage ich mal in Anführungszeichen, schon gedrängt: Kommt mal ein bisschen in Schwung. Und da gab es auch Ärger unter den Leuten. Wenn die Prämie nicht gestimmt hat, gab es grundsätzlich Ärger, wurde immer irgendwo was gesucht, wer war jetzt schuldig oder so, oder warum ist das passiert, durch technische Fehler, durch Fehlteile oder durch Arbeitsmängel oder dass einer zu langsam gearbeitet hat oder zu wenig Ausstoß war." (Montagearbeiter, MA_A, 6)

Andererseits wird in *Konstellation MA_A* diese offene Beteiligungsrolle der Beschäftigten *vom Betrieb* immer weniger wirklich reklamiert. Jeglichem – auch dem vordergründig ökonomisch motivierten – Beteiligungsengagement werden mittlerweile zunehmend spürbare Grenzen gesetzt. Das macht sich an den schon angedeuteten Re-Hierarchisierungen und arbeitsorganisatorischen Veränderungen sowie dem partiellen „Einschlafen" der alt gewordenen „strukturinnovativen" Beteiligungsstrukturen fest. Ein starkes Indiz für das Verblassen der „strukturinnovativen" Elemente ist die abnehmende Frequenz und Regelmäßigkeit von Gruppengesprächen – und damit deren nachlassende Bedeutung für den Arbeitsalltag.

> „Also vorgegeben ist laut Betriebsvereinbarung, alle 14 Tage ein Gruppengespräch zu führen. Wird aber nicht immer gemacht in der Regel. Vielleicht mal im Monat eins. Wir haben uns eigentlich, sage ich mal, obwohl ich es sinnvoll finde, wenn es wirklich immer mal durchgeführt wurde pro Monat einmal, eigentlich so geeinigt: bei Bedarf.“ (Montagearbeiter, MA_A, 6)

Insbesondere bei jüngeren Beschäftigten verwischen sich in der Wahrnehmung die Grenzen zwischen den alten, mehr „bottom-up“-geprägten und den neuen, mehr auf „Top-down“-Rationalisierung abstellenden Strukturelementen der Arbeitsordnung. Diese scheinen inzwischen im Arbeitsalltag bereits präsenter zu sein als etwa die Zusammenkünfte der Gruppe mit ihrem gewählten Gruppensprecher: Auf Gruppengespräche und Gruppensprecher geht man bisweilen beiläufig schon so ein, als handele es sich um „überholte“ Institutionen.

> „Also wenn die Gruppe jetzt zusammensitzt, dann wird auch gefragt, okay, hat jemand noch irgendwas auf dem Herzen, möchte jemand noch irgendwas loswerden. Wir haben hier auch diese KVP-Boards gekriegt, wenn jetzt jemand irgendwie Verbesserungsvorschläge hat, das wird dann weiterbearbeitet und abgegeben und es hat sich schon eine Menge verbessert, also was das angeht. Deswegen, ich glaube, die Gruppengespräche... Ja, wenn es mal wirklich ganz, ganz wichtig ist...“ (Mechanikerin, MA_A, 7)

> „Aber der Gruppensprecher... ja, es gibt da so bestimmte Aufgaben, die diese Gruppensprecher hier haben, aber... [überlegend]... weiß ich jetzt nicht, ob das nicht auch schon vielleicht sogar überholt ist. Also der Gruppensprecher sollte eigentlich immer das Sprachrohr der Gruppe sein, ja, und der Teamleiter soll mit das Sprachrohr des Meisters sein.“ (Mechaniker, MA_A, 2)

In der postpartizipativen Doppelwirklichkeit treten die strukturinnovativen Elemente immer mehr zurück, und die in den Vordergrund rückenden „strukturkonservativen“ Elemente der Gruppenorganisation stehen zugleich für eine stärker von außen und von oben – vom Teamleiter oder Meister – regulierte und kontrollierte Organisationsform.[6]

6 Die ursprüngliche Nomenklatur der SOFI-Untersuchungen zur Gruppenarbeit passt auf solche hybriden postpartizipativen Gemengelagen nicht mehr. Ursprünglich sollte „strukturinnovativ“ ja den Bruch mit tayloristisch geprägten Strukturen bezeichnen, „strukturkonservativ“ deren Fortschreibung in teilweise neuem Gewand. Die postpartizipative Erfahrungswelt ist dagegen durch die Rückkehr strukturkonservativer Momente im alten strukturinnovativen Gewand gekennzeichnet.

„Und jetzt ist eigentlich so der Trend wieder da, das ist aber meine persönliche Meinung, es geht jetzt wieder in die Vergangenheit zurück. Es geht jetzt wirklich wieder zurück: das heißt jetzt nur anders, früher hatten wir Vorarbeiter, jetzt heißt es Teamleiter. Die Leute werden nicht mehr so mitinvolviert. Also wir haben damals also selber auch bestimmt, wie hoch die Kontingente sind, wie viel Geräte pro Tag möglich sind und so. Da haben wir jetzt auch gar nicht mehr die Möglichkeit. Diese Entscheidungsmöglichkeiten... Wir haben sonst viel mehr Informationen hier über unseren Rechner gehabt, wo ich jetzt auch meine: [...] man kommt nicht mehr so richtig dran." (Mechaniker, MA_A, 2)

„Gut, heute wird das eigentlich so kommuniziert: ‚Ja, macht euch auch mal Gedanken', ne. Das finde ich auch alles in Ordnung. Nur, wenn man sich dann Gedanken macht... und diese Gedanken sollten sich dann auch eigentlich hinterher wiederfinden, sage ich mal. Aber wenn sie das nicht tun, dann sagt man auch irgendwann: ‚Komm, die machen sowieso, was sie wollen, ob du was sagst oder nicht.'" (Mechaniker, MA_A, 5)

Beteiligungsansprüche werden in dieser neuen Doppelwirklichkeit vielfach als eindeutig verletzt wahrgenommen. Einerseits wird die zwar verblassende, aber noch vorhandene Relevanz der früheren Beteiligungsstrukturen und die neue Relevanz gelenkter Rationalisierungspartizipation – und damit das Vorhandensein von wie immer gearteten Partizipationsangeboten – eigentlich von allen betont; andererseits fällen nicht wenige Befragte sinngemäß das vernichtende Urteil: „Es gibt keine wirkliche Beteiligung." Vor dem Hintergrund der geschilderten Partizipationsmöglichkeiten laufen überraschend viele Statements auf die Wahrnehmung bloß rhetorischer Pseudobeteiligung und regelmäßig zu später Einbindung in Entscheidungen hinaus, der Partizipation wird damit nur Alibicharakter zugebilligt. Auch dann, wenn die Beschäftigten das Management auf Maßnahmen hinweisen, die aus ihrer Sicht vor allem technisch-funktional sinnvoll und geboten wären, sind die Würfel häufig bereits gefallen.

„Es wurde einfach so halt bestimmt. Wir haben dazu gesagt: ‚Das ist nicht so wirklich machbar oder das ist nicht gut', aber da wird halt zum Beispiel nicht drauf gehört." (Montagearbeiter, MA_A, 1)

„Aber ansonsten Entscheidungen, die hier getroffen werden, ob das auf Führungsebene ist, Meisterebene ist, die Entscheidungen werden ganz einfach getroffen, und manchmal kriegt man auch noch suggeriert, man hätte Einfluss darauf, indem man drüber spricht. Nur indem man drüber spricht, die Entscheidungen sind gefallen eigentlich, ne. Man teilt eigentlich im Prinzip nur noch mit, um nachher sagen zu können: ‚Wir haben doch drüber gesprochen!' Aber letztendlich ist alles schon gefallen. Genauso wenn man hier irgendwas vorstellt, ne, die Entscheidungen sind... die Würfel sind gefallen." (Mechaniker, MA_A, 2)

An dieser Pseudobeteiligung wird zwar massive Kritik geübt. In dieser Kritik verbinden sich Beteiligungsansprüche mit technisch-funktionalen Rationalitätsansprüchen, wie gleich näher auszuführen sein wird. Dennoch entsteht offenbar nicht ein derart hoher Leidensdruck, dass es zum offenen Einklagen der Beteiligungsansprüche, zu Protest oder Widerstand kommen würde. Es überwiegt Skepsis im Hinblick auf die bestehenden Verwirklichungsmöglichkeiten der Ansprüche, insbesondere auch, was das Vorhandensein dafür nötiger Mobilisierungs- und Solidarisierungsfähigkeiten in der Belegschaft angeht. Den Hintergrund solcher Einschätzungen und Haltungen bilden zunehmende Unsicherheiten über die langfristigen Beschäftigungsperspektiven im Unternehmensbereich sowie verbreitete „privatistische" Orientierungen unter den Beschäftigten. Doch zunächst zur näheren Charakterisierung der Kritik an der Verletzung von Beteiligungsansprüchen.

„Organisierte Verantwortungslosigkeit": technisch-funktionale versus bürokratische Rationalitätsansprüche

Hier spielt zunächst der Topos der „Verantwortungslosigkeit" bzw. der Flucht vor der Verantwortung eine große Rolle. Die Frage der Verantwortlichkeit bzw. der Verantwortungslosigkeit des Managements, insbesondere unterer und mittlerer betrieblicher Führungskräfte (vor allem der Meister), treibt die Befragten in *Konstellation MA_A* in besonderem Maße um und ist Bezugspunkt teilweise vehementer Kritik. Anstatt Verantwortung zu übernehmen und Entscheidungen dann zu fällen, wenn sie angezeigt sind, würden als Entscheidungsersatz lieber E-Mails geschrieben, nach dem Motto: „Ich habe ja was gemacht." Vor allem sei wichtig, den formalen Dienstweg aufrechtzuerhalten – und damit Dinge „auszusitzen" und sich im Zweifelsfall der Probleme zu entledigen. Das verantwortungslose Bestehen auf dem formalen (elektronischen) Dienstweg behindere zugleich auch noch die sachgemäße informale Abstimmung.

> „Dieser Obergefreiten-Dienstweg, ne, kurz ein Anruf: ‚Ey, hier, schick mir das mal rüber!' Das geht eigentlich nur mit Leuten, die man auch kennt, die sagen: ‚Ja gut, eigentlich habe ich keine Zeit, aber ich schick es Dir hin.' Und heute heißt es: ‚Da musst du eine Mail schreiben.' Ich sage: ‚Wenn ich mit dem persönlich spreche, und der sagt mir das zu, dann brauche ich da keine Mail. Ihr seht teilweise die Mails heute nur als Garantie: Ich habe ja was gemacht.' Und das, finde ich, entfremdet irgendwie." (Mechaniker, MA_A, 5)

Es entfremdet die Führungskräfte „oben", die sich vor den realen Problemen hinter formalen Kommunikationsprozeduren verstecken, anstatt Position zu beziehen, und das gerade auch, wenn es um Probleme geht, die eigentlich im Sinne der Firma – im Hinblick auf einen effizienten Umgang mit Ressourcen, eine Verbesserung der Abläufe und Prozesse – zu lösen wären. Stattdessen werden Probleme durch Formalismen, viel E-Mail-Verkehr und Meetings verschleiert, ihre Lösung verschleppt und die Verantwortung für fehlende, zu späte oder falsche Entscheidungen zwischen den Zuständigkeitsbereichen hin- und hergeschoben. Und es entfremdet vor allem die Beschäftigten „unten“, die „als Arbeiter“ tagtäglich mit den realen Problem konfrontiert bleiben und die Verantwortungslosigkeit (in Form von Nacharbeit, Mehrarbeit, Zeitdruck) auszubügeln und auszubaden haben: Es entfremdet sie von ihren Beteiligungsansprüchen und der ihnen eigentlich zustehenden Expertenrolle in Bezug auf die Problemlösung. Entsprechende Initiativen verpuffen:

> „Wir haben öfter schon mal so was vorgeschlagen, klar. Wir haben auch Gruppengespräche und auch unserm Meister schon mal vorgeschlagen, aber, sagen wir, es verhallt mehr, [lacht] als dass da was passiert. Zumindest ist unser Eindruck im Modul so, es passiert wenig. Vielleicht passiert es ja außerhalb, dass die sich wirklich darum bemühen, sage ich mal, aber wir kriegen es... es wird nicht so kommuniziert, ne, es kommt nicht an.“ (Montagearbeiter, MA_A, 6)

Die Befragten sehen sich als erfahrene Fachkräfte mit profunden Kenntnissen über den technisch-organisatorischen Produktionszusammenhang „aus erster Hand“. Als solche sehen sie sich von denen „oben“ – den Angestellten oder „Doktoren“ in der Administration, die lieber in ein Meeting oder nochmal einen Kaffee holen gehen, anstatt sich den Sachfragen zu stellen – nicht hinreichend ernst genommen und anerkannt.

> „Also diese Kultur mit diesen Sitzungen, die nimmt überhand, habe ich das Gefühl, also speziell die letzten Jahre. Wenn man wen erreichen will: ‚Der ist auf Sitzung.‘ [...] Also von den verantwortlichen Seiten mal, nicht von denen, die in der Produktion jetzt sitzen, sondern denen, die mehr so administrativ im Gange sind. Habe ich zu dem einen auch schon mal gesagt [lacht], ich sage: ‚Ich stelle mir die Firma in zwanzig Jahren vor, Produktionsbereich 15 Quadratmeter, Rest nur Sitzungsräume.“ (Mechaniker, MA_A, 5)

Immer wieder werden technisch-funktionale Rationalitätsansprüche von den Befragten beschworen, die der Managementüberbau der Entscheider – der einer (Karikatur von) bürokratischer Rationalität folgt bzw. einen zunehmenden Ökonomisierungsdruck weitergeben muss – ständig verfehle und gefährde. Diese Rationalitätsansprüche machen die Experten der Produktion selbstbewusst geltend und sie dienen ihnen als wichtigste Folie ihrer Kritik an den Vorgehensweisen und insbesondere den Kommunikationsstrukturen innerhalb der Organisation.

> „Oder das beste Beispiel ist manchmal: Wir sparen vielleicht drei, vier Cent an einem Elektronikteil oder sowas, was aber unserer Qualität gar nicht entspricht oder schlechter ist. Und dadurch haben wir aber oben in der Montage dann *Probleme*, sage ich mal, um die Geräte zu schaffen. Was die aber vorne gar nicht wissen kön-

nen. Diese Kommunikation, die müsste einfach viel mehr gefördert werden innerhalb dieser Abteilungen. Auch zwischen Einkauf und Gruppe und so was, dass die Leute viel mehr Bescheid wissen." (Montagearbeiter, MA_A, 6)

Zwei konkrete Fälle der Kritik seien zur Veranschaulichung herausgegriffen. Dabei handelt es sich um die Interpretation und Bewertung von Managemententscheidungen und -planungen, aus denen gravierende Arbeitsprobleme resultieren, die in den Interviews immer wieder thematisiert wurden. Zum einen geht es um das chronische Problem fehlender Montageteile, das auf die ökonomisch begründete Reduktion der Lagerhaltung zurückgeführt wird, zum anderen um die im Gefolge einer organisatorischen Umstellung entstehende Entgratungs-Mehrarbeit in einem Abschnitt der Montage. Das „Fehlteile"-Problem besteht im Kern darin, dass Montageprozesse relativ häufig ins Stocken geraten oder gar zum Erliegen kommen, weil benötigte Teile nicht rechtzeitig zur Verfügung stehen. Das ist ein wohlbekanntes Dauerproblem, das zu ständigen Beschwerden führt und auch der bürokratischen Dauerbearbeitung unterliegt.

„Wir beschweren uns zwar ständig beim Meister. Dann gibt es hier sogenannte Fehlteilrunden, jeden Tag angeblich oder jede Woche, aber... Seitdem es diese Runden gibt, ist das Gefühl, was im Modul ankommt, sage ich mal, ist es mehr geworden als vorher, als es vorher mal war. [...] Und dadurch bleiben natürlich auch Kundenaufträge liegen, weil wir den Kunden nicht beliefern können in diesem Moment. Und das ist immer für mich immer so ein Zwiespalt, verlieren wir dadurch nicht die Kunden, durch unsere eigenen Fehler, die wir da machen in unserer eigenen Logistik?" (Montagearbeiter, MA_A, 6)

„Ich bin auch, ja, so ein bisschen sarkastisch, ich sage: ‚Wie nennt Ihr euch eigentlich so als Runde? Wollt ihr verhindern, dass dieses Problem eigentlich total weg ist, oder passt ihr auf, dass das immer erhalten bleibt?' Es ist eigentlich, wie ich das sehe: das Problem fängt eigentlich da an, wo ich die Vorgaben mache, wie groß darf die Lagerhaltung sein. [...] Ich sage, was nutzt das, wenn wir uns hier wochenlang oder jeden Tag bestimmte Leute sich zusammensetzen und beraten? Wenn ich so ein Problem habe, dann mache ich drei Sitzungen, wenn das dann nicht gelöst ist, dann ist irgendeiner falsch am Platz. Da muss die Lagerhaltung oder eine Reserve erhöht werden, dass man auch mal eine Woche überleben kann und nicht von der Hand in den Mund lebt." (Mechaniker, MA_A, 5)

Aber auch diese konkreten Vorschläge und Hinweise verhallen offenbar. Was indes bleibt, ist der Umstand, dass die „Fehlteile" für die Montagebeschäftigten ein Arbeitsproblem darstellen, das sie tagtäglich in ihrem Arbeitshandeln beeinträchtigt und ihnen eine (arbeits-)ökonomische Leistungsverausgabung erschwert. Ungeplante Mehrarbeit, „Durchwursteln" und phasenweise Arbeitsintensivierung sind die Konsequenz.

> „Ja, und dann müssen wir improvisieren und erst mal was anderes machen. Auf einer Seite arbeitest du die Aufträge ab, und da, wo ein Fehlteil ist, da hast du dann so einen Berg. Und dann kommen die [Teile] in drei Wochen, und dann musst du zusehen, so schnell wie möglich den ganzen Berg abzuarbeiten." (Montagearbeiter, MA_A, 4)

Das zweite Beispiel ist ein ähnlich gelagerter Fall mangelhafter organisatorischer Abstimmung und Kommunikation. Nach einer organisatorischen Umstellung bzw. dem Einsparen von Personal in der Teilefertigung werden ständig nicht oder nur unzureichend entgratete Werkstücke in der Montage angeliefert. Damit sind dort nun – um die Messgeräte überhaupt montieren zu können – gar nicht vorgesehene zusätzliche Arbeitsgänge zu erledigen, die in keinem Montageplan auftauchen.

> „[Der Meister] telefoniert dann drüben mit dem, keine Ahnung, wer da ist, Gruppenleiter oder Meister, und dann wird das Ganze halt hin und her diskutiert, ne. Die sagen: ‚Das ist in Ordnung!', und wir sagen: ‚Das kann so nicht weitergehen!' Und danach haben sie es ja so gemacht, dass da immer Leute von uns rüberfahren [in die Teilefertigung in einem anderen Werksteil] und sich das angucken. Und die gucken sich das an und sagen: ‚Ja, da sind Späne oder ein Grat', und *die* sagen: ‚Ja, wir kriegen das anders nicht sauber, müsst ihr selber machen', ne. Aber wir sagen: ‚Wir haben die Zeit nicht dafür, die wir bezahlt kriegen!' Und dann ist das immer so ein Hin und Her." (Montagearbeiter, MA_A, 4)

Auch an diesem Beispiel wird deutlich: Die Prominenz und Virulenz solcher chronischen Fälle verletzter Ansprüche der Experten der Produktion, an drängenden Problemlösungen beteiligt zu werden, erklärt sich nicht zuletzt aus der direkten Verknüpfung mit Leistungsfragen. Nicht nur Beteiligungsansprüche, sondern zugleich auch Ansprüche auf Leistungsgerechtigkeit sind tangiert. Durch die entstehenden Belastungen und die unbezahlte Mehrarbeit, die zum „Ausbügeln" der organisatorischen Dysfunktionen zu leisten ist, werden auch Ansprüche auf Leistungsgerechtigkeit verletzt. Die Zielscheibe der Kritik an solchen Anspruchsverletzungen ist, wie schon erwähnt, vor allem die untere und mittlere Managementschicht. Das sind diejenigen Hierarchieebenen, die eigentlich nah an den verhandelten Problemen sind bzw. als zuständig für deren Lösung betrachtet werden, sich aber auch eher abzugrenzen scheinen und sich in der geschilderten Weise von den Problemen „entfremden".

> „Eigentlich ist das so, sage ich mal, diese mittlere Ebene immer, die so ein bisschen viele Sachen blockiert, sage ich. Wenn man eine Ebene höher geht und denen das mal erzählt, die haben ein ganz anderes Ohr und hören ganz anders zu und setzen auch viele Sachen ganz anders um als die in der Mitte." (Montagearbeiter, MA_A, 6)

„Die in der Mitte“ stehen im Zentrum der Kritik, die sich auf technisch-funktionale Rationalitätsansprüche, Beteiligungsansprüche, aber auch Ansprüche an Leistungsgerechtigkeit stützt. Das skizzierte Kritikmuster „technisch-funktionale Vernunft versus irrationale Managementhierarchie“ ist bei den in der Produktion Beschäftigten in *Konstellation MA_A* vor dem Hintergrund ihrer Arbeitserfahrungen weit verbreitet. Es erscheint zunächst verwunderlich, wie wenig betriebliche Unruhe aus dieser zum Teil drastischen Kritik folgt und wie wenig betriebspolitische Aufmerksamkeit sie zu erfahren scheint. Die Legitimität der betrieblichen Ordnung hat hier deutliche Risse, in die entstandenen Wunden wird aber weder von den Beschäftigten selbst noch von ihren Interessenvertretern ein „politischer Finger“ gelegt.

Gefährdete Sicherheit und Leistungsgerechtigkeit

Im Gegensatz zur Inputlegitimation erscheint die Outputlegitimation in der *Konstellation MA_A* weitgehend gesichert und unproblematisch: In puncto Entlohnung und weiterer Beschäftigungsbedingungen wie Arbeitszeit- und Urlaubsregelungen gilt das Unternehmen als regionaler Spitzenarbeitgeber, der sich zudem – allerdings vor allem in einem anderen Unternehmensbereich – weiter auf Expansionskurs befindet und mit globalen Ambitionen auftritt. Allerdings herrscht zugleich eine deutliche Verunsicherung. Man hat in den letzten Jahren zwar vorübergehende, aber immer noch nachhallende Krisenerfahrungen machen müssen: In der großen Rezession wurde zwischenzeitlich Personal abgebaut und das damalige Krisenmanagement (mit einem viel kritisierten Beschäftigungsgesellschafts-Modell) führte zu großer Unruhe. Auch die inzwischen selbstverständliche Permanenz von Leiharbeit sowie die Ungewissheit, ob die unternehmerischen Ambitionen, zumindest im traditionellen Geschäftsfeld, aufgehen werden, tragen zur Verunsicherung bei.

Die Frage steht im Raum, ob der bisherige Modus des Leistungsaustauschs zwischen Beschäftigten und Arbeitsorganisation noch tragfähig ist. Im Verhältnis Leistung/Gegenleistung spielte für die Beschäftigten auf der Seite der betrieblichen Gegenleistung nicht zuletzt immer auch ein gewisses Sicherheitsversprechen eine wichtige Rolle. Die Erfahrungen der letzten Jahre nähren Zweifel, ob dieser Ankerpunkt des Leistungs-Gegenleistungs-Deals nicht zusehends ins Wanken gerät. Als wichtiger Einschnitt, der sich tief ins kollektive Gedächtnis eingegraben hat, ist die Art des Krisenmanagements während der Wirtschaftskrise erlebt worden. Die Entscheidung zur Gründung einer „Beschäftigungsgesellschaft“, in die damals etwa 100 Beschäftigte „abgeschoben“ wurden, um sie anderweitig zu vermitteln, bis zur Rente zu „parken“ (wie wohl zu Recht gemutmaßt wird) oder eventuell in ruhigeren Zeiten wieder bei *MA_A* einzustellen, führte zu großen Turbulenzen und Unmut in der Belegschaft. Der

Unmut richtete sich weniger auf das Ob als vielmehr in allererster Linie auf das Wie der Umsetzung dieser Entscheidung.

> „Und ich kenne mehrere, die da auch davon betroffen waren. Einen hatte ich in der Fahrgemeinschaft, der war auch [ähnlich wie der Befragte] 35 Jahre hier, der ist jetzt natürlich schon im Ruhestand. Ich sage: ‚Morgen komme ich dann um sieben vorbei.' ‚Nee, morgen brauchst du mich nicht abholen.' Ich sage: ‚Wieso nicht?' ‚Ja, ich bin [in der Beschäftigungsgesellschaft].' [Lacht] Morgens ist er noch eingestiegen, abends steigt er... Ja, ich sage: ‚Weißt du das schon länger?' ‚Nee, kurz vor Feierabend wurde es mir gesagt, dass ich morgen nicht mehr zu kommen brauche.' [...] Da habe ich auch zu dem Vorgesetzten gesagt, ich sage: ‚Ihr macht doch hier immer Mitarbeiterschulungen zu Kommunikation und Konfliktmanagement und was nicht alles.' Ich sage: ‚Konntet ihr da nicht dran teilnehmen, oder was geht bei euch im Kopf rum?'" (Mechaniker, MA_A, 5)

Nicht nur die als unwürdig erfahrene Art der Kommunikation der Entscheidung stößt auf Kritik, sondern auch die als wenig systematisch und als „unsozial" wahrgenommene Auswahl der Betroffenen. Auch hier steht nicht das Ob eines solchen Krisenmanagements in Frage, sondern die Art und Weise seiner Exekution. Entsprechende Kritik richtet sich etwa an das jeweilige Bereichsmanagement, das sich an der Exekution durch die Personalauswahl zu beteiligen hatte.

> „Und wenn ich weiß, mein Bereich ist so und so betroffen, dann muss ich mir eben mal die Zeit nehmen, wo ich eventuell sehe: Mensch, der könnte davon betroffen sein, der ist flexibler, den könnte ich auch noch in eine andere Abteilung schicken. Oder dass man den vielleicht so, sage ich mal, ein bisschen drauf vorbereitet, dass er sich auch informieren kann: ‚Mensch, was kommt denn auf mich zu?' Oder dass man Informationen weitergibt: Wie ist das angedacht, wie soll das laufen? Oder dass man den Weg genommen und gesagt hätte: ‚Komm, in dieser Abteilung sind es sechs Leute, für ein Jahr müssen wir irgendwas machen. Hier, wie sieht es aus, wollen wir drei ein halbes Jahr, die andern drei eben das andere halbe Jahr, dass nicht einer alleine ein ganzes Jahr oder so?' Oder solche Möglichkeiten, ne." (Mechaniker, MA_A, 5)

Immer wieder wird dem Management von den Befragten die Verletzung der Würde und das Ignorieren von Fürsorgeansprüchen der Beschäftigten vorgeworfen. Diese Kritik wird nicht nur in den Interviews formuliert, sondern wurde seinerzeit auch „klipp und klar" den Personalverantwortlichen wie auch den betrieblichen Interessenvertretern gegenüber artikuliert, die die Entscheidung mitgetragen hatten.

> „Also dass man, sage ich mal, ja, mit dem Mitarbeiter mitfühlt oder sich versucht, in die Lage rein zu versetzen, das habe ich denen, die das so teilweise durchgezogen haben, die ich jetzt dann auch schon länger kannte als Vorgesetzte oder so, zu

> denen habe ich auch klipp und klar gesagt, ich sage: ‚Ich wünsche dir nichts Schlechtes, aber dir müsste das auch mal passieren, genau so, dass du endlich mal merkst, dass es total daneben ist.'" (Mechaniker, MA_A, 5)

> „Der [Kollege] ist damit dabei gewesen. Das konnte ich nicht nachvollziehen und da bin ich dann selber damals mal zum Betriebsrat gegangen und habe mal gefragt, wie es denn sein kann, dass so jemand wie... Wie diese Auslese hier ist, wie das Soziale eben da ist irgendwo, wieso kann so einer mit dabei sein?" (Mechaniker, MA_A, 2)

Der Vorwurf der Würdeverletzung verbindet sich mit einer Kritik an der Missachtung der Leistung und des Engagements der Beschäftigten, die in den Maßnahmen zum Ausdruck kam. Gerade hier sieht man Anzeichen für eine Aufkündigung des Leistungs-Sicherheits-Deals zwischen Beschäftigten und Betrieb – und damit einen Verstoß gegen das Gebot der Leistungsgerechtigkeit, wie man es zu interpretieren gewohnt war. Leistungsbereitschaft und Loyalität, so lehrt die Erfahrung, münzen sich heute offenbar keineswegs mehr umstandslos in Beschäftigungssicherheit und fürsorglichen Umgang des Betriebs mit dem Personal um.

> „Sehr schlecht, also ich sage mal, ein unwürdiges Verhalten den Leuten gegenüber, die wirklich jahrzehntelang doch diesen Namen *MA_A* hier hochgehalten haben und richtig geknüppelt haben und dann von heute auf morgen einfach so gehen durften. Also das war, wo auch viele Leute hier gesagt haben, das kann doch nicht sein..." (Montagearbeiter, MA_A, 6)

> „Und dann denkt man natürlich drüber nach, über das eigene Engagement, muss das sein? Da stellt man viel in Frage." (Mechaniker, MA_A, 5)

Solche Verunsicherungen und Frustrationen speisen sich auch aus weiteren Quellen. So wird die mittlerweile dauerhaft hohe Nutzungsintensität von Leiharbeitskräften in denselben Zusammenhang gebracht und von den unbefristet beschäftigten „Normalarbeitern" häufig überaus scharf kritisiert (zur Sicht der Leiharbeitnehmer/innen siehe ausführlich Abschnitt 2.3.2). Auch in dieser Personaleinsatzstrategie wird gleichsam ein Angriff auf die Sicherheitskomponente des Leistungs-Sicherheits-Deals von Seiten des Betriebs wahrgenommen, der die Ansprüche auf Leistungsgerechtigkeit bedroht und die Zukunftsperspektiven der Beschäftigten verdüstert.

> „Diese Planungsunsicherheit für die junge Generation, das ist irgendwo [gefährdet]. Kann ich jetzt nicht nachvollziehen. Und ganz schlimm finde ich das mit den Leiharbeitern. Also das ist in meinen Augen moderner Sklavenhandel, weiter ist das nichts, so sehe ich das. Also wenn ich was zu sagen hätte, hätte ich es schon verboten." (Mechaniker, MA_A, 5)

Bei allem Unmut und aller Kritik war und ist indes kein sich wirklich formierender Protest erkennbar. Wie schon angedeutet, wurde die Sinnhaftigkeit der Entscheidungen und der Maßnahmen der Krisenbewältigung, über deren Folgen man sich empört, an sich kaum angezweifelt. Die durchaus offene Artikulation von Ungerechtigkeitsurteilen und schwache Ansätze zur Einflussnahme verlaufen im Sand.

> „Eigentlich wenig, recht wenig. Wir hatten mal vorgeschlagen, auch als wir Kurzarbeit gemacht hatten und so was, die ganzen Sachen, dass... [wir] also mehr von unserm Geld zusteuern und dadurch vielleicht auch Arbeitsplätze retten, war aber dann irgendwo... ist das im Sande verlaufen. Also die Möglichkeit bestand schon, dass die Kollegen ihre anderen Kollegen damit retten würden, ne." (Montagearbeiter, MA_A, 6)

Klar wird jedenfalls, dass das Thema einer prekäreren Beschäftigungssicherheit in *Konstellation MA_A* als Frage der einseitigen Aufkündigung (oder Neudefinition?) von Leistungsgerechtigkeit immer virulenter geworden ist: Was zählt eine langjährige loyale Leistungsbereitschaft heute noch – angesichts des Umgangs mit den „Altgedienten" in der Krise? Wie groß sind inzwischen die „Vorleistungen" beim Leistungsaustausch mit dem Betrieb, die von den Beschäftigten etwa in Form der Inkaufnahme prekärer Beschäftigungsverhältnisse und entsprechender „Bewährungsproben" zu erbringen sind? In diesem Zusammenhang eines als partiell aufgekündigt wahrgenommenen bzw. neu definierten Deals zwischen Leistung(sbereitschaft) und Loyalität der Beschäftigten einerseits, Gegenleistungen einschließlich Sicherheitsversprechen der Firma andererseits stellt sich auch die Frage der Beteiligungsbereitschaft und der Beteiligungsansprüche noch einmal neu.

„Privatistische Orientierungen"? (Betriebs-)Politische Apathie, Fatalismus und mangelnde Solidarität

In den skizzierten Veränderungen der betrieblichen Ordnung drücken sich natürlich nicht zuletzt auch betriebliche Machtverhältnisse aus, die sich offensichtlich zuungunsten der Beschäftigten verschoben haben. Vor diesem Hintergrund erscheint es etwas verständlicher, warum weder die beklagten Verletzungen von technisch-funktionalen Rationalitätsansprüchen und Beteiligungsansprüchen noch die Infragestellung überkommener Vorstellungen von Leistungsgerechtigkeit bislang in eine offene Legitimitätskrise münden. Hinzu kommen noch einige weitere Aspekte. So ausgeprägt die Beteiligungsansprüche der Produktionsarbeiter in *MA_A* im Nahbereich ihrer Alltagsarbeit sind, so selbstverständlich ist für sie die Beteiligung „im (und am) Großen" – in der Sphäre der Unternehmensentscheidungen, der Betriebspolitik oder gar „*der* Politik" – eine

Spezialisten- und Expertensache. Man interessiert sich, nach eigenen Angaben, für diese Sphäre kaum, hat „keine Ahnung“ oder kann sowieso nichts machen.

> „Weiß ich nicht, interessiert mich nicht. Man kann das eh nicht beeinflussen, deswegen...“ (Montagearbeiter, MA_A, 4)

> „Also von den Gruppen ist die Beteiligung [da]. [...] Aber so groß konzernmäßig oder so was haben wir, glaube ich, relativ wenig Einfluss, da irgendwas zu machen, irgendwas zu sagen. Wir können immer nur unsere Arbeiter nach vorne bringen, das können wir machen, aber was konzernübergreifend ist oder sonst so, da haben wir keine Möglichkeiten, mitzubestimmen oder irgendwas einzubringen. Wenn das so strategische Sachen sind und so, da ist gar keine Möglichkeit.“ (Montagearbeiter, MA_A, 6)

Zugleich ist durchaus die Erkenntnis verbreitet, dass die beklagten Verletzungen bzw. das Leerlaufen von Beteiligungsansprüchen „im Kleinen“ mit Managementstrategien und Entscheidungen auf höheren Unternehmensebenen und damit der eigenen Einfluss- und Beteiligungsschwäche „im Großen“ direkt zusammenhängen. Bei den beiden Beispielen („Fehlteile“, „Entgratungsmehrarbeit“) war dies deutlich geworden. Doch diese Erkenntnis bleibt ohne Handlungskonsequenz. Gewiss sind hier die erwähnten Machtverhältnisse und die objektiven Handlungsmöglichkeiten und -schranken für die betrieblichen Akteure, deren Analyse uns hier nicht möglich ist, gebührend in Rechnung zu stellen. Es zeichnen sich aber auch sehr deutliche subjektive Grenzen ab, was die betrieblichen Handlungs- und Beteiligungsorientierungen der Beschäftigten anbelangt. Nicht unerheblich dürfte etwa sein, dass unter den Befragten „privatistische“ – im Sinne nicht-erwerbsarbeitszentrierter, sondern freizeit- und familienzentrierter, eher „instrumenteller“ – Orientierungen relativ verbreitet zu sein scheinen. Als einmal schwächerer, mal stärkerer Grundtenor der damit verbundenen Haltung lässt sich aus einer ganzen Reihe von Interviews in etwa das heraushören, was ein Jungfacharbeiter besonders dezidiert und ausführlich formuliert:

> „Ich lebe einfach und lasse es auf mich zukommen. Man lebt nur einmal und dann möchte man das auch genießen. Ich mache mich da jetzt nicht verrückt, ist meine Meinung. Andere sehen das vielleicht anders, dass man das und das verändern müsste oder könnte. Aber das ist meine Meinung. [...] Also ich gehe auch, ehrlich gesagt, schon seit, keine Ahnung, ich bin 29, seit mindestens neun Jahren nicht mehr wählen, weil ich finde, keine Ahnung, also ich spreche für mich, du kannst ja eh nichts beeinflussen, man geht wählen und es passiert trotzdem was anderes.“

> *Frage:* „Aber Sie möchten eigentlich was beeinflussen?“

> „Na, jetzt nicht mehr. [Lacht.] Ja, also damals schon, als ich 18, 19 war, da bin ich gerne wählen gegangen, aber dann habe ich gemerkt, bringt nichts. Da habe ich dann irgendwann aufgehört, mir einen Kopf drüber zu machen." (Montagearbeiter, MA_A, 4)

Eine solche Haltung schließt engagierte Mitarbeit in der Arbeitsgruppe und Abteilung oder karriereorientierte Weiterbildungs- und auch Vertretungsaktivitäten (etwa als Gruppensprecher) durchaus ein. Die Motivation allerdings, in der Sphäre der Erwerbsarbeit die eigenen Belange auch kollektiv und aktiv zur Sprache zu bringen und gegebenenfalls durchzufechten, findet sich vor diesem Hintergrund kaum. Die Bereitschaft, offensive interessenpolitische Aktionen – oder auch nur eine „abgesegnete" Routineaktion während eines Tarifkonflikts – mitzutragen, hält sich bei den Befragten und in ihrem Umfeld in engen Grenzen.

> „Ja, also gut, einen wilden Streik, weiß ich nicht... Also klar, streiken... gut, von der IG Metall, was organisiert ist, solche Sachen... Genau, das andere ist ja illegal. Da muss man halt gucken, es gibt natürlich auch viele, die dann den Kopf einziehen und lieber nichts mitmachen oder so, weil das könnte ja in die Hose gehen, und dann lassen wir es lieber ganz sein. Das merkt man ja auch immer, wenn es auch was Legales ist, wenn es jetzt von der IG Metall ist, dass da auch viele sagen:‚Nee, da gehe ich nicht mit', ne. Wenn man dann sagt, ja warum denn nicht, das ist doch auch für dich, ist doch für dein Geld. ‚Nee, nee, ich muss heute früh weg!' Und wenn man dann zurückkommt, dann sitzen die immer noch da. [...] Weiß ich nicht, ob da so viel Angst auch mitspielt. Aber bei solchen Sachen würde ich dann sagen, weil es dann halt wirklich auch abgesegnet ist, da passiert doch eigentlich auch nichts." (Montagearbeiterin, MA_A, 3)

> „Protest ist immer so ‚gegenwirkend', immer so ‚Widerstand geben' und so. Und das mag ich nicht, das hat vielleicht was mit dem Charakter zu tun, keine Ahnung. Es ist nichts für mich, sagen wir mal so. Wenn da jetzt jemand kommt und sagt: ‚Du kommst jetzt mit streiken', sage ich: ‚Nee, und da gehst du alleine hin.' Egal, um was es jetzt geht, ob es jetzt arbeitstechnisch oder ob es um andere Sachen geht... Andere Sachen sowieso nicht, da laufe ich lieber weg. Und wenn ich irgendwie im Fernsehen sehe, wie die... Ich meine, einerseits ist das ja nun auch nicht schlecht, es gibt ja Themen, wo die Leute auch Recht haben, wenn sie streiken, ne. Aber ich würde mich nicht da hinstellen [lacht] und würde mitstreiken." (Mechanikerin, MA_A, 7)

Es muss möglichst maßvoll, verantwortungsbewusst und kompromissbereit zugehen bei der Interessendurchsetzung und -regulierung. Die eigentlichen Akteure dabei sind auch nicht die Beschäftigten, um deren Interessen es geht, sondern die für die geregelte Interessenvertretung zuständigen (Tarif-)„Parteien".

> „Also gut, Streik ist so... Ich würde sagen, er müsste immer das letzte Mittel sein. Also ich hoffe oder vertraue da drauf, dass beide Parteien kompromissbereit sind und es gar nicht dazu kommen muss, weil wenn ich mir – ob es jetzt Fluglotsenstreik ist – die Summen angucke, die da verbrannt werden, nur weil einer vielleicht sein Gesicht wahren will oder weiß ich was. Da könnte man sagen, okay, ein gesundes Mittelmaß, wo jeder mit leben kann, und es wäre viel gewonnen, ne.“ (Mechaniker, MA_A, 5)

Das „gesunde Mittelmaß“ ist auch deshalb angezeigt, weil eine unkontrollierte Eskalation gesellschaftspolitischer Konflikte womöglich weitreichende, aus der Geschichte wohlbekannte Gefahren birgt. An sich berechtigte Kritik an gesellschaftlichen Fehlentwicklungen kann vereinnahmt und missbraucht werden – eine Neuauflage der deutschen Erfahrung...

> „Ja, ich sage mal, je schlimmer das wird im Endeffekt, desto mehr Leute sich da vielleicht Gedanken drum machen, desto größer ist ja die Möglichkeit, dass es da wieder auch soziale Unruhen gibt. Also ich sage mal, wenn die Leute noch ärmer werden, die Ärmeren noch ärmer werden, die Reicheren noch reicher werden, irgendwann ist ja dann vielleicht der Punkt da, dass genug Leute dann da sind, die sich sagen: So, jetzt reicht's! Es muss nur noch derjenige her, der die Leute dann anführt, beziehungsweise dass es da so eine Gruppierung gibt und sagt: So, das ist unser Weg, den wir gehen sollen, ne.“ (Mechaniker, MA_A, 2)

Daneben äußert ein Teil der befragten Beschäftigten aber doch durchaus den Wunsch, einmal sichtbareren Widerstand zu leisten – etwa gegen den kritisierten Umgang mit Leiharbeitern oder gegen die Ignoranz der Führungskräfte in technisch-funktionalen und Beteiligungsfragen – und auch einmal durchaus gegen den Strom schwimmend Protest ganz offen zu artikulieren.

> „Man muss dann einfach auch mal den Arsch in der Hose [haben] zu sagen..., aufzustehen und [zu] sagen: ‚Nee, das geht so nicht!‘ Auch wenn man entgegen der Gruppe schwimmt, ne, oder entgegen des Stromes schwimmt.“ (Mechaniker, MA_A, 2)

> „Streik jederzeit, warum nicht, für die Rechte, die der Arbeitnehmer hat, sollte man auch streiken, wozu ist man sonst in der Gewerkschaft [...]. Also da würde ich auch jederzeit auf die Straße gehen. Was eigentlich hier in [der Stadt] viel zu wenig getan wird, muss ich sagen. Das wundert mich eigentlich, alle schimpfen teilweise, dass es ihnen so schlecht geht, aber keiner geht auf die Straße. Und das gibt es eben, wie ich vorhin schon angedeutet habe, in anderen Ländern viel, viel mehr, in Italien und Frankreich oder sonst was, da rennt das ganze Volk auf die Straße und wehrt sich gegen die Regierung oder gegen die Arbeitgeber. Und hier ist das einfach zu wenig, hier schläft das ein. Es kann eigentlich immer nur ein Zeichen dafür sein, dass es den Deutschen, jetzt mal frech gesagt, immer noch zu gut geht, [lacht] überspitzt, ne.“ (Montagearbeiter, MA_A, 6)

Wie sich im letzten Statement bereits andeutet, wird der Wunsch nach wirksamem Widerstand gegen als ungerecht empfundene Missstände aber meist rasch mit Verweis auf die dann doch fehlende Solidarität unter den Kolleg/innen und mangelnde Mobilisierungschancen ins Reich des Nichtrealisierbaren verbannt und bleibt so folgenlos. Verbreitet ist die Einschätzung, dass die Entwicklungen der vergangenen Jahrzehnte zu Vereinzelung und Einzelkämpfertum („Jeder ist sich selbst der nächste") und zu mehr Mitläufer- und Anpassertum geführt haben (man hat eben gerade nicht mehr den als derber Running Gag in den Interviews immer wieder zitierten „Arsch in der Hose"). Begleitet wird sie von Gemeinplätzen wie „den Deutschen, denen es immer noch zu gut geht" oder die Protest „nicht können", weil sie „gelernt haben zu kuschen".

Wie schon angemerkt, geht mit dieser betriebs- und interessenpolitischen Abstinenz oder gar Apathie der meisten Befragten oft auch ein mehr oder weniger demonstratives Desinteresse an allgemeinpolitischen und gesellschaftlichen Fragen und Entwicklungen einher, die man weitgehend den „Experten" überlässt. Als kleiner Indikator für die teilweise recht große Distanz zum öffentlich-politischen Diskurs mag die Tatsache dienen, wie wenig präsent die weltweiten Protestbewegungen gegen die Auswirkungen der Finanz- und Wirtschaftskrise manchen Befragten schon kurz nach den Ereignissen (Befragungszeitpunkt war hier 2013) noch waren. Konfrontiert mit der Chiffre „Occupy Wallstreet" gaben manche – gerade auch jüngere – Befragte spontanes Unverständnis zu Protokoll.

> *Frage:* „Während der großen Wirtschaftskrise ist ja in den USA so eine Protestbewegung entstanden, die sich ‚Occupy Wallstreet' genannt hat. Die haben so Fragen der Demokratie, der Ungleichheit, der Ungerechtigkeit thematisiert. Was halten Sie davon?"
>
> „Höre ich zum ersten Mal. Ganz ehrlich." (Montagearbeiter, MA_A, 4)
>
> „Das ist mir gar nicht..., weiß ich überhaupt nicht, nee."
>
> *Frage:* „Auch übrigens in Deutschland gab es da Besetzungen von Bankenvierteln, Demonstrationen, öffentliche Plätze wurden besetzt."
>
> „Ach ja. Okay."
>
> *Frage:* „Aber das ist sozusagen an Ihnen mehr oder weniger vorbeigegangen?"
>
> „Aber ganz. [Lacht]" (Mechanikerin, MA_A, 7)

In nicht wenigen Interviewpassagen drückt sich Fatalismus aus angesichts übermächtiger gesellschaftlicher Entwicklungen, die man weder beeinflussen will noch beeinflussen zu können glaubt. Dem Einzelnen bleibt scheinbar nur, sich immer wieder neu anzupassen und „auf dem Laufenden" zu bleiben, um nicht abgehängt zu werden.

> „Ich meine, die Technik oder was, das kann man nicht aufhalten, so was. Das Einzige, was man machen kann: persönlich weiterbilden ohne Ende. Und versuchen, ja, sich irgendwo... Also nicht zu sagen: ‚Ach komm, hat keinen Sinn.' Dann ist der Zug abgefahren." (Mechaniker, MA_A, 5)

Varianten postpartizipativer Erfahrung

Analoge Bilder einer solchen postpartizipativen Erfahrung finden sich, in Abstufungen und Varianten, in einer ganzen Reihe der Industrie- bzw. Produktionskonstellationen wieder. Vor allem in der Automobilindustrie, insbesondere den *Konstellationen AU_A* und *AU_B*, aber auch in den anderen Maschinenbaubetrieben zeigen sich vergleichbare Entwicklungen: Betriebliche Beteiligungsangebote verblassen zusehends. Gerade in den Produktionsbereichen der Automobilkonzerne wurde bekanntlich seit Beginn der 1990er Jahre Gruppenarbeit nahezu „flächendeckend" eingeführt, sei's als „strukturinnovative", sei's als „strukturkonservative" Variante (als Überblick: Kuhlmann 2004). Vor dem Hintergrund der im zurückliegenden Jahrzehnt dann ebenso breitflächig umgesetzten Prozessstandardisierungen (nach dem Muster des „Toyota-Produktionssystems"), beschleunigter organisationaler Restrukturierung sowie Rationalisierung und „Optimierung" von Prozessen und Kostenstrukturen, wird von den Befragten auch dort eine deutliche Rücknahme von Beteiligungsmöglichkeiten erlebt. Dass diese Erfahrung überall ganz ähnlich verarbeitet wird, sei im Folgenden noch kursorisch belegt, wobei auch einige zusätzliche Aspekte in den Blick kommen.

Einer dieser zusätzlichen Aspekte ist die Bedeutung von Markt- und „Unternehmer"-Leitbildern, die anderswo teilweise größer ist als im exemplarisch vorgestellten Fall *MA_A*. Der Kostensenkungsdruck, der „aufgebaut" werde, habe ebenso zugenommen wie die Aufforderung, als „kleiner Unternehmer" zu denken und zu handeln, berichtet beispielsweise ein Befragter in *Konstellation AU_B*:

> „Und, wie gesagt, dieser Druck, der immer mehr aufgebaut wird, also ich weiß nicht. Irgendwo ist ja jeder quasi so sein eigener kleiner Unternehmer hier drin, also so bekommt man es zumindest so dargestellt. Also jeder ist für Optimierungen zuständig, jeder soll sein Arbeitsumfeld im Auge behalten, dass keine Überproduktion entsteht und dass dieses und jenes gemacht wird, und ständig kriegt man eben irgendwelche Zahlen da aufs Brot geschmiert: Da ist der Krankenstand zu hoch, da haben wir irgendwelches Verbrauchsmaterial zu viel verbraucht, da sind die Werkzeugkosten zu hoch und so... Selber dran machen kann man gar nicht viel, hat gar nicht viel Einfluss, aber man bekommt es eben ständig aufs Brot geschmiert [...]." (Maschinenbediener und Gruppensprecher, AU_B, 1)

Wortwahl wie Duktus bezeugen die deutliche Distanz zu den propagierten Leitbildern, die der Ausdruck einer bestimmten Ausdeutung von ökonomischer Rationalität sind. Sie bleiben aus der Perspektive der Produktionsarbeiter als „aufgebaut" kenntlich, prägen aber offenbar, zumindest als aufdringliches Grundrauschen, das man nicht ignorieren kann, den postpartizipativen betrieblichen Alltag hier weit stärker als in *Konstellation MA_A*. Ansonsten ähnelt sich die Situation in vielerlei Hinsicht. Zwar gilt auch in *Unternehmen AU_B* nach wie vor eine Betriebsvereinbarung zur Gruppenarbeit (ursprünglich aus den 1990er Jahren), doch klaffen inzwischen diese „Theorie" und die betriebliche Praxis beträchtlich auseinander.

> „Theoretisch gibt es ja diese Vorschriften, wie eine Gruppenarbeit stattfinden sollte, die kann man nicht immer erfüllen, also bestimmte Abteilungen schaffen das problemlos. Bei mir in dem Bereich da ist das so, da ist das eigentlich so nicht machbar, regelmäßig Gruppengespräche oder regelmäßig irgendwelche gemeinsamen Tätigkeiten, die irgendwie erfüllt werden müssen, [...] das sind Sachen, die jetzt absolut gestorben sind [...]." (Maschinenbediener, AU_B, 2)

Die Selbstregulierungsspielräume der Fertigungsgruppen wurden nachhaltig beschnitten, die immer seltener stattfindenden Gruppengespräche dienen dem Meister vornehmlich dazu, „Zahlen" mitzuteilen; auch Urlaubs- und Freischichteinteilungen werden wieder vom Meister selbst gemacht. Alles ist „irgendwie anders geworden", beklagt ein Gruppensprecher aus *AU_B*:

> „Also wir haben früher in der Gruppe die Urlaubszeiten festgelegt, ich konnte als Gruppensprecher, also in Zusammenarbeit mit der Gruppe auch, Freischichten vergeben oder so. Das ist wieder eigentlich überwiegend aus der Gruppe irgendwie rausgenommen worden. Das macht der Meister mit den Leuten einzeln, und eigentlich diese ganze Gruppenarbeit ist so ein bisschen in den Hintergrund gedrängt worden. [...] Also es ist alles irgendwie anders geworden, als es mal war." (Maschinenbediener und Gruppensprecher, AU_B, 1)

Widerstand oder Protest gegen diese deutlich sichtbaren und durchaus kritisierten Verletzungen von Beteiligungsansprüchen finden sich aber auch in den anderen Konstellationen kaum oder nur vereinzelt. Die Gesamtentwicklung wird als ein „schleichender Prozess" (AU_B, 1) betrachtet, der auf der Seite der älteren Beschäftigten inzwischen resignativ hingenommen, seitens der Jüngeren aufgrund fehlender Vorerfahrungen überhaupt nicht als Verlust wahrgenommen wird.

> „Da gibt es nur zum Teil Widerstand. Viele denken halt, das ist halt so, die Vorgesetzten sagen das und dann muss man es eben so machen, ne. Und, ja, ich habe das hier auch schon ein paar Mal [...] angesprochen, dass wir ein bisschen da drauf achten müssen, aber allgemein ist hier so, [...] dass sie eben schon zu weit fortgeschritten ist, die Sache, dass man jetzt eben an den betrieblichen Gegebenheiten nichts mehr viel ändern kann, ne." (Maschinenbediener und Gruppensprecher, AU_B, 1)

Die Legitimität der postpartizipativen Arbeitsordnung wird von den Beschäftigten auch in diesen Konstellationen nicht in Frage gestellt, da im Großen und Ganzen – wenn auch unter teils schwierigen Rahmenbedingungen – die Ergebnisse noch „stimmen“. Bei den von uns interviewten Normalarbeitnehmerinnen und -arbeitnehmern fällt die Wahrnehmung und Bewertung der Ordnung unter dem Gesichtspunkt der gleichen Teilhabe an den Ergebnissen unterm Strich (noch) positiv aus. Ein wichtiger Garant für diese relative Sicherheit und Stabilität ist der Betriebsrat:

> „Ich denke schon, dass es hier schon recht gerecht zugeht. Dafür haben wir ja auch, wie gesagt, den Betriebsrat [...], dass es gerecht abläuft. Ich denke, wenn es nicht gerecht wäre, dann würde es hier nicht so relativ friedlich ablaufen, wie es im Moment ist, sage ich mal. Wenn ich so das Gesamtpaket sehe von der Arbeitszeit her, von der Entlohnung her, dann passt das gegenüber anderen. Also, ich habe meinen geregelten Tag, ich habe mein geregeltes Einkommen, das immer pünktlich kommt, und ich kenne, wie gesagt, viele Kollegen, die das alles anders haben mit Überstunden und nicht bezahlt und Wochenende und hier und da. Von daher denke ich schon, dass das Gesamtpaket bei uns in der Firma auf jeden Fall passt.“ (Jungfacharbeiter und Jugendvertreter, MA_C, 5)

Auch in den anderen Konstellationen finden sich in unterschiedlicher Deutlichkeit und Ausprägung zunehmende Verunsicherungen angesichts prekärer gewordener Arbeits- und Beschäftigungsbedingungen ebenso wie die erwähnten Anspruchsverletzungen in puncto Beteiligung und darauf bezogener Kritik. Aber dies mündet auch hier nicht ins Einklagen von *direkten* Beteiligungs- und erweiterten Teilhabeansprüchen. Entscheidend dafür scheint Folgendes: Die betriebliche Interessenvertretung hat sich auch in Krisenphasen – nicht nur im Gefolge der großen Rezession – in den Augen der meisten Befragten als Repräsentanz von Beschäftigteninteressen bewährt und ist darüber hinaus als Ansprechpartner und „Kümmerer“ auch im täglichen Interessen-„Kleinklein“ geschätzt.

> „Da ist ein Betriebsrat. Und wenn der funktioniert, der Betriebsrat, dann brauchst du dich da nicht selbst drum zu kümmern. In dem Betrieb, wo ich vorher war, da musste ich jedes Mal zum Chef hin, wenn ich mehr [Geld] haben wollte.“ (Elektriker, MA_C, 8)

Aus Anspruchsverletzungen folgt auch keine wachsende Konfliktbereitschaft. Die Orientierungen der Befragten gehen sehr deutlich in Richtung „Konfliktvermeidung“. Streiks gelten wie in *Konstellation MA_A* als die Ultima Ratio im sozialpartnerschaftlichen Kapitalismus. Über die Teilnahme an mehr oder weniger ritualisierten Demonstrationen und Warnstreiks im Rahmen von Tarifverhandlungen und die Beteiligung an Betriebsrats- oder sonstigen Wahlen hinaus sehen die Befragten keine Gründe für eine stärkere kollektive Beteiligung oder ein direktes „Mitmachen“ (auch im gesellschaftspolitischen Raum) – zumindest so lange nicht, wie die Verhältnisse und vor allem der „Output“ im Gesamtpaket noch einigermaßen „passen“.

Die von den Beschäftigten in diesen Konstellationen im Großen und Ganzen sehr positiv bewertete betriebsrätliche Stellvertreterpolitik steht auch hier oft in Einklang mit individuellen Orientierungen und Motivationen, die man mit Habermas als „staatsbürgerlichen“ und „familial-beruflichen Privatismus‘“ bezeichnen kann: mit einem hohen „Interesse an den Steuerungs- und Versorgungsleistungen des [...] Systems“ – „bei geringer, aber den institutionell vorgesehenen Chancen angemessener Beteiligung [...] (hohe Output- vs. geringe Input-Orientierung)“ (Habermas 1973, S. 106). Der „familial-berufliche Privatismus [...] besteht in einer Familienorientierung mit ausgebildeten Konsum- und Freizeitinteressen einerseits und andererseits in einer dem Statuswettbewerb angemessenen Karriereorientierung. Dieser Privatismus entspricht mithin den Strukturen eines über Leistungskonkurrenz geregelten Ausbildungs- und Beschäftigungssystems“ (ebd.). Unser Interviewmaterial gerade in den postpartizipativen Arbeitsordnungen ist voll von Beurteilungen und Bewertungen, die auf solche privatistischen Motivationen hinweisen.

Daher besitzen für das Gros der von uns in Konstellationen postpartizipativer Arbeit Interviewten indirekt-repräsentative Formen der Beteiligung an Entscheidungen in Betrieb und Gesellschaft eine so hohe Akzeptanz. Zwar gelten die Verteilungsversprechen des Systems – hier: des Betriebs – nicht (mehr) ohne weiteres für alle, und auch die eigene Situation hat sich, wie wir ausführlicher in den vorangegangenen Abschnitten gezeigt haben, teilweise im Zeitverlauf verschlechtert. Aber dennoch „stimmt“ der Output (Entgelt, Arbeitsbedingungen, Beschäftigungssicherheit) noch leidlich. Und dass dies noch so ist, wird nicht zuletzt der Durchsetzungsfähigkeit der betrieblichen und gewerkschaftlichen Interessenvertretung zugeschrieben. Bevor sich an dieser insgesamt „partnerschaftlich“ geprägten Form der Interessenregulierung etwas ändern werde, müsse – so der Tenor unter den Beschäftigten – erst einmal sehr vieles schlechter werden:

> „Also bei mir war die Not noch nicht so groß, dass ich gesagt habe, ich muss mir auf diese Weise Luft machen. Ne, ich geh mal mit zum Warnstreik in der Tarifrunde, um zu zeigen, da muss mal was passieren. Aber mich jetzt in Frankfurt vor die Banken im Zelt zu setzen, oder in Frankreich, wenn die anfangen zu streiken, da geht ja auch nichts mehr. Ich glaube, das ist in Deutschland einfach nicht so. Vielleicht geht es uns noch zu gut, oder wir haben resigniert.“ (Entwickler, MA_D, 2)

Ausblick: Risse in der postpartizipativen Legitimationsfassade – ohne interessenpolitische Dynamik

Dass nahezu alle Beschäftigten, die wir befragt haben, ausgeprägte Beteiligungsansprüche im Nahbereich ihrer betrieblichen Tätigkeitssphäre haben, wurde bereits in Abschnitt 3.1.4 herausgearbeitet. In den beiden vorangegangenen Abschnitten über die „Wissensarbeit unter Marktdruck" und die „postpartizipative Produktionsarbeit" konnten wir diese Ansprüche ausführlich *in situ* und *in actu* in Augenschein nehmen. In beiden Arbeitskontexten werden die Ansprüche der Befragten durch den Wandel der Arbeitsordnungen auf teilweise harte Bewährungsproben gestellt, und überall äußern die Befragten teils deutliche Kritik an Verletzungen ihrer Input-Ansprüche auf dieser unmittelbar arbeitsplatzbezogenen Ebene.

Interessanterweise hat die Kritik in beiden Arbeitskontexten sogar eine durchaus ähnliche Stoßrichtung, was die Begründungsmuster anbelangt. Hier wie dort bedient sich die Kritik an den Anspruchsverletzungen ganz oft technisch-funktionaler Argumente. Sie stützt sich also auf Rationalitätsansprüche, die sich mit einem selbstbewussten professionellen bzw. Experten- oder „Praktiker"-Selbstverständnis verbinden und die sehr häufig kritisch gegen bürokratische Strukturen, aber nur zum Teil – bei manchen Produktionsarbeitern – gegen die gängigen Ausdeutungen ökonomischer Rationalitätsansprüche in Stellung gebracht werden. Freilich wird dadurch weder hier noch dort eine Anspruchsdynamik ausgelöst, die auf widerständige Handlungsorientierungen und gar interessenpolitische Mobilisierung hinauslaufen würde.

Zumindest für die postpartizipativen Kontexte, die wir gerade betrachtet haben, hatten wir letzteres in unseren Ausgangsannahmen jedenfalls nicht ausgeschlossen. Denn wenigstens in dieser Hinsicht unterscheiden sich der Wissensarbeits- und der Produktionsarbeitskontext deutlich: Während im ersteren Kontext Beteiligungs- und auch Selbstverwirklichungsansprüche eigentlich schon immer und wie selbstverständlich „eingebaut" erscheinen und „mitlaufen", ist die breite Aktivierung von Beteiligungsansprüchen von Seiten des Betriebs im letzteren Kontext eine noch recht junge, durchaus außerordentliche Erfahrung und – vor dem Hintergrund der tayloristischen, nicht-partizipativen Industrietraditionen – eine, wie immer ambivalente, Errungenschaft. Deren neuerliche Infragestellung ließ stärkeren Widerstand vermuten, den wir in unseren Fällen aber nicht vorgefunden haben.

Wie bereits angedeutet: Die Kritik an einer „irrationalen Managementhierarchie" ist – wiederum in beiden bisher betrachteten Arbeitskontexten – bei den Beschäftigten weit verbreitet. Auch die Grundlagen bzw. die Bezugsgrößen dieser Kritik ähneln sich: Sie bestehen in einem – die Beteiligungs- und die Leistungsansprüche hier wie dort prägenden – spezifischen Ordnungsbezug einer

„professionellen Rechtfertigungsordnung". Dabei sind Art wie Maßstäbe von „Professionalität" bei den Produktionsarbeitern gewiss andere als bei den Wissensarbeiterinnen. Aber immerhin scheint sich hier ein grundsätzlich vergleichbarer normativer Fluchtpunkt abzuzeichnen – der möglicherweise auch ein Ansatzpunkt gemeinsamer interessenpolitischer Perspektiven und Initiativen sein könnte. Doch in einer solchen Richtung ist, zumindest in unseren Fällen, keine Nutzung vorhandener Kritikpotenziale sichtbar. Die Legitimität der postpartizipativen Ordnung – wie auch, in anderer Weise, der Ordnung der Wissensarbeit – hat zwar deutliche Risse, die aber weder von den Beschäftigten selbst noch von ihren Interessenvertretern bislang interessenpolitisch aufgegriffen und genutzt werden.

Die „Syndrome eines staatsbürgerlichen und eines familial-beruflichen Privatismus", auf die wir im postpartizipativen Kontext, aber auch darüber hinaus, oft gestoßen sind, hatte Habermas in seiner Studie über die *Legitimationsprobleme im Spätkapitalismus* als diejenigen Motivationsmuster ausgemacht, die für das politische und ökonomische System bestandswichtig sind (Habermas 1973, S. 106ff.). Eine Legitimationskrise war für ihn unter den Bedingungen des fortgeschrittenen Kapitalismus letztlich nur noch als eine Krise genau dieser privatistischen Orientierungen denkbar – die er damals kommen sah. Einmal abgesehen davon, dass spätestens die zurückliegenden Krisenjahre auch wieder ganz andere, womöglich wichtigere Krisenursachen ins Bewusstsein gerückt haben: Von einer solchen Krise privatistischer Orientierungen ist bei den von uns Befragten nicht allzu viel zu spüren.

4.1.3 Gemeinwohlarbeit unter Kostendruck

Mit einem erneuten Perspektivwechsel wenden wir nun unsere Aufmerksamkeit einer ganz anderen Arbeitsordnung zu: der „Gemeinwohlarbeit". In Feldern von Erwerbsarbeit, die nicht privater, sondern öffentlicher Verfügungsgewalt unterliegen, wie im Öffentlichen Dienst, sind auch andersartige Legitimitätsansprüche zu erwarten – so zumindest unsere Ausgangsannahme. In den Arbeitsorganisationen des öffentlichen Sektors geht es im Kern – durchaus entgegen einer mittlerweile auch dort schon jahrzehntelang verbreiteten Marktrhetorik – nicht einfach um die optimale Verwertung von Arbeitskraft und sonstiger Produktionsfaktoren zur Erwirtschaftung maximalen Profits, sondern vor allem um die Bereitstellung öffentlicher Güter, mit denen individuelle und kollektive Bedürfnisse befriedigt werden sollen, die auf gewöhnlichen Produktmärkten nicht ausreichend zahlungskräftig sind oder für die es gar keine warenförmige Art der Befriedigung gibt bzw. geben soll. Damit ergibt sich sowohl nach „außen" wie nach „innen" eine andere Legitimationsproblematik als in Arbeitsorganisationen unter privatwirtschaftlicher Regie.

Dass Arbeitsorganisationen, die öffentliche Güter bereitstellen, sich besonderen „äußeren" Legitimitätserwartungen – also Erwartungen von Seiten der Organisationsumwelt – gegenübersehen, hat etwa die neo-institutionalistische Organisationssoziologie ausführlich gezeigt (z.B. Brunsson 2002). Diese „Umwelt" besteht nicht nur aus konkreten Akteuren wie Geldgebern oder politischen Regulierungsinstanzen, sondern auch aus der gesellschaftlichen Öffentlichkeit in ihren vielgestaltigen Ausprägungen und Segmenten. Welche Leistungen von Kommunen, Ländern und Bund zu erbringen sind, welches ihre konkreten Aufgaben sind und wie diese im Einzelnen umgesetzt werden sollen, ist immer auch Gegenstand öffentlicher Diskussion und Auseinandersetzung. Arbeitsorganisationen, die öffentliche Güter „produzieren", unterliegen stärker noch als privatwirtschaftliche Unternehmen einer öffentlichen Beobachtung und Bewertung.

Aber auch die Mitglieder solcher Arbeitsorganisationen, also diejenigen, die tagtäglich die „Arbeit am Gemeinwohl" leisten, deren Resultat jene öffentlichen Güter sind, stellen besondere Legitimitätsansprüche an „ihre" Organisation und machen die Organisation damit in spezifischer Weise anfällig für Legitimationsprobleme und -krisen. Genau darauf soll sich unser Augenmerk in diesem Abschnitt richten: Wie sieht das spezifische normative Anspruchsprofil unserer „am Gemeinwohl Arbeitenden" aus, welche Gerechtigkeits- und Rationalitätsansprüche werden von ihnen artikuliert? Inwiefern werden diese Ansprüche befriedigt oder enttäuscht, und welche Handlungskonsequenzen ziehen unsere Befragten aus dem Öffentlichen Dienst daraus?

Ansprüche „von außen" und „von innen" sind nicht unabhängig voneinander, und beide stehen – so ist zu vermuten – im Zusammenhang mit einem grundsätzlichen Wandel in den Organisationsprinzipien der Produktion öffentlicher Güter und Dienstleistungen, den wir seit längerem beobachten können. Lange Zeit wurde die staatliche Trägerschaft und Organisationsweise bestimmter Arbeitsaktivitäten durch ihre systematische Differenz zu privatwirtschaftlichen Arbeits- und Organisationsformen begründet. Gerade weil der Öffentliche Dienst mit Aufgaben befasst ist, die nicht umstandslos in Warenform gebracht werden können oder sollen, seien hier auch andere Organisations- und Steuerungsprinzipien als in Arbeitsorganisationen in privater Verfügungsgewalt nötig, so die Annahme. Seit mittlerweile über zwei Jahrzehnten gilt ein solches Verständnis als weitgehend überholt; Prinzipien der Privatwirtschaft haben schon lange Einzug in die staatliche Dienstleistungsorganisation gehalten. Öffentliche Aufgaben wurden zu „Produkten" umdefiniert, und wer zuvor Bedürftige, Antragsteller, Hilfeempfängerin oder schlicht „Bürger" war, wird nun unter der Rubrik des „Kunden" geführt. Zwei Ansatzpunkte dieser Umstellung sind insbesondere in den Kommunen, die im folgenden Abschnitt im Mittelpunkt stehen, zentral: die Internalisierung (bzw. häufig eher: Imitation) von

Marktprinzipien, etwa im Rahmen des „New Public Management"[7], und die Externalisierung von Organisationseinheiten und Aufgaben in den äußeren Markt.

Beide Entwicklungstendenzen, die Einführung neuer Steuerungsmodelle und die Privatisierung, sind inzwischen zu einem vorläufigen Ende gekommen – allerdings nicht, weil das dahinterliegende „Prinzip klügerer Märkte und verkrusteter Verwaltung" (Vogel 2014, S. 183) aufgegeben worden wäre, sondern weil es mittlerweile so weit wie überhaupt möglich durchgesetzt zu sein scheint. Allerdings ist die Marktsteuerung von Gemeinwohlarbeit heute kein ideologischer Selbstläufer mehr. Privatisierungsentscheidungen werden inzwischen stärker fallbezogen getroffen, in Abhängigkeit von der konkreten finanziellen Situation und den Versorgungsnotwendigkeiten; in einzelnen Fällen finden auch Re-Kommunalisierungen von zuvor ausgelagerten Leistungen statt.[8] Dass auch die Erzeugung öffentlicher Güter sich strikt nach ökonomischen Effizienzkriterien zu richten hat, ist allerdings als Selbstverständlichkeit im politischen Diskurs weiterhin fest verankert. Das Bedarfsprinzip, das gemeinwohlorientierten Tätigkeiten eigentlich inhärent ist, wird nur noch in Teilbereichen der kommunalen Dienstleistungen aufrechterhalten (bei den sogenannten Pflichtaufgaben); ansonsten regiert der Finanzierungsvorbehalt.

Viele deutsche Kommunen befinden sich bereits seit längerem in einer einschneidenden Finanzierungskrise. Nur in wenigen Ausnahmejahren (kurz vor der Jahrtausendwende sowie zwischen 2006 und 2008) konnten die Städte und Gemeinden in den letzten beiden Jahrzehnten Überschüsse erwirtschaften (ver.di 2012), in allen anderen Jahren wuchsen die Defizite. Die Ursachen dafür sind vielfältig und liegen zum großen Teil nicht im Handlungs- und Verantwortungsbereich der Kommunen selbst. Vor allem eine veränderte bundespolitische Steuerpolitik wird verantwortlich gemacht für (relative) Einnahmerückgänge, zudem belasten steigende Ausgaben für Sozialleistungen die kommunalen Haushalte. In manchen Regionen kommen die Folgen eines grundlegenden Strukturwandels hinzu – etwa De-Industrialisierungstendenzen, die zum Rückgang von Gewerbesteuereinnahmen führten.

Die Finanzmarkt- und Wirtschaftskrise hat sich in den Kommunen leicht zeitverzögert niedergeschlagen, vor allem über den Rückgang von Steuereinnahmen in den Jahren 2009 bis 2011. Im Vergleich zur bereits zuvor bestehenden kommunalen Finanzkrise sowie auch im Vergleich zu der massiven Betrof-

7 Insbesondere das „Neue Steuerungsmodell" der Kommunalen Gemeinschaftsstelle für Verwaltungsmanagement (KGSt) wurde in den Kommunen einflussreich (vgl. Bogumil et al. 2007).

8 Entsprechend ist auch der Rückgang der Beschäftigtenzahlen im Öffentlichen Dienst seit einigen Jahren zum Stillstand gekommen – bei allerdings deutlich steigendem Anteil an Teilzeitbeschäftigung.

fenheit der Industriebranchen war der Einfluss der „Großen Krise“ hier allerdings vergleichsweise gering. Insgesamt ist die kommunale Finanzsituation innerhalb von Deutschland uneinheitlich. Während sie in einigen Bundesländern durchgängig schlecht bis dramatisch ist, ist sie in anderen – insbesondere in süddeutschen – im Durchschnitt besser und insgesamt differenzierter. Dies ist nicht zuletzt auf erhebliche Unterschiede in den Ausgaben für Sozialleistungen zurückzuführen. Ein Drittel der deutschen Kommunen sieht sich mittlerweile nicht mehr in der Lage, aus eigener Kraft die Schulden zu tilgen (Ernst & Young 2012). Die meisten Bundesländer haben daher Programme aufgelegt, die als kommunale Rettungsschirme begrenzte Finanzhilfen im Gegenzug zu einschneidenden Konsolidierungsmaßnahmen vorsehen.

Die beiden in die Untersuchung einbezogenen Kommunen sind in mehrfacher Hinsicht als Kontrastfälle gewählt. Bei der ersten handelt es sich um eine kleinere Stadt in Nordrhein-Westfalen (*Konstellation ÖD_A*). Die Kommune ist aufgrund ihrer Überschuldung (pflichtmäßig) in den Stärkungspakt des Landes aufgenommen worden und hat damit faktisch die Entscheidungsfähigkeit über die eigenen Finanzen verloren. Unsere zweite Kommune (*Konstellation ÖD_B*), eine Großstadt, liegt in einem süddeutschen Bundesland mit den im Erhebungsjahr bundesweit höchsten kommunalen Einnahmen und den zugleich niedrigsten Ausgaben für soziale Leistungen (jeweils gerechnet pro Kopf). Die Städte und Gemeinden in NRW müssen demgegenüber bei insgesamt mittlerem Einnahmestand die im Bundesvergleich höchsten Sozialleistungen erbringen (Bertelsmann Stiftung 2013; Eicker-Wolf/Truger 2012).[9] Dies ist durchaus bedeutsam für die normativen Ansprüche der Beschäftigten und für die „innere“ Legitimität der kommunalen Organisationen. Vor allem ist zu fragen, welche Objektivität den Sparzwängen und ihren Folgen für die Arbeitsbedingungen zugeschrieben wird und welche Bedeutung dabei ökonomischen Begründungsmustern im Verhältnis zu anderen Ansprüchen beigemessen wird. Wie wir sehen werden, ergeben sich aus der unterschiedlichen Finanzlage der Kommunen deutlich unterschiedliche Legitimitätskonstellationen.

Zudem unterscheiden sich die Konstellationen hinsichtlich der einbezogenen Beschäftigtengruppen. In *Konstellation ÖD_A* haben wir Beschäftigte aus dem Jugend- und Bauamt mit einem breiten Tätigkeitsspektrum interviewt: Von den „Allgemeinen Sozialen Hilfen“ über die Asylbewerberbetreuung bis hin zu Amtsvormundschaften, vom Schulhausmeister und der Mitarbeiterin im Schwimmbad bis zur Bauaufsicht reichen die Arbeitsaufgaben. Aufgrund der geringen Größe der Kommunalverwaltung ist typisch, dass nur wenige Beschäftigte die gleiche Tätigkeit ausüben; einige Beschäftigte übernehmen auch

9 Aus Anonymisierungsgründen verzichten wir auf genaue Zahlenangaben zu den Kommunen und beschränken uns auf zusammenfassende Hinweise zu den Bundesländern.

verschiedene Tätigkeitsfelder zugleich. Höchst unterschiedlich ist der Ausbildungshintergrund: Die Jugendamtsangestellten haben häufig ein Sozialpädagogikstudium absolviert, die Beschäftigten des Bauamts haben zum Teil eine handwerkliche Ausbildung oder einen Technikerhintergrund, teilweise auch einen technischen Hochschulabschluss. Hinzu kommen in beiden Fällen Absolventen und Absolventinnen der kommunalen Inspektorenlaufbahn sowie kaufmännische Berufe. Aufgrund der Größe der süddeutschen Stadt (und einer entsprechend großen Mitarbeiterzahl) konnten wir als *Konstellation ÖD_B* eine Organisationseinheit bzw. Beschäftigtengruppe herausgreifen: Wir haben erzieherisch Tätige aus kommunalen Kindertagesstätten und Kindergärten befragt. Insgesamt betreibt die Stadt mehr als 180 Tageseinrichtungen zur Kinderbetreuung mit über 3.000 Beschäftigten. Alle Interviewten verfügen über eine Fachausbildung, zumeist an (Berufs)Fachschulen bzw. -akademien, eine Befragte hat zusätzlich eine akademische Ausbildung.[10]

Während das quantitative Geschlechterverhältnis in *Konstellation ÖD_A* in etwa ausgeglichen ist, sind in *Konstellation ÖD_B* die Befragten mit einer Ausnahme weiblich, wie es typisch für das Berufsfeld ist.[11] Der Erzieherinnenberuf ist Beispiel einer ausgeprägten horizontalen Arbeitsmarktsegregation, bis heute ist die Tätigkeit stark feminisiert. Dies trifft in besonderem Maße für die Einrichtungen der Kindertagesbetreuung zu. Der Männeranteil an den pädagogischen Fachkräften in Kindertagesstätten liegt im Jahr 2013 im Bundesdurchschnitt gerade einmal bei 3,4%; fünf Jahre zuvor waren es nur 2,2%.[12] In dem Stadtkreis, zu dem unsere Kommune zählt, liegt er – typisch für Großstädte – mit 7,2% deutlich höher. Fünf Jahre zuvor hatte er 4,8% betragen.[13] Selbst die hohen Wachstumsraten ändern nichts daran, dass Männer auch mittelfristig erheblich in der Minderheit bleiben werden. Es ist davon auszugehen, dass dies nicht nur Ausdruck einer externen, „vorgängigen" geschlechterbezogenen Ar-

---

10 Unter unseren Befragten sind ausschließlich qualifizierte Erzieherinnen vertreten, keine reinen Kinderpflegerinnen.

11 In Einzelinterviews haben wir in *ÖD_A* acht Männer und fünf Frauen befragt, in *ÖD_B* sechs Frauen und einen Mann. Eine ähnliche Geschlechterzusammensetzung ist für die beiden Gruppendiskussionen kennzeichnend.

12 Im Erzieherberuf insgesamt ist der Männeranteil höher, was u.a. darauf zurückzuführen ist, dass männliche Erzieher häufiger in Tätigkeitsfeldern außerhalb der Kindertagesstätten tätig sind (z.B. in der Jugend- und Behindertenarbeit).

13 Zahlen nach http://www.koordination-maennerinkitas.de/forschung (getragen von der Katholischen Hochschule für Sozialwesen Berlin, gefördert vom Bundesministerium für Familien, Senioren, Frauen und Jugend). Die genannten Zahlen für Stadtkreis und Deutschland insgesamt sind nicht unmittelbar vergleichbar, weil im ersten Fall auch Praktikanten und weitere pädagogische Kräfte ohne einschlägige Fachqualifikation enthalten sind (hier lautet die bundesdeutsche Vergleichszahl für 2013 4,1%, die Fachkraftzahl für den Kreis liegt nicht vor).

beitsteilung in anderen sozialen Feldern (etwa in der Familie) ist, auf die die Feminisierung des Berufs aufsetzt; vielmehr wird diese in der Arbeitsorganisation und in der Segregation der Erwerbsarbeitsteilung selbst reproduziert, kann dort aber zugleich auch neu verhandelt werden (vgl. dazu etwa Wetterer 2002; siehe auch Abschnitt 3.3.3). Was bedeutet die Geschlechterdimension für die Anspruchsmuster und die Legitimationsverhältnisse? Auch hier können wir auf Basis unserer Empirie einige Hinweise geben.

„Fürsorge" im Zentrum von Gemeinwohlarbeit

Dreh- und Angelpunkt für normative Bewertungen im Feld der Gemeinwohlarbeit ist das Fürsorgeprinzip. Die Orientierung an den Besonderheiten des „Lebens" ist insbesondere für die arbeitsinhaltlichen Orientierungen der Beschäftigten – und damit für die Ansprüche der Beschäftigten „an sich selbst" – zentral: Leitendes Prinzip für das Arbeitshandeln ist die Berücksichtigung der Bedürfnisse und persönlichen Bedingungen und Eigenschaften des konkreten Gegenübers, der Kinder in den Einrichtungen des Tagesbetreuung, der Klienten im Betreuungsbereich des Allgemeinen Sozialen Dienstes, der Bürgerinnen im Bauamt oder der Nutzer beispielsweise der kommunalen Bäder. Weite Teile unserer Interviews mit den Beschäftigten im Öffentlichen Dienst kreisen um genau solche Themen: um die Möglichkeiten und Bedingungen – was häufig eben auch heißt: die Grenzen – eines Arbeitshandelns zum Wohl der Klienten bzw. Bürgerinnen.

Ein solcher arbeitsinhaltlicher Fürsorgemaßstab umfasst weit mehr als eine bloße situative „Kundenzufriedenheit". Vielmehr geht es um ein wohlverstandenes Interesse des Gegenübers und abgewogene Bedürfnisse und Ansprüche, die im Fürsorgeprinzip berücksichtigt werden. Die Kinder in der Tagesbetreuung sollen nicht einfach nur möglichst viel „Spaß" haben, sondern sie sollen *lernen* – im Sinne eines breiter gefassten Bildungsbegriffs, der gerade in den letzten Jahren immer wichtiger wird. Ähnlich formuliert beispielsweise ein Jugendamtsmitarbeiter:

> „Spielplätze [sind] sehr wichtig für Kinder, denn das hat eine hohe soziale Funktion. Es ist ein Treffpunkt für Kinder, die lernen sich kennen. Es hat eine wichtige psychomotorische Funktion. Kinder können sich ausprobieren, können sich bewegen, können motorisch aktiv werden [...]. Das sind zwei Aspekte, wo man ganz klar sagen muss, das ist einfach wichtig, wenn man bei sinkenden Kinderzahlen auch Kindern ein angenehmes, schönes Leben ermöglichen möchte." (Pädagogischer Jugendamtsmitarbeiter, ÖD_A, 1)

Fürsorglich zu handeln, im Sinne des langfristigen, abgewogenen Interesses des sozialen Gegenübers mit seinen je besonderen Bedürfnissen und Bedingungen, kann auch heißen, Bedürfnisse und Ansprüche zu befriedigen, die vom Gegenüber gar nicht formuliert worden sind. So bemühen sich die von uns befragten Amtsangestellten durchweg, ihre Klienten auf Sozialleistungsansprüche hinzuweisen, von deren Existenz diese gar nichts wussten. Achtsam gegenüber Bedürftigen zu handeln – auch über die formalen beruflichen Regeln und Aufgaben hinaus – ist ein wichtiger normativer Anspruch an sich selbst.

> „Aus dem Job heraus könnte ich sagen: ‚Das und das und das' – nach mir die Sintflut. Nur, wenn ich den Leuten auch zum Beispiel sage: ‚Gucken Sie mal, wenn Sie das und das machen, den Anspruch haben Sie.' [...] Wenn ich zum Beispiel auch sage: ‚Sie haben ein schwerbehindertes Kind. Prüfen Sie doch mal bei Ihrem Auto, ob Sie das nicht auf das Kind laufen lassen können. Da sparen Sie wahrscheinlich die Kfz-Steuern', und solche Sachen. [...] Aber das ist nicht arbeitsbedingt [...], das ist für mich menschlich. Weil für mich gehört das zum Job dazu. Beziehungsweise nicht zum Job." (Sachbearbeiter Sozialamt, ÖD_A, 5)

In der Regel kommen unterschiedliche Adressatengruppen gleichzeitig in den Blick, zwischen deren Interessen abgewogen werden muss: in der Kindertagesstätte nicht nur die zu betreuenden Kinder selbst, sondern auch die Eltern (Ähnliches gilt für den Allgemeinen Sozialen Dienst); im Bauamt muss nicht selten zwischen verschiedenen Ansprüchen vermittelt werden.

> „Also wir sind schon, muss ich auch mal sagen, so Frauen, die eher politisch ein bisschen aktiv sind, in diesem Haus hier. Auch so von der Einstellung her eher, dass man Frauen hilft und die unterstützt und auch über den Kindergarten hinaus eben auch Kinder nach Hause bringt, weil die Mutter schwanger ist und das gerade selber nicht kann. Wir haben uns da auch ein bisschen, ja, sage ich mal, intensiver engagiert in der Elternarbeit. Und das war der Punkt, warum wir dann gesagt haben, also unsere Frauen brauchen uns." (Erzieherin, ÖD_B, 5)

Über solche unterschiedlichen, aber noch konkreten personalen Adressaten hinaus orientiert sich das Handeln auch an einem breiter gefassten gesellschaftlichen Nutzen. Die Erzieherinnen beispielsweise sehen sich – über den Bildungsanspruch hinaus – in einer gesellschaftlich insgesamt wichtigen Funktion, indem sie durch ihre Arbeit ermöglichen, dass die Erwerbstätigkeit von Frauen steigt und Geschlechtergerechtigkeit erhöht wird. Sie verbinden ihren Beruf mit einem bestimmten sozialen Nutzen für die Gesellschaft, was zugleich – darauf werden wir noch zurückkommen – wichtiges Element des eigenen Leistungsbewusstseins ist.

Die Maßstäbe dessen, was Wohl und Interesse der Klienten ist, wird nicht deren subjektiver Definition überlassen; vielmehr entstammen sie einer „reflektierten Professionalität" der Beschäftigten. Dies bedeutet: Sie beziehen sich in ihrer Auffassung von Fürsorglichkeit auf bestimmte berufsfachliche Normen, deuten und transformieren diese aber in jeweils spezifischer und durchaus auch persönlicher Weise. Die im beruflichen Sozialisationsprozess erworbenen Professionalitätsnormen bieten nur die allgemeinen Rahmenorientierungen für das berufliche Handeln, die konkrete (zumeist interaktive) Arbeit erfordert dann immer wieder die eigenständige Erarbeitung von Vorstellungen „richtiger" und „guter" Arbeitsleistung. Diese sind auch immer wieder Gegenstand von kollektiven Diskussions- und Aushandlungsprozessen zwischen den Kolleginnen, insbesondere im Bereich von Kinderbetreuung und Jugendamt. Neue fachliche Konzepte werden rezipiert, diskutiert, angepasst, fortentwickelt oder auch verworfen.

In beiden Konstellationen wird von den Befragten immer wieder betont, wie wichtig ihnen dabei die Handlungsspielräume in der fachlichen Bewertung der Konzepte und der Gestaltung der Tätigkeit sind. Professionalität heißt für die Fachkräfte nicht, anderswo entwickelte Konzepte umzusetzen und berufsfachliche Standards einfach zu übernehmen, sondern vielmehr die eigenständige und aktive Auseinandersetzung mit den fachlichen und sozialen Herausforderungen in der Arbeit.

> „Ja, also das [Bildungskonzept] ist sogar sehr an der Person der Erzieherin angelehnt. Und an jeder Fachkraft. Und das finde ich auch das Schöne an dem Konzept, weil es einmal dieser Teil ist, dass man die Kinder beobachtet und ihnen was anbietet. Der andere Teil ist aber, dass wir schon noch uns überlegen als Fachkräfte, was ist denn mein persönliches Erziehungsziel, und das wird formuliert und in einem Katalog zusammengefasst und das wird praktisch dann, das ist die Grundlage des Arbeitens im Haus. Also jeder bringt praktisch so ein Stück seiner eigenen Persönlichkeit mit ein. Und diese Erziehungsziele werden immer auch im Dialog miteinander gestaltet, so dass eigentlich alle immer sagen, ja, ok, das ist jetzt das, wie wir arbeiten wollen." (Erzieherin, ÖD_B, 2)

> „Also das ist schon so, dass man hier eigentlich sehr selbstständig arbeiten kann. Wir haben schon ein Fachteam, wo man sich austauscht oder wo man auch jetzt bestimmte Hilfen, die man für notwendig hält, die halt vom Team bewilligt werden müssen, also wo man jetzt nicht selber sagen kann, das wird jetzt so gemacht, sondern das muss halt im Grunde abgesegnet werden, weil es ja halt auch mit Kosten verbunden ist, über die man nicht selber dann entscheiden kann. Aber ansonsten kann man schon sehr selbstständig hier agieren." (Pädagogische Jugendamtsmitarbeiterin, ÖD_A, 9)

In diesen Interviewpassagen werden zugleich starke Bezüge auf das Anspruchsprinzip der Selbstverwirklichung deutlich. Es sind insbesondere die fachlichen Handlungsspielräume, die den Beschäftigten ausgesprochen wichtig sind – ein Anspruch, der in unseren beiden Fällen der Gemeinwohlarbeit zumeist eingelöst ist. Zwar erleben die Beschäftigten eine deutliche Einschränkung ihrer Handlungsmöglichkeiten aufgrund massiver Sparzwänge – auch darauf kommen wir ausführlich zurück –, aber ihre fachliche Kompetenz und Entscheidungsfähigkeit wird im Grundsatz anerkannt, von den Vorgesetzten, den Kolleginnen, den Klienten, von der Organisation insgesamt.[14] Gleichwohl bleibt dieser Aspekt des Selbstverwirklichungsanspruchs gleichsam „abgeleitet": Es geht nicht darum, dass die Beschäftigten Handlungsfreiheiten um ihrer selbst willen einfordern (auch wenn sie diese Freiheiten persönlich durchaus als *wünschenswert* betrachten); vielmehr sehen sie sie als eine zentrale Voraussetzung dafür, dass ihre fachlichen und arbeitsinhaltlichen Fürsorgeorientierungen realisiert werden können. Dies ist durchgängig kennzeichnend für die befragten Gemeinwohlarbeiterinnen und Gemeinwohlarbeiter: Sie argumentieren deutlich weniger als andere Beschäftigte mit ihren *eigenen* Interessen und Ansprüchen als Arbeitnehmerinnen und Arbeitnehmer, vielmehr ist die fachlich untermauerte Fürsorgeorientierung im Sinne einer Orientierung an den Lebensbedürfnissen anderer zentrales Anspruchsprinzip. Daraus abgeleitet werden dann verschiedene Ansprüche hinsichtlich der eigenen Arbeitsbedingungen formuliert (etwa hinsichtlich Personal- und Ressourcenausstattung); diese bleiben aber dem Fürsorgeprinzip nachgeordnet.

Dass die Fürsorglichkeit für andere vor der Formulierung von Ansprüchen im eigenen Interesse rangiert, bedeutet allerdings keinesfalls, dass der Arbeitgeber nicht Adressat von – teils erheblicher – Kritik wird. „Fürsorge" ist nicht nur ein Anspruch an sich selbst oder an die Kolleginnen, es ist ebenso ein Anspruch an die Organisation und ebenso auch ein „Selbstanspruch" der Organisation. Die Orientierung am Wohl und den Bedürfnissen der Klienten – etwa die Förderung der Bildung von Kindern, die Unterstützung von Bauherren bei ihrer Bautätigkeit – ist erklärtes Ziel und öffentliches Rechtfertigungsprinzip unserer kommunalen Arbeitgeber, und damit befinden sie sich (zumindest auf der deklaratorischen Ebene) im Grundsatz in Einklang mit den Beschäftigtenansprüchen. Dies heißt zugleich, dass die Beschäftigten bei ihrem Bezug auf das Fürsorgeprinzip an „vorliegende" offizielle Rechtfertigungen anschließen können.

Eine wichtige Stoßrichtung der Kritik an der Arbeitsorganisation lautet, dass diese nicht die ausreichenden Mittel dafür bereitstellt, damit die Beschäftigten wirklich „gute Arbeit" im Sinne einer geteilten Fürsorge- oder Gemeinwohlorientierung leisten können. Die Arbeitsbedingungen sollen so beschaffen sein, dass sie es den Fachkräften ermöglichen, im wohlverstandenen Sinne der Bürgerinnen/Klienten/Kundinnen handeln zu können – dies ist das Zentralprinzip der normativen Erwartung gegenüber dem Arbeitgeber. Dieser Anspruch

14 In *Konstellation ÖD_A* geht dies allerdings einher mit einer gewissen (wahrgenommenen) Gleichgültigkeit der Organisation gegenüber den besonderen Leistungen der Fachkräfte. Zwar werden fachliche Spielräume gewährt, die Kehrseite ist aber, dass sich niemand so recht dafür interessiert, mit welcher Kompetenz und mit welchem Aufwand die hohe fachliche Qualität durch die Beschäftigten dann auch hergestellt und gesichert wird. Eine solche Kritik ist unter unseren Befragten sowohl aus dem Jugendwie auch dem Bauamt sehr verbreitet.

wird nicht selten verletzt, wie die von uns Befragten sowohl in den Ämtern als auch in den Kindertagesstätten gleichermaßen beklagen; und dadurch geraten die Organisationen nicht nur in Konflikt zu den Beschäftigtenansprüchen, sondern auch zu ihren eigenen Verlautbarungen.

> „Also die Bedingungen, unter denen wir im Moment arbeiten, da können wir nicht mehr das leisten, was eigentlich von uns verlangt wird." (Pädagogische Jugendamtsmitarbeiterin, ÖD_A, 9)

> „Also es war ja, also vor, ich glaube, vor fünf, sechs Jahren war es ja auch groß auf die Fahne geschrieben von dem neuen OB ‚‚X ist die kinderfreundliche Stadt!', aber es ist überhaupt gar nichts passiert." (Erzieherin, ÖD_B, 1)

Die Arbeitsbedingungen und damit die Möglichkeiten der Beschäftigten, ihren Fürsorgeanspruch zu realisieren, sind wiederum stark abhängig von der finanziellen und personellen Ausstattung der Ämter und Einrichtungen. Diese wird in beiden Konstellationen (mit gewissen bereichsbezogenen Differenzen) generell als ungenügend beschrieben. In der nordrhein-westfälischen Kommune sehen sich die Beschäftigten bereits seit vielen Jahren mit einer kontinuierlichen Verschlechterung der Finanzsituation konfrontiert, die in vielfacher Weise in der Arbeit spürbar wird. Freiwerdende Stellen werden zunächst unbesetzt gelassen; Zeitumfänge für Tätigkeiten werden gekürzt; Neueingestellte werden trotz gleicher Aufgaben niedriger eingruppiert; notwendige Ausgaben können nicht mehr vorgenommen werden.

> „Wo ich angefangen habe, da haben wir den Deckel drauf gekriegt Oktober, November. Da musstest du nachfragen, wenn du irgendwelche Sachen machen lassen wolltest, weil was kaputt war. Heutzutage hast du das schon nach den Sommerferien. Nur noch das Nötigste und nicht mehr. Also wir sparen uns kaputt." (Bauamtsmitarbeiter, ÖD_A, 7)

Die Erzieherinnen aus Süddeutschland sehen sich zwar nicht mit einer anhaltenden Verschlechterung der Bedingungen konfrontiert; allerdings stagnieren sie auf niedrigem Niveau: Geld für einfaches Ausstattungsmaterial ist häufig knapp (selbst Tesafilm wird rationiert, wie in einem Interview beschrieben wird), Ausflüge mit den Kindern, die aus einer Bildungsperspektive sinnvoll wären, können kaum durchgeführt werden, das Gebäude der Betreuungseinrichtung wird von den Erzieherinnen und den Eltern gemeinsam und auf eigene Kosten in deren Freizeit gestrichen, um nur einige Beispiele zu nennen.[15]

15 Es wird auch von einer Verschlechterung der materiellen und personellen Ausstattung berichtet, die in Zusammenhang mit dem kurz vor dem Erhebungszeitpunkt eingeführten Rechtsanspruch auf Kinderbetreuung für Kinder unter drei Jahren stehe: Die Ressourcen seien nicht der gewachsenen Klientenzahl entsprechend gestiegen, vielmehr habe sich das quantitative Betreuungsverhältnis verschlechtert.

Bis hierhin sind die Gemeinsamkeiten zwischen den beiden Konstellationen der Gemeinwohlarbeit hoch: Beide sind geprägt durch die zentrale Bedeutung des Fürsorgeprinzips als Selbstanspruch der Beschäftigten wie auch als Anspruch an die Organisation, die dafür verantwortlich gemacht wird, dass Arbeitsbedingungen geschaffen werden, die eine Umsetzung des Fürsorgeanspruchs der Beschäftigten ermöglichen. Und die Beschäftigten beider Kommunen leiden unter einem deutlichen Kostendruck, der streckenweise als ernsthafte Gefährdung der Fürsorgeorientierung angesehen wird.

An dieser Stelle aber enden die Gemeinsamkeiten. Denn die Interpretation der kommunalen Sparzwänge und des Kostendrucks verläuft weitgehend konträr – mit erheblichen Folgen für die organisationale Legitimität. Auch in der nordrhein-westfälischen Kommune ist zwar eine Unzufriedenheit der Beschäftigten spürbar, aber insgesamt doch eine Akzeptanz mit Bezug auf die kommunale Finanzsituation. Diese Akzeptanz stellt sich zwar eher notgedrungen ein, sie ist kein Anzeichen für stabile Legitimationsverhältnisse. Eine normativ begründete anspruchsbasierte Kritik an den Akteuren der Organisation ist aber hier – zumindest im Konstellationsvergleich – eher gering ausgeprägt. Wesentliche interessenpolitische Konsequenzen ergeben sich aus der Kritik nicht. Ganz anders in der süddeutschen Kommune: Hier wird die ökonomische Rationalität des Sparens ganz grundsätzlich bezweifelt. Und in Verbindung mit weiteren Ungerechtigkeitserfahrungen entsteht eine massive Empörung der Beschäftigten, die in einer anhaltenden interessenpolitischen Aktivierung ihren Ausdruck findet.

Kommunale Regime des Sparens zwischen Ent- und De-Legitimierung

Beginnen wir mit unserer Kommune aus Nordrhein-Westfalen. Bei aller Kritik an den negativen Folgen der Sparzwänge wird doch der Notwendigkeitscharakter des Sparens nicht grundsätzlich in Frage gestellt. Die Kommune habe kaum Handlungs- und Entscheidungsfreiheiten, die Ressourcenknappheit sei ein objektives Faktum, und für ihre Ursachen seien keine lokalen Verantwortlichen auszumachen.

> „Das ist eine Stadt, die wirklich sehr wenig Geld hat, die Schulden hat, die Jahr für Jahr immer wieder neue Schulden bezahlen [muss].“ (Pädagogischer Jugendamtsmitarbeiter, ÖD_A, 1)

> „Also insofern sind das natürlich ganz viele Faktoren, die dazu führen, dass die Situation ist, wie sie ist. Und da verschließe ich nicht die Augen davor. Also ich gehöre da nicht zu denen, die dann ganz laut schreien: ‚Ja, aber bei uns nicht. Geht woanders hin mal kürzen!‘“ (Bauamtsmitarbeiterin, ÖD_A, 3)

> „Es ist objektiv das Geld nicht da.“ (Sachbearbeiterin Bauamt, ÖD_A, 11)

Die Sparzwänge entziehen sich in der Kommune tendenziell der Legitimitätsfrage: Wo kein handlungs- und entscheidungsfähiger Akteur ist (und weder die Kommune als Ganze noch einzelne politische Funktionsträger erscheinen als ein solcher Akteur), erübrigt sich die Frage von Verantwortlichkeit und normativ basierter Kritik. Die ökonomischen Zwänge erscheinen als systemisch, die lokale Sparnotwendigkeit ist nicht verhandlungsoffen und gerechtigkeitsfähig, da durch externe ökonomische Rationalitäten begründet.

In einigen Interviews werden allerdings durchaus Ansätze für eine gewisse Politisierung der Frage der Kommunalfinanzen deutlich, und zwar dann, wenn der Bewertungshorizont über den lokalen Bereich hinaus erweitert wird. Falsche Entscheidungen auf der Landes- und Bundesebene und gesellschaftliche Entwicklungstendenzen wie steigende soziale Ungleichheit werden von einigen Befragten als eine der Ursachen für die kommunale Misere ausgemacht. Der Objektivitätscharakter auf lokaler Ebene bleibt davon allerdings unberührt, konkrete interessenpolitische Handlungsansätze ergeben sich daraus nicht, aber es scheint eine gewisse Vorstellung von Veränderbarkeit auf, sofern die Frage nach der Rechtfertigung kommunaler Regime des Sparens breiter und politischer gefasst wird.

> „Geld ist nicht da. Gespart werden muss, das ist glaube ich unstrittig. Weil wenn ich nichts habe, kann ich nichts ausgeben. Aber man sollte auch gucken, wo man was spart. Aber ich erzähle jetzt nichts von der Drohne, die wer weiß wie viel kostet, und hier im Klassenzimmer... Es ist so, es wird ganz, ganz viel irgendwo weggeworfen sozusagen. Jetzt nur die großen Projekte, ob es Stuttgart[16] ist oder sonst was, da wird ja ganz, ganz viel Geld verpulvert, und hier muss man an jedem Cent sparen.“ (Bauamtsmitarbeiter, ÖD_A, 10)

> „Man hat wenig Einfluss. Wenn es einen Erfolg gibt, dass man das Freibad erhält und nicht schließen muss innerhalb der Stadt, wenn das schon der Erfolg ist und nicht die Frage, wie können wir unsere Stadt attraktiver und lebenswerter machen [...]. Da gibt es ja nichts mehr, was zu verteilen geht, wo es überhaupt noch Einflussmöglichkeiten gibt, weil die Schulden überhandnehmen und einfach kein Geld mehr da ist, wo man es noch umschreiben kann, weil es einfach immer mehr in den privaten Großkapitalbereich abfließt.“ (Pädagogischer Jugendamtsmitarbeiter, ÖD_A, 1)

Auch hier fehlen, wie bei allen Befragten in *Konstellation ÖD_A*, die lokalen Adressaten für normativ begründete Kritik. Die Kommune selbst befindet sich gleichsam jenseits von Legitimitätsfragen – wo keine Handlungsfähigkeit ist, können auch keine falschen oder ungerechten Entscheidungen in den Fokus der

16 Interessanterweise findet sich in beiden Untersuchungsfällen – trotz ihrer ganz unterschiedlichen geographischen Lage – immer der Verweis auf „Stuttgart 21“, also das umstrittene Umbauprojekt des Stuttgarter Hauptbahnhofs, als Beispiel für die Fehlleitung öffentlicher Mittel.

Kritik kommen. Dies lässt sich als Tendenz zur *Ent*-Legitimation verstehen, die aus der Rücknahme von normativen Ansprüchen entsteht (während eine *De*-Legitimierung ein Legitimitätsdefizit aufgrund von Anspruchsverletzungen beinhaltet, vgl. Menz 2014).

Ganz anders sieht es in unserer süddeutschen Vergleichskommune aus. Hier wird nicht nur die sachliche Stichhaltigkeit der allgegenwärtigen Verweise auf Sparzwänge und Geldmangel komplett bezweifelt, es werden auch konkrete Akteure ausgemacht, denen die Verantwortlichkeit für die erlebte Finanzmisere zugeschrieben werden kann. Insbesondere in der Kommunal- und Landespolitik werden identifizierbare Entscheidungsträger benannt, auf deren Handeln die schlechten Bedingungen für die Kinderbetreuung (sowie die mangelhaften Arbeitsbedingungen und das ungerechtfertigt niedrige Entgelt der Erzieherinnen) zurückzuführen sind. Nicht systemische Sachzwänge, sondern politische Weichenstellungen und konkrete politische Fehlentscheidungen bilden den Deutungshintergrund der eigenen Erfahrungen des Mangels. Die finanzielle Verschwendung für unökonomische Großprojekte oder die kostspielige „Rettung" der Landesbank zeigten, dass die Finanzausstattung nicht so knapp sein könne, wie nach außen behauptet; die florierende regionale Großindustrie sei eine gute Quelle von Steuereinnahmen – die Befragten führen also dezidiert Veränderungsmöglichkeiten an, die die unterschiedliche Ausdeutbarkeit und grundsätzliche Verhandelbarkeit ökonomischer Rationalitätsansprüche aufzeigen.

> „Also Geld ist da auf jeden Fall. Ich glaube nicht, dass kein Geld da ist, wo ist das Geld? Und die Kommune muss schon schauen, dass sie die Kinder mehr fördert und, ja, mehr für die Kinder macht. [...] Also ich denke, das ist eine politische Frage und Geld ist da, wenn man das möchte." (Erzieherin, ÖD_B, 4)

> „Wenn es Geld für eine Landesbank gibt, dann gibt's auch Geld für die Beschäftigten. Krise hin oder her. Dann ist Geld da offensichtlich. Und das Geld wollen wir jetzt auch mal sehen." (Erzieher/in, GD ÖD_B 01)

Im Ergebnis geht es in diesen Deutungen und Bewertungen um eine zutiefst ungerechte Allokation von Finanzmitteln. Es sind politisch entscheidbare Verteilungsfragen und politisch gewollte Ungleichheiten, die in den Fokus der Kritik geraten. Durch solche Deutungsmuster einer prinzipiellen Offenheit und politischen Entscheidbarkeit entsteht in der süddeutschen Kommune – anders als in unserem Vergleichsfall, der durch deutliche Tendenzen der Ent-Legitimierung geprägt ist – überhaupt erst der Raum für ein wirkliches Aufwerfen von Legitimitätsfragen und eben auch für Legitimitäts*krisen*. Der Zusammenbruch der ökonomischen Rechtfertigungen für das Sparregime verbindet sich mit tiefgehenden Anspruchsverletzungen, vor allem im Feld der Gerechtigkeitsansprüche, auf die wir nun näher eingehen wollen. Im Ergebnis werden Tendenzen der *De*-Legitimierung der Ordnung und weitreichende Legitimitätsdefizite deutlich, die den Ausgangspunkt bilden für anhaltende interessenpolitische Mobilisierungs- und Aktivierungsprozesse, welche wiederum die Delegitimierungstendenzen verstärken.

Halbierte Anerkennung und interessenpolitische Aktivierung: die Erzieherinnen

Auf die hohe Bedeutung von Fürsorge als Anspruchsprinzip in der Gemeinwohlarbeit haben wir bereits ausführlich hingewiesen: auf Fürsorge als Anspruch an das eigene Arbeitshandeln sowie als Anspruch an die Organisation, Bedingungen für fürsorgeorientiertes Arbeitshandeln zu schaffen. Im Fall der Erzieherinnen kommt eine weitere Dimension von Fürsorge zum Tragen, die die besondere normative Sprengkraft dieser Konstellation ausmacht: Die eigene Fürsorgeorientierung wird zum Kern eines wachsenden Leistungsbewusstseins, aus dem vehemente Forderungen nach Anerkennung resultieren – Forderungen nach Wertschätzung, die kaum im Ansatz erfüllt werden. Fürsorge wird als Basiselement von Leistung (re-)interpretiert, und vor diesem Hintergrund treten ganz erhebliche Anspruchsverletzungen zu Tage.

Den Rahmen für diese erweiterte Fassung von „Fürsorge-Leistung“ bildet ein grundlegender inhaltlicher Umbruch in der Arbeit der Kindertagesbetreuung, der aus der wachsenden Bedeutung von Bildungskonzepten folgt. Die Erzieher-Arbeit wird professionalisiert und um Bildungselemente ergänzt, neue Konzepte zur Arbeit in den Kindertagesstätten werden erarbeitet, die an die Beschäftigten erhöhte Anforderungen stellen, zugleich aber auch ihre Arbeit aufwerten. Mit ihrem erzieherischen und auch bildungspolitischen Zuschnitt zielen diese Veränderungen eindeutig auf eine verbesserte „Kunden-“ oder „Klientenorientierung“ und zunächst überhaupt nicht auf verbesserte Arbeitsbedingungen oder bessere Vergütung. Mit der normativen Fusion von Fürsorge und Leistung verbindet sich aber beides mehr und mehr. Professionelles, den neuen Konzepten entsprechendes fürsorgliches Arbeitshandeln wird als Kern der eigenen Arbeitsleistung identifiziert und damit zum Ausgangspunkt für erweiterte Forderungen an Arbeitsorganisation und Arbeitgeber, insbesondere hinsichtlich des Entgelts, aber auch hinsichtlich der Arbeits- und Leistungsbedingungen.

> „Und das finde ich halt so ärgerlich, dass jetzt diese ganzen letzten Jahre auch mit dem [Bildungs]-Konzept und so die Qualität sehr wohl auch angestiegen ist. Das Gehalt, das ist ja nicht mal angeglichen worden. Also wenn wir jetzt die Tarifstreits anschauen, dass wir da ein paar Prozente [mehr bekamen], damit wir überhaupt diesen Inflationsausgleich irgendwie kriegen, also das heißt, unser Gehalt ist mit keinem bisschen irgendwie angeglichen worden an unsere Tätigkeit, sondern immer nur gerade das Minimum, dass ihr gerade mal so auf eurem Level bleibt. Und das finde ich halt das, was mich sehr ärgert.“ (Erzieherin, ÖD_B, 2)

„Weil früher, da konnte ich tatsächlich als Erzieherin reingehen, ich konnte mich hier mit einem Kaffee hinsetzen, die Kinder spielen lassen, konnte was tun oder nicht, war schon so. Klar, wenn man einen anderen Anspruch hatte, nicht, aber man konnte so arbeiten. Und hat ungefähr das, sage ich jetzt mal, im Verhältnis das gleiche Geld gekriegt wie jetzt. Und jetzt mache ich viel und bemühe mich und gebe Einsatz.“ (Erzieherin, ÖD_B, 7)

Die Bildungskonzepte werden – zumindest in unseren kommunalen Einrichtungen der Kindertagesbetreuung – im Grundsatz ausgesprochen positiv bewertet. Sie erscheinen nicht einfach als eine zusätzliche Leistungsanforderung „von oben“ (von den Bundesländern, die ab 2004 verpflichtende Bildungsprogramme und -pläne eingeführt haben, oder etwa von den Trägern, die diese Pläne für ihre Einrichtungen konkretisieren), sondern treffen sich vielmehr mit den (ebenfalls im Wandel begriffenen) eigenen fachlichen Ansprüchen an eine gute Erzieherinnen-Arbeit.[17] Zugleich eröffnen die Bildungsprogramme neue Chancen, die eigene Arbeitsleistung, etwa gegenüber den Eltern, sichtbar zu machen. Pädagogische Leistungen, die früher eher implizit erbracht wurden, können nun benannt und nach außen dargestellt werden.

„Und das hat für mich einen großen Wert, weil ich finde, Erziehung heißt ja, Beziehung eigentlich vor allem leben, gerade zu Kindern, zu Eltern, hat was sehr Persönliches. Und das Konzept hat jetzt eher dann dazu geführt, dass man das mal anerkennt und auch schätzt. Und nicht nur sagt: ‚Es ist schön, dass ihr lieb spielt und dass ihr so liebevoll seid‘, sondern auch: ‚Ja, aber ihr habt ja auch eine Kompetenz oder ihr denkt euch ja auch was dabei.‘ Also das war so, wo ich gemerkt habe, das hat auch so einen Bruch gemacht. Weil früher wurden wir ja auch oft anders gesehen, wir Erzieher. Und jetzt kommen wir mit einem gewissen Knowhow, haben Instrumente, haben Beobachtungsbögen, das sind auch alles, ich sage jetzt, wirklich Instrumente, die den Eltern auch zeigen, was so dahintersteckt. Und vorher hat man vieles auch schon gemacht, aber man konnte es nicht belegen. Also das war so: ‚Jaja klar‘, so. Und jetzt hat es so Hand und Fuß bekommen.“ (Erzieherin, ÖD_B, 2)

Die Erzieherinnen haben in den vergangenen Jahren durchaus eine Aufwertung ihrer Tätigkeit erfahren, die sich in erhöhter Wertschätzung niederschlägt – Wertschätzung durch die Eltern, aber auch durch die gesellschaftliche Öffentlichkeit. Es bleibt allerdings eine „halbierte Anerkennung“, denn die gesteigerte soziale Wertschätzung geht kaum über das Symbolische hinaus; eine entsprechende monetäre Anerkennung ist bislang weitgehend ausgeblieben. In Verbin-

17 In unserer Untersuchungskonstellation fällt die Bewertung offenbar positiver aus als in anderen Kommunen. Vgl. zu verschiedenen Formen der Umsetzung, Aneignung und Abwehr von Bildungsprogrammen in den Einrichtungen Hielscher et al. 2013, S. 200ff; Kerber-Clasen 2014b; Viernickel et al. 2013. Ein Grund dafür scheint die vergleichsweise partizipative Umsetzung des Bildungskonzepts im Falle des von uns untersuchten kommunalen Trägers zu sein.

dung mit der Brüchigkeit der ökonomischen Rationalität des „ständigen Sparens“ ergibt sich damit eine spezifische Anspruchsdynamik, die schließlich in einer anhaltenden interessenpolitischen Aktivierung Ausdruck gefunden hat.

> „Weil die Anerkennung von Eltern und die Wertschätzung so, dass der Beruf jetzt geschätzt ist, das ist da, weil wir da viel dafür gemacht haben. Aber jetzt würde ich es halt auch mal gerne in meinem Geldbeutel spüren.“ (Erzieherin, ÖD_B, 2)

> „Und ich glaube, das war auch der Punkt, dass [wir Erzieherinnen] mal drauf aufmerksam machen wollten, dass wir eben keine Basteltanten sind, sondern eine gute pädagogische Arbeit leisten und dass es nicht sein kann, dass wir immer so, also wirklich so am Rande bezahlt werden und dass sich überhaupt nichts verändert, sondern immer nur genommen wird, obwohl man weiß, die Kommune hat zum Beispiel Mehreinnahmen aufgrund von was weiß ich, Firmen, jetzt gibt es [einen großen Automobilhersteller] bei uns, und bundesweit gesehen gab es eben immer wieder den Aufschwung. Und letztendlich haben wir da nie was von gesehen und gespürt. Und das war so der Punkt, wo ich das erste Mal auch so eine Solidarität gespürt habe, wo auch tatsächlich so ganze Häuser sich bereit erklärt haben, nein, unter den Bedingungen wollen wir nicht mehr arbeiten. Man nimmt immer nur mehr, man setzt uns ein Konzept nach dem anderen auf, wir müssen das umsetzen, wir kriegen keine Anerkennung, es gibt keine Wertschätzung so, und wir wollen das so jetzt nicht mehr über uns ergehen lassen.“ (Erzieherin, ÖD_B, 5)

Der Vergleich mit anderen Berufsgruppen führt zu einem eindeutigen Urteil: Von Leistungsgerechtigkeit kann keine Rede sein.[18] Legt man klassische Kriterien eines (aufwandsbezogenen) Leistungsbegriffs zugrunde wie Ausbildung oder Verantwortung (siehe Abschnitt 3.1.1), wie es die befragten Erzieherinnen tun, werden ganz eklatante Ungleichbehandlungen deutlich. Es geht dabei nicht um ein paar fehlende Prozente, sondern um eine ganz grundsätzlich fehlgeleitete Entgeltstruktur, die die Leistungen der Erzieherinnen nicht würdigt.

> „Ich bin schon realistisch, aber so im Vergleich zu anderen, die die gleiche Qualifikation haben mit Schulabschluss und dann eben Examen haben, dafür, denke ich, ist das einfach viel zu schlecht bezahlt. Und unsere Verantwortung ist eine zu hohe.“ (Erzieherin, ÖD_B, 5)

> „Also ich glaube schon, dass es schon grundsätzlich um Gerechtigkeit geht, also dass man erstmal normal bezahlt werden möchte und dass der Erzieherberuf einfach grundsätzlich unterbezahlt ist. Also für die Verantwortung, die auch eine Gruppen-Mitarbeiterin hat, das ist echt Popelgeld, das ist einfach nicht in Ordnung, das sowieso, diese Grundungerechtigkeit. Und dann aber zusätzlich noch:

---

18 Im Übrigen teilen dieses Urteil auch viele andere der von uns Befragten außerhalb dieses Tätigkeitsfelds. Krankenpfleger und Erzieherinnen sind die in unseren Interviews immer wieder (ungefragt) angeführten Beispiele für besonders ungerecht bezahlte Tätigkeiten. Auch darin zeigt sich die „halbierte“ Anerkennung der Erzieherinnen.

‚Wir werten uns gerade auf, und ihr seht es nicht, ihr wollt uns trotzdem nur einen Hungerlohn oder gerade mal einen Ausgleich zahlen!'" (Erzieherin, ÖD_B, 2)

„Für das, was ich hier wirklich leiste, finde ich das nicht in Ordnung, müsste zumindest das Doppelte sein, also wirklich!" (Erzieherin, ÖD_B, 7)

Neben Fragen der mangelnden Anerkennung und Leistungsgerechtigkeit kommt noch eine weitere Anspruchsverletzung hinzu, die für diese Konstellation prägend ist. Sie betrifft die Frage der Achtsamkeit gegenüber den konkreten Lebensbedingungen der Beschäftigten (und ist damit nach unserer Unterscheidung ebenfalls zum Fürsorgeprinzip zu zählen). Die Arbeitssituation wird von vielen Erzieherinnen als derart belastend beschrieben, dass sich dies nicht mehr nur mit verbesserter Vergütung aufwiegen lasse. Vielmehr greifen die Anforderungen und Belastungen direkt die Substanz der eigenen Leistungsfähigkeit an und gefährden ernsthaft die (gesundheitliche) Reproduktion der Arbeitskraft. Neben Lärm und körperlichen Belastungen (etwa durch das Tragen der Kinder, nicht erwachsenengerechte räumliche Ausstattung usw.) werden vor allem psychische Belastungen angeführt.

„Sehr oft nachts, also jetzt seit ein paar Jahren ist das schlimm [...], ich höre das auch im Schlafen, den Lärm, und Kinder wollen was von mir [...], und ich wache manchmal auch auf, ja: ‚Daran habe ich nicht gedacht!' [...] Und dann bin ich schweißgebadet, weil das ist schon manchmal so stressig, ja." (Erzieherin, ÖD_B, 4)

„Dafür, glaube ich, muss man was tun, dass die Leute, die Kolleginnen nicht so schnell ausgepowert sind. Weil wir in den letzten Jahren einen unheimlich hohen Ausfall haben an Burn-out, an langzeitkranken Frauen, an depressiven Kolleginnen, und das hängt auch mit unserer Arbeit zusammen. Also unsere Arbeit ist in den letzten Jahren eher belastend gewesen und nix mehr Bereicherndes, sondern es war einfach so und ist in vielen Häusern immer noch so, dass wir am Limit gehen und dass sich da irgendwie so am Horizont nichts auftut, dass wir da eine Besserung sehen." (Erzieherin, ÖD_B, 5)

„Wir haben mal eine Lärmampel oben, die schlägt an bei 80 Dezibel, die klingelt die ganze Zeit. Also da ist das Klingeln dann von der Ampel noch nervender als die Kinder selber." (Erzieherin, ÖD_B, 6)

Dabei stellen die Befragten häufig den Bezug zur eigenen arbeitsinhaltlichen Identifikation und den Ansprüchen „an sich selbst" hinsichtlich einer guten, klientengerechten Arbeitsleistung her, die eine Distanzierung gegenüber der eigenen Arbeit oder eine instrumentelle Reduzierung des eigenen Arbeitsengagements kaum möglich erscheinen lassen. Es ist gerade die Verbindung von problematischen „objektiven" Arbeitsbedingungen – Ausstattung der Einrichtungen, Personalmangel, Lärm – mit dem Selbstanspruch der Fürsorgeorientierung, die die besondere Belastungskonstellation ausmacht.[19]

> „Ich bin Teilzeit aus gesundheitlichen Gründen. Ich konnte es nicht mehr schaffen. Es sind so hohe Ansprüche, dann bin ich auf 70 Prozent runter und ich hoffte, ich kann irgendwann mal wieder auf 100 zurück, aber ich schaffe es nicht gesundheitlich. Und ich bin auch nicht zufrieden, wenn ich nicht 100%ig alles gebe. In sozialen Berufen ist das immer so, ja. Und ich nehme den Wenigerverdienst und alles [in Kauf], aber lieber so, als kaputt gehen." (Erzieherin, ÖD_B, 4)

> „Es sind auch so viele Kontakte zu den Kindern, da [ver]braucht man sich, da verliert man sich. Da brauchst du Zeit, um zurückzukehren zu dir, weil sonst löst du dich auf, habe ich das Gefühl manchmal. Also ich brauche, manchmal das Wochenende reicht für mich nicht, so viel gebe ich von mir, mache ich auch gerne, ist auch mein Beruf. Aber irgendwie braucht man auch die Zeit für sich, finde ich." (Erzieherin, ÖD_B, 5)

Die Ungerechtigkeitserfahrungen der Erzieherinnen – insbesondere die Gerechtigkeitsverletzung hinsichtlich der „Fürsorge-Leistung" – haben eine anhaltende interessenpolitische Aktivierung der Beschäftigten angestoßen. Der Erzieherinnen-Streik 2009, an dem sich die von uns Befragten allesamt aktiv beteiligt haben, hat erstmals zu einer breiten öffentlichen Aufmerksamkeit für die Arbeits- und Entgeltsituation dieser Beschäftigten geführt.[20] Die konkreten Ergebnisse dieses Streiks, der für die meisten die erste Arbeitskampferfahrung war, werden von den Befragten zwar überwiegend negativ beurteilt, denn eine deutliche monetäre Aufwertung der Arbeit konnte ebenso wenig erreicht werden wie eine grundsätzliche Verbesserung der Arbeits- und Gesundheitsbedingungen.21 Dies hat die Beschäftigten allerdings eher darin bestärkt, interessenpolitische Aktivitäten weiterhin für notwendig zu erachten. Eine hohe Bereitschaft, sich aktiv für die eigenen Interessen und Gerechtigkeitsansprüche einzusetzen, war in unseren Interviews um die Jahreswende 2013/2014 weiterhin deutlich spürbar.[21]

---

19 Quantitative Erhebungen zu Arbeitsbedingungen und Belastungen von Erzieherinnen zeichnen ein ähnliches Bild: Hohe Lärmbelastungen und eine hohe (empfundene) Arbeitsintensität bei zugleich hoher Motivation und Identifikation mit der Tätigkeit sind für diesen Beruf kennzeichnend; Müdigkeit, körperliche wie emotionale Erschöpfung und zugleich Präsentismus sind überdurchschnittlich ausgeprägt (Hall/Leppelmeier 2015; Fuchs/Trischler 2009).

20 Zudem ist der Arbeitskampf aus der Perspektive der Beschäftigten in unserer Untersuchungskommune zu früh beendet worden. Die weitere Kampfbereitschaft war hier hoch, die Beschäftigten konnten sich aber mit ihrer Forderung nach einer Fortsetzung des Streiks innerhalb der Gewerkschaft nicht durchsetzen.

21 Im Frühjahr 2015, also nach unserem Erhebungszeitraum kam es erneut zu einem bundesweiten Streik im Sozial- und Erziehungsdienst. Auch diesmal waren die Beschäftigten mit dem erzielten Ergebnis überwiegend nicht zufrieden – ein besseres Ergebnis schien ver.di angesichts der bestehenden Kräfteverhältnisse allerdings nicht durchsetzbar (Pieper/Wegner 2015).

Die Frage liegt nahe, ob sich dieser Bewusstseinswandel der Erzieherinnen und ihre anhaltende Mobilisierung als Anzeichen für eine breitere Tendenz zur interessenpolitischen Aktivierung von Care-Arbeit und auch als Ausdruck für eine Feminisierung von Protest deuten lassen (vgl. Artus/Pflüger 2015). Lange Zeit erschien Care-Arbeit als interessen- und gewerkschaftspolitisch schwieriges Feld. Die gesellschaftliche Konnotierung dieser Tätigkeitsfelder als „weiblich“ ging einher mit einer Naturalisierung der Arbeitsmotivationen: Der Beruf der Erzieherin galt bis weit in die zweite Hälfte des 20. Jahrhunderts hinein explizit als Vorbereitung auf die Familiengründung und Mutterrolle. Das Einbringen „natürlicher Mütterlichkeit“ und spezifisch weiblicher Fähigkeiten in den Beruf gehörte zum offiziellen Grundverständnis. Noch vor wenigen Jahrzehnten wurde der Beruf der Erzieherin „vor allem durch die ehe- und familienähnliche Arbeit des Arbeitens beschrieben und von den Arbeitsämtern beworben“ (Buschmeyer 2013, S. 27).

„Fürsorgliche“ Arbeitsorientierungen, nicht zuletzt wegen ihrer Grundierung durch religiös fundierte Normen wie Nächstenliebe sowie ihre Verbindung zum familiär-privaten Lebensbereich, schienen mit der Formulierung und Durchsetzung eigener Interessen von Fürsorgearbeiterinnen lange Zeit nur schwer vereinbar. Hinzu kommt das typische interessenpolitische Dilemma von Care-Arbeit: Arbeitskämpfe lassen sich – selbst, wenn konfliktorientierte interessenpolitische Motivationen bestehen – bis zu einem gewissen Grad immer nur „auf dem Rücken“ von Kunden, Klienten usw. austragen, also zu Lasten derjenigen, denen die fürsorgeorientierten arbeitsinhaltlichen Ansprüche eigentlich gelten.

Bemerkenswerterweise haben wir es nun im Zuge der interessenpolitischen Aktivierung keinesfalls mit einer *Erosion* des Fürsorgeprinzips zu tun, sondern vielmehr mit seiner *Politisierung.* Nicht Aktivierung trotz Fürsorgeorientierung, sondern unter expliziter Berufung auf das Fürsorgeprinzip finden wir vor. Unsere Empirie bietet nicht die geringsten Anzeichen dafür, dass der Fürsorgeanspruch im Bewusstsein der Erzieherinnen in irgendeiner Weise an Bedeutung verloren hätte. Vielmehr verbinden die Care-Arbeiterinnen das Fürsorgeprinzip mit dem der Leistungsgerechtigkeit und gewinnen so erhebliche normative Schlagkraft: Forderungen nach angemessener Wahrnehmung, Wertschätzung und Honorierung der eigenen Leistung und nach der Verbesserung der Arbeitsbedingungen werden *gerade unter Bezug auf* „Fürsorglichkeit“ erhoben – um die Bedingungen für fürsorgeorientiertes Arbeitshandeln zu verbessern und damit gleichermaßen den Klienten wie auch den Beschäftigten gerecht zu werden.[22]

22 Gleichwohl bleibt zumindest in der Praxis der Arbeitskämpfe ein grundsätzlicher „objektiver“ Widerspruch zwischen Fürsorgeanspruch und Interessenpolitik natürlich bestehen: Forderun-

Nicht die Bedeutung des Fürsorgeprinzips ändert sich in diesem Prozess, wohl aber seine *Inhalte*. Im Zuge der Ergänzung von „Betreuung“ und „Erziehung“ um „Bildung“ kommt es zu einer expliziten Professionalisierung der Arbeit in der Kindertagesbetreuung, die die Sichtbarkeit als Arbeitsleistung erhöht. Die soziale Nützlichkeit und Sinnhaftigkeit dieser Arbeit wird mehr und mehr gesellschaftlich erkannt und wahrgenommen, während die monetäre Anerkennung und auch die Realität der Arbeitsbedingungen weit dahinter zurückbleiben. Eine mögliche „Maskulinisierung“ der Erzieherarbeit spielt bei dieser Dynamik offenbar eine eher geringe Rolle. Die gegenwärtigen Umbrüche im Beruf laufen, wie bereits erwähnt, ohne eine wirkliche quantitative Veränderung im Geschlechterverhältnis ab: Trotz hoher Wachstumsraten männlicher Beschäftigung bleibt ihr absoluter Anteil sehr gering. Auch bestehen geschlechterbezogene Kompetenz- und Rollenzuschreibungen fort. Die politischen Bemühungen, Männer für den Erzieherberuf zu werben, bleiben beispielsweise wiederum einer eigentümlichen geschlechtlichen Naturalisierung des Arbeitsvermögens verhaftet. So wird hier vor allem unter Berufung auf das Wohl der Kinder, und insbesondere der Jungen, argumentiert: Denn diese hätten mehr männliche Rollenvorbilder nötig, eine fast ausschließlich von Frauen vollzogene frühkindliche Erziehung und Bildung sei problematisch.[23] Ähnliche Argumente werden auch von den Befragten in den Einrichtungen angeführt.

> „Wenn man sich jetzt so die Gesellschaft und das Leben so anschaut, die Kinder sind ja mit Frauen überversorgt. Die Väter arbeiten. Also hier ist es auch so, zwar holen Väter ihre Kinder auch ab und sind schon auch in der Erziehung involviert, aber den Hauptanteil tragen die Frauen. Das heißt, die Kinder haben oft ja nur mit Frauen zu tun, dann hier auch. Wir sind auch alles so Ersatzmamas. Und da hat das dann wirklich mal gutgetan, so einen Ersatzpapa zu haben, weil die Kinder einfach das Männliche und dieses andere Geschlecht einfach auch vermissen und zu wenig haben.“ (Erzieherin, ÖD_B, 2)

Damit deutet sich an, dass der steigende Männeranteil im Erzieherberuf die Geschlechterzuschreibungen nicht auflösen, sondern eher bestätigen oder womög-

---

gen an den Arbeitgeber können letztlich nur mit solchem Druck untermauert werden, der zumindest kurzfristig auf Kosten der Klienten – der Kinder und vor allem ihrer Eltern – geht. Dies führt durchaus auch zu Diskussionen und Auseinandersetzungen innerhalb der Belegschaften.

23 So begründete die damalige Ministerin für Familie, Senioren, Frauen und Gesundheit Kristina Schröder 2010 die Einrichtung der Koordinationsstelle „Männer in Kitas“ folgendermaßen: „In Kitas gibt es fast nur Erzieherinnen. Da viele Jungen ohne Vater aufwachsen, fehlen ihnen realistische männliche Vorbilder. Aber gute Vorbilder sind für die Entwicklung der Persönlichkeit wichtig. Deswegen setze ich mich dafür ein, mehr Männer für die Arbeit in einer Kita zu begeistern" („Im Fokus“ Nr. 25, 20. Juli 2010, BMFSFJ). Die Koordinationsstelle selbst sieht ihre Aufgabe allerdings durchaus differenzierter.

lich noch verstärken wird. So beschreibt auch der einzige von uns befragte männliche Erzieher eine soziale Festlegung auf „typisch männliche“ Kompetenzen (vgl. auch Buschmeyer 2013; Rohrmann 2006), die er im Arbeitsalltag deutlich wahrnimmt:

> „Wenn der Mann da ist, er muss gleich mit anpacken, wenn was zu heben ist, zu tragen ist, ein Mann muss gleich reparieren können, ein Mann muss Streit schlichten können, ein Mann muss zwei Kinder richtig auseinanderhalten können. [...] Ein Mann muss männlich sein. Im Laufe der Jahre habe ich das so gespürt, ja.“ (Erzieher, ÖD_B, 3)

Ausblick: Erzieherinnen als Vorreiterinnen einer Care-Bewegung?

Ist unsere *Konstellation ÖD_B* Ausdruck einer allgemeinen Legitimationskrise oder genereller Aktivierungstendenzen im Bereich von – je nach Betrachtungsperspektive – „Gemeinwohlarbeit“, „Care-Arbeit“ oder „feminisierter Arbeit“?

Hier wären zunächst einige Relativierungen vorzunehmen. Der besondere interessenpolitische Aktivierungsgrad im Fall unserer süddeutschen Erzieherinnen erklärt sich zu einem gewissen Anteil aus lokalen Faktoren, die ihre Sonderrolle auch innerhalb des Feldes der Erzieherinnen-Arbeit deutlich machen. Wichtig ist der Zusammenbruch der ökonomischen Rationalitätsfiktion – dies ist im Vergleich zwischen den beiden Gemeinwohlarbeits-Konstellationen besonders deutlich geworden. Er ermöglicht erst, dass – den Vorstellungen der Beschäftigten nach – die Honorierung von Gemeinwohlarbeit überhaupt politisch verhandelbar und entscheidungsfähig ist und nicht einfach finanziellen Sachgesetzlichkeiten untergeordnet bleibt.

Hinzu kommen organisationspolitische Faktoren: Der gewerkschaftliche Organisationsgrad unter den Erzieherinnen in unserer Untersuchungskommune ist mit mehr als 60% überdurchschnittlich hoch, die Gewerkschaft vor Ort ist ausgesprochen aktiv und agiert zudem stark beteiligungsorientiert, was von den Beschäftigten sehr geschätzt wird. Zudem bietet die kommunale Trägerschaft generell höhere interessenpolitische Mobilisierungschancen als Einrichtungen freier Träger. Die Größe der Kommune und ihre räumliche Integration ermöglichen bessere interessenpolitische Kommunikation und Kooperation als in ländlichen Gemeinden.

Weitere Bedingungen sind für die Erzieherinnen-Arbeit, nicht aber für Care- oder Gemeinwohlarbeit schlechthin typisch. Hier sind die besonderen politischen und gesellschaftlichen Diskussionen um die Erzieherinnen-Arbeit sowie Veränderungen in der Tätigkeit zu nennen, Stichworte Pisa-Schock, Bildungskonzepte, Rechtsanspruch auf Betreuung.[24] Erzieherinnen-Arbeit in der Kinderbetreuung ist in den letzten Jahren eine besondere Aufmerksamkeit zuteil geworden, zudem haben sich hier die Arbeitskonzepte und -inhalte am deutlichsten verändert. Im Ergebnis ist, wie wir formuliert haben, immerhin eine „halbierte Anerkennung“ entstanden, hinter der die Anerkennung in anderen Bereichen der Care-Arbeit (etwa in der Kranken- und Altenpflege) gegenwärtig noch zurückbleibt. Gerade diese „Halbierung“ scheint interessenpolitisch mobilisierend zu wirken, weil sie eine normative Anspruchsdynamik bewirkt. Die Erzieherinnen sind sich durchaus bewusst, dass sie sich in einer gesellschaftlichen Aufwärtsbewegung befinden, der allerdings die monetäre Anerkennung komplett verweigert wird.

Hier bleibt zu fragen, ob diese Aufwertungsdynamik, die sich auch aus der Umdefinition von Betreuungs- zur Bildungsarbeit ergibt, langfristig zu einer Abkopplung von (anderen Formen der) Care-Arbeit führt. Polemisch formuliert: Kann die Erzieherinnen-Arbeit gerade deshalb aufgewertet werden, weil sie sich diskursiv von „einfachen“ Formen der Care-Arbeit absetzt (etwa durch den Verweis auf die besonderen Qualifikationserfordernisse in den Kindertagesstätten – Argumente, die derzeit in der aktuellen Streikdiskussion durchaus eine Rolle spielen)? Oder zeigen sich am Erzieherinnenfall Tendenzen für eine allgemeine Aufwertung von (weiblich konnotierter) Care-Arbeit?

Der gegenwärtige Stand der Arbeitskämpfe macht eine gewisse Sondersituation der Erzieherinnen deutlich. Zwar scheint auch in den Kliniken (weniger deutlich allerdings in Einrichtungen der Altenpflege) in den letzten Jahren die Zahl und Intensität der interessenpolitischen Auseinandersetzungen zu steigen. Diese gehen zwar über Einzelfälle mittlerweile deutlich hinaus,[25] ob daraus aber eine wirklich flächendeckende Streikbewegung wie im Fall der Erzieherinnen wird, ist offen. Allerdings gibt es durchaus Initiativen für eine Quervernetzung unterschiedlicher Arten und Formen von Care-Arbeit (die teilweise auch nicht erwerbsarbeitsförmige Arbeit einschließt). Ob aus den Ansätzen einer solchen „Care-Bewegung“ (Winker 2015, S. 199ff.) schließlich eine „Care-Revolution“ (ebd.) werden könnte, bleibt unsicher.

Unsere Konstellationsanalyse im Feld der Gemeinwohlarbeit hat immerhin sehr deutlich gemacht: Das Fürsorgeprinzip ist grundsätzlich „politisierbar“. Es kann ein zentrales normatives Prinzip für die Begründung von Ansprüchen und ein zentrales Feld erfahrener Anspruchsverletzungen sein. Es kann eine wichtige Bedeutung als Ausgangsmotiv für interessenpolitische Aktivierung bilden,

---

24 Gewiss spielt zudem die aktuell günstige Arbeitsmarktsituation bei den Erzieherinnen eine wichtige Rolle.

25 Vgl. z.B. Wolf 2013 zu einer solchen Fallbeschreibung und den interessenpolitischen Potenzialen in einer Klinik.

insbesondere dann, wenn es sich mit weiteren Gerechtigkeitsansprüchen verbindet.

4.2 Legitimitätsansprüche im Zwiespalt: Die Heterogenität von Arbeits- und Beschäftigungsordnungen

Im ersten Abschnitt dieses Kapitels lag unser Analysefokus auf drei Ordnungskontexten, in denen sich die Legitimitätsproblematik um den Kern einer geteilten, im Wandel befindliche Arbeitsordnung drehte: die der Wissens-, der Produktions- und der Gemeinwohlarbeit. Im Folgenden werden wir nun dem Umstand Rechnung tragen, dass der Ordnungsrahmen und die Ordnungsbezüge der Legitimitätsansprüche von Arbeitnehmerinnen und Arbeitnehmern vielfältiger und heterogener sind und sich nicht ohne weiteres auf eine mehr oder weniger homogene Arbeitsordnung reduzieren lassen. Von dieser Heterogenität konnten wir für die bisher diskutierten Problemlagen ein Stück weit abstrahieren, weil sich dort die uns wichtig erscheinende Legitimitätsproblematik auf jenen Kern hin verdichtete.

Der Normalfall ist indes ein heterogener, im Extrem gespaltener Ordnungsbezug: Es *ko*existieren verschiedene Ordnungen, die für die Beschäftigten handlungsrelevant und -orientierend sind, und diese Ordnungen überlagern sich oder treten sogar in Konkurrenz und in Widerspruch zueinander. Zum Teil scheint diese Heterogenität und Koexistenz „nur“ (dann aber oft überaus deutlich) in den Ansprüchen der Befragten auf und muss gar nicht tief in den real existierenden Arbeits- und Beschäftigungsstrukturen verankert sein – etwa im Falle der subjektiven Orientierung an einmal selbst durchlebten Erfahrungen oder aktuellen Wahrnehmungen von Vergleichsordnungen (wie beim Ost-West-Vergleich ostdeutscher Arbeitnehmerinnen). Zumeist ergibt sich jene Koexistenz von Ordnungsbezügen aber aus einer konkreten Überschneidung heterogener, gleichzeitig wirksamer Aspekte der realen Arbeits- und Beschäftigungsstruktur (wie bei fragmentierten Arbeits- und Beschäftigungsordnungen oder bei prekärer Beschäftigung). In beiden Fällen entstehen zum Teil ausgesprochen „zwiespältige“ Ordnungen bzw. Ordnungsorientierungen der Beschäftigten, die dann ihre Ansprüche permanent auf verschiedene Arbeits- und Beschäftigungsordnungen beziehen und ihre Ungerechtigkeitserfahrungen „zwischen den Ordnungen“ machen.

Diesen verbreiteten und ganz eigenen Anspruchsdynamiken und Legitimitätsproblemen bei „gespaltenem“ Ordnungsbezug wollen wir, wie schon angedeutet, am Beispiel von fragmentierten Arbeits- und Beschäftigungsformen, von Erfahrungen ostdeutscher Arbeitnehmerinnen und Arbeitnehmer sowie von prekär Beschäftigten nachgehen. Besonders ausgeprägt und folgenreich zeigen sich Phänomene einer solchen Spaltung, eines mehrfachen Ordnungsbezugs im Fall der Parallelordnungen, die für den Kontext fragmentierter Arbeit typisch sind (Abschnitt 4.2.1). Aber auch in den gebrochenen und gemischten Erwerbsarbeitslaufbahnen ostdeutscher Beschäftigter, die gewissermaßen ihre Erfahrungen und Ansprüche zwischen verschiedenen Ordnungen machen bzw. deuten und formulieren, spiegelt sich die Heterogenität von Arbeits- und Beschäftigungswelten (Abschnitt 4.2.2). Und Leiharbeiterinnen und Leiharbeiter müssen sich in einer Welt prekärer Beschäftigung bewähren und behaupten und orientieren sich dabei zugleich auf eine Arbeits- und Beschäftigungsordnung hin, aus der sie aktuell (noch) ausgeschlossen, in die sie partiell aber auch immer wieder eingeschlossen sind – auch dies also eine Erfahrung zwischen den Ordnungen (Abschnitt 4.2.3).

4.2.1 Fragmentierte Arbeits- und Beschäftigungsordnungen

Nicht nur die Unsicherheit, sondern auch die Ungleichheit von Arbeits- und Beschäftigungsverhältnissen hat in den letzten Jahrzehnten zugenommen. Das ist nicht nur der veränderten betrieblichen Beschäftigungs- und staatlichen Arbeitsmarktpolitik geschuldet, sondern auch Rationalisierungs- und Auslagerungsstrategien der Unternehmen, die eine wachsende „Fragmentierung“ der Arbeitswelt zur Folge haben (Marchington et al. 2005). Vor allem durch Auslagerungen („Outsourcing“) kommt es zur Abspaltung, Neuverteilung und Neuzusammensetzung einer Vielzahl von Arbeitsprozessen in und vor allem zwischen Unternehmen. In den Produktionskomplexen und Dienstleistungsnetzwerken, die sich als neu konfigurierte „Wertschöpfungsketten“ herausbilden, existieren sehr heterogene Arbeits- und Beschäftigungsbedingungen nebeneinander: von weiterhin stabilen, abgesicherten Normalarbeitsverhältnissen mit anspruchsvollem, karriereoffenem Aufgabenzuschnitt bis hin zu kurzfristiger, ungesicherter Einfach- und Leiharbeit. Damit entstehen nicht nur Parallelwelten überbetrieblicher industrieller Beziehungen (Helfen/Nicklich 2013), sondern auch Parallelwelten der Arbeit und Beschäftigung selbst (Holst/Singe 2013).

Wichtige Bedingungsfaktoren der Fragmentierung sind bestimmte Formen und Dynamiken der Reorganisation von Unternehmen, die eine deutliche Komplexitätssteigerung, wachsende wechselseitige Abhängigkeiten und eben die Entstehung von Parallelordnungen von Arbeit und Beschäftigung zur Folge haben. Die hierbei wichtigen Strategien und Mechanismen sind wohlbekannt. Im Zentrum steht der Trend weg vom vertikal hochintegrierten Großunternehmen und hin zu organisatorischer Dezentralisierung und Dispersion. Es entsteht eine Dynamik sich wechselseitig ermöglichender oder steigernder Entwicklungen: Ausgangswie Fluchtpunkt ist das Outsourcing von Prozessen, die nicht mehr dem „Kerngeschäft“ zugerechnet werden; der Einsatz von Informations- und

Kommunikationstechnologien schafft mehr Koordinations- und Kontrollpotenzial; Unternehmenskooperationen nehmen zu, Unternehmensnetzwerke bilden sich; mit Leiharbeit flexibilisiert sich der Arbeitskräfteeinsatz, mit Werkverträgen die zwischenbetriebliche Kooperation; Hierarchiestufen in einzelnen Einheiten werden ab-, Formen der Projektorganisation ausgebaut; und das Ganze kann in einer nächsten Auslagerungsrunde erweitert und vertieft werden (Marchington et al. 2005, S. 14ff.).

Diese Art der „desintegrierenden" Unternehmensreorganisation führt zu einer enormen Komplexitätssteigerung und zugleich „Öffnung" inner- und zwischenbetrieblicher Beziehungen. Es geht längst nicht mehr nur um Beziehungen und Konflikte zwischen Management, Beschäftigten und deren Interessenvertretern in einer überschaubaren, abgeschlossenen Organisationseinheit. Die Grenzen zwischen den Einheiten verschwimmen, an den meisten Aktivitäten sind mehrere Organisationen beteiligt, Abhängigkeits- und Konfliktbeziehungen zwischen unterschiedlichsten Akteuren überlagern und verflechten sich. Das Management von Arbeitsorganisation A macht auch Vorgaben für Beschäftigte von Arbeitsorganisation B, Beschäftigte aus Arbeitsorganisation B kooperieren eng mit solchen aus Arbeitsorganisation A usw. usf.

Voll erfasst worden von solchen Fragmentierungstendenzen sind eine ganze Reihe von Konstellationen in unseren Untersuchungsfeldern: im Einzelhandel, der Bauindustrie, dem Maschinenbau, der Automobilindustrie und ihrem Zulieferer- und Dienstleistungs-Umfeld. Hier zeigt sich überall: Der Erfahrungskontext fragmentierter Arbeit stellt eine besondere Herausforderung für Legitimitätsansprüche dar, und zwar insbesondere für Ansprüche an Leistungsgerechtigkeit und an Beteiligung. Außerdem lenkt dieser Kontext den Blick auf einen generell sehr bedeutsamen Aspekt der moralischen Ökonomie von Arbeit und Betrieb: die Rolle von Vergleichsordnungen für die Bewertung und Kritik von Arbeitsrealitäten. Ein exemplarischer Fragmentierungskomplex (bzw. zwei in ihn eingebundene Konstellationen) soll zunächst unter diesem Blickwinkel ausführlich vorgestellt werden, um am Beispiel der dort Befragten das Anspruchsprofil und die mögliche Anspruchsdynamik bei fragmentierter Arbeit möglichst präzise herauszuarbeiten. Danach ergänzen wir die gewonnenen Erkenntnisse durch Hinweise auf andere von Fragmentierung betroffene Konstellationen, um schließlich einige allgemeine Schlussfolgerungen aus der Betrachtung der Problemlage „Fragmentierte Arbeit" zu ziehen.

Ein exemplarischer Fragmentierungskomplex: Ungleichheit und Ungerechtigkeit „zum Anfassen" bei zwei Industrie-Dienstleistern

Wie die Heterogenität von Arbeits- und Beschäftigungsordnungen unter Fragmentierungsbedingungen aussehen kann, soll anhand eines inzwischen durchaus typischen Produktionskomplexes, in den die zwei einbezogenen Konstellationen unseres Untersuchungsfeldes Industrie-Dienstleistungen (*ID_A* und *ID_B*) eingebunden sind, veranschaulicht werden: eines Endhersteller-Zulieferer-Dienstleisterkomplexes in der Automobilindustrie. Die veränderten technisch-organisatorischen und sozialräumlichen Arrangements gewinnen dort besonders scharfe Konturen, weil sogenannte Onsite-Werkvertragsunternehmen in solchen Produktionskomplexen mittlerweile eine wichtige Rolle spielen (vgl. Klein-Schneider/Beutler 2013). Dieser Produktionskomplex – er befindet sich in Ostdeutschland – stellt ein verschachteltes System von zwischenbetrieblichen Vertrags- und Austauschbeziehungen und von Beschäftigungs- und Arbeitsverhältnissen dar. Die Endmontagewerke zweier Automobilunternehmen (Original Equipment Manufacturers, OEM) und ihre Stammbelegschaften stehen an seiner Spitze. Die OEM operieren bereits mit einem hohen Leiharbeiteranteil, der sozusagen die erste Stufe darunter bildet. Es folgen eine ganze Reihe von Zulieferbetrieben bzw. Industrie-Dienstleistern (ID) als Werkvertragsunternehmen, bei denen die Beschäftigten zu Konditionen arbeiten, die unterhalb derer der Leiharbeiter beim Endhersteller liegen. Diese ID haben wiederum selbst einen hohen Leiharbeiteranteil – diese Leiharbeiter bevölkern die unterste Etage dieses komplexen Arbeits- und Beschäftigungsgefüges.

Die formale Integration der ausgelagerten Prozesse erfolgt über spezifische Vertragsbeziehungen zwischen Endherstellern und Zulieferern bzw. Industrie-Dienstleistern, in den vorliegenden Fällen über Werkverträge, die über zwei bis drei Jahre abgeschlossen werden. Faktisch sind die Arbeitsprozesse in die vom Endhersteller bestimmten vertikalen wie horizontalen Kooperationsbeziehungen in vielfältiger Weise eingebunden bzw. von diesen abhängig. Zugleich bleibt die Einbindung stets prekär, da sie immer wieder zur Disposition gestellt wird: Die Werkaufträge werden periodisch neu ausgeschrieben, die Leiharbeitsverhältnisse sind kurzfristig beendbar. Auch der interessenpolitische Rahmen ist äußerst prekär – und damit politisch aufgeladen. Diese Aufladung hängt damit zusammen, dass die Beteiligten sich immer wieder mit unklaren „Zuständigkeiten" bei der Interessenvertretung und der Notwendigkeit der Interessenabstimmung konfrontiert sehen. Aber auch die differenzierten betrieblichen Interessenvertretungsstrukturen mit einer Mehrzahl von Vertretungsorganen für unterschiedliche Betriebe und Beschäftigungssegmente tragen zu einer Art ständiger Politisierung bei.

Der Produktionskomplex ist also vor allem charakterisiert von großer Heterogenität unterschiedlicher Organisationsstrukturen sowie unterschiedlicher Beschäftigungs- und Arbeitsverhältnisse. Man arbeitet hier im Kontext einer aufgespaltenen Wertschöpfungskette mit rechtlich wie organisatorisch sehr ausdifferenzierten einzelnen Gliedern (zum Teil am gleichen Standort), die gleichwohl im Hinblick auf die Arbeitsprozesse und Kooperationsbeziehungen aufeinander angewiesen und wechselseitig „sichtbar“ sind. Entscheidend ist, dass diese Parallelwelten im Arbeitsalltag aufeinander bezogen bleiben und gleichsam wechselseitig „Einblicke“ ermöglichen. Die für solche – etwa in der Automobilindustrie mittlerweile weit verbreiteten – Arbeitskonstellationen typischen, einerseits fragmentierten und in mehrfacher Hinsicht prekären, andererseits eng aneinander gekoppelten und voneinander abhängigen Formen der Arbeitsteilung und Kooperation bringen teilweise ganz neuartige Problemlagen für die Beschäftigten mit sich.

Wichtig ist noch der konkrete Arbeitskontext: Die befragten Arbeitnehmer erbringen „Dienstleistungen“ im unmittelbaren Produktionsbezug industrieller Serienproduktion. Dabei ist der Dienstleistungscharakter ihrer Arbeit ein rein rechtlich-formaler und ergibt sich aus einer bestimmten Gestaltung der industriellen Wertschöpfungskette (der niedrigen Fertigungstiefe beim Endhersteller, dem hohen Grad von Outsourcing in Vormontage und Logistik), bei der die ausgelagerten Prozesse über Werkverträge von ID „eingekauft“ werden. Die neun Befragten in den Konstellationen *ID_A* und *ID_B* sind als Montage- und als Transportarbeiter tätig, bei ihren Tätigkeiten handelt es sich um repetitive Teilarbeiten, die direkt oder indirekt eingebunden sind in den Bandrhythmus der Endmontage des OEM. Die Befragten kommen alle aus Ostdeutschland, sind männlich (vier von ihnen unter 35 Jahre, fünf zwischen 35 und 54 Jahre alt), haben alle mindestens eine Facharbeiterausbildung gemacht (die fünf älteren noch zu DDR-Zeiten), konnten aber in ihrem gelernten Beruf nach der „Wende“ und angesichts der Krise am ostdeutschen Arbeitsmarkt nicht Fuß fassen. Sie blicken auf gebrochene Berufsbiographien mit häufigen Beschäftigungswechseln, langen Phasen der Beschäftigung als Leiharbeiter und mehr oder weniger intensiver Arbeitslosigkeitserfahrung zurück. Seit fünf bis zehn Jahren sind sie nun entweder als Leiharbeiter (sechs Befragte) oder inzwischen als Festangestellte mit Montage- oder Transporttätigkeiten bei den zwei ID beschäftigt (bzw. eingesetzt).

Ansprüche an Leistungsgerechtigkeit: verletzt und permanent gefährdet

Ansprüche an Leistungsgerechtigkeit sind für die Befragten in diesen Konstellationen zentral und werden von ihnen als gravierend verletzt und permanent gefährdet empfunden. Im Vordergrund steht für die Befragten im Untersuchungsfeld Industrie-Dienstleistungen und unter den Bedingungen der Einbindung in diesen fragmentierten Produktionskomplex die „Arbeitskraftperspektive“ (Schumann et al. 1982, S. 195ff.). Die elementare Frage: „Kann ich meine Arbeitskraft überhaupt ‚vermarkten‘ und ‚verkaufen‘?“ läuft hier sozusagen immer mit; des Weiteren vor allem die Frage, unter welchen Vernutzungs- und Reproduktionsbedingungen für das Arbeitsvermögen dies geschieht. Entsprechend werden Leistungsansprüche in den Interviews am drängendsten und offensten thematisiert. Neben dem als ungerecht empfundenen hohen Maß an Unsicherheit der Beschäftigungsverhältnisse stehen die niedrige Entlohnung und die Einschränkungen und Beanspruchungen durch hohe Arbeitsintensität und körperliche Belastungen (sowie die Schichtarbeitsregelung) im Fokus des Erzählens und Urteilens über Arbeit und Betrieb. Die fehlende Beschäftigungssicherheit steht vor allem für die befragten Leiharbeitskräfte im Mittelpunkt:

> „Ich bin jetzt seit sechs Jahren wieder nur Leiharbeiter bei [einem ID], die haben gar keinen Festangestellten in der Produktion, die arbeiten [dort] nur mit Fremdpersonal und nutzen das auch *weitestgehend* aus, um da Druck auf die Leute auszuüben, so nach dem Motto: ‚Pass mal auf, wir müssen dich morgen hier nicht mehr reinlassen, wenn es dir nicht..., wenn du uns hier nicht passt." (Montagearbeiter, ID_A, 2)

> „Ja, am wichtigsten ist bei mir,... wo ich mir meine meisten Gedanken mache, dass ich diesen Job behalte, also Arbeitssicherung, dass es abgesichert ist. Weil ich doch in einem gewissen Alter bin, will mal sagen, wo ich draußen dann nachher keinen Erfolg mehr habe." (Montagearbeiter, ID_A, 5)

Zumal der Langfristcharakter, den Leiharbeit – bei ein und demselben Entleihbetrieb – angenommen hat, macht diese Frage zur Dauerfrage, die alle anderen Äußerungen gewissermaßen grundiert. Längst eigentlich stünde einem, so die Perspektive der Beschäftigten, für das, was man leistet, die Festanstellung, die Normalarbeit zu.

> „Ich sage mal, es gibt gewisse Punkte, wo man sagen müsste, das müsste anders geregelt sein, wie zum Beispiel, dass wir halt seit 2004 in Leiharbeit arbeiten, wo man nicht mehr sagen kann, das ist irgendwo... zeitnah... So, dass wir halt seit 2004 für [den ID] Leiharbeit machen, würde ich sagen, ist ungerecht, da hätte schon längst eine Übernahme sein müssen, dass wir [ID-]Zugehörigkeit wären." (Montagearbeiter, ID_A, 1)

Prekarität des Beschäftigungsverhältnisses – die ständige Drohung des Beschäftigungsverlusts – verbindet sich für die Befragten mit Aspekten mangelnder sozialer Wertschätzung bzw. der Gefahr des Ausschlusses, des Abgehängtwerdens, aber auch der generellen Bedrohung der individuellen oder auch familiären Handlungs- und Planungsfähigkeit. Die Erfahrungen der eigenen brüchigen Erwerbsbiographie untermauern den Anspruch auf Nachhaltigkeit und Verstetigung des Lohn-Leistungs-Arrangements, den man an Erwerbsarbeit hat und der sich in dem entsprechend abgesicherten Beschäftigungsverhältnis von „Normalarbeit" ausdrücken müsste.[26]

---

26 Auch in allen anderen Konstellationen, jenseits der spezifischen Problemlage der Fragmentierung, ist die Situation von Leiharbeitern eine Situation „zwischen den Ordnungen", die wir

„Wie verbinde ich Arbeit, werde ich gebraucht? Ich muss als Mensch das Gefühl haben, ich werde gebraucht in der Gesellschaft. Ich bin nicht abgestoßen." (Lagerarbeiter, ID_B, 3)

„[Arbeit] gibt mir Sicherheit. Ich verkümmere nicht, ich habe was zu tun. Ich kann mir was aufbauen. [...] Ich habe Verantwortung. Ich kann auch für andere sorgen. Quasi Familie. Und ich bin nicht auf fremde Hilfe, ich bin nicht auf fremde Hilfe angewiesen. Also auf den Staat angewiesen." (Lagerarbeiter, ID_B, 1)

Neben Ansprüchen auf Beschäftigungssicherheit werden Forderungen nach einer angemessenen Entlohnung ebenfalls sehr vehement vorgebracht. Sowohl absolut als auch relativ wird die Lohnhöhe als unangemessen niedrig wahrgenommen und beklagt.

„Also, ich habe damals mit depressivem Entgelt angefangen, mit 1.140 Euro bei *ID_B*. Als Festangestellter. Sehr depressiv." (ID_B, 2)

„Wir, die eigentlich mit zum Erfolg ja beitragen durch unsere Qualität oder so, werden da hinten angestellt und werden dann quasi mit den Restknochen gefüttert. [...] weil da liegen ja Welten dazwischen, zwischen zehn Euro [als Leiharbeiter] und 16 Euro, 17 Euro [beim OEM], da liegen einfach Welten dazwischen, und da müsste irgendwo dann wirklich dieses Mittelmaß gefunden werden." (Montagearbeiter, ID_A, 2)

Zurückgeführt werden die „depressiven" Entgeltbedingungen teilweise auf allgemeine Mechanismen kapitalistischen Wirtschaftens, meist aber vorrangig auf die besondere Konstellation, in der ein „gutes", nachhaltiges, „soziales" Unternehmertum, das dem Faktor Arbeit die gebührende Wertschätzung entgegenbringt, nicht anzutreffen sei.

„Also die versuchen eben halt, ja, wie jeder Arbeitgeber halt irgendwie aus... das meiste an Arbeitskraft rauszuholen, ohne dass die Bezahlung quasi fair ist sozusagen. Also das ist aber..., ich denke mal, das werden die bestimmt bei Ihrer Studie bei jedem Arbeitgeber denken..., dass die Leute sagen einfach mal: ‚Wir verdienen zu wenig für die Arbeit, die wir eigentlich leisten.'" (Montagearbeiter, ID_A, 3)

„[Ein guter Unternehmer] muss seinen Leuten Geld bezahlen, damit sie ihre Arbeit ordentlich machen, und das muss ein gewisser Lohn sein, von dem sie ordentlich leben können, von dem sie sich was leisten können." (Montagearbeiter, ID_A, 2)

Ins Spiel gebracht wird als populäre – von der Gewerkschaft popularisierte – Losung immer wieder „Gleiche Arbeit – gleicher Lohn". Diese Aussage be-

weiter unten noch einmal gesondert betrachten (Abschnitt 4.2.3). An dieser Stelle steht die Einbindung in ein fragmentiertes Arbeitsarrangement im Vordergrund, das speziell in diesen Beispielkonstellationen zwar durch einen extrem hohen Anteil prekärer Beschäftigung gekennzeichnet ist, was aber nicht unbedingt der Fall sein muss (siehe den nächsten Unterabschnitt.

schränkt man ausdrücklich nicht auf den „materiellen" Lohn, sondern bezieht sie auch auf andere Formen der Anerkennung der erbrachten Leistung.

> „‚Ja, das gefällt mir, was du machst', das wäre auch schon eine Wertschätzung, muss ja nicht immer alles übern Lohn gehen. Wenn man mal merkt, man wird geschätzt, indem man auch angesprochen wird oder mal sich bedankt wird oder man sagt: ‚Oh, jetzt könnten wir ein neues Projekt mit dir machen!', wenn man merkt, du bringst das, sage ich mal, und das wäre auch schon mal mehr Wertschätzung... Aber wenn man davon nichts merkt, dann stellt man sich natürlich die Frage, für was macht man es, wirklich bloß für den wenigen Lohn, den man kriegt?" (Montagearbeiter, ID_A, 4)

> „Die verlieren ja die Relation zum Geld und zur Wertigkeit von gewissen Sachen. Und das schleicht sich dann überall ein in die ganze Gesellschaft, deswegen ist das so heutzutage... die Wertschätzung geht verloren von dem, was eigentlich durch Händetätigkeit geschaffen wird." (Lagerarbeiter, ID_B, 3)

Und dieser Anspruch auf Wertschätzung wird immer als ein am Prinzip der Gleichbehandlung orientierter Anspruch formuliert und gutgeheißen:

> „Die [von der Gewerkschaft/vom Betriebsrat] haben jetzt auch durchgesetzt hier, dass die Leiharbeiter, die zu uns kommen, dass die auch das Geld kriegen, was wir kriegen, dass da nicht jetzt hier irgendwo eine Schieberei gemacht wird hier mit dem Lohn. Ja, weil es kann ja nicht irgendwo sein, dass es in der Firma hier drei unterschiedliche ‚Lohngruppen' gibt." (Montagearbeiter, ID_A, 5)

Das niedrige Entgeltniveau steht in den Urteilen der Befragten in schreiendem Missverhältnis zum hohen Grad körperlicher Belastung, hervorgerufen durch hohe – und weiter wachsende – Arbeitsintensität, mangelhafte technische Ausstattung sowie zusätzlich belastende Schichtarbeitsregelungen. Die Befragten sprechen „aus Spaß" von „Leistungssport" (Montagearbeiter, ID_A, 3).

> „Man ist acht Stunden nur noch am Rennen. Und das Theater zieht sich alles mit auch ins private Leben rein. Man schläft schlecht. Ganz bescheiden zu Hause. Wie gesagt, es *schlaucht* einfach nur." (Lagerarbeiter, ID_B, 2)

Einerseits ist die technische Ausrüstung, vor allem bei *ID_A*, ergonomisch und auch sonst nicht auf dem neuesten Stand, was die Arbeit erschwert und für zusätzliche Belastungswirkungen sorgt. Andererseits teilt sich jede Rationalisierungs- und Umstellungswelle beim OEM dem ID gleichsam als weiterer Verdichtungs- und Intensivierungsimpuls mit, den er an die Beschäftigten direkt weiterzugeben versucht.

> „Da die Anlagen sehr billig und selbst zusammengestrickt sind und so, spinnen die andauernd irgendwie, also hat man dauernd irgendwo einen Hänger und muss irgendwas aufholen, also hat man theoretisch nie Zeit, die vorgegebene [Taktzeit], die

man eigentlich offiziell hat, auch wirklich zu nutzen, um seinen Takt abzuarbeiten. Aber das ist [dem ID] völlig egal, das ist denen wurscht." (Montagearbeiter, ID_A, 2)

„Also sie haben die Arbeit verdichtet quasi, dass sie eben also Takte wegfallen lassen von heute auf morgen, es war schon ganz schön Raubbau, was sie betrieben haben. Also da haben sie wirklich die Arbeit mega-verdichtet, dass man quasi mehr Sachen machen muss, die vorher mehr Leute gemacht haben." (Montagearbeiter, ID_A, 3)

„Die Prozesse sind schneller geworden, intensiver. Ich sage immer, wo ich früher für die Arbeiten fünf Minuten Zeit hatte, habe ich für dieselbe Arbeit heute zwei Minuten Zeit. Oder der Arbeitsaufwand ist zusammengedrückt worden, was man hat. Da hatte ich mal gemessen, da waren es pro Schicht so zwischen 14 und 17 Kilometer, die die Mitarbeiter gelaufen sind. Obwohl es ja nicht weit war." (Lagerarbeiter, ID_B, 3)

Für zusätzliche Belastungen sorgt ein relativ rigides Wechselschichtsystem mit längeren Phasen von Nachtarbeit.

„Schichten ist nicht einfach. Ich will einfach abends meine Ruhe haben, mich entspannen. Würde gerne mehr mit der Familie machen, aber es geht einfach momentan nicht." (Lagerarbeiter, ID_B, 2)

„Arbeitszeitgestaltung: ein ganz großes Thema, weil aufgrund dieses Dreischichtsystems, was wir aktuell haben, ist Freizeit etwas sehr Kostbares geworden." (Lagerarbeiter, ID_B, 3)

Gemessen an immer wieder aufgerufenen Formeln wie „Gleiche Arbeit – gleicher Lohn" oder, wie es ein Befragter formuliert: „Gleiche Arbeit – gleiche Wert-Schätzung" (im materiellen wie immateriellen Sinn) beurteilen die Befragten die gegebenen Arbeitsverhältnisse also als überaus ungerecht und kritisieren sie. Den weitreichenden Ansprüchen des/der Unternehmen/s (der Leiharbeitsfirma, des ID bzw. Zulieferers, vermittelt des OEM) auf extensive und intensive Leistungsverausgabung setzen sie mit Bezug auf diese Formel ihre eigenen – unmittelbar reproduktionsrelevanten – Ansprüche auf angemessene Entlohnung, Beanspruchung und Arbeitszeitgestaltung entgegen. Das geschieht zum einen unter Verweis auf als evident betrachtete und nicht weiter begründete allgemeine Prinzipien bzw. Formeln.

„Eigentlich normal ist es ja Geben und Nehmen. Wir leisten ja, geben unsere Arbeitskraft und da können wir auch soziale Arbeitsbedingungen verlangen." (Montagearbeiter, ID_A, 4)

„Und sowieso prinzipiell gleiche Arbeit, gleiches Geld, das ist eigentlich... das sollte ein ungeschriebenes Gesetz sein, das ist eigentlich logisch, ne." (Montagearbeiter, ID_A, 2)

Verbreitet ist aber vor allem der Verweis auf real existierende und von den Befragten positiv besetzte Vergleichsordnungen, die sie als Kritik- bzw. Begründungsfolie heranziehen (dazu ausführlich weiter unten).

> „Dass diese Wertschöpfungskette, dass die gleichberechtigt ist und nicht nach unten ‚abgestuft' wird, dass wir eigentlich alle, wie jetzt so der Werbespruch oder zurzeit die große Kampagne von der IG Metall [lautet]: ‚Gleiche Arbeit – gleiches Geld!' [kriegen]. Weil für mich das halt ist: ‚Gleiche Arbeit – gleiche Wertschätzung.' Weil die Arbeit ist die gleiche, ist aber nicht bei jedem gleich wert oder nicht gleich wertgeschätzt, so rum." (Montagearbeiter, ID_A, 4)

> „Es sollte eigentlich, nach unserm ganzen Ermessen sollte es so bezahlt werden, wie auch [beim OEM] bezahlt wird, und da liegen wir noch ein ganzes Stückchen drunter. Weil wir arbeiten auch bloß an diesem Auto, an diesem Qualitätsprodukt, wie es immer gesagt wird. Wir tun auch dieses Vermögen mit erwirtschaften und wir stehen da und kriegen nichts davon. Das könnte man..., muss man eigentlich sagen, ja, da sollten eigentlich alle dran beteiligt werden, gleiche Arbeit, gleiches Geld." (Montagearbeiter, ID_A, 1)

Selbstverwirklichung durch Arbeit: ein frommer Wunsch?

Die Befragten verrichten als Montage- und als Transportarbeiter körperlich belastende und repetitive Teilarbeiten. Der Grad der Restriktivität der Arbeit ist, wie die Statements zeigen, entsprechend hoch; die Priorität der Arbeitskraftperspektive und der Artikulation von Ansprüchen an Arbeit und Betrieb, die um Leistungsfragen kreisen, erscheint vor diesem Hintergrund nicht verwunderlich. Die in den Interviews explizit geäußerten Erwartungen im Hinblick auf individuelle Handlungsspielräume und inhaltlich anspruchsvolle, „erfüllende" Arbeit sind angesichts des Erfahrungskontexts sehr gering, ja inexistent. Das kommt etwa in solchen oder ähnlichen lapidaren Äußerungen zum Ausdruck:

> „Ist immer jeden Tag dasselbe, absolut dasselbe, ja, auch gerade schön langweilig. [Lacht] Aber das bringt diese Art von Arbeiten nun mal mit sich, das muss man wissen, wenn man dort arbeitet, ne." (Montagearbeiter, ID_A, 3)

> „Nach einem halben Jahr ist alles langweilig bei der Arbeit da. Also der geistige Anspruch null, körperlicher Anspruch ist sehr hoch." (Montagearbeiter, ID_A, 3)

> „Also das Negative, das ist das Stetige, das Eintönige. Das eintönige Arbeiten, immer tagtäglich dasselbe. Und das ist auch so, dadurch sind viele Mitarbeiter, die dann auch kommen und sagen, sie sind geistig tot, wo man es auf eine Art ja auch verstehen kann. Weil, man muss ja nicht sehr viel selbstständig arbeiten." (Montagearbeiter, ID_B, 3)

Diese Priorität der Arbeitskraftperspektive heißt aber nicht, dass es keine „Subjektperspektive" auf Arbeit (Schumann et al. 1982, S. 199ff.) gäbe. Es geht in den Interviews zwar nicht oder nur sehr wenig um individuelle „Selbstverwirklichung“ und intrinsische Bezüge auf die Arbeit. Das hat aber zunächst viel mit „Realismus“ zu tun und muss nicht generell heißen, dass entsprechende Ansprüche bei den Befragten gar nicht vorhanden wären: Unter solchen Beschäftigungs- und Arbeitsbedingungen erscheinen sie schlicht unrealistisch, ja deplatziert, ein frommer Wunsch, der hier nicht als ein zu verwirklichender Anspruch *gilt*. Warum also sollten wir im Interview ausführlicher darüber reden?

> „Das kann man schlecht beeinflussen, also gerade bei uns. Ich meine, die [Baugruppe] ist halt die [Baugruppe], die sieht ja so und so aus, was will man da interessanter [machen]? [Beim OEM] haben wir die Werksführung gemacht, die haben das so weit mit ‚interessant‘ getrieben, dass die die Fahrzeuge in verschiedenen Farben übers Band laufen lassen, damit es nicht so eintönig wird. Aber was will man bei uns in den [Baugruppen], die sehen schwarz aus..., da also interessanter gestalten?“ (Montagearbeiter, ID_A, 4)

Gleichwohl finden sich hier und dort in den Interviews doch Spuren angestrebter „normativer Subjektivierung von Arbeit“ (Baethge 1991), Spuren von unter den hier vorherrschenden Beschäftigungs- und Arbeitsbedingungen gleichsam verschütteten – und nicht als Anspruch einzufordernden – Wünschen nach Selbstverwirklichung in der Arbeit.

Beteiligungsansprüche und deren Durchsetzung als geteilte Erfahrung

Während somit die individuelle Subjektperspektive auf Arbeit und Betrieb sich kaum artikuliert, spielt eine sozusagen *kollektive* Subjektperspektive eine bemerkenswert große Rolle: im Sinne nämlich eines kollektiven Partizipations-, Gestaltungs- und Verbesserungsanspruchs im Hinblick auf die (Ver-)Nutzungsbedingungen der Arbeitskraft – kurz: als Beteiligungsanspruch. Erfahrungen von Verletzungen ihrer Ansprüche auf Einflussnahme, auf Input in und Beteiligung an Entscheidungen werden von den Befragten ebenso breit thematisiert wie die oben dargestellten Erfahrungen mit erlebten Verletzungen ihrer Ansprüche im Hinblick auf Sicherheit, Entlohnung oder Belastung. Daneben stehen (stolze) Schilderungen über das Erkämpfen und Durchsetzen von Beteiligungsmöglichkeiten.

Als Ausgangspunkte bzw. Auslöser einer hier zu beobachtenden Anspruchsdynamik werden in den Darstellungen gerade nicht direkt die „depressiven“ Entlohnungs- oder Belastungsbedingungen genannt, sondern „Strafmaßnahmen“, Maßregelungen, die insgesamt als unangemessen und unwürdig empfundene Behandlung durch Vorgesetzte – mithin verletzte Beteiligungs- und auch Würdeansprüche.

> „Damals, 2004, hatten wir ja noch keinen [Betriebsrat], der kam ja dann erst aufgrund dieser ungerechten Behandlung und alles... Damals waren noch Strafaktionen vom [ID] [gang und gäbe], sprich, irgendjemand hat einen Fehler gemacht und der

musste dann nach der Arbeit eine [Baugruppe] auseinanderbauen. Da wurde extra für den eine [Baugruppe] gebaut, und der musste die auseinanderbauen, völlig gaga, aber so hat [der ID] getickt. So. Das haben wir... so was haben wir auch schon weggekriegt.“ (Montagearbeiter, ID_A, 2)

„[Der Vorgesetzte beim ID] darf [den Leiharbeiter] nicht maßregeln. Und das haben sie am Anfang bei uns versucht, deshalb haben wir einen Betriebsrat gegründet und gesagt, okay, so geht das nicht weiter, [der ID] kann uns [Leiharbeiter] als Dritter quasi nicht irgendwie irgendwelche... Na gut, Kündigungen und Abmahnungen kann ja nur [die Leiharbeitsfirma], aber die haben dann eben halt so, was weiß ich, irgendwelche Strafarbeiten oder so was [verhängt]. Und da haben wir gesagt, nee, jetzt müssen wir uns organisieren, jetzt müssen wir einen Betriebsrat gründen und müssen dem Ganzen mal irgendwo einen Strich durch die Rechnung machen.“ (Montagearbeiter, ID_A, 5)

Inzwischen sind bei einer Leiharbeitsfirma, bei der die meisten in *Konstellation ID_A* eingesetzten Montagearbeiter angestellt sind, sowie auch in *Konstellation ID_B* Betriebsräte etabliert, die – mit Unterstützung der örtlichen Gewerkschaftsorganisation – durch Abschluss mehrerer Betriebsvereinbarungen bzw. Haustarifverträge eine deutliche Anhebung der Lohnsätze erreicht haben. Auch auf Arbeitszeitregelungen und Personaleinsatz üben sie einen gewissen Einfluss aus. Freilich sind die Mitbestimmungsmöglichkeiten weiterhin begrenzt und durch Maßnahmen des Managements gefährdet. Die betriebliche Realität erscheint gemessen an den Beteiligungserwartungen und -wünschen noch immer deutlich defizitär. Neben Einzelaspekten werden der hierarchische Charakter des betrieblichen Sozialsystems und der ungleiche Status und die unterschiedlichen Einflusschancen der Akteure generell kritisiert.

„Also der Betriebsrat, der ist sehr präsent, das ist ein gutes Zusammenarbeiten mit dem Betriebsrat. Wenn wir den nicht hätten, dann würde schon vieles schlechter aussehen, würde ich mal sagen. Weil die würden uns in Sack und Tüten verkaufen irgendwo. Auch arbeitszeitmäßig, die würden uns da schrubben lassen bis zum Gehtnichtmehr.“ (Montagearbeiter, ID_A, 5)

„Also wenn es zum Beispiel um arbeitstechnische Abläufe geht, da liegt da die, ich sage mal, Problemlösung beim [ID]. Er ist aber im Endeffekt von uns abhängig, weil wir dann ihm das melden. Da haben wir sehr hohe Defizite beim [ID], weil manchmal haben wir das Gefühl, dass er uns halt geringschätzt und [denkt]: ‚Was will der denn jetzt hier, der ist doch bloß der Leiharbeiter.‘“ (Montagearbeiter, ID_A, 4)

„Also, wie gesagt, ja, also [Mitbestimmung] an technischen Sachen [haben wir] überhaupt nicht. Also wenn die jetzt irgendwie eine Linie umbauen oder irgendwas, wo ein normaler Betriebsrat auch mit eingebunden wird...“ (Montagearbeiter, ID_A, 3)

> „Also da haben wir dann Mitspracherecht, und das ist schon sehr viel wert. Und das baut sich aber jetzt erst auf. Also die merken, dass wir da eigentlich schon viel Erfahrung haben, weil wir ja vorher eigenständig gehandelt haben und im Endeffekt haben wir auch schon vieles erreicht – [hätte] der [ID] gar nichts unbedingt rein rechtlich machen müssen, aber gemerkt hat [er], dass eben die Leute hinter uns stehen und dann gesagt haben, na ja, okay, dann machen wir das jetzt." (Montagearbeiter, ID_A, 4)

Im Bewusstsein der Befragten ist ihr „Eigenbeitrag" bei der Etablierung der Vertretungsstrukturen erkennbar präsent und wird als wichtig eingestuft. Das wird nicht nur im durchlaufenden „Wir" der Erzählungen deutlich, wenn man über Veränderungen spricht –

> „Wir haben ja, dank unseres Betriebsrates haben wir jetzt schon elf Euro die Stunde, was ja nun auch nicht gerade der Brüller ist, ne, haben wir uns wenigstens erkämpft." (Montagearbeiter, ID_A, 3)

– sondern auch in Wendungen wie:

> „Weil wir warten nicht auf eine Veränderung von oben, sondern wir wollen selber von uns unten aus verändern." (Montagearbeiter, ID_A, 4)

> „Die Firmen selber, die werden das nicht machen, von alleine jetzt. [Da muss man] sich durchkämpfen nach oben, ja." (Montagearbeiter, ID_A, 5)

Zur erfolgreichen Interessenartikulation gehört für die Befragten folgerichtig auch die eigene Beteiligung an offenen und verdeckten Arbeitskampfmaßnahmen im betrieblichen Alltag. Die Beschäftigten haben Beteiligungsansprüche „von unten", teilweise mit unkonventionellen Mitteln der Machtausübung (durch Formen des informellen Druckausübens am shop floor), selbst „aktiviert" und durchgesetzt (durch Betriebsratsgründung, gewerkschaftliche Organisierung und Mobilisierung). Dass man sich zu einer Teilnahme an solchen Aktionen „durchgerungen" hat, wird mit Stolz berichtet.

> „Also ich war froh, dass wir nun endlich mal unsern Streik durchgezogen haben, wenn es auch bloß ein kurzer Warnstreik war, aber der sollte eben halt mal zeigen: ‚Moment, wir sind diejenigen, die die Arbeit machen, und ihr nicht, und ohne uns könnt ihr nicht!', so nach dem Motto." (Montagearbeiter, ID_A, 4)

> „Wir kriegen es zum Beispiel hin, dass wir selbst bei der Leiharbeitsfirma bei Tarifverhandlungen aus dem Werk gehen und streiken. Haben wir jetzt dieses Jahr zum ersten Mal gemacht, und da waren wir die einzige Niederlassung [der Leiharbeitsfirma], die gestreikt hat. Alle anderen nicht. [Lacht]" (Montagearbeiter, ID_A, 4)

> „Vor zwei Jahren sind wir zum Beispiel durch [die Stadt] gegangen, mit so einem Schild, ‚Gleiche Arbeit, gleiches Geld.' Mit Trillerpfeifen und aneinander gebunden und so." (Lagerarbeiter, ID_B, 1)

> „Wir haben da auch schon Druck ausgeübt, indem wir bloß, na jetzt nicht unbedingt langsamer gearbeitet haben... Der ID, der gibt zum Beispiel eine Arbeitsanweisung raus mit einer Taktzeit und einer Stückzahl, [das] wäre eigentlich gar nicht zu schaffen, also wir arbeiten eigentlich über das drüber weg. Und da haben wir halt eben auch schon Aktionen gemacht, wenn wir Druck ausüben wollen, um was zu erreichen, indem wir dann halt wirklich danach gearbeitet haben und dadurch dann halt weniger Stückzahl rauskam. Uns aber keiner was vorwerfen konnte, weil wir halt bloß nicht die 120 Prozent, die wir sonst bringen, bloß 100 Prozent gemacht haben." (Montagearbeiter, ID_A, 4)

Wie bereits angemerkt, werden die betrieblichen Realitäten auch nach dieser Selbstaktivierung, gemessen an den Beteiligungserwartungen, noch immer als äußerst defizitär empfunden. Betriebliche Hierarchie und ungleiche Behandlung stehen noch immer in der Kritik.

> „Was müsste sich ändern?... Na ja, die Umgangsformen, denke ich einfach von... diese Klassengesellschaft, die müsste sich ändern. Das merkt man halt, diese Hierarchie, dass dann doch schon den Leuten anders da gekommen wird, in einem andern Ton oder wie auch immer, das müsste sich [ändern], denke ich, als erstes in der Kommunikation, die müsste sich auf jeden Fall ändern. [...] Zur guten Arbeit, denke ich, gehört ein ordentliches Betriebsklima, also dass man sich mit den Kollegen versteht, dass man auch ernst genommen wird, egal ob jetzt Werker oder Führungsperson oder sonst was, dass halt alle gleich behandelt werden." (Montagearbeiter, ID_A, 2)

Um die Kluft zwischen den Ansprüchen in puncto Leistungsgerechtigkeit und der betrieblichen Wirklichkeit ein Stück weit zu schließen, wurden hier also Beteiligungsansprüche von den Beschäftigten selbst aktualisiert und mobilisiert. Ohne Beteiligung keine besseren Leistungsbedingungen, heißt in dieser Konstellation die Formel einer Art von Anspruchsdynamik. Wir finden hier also eine interessenpolitisch wirkungsvolle und mobilisierende Verknüpfung von Leistungs- und Beteiligungsansprüchen – bzw. der Verletzung ersterer und der Selbstaktivierung letzterer – in einem spezifischen Handlungskontext (siehe auch Abschnitt 4.4). Die Befragten sprechen deshalb auch nicht das eine Mal über Leistungsgerechtigkeit und das andere Mal über Beteiligungsansprüche, sondern häufig gleichzeitig über beides.

> „Also da war keine Mitbestimmung und da ging halt die Arbeitszeit dann so, wie gerade die Stückzahl kommen musste. Und damals waren wir auch völlig falsch eingruppiert und haben noch weniger Geld bekommen. Das war 2003, [da hat man] unter sieben Euro angefangen und, ja, das hat sich schon sehr, sehr gewandelt." (Montagearbeiter, ID_A, 4)

> „Ja, gute Bezahlung. Ich sage mal gerechte Bezahlung. Ein sicherer Arbeitsplatz, ein Arbeitsplatz mit Mitbestimmung und nicht nur in Rechten, sondern dass man sich einbringen kann, verbessern kann oder so. Und dass man auch gehört wird vor

allen Dingen und nicht einfach da der niedrigste in der Nahrungskette [ist], der das meiste Produktive macht, aber dass er nichts davon hat." (Montagearbeiter, ID_A, 4)

„Ich meine, wir bringen ja schon jeden Tag die Arbeit und die Leistung, und da erhofft man sich ja eigentlich, dass man dann auch gehört wird bei so was. Und das ist dann halt das Negative, sage ich mal." (Montagearbeiter, ID_A, 4)

„Das hat sich, wie gesagt, durch den [BR-Vorsitzenden] oder durch andere Kollegen, betriebsratstechnisch zum *sehr* Positiven entwickelt. Jetzt sind wir bei weit drüber [über dem damaligen Einstiegsgehalt des Befragten]. Wir sind darüber begeistert. Und alle Kollegen freuen sich auch mittlerweile dann auch, [vom Leiharbeiter] zum Festangestellten [beim ID] überzuwechseln." (Lagerarbeiter, ID_B, 2)

„Gerechtigkeitspositivismus": Vergleiche mit real existierenden normativen Ordnungen als Kritik- und Rechtfertigungsressource

„Also es ist schon irgendwo relativ ungerecht", resümiert einer der Befragten seine Ausführungen zu Arbeit und Betrieb. Relativ zu was? Gerechtigkeitsurteile sind immer auch Ergebnis von Vergleichen – mit Prinzipien und/oder (anderen) Realitäten, an denen die eigene Situation gemessen wird und relativ zu denen sie als gerecht bzw. ungerecht empfunden wird. Welche Bezüge zu welchen normativen Strukturen bzw. Ordnungen stellen diesbezüglich die Befragten in diesen Beispielkonstellationen her? Welche Vergleichsfolien (als Beurteilungs- und Kritikfolien) werden von den Befragten bei der Bewertung der Arbeitsbedingungen und betrieblichen Verhältnisse herangezogen? Wichtig ist spätestens hier, sich noch einmal in Erinnerung zu rufen, dass das eingangs beschriebene fragmentierte Arbeitsgefüge allen Beteiligten tagtäglich vor Augen steht. Dadurch entsteht der Effekt einer „Ungleichheit zum Anfassen". Das fordert Vergleiche geradezu heraus. Ständig ist man zu Beurteilungen offensichtlich unterschiedlicher Verfahrensweisen für gleiche oder ähnliche Sachverhalte herausgefordert.

Zum einen – und am bedeutsamsten – speisen sich die „komparativen" (Un-) Gerechtigkeitsurteile aus der Primärerfahrung der Befragten vor Ort: Vergleichsfolie sind die Arbeits-, Leistungs- und Entlohnungsbedingungen beim OEM – dem „Weltunternehmen", das für „Hochqualitätsprodukte" steht, zu denen man selbst einen erheblichen Beitrag leistet, der aber nicht annähernd angemessen anerkannt und honoriert wird.

„Wir gucken aus unserer Halle raus, rüber in die [OEM-]Halle. Wenn man da reinguckt, da ist ein ganz anderes Arbeiten, keine Hektik, Ruhe, ruhiges Arbeiten und, ja, da hast du eben nach der Arbeit noch... wenn man nach der Frühschicht nach Hause geht, ist dann noch ein ruhiges Leben, ja. Bei uns ist dann halt alles – stressig ein bisschen." (Montagearbeiter, ID_A, 1)

„Also bei uns das ist wie bei so einem Ozean, ganz oben da schwimmt halt der OEM und die Kollegen, und sobald man runterkommt, umso mehr Druck hat man, wie beim Wasserdruck so ungefähr, weil dann wird immer weiter gedrückt, weil es geht ja dann um Preise, um Verkauf und Gewinn, bis hin zu unserer [Leiharbeits-]Firma, und wir sind halt die Untersten sozusagen, da merkt man schon die Unterschiede. Wie gesagt, da wird an der einen Ecke gespart, wird dann halt [weitergegeben]: Wir machen halt das Zehnfache in der gleichen Zeit, was da beim [OEM] der Mitarbeiter macht, und [haben] vielleicht auch bloß das Zehnfache vom Gehalt [lacht].“ (Montagearbeiter, ID_A, 4)

„Es mag für jeden wirtschaftlich wahrscheinlich verständlich sein, weil die damit rechnen können, aber für uns ist es halt nicht verständlich, warum das System überhaupt so sein muss. Warum man nicht auch in der Stammbelegschaft arbeiten kann und auch so gut bezahlt wird, genauso gut verdient. Im Endeffekt machen wir die gleiche Arbeit wie beim [OEM]. Also die Kollegen, die haben ja auch Kontakt, auch unsere Betriebsräte zum Beispiel [zum OEM]. Und die machen eigentlich nichts anderes als wir, sind aber höher wertgeschätzt, weil das halt der Name ist.“ (Montagearbeiter, ID_A, 4)

„Ich habe schon immer ein Beispiel gehabt, da war ich zwei Monate in [Westdeutschland] gewesen [als Leiharbeiter beim OEM], und das war vor vier, fünf Jahren so ungefähr, da hat man den Vergleich gesehen, da war ich auch in der [Vormontage] gewesen, da ist die Entlohnung natürlich viel besser als bei uns, obwohl wir die gleiche Arbeit machen. Wenn ich mal jetzt so sagen kann, die hatten 17 Euro und wir hatten neun Euro, ja, das ist ein Wahnsinnsunterschied, obwohl wir dasselbe gemacht hatten.“ (Montagearbeiter, ID_A, 5)

Eine zweite Art einer – in den beiden hier betrachteten Konstellationen allerdings weniger wichtigen – normativen Vergleichsfolie und Ressource für immanente bzw. endogene Kritik (Dubet 2008, S. 314) bildet die „Unternehmensphilosophie“ der eigenen Arbeitsorganisation. In einer Reihe anderer Konstellationen unseres Samples spielen „Unternehmensphilosophien“ oder propagierte „Leitbilder“ für die endogene bzw. immanente Kritik der Beschäftigten eine noch bedeutsamere Rolle.

„*ID_B* ist jetzt so seit einem Jahr darauf bedacht, eine sehr große Qualitätsoffensive zu starten. Das nennt sich ‚BEST 2020‘... Da wird halt wirklich für zehn Grundsätze geworben: Zuverlässigkeit, Mut zur Veränderung, Flexibilität, all solche Sachen... Zehn Gebote, die *du* bitte als Mitarbeiter umzusetzen *hast*... Wo dir die Firma allerdings gar nicht die Grundlagen stellt, dass du die umsetzen *kannst*. Das ist das Problem.“ (Lagerarbeiter, ID_B, 1)

Eine dritte, wiederum in den beiden hier betrachteten Konstellationen sehr wichtige Vergleichsfolie für die Beschäftigten (wie erinnerlich, handelt sich um ostdeutsche Befragte) ist „der Westen“. Gespeist aus eigenen, früheren Erfahrungen wird ein gewissermaßen sozial eingehegter Kapitalismus in West- oder

Süddeutschland (oder in einem Beispiel auch in Österreich) zum positiven normativen Referenzpunkt gegenwärtiger Ungerechtigkeitserfahrungen in einem als „frühkapitalistisch" apostrophierten Osten (siehe auch Abschnitt 4.2.2).

> „Zum Beispiel Bezahlung Ost/West, das ist nach 22 Jahren immer noch diese Ungleichbehandlung, wir arbeiten hier bei uns nicht schlechter wie in den alten Bundesländern, aber es ist immer noch diese Teilung zwischen alten und neuen Ländern und das ist irgendwo nicht mehr gerechtfertigt. Das müsste klipp und klar angeglichen werden, und das nicht an unser Niveau, sondern an das der alten Bundesländer, weil nach 22 Jahren kann man das keinem mehr verkaufen, dass das sein muss." (Montagearbeiter, ID_A, 1)

> „Und ich habe auch schon festgestellt, dass eigentlich in den meisten Betrieben, also ich rede jetzt nur von Westdeutschland, [...] ein recht anstrebsamer Umgang mit dem Personal stattgefunden hat. Also ich habe mich da nirgendwo als minderwertige Arbeitskraft gefühlt [...]. Und habe auch gesehen, dass die Kollegen in Westdeutschland – ich war viel im Ruhrpott unterwegs und dann auch im Mannheimer Raum und Baden-Württemberg, Bayern –, dass da ein gutes Arbeitsklima geherrscht hat in vielen Betrieben, auch ein vernünftiges Arbeitsklima. [...] Wir haben hier, wie wir gerade festgestellt haben, noch Frühkapitalismus.[27] Die Gewerkschaften sind auch noch nicht so stark, wie sie es drüben [in Westdeutschland] sind, ne. Äh, es stehen bestimmt noch viele Arbeitskämpfe uns noch bevor, die es im Westen in den 70er und 80er Jahren gegeben hat, ne, das müssen wir auch noch irgendwie alles durchziehen." (Montagearbeiter, ID_A, 3)

> „Ich war in Österreich [als Leiharbeiter], da ist es ja nicht *ganz so krass*, weil da habe ich mich auch mit vielen unterhalten. Da ist es zum Beispiel so, dass ein Angestellter bei ‚Netto' oder bei ‚Penny', Kassiererin, die geht mit dreieinhalb brutto nach Hause, und der Filialleiter mit fünfeinhalb. Und in Deutschland ist es 1.000 zu 28.000. Und das ist das, was ich meine. Das muss nicht so sein." (Montagearbeiter, ID_B, 3)

Schließlich wird auf eine anderenorts als verwirklicht angesehene normative Ordnung von Betrieb und betrieblicher Sozialordnung verwiesen, die den von den Beschäftigten (und Betriebsräten) erlebten faktischen Ausschluss nicht kennt – gleichsam der homogene, inkludierende Betrieb mit einer entsprechend übersichtlichen, einheitlichen Betriebsverfassung.

> „Ja, und wenn man jetzt in *einer* Firma wäre, wo man ja wirklich dann, ich sage jetzt mal nicht Teilhaber, aber man ist ja dann doch mit drin und hätte auch, denke ich mal, auch mehr Mitspracherecht. Wenn bei uns *eine* Firma wäre, dann hätten

---

27 Befragter und Interviewer hatten sich im Interview kurz zuvor gemeinsam zu der fröhlichen Erkenntnis durchgearbeitet, dass die im Historischen Materialismus als unumstößlich geltende progressive Abfolge der Gesellschaftsformationen angesichts der Erfahrungen der letzten Jahrzehnte durch die Sequenz „Frühkapitalismus – Spätkapitalismus – Sozialismus – Frühkapitalismus" ersetzt werden müsse.

> wir direkten Einfluss drauf, und das ist das, was es manchmal auch ein bisschen schwierig macht, dass man dann gegen Windmühlen ankämpft.“ (Montagearbeiter, ID_A, 4)

Zum Teil überschneiden sich die herangezogenen Vergleichsfolien auch. Immer sind sie letztlich verankert in den Primärerfahrungen mit den parallelen Arbeitswelten in Sicht- und Rufweite, die man tagtäglich vor Augen hat. Die Bezugsrahmen der Gerechtigkeitsurteile für Rechtfertigung und Kritik sind mithin mehr oder weniger „diesseitig“. Deshalb könnte man hier von „Gerechtigkeitspositivismus“ sprechen: Bezüge werden durchweg zu real existierenden Ordnungen, verwirklichten, faktisch geltenden Normen hergestellt, denen man Beurteilungs- und Bewertungskriterien entnimmt, auf die man sich dann – weil es sie ja „gibt“ – umso wirkungsvoller zu stützen können glaubt. Es wird nicht ein abstraktes Sollen beschworen (in Orientierung an abstrakten Gerechtigkeits- oder Rationalitätsprinzipien), sondern konkret vorhandene – bzw. als solche wahrgenommene und interpretierte – Verkörperungen dessen, was man für recht und billig hält, dienen als direkte positive Referenz.

Anspruchs- und Kritikadressaten

Die Adressaten der Ansprüche wie der geäußerten Kritik sind vielfältig, und es ergibt sich sozusagen ein „Ranking“ von Akteuren, denen man die Realisierung von Ansprüchen zutraut bzw. von denen man sie einfordert oder die man wegen ihrer Verletzung kritisiert. In Komplexen fragmentierter Arbeit ist das Adressatenspektrum offensichtlich besonders heterogen: das eigene Kollektiv(-subjekt), das Unternehmensmanagement (der ID und der Leiharbeitsfirma) und der Betriebsrat als „interne“ Adressaten, die OEM, die Gewerkschaft sowie der Staat als „externe“. Trotz dieser Heterogenität ist das „Ranking“ der Adressierungen bei den Befragten relativ einhellig.

Mit Blick auf die „internen“ Adressaten ist zunächst die starke Ausprägung der *Selbstansprüche* bzw. des Anspruchs auf „Selbstrealisierung“ der Ansprüche – individuell und im Kollektiv – besonders auffällig. Dabei wird die Realisierung der Ansprüche in enger Verknüpfung mit der (erstmaligen) Schaffung und Unterstützung von Strukturen betrieblicher Interessenvertretung gesehen; und insofern auch selbstverständlich verknüpft – wie gesehen – mit der Realisierung von Beteiligungsansprüchen. Dem Betriebsrat als Anspruchsadressaten wird in diesen Konstellationen allein die positive Rolle des Durchsetzers und Ermöglichers zugeschrieben.

Die Leiharbeitsfirma, die die sechs in den beiden Konstellationen befragten Leiharbeiter beschäftigt, wird zum einen als Teilhaber (und Mitprofiteur) des verschachtelten Outsourcing-, Zuliefer- und Dienstleistungssystems wahrgenommen, das sich um die OEM herausgebildet hat, zum anderen auch als schwächstes Glied dieses Netzwerks von Firmen. Generell wird das Management des ID als hauptsächlicher Profiteur der „Dienstleistungsbeziehung" zu dem OEM angesehen – zu Lasten der beim ID entweder fest oder als Leiharbeiter angestellten Beschäftigten:

> „Da möchte ich *nicht* wissen, wie viele Prämien unsere Firma [ID] all die Jahre kassiert hat, für die gute Zusammenarbeit [mit dem OEM]. Und da hat *keiner* was gesehen." (Lagerarbeiter, ID_B, 1)

Die Industrie-Dienstleister sind also im exemplarischen Fragmentierungskontext Hauptzielscheibe von Kritik, sie sind die primären Verletzer von Ansprüchen. Besonders ausgeprägt ist dies, auch wegen des hohen Anteils an Leiharbeit, in *Konstellation ID_A*: Dort ist der ID die Inkarnation des Profitprinzips und der Kostenreduktion zu Lasten der Beschäftigten. Das ist in den zitierten Statements bereits häufig überdeutlich geworden, die deshalb hier nicht noch einmal wiederholt werden müssen; eines sei aber nochmals herausgegriffen:

> „Aber da steckt dann wieder der Profit dahinter von..., am Ende vom ID: Je weniger Leute, umso mehr Gewinn. Das ist immer so dieses, was so immer oben drüber steht, was man so merkt, das ist der Profit." (Montagearbeiter, ID_A, 1)

Darüber hinaus gibt es die erwähnten „externen" Adressaten von Kritik. Die nächste externe Adresse ist der Automobil-Endhersteller. Gegenüber Leiharbeitsfirma und ID treten die OEM zwar etwas in den Hintergrund, obwohl sie die „Hauptverantwortlichen" für das Outsourcing und die Reorganisation der Wertschöpfungskette sind, deren Leidtragender man ist. Aber das wird auch so gesehen und zieht entsprechend immer noch genügend Unmut auf sich.

> „Wir sind *jetzt* noch nicht mal richtig ‚sauber' mit dem, was wir gerade machen, und die [der OEM] planen schon die nächste Taktumstellung. Noch mehr Autos bauen. Aber was sollen wir denn da machen? Wir *können* nichts machen. Wir sind da nur noch Dienstleister. [Der OEM] sagt: ‚Ihr müsst *jetzt*, ist mir egal, wie. Macht, los!'" (Lagerarbeiter, ID_B, 2)

> „Auch selber die Leiharbeiter [des OEM] kriegen keine Prämien. Die kriegen zwar Geld, die werden auch ordentlich bezahlt, die kriegen aber *auch* keine Prämie. Finde ich eine Schweinerei. Die machen *dieselbe* Arbeit wie die Festangestellten [beim OEM]. Kriegen aber keine Prämien bezahlt. Das ist eine Sauerei." (Lagerarbeiter, ID_B, 2)

> „Deswegen würde ich als Verbesserung erst mal ansehen, dass sich [der ID] nicht alles vom [OEM] diktieren lässt. Dass sie sagen müssen: ‚Moment, ihr erwartet diese Prozesse von uns, dann müsst ihr uns dies aber durchführen lassen.'" (Lagerarbeiter, ID_B, 1)

Die Gewerkschaft – hier die IG Metall – ist akzeptierte Unterstützerin der „Selbstansprüche" der Beschäftigten. Zudem wird sie offenbar auch gleichsam als Brücke zum „Westen“ (etwa auch der Interessenvertretung beim OEM) und zum politischen System wahrgenommen. Staat und Politik, d.h. das politische System, kommen als Ermöglicher und Beförderer bestimmter Ausprägungen der Beschäftigungsverhältnisse ins Spiel, von denen man negativ betroffen ist. Insofern sind Staat und Politik bzw. konkrete politische Persönlichkeiten in der Sicht der Befragten auch Verursacher von Anspruchsverletzungen in der Vergangenheit („Flexibilisierung“, „Hartz-Gesetze“) und damit Adressaten von Kritik. Hier nur ein Beispiel:

> „Dank Bundeskanzler Gerhard Schröder, der ja eigentlich ein Roter ist, ist ja diese zeitliche Befristung der Leiharbeit aufgehoben worden. Und deshalb sind wir jetzt immer noch, seit sechs Jahren, Leiharbeiter bei [einem ID]. Das ist auch ein ganz großer Mangel, den ich sehe. Als ich [früher] Leiharbeiter war, musste ich nach einem Jahr jedes Unternehmen verlassen, in dem ich war, oder die hätten mich einstellen müssen. Also diese Regelung abzuschaffen halte ich für ein Verbrechen, ja, weil dann ist ja für die Leiharbeit und dieses Schindluder, das man damit treiben kann, wenn man will, Tür und Tor geöffnet worden, ne.“ (Montagearbeiter, ID_A, 3)

Allerdings lassen offenbar solche negativen Erfahrungen und Urteile das Staatsvertrauen der Befragten weitgehend intakt. Denn gleichzeitig gilt der Staat bzw. der Gesetzgeber – für die Zukunft – als möglicher Garant der Durchsetzung von Legitimitätsansprüchen an Erwerbsarbeit. Der Blick richtet sich hier auf die Regulierung, Begrenzung oder Abschaffung von Leiharbeit sowie auf Regelungen zum Mindestlohn, die man sich für die Zukunft erhofft, um die eigenen Erwerbsperspektiven zu verbessern und gleichsam das – noch immer als überaus ungenügend empfundene – Verwirklichungsniveau der eigenen Ansprüche an Arbeit noch ein weiteres Stück anzuheben.

> „Die Unternehmen halten sich ja wirklich nur an die Gesetze, was der Staat freigibt. Vom Gesetzgeber her müsste da was geändert werden, vom Gesetz. Ich sage immer, der Staat hat mehr die Aufsichtspflicht weggegeben, wofür er eigentlich gewählt worden ist, und seit Jahren so sich dem Selbstlauf überlassen. So funktioniert das hier in Deutschland, der Kapitalismus. Da ist der ganze Schutz weg von den Kontrollorganen. Und deswegen fühlen sich auch die Leute verarscht.“ (Lagerarbeiter, ID_B, 3)

> „Also für mich wäre wichtig, dass das Betriebsverfassungsgesetz umgeschrieben wird, dass man da auch als Betriebsrat in Leihfirmen wesentlich auch mehr Mitbestimmungsrechte hat, weil im Endeffekt, sage ich immer so trocken, ist es eine Arbeitgeberüberlassung. Die Leute sind sich doch dem Arbeitgeber überlassen.“ (Montagearbeiter, ID_A, 4)

> „Und dass die Unternehmen das ausnutzen... Also wenn ich Unternehmer wäre, würde ich es vielleicht auch nicht viel anders machen, ne, das muss man auch verstehen. Und da müsste halt eben die Politik dann doch mal eingreifen und das wie-

der rückgängig machen, ne. [...] Die Arbeitgeber müssten in die *Pflicht* genommen werden, für ihre Arbeiter ordentlich Lohn zu zahlen, ordentliche Arbeitsbedingungen zu schaffen und so weiter und so fort, dass man quasi im Endeffekt gute Arbeit hat. Ja, die Leiharbeit abschaffen.“ (Montagearbeiter, ID_A, 3)

„Gerade wie Mindestlohn oder so was, Rente, also alle diese Alterssicherungen, das müsste halt vor allem geregelt werden und besser geregelt werden, als es jetzt läuft, das wäre so das Wichtige. Finde ich eigentlich doch schon ein bisschen beschämend, weil ich war ja auch 40 Jahre für den Staat arbeiten, ich bezahle meine Steuern jeden Monat und da möchte ich ja dann auch irgendwann mal was zurück haben und dann nicht hier in Altersarmut leben.“ (Montagearbeiter, ID_A, 2)

Fragmentierung zieht Kreise

Wie zu Beginn des Abschnitts erwähnt, haben Outsourcing, Produktionsverlagerung, Neueinbindung in Dienstleistungsnetzwerke bzw. Wertschöpfungsketten auch in einer Reihe von anderen Konstellationen, in denen wir Befragungen durchführten, zu Komplexen fragmentierter Arbeit geführt. Allerdings erreichen diese Komplexe in der Regel nicht das Ausmaß an räumlicher und sozialer Dichte, an Intensität und Aufdringlichkeit wie im eben erörterten Beispielfall, wo die Parallelwelten der Arbeit direkt vor der Tür, in der nächsten oder gar der gleichen Fertigungshalle beginnen. Und sie gehen auch nicht zwingend mit einem derart hohen Anteil prekärer Beschäftigung einher. Ohne hier noch weiter ins Detail gehen zu können – ein genaues Verständnis würde in jedem Einzelfall das Ausbreiten vieler Kontextinformationen erforderlich machen –, seien doch noch einige weitere Varianten fragmentierter Arbeit kurz angerissen.

Deutliche Fragmentierungstendenzen finden sich in unserem Sample vor allem in den Untersuchungsfeldern Automobil- und Automobilzulieferindustrie, Chemieindustrie und Maschinenbau. Nicht in der extremen Ausprägung, aber der Art der Fragmentierung ähneln die dort zu beobachtenden Phänomene dem exemplarischen Fall durchaus – insbesondere in der Chemischen Industrie (und besonders ausgeprägt in *Konstellation CH_B*), die diesbezüglich eine Vorreiterrolle spielte. Wichtig ist dabei, was sich in der *Konstellation AU_A* besonders deutlich zeigt: dass sich nämlich auch Forschungs- und Entwicklungsbereiche im Sog der Fragmentierungsbewegung befinden. Hier spalten sich Arbeitsordnungen der Wissensarbeit – über Werkverträge mit und Auslagerung von Funktionen an Ingenieurbüros – auf, was zur Intensivierung der Arbeit und der Kooperationsbeziehungen führt. In *Konstellation AU_E* (die wir unter anderen Gesichtspunkten in Abschnitt 4.3.2 noch näher betrachten) liegt die Fragmentierungsproblematik dagegen „klassisch“ in der Verlagerung wichtiger Fertigungsprozesse ins Ausland. Ähnlich in der *Konstellation MA_B*, ein Maschinenbaubetrieb, der mittlerweile komplett ohne eigene Teilefertigung dasteht, was früher kaum denkbar schien. In beiden Fällen werden solche Entwicklungen in einzelnen Interviews unter dem Aspekt der Verletzung technisch-funktionaler Rationalitätsansprüche zum Thema, und Kritik in dieser Perspektive wird artikuliert.

Auch in anderen Untersuchungsfeldern, wie der Bauwirtschaft oder dem Einzelhandel, zeigen sich Tendenzen der Fragmentierung von Arbeit, die ganz unterschiedlicher Art sind: so in der *Konstellation BA_A* in einem Bauunternehmen, das – branchentypisch – im Rahmen von Projekten in immer wieder neu zusammengesetzte Netzwerke eingebunden ist, und zwar in der Regel als privilegierter Knotenpunkt, von dem selbst wieder (zumeist ausländische) Subunternehmen abhängig sind. Auch hier werden durch die direkte Kooperation zwischen Beschäftigten aus unterschiedlichen Fragmenten des Netzwerks Fragen der stark ungleichen Vergütung, der sichtbaren Ungleichheit der Arbeits- und Beschäftigungsbedingungen immer wieder zum Thema. Anders gelagert ist die Fragmentierungsproblematik in den *Konstellationen EH_A* und *EH_C* im Einzelhandel: Hier geht es nicht um heterogene kooperierende Organisationseinheiten, sondern eher um intransparente Parallelstrukturen mit einer Vielzahl von rechtlich selbstständigen Gesellschaften. Hier scheint, wohl auch wegen der geringen Sichtbarkeit und Interdependenz der Arbeitsprozesse, eher ein Nebeneinander (und eine Konkurrenz) als ein Miteinander der Beschäftigten bei unterschiedlichsten Arbeitsbedingungen und Entgelten charakteristisch zu sein.

Wir können diese Varianten fragmentierter Arbeit auch deshalb hier nur flüchtig anreißen, weil die allgemeinere Bedeutung dieser Problemlagen uns erst im Laufe unserer Recherchen allmählich klar wurde. An dieser Auflistung zeigt sich zumindest: Die Fragmentierung von Arbeit zieht mittlerweile weite Kreise. Das dürfte dazu führen, dass ähnlich gelagerte Legitimationsprobleme und Ungerechtigkeitserfahrungen, wie wir sie am Beispiel der beiden Industrie-Dienstleister – gewiss in zugespitzter, spezifischer Form – eingehend erörtert haben, auch anderenorts an Relevanz gewinnen werden.

Ausblick: Exklusion oder Solidarität?

Welche sozialen Konsequenzen hat das? Führen Tendenzen der Fragmentierung, die Arbeit organisatorisch desintegrieren und zerklüftete, gespaltene Arbeits- und Beschäftigungswelten schaffen, auch zu sozialer Desintegration, Spaltung oder gar Exklusion? Oder wie stark sind die Kräfte sozialer Integration oder von Solidarität?

Vorherrschaft sozialer Desintegration hieße, neben anderem: Die Bindekraft gemeinsamer sozial-moralischer Leitideen nimmt deutlich ab und die Realitäten nähern sich – zugespitzt formuliert – dem neoliberalen Bild vom ökonomischen Handeln an. Allein noch vom materiellen Eigeninteresse motiviert, wird die Handlungskoordination der vereinzelten Akteure tendenziell nur noch über Konkurrenz und Markt vermittelt. Von einem solchen Szenario scheint die hier erörterte fragmentierte Arbeits- und Beschäftigungsordnung doch recht weit entfernt. Wäre sie womöglich besser als „Exklusionsszenario“ beschrieben, das sich unter anderem durch eine Zunahme „gewollter Ungleichheit“ (Dubet 2014) auszeichnen würde? Das hieße, die sozialen Gruppen (z.B. die Beschäftigten unterschiedlicher Betriebe oder Berufsgruppen) schotten sich gegeneinander ab, verteidigen ihre jeweiligen Partialinteressen und tragen so zum Erhalt oder gar zur Vertiefung der Gräben in der Arbeitswelt – vielleicht noch unter Beihilfe von Gewerkschaften und Verbänden – bei. Das real existierende Muster „exkludierender Solidarität“, wie es Dörre et al. (2013) beschreiben, bei dem Kernbelegschaften ihre verbleibenden Vorrechte verteidigen und die Risiken und Prekaritäten der Arbeit auf die schwächeren Randbelegschaften abzuwälzen versuchen, deutet in eine solche Richtung.

Was wir aber in den Beispielfällen sahen, war eine vorherrschende Orientierung der Beschäftigten an gemeinsamen – als allgemein geltend unterstellten – sozial-moralischen Leitideen und Gerechtigkeitsnormen. Die empirischen Befunde zeigen, dass die Parallelwelten der Arbeitsteilung in solchen fragmentierten Arbeitskonstellationen zugleich Parallelordnungen der Legitimation betrieblicher Herrschaft darstellen, die arbeitspolitische Vergleiche und massive sozialmoralische Kritik herausfordern. Die befragten Beschäftigten artikulieren mit Bezug auf jeweilige Parallel- und Vergleichsordnungen dezidierte Ansprüche auf Gleichbehandlung und Gerechtigkeit und stellen die Legitimität betrieblicher Herrschaft mit Verweis auf solche Vergleichsordnungen in Frage.

In den untersuchten Konstellationen schlägt sich dies auch im interessenpolitischen Handeln und Konfliktverhalten der Beschäftigten nieder. Die Wahrscheinlichkeit der „Anrufung“ und der Artikulation von Beteiligungsansprüchen ist in solchen Konstellationen offenbar relativ hoch. Dabei kommt es zum Einsatz innovativer Mittel zur Erreichung relativ konventioneller Ziele: Durch teilweise innovatives, unkonventionelles Konflikthandeln versucht man, Anschluss an die Standards einer gleichsam konventionellen, „sozialpartnerschaftlichen“ Ordnung zu gewinnen. Das belegt recht eindrucksvoll, dass Fragmentierungstendenzen – also wachsende Arbeitsteilung, Ungleichheit und Unsicherheit in der Erwerbsarbeit – nicht einfach mehr oder weniger zwangsläufig zu sozialer Desintegration oder Ab- und Ausgrenzung führen müssen, sondern auch mit sozialmoralischer und arbeitspolitischer Aktivierung und Solidarisierung einhergehen können. Inwiefern freilich hierin allgemeine Entwicklungstendenzen zum Ausdruck kommen, muss auf unserer diesbezüglich relativ schmalen empirischen Basis sicherlich offenbleiben.

4.2.2 Legitimitätsansprüche ostdeutscher Beschäftigter

Die Herstellung der deutschen Einheit 1989/1990 und die folgende Systemtransformation führten für etliche der Ostdeutschen in unserem Sample zu Einschnitten und Brüchen in ihrer Erwerbsbiografie und zu starken Veränderungen der privaten Lebensumstände. Vor allem auch im Feld der Erwerbsarbeit haben sie massive Veränderungen und damit verbundene Verunsicherungen durchlebt. Für manche wurde ihre wirtschaftliche und soziale Existenz durch Arbeitslosigkeit infolge des Zusammenbruchs ehemaliger Staatsbetriebe in Frage gestellt: „Alles ist weggebrochen, anders geworden..." (Softwareentwickler, EL_A, 4). Die quantitative Gerechtigkeitsforschung stellt zwar fest, dass Ostdeutsche vor diesem Erfahrungshintergrund (im Vergleich zu Westdeutschen) ein stärker ausgeprägtes Gefühl entwickeln, am gesellschaftlichen Reichtum in ungerechter und unzulänglicher Weise beteiligt zu sein (Lippl/Wegener 2004). Darüber aber, welche spezifischen Legitimitätsansprüche Ostdeutsche vor diesem besonderen Hintergrund ihrer Erfahrungen „zwischen den Ordnungen" an Arbeit und Betrieb richten, welche Gerechtigkeitsurteile oder welche Kritik sie in Bezug auf Erwerbsarbeitsverhältnisse äußern, weiß man bislang sehr wenig. Ungeachtet des Sachverhalts, dass in Bezug auf Anspruchsausprägungen, wie wir in den vorangegangenen Abschnitten zeigen konnten, immer auch andere Kontextbedingungen in Rechnung zu stellen sind, gehen wir deshalb in diesem Abschnitt gesondert der Frage nach, wie und in Bezug auf was „ostdeutsche" Biografien die Anspruchsmuster von Beschäftigten (noch heute) färben. Welche Spuren haben erwerbsbiografische Brüche oder Veränderungen in den arbeits- und betriebsbezogenen Anspruchsmustern der Ostdeutschen hinterlassen?

Angesichts der Erkenntnisperspektive unserer Studie kann es bei der Frage nach den Spuren ostdeutscher Biographien in den erwerbsarbeitsbezogenen Anspruchsmustern nicht darum gehen, ein „Anspruchsprofil Ost" einem „Anspruchsprofil West" gegenüberzustellen. Zudem ist unsere Materialbasis insofern begrenzt, als eine etwaige Ostbiografie in den Interviews nur dann explizit zum Thema gemacht wurde, wenn die Befragten sie selbst als besonders relevant herausgestrichen haben. Das war vor allem in den drei in Ostdeutschland gelegenen Konstellationen unserer Erhebung – den *Konstellationen ID_A, ID_B* und *WD_B* – der Fall. Insgesamt zeichnen sich einige bemerkenswerte Besonderheiten der Anspruchsausformung ab – insbesondere auch, was die Vergleichshorizonte von Legitimität und Kritik anbelangt, auf deren Relevanz wir bereits im vorangegangenen Abschnitt gestoßen sind. Auch sonst treten aufschlussreiche Bezugnahmen auf eine DDR- oder ostdeutsche Sozialisation in Schilderungen über den beruflichen Werdegang oder an anderer Stelle auf, die es lohnend machen, diese besonderen Erfahrungen und Anspruchshaltungen hier eigens zu diskutieren.

Wenn wir hier und im Folgenden von „Ostdeutschen“ sprechen, dann meinen wir die insgesamt 27 Befragten unserer Einzelinterviews und Gruppendiskussionen, die eine „Ost-Biografie“ aufweisen, d.h. in der DDR oder in den „Fünf Neuen Ländern“ geboren und aufgewachsen sind. Von diesen ist zum Untersuchungszeitpunkt jeweils etwa die Hälfte in ost- und in westdeutschen Betrieben beschäftigt. In diesem Teilsample sind männliche Beschäftigte mit 80% der Befragten im Vergleich zum Gesamtsample deutlich überrepräsentiert, was damit zusammenhängt, dass es sich bei zwei der drei ostdeutschen Konstellationen – den beiden Industriedienstleistern *ID_A* und *ID_B*, die im vorangegangenen Abschnitt näher betrachtet wurden – hinsichtlich des Tätigkeitstyps um reine „Männerdomänen“ handelt. Auch sind die älteren Kohorten im Vergleich zum Gesamtsample überdurchschnittlich vertreten: Etwa 60% der Ostdeutschen waren zum Befragungszeitpunkt 45 Jahre und älter, d.h. sie waren zur „Wendezeit“ mindestens 22 Jahre alt und damit schulisch und teilweise auch beruflich bereits „voll sozialisiert“.

Wir werfen im Folgenden zunächst einen Blick auf spezifische Arbeits- und Erwerbserfahrungen der Ostdeutschen, um dann zu erörtern, wie und in Bezug auf was diese Erfahrungen ihre Anspruchsmuster färben. DDR- oder „Ostdeutschlanderfahrungen“ fungieren bei vielen als eine wichtige Vergleichsfolie für ihre Gerechtigkeitsurteile und ihre Kritik. Der Vergleich dient der sozialen Kontextualisierung, der Rechtfertigung und Begründung der Angemessenheit und Legitimität eigener (oder fremder) Ansprüche und (Un-)Gerechtigkeitsurteile. In unseren Interviews haben die von Ostdeutschen gezogenen Vergleiche zwei Perspektiven oder „Achsen“ und verbinden gleichsam dreierlei Ordnungsbezüge: Eine diachrone Perspektive verortet eine Bewertung in zeitlicher Hinsicht in Bezug auf die vergangenen (Arbeits-)Erfahrungen in der DDR. In synchroner Perspektive ziehen Ostdeutsche Vergleiche auf dem Hintergrund früherer oder aktueller Arbeitserfahrungen im oder mit dem „Westen“, die sie ihren aktuellen Erfahrungen im „Osten“ gegenüberstellen. Zunächst jedoch zu den Erwerbserfahrungen Ostdeutscher, insbesondere vor dem Hintergrund des Systemwechsels.

Erwerbs- und Erwerbslosigkeitserfahrungen zwischen den Ordnungen

Das Gesellschaftssystem der DDR zeichnete sich unter anderem durch ein relativ geringes Maß an ökonomischer Ungleichheit – wenn auch auf vergleichsweise bescheidenem Niveau – und nicht nur durch eine weitreichende staatliche Kontrolle, sondern auch eine umfassende staatliche Daseinsvorsorge aus (Wehler 2008, S. 216ff., 338ff.). Das beinhaltete im Prinzip – bei entsprechendem politischem Wohlverhalten – auch die Bereitstellung eines Arbeitsplatzes, auf der Grundlage des „Rechts auf Arbeit“. Mit der „Wende“ haben sich die damit für viele Ostdeutsche – neben vielen negativen Begleiterscheinungen – verbundenen (Zukunft-)Sicherheiten und Planbarkeiten recht plötzlich in Luft aufgelöst. Die daraus resultierenden Brüche und Verunsicherungen vor allem auch hinsichtlich der weiteren Beschäftigungsperspektive werden in den Interviews immer wieder zur Sprache gebracht. Für manche stand die wirtschaftliche Existenz durch Arbeitslosigkeit infolge des Zusammenbruchs vieler ehemaliger Staatsbetriebe grundsätzlich in Frage.

> „Man muss dazu wissen, dass damals zu dem Zeitpunkt ja praktisch im Osten die gesamte Industrie zusammengebrochen ist. Dadurch, dass ich Beruf mit Abitur gemacht hatte, bin ich in der Firma ausgebildet worden, hatte dort einen Arbeitsplatz und bin praktisch zum Studium auch delegiert gewesen und hatte *eigentlich* hinterher auch einen Arbeitsplatz dort gehabt. Das war natürlich nicht mehr der Fall gewesen. Und das praktisch auch für die gesamte Generation, also die dort auch studiert hatte. Das waren ein paar Jahre, wo man eigentlich dann praktisch keine Arbeit gefunden hat, wenn man es so will." (Softwareentwickler, EL_A, 4)

Die staatliche Daseinsvorsorge erstreckte sich auch auf die Versorgung mit einem Arbeitsplatz, wenn auch nicht unbedingt mit einem Arbeitsplatz oder einer Arbeit, die den Interessen und Bedürfnissen der Subjekte entsprachen. Arbeitslosigkeit hat es in der DDR auf der Grundlage von „... wie nannte sich das? ‚Recht und Pflicht auf Arbeit'" (Softwareentwickler, EL_A, 4) im Prinzip nicht gegeben (bzw. durfte es nicht geben). Es herrschte de facto „Vollbeschäftigung, deswegen war das Thema Arbeitssuche [in der DDR] gar nicht so leicht" (IT-Spezialist, WD_B, 14).

> „Also auch was Arbeitslosigkeit und solche Sachen angeht, das ist ja bei uns komplett geregelt gewesen letztendlich. Also man hatte im Prinzip nicht die Freiheit, nicht arbeiten zu gehen. Wenn man [lacht] es mal so will. Man hatte eine Arbeit, aber das war eben anders gewesen, man konnte nicht unbedingt dahin gehen, wo man hingehen wollte. Also das muss man halt auch dazusagen." (Softwareentwickler, EL_A, 4)

Einen Arbeitsplatz zu besitzen war insofern zentral auf dem Hintergrund einer für die DDR – vielleicht stärker noch als für Westdeutschland – konstatierten Verfasstheit als einer „arbeiterlichen Gesellschaft", einer Gesellschaft also, in der Arbeit „die einzig legitime Form der Existenzgewinnung darstellte" (Engler 2005). Dieses Bild spiegelt sich vereinzelt auch in Selbstzuschreibungen mit Blick auf eine damit korrespondierende Erwerbsarbeitszentrierung: „Wir waren schon immer Arbeitsviecher, wir haben immer den ganzen Tag gearbeitet" (Verkäufer, EH_B, 3).

Manche gingen unmittelbar nach der „Wende" in den Westen Deutschlands, vereinzelt auch ins westliche Ausland, um dort – teils aus Neugierde, z.B. darauf, was „von dem, was uns erzählt worden ist über den bösen Kapitalismus, denn da nun stimmt und was nicht" (Montagearbeiter, ID_A, 3) – Arbeit zu finden oder eine berufliche Ausbildung oder ein Studium zu beginnen oder fortzusetzen.[28] Der weitgehende Zusammenbruch der DDR-Ökonomie und das Wegbrechen der bestehenden Institutionen der Daseinsvorsorge – die Zuweisung eines Ausbildungs-, Studien-[29] und Arbeitsplatzes oder einer Wohnung – resultierte für etliche Befragte in wiederholten Episoden von Arbeitslosigkeit. Um diese zu vermeiden, waren viele der Befragten zur Mobilität gezwungen.

> „Ja, da sind ein paar Brüche, die schon existenziell waren. Das eine ist, dass ich also zweimal der Arbeit hinterhergezogen bin. Die Rechenzentren in der DDR wurden zentralisiert, und wir hatten die Wahl zwischen Erfurt, Berlin und Frankfurt. Wir Jenaer sind nach Berlin gegangen, zum allergrößten Teil, ein paar Kollegen sind auch nach Frankfurt gegangen. Mein Sohn war 16, 17. Ich habe drei Tage die Woche gearbeitet und bin dann nach Hause gekommen. Ich habe eine Schwester und eine Mutter in Jena gehabt, also er hätte Anlaufstellen gehabt, wir haben telefoniert, aber na ja, meine Vorstellung von Familie wäre eigentlich was anderes gewesen." (Mathematikerin, WD_B, 4)

Während bei dieser, in einem unter „Westregie" weitergeführten ehemaligen DDR-Staatsbetrieb beschäftigten, Mathematikerin die neuen Mobilitätszwänge selbst unter Bedingungen eines sicheren Arbeitsplatzes zu „ein paar Brüchen" führten, ist bei den älteren prekär Beschäftigten der beiden Industriedienstleister auffallend, dass sie heute gewissermaßen auf eine „lange Karriere" erzwungener Mobilität und Prekarität zurückblicken können. Mit der „Wende" verloren sie ihre Stelle, und es ist ihnen in fast 25 Jahren letztlich nicht gelungen, dauerhaft in einem Normalarbeitsverhältnis Fuß zu fassen. Die folgenden, teils etwas längeren Sequenzen werfen Schlaglichter auf diese Erfahrungen mit dem kapitalistischen (Arbeitsmarkt-)System.

> „Ja, und das ging dann bis Anfang 2000, 2003, ja genau, 2003 ist dann wieder mal ein Arbeitgeber von mir Konkurs gegangen, das siebente Mal in 13 Jahren [lacht]." (Montagearbeiter, ID_A, 3)

> „Gelernt habe ich Maurer zu DDR-Zeiten. Habe das ausgeübt bis zur Wende in mehreren Betrieben und zur Wendezeit habe ich mich dann umgestellt auf Trockenbau. Habe Trockenbau gemacht, bis dann 1996 die Firma auch Pleite gemacht hat. Wieder in eine andere Firma, weiterhin Trockenbau, habe mich dann aber spezialisiert auf Fenstereinbau und Türeneinbau. Bis es dann diese Firma auch nicht mehr gab. [Lacht] Und dann war ich ein knappes halbes Jahr arbeitslos gewesen und habe

28 Teilweise wurden erworbene Zertifikate im Zuge der einsetzenden Hegemonie westdeutscher Institutionen und Regulierungen entwertet.

29 „Also in der DDR, da hat man sich das nicht ausgesucht, wo man hingeht, sondern man wurde eingeteilt. Die [Studenten] wurden also zugeordnet." (Informatiker, WD_B, 14.).

durch Bekanntschaft das Angebot gekriegt, hier bei [*ID_A*] anzufangen. Ja, 2003 habe ich hier angefangen im Juli, habe zwischendurch für knapp zwei Jahre aufgehört gehabt, weil ich ein anderes Angebot hatte im Ort, war auch günstiger, auch finanziell besser für mich, hat aber nicht so geklappt mit dem Chef dort [lacht]; war ich wieder zwei, drei Monate zu Hause gewesen.“ (Montagearbeiter, ID_A, 5)

„Ja, und dann war ich halt in dem Unternehmen tätig als Anlagentechniker bis zur Wende ’90, dann wurde es geschlossen. Und da habe ich dann [eine] Umschulung gemacht als Maurer, anderthalb Jahre und war dann bis ’97 als Maurer tätig. Hatte dort einen Arbeitsunfall, wo ich zwei Jahre krank war, und konnte dann die Tätigkeit nicht mehr weiterführen. Da habe ich dann [...] eine Umschulung bekommen als Bauzeichner und bin dann auch nach erfolgreichem Abschluss ein Jahr dort tätig gewesen, bis das Unternehmen dann eben Pleite ging. Und dann habe ich mich dann halt mit Gelegenheitsjobs in Österreich und Italien aufrecht gehalten, bis ich dann durch die Familie – weil das halt nichts mehr war dann, vier Wochen in Italien arbeiten, fünf Tage zu Hause, vier Wochen Italien als Maurer – dann gesagt habe: ‚Jetzt musst du sesshaft werden.‘ Und da war nur die einzige Möglichkeit über eine Zeitarbeitsfirma. Und habe dann 2003 bei [einer Zeitarbeitsfirma] angefangen.“ (Bereitsteller, ID_B, 3)

Systemwechsel und Niedergang der ostdeutschen Ökonomie bedeuteten für diese Befragten also einen tiefen erwerbsbiografischen Bruch, viele gingen „ohne Arbeit in den Kapitalismus“ (Vogel 1999) und durchlebten seitdem mehrere, teilweise bis heute anhaltende Phasen der räumlichen Zwangsmobilität und Prekarität.

Birgit Müller verweist auf einen „gesellschaftlichen Verhaltenskodex der Planwirtschaft, der von den Individuen verlangte, sich zu beschränken, nicht aufzufallen und nicht aus dem Kollektiv herauszustechen“. Dieser Kodex habe „mit dem Fall der Mauer schlagartig seine Basis“ verloren und sei ersetzt worden durch einen „Selektionsprozess, der unproduktive, inflexible und passive Mitarbeiter rasch zum alten Eisen warf. Auffallen und positiv aus der Masse herausstechen wurde nötig“ (Müller 2002, S. 16).

In den Erzählungen und Zuschreibungen der Beschäftigten sind Spuren des vormaligen „Verhaltenskodex“ gleichwohl nach wie vor sichtbar. So interpretiert eine Hochqualifizierte, die sich selbst als nach der „Wende“ gezwungenermaßen „heimatlos“ bezeichnet, die Entscheidung für die Schließung eines in Ost- und nicht in Westdeutschland gelegenen Unternehmensteils Mitte der 2000er Jahre als Ausdruck der Tatsache, dass dort nur „Ossis“ beschäftigt waren, und „die klagen sowieso seltener“ (Mathematikerin, WD_B, 4). Dies wird von ihr aber auch mit einem ausgeprägten Sicherheitsbedürfnis in Verbindung gebracht, welches ebenfalls Ergebnis der durch die Wende gemachten Unsicherheitserfahrungen ist.

„Wenn die sich irgendwas ausdenken, sage ich jetzt so, ja, dann kann man mitmachen [also umziehen] oder es sein lassen. Und dann käme die Unsicherheit, ist natürlich wahr. Und als gelernter DDR-Bürger wählt man die Sicherheit in den allermeisten Fällen." (Mathematikerin, WD_B, 4)

Auch in diesem Urteil ist der Vergleich sichtbar – hier: zu den „Wessis", die offenbar häufiger „klagen". Ein Entwickler in einem westdeutschen Betrieb stellt – vergleichend – in anderem Zusammenhang ebenfalls deutliche Unterschiede zwischen Ost- und Westdeutschen fest:

„Was mir hier aufgefallen ist, als ich hierhergekommen bin, in die Firma, ist, dass das Anspruchsdenken bei den Leuten hier viel größer war als bei uns im Osten." (Softwareentwickler, EL_A, 4)

Ob ein „klagloses" Hinnehmen von Entscheidungen oder ein niedrigeres „Anspruchsdenken" nun tatsächlich Ausdruck eines spezifischen „Verhaltenskodex" von Ostdeutschen waren oder sind, ist hier nicht so entscheidend. Wichtig ist aber, was daran deutlich wird: dass nämlich bei den Ostdeutschen der DDR-/BRD- und der Ost-West-Vergleich als wichtige Referenzfolie der Ansprüche an Arbeit und Betrieb gewissermaßen immer „mitlaufen". Stets sind damit also mehrere Ordnungsbezüge präsent, artikulieren insofern die ostdeutschen Befragten ihre Legitimitätsansprüche immer mehr oder weniger „im Zwiespalt" zwischen unterschiedlichen Arbeits- und Beschäftigungsordnungen. Sieht man sich unter diesem Gesichtspunkt die Ausprägungen der Anspruchsmuster an, dann stechen aus dem Material drei Aspekte hervor: eine besondere Färbung im Hinblick auf die Legitimität des Leistungsprinzips bzw. spezifische Wahrnehmungen von Leistungsungerechtigkeit, im Hinblick auf die Beteiligungsansprüche und im Hinblick auf die Fürsorgeansprüche.

Leistung, Beteiligung, Fürsorge – zur Relevanz des Ost-West- bzw. DDR-BRD-Vergleichs für die Legitimitätsansprüche ostdeutscher Beschäftigter

Das auf ungleiche Verteilung zielende bzw. diese legitimierende *Leistungsprinzip* spielt im Spektrum der Anspruchsmuster auch der Ostdeutschen die zentrale Rolle. Spezifisch ist in dieser Gruppe die Art der Bezugnahme auf das Leistungsprinzip: Es ist gerade die Tatsache, dass sich „Leistung" im Osten – im Unterschied zur wahrgenommenen Situation in Westdeutschland – auch heute nicht „lohnt", die starke Kritik und Ungerechtigkeitsurteile hervorruft. Die vormalige Teilung setzt sich etwa in den bleibenden erheblichen Entgeltunterschieden bis heute fort:

„Die Unterschiede zwischen West und Ost, das sind ja gravierende Unterschiede. Also wie ich schon sagte, vor vier Jahren, wo ich in [westdeutscher Standort] war, wenn ich mal jetzt sagen kann, die hatten 17 Euro und wir hatten neun Euro, ja, das ist ein Wahnsinnsunterschied, obwohl wir dasselbe gemacht hatten, Achsen bauen. Das kann irgendwo nicht sein. Wir sind schon über 20 Jahre in der Einheit und immer noch solche Riesenunterschiede. Da würde vieles vielleicht auch anders laufen. Ich weiß nicht, ob der Osten es sich jetzt nicht leisten kann, ich weiß es nicht, aber die Firmen selber, gerade wie hier jetzt [Name OEM] zum Beispiel, warum kann das nicht alles einheitlich sein zwischen West und Ost?" (Montagearbeiter, ID_A, 5)

Dieses Urteil, dass die bestehenden Entgeltunterschiede zwischen Ost und West ungerecht und der erbrachten Leistung nicht angemessen sind, wird auch von Beschäftigten getroffen, die jetzt im Westen arbeiten.

> „Ich meine, ich spreche da jetzt aus Erfahrung, auch dieser Unterschied zwischen Ost und West, dass der immer noch gemacht wird. Den finde ich zum Beispiel Scheiße. Ich hab ja meine Lehre in Thüringen gemacht und übergangsweise wurde ich übernommen für normalen Lohn. Dann bin ich hier runter [in den Westen] und hab auf einmal 300 Euro mehr in der Tasche, wo ich mir dann schon so denke, okay, ich bin jetzt 400 Kilometer gefahren, das kann nicht sein. Oder auch wenn ich mich mit Freunden oben unterhalte, wenn ich mir überlege teilweise, was die verdienen. Zum Teil auch in der gleichen Branche. Und da sind halt auch diese zwei-, drei-, vierhundert Euro Unterschied, die ich mehr kriege, dann sag ich mir auch, das kann nicht sein." (Verkäufer, EH_3)

> „Da ist nach 22 Jahren immer noch diese, äh, die Ungleichbehandlung, wir arbeiten hier bei uns nicht schlechter wie in den alten Bundesländern, aber es ist immer noch diese, diese Teilung zwischen alte und neue und das ist irgendwo, wo ich finde, das ist nicht mehr gerechtfertigt. Das müsste klipp und klar angeglichen werden und das nicht an unser Niveau, sondern an das der alten Bundesländer, weil nach 22 Jahren kann man das keinem mehr verkaufen, dass das irgendwo sein muss." (Montagearbeiter, ID_A, 1)

Dass diese jedenfalls nicht durch das Leistungsprinzip legitimierten Ungerechtigkeiten nach wie vor bestehen, dass die Teilung in Ost und West nicht überwunden ist, liegt für einen Leiharbeiter beim *Industriedienstleister A* darin begründet, dass im Osten heute generell noch „Frühkapitalismus" herrsche, geprägt durch despotische Vorgesetzte und ausbeuterische Firmen, während es im Westen – wie er durch mehrere Aufenthalte in verschiedenen westdeutschen Firmen gelernt habe – „echte Unternehmer" gebe; ein solcher gehe pfleglich mit seinem Personal um, und man erhalte dort auch seinen fairen Anteil am Unternehmergewinn. Entsprechend würde sich Leistung im Westen im Gegensatz zum Osten auch lohnen. In gewisser Weise setzen sich für ihn darin die in der DDR erlebte Ungerechtigkeit und die faktische Aushöhlung des Leistungsprinzips heute fort. Während man in der DDR ohne Parteibuch nichts habe werden können bzw. ohne Parteibuch jedwede Anstrengung, etwa in Bezug auf Bildung, nicht honoriert worden sei – das Leistungsprinzip gewissermaßen ent-legitimiert war –, mache man heute – unter anderen Vorzeichen – im Osten Erfahrungen, die das Leistungsprinzip de-legitimieren.

> „Ich hätte ein Top-Ingenieur werden können, wäre aber in der DDR nichts geworden, weil ich mit den Roten nichts am Hut hatte. So, und wenn man da kein Parteibuch, kein SED-Parteibuch in der Tasche hat und da nicht juchhe, Erich Honecker ruft, dann ist man dort nichts geworden." (Montagearbeiter, ID_A, 3)

Hier – wie auch bei knappen Bemerkungen etwa zum Delegationsprinzip bei der Studien- oder Arbeitsplatzbesetzung – deutet sich aber auch an, dass etwaige Selbstverwirklichungsansprüche in der ehemaligen DDR nur erfüllbar waren, wenn man auch die entsprechenden politischen Orientierungen zeigte. Angesichts dessen stellte sich für diesen leistungsorientierten Arbeiter die Frage nach einem Ingenieurstudium nicht. Dass das Urteil dieses Beschäftigten hinsichtlich der (nur) im Westen gegebenen Tragfähigkeit und Legitimität des Leistungsprinzips an anderer Stelle im Interview gleichsam konterkariert wird, soll ebenfalls erwähnt werden – es ist ein Beispiel für ein verbreitetes „split consciousness" in zahlreichen Interviews: Er weist darauf hin, dass er einige Jahre nach der „Wende" einen (zweiten) Abschluss in einem kaufmännischen Beruf „auf Westniveau", wie er sagt, erworben hat, um sich gewissermaßen als auch im Westen konkurrenzfähig zu zeigen. Dieser Leistungsnachweis bringt ihm am Arbeitsmarkt letztlich jedoch nichts ein, weil dieser ihn aufgrund seiner damaligen 35 Jahre als bereits zu alt aussortiert, was bei ihm wiederum großes Unverständnis und Kritik hervorruft.

Die Vergleichsordnung Ost/West kommt hinsichtlich der Legitimität des Leistungsprinzips in anderer Prägung dort zum Tragen, wo Beschäftigte nach wie vor das Gefühl haben, „als Ossi" den Leistungsansprüchen des Kapitalismus nicht gewachsen zu sein (Mathematikerin, WD_B, 4). Andere jedoch erlebten nach der Wende mit Erstaunen, wie gemächlich man es in Westbetrieben halte, während man als ostdeutsches „Arbeitsvieh" (Verkäufer, EH_B, 3) ein ganz anderes Arbeiten gewohnt gewesen sei.

> „Wo ich hierher kam, war die Zeit noch stehen geblieben, bei uns war es schon ganz anders, das Arbeiten. Der Druck, der war schon ganz anders dort [im Oststandort], der kam erst später hier [im Weststandort] rein. Weil hier, sage ich mal, war es noch so, wenn du es heute nicht schaffst, machst du es morgen, so war teilweise die Einstellung der Leute hier." (Verkäufer, EH_B, 3)

Deutlich sichtbar färben Aspekte ostdeutscher Biografien die Erzählungen und Bewertungen von Verfahren demokratischer *Beteiligung* oder auch des Widerstands und Protests gegen als ungerecht empfundene Zustände. Dabei sind uns Spezifika einer ostdeutschen „Avantgarde", wie sie Engler (2005) identifiziert[30], die in Bezug auf Ansprüche an eine direkte Beteiligung in Arbeit und Betrieb hätten zum Ausdruck kommen können, nicht begegnet. Was freilich eine wichtige Rolle spielt, sind eigene Erlebnisse und Erinnerungen an die „friedliche Revolution“ 1989, daran, dass kollektiver Protest und Widerstand sich lohnen, die als Folie für direkte interessenpolitische Beteiligung – für Aktivierung – dienen.

> „Bei den Lichterketten, wir waren mit dabei, ja, ja. Ich war mit dabei mit meinen Eltern. Das haben wir alles damals gemeinsam gemacht. Was ja auch nicht ungefährlich war. Das habe ich auch noch im Hinterkopf.“ (Elektriker, MA_D, 5)

Ebenso wenig wie von Westdeutschen wird das Beteiligt-Werden als Gerechtigkeitsanspruch im politischen Feld von Ostdeutschen deutlich eingeklagt. Wie auch unter westdeutschen Befragten sind – soweit sich das aus unserem Material ergibt – eher Resignation und Fatalismus mit Blick auf Einflussmöglichkeiten im politischen System, bezüglich der Möglichkeiten, als Kollektivsubjekt überhaupt etwas an den Zuständen zu verändern, vorherrschend. Hierbei jedoch – und dies macht einen deutlichen Unterschied zu den Referenzen und Bewertungen westdeutscher Beschäftigter aus – kreisen die Erzählungen und Bewertungen von Ostdeutschen stark um Verlusterfahrungen: Verlust von Solidarität und Zusammenhalt, die es in der DDR – wenn auch nicht immer freiwillig – gegeben habe und die im als individualisierend erfahrenen Kapitalismus gewissermaßen als Relikte der Vergangenheit erscheinen.

> „Das war damals in der DDR ja auch deutlich geprägter, da hat man sich im Dorf allein schon mehr Gedanken um die Leute drumrum gemacht, da war das soziale Zusammenleben anders, als es jetzt ist. Ich glaube, heute, heute ist man sich generell selbst ein bisschen näher und guckt auch nicht mehr so nach rechts und links, wie es dem andern geht. Das Gefühl habe ich.“ (Elektriker, MA_D, 5)

Heute macht man die Beobachtung – nicht nur im Westen, sondern im Allgemeinen –, dass für solche Formen des Protests die Grundlagen – Solidarität, „gemeinschaftlicher Zusammenhalt“ – fehlen, dass die Menschen zufriedener und die Gesellschaft faul geworden seien.

> „Also ich muss ja sagen, ich war früher – die Wende, DDR – auch auf der Straße, ich bin auch zwei Tage, bevor sie die Grenzen aufgemacht haben, abgehauen, darf ich gar keinem erzählen. Gut, aber ich denke mal, wenn man jetzt älter wird, wird

30 Engler (2005) zufolge hat eine DDR-Sozialisation spezifische „avantgardistische“ Lerneffekte erzeugt, nämlich die Fähigkeit zu „naturwüchsigem“ kollektivem Arbeiten, die Teamfähigkeit, die Flexibilität, die Problemlösefähigkeit und kommunikative Konfliktlösungsstrategien befördert.

man auch ruhiger, ne, da war ich 17, 18. Das waren noch andere Zeiten, dafür sind heute die Leute doch eher zufriedener, als es eben damals war bei uns." (Monteurin, MA_D_G)

„Also ich finde es, unsere Gesellschaft ist sehr faul geworden, was das [„Protest"] betrifft. Also es gab schon Zeiten, da... Also ich muss dazu sagen, ich bin ja in einer Zeit groß geworden oder war 16, als die Wende war, weil ich komme ja aus dem ehemaligen Osten. Ich weiß nicht, die Leute gehen zu wenig auf die Straße und sie kämpfen zu wenig für ihr Recht. Ich finde, das ist die letzten Jahre einfach ein bisschen in den Hintergrund gerückt und viele resignieren einfach. Und das finde ich einfach schade, dass das so läuft. Dass unsere Gesellschaft so faul geworden ist." (Projektassistentin, WD_A, 2)

Insgesamt wird ein deutlicher Pessimismus bezüglich der zukünftigen Entwicklung und der Möglichkeiten der Aktivierung von Menschen zum Widerstand und Protest sichtbar. Die Menschen seien sich heute selbst am nächsten, insbesondere wer Arbeit habe, sehe vor allem zu, dass dies auch so bleibe, und habe wenig Interesse, sich auch für sozial Schwächere zu engagieren. Tendenziell, so einige Ostdeutsche, spalte sich die Gesellschaft weiter auf.

„Aber ich glaube, bevor in Deutschland gestreikt wird oder auf die Straße gegangen wird, wie das vor zehn oder 20 Jahren oder, ist ja schon länger her, 89 der Fall gewesen ist, ich glaube, das wird selten passieren. Weil man sich, glaube ich, nicht so einig ist, wie man das früher war, weil dieses Zusammenhaltgefühl einfach nicht da ist." (Elektriker, MA_D, 5)

„Ich glaube nicht, dass das noch einmal kommen würde, so was. Das hat 40 Jahre gedauert, bis es so weit mal kam, bis zu so einem Knall. Aber ich glaube nicht, dass das noch einmal so, äh, dass man die Leute noch mal so motivieren könnte für so was. Ich glaube, das ist einmalig gewesen damals. Um gewisse Dinge umzusetzen, müsste vielleicht mal wieder was passieren in großem Stil. Aber, dass es passiert, sehe ich eher weniger. Die, die die Arbeit haben, die sagen sich: ‚Okay, ich habe', bevor was passiert. Die, die keine Arbeit haben... Das ist heute aber so gespalten, die Bevölkerung dadurch. Das hört man oder sieht man dann auch schon, wenn ich bei mir mit dem Hund spazieren gehe. Ich sage mal so, in der Spätschicht gehe ich früh halt noch mal meine Runde und da sieht man sie halt schon da an der Kaufhalle stehen mit Flasche Bier und so. Die wollen dann auch gar nicht mehr, die sind einfach auch froh in ihrer Welt und würden da auch nichts anfangen. Sie kriegen pünktlich ihr Geld und machen nichts dafür und das reicht denen. Und die andern, die arbeiten gehen, die haben ihr Auskommen mehr oder weniger, manche müssen halt durch diese Zusatzjobs noch dazu Geld verdienen. Ja, da ist das alles zu gespalten, dass da noch mal groß was passieren würde, denke ich." (Montagearbeiter, ID_A, 1)

Besondere Ausprägungen weisen auch die Ansprüche in Bezug auf die institutionalisierte Beteiligung in Form von Betriebsrat und Gewerkschaft (aber auch von Parteien) auf. Auf dem Erfahrungshintergrund der in der DDR gepflegten

Zwangsmitgliedschaft im FDGB findet sich bei mehreren Befragten zunächst einmal eine Distanzierung bis hin zur Ablehnung auch der (west-)deutschen Institutionen kollektiver Interessenvertretung (bzw. „Massenorganisationen“ insgesamt).

> „Ich war mal in der Einheitsgewerkschaft in der DDR. Seitdem bin ich ein, naja, weiß ich nicht, ein etwas gebranntes Kind, was Gewerkschaften, Parteien und andere Massenorganisationen betrifft.“ (Controller, WD_B, 12)

Bei anderen finden Gewerkschaften und kollektive Interessenartikulation trotz oder gerade wegen der früheren Zwangsmitgliedschaft Zuspruch, wie etwa bei einem Konstrukteur, der bei einem Automobilhersteller arbeitet. In seiner Perspektive ist die IG-Metall-Mitgliedschaft angesichts der heutigen gesellschaftlichen Situation notwendiger als zuvor: Denn während die Gewerkschaft in der DDR wenig gebracht habe, seien Gewerkschaften und machtvolle Interessenpolitik als Gegenkraft gegen die Arbeitgeber, die sich sonst zu viel herausnehmen würden, notwendig und wichtig.

> „Ich war ja vorher auch in einer IG Metall, allerdings mehr oder minder zwangsweise, nämlich in der DDR. Da gab es ja auch die Gewerkschaften und da gab es gar nichts anderes, als da drin zu sein. Also, ich habe das erlebt und ich fand also, das gehörte dazu. Also, ich muss gestehen, dass mich natürlich auch politisch die DDR beeinflusst hat. Wie Gewerkschaft [im Westen] unterdrückt wird, wie Arbeitgeber sich Dinge rausnehmen: Wie muss man sich dagegen wappnen? Trotz der Einheitsgewerkschaft in der DDR, die eher abstoßend war und die auch nichts gebracht hat, fand ich das schon von Anfang an auch einen Punkt, wo ich gesagt habe, das ist hier scheinbar in dieser Gesellschaft eine Notwendigkeit, dass die Arbeitnehmer auch ein Stück weit gegen Arbeitgeber organisiert sind.“ (Konstrukteur, AU_A, 3)

In den Erzählungen über (heute fehlende) Solidarität im Zusammenhang mit Beteiligungserfahrungen und -ansprüchen sind bereits Verbindungen zum *Fürsorgeanspruch* sichtbar geworden. Auch hier ist der Vergleich zwischen DDR-Vergangenheit und Einheitsgegenwart und der auf dieser Vergleichsfolie empfundene Verlust deutlich spürbar. Moralische Kritik und Ungerechtigkeitserfahrungen, die auf Fürsorgeansprüche rekurrieren, finden sich erstens in Bezug auf das Miteinander und die soziale Ordnung im Betrieb – Adressaten sind hier die Kolleginnen und Kollegen, aber auch das Unternehmen insgesamt. Referenzraum sind hier frühere Erfahrungen eines ausgeprägten sozialen Zusammenhalts, die die Ostdeutschen im sozialen Nahbereich in der früheren DDR gemacht haben. Dort – damals – habe man stärker auf andere geachtet, sei der Zusammenhalt größer gewesen – im Betrieb, aber auch im Dorf oder in der Seminargruppe an der Uni –, das Aufeinander-Achten war wichtig, so sei man auch „erzogen worden“. Angesichts der Wahrnehmung, dass die Leute im Westen sich stärker an ihren individuellen Interessen orientieren, unternehmen manche im Betrieb Anstrengungen, den Zusammenhalt zu stärken und den Kontakt auch im Privaten „zu halten".

> „Ich denke schon, so sind wir ja auch erzogen worden, dass man halt ein bisschen zusammenhält. Und wenn man auf diese Art und Weise so ein bisschen [lachend] den Kontakt halten kann und auch persönlich was miteinander zu tun hat, ist es sicherlich auch einfacher, auf der Arbeit miteinander zurechtzukommen. Ich glaube, im privaten Leben gucken die meisten Leute nur noch auf sich selber und das war früher anders. Da wird wahrscheinlich vielleicht auch Neid dabei sein, dem einen geht es gut, dem andern geht es schlecht. Das ist, denke ich mal, schon ein Grund dafür." (Elektriker, MA_D, 5)

Zum zweiten sind Fürsorgeansprüche in Bezug auf Arbeitgeberhandeln und auch staatliches Handeln (und die Rolle des Staates in Krisenphasen) durch die Erfahrungen in und den Vergleich mit der ehemaligen DDR gekennzeichnet bzw. „eingefärbt".

> „Deshalb sage ich immer wieder, ich kam aus dem Osten, das ist das Einzige, was gut war, das soziale Denken, Kinder, Schüler, alles, also das Thema war bei uns eigentlich sehr gut, da war jeder gut aufgehoben. Da wurde sich um das Kind und alles drumherum [gekümmert], also das soziale Denken war bei uns halt besser als wie hier, das muss ich schon sagen. Da war [man] schon mehr bedacht auf die Kinder, alles drumherum. Sogar die Mütter, die hatten sogar, einmal im Monat hatten sie einen Frauentag, einen Wirtschaftstag. So was gab es da wirklich, das gibt es alles hier nicht. Hier, du merkst, hier ist wenig Anerkennung." (Verkäufer, EH_B, 3)

Auch *Rationalitätsansprüche* werden in vergleichender Perspektive ins Spiel gebracht, etwa wenn die technisch-funktionale Irrationalität planwirtschaftlicher Prozeduren sichtbar wird, sie spielen jedoch eine nachgelagerte Rolle. Denkbar wäre ja etwa gewesen, dass ostdeutsche Beschäftigte der „marktwirtschaftlichen" eine „planwirtschaftliche" ökonomische oder technisch-funktionale Rationalität vergleichend gegenüberstellen – dies findet sich in unseren Interviews jedoch nicht. In teils ironisch formulierten Kommentaren finden sich freilich Hinweise wie etwa im folgenden Zitat, in dem eine Mathematikerin auf die Vergeudung des „sozialistischen Vermögens" hinweist, das durch eine ihrer Ansicht nach gänzlich dysfunktionale Aufgabenzuweisung einst hervorgerufen worden sei:

> „Ich war in [Ortsname], 1975. Natürlich drei Jahre Absolventenvertrag; und ich kam zu [Name VEB]. Sollte in fünf Jahren zum Versandleiter herangebildet werden. Und als ich hinkam, hatte aber gerade die Gruppenleiterin für Materialplanung einen Herzanfall. Und dann kamen sie zu mir: ‚Materialplanung hat doch viel mehr mit Mathematik zu tun als Versandleitung!' Und dann war ich nach drei Wochen Gruppenleiter für Materialplanung. Verstand von meiner Arbeit nichts, verstand von

der Arbeit meiner zehn Untergebenen nichts und kassierte das höchste Gehalt von allen Gruppenleitern mit meinem Diplom. Die haben es mich zum Glück nicht spüren lassen. Und nach zwei Jahren habe ich an die Uni geschrieben und habe gesagt, das sozialistische Vermögen wäre da total vergeudet, von meiner Mathematik würde ich nichts mehr spüren. Und ich durfte also nach zweieinhalb Jahren aus dem Vertrag raus.“ (Mathematikerin, WD_B, 4)

Resümee: Die bleibende normative Kraft des Ost-West-Vergleichs

Für die knapp 30 Ostdeutschen unseres Samples sind es vor allem die (erwerbs-) biografischen Erfahrungen der Wende- und Nach-Wendezeit – das Eingespannt-Sein zwischen den Arbeits- und Beschäftigungsordnungen der ehemaligen DDR und der Einheits-BRD – und die für sie damit verbundenen Einschnitte und Brüche, die ihre Legitimitätsansprüche an Arbeit und Betrieb auch heute noch sichtlich prägen. Die Systemtransformation und der mit ihr einhergehende Verlust der Arbeit, die erzwungene Mobilität und die Verunsicherung auch der privaten Lebensumstände färben auch ein Vierteljahrhundert nach der „Wende“ nachhaltig die Gerechtigkeitsurteile und Anspruchsmuster der Ostdeutschen.

Es ist vor allem der Vergleich mit der – durchaus kritisch reflektierten – Sicherheit oder „Geborgenheit“ im DDR-Sozialismus, der bei den Ostdeutschen in die Deutungen der gegenwärtigen Erfahrungen und die Bewertungen der Situation in den Betrieben und in der Gesellschaft einfließt und die aktuelle Gesellschafts- und Arbeitsordnung als eine stärker individualisierte und weniger fürsorgliche erscheinen lässt. Zugleich haben sich für viele die Teilhabe- und Verteilungsversprechen des Westens als ebenso wenig verlässlich erwiesen wie diejenigen in der DDR – wenn auch auf gänzlich anderer Grundlage: Während das Leistungsprinzip in der ehemaligen DDR durch den Letztbezug auf politisches Wohlverhalten de facto entlegitimiert war, hat auch „der Westen“ hier bis heute nicht ausreichend „geliefert“; dafür stehen exemplarisch die nach wie vor bestehenden und als krass ungerecht empfundenen und kritisierten Entgeltunterschiede zwischen den alten und den neuen Bundesländern.

Mit Blick auf Beteiligungsansprüche im betrieblichen Nahbereich unterscheiden sich die ostdeutschen nicht von den westdeutschen Befragten – sie werden von jenen ebenso deutlich erhoben wie von diesen. Und auch mit Blick auf das politisch-gesellschaftliche Feld finden sich vergleichbare, nämlich eher resignative Beurteilungen hinsichtlich der durch eine stärkere kollektive direkte Beteiligung möglicherweise veränderbaren gesellschaftlichen Ungerechtigkeiten – dies trotz oder gerade wegen der bei manchen Ostdeutschen in den Interviews von sich aus aufgerufenen Erinnerungen an die Teilnahme an den „Montags-Demonstrationen“ und an die politische Dynamik Ende der 1980er Jahre.

4.2.3 Legitimitätsansprüche und prekäre Beschäftigung

Prekär Beschäftigte, in unserem Fall: Leiharbeiterinnen und Leiharbeiter[31], sind gleichsam zwischen zwei unterschiedliche Ordnungsrahmen von Erwerbsarbeit eingespannt: eine „Ordnung der Normalarbeit", d.h. den Arbeits- und Beschäftigungsordnungen der Entleihbetriebe, und eine „Ordnung der Prekarität", die sich aus ihrem spezifischen Beschäftigungsverhältnis ergibt. Welche besonderen Erfahrungen machen prekär Beschäftigte zwischen solchen Parallelordnungen der Regelung der Verkaufs- und Nutzungsbedingungen von Arbeitskraft? Wie prägt dieses Eingespanntsein zwischen den Ordnungen die Anspruchsmuster dieser Beschäftigten?

Diesen Fragen konnten wir nicht in allen Untersuchungskonstellationen genauer nachgehen, Leiharbeits- oder auch Werkvertragsverhältnisse fanden wir ausschließlich im Untersuchungsfeld Industrie – dort in allen vier Konstellationen des Maschinen- und Anlagenbaus, in beiden Konstellationen der Industrie-Dienstleistungen, in allen fünf Konstellationen der Automobil- und Zulieferindustrie sowie in einer der beiden Konstellationen im Feld Elektroindustrie.[32] In all diesen Konstellationen hat sich die betriebliche Nutzungsweise von Leiharbeit von einem nur kurzfristig und punktuell eingesetzten Personalpuffer zu einer auf Dauer angelegten und strategisch genutzten Flexibilitätsressource entwickelt.[33]

Die „Ordnung der Normalarbeit" ist eindeutig und durchgängig der normative Bezugsrahmen aller befragten Leiharbeitskräfte. Die „Prekären" teilen in-

---

31 Leiharbeit ist natürlich nicht die einzige Form prekärer Beschäftigung, gilt jedoch als ein „Paradebeispiel" (Schieck 2012, S. 52), weshalb wir uns auf eine genauere Betrachtung dieser Form beschränkt haben.

32 Nicht in allen Konstellationen im Untersuchungsfeld „Industrie" haben wir tatsächlich mit Leiharbeiterinnen sprechen können; Einzelinterviews konnten in drei Betrieben des Maschinenbaus (*MA_A, MA_B, MA_D*) und im Feld Industrie-Dienstleistungen (*ID_A*; vgl. hierzu auch Abschnitt 4.2.1 zu „Fragmentierter Arbeit") realisiert werden. Insgesamt haben wir dort zehn Einzelinterviews mit Leiharbeiterinnen (neun Männern, einer Frau) führen können, zudem haben an zwei Gruppendiskussionen in den *Konstellationen MA_A* und *MA_D* insgesamt fünf Leiharbeiter und zwei befristet Beschäftigte teilgenommen.

33 Vgl. zu unterschiedlichen Nutzungsstrategien von Entleihbetrieben (und deren Veränderung im Zeitverlauf) Holst (2009), der drei betriebliche Strategietypen unterscheidet, nämlich Typ I: „Ad-hoc-Einsatz", Typ II: „Flexibilitätspuffer" sowie Typ III: „Strategische Nutzung" (ebd., S. 144). In unseren Konstellationen finden sich vor allem Kombinationen aus Typ II und Typ III: mit hoher Nutzungsintensität (> 10% der Gesamtbeschäftigung) in fast allen Unternehmensbereichen und vor allem einer Verflechtung von Stamm- und Leiharbeitskräfteeinsatz in den Kernbereichen der Unternehmen. Zudem ergibt sich aus den Expertengesprächen, dass sich die Nutzungsstrategien in den vergangenen Jahren von Typ I zu eben jener kombinierten Typ II-Typ III-Nutzungsstrategie hin entwickelt haben.

sofern mit fast allen Beschäftigten ein – wie Hürtgen und Voswinkel (2014) es nennen – „normatives Normalitätsverständnis“ von Erwerbsarbeit und nicht etwa die Vorstellung einer positiv konnotierten „Flexworker“-Welt oder einer „Bastelbiografie“. Aus dieser „typischen“ Normalarbeitswelt sind Leiharbeiterinnen zwar einerseits qua „atypischem“ Beschäftigungsverhältnis ausgeschlossen, andererseits aber faktisch in sie eingebunden: Ihre täglichen Arbeitserfahrungen machen sie in der Normalarbeitswelt der Einsatzbetriebe. Und in diese vergleichsweise stabile Ordnung wollen sie überwechseln, denn: Wenn man dort „drin ist, hat man eigentlich ausgesorgt“ (Monteur, MA_D, G). Leiharbeit hingegen untergräbt den Anspruch der Erwerbstätigen auf Leistungsgerechtigkeit und Sicherung der materiellen Grundbedingungen menschlicher Existenz. Die Legitimitätsansprüche der „Prekären“ und ihre Kritik sind durch diese Erfahrung des „Hängens“ zwischen den Ordnungen und den beiden Parallelwelten der Regelung der Verkaufs- und Nutzungsbedingungen ihrer Arbeitskraft sehr deutlich geprägt.

In den Interviews mit Leiharbeiterinnen finden sich häufig emotionale Schilderungen von Ungleichheits- und Ungerechtigkeitserfahrungen, vom Ausschluss aus einem „normalen“ Erwerbsleben und vom teilweise verzweifelten Bemühen um (Wieder-)Einschluss in ein reguläres Beschäftigungsverhältnis. Für diese „Prekären“ stellt das tägliche Erleben ungleicher Behandlung aufgrund ihres Beschäftigungsstatus den häufig bereits seit Jahren andauernden „Normalzustand“ ihrer Erwerbsbiografie dar. In dieser Perspektive fragen wir zunächst: Wie konkretisieren sich Erfahrungen prekärer Beschäftigung in betrieblichen Handlungskonstellationen und wie schlagen sich diese Erfahrungen in den Gerechtigkeits- und Rationalitätsansprüchen von Leiharbeitern nieder? „Dämpfen“ oder suspendieren Leiharbeitserfahrungen arbeits- und betriebsbezogene Legitimitätsansprüche? Geben sie ihnen eine besondere Ausprägung? Und in einem kurzen Ausblick bleibt zu fragen, wie die in der „Ordnung der Normalarbeit“ relativ fest verankerten unbefristet Beschäftigten die Ansprüche der Prekären wahrnehmen und was dies interessenpolitisch bedeutet.

Prekär Beschäftigte zwischen den Ordnungen

Zur Grunderfahrung der – oftmals gut qualifizierten – Leiharbeiterinnen unseres Samples gehört erstens, dass ihnen der Zugang zu einer dauerhaften Beschäftigung über den ersten Arbeitsmarkt nahezu verschlossen ist und Personalrekrutierung überhaupt nur noch über eine vorangegangene Leiharbeitsphase erfolgt (vgl. auch Holst 2009). Sehr häufig wird berichtet: Verfügt man über keine persönlichen Beziehungen – über kein „Vitamin B“ – in Betrieben, habe man so gut wie keine Chance mehr, auf regulärem Weg eine „Normal-Beschäftigung“ zu finden.

„Ich meine, gut, anders hat man nicht mehr diese Möglichkeit, es sei denn über Vitamin B, der Onkel sitzt im Büro, und der Vater ist seit 80 Jahren hier, ja, dann holen wir den rein, oder so. Das würde vielleicht noch mal gehen. Ich habe zig Bewerbungen zu MA_D direkt geschickt, keine Chance.“ (Angelernte Monteurin, MA_D, G)

„So, und vor fünf, sechs Jahren, vor der Krise, habe ich gedacht: Jetzt versuchst du durch Leiharbeit in so Industrien reinzukommen, Schaltschrankbau, Maschinenbau, also elektrisch, ne? Und das hat auch ganz gut geklappt, weil ausgeschrieben wurde leider nie was. Man ist so nicht reingekommen, wenn du da keinen kanntest oder so, da hast du nur die Chance über Leiharbeit. Da waren viele Stellen [lacht], wird ja immer mehr, leider, was nur noch über Leiharbeit geht. Und dann habe ich versucht, dadurch reinzukommen. Das hat auch geklappt, 2008.“ (Elektriker, MA_B, 8)

Zweitens gehört zur Grunderfahrung der Prekären, dass sie sich, genau besehen, gewissermaßen zwischen den Domänen dreier Herren bewegen: der verleihenden Zeitarbeitsfirma – ihrem De-jure-Arbeitgeber – und dem Entleihbetrieb – ihrem de-facto-Arbeitgeber – als den beiden wesentlichen Bezugsgrößen, und hinzu kommt – als mit Sanktionsmacht ausgestatteter „Intermediär“ in zwischenzeitlichen Phasen von Arbeitslosigkeit – die Bundesagentur für Arbeit.

„Die Leiharbeitsfirma, da bin ich angestellt, und [der Entleihbetrieb *MA_A*] gibt mir quasi Arbeit. Und, wenn [*MA_A*] mich nicht mehr halten kann, also arbeitstechnisch, sollte die Leiharbeitsfirma mich jetzt erst mal noch behalten, dann wird der Lohn runtergestockt, und in der Zeit, wo ich jetzt halt keine Arbeit habe, wo die Leiharbeitsfirma Arbeit sucht, werden Stunden abgebaut quasi. Ich habe ja die Überstunden, die ich jetzt hier mache, die werden als Zeitfenster auf so ein Konto da gebucht, und wenn ich halt keine Arbeit habe halt, also im Notfall, wird das dann darüber laufen. Also als Überbrückung halt erst mal, bis ich die nächste Arbeit habe in der Leiharbeitsfirma.“ (Jungfacharbeiter Montage, MA_A, 1)

Die Zeitarbeitsfirmen (und die Arbeitsagenturen) sind die notgedrungen in Anspruch genommenen Vermittlungsagenten, die „Gatekeeper“, auf die man angewiesen ist. In dieser Rolle sind sie gefürchtete und gleichzeitig verachtete Disziplinierungsorgane für die Leiharbeiterinnen und hauptsächliche Kritikadressaten, worauf wir zurückkommen werden. Die Befragten grenzen sich von ihrem de-jure-Arbeitgeber – der „eigenen Firma“ – ab, da man „im Endeffekt ja nur bei dem Kunden [ist] und mit der eigenen Firma an sich nicht so viel zu tun [hat]“ (Bandarbeiter, ID_A, 4). Man will überhaupt nicht Teil dieser betrieblichen Ordnung sein oder sich auf diese einlassen, jedenfalls nicht mehr als unbedingt nötig ist, wie etwa diese Leiharbeiterin betont:

„Und dann habe ich gesagt, so viel, wie nötig ist, muss ich unterschreiben. Das ist mein jetziger Arbeitgeber und mehr nicht. Ich bin dankbar, dass ich dadurch hierher [zu *MA_D*] gekommen bin, und ich habe nichts Schlechtes mit [der Leiharbeitsfirma] erlebt, kann ich nicht sagen, aber ich würde es auch nicht unterstützen, damit die, ne, 20 Jahre existieren. Das ist meine Einstellung." (Angelernte Monteurin, MA_D, 10)

Der für die Legitimitätsansprüche der Leiharbeiterinnen und Leiharbeiter in erster Linie relevante Erfahrungsraum (und die hauptsächliche Vergleichsordnung) ist die „normale" Arbeits- und Beschäftigungsordnung des Entleihbetriebs. In diesem Handlungs- und Erfahrungsraum sind die Leiharbeiterinnen und Leiharbeiter täglich mit der Arbeits- und Lebenssituation der Stammbeschäftigten, d.h. mit der „Normalität" unbefristeter Arbeitsverträge mit in unseren Fällen vergleichsweise hohen Vergütungen und Sozialleistungen etc. konfrontiert. Dieses Ordnungsmuster und die daran geknüpften Ordnungsvorstellungen stellen die Vergleichsfolie für ihre Gerechtigkeitsurteile und ihr Ungerechtigkeitsempfinden dar.

Legitimitätsansprüche bei Leiharbeit

Nukleus des Spektrums der Anspruchsmuster von Leiharbeiterinnen und Leiharbeitern ist das Leistungsprinzip bzw. sind Verletzungen des Anspruchs auf Leistungsgerechtigkeit. Damit verbunden werden auch grundlegende Ansprüche auf einen respekt- und würdevollen Umgang als prekär und häufig verletzt wahrgenommen. Sieht man einmal von der besonderen Situation bei den Industriedienstleistern ab, die das unterste Segment eines Komplexes fragmentierter Arbeit bilden (Abschnitt 4.2.1), beziehen sich die Ungerechtigkeitsurteile der befragten Leiharbeiter kaum auf „die Arbeit an sich": Diese ist aus Perspektive der Prekären keineswegs „schlecht" oder besonders belastend; auch werden sie in den Betrieben keineswegs durchweg „schlecht" oder im Vergleich mit den Stammbeschäftigten ungleich oder ungerecht behandelt, weder von den Vorgesetzten noch von der Mehrheit der Kolleginnen und Kollegen.[34]

„Also vom Behandeln her, von der Arbeit her ist es gerecht. [...] Da wird nicht irgendwie zum Beispiel gesagt: ‚Du machst jetzt die Drecksarbeit, du bist Leiharbeiter, und du machst jetzt die schöne Arbeit, du bist fest angestellt.' Da macht auch mal der Festangestellte sauber. So läuft es bei uns in der Gruppe, also so wie ich das bei uns weiß. Ich weiß jetzt nicht, wie das bei den anderen läuft, aber bei uns war das bisher immer so. Auch die anderen, die ich hier kenne, die Leiharbeiter, mit denen ich geredet habe, die sind alle zufrieden." (Monteur, MA_B, 5)

---

34 Es finden sich jedoch auch vereinzelte Hinweise auf „Mobbing" und herabsetzendes Verhalten von Kolleginnen. Siehe weiter unten.

„Innerlich ist man trotzdem der Leiharbeiter“ – Die Stärke des Leistungsprinzips und erlebte Leistungsungerechtigkeit

Dreh- und Angelpunkt der Erzählungen über Anspruchsverletzungen ist die ungleiche Vergütung von Leiharbeitskräften und Beschäftigten der Stammbelegschaft, die als krasser Verstoß gegen das Prinzip der Leistungsgerechtigkeit wahrgenommen und kritisiert wird. In unseren „Leiharbeits-Konstellationen“ verrichten Prekäre und Festangestellte in denselben Produktionsbereichen und Arbeitsprozessen, gewissermaßen Schulter an Schulter, identische Tätigkeiten.

> „Im Grunde genommen leisten wir gleiche Arbeit, und ich glaube, kein Mensch, der arbeitet, findet das gut. Also ich glaube nicht, dass das einer als gut empfindet. Und der Unterschied überhaupt ist halt groß.“ (Angelernte Monteurin, MA_D, 10)

> „Ich weiß ganz genau, dass die [festangestellten Kollegen] mehr haben als ich, weil allein schon mit dem Samstag arbeiten, da gibt es halt auch Zuschläge mehr. Nach so und so viel Stunden kriegst du 25% mehr, nach so und so – sage ich jetzt mal – kriegst du 50, das sage ich jetzt einfach mal so, Prozent mehr Geld, und bei uns Leiharbeitern ist es so, du kriegst 8% mehr und dann vielleicht 10: Also du kriegst dadurch schon weniger.“ (Jungfacharbeiter Montage, MA_A, 1)

> „Du machst dieselbe Arbeit, du kriegst gerade mal 50%, wenn es überhaupt hinkommt, von dem Lohn, was die Festangestellten hier haben, dann macht man sich doch schon Gedanken. Obwohl man hier oben gut aufgenommen wird und nicht unbedingt als Leiharbeiter dargestellt wird, ist man so innerlich trotzdem immer noch so der Leiharbeiter und man weiß, man ist unterbezahlt und macht trotzdem dasselbe, und das ist einfach traurig.“ (Angelernter Monteur, MA_D_G)

Bei der Gruppe der einschlägig beruflich ausgebildeten Leiharbeiter, manche mit langjähriger Berufserfahrung, verstärkt sich das Ungerechtigkeitsempfinden durch die mit der bei Leiharbeit üblichen Einstufung in die Entgeltgruppe eines Berufsanfängers nochmals deutlich. Hierdurch kommt es zu einer starken Entwertung der erworbenen Fähigkeiten und Kenntnisse, dies rührt an das Berufsethos und „kippt“ im Ungerechtigkeitsempfinden sichtbar in Richtung Würdeverletzung. Über die Ungerechtigkeit täuscht dann auch die von den Metall- und Elektrofirmen laut IG-Metall-Tarifvertrag bezahlte Aufstockung bzw. Zulage nicht hinweg. Der im Folgenden zitierte Elektriker, seit 2008 Leiharbeiter in mehreren Maschinenbaufirmen, weist im Interview vielfach und mit Vehemenz auf den „Beruf“ und die von ihm in 30 Jahren Berufserfahrung erworbenen Fähigkeiten und Zertifikate hin: „Ich habe meine Qualifikationen!“

> „Ich habe, wie gesagt, meinen Beruf! Ich habe meine Qualifikationen! Ich habe unzählige *Nebenkurse* gemacht für, ist egal, für Satellitenbau, für Blitzschutz, für Überspannungsschutz, was ich alles gemacht habe, ne? Und dann kommst du in

eine Leiharbeit und die stecken dich in Lohngruppe 3, 9,97 Euro, als *Facharbeiter* mit dreißig Jahren Berufserfahrung! Und nur [lacht] durch [*MA_B*] kriegst du diese 14,04 Euro, ne?“ (Elektriker, MA_B, 8)

Der bei Leiharbeit erlebte Verstoß gegen das Prinzip „Gleiche Arbeit – gleicher Lohn“ gewinnt allgemein an zusätzlicher Schärfe vor dem Hintergrund der Erwartung eines „besonderen“ Leistungsbeitrags. Als Leiharbeiterin bzw. Leiharbeiter muss (und will) man sich nach eigenem Bekunden stärker „reinhängen“ als die Festangestellten und sieht sich in einer dauernden Probe. Als Prekärer will und muss man sich täglich bewähren – „man muss sich beweisen, das ist klar...“ (angelernte Monteurin, MA_D, G) – und die erfolgreiche Bewährung muss auch sichtbar werden. Man muss sich zeigen, gewissermaßen auch aus der „Masse“ der Leiharbeiter hervorstechen, ohne freilich allzu sehr anzuecken oder aber die Vorgesetzten zu hofieren. „Sichtbarkeit“ – so jedenfalls das am Leistungsprinzip orientierte Grundverständnis – erlangt man über die gezeigte Leistung, den deutlichen Nachweis der fachlichen Fähigkeiten.

Es ist insgesamt auffallend, wie stark positiv aufgeladen das Leistungsprinzip auch unter den Bedingungen prekärer Beschäftigung und trotz teils bereits jahrelanger Ungerechtigkeitserfahrung in der Leiharbeit ist. Das Leistungsprinzip gilt als Teil der „normativen Normalität“ eines unbefristeten Beschäftigungsverhältnisses. Gerade deshalb werden womöglich Handlungen oder Entscheidungen anderer, die gegen Maximen der Leistungsgerechtigkeit verstoßen, besonders vehement kritisiert. Dies betrifft zum einen die Leistungsverausgabung der unmittelbaren Vergleichsgruppe im Arbeitssystem bzw. in der Abteilung. Die Leistungen der Festangestellten werden von den Leiharbeitern teils verallgemeinernd und beiläufig – im Sinne von: „Man macht sich hier ja nicht krumm“ –, teils im Sinne von Bummelei kritisch kommentiert.

„Wir [der Interviewte und ein Kollege – ebenfalls Leiharbeiter – im Team] sind beide morgens sechs Uhr da. Bevor die Hupe losgeht, sind wir am Platz, haben den Wagen aufgeschlossen, unseren Werkzeugwagen, und wenn das hupt, dann sind wir an der Maschine und verdrahten. Es gibt Kollegen, die sehen das wohl nicht gerne, wenn da Leiharbeiter vielleicht einen Tacken besser sind und einfach ihre Arbeit machen. Wir stehen auch nicht so oft am Kaffeeautomaten [lacht].“ (Elektriker, MA_B, 8)[35]

35 Die „Leistungszurückhaltung“ seiner Kaffee trinkenden Kollegen – an anderer Stelle spricht dieser Leiharbeiter bei „Bummeleien“ von Stammbeschäftigten auch von „Arbeitszeitbetrug“ – erklärt sich diesem Befragten zufolge aus dem Sicherheitsversprechen einer Festanstellung, das er selbst einerseits sucht, das ihm andererseits allerdings (heute) nicht mehr tragfähig scheint: „Und das ist ja dann auch vielleicht diese *vermeintliche* Sicherheit, als Festangestellter hier, wissen Sie? Dreißig Jahre hier, mir kann ja nichts passieren.“ (Elektriker, MA_B, 8).

Die starke Besetzung des Leistungsprinzips wird zum anderen an der ausgeprägten Kritik an Entscheidungen respektive Nicht-Entscheidungen des betrieblichen Managements bei der Übernahme von Leiharbeitern in eine Festanstellung deutlich. Für die Prekären ist die Übernahme in den Entleihbetrieb das ihre Orientierungen und ihr Arbeitshandeln prägende Ziel – der „Sechser im Lotto" (*MA_D, G*), die Nicht-Übernahme der von vielen wiederholt erlebte und gefürchtete „Worst Case". Bei der Frage der Übernahme zeigt sich dann nämlich häufig, dass das Leistungsprinzip doch nicht zur Anwendung kommt, für den Aufstieg aus der „Ordnung der Prekarität" in die „Ordnung der Normalarbeit" eben gerade nicht ausschlaggebend ist. Einerseits kommt in den Erzählungen der Prekären ein Vertrauen in die eigene Kompetenz, in Engagement und Leistungsfähigkeit zum Ausdruck, andererseits aber auch die durch Anschauung und eigenes Erleben erlangte Erkenntnis, dass der Leistungsnachweis nicht ausreicht. Vielmehr ist auch eine gehörige Portion Glück im Spiel, etwa zur rechten Zeit am rechten Ort zu sein:

> „Und dann ist es halt auch immer noch so eine Glücksache mit dem Vertrag. Ich meine, [der Leiharbeitskollege] ist jetzt einen Monat später oder so als ich gekommen, aber es gibt Leute, die arbeiten in einer andern Abteilung, und jetzt gerade zu diesem Halbjahr jetzt wurden an die 50 Verträge verteilt und davon gibt es Leute, die sind aber auch erst zwei Monate da und die haben halt dieses Glück, weil die dann da reingerutscht sind und haben nach zwei Monaten ihren Vertrag gekriegt, und andere müssen ein Jahr oder ein Dreivierteljahr darauf warten und dann wissen sie ja auch noch nicht, ob sie einen Vertrag kriegen oder nicht." (Angelernter Monteur [gerade befristet übernommen], MA_D, G)

Solche Gelegenheiten der Öffnung bzw. des Übergangs in die Normalbeschäftigung letztlich nicht beeinflussen zu können bzw. dem Glück oder „Schicksal" oder intransparenten Auswahlverfahren ausgeliefert zu sein, führt in zahlreichen Schilderungen von Prekären auch zu einer deutlichen Kritik an den Einsatzbetrieben. Letztlich zählen diese ebenfalls zu den Profiteuren eines ungerechten Prekaritätsregimes. Nicht die Nutzung der tarifvertraglich und gesetzlich gegebenen Möglichkeiten der Inanspruchnahme der Leiharbeit an sich wird dann kritisiert – sie gilt im Rahmen einer kapitalistischen Wettbewerbsordnung durchaus als „normal" –, sondern die von allen Entleihfirmen im Sample dabei geübte „Hinhaltetaktik": Es gibt keine „klare Ansage", Entscheidungen über den Verbleib oder die Verlängerung des Vertrags oder gar die Übernahme würden oftmals verschleppt.

> „Ja, sein sollte es eigentlich so, dass die Leute unbefristete Arbeitsverträge bekommen und nicht ständig hingehalten werden mit befristeten Arbeitsverträgen. Wir sehen es ja oft genug, die Leute sind zu dem Tag X befristet, werden so lange hinge-

> halten und einen Tag vorher, es ist ja wirklich so, die kommen einen Tag vor diesem Auslaufen des Vertrages an und sagen einem ‚Ja‘ oder ‚Nein‘.“ (Bandarbeiter, ID_B, 2).

Kritisieren die Prekären die Ungerechtigkeiten aufgrund ihres Status unter den Bedingungen der Arbeit bei einem Entleihbetrieb (oder „Kunden“) wesentlich auf der Grundlage verletzter Ansprüche an Leistungsgerechtigkeit, so klingt in diesem Zitat – mit dem leisen Verweis auf die Respektlosigkeit, die in diesem „Hinhalten“ steckt – auch noch eine weitere Anspruchsdimension an: die des würdevollen Umgangs.

Leiharbeit als Angriff auf die menschliche Würde

Insbesondere in der Wahrnehmung von prekär Beschäftigten klaffen der grundlegende Anspruch auf menschenwürdige, respektvolle Behandlung und die Realitäten einer gespaltenen Beschäftigungsordnung in besonders eklatanter Weise auseinander. Der Leiharbeiterstatus wird als dem Status einer handelbaren Ware, eines Objekts angenähert erlebt. Zwar finden sich in Bezug auf die Einsatzkonstellationen kaum explizite Schilderungen von Schikanen oder eines als entwürdigend erlebten Umgangs (was freilich auch mit einer gewissen Selbstzensur im Hinblick auf den angestrebten „Festansteller“ zusammenhängen könnte). Wenn von solchen Situationen doch berichtet wird, ist die Erzählung emotional besonders aufgeladen.

> „Die jungen Bengels, die hier ausgelernt haben, die ich ja hier kennenlernen durfte, für einige sind wir Abschaum. ‚Was machst du denn, wenn du hier weg bist? Ja, Hartz IV, ne?‘ Da denke ich mir nur: Du Junge, du hast noch keine fünf Jahre an einem Stück gearbeitet und du quasselst uns hier so voll, du. Aber ich schäme mich nicht deswegen, weil ich Leiharbeiter bin oder was. Soll mir mal einer sagen, das gibt Ärger! Ich bin Leiharbeiter, das ist richtig, aber ich habe meinen Beruf. Ich habe meine Meriten, also [lacht] nein, nein, nein.“ (Elektriker, MA_B, 8)

Hauptsächliche Adressaten der Kritik an Würdeverletzungen sind indes eindeutig die Leiharbeitsfirmen und Arbeitsagenturen. In Bezug auf das „Geschäftsmodell Leiharbeit“ ist gelegentlich von Sklaverei oder (modernem) Menschenhandel die Rede. Eine Leiharbeiterin sieht sich durch die Anstellung bei einer Zeitarbeitsfirma am „niedrigste(n) Punkt in meinem Leben, also so zur Leihfirma hingehen und dann [...] wird man ‚weitergeleitet‘“ (angelernte Arbeiterin, MA_D, 10).

Situationen, in denen diese Würdeverletzungen besonders sichtbar und spürbar werden, ergeben sich bei der Auflösung eines Vertrags zwischen Entleiher und Zeitarbeitsfirma, die für die Leiharbeiter häufig quasi automatisch die Kündigung ihres Arbeitsvertrags mit dem Verleiher mit sich bringt. Bei den Verleihfirmen agieren in der Sicht der befragten Leiharbeiter häufig Personen, die dem, was man als Arbeitskraft, als Träger von Wissen und Fähigkeiten „eigentlich“ ist und kann, völlig indifferent oder ignorant gegenüberstehen. Man wird von den Agenten nicht als fähiges, kompetentes Individuum wahrgenommen und behandelt.

> „Manchmal sitzen da Leute vor einem, die sind 25 Jahre alt, so von oben herab. Ich habe meinen Beruf, verstehen Sie, die wissen gar nicht, was das bedeutet, Elektroinstallateur oder Elektroniker zu sein, und schicken einen hier hin, haben aber von der *Sache* selbst hier gar keine Ahnung, was ich ausführe, was ich für Arbeiten mache, weil ich verdrahte und schließe hier *selbstständig* die Maschinen an.“ (Elektriker, MA_B, 8)

Als letztlich ebenso „ahnungslos“ und indifferent zeigen sich die Agenturen für Arbeit. Zum einen, weil sie sich selbst nach Ansicht der Befragten viel zu wenig um eine Vermittlung von Arbeitssuchenden in einen „richtigen“ Betrieb kümmern, sondern diese Aufgabe sehr gerne auf Zeitarbeitsfirmen abwälzen. Sie gelten den Leiharbeiterinnen und Leiharbeitern gewissermaßen als die Handlanger der Verleihbetriebe.

> „Geh mal aufs Arbeitsamt. Das Arbeitsamt sagt selber, gibt nur Leiharbeit oder Arbeitsvermittler, die haben selber schon gar nichts mehr und das ist das Traurige, das ist ganz traurig. Da hat einer vom Arbeitsamt eine aus unserm Dorf nach mir geschickt und hat gesagt, ich soll ihr mal sagen, welche Leiharbeitsfirmen top sind, dass sie den Weg geht, damit sie auch einen vernünftigen Job kriegt. Und das ist traurig, das ist ganz traurig, das war ein Arbeitsvermittler. Die hat dann bei mir vor der Tür gestanden und wollte halt wissen, wie ich das gemacht habe mit [*MA_D*].“ (Angelernte Monteurin, MA_D, G)

Zum anderen handeln Mitarbeiter der Arbeitsagentur in der Wahrnehmung der Leiharbeiterinnen ebenfalls respektlos gegenüber deren Fähigkeiten, teilweise gegenüber deren bisheriger Berufsbiografie. Wer als Arbeitsloser nicht nach den Regeln spielt, wird von der Agentur mit Sanktionen bedroht oder anderweitig „gemobbt“; gegen die damit verbundene Herabwürdigung muss man sich behaupten.

> „Du wirst ja nur gemobbt [bei der Agentur für Arbeit], da darfst du ja gar nicht hingehen. 2009 musste ich ja da hin. Da habe ich gesagt: ‚Sie brauchen mir mit Jobs für 9,95 Euro nicht kommen, ich habe [klopft auf den Tisch] 27 Jahre Berufserfahrung.‘ ‚Tja, da kriegen Sie eben eine Sperre.‘ Was soll ich sagen? Ich sage: ‚Haben Sie nicht gesehen, was ich alles so auf dem Kasten habe, jetzt auf Deutsch gesprochen? Können Sie überhaupt [lacht] mal meinen Lebenslauf *einordnen*, dass Sie mir so was hier an den Kopf schmeißen? ‚Kriegen Sie eine Sperre‘, ist das die *einzige Maßnahme*, die ihr hier drauf habt, oder was?‘ – ‚Ja, so sind die Gesetze.‘ Ja, bum, okay. Macht. *Ich* komme klar damit, ich werde nicht hungern, glauben Sie es mir [lacht].“ (Elektriker, MA_B, 8)

Die Geringschätzung, die Verleihfirmen wie Agentur für Arbeit den Leiharbeiterinnen und Leiharbeitern gegenüber zum Ausdruck bringen, beruht freilich auf Gegenseitigkeit. Der Verleiher ist niemand, dem man etwas schuldet, sei es Loyalität, sei es Anerkennung oder ähnliches. Alle interviewten Leiharbeiterinnen und Leiharbeiter berichten, dass man von seinem Verleiher im Regelfall in irgendeiner Form „betrogen" werde – um Zulagen, Prämien, Urlaubstage etc.

> „Ja, und dann habe ich ja erst mal auch wieder bei einer Leihfirma angefangen. Damals wurde ich richtig betrogen, also die haben mir zehn Euro die Stunde versprochen, und davon waren 6,64 Euro mein Grundgehalt und der Rest war außertarifliche Zulage. Ja, und danach merkte ich natürlich, wo ich dann mal Urlaub genommen habe oder Überstunden abgebaut habe, wie wenig Geld dann kam [lacht], weil die außertarifliche Zulage haben die mit dem Lohn mit ausgezahlt und wenn man dann Urlaub genommen hat, dann hat man nur das [Grundgehalt] bekommen." (Monteur, MA_B, 5)

> „Die Leiharbeitsfirma nimmt sich sehr viel Geld, das ist klar. Und, ja, ungerecht, würde ich sagen, ist es allemal, die Leiharbeitsfirma macht sich reich mit uns. Bei der [Leiharbeits-]Firma, wo ich jetzt bin, die zahlt schon sehr gut eigentlich. Also die zahlt gut, kann man nichts gegen sagen, aber wenn [*MA_A*] uns alles gibt, was auch die [MA_A-]Mitglieder bekommen würden, da ziehen sie [die Leiharbeitsfirma] sich ganz schön viel noch mit rein." (Jungfacharbeiter Montage, MA_A, 1)

Ausgebeutet und übervorteilt zu werden durch den Verleihbetrieb erweist sich nach den Erfahrungen der Prekären gewissermaßen als die Grundlage dieses insgesamt amoralischen Gewerbes, in dem erhebliche Gewinne „auf die Knochen der Leiharbeiter" (*MA_D, G*) gemacht würden. Und dieser alltägliche Betrug wiegt umso schwerer, als man weiß, dass man ohnehin nicht das bekommt, was einem „eigentlich" zusteht.

> „Und bei den Abrechnungen, ganz ehrlich, da steigst du sowieso nicht durch, was du verdienst. Ich ballere die Dinger schon in die Ecke rein, weil ich keinen Bock mehr habe, mir die anzugucken, weil ich da sechs Seiten kriege, und die machen da sowieso alle einen Schmu. Man kriegt sein Geld später. Ich weiß genau, warum man sein Geld später kriegt. Damit die von den ganzen Leiharbeitern noch die Zinsen einsacken können und so was. Das ist nicht menschlich. Und dann dieser Mindestlohn, ne, das ist auch zu wenig." (Angelernter Monteur, MA_D, G)

Zum Verständnis von Würde gehört für die meisten Befragten – wie in Abschnitt 3.1.5 ausgeführt – ein Entgelt, von dem man menschenwürdig und „anständig" leben kann. Darüber hinaus zählt dazu auch eine gewisse Sicherheit und Planbarkeit des eigenen Lebens durch eine feste Anstellung. Das Beschäftigungsverhältnis sollte zumindest zur Finanzierung grundlegender Bedürfnisse befähigen:

> „Aber ich bin auch der Meinung, dass wenn du deine Arbeit gut machst und du auch was gelernt hast und 31 Jahre Erfahrung [hast], da muss du auch davon leben können, vernünftig, anständig leben können." (Elektriker, MA_B, 8)

Dies zu ignorieren kommt selbst einer Missachtung der Menschenwürde gleich. Zu dem Grundinventar an Rechten gehört auch das ungeschriebene Recht auf „Angstfreiheit". Niemand sollte um seine Existenz fürchten müssen oder aber keine Chance haben, sich eine private Existenz zu sichern, einen Partner und Kinder zu haben, sein Leben gestalten und sich eine „Zukunft aufbauen" zu können:

> „Dieses ständige, sagen wir mal, Zittern als Leiharbeiter ist halt nicht schön, du kannst jeden Monat gekündigt werden und dann stehst du da, hast kein Geld und, also kein Einkommen mehr und, na ja... Und so kannst du halt, wenn du deinen Festvertrag hast, [eine] Zukunft nach und nach immer mehr aufbauen und darauf kommt es halt auch an. [...] „Also wenn ich [weiterhin] nur Leiharbeiter wäre, würde ich sagen ‚Nee [keine Kinder]'. Weil es ist so, du musst den Kindern ja auch was bieten können, du musst dann ja auch, ja, sagen wir mal Nahrung einfach nur, ne, geben. Und das würde ich nicht machen dann." (Jungfacharbeiter Montage, MA_A, 1)

Bei den in Leiharbeit Beschäftigten, so lässt sich insgesamt festhalten, drehen sich die Erzählungen über ihre Arbeit, ihre Bewertungen und ihre Kritik in der Hauptsache um fehlende monetäre und nicht-monetäre (moralische) Wertschätzung ihrer Leistung – nicht nur des Werts der von ihnen geleisteten Arbeit für den Betrieb und für die Gesellschaft (Leistungsgerechtigkeit), sondern auch *ihrer* Leistung und ihres eigenen „Werts" als Subjekt (Würde). Beteiligungs- und Selbstverwirklichungs- sowie Fürsorgeansprüche treten hingegen in den Hintergrund. Auch auf Rationalitätsprinzipien gestützte Ansprüche werden von den Leiharbeitern eher selten ins Spiel gebracht. In der Summe sehen die Leiharbeiterinnen ihren legitimen Anspruch auf ein von ihnen gestalt- und planbares, würdevolles Leben durch die „Ordnung der Prekarität" missachtet und verletzt. Aber ihre Orientierung an den Normen der „Ordnung der Normalarbeit" – insbesondere am Leistungsprinzip – bleibt gleichzeitig eindeutig intakt – was eine umfassende De-Legitimierung der Arbeits- und Beschäftigungsordnung und damit das Ausbrechen einer Legitimationskrise verhindert.

Den Mund halten und sich wegducken? Varianten von Handlungsorientierungen

Die Ansprüche und Handlungsorientierungen der Leiharbeiter werden auch durch ihre bisherige Erwerbsbiografie und ihre Erwerbsorientierungen geprägt. In unserem begrenzten „Leiharbeiterinnen-Sample" lassen sich diesbezüglich grob zwei Gruppen unterscheiden.[36] Zu etwa einem Drittel finden sich in unseren Untersuchungskonstellationen Leiharbeiterinnen und Leiharbeiter, die aus dem Bereich tarifvertraglich schlecht regulierter, körperlich belastender Dienstleistungsarbeit, etwa aus Gastronomie oder Einzelhandel, kommen. Im Lichte dieser bisherigen Erwerbsarbeitserfahrungen kritisieren die Leiharbeiterinnen dieser Gruppe die gegenwärtigen Arbeits- und Beschäftigungsbedingungen zwar auch durchaus deutlich, bewerten sie aber doch – in ihrem Ergebnis – als noch vergleichsweise positiv.

> „Ich meine, wenn man vorher schon nicht viel hatte, ich sage mal in der Gastronomie, da ackerst du dich auch kaputt und gehst auch mit einem Tausender, wenn du Trinkgeld noch ein bisschen hast, gehst du mit eins drei nach Hause, deine Knochen fühlen sich aber so an, als ob du drei Monate durchgeknechtet hättest." (Angelernter Monteur/ehem. Gastronomiebeschäftigter, MA_D, G)

Prekär Beschäftigte dieser Gruppe streben über die Leiharbeit einen Einstieg in eine gegenüber ihrer Vorsituation besser bezahlte, stabilere Beschäftigung an – dies kann als „Zwischenschritt" auch eine befristete Anstellung im Einsatzbetrieb sein. Sie definieren die Leiharbeit für sich ausdrücklich als eine zeitlich befristete „Versuchsphase", in der sie diesen Übergang schaffen wollen. Bei dieser Gruppe ist eine keineswegs unkritische, aber duldende Akzeptanz des betrieblichen Leistungsregimes spürbar, etwa indem sie betonen, wie stark sie „'ranklotzen" und sich zu bewähren suchen. In dem Bestreben, an der Prekarität der Erwerbsbiografie durch eine Übernahme etwas zu verändern, verhält man sich bei der Entleihfirma dann doch häufiger einmal besonders angepasst, verzichtet man darauf, den Mund aufzumachen.

> „Weil man traut sich nicht, den Mund so aufzumachen, weil man ja den Job haben will. Nachher sagen die sich: ‚Hier, der macht den Mund so groß auf, den schicken wir mal wieder nach Hause.' Da ist man, denke ich, auch vorsichtig. Also ich wäre es, ich hätte meinen Mund nicht aufgemacht." (Angelernte Monteurin, Gruppendiskussion MA_D)

Eine zweite Gruppe, die etwa zwei Drittel der von uns befragten Leiharbeiter ausmacht, besteht aus in Metall- oder Elektroberufen einschlägig qualifizierten Leiharbeitern, bei denen Leiharbeit eine wiederkehrende Erfahrung in ihrer Erwerbsbiografie ist – teilweise immer wieder unterbrochen durch Arbeitslosigkeit oder Befristungen. Hier finden sich stärker artikulierte und von langjährigen Erfahrungen mit den „Gepflogenheiten" der Zeitarbeit geprägte Ungerechtigkeitserfahrungen. Hier sind wütende Resignation (nach mehreren vergebli-

---

36 Eine differenzierte Typologie beruflich-biografischer Merkmale und subjektiver Handlungsorientierungen von Leiharbeiterinnen und Leiharbeitern haben Noller et al. (2004) entwickelt, an die wir hier teilweise anknüpfen können.

chen Phasen der Hoffnung auf Übernahme) und pessimistische Zukunftserwartungen stärker ausgeprägt als in der ersten Gruppe. In dieser Gruppe sind aber auch Protest und Widerstand stärker, Anpassung ist weniger ausgeprägt.

> „Und 2007 hat es dann halt eben geklappt und das sollte eigentlich mein Einstieg sein überhaupt in die Automobilindustrie, weil ich habe dort angefangen mit einem Lohn von 850 Euro netto, vor sieben Jahren, vor sechs Jahren, und das ist Sozialhilfeniveau, also Hartz-IV-Niveau ist das, das ist das Geld, was ein Hartz-IVer zur Verfügung hat. Aber ich habe es trotzdem gemacht und die Arbeit ist nicht gerade leicht. Bin ja jetzt immer noch dort. Muss aber jetzt leider feststellen, dass das wahrscheinlich auch nicht der Einstieg in die Automobilindustrie ist, sondern eher sozusagen der Ausstieg." (Bandarbeiter, ID_A_3)

In dieser Gruppe macht man sich deutlich weniger „Illusionen" darüber, dass man über Leiharbeit tatsächlich noch den Einstieg in eine „Normalbeschäftigung" erreichen könnte. Man hat sich notgedrungen eingerichtet und versucht irgendwie durchzukommen.

> „Das ist ja so, dass du grade über die Runden kommst. Und dafür gehst du dann 35 Stunden los in der Woche. Ich habe keine Angst davor, weil ich nur mich selber satt kriegen muss und das schaffe ich. Zur Not dann von einem Menschenhändler, ist mein Spruch, zum anderen. Arbeit finde ich genug, weil ich was kann. Und auf solche Leute warten sie." (Elektriker, MA_B, 8)

Beiden Gruppen gemeinsam ist, dass sie nach einer (möglichst) unbefristeten Übernahme im Entleihbetrieb streben – ein Typus, der Zeitarbeit macht, um „mal ein wenig 'rumzukommen" (in der Branche, in Deutschland o.ä.), ist uns nicht begegnet. Gemeinsam ist ihnen auch, dass sich die Befragten im Rahmen des Prokrustesbetts Leiharbeit – dies ist in den Zitaten bereits mehrfach angeklungen – als handlungs- und auch widerstandsfähige Akteure zu behaupten suchen. Die erlebten Ungerechtigkeiten nehmen sie keineswegs einfach so hin oder schlucken ihre Enttäuschung und Wut herunter, sondern widersetzen sich und versuchen ihre legitimen Interessen im Rahmen ihrer Möglichkeiten auch durchzusetzen. Dies drückt sich etwa darin aus, dass sie gezielt Verleihbetriebe suchen und „auswählen", von denen sie wissen oder „gehört" haben, dass sie typischerweise für einen für sie attraktiven Entleihbetrieb tätig sind.

> „[Bei der Einstellung beim Verleiher] habe ich meinen Wunsch geäußert, ich möchte zu [*MA_D*]. Das war die einzige Ansage, die ich gemacht habe, und ich wusste, dass die wieder einstellen, und deswegen habe ich gesagt, ich möchte nur zu [*MA_D*] und dann und dann würden die Leute einstellen und ich möchte dabei sein. Also das tat ich und das hat sich in 14 Tagen alles so ergeben." (Angelernte Monteurin, MA_D, 10)

Eine andere Option zur Verbesserung der eigenen Situation ist der Wechsel zwischen den verschiedenen Leiharbeitsfirmen, die – was in unserem Sample die Regel ist – für denselben Entleihbetrieb Leiharbeiter überlassen. Der im Folgenden zitierte junge Leiharbeiter etwa hat (nach Rücksprache mit dem Betriebsrat) nach einer gewissen Zeit den Entschluss gefasst, die Leiharbeitsfirma zu wechseln:

> „Dann habe ich ja nach einem halben Jahr ungefähr festgestellt, oder halt auch mitbekommen, dass es woanders besser ist, mehr Geld zumindest, und Urlaub kriegst du auch ein bisschen mehr. Habe ich mir dann gesagt, gehe ich dahin. Habe dann da als Leiharbeiter gekündigt." (Jungfacharbeiter Montage, MA_A, 1)

Eine weitere, von mehreren Interviewten berichtete Form des Widerstands gegen die ungerechte Bezahlung ist die Verweigerung des Ableistens von Überstunden oder von Samstagsarbeit. Mit diesem Sich-Entziehen protestieren die Leiharbeiter gewissermaßen passiv gegen die Leistungsungerechtigkeit.

> „Fragt der Mann von [*MA_D*] mich: ‚Möchtest du Samstag arbeiten? Alleine fürs Stempeln kriegst du 40 Euro plus deine Stunden, die du da arbeitest.' Von diesen 40 Euro habe ich auf meiner Abrechnung zum Schluss sieben Euro gehabt. Da habe ich zu dem gesagt: ‚Pass auf, frag mich bitte nie wieder, ob ich samstags zur Arbeit komme.' Da sagt er: ‚Ja, das verstehe ich total, dafür würde ich auch nicht aufstehen'. (Angelernter Monteur, MA_D, G)

> „‚Ja, seit dem 1.1. wird [der Überstundenzuschlag] eben nicht mehr bezahlt' [sagt die Zeitarbeitsfirma], fertig. So wirst du dann abgespeist, sage ich mal. ‚Okay', habe ich gesagt, ‚dann mache ich eben keine Überstunden mehr', ganz einfach. Ich mache meine Arbeit in sieben Stunden hier so gut, wie ich kann, wie immer seit 31 Jahren, aber dann werden keine Überstunden gemacht. [...] So, und da habe ich mit meinen Teamleitern gesprochen und dem stellvertretenden Produktionsleiter, der hat das kapiert, warum ich keine Überstunden mache." (Elektriker, MA_B, 8)

Interessant in diesem Zusammenhang ist, dass diese Verweigerung von den Maschinenbaubetrieben nicht nur nicht sanktioniert, sondern vom betrieblichen Management – vom Meister oder auch von höheren Führungskräften – sowie vom Betriebsrat gestützt wird und dass kleine Verbesserungen gegenüber den Leiharbeitsfirmen durchgesetzt werden können.

Ausblick: (Sehr) Begrenzte Solidarität der „Normalbeschäftigten"

Das leitet über zu einem abschließen (Aus-)Blick auf Sichtweisen und Verhalten der „Normalbeschäftigten", was die Problemlage „Leiharbeit" anbelangt. Von ihren festangestellten Kolleginnen und Kollegen in den Entleihbetrieben wird den Leiharbeitern in aller Regel – von den Ausnahmen sprachen wir – durchaus großes Verständnis und auch solidarische Anteilnahme an ihrer prekären Arbeits- und Lebenssituation entgegengebracht. Leiharbeit wird auch von der Mehrzahl der interviewten „Normalarbeitnehmer“ sehr kritisch („moderner Menschenhandel“, „Sauerei“ o.ä.) bewertet (siehe auch Abschnitt 3.1.5).

Freilich beschränkt sich die Solidarität der Stammbeschäftigten in der Sicht der interviewten Leiharbeiter im Allgemeinen auf solcherlei verbale Solidaritätsbekundungen, denen indes kaum handfeste Unterstützung folge. So sei etwa die Unterstützung der Stammbelegschaften im Rahmen einer seinerzeitigen „Leiharbeitskampagne“ der IG Metall nach Empfinden der Leiharbeiterinnen in unseren Konstellationen enttäuschend gewesen. „Für uns“, so könnte man die Wahrnehmung der Leiharbeiter paraphrasieren, „geht niemand hier auf die Straße.“ Dies hat zum Teil damit zu tun, dass Stammbeschäftigte keine persönlichen Erfahrungen mit der gespaltenen Beschäftigungsordnung prekärer Arbeit haben und sich zwar „abstrakt“ kritisch-bedauernd äußern, aber letztlich als Kollegen gesehen werden, die nicht wirklich wissen, „was los ist“.

> „Viele, die hier im Betrieb sind, die wissen gar nicht, dass wir so schlecht bezahlt werden, sage ich mal, dass sie so mit uns umgehen, die Leihfirmen. Dass man vom Arbeitsamt so geknebelt wird, wirklich geknebelt wird, das kennen die alles gar nicht. Manche sagen auch: Interessiert mich auch gar nicht. Gibt es auch, das ist nicht nur hier so, das ist überall so, wo ich als Leiharbeiter war.“ (Leiharbeiter, Elektriker, MA_B, 8)

Häufig finden sich unter Stammbeschäftigten aber auch auf ökonomische Rationalitätsprinzipien verweisende Begründungen oder Rechtfertigungen hinsichtlich des Leiharbeitereinsatzes, der dann als „Sachzwang“ zwar bedauert, aber doch nur zur Kenntnis genommen wird. Ebenso wie von manchen Leiharbeitskräften wird von ihnen etwa darauf verwiesen, dass „der Wettbewerb“ die Unternehmen im Grunde zum Aufbau des strategischen Flexibilitätspuffers Leiharbeit zwinge. Dieser Wettbewerbsdruck und die Tatsache, dass es auf Grundlage bestehender Gesetze eben „alle Unternehmen machen“ (dürfen), werden als Rechtfertigung des Leiharbeiter- und Werkvertragsnehmereinsatzes akzeptiert. Hauptsächlicher Adressat etwaiger Kritik der Stammbeschäftigten ist insofern dann auch nicht der (eigene) Arbeitgeber, sondern der Gesetzgeber.

> „Leiharbeit ist für mich ein Punkt, wo der Gesetzgeber eigentlich schon längst mal einen Riegel vormachen müsste. In der Art, wie es vollzogen wird. Da mache ich dem Arbeitgeber noch nicht einmal den direkten Vorwurf. Er nutzt seine wirtschaftlichen Möglichkeiten. Obwohl man sich da auch manchmal fragen muss, ist das okay? Kann man es nicht anders machen?“ (Festangestellter Facharbeiter, MA_B, 4)

Von einer praktischen Solidarisierung der Stammarbeitskräfte mit dem Schicksal der in Leiharbeit tätigen Arbeitskolleginnen und -kollegen wurde in unseren Konstellationen nicht berichtet. Interessenpolitische Aktivierungsimpulse gehen hier ebenso wenig von den Leiharbeiterinnen wie den Stammbelegschaften aus. Seitens der Leiharbeiter hält man sich hinsichtlich allzu offenen Protests oder Widerstands gegen die Personaleinsatzpolitik „ihres" Einsatzbetriebs aus Angst um eine damit gefährdete Übernahme zurück. Was die Stammbeschäftigten anbetrifft, so finden sich neben dem erwähnten Verweis auf den „Sachzwang" Leiharbeit im kapitalistischen Wettbewerb und auf die gesetzgeberische Handlungsebene – teils vor dem Hintergrund von auch persönlich erlebten anhaltenden betrieblichen Krisen im Kontext „prekärer Normalität" (siehe Abschnitt 4.3.2) – auch Begründungen, die auf Ängste bezüglich einer Gefährdung der eigenen Beschäftigungs- und Lebensstandardsicherung deuten: Sofern man aktiv daran mitwirken würde, dass der eigene Betrieb das Instrument Leiharbeit zukünftig nicht mehr nutze, führe dies in kommenden Krisen womöglich unter Stammbeschäftigten zum Arbeitsplatzverlust – unter Umständen des eigenen. Entfalle der Puffer Leiharbeit (oder auch Werkvertrag, wie etwa in den *Konstellationen AU_D* und *EL_A*), stehe man selbst ungeschützt da. Insofern sei sich zunächst einmal „jeder selbst der Nächste", wie es in einer Gruppendiskussion in der *Konstellation MA_A* von einem Festangestellten gegenüber den anwesenden Leiharbeitskollegen eingeräumt wird.

Die betrieblichen Interessenvertretungen schließlich versuchen gewiss, den Einsatz von Leiharbeitern zu minimieren und zumindest auf die in Betriebsvereinbarungen festgelegten Einsatzquoten auch tatsächlich zu begrenzen. Aufgrund der Tatsache jedoch, dass Leiharbeiterinnen buchhalterisch als Sachkosten „verbucht" und die „Beschaffung" der „Ware Leiharbeit" im wahrsten Wortsinne über die Einkaufsabteilungen (und nicht über die Personalabteilungen) abgewickelt wird, fehlt es oftmals an Transparenz über die genaue Zahl und Verteilung von Leiharbeitern im Betrieb. Zudem engagieren sie sich durchgängig für eine möglichst schnelle Übernahme von Leiharbeiterinnen in eine zumindest zunächst befristete, möglichst jedoch unbefristete Anstellung. Durchaus erfolgreich sind sie gemeinsam mit der Gewerkschaft IG Metall überdies darin, Leiharbeiter gewerkschaftlich zu organisieren. Gleichzeitig sind Betriebsräte in unseren Konstellationen durchgängig der Auffassung, dass (regulierte) Leiharbeit heutzutage als notwendiges Übel nicht nur in manifesten Krisenzeiten, sondern als genereller Personalpuffer zu akzeptieren sei. Die Leiharbeiter selbst sehen die Rolle der Betriebsräte angesichts dieser „Interessenmelange" als zwiespältig an, ohne dass diese zu direkten Adressaten von Kritik an den von ihnen erlebten Ungerechtigkeiten würden. Man nimmt wahr, dass sich Betriebsräte und Gewerkschaften durchaus für die Leiharbeiter einsetzen. Man erlebt diese aber zugleich gewissermaßen als „verlängerten Arm" von Unternehmens-, Wettbewerbs- und Standortinteressen und vor allem als Schutzinstanz für die Stammbelegschaften und deren Ansprüche – die doch im Grunde auch die eigenen sind und die in der „Ordnung der Normalität", in die man aus der „Ordnung der Prekarität" aufsteigen will, weithin eingelöst zu sein scheinen.

4.3 Erschütterte Beschäftigungsordnungen: Legitimationsansprüche und Krisenerfahrungen

Mit der Frage nach den Krisenerfahrungen der Beschäftigten stellen wir die Legitimitätsansprüche der Beschäftigten nun in einen dritten Bedingungs- und Anwendungskontext. Als konkrete soziale Erfahrung sind Krisenphänomene in der Arbeitswelt sowohl Gegenstand als auch Teil des Entstehungs- und Veränderungszusammenhangs von normativ begründeter Bewertung und Kritik. Beschäftigte entwickeln und revidieren Anspruchsmuster (auch) vor dem Hintergrund von Krisenerfahrungen, und sie deuten diese Erfahrungen zugleich unter Rückgriff auf normative Ansprüche.

In der Analyse dieses Bedingungs- und Anwendungskontexts gehen wir von einem primär ökonomisch-institutionell gefassten (man könnte auch sagen: engen, etwas altmodischen) Krisenbegriff aus. Die gegenwärtige Inflation des Krisenbegriffs, der auf fast sämtliche Prozesse von sozialem Wandel Anwendung zu finden scheint, die Rede von einer „multiplen" oder „Vielfachkrise" (Demirovic et al. 2011), ist für unser Vorhaben nur bedingt hilfreich. Wir konzentrieren uns im Weiteren auf Krisenprozesse im Zusammenhang mit Ökonomie und Arbeit und lassen dabei alles andere soziale Geschehen, so „krisenhaft" es auch sein mag, erst einmal außer Acht. Der Fokus richtet sich auf Krisen, die die Beschäftigungsordnungen erschüttern und in Frage stellen. Dies sind im Wesentlichen die „Große Krise" (Haug 2012; Bischoff et al. 2010) und ihre verschiedenen Derivate sowie betriebliche Krisenprozesse mit unterschiedlichen Bedingungskonstellationen. „Krise" verstehen wir hier in einer ersten Annäherung als zumindest ernsthafte Gefährdung bestehender Strukturen und Institutionen, die für das Fortbestehen von Beruf, Arbeitstätigkeit und Beschäftigungsverhältnis und damit für die Erfahrungs- und Lebenswelt der Arbeit relevant sind. Es wird unsicher, ob der eigene Arbeitsplatz erhalten bleibt, ob die beruflichen Perspektiven revidiert werden müssen, ob sozialer Abstieg droht. Wir fokussieren damit auch in erster Linie auf „Krisen des Arbeits*platzes*", weniger auf „Krisen der Arbeits*kraft*" (zur Unterscheidung: Detje et al. 2013; Menz 2014). Auch Prozesse, die die Arbeitskraft und ihre Reproduktion gefährden (etwa überlastende Arbeitsbedingungen), können die Zukunftsfähigkeit der eigenen Arbeit infrage stellen; sie bleiben in diesem Abschnitt aber hintangestellt.[37] Ins Zentrum rücken wir demgegenüber Arbeitsgefährdungen durch betriebliche Krisen, die aufgrund mangelnder Stabilität ökonomischer und organisationaler Strukturen entstehen.

Natürlich ist „Krise“ kein Universalschlüssel für die Interpretation von Anspruchsmustern, der auf sämtliche der von uns befragten Beschäftigten gleichermaßen angewendet werden könnte. Auch wenn die Stabilität der Ordnungen von Ökonomie und Arbeit nach dem Ende der fordistischen Prosperitätsperiode generell abgenommen hat, so verfügen auch heute nicht alle Beschäftigten gleichermaßen über Krisenerfahrung. Die „Große Krise“ bildet hier eine Ausnahme. Auch dort, wo der betriebliche Alltag von ihr weitgehend unberührt geblieben zu sein schien, sind die Beschäftigten zumindest mit dem ausufernden Krisendiskurs in Politik, Medien und Gesellschaft konfrontiert, mit den Erfahrungen und Schilderungen von Kollegen, Kunden und Freunden. Keine Position zum Thema „Krise“ zu entwickeln war in den letzten Jahren schwer möglich. Zunächst schildern wir daher das Erleben der „Großen Krise“ aus Beschäftigtenperspektive, das durch drei typische Deutungsmuster charakterisiert ist, die sich quer zu den betrieblichen Konstellationen und Beschäftigtengruppen finden und die im folgenden Abschnitt 4.3.1 vorgestellt werden. Vorwegnehmend lässt sich aber sagen, dass die Wirtschaftskrise – insgesamt stärker als Medienereignis wahrgenommen denn als eigene Arbeitserfahrung – zwar durchaus zu einer Verunsicherung der Beschäftigten führte; zugleich verschob sie die Vergleichshorizonte, zu denen die eigenen Erfahrungen in Bezug gesetzt werden und vor deren Hintergrund diese bewertet werden. Gleichwohl scheint sie kein zentraler Bedingungsfaktor für die Veränderung von Legitimitätsansprüchen zu sein; dafür blieb die Wirtschaftskrise – mit einigen zu schildernden Ausnahmen – zu erfahrungsfern. Zudem war sie zum Zeitpunkt unserer Erhebungen (August 2012 bis Januar 2014) bereits in gewissem Maße zeitlich „entrückt“.

Relevanter für die Aufklärung von Anspruchsdynamiken sind die konkreten Konstellationen von Prosperität und Krise hinsichtlich Betrieb und Beschäftigungsverhältnis. Im Betrieb und am Arbeitsplatz werden Krisenerfahrungen spür- und erfahrbar, sie verbinden sich mit konkreten Erlebnissen; die Beschäftigten müssen mit damit einhergehenden Herausforderungen und manifesten Problemen umgehen und ihre Handlungsstrategien und ihre Zukunftsplanungen darauf abstimmen. Bei der Charakterisierung unseres Samples haben wir bereits stichpunktartig Hinweise auf die ökonomische Situation und potenzielle Krisenhaftigkeit der Untersuchungsbetriebe gegeben (Abschnitt 2.2.2). Unsere Konstellationen lassen sich je nach Art und Ausmaß der Gefährdung von Ar-

37 Siehe zur „Krise der Arbeitskraft“ aber den Abschnitt 3.1.2 sowie verschiedene Hinweise in den Darstellungen der Beispielkonstellationen in Kapitel 4 (z.B. Abschnitt 4.1.3).

beitsplatz und Beschäftigungsverhältnis drei Gruppen zuordnen, von denen wir zwei dann im Folgenden ausführlicher betrachten werden: der Gruppe „relativer Stabilität“ (1), der Gruppe „prekärer Normalität“ (2) und der „Schließungskrise“ (3).

(1) Zur Gruppe der betrieblichen Konstellationen mit *relativer Stabilität* gehören diejenigen Betriebe und Tätigkeitsbereiche, die durch keine akute Krisensituation geprägt sind, die das Fortbestehen von Arbeitsplätzen und Beschäftigungsverhältnissen in ihrer Gesamtheit kurz- oder mittelfristig in Frage stellen könnte. Die Unternehmen erwirtschaften Gewinn, ihre Gesamtstruktur ist nicht in Gefahr. Als „relativ“ bezeichnen wir die Stabilität, weil auch hier die Unternehmen keine dauerhafte Sicherheit versprechen können – diese Zeiten sind vorbei. Auch in der Gruppe der Unternehmen, die ökonomisch prosperieren und durch keinen generellen Beschäftigungsabbau geprägt sind, kann es zu partiellen Gefährdungen von Beschäftigungsverhältnissen kommen, etwa durch Outsourcing- und Verlagerungsstrategien, durch organisationale Restrukturierungen, Veränderungen der Geschäftsfelder usw. Auch wenn die Mehrheit der Beschäftigten ihre Zukunft im Unternehmen nicht gefährdet sieht, so sind doch einzelne Beschäftigtengruppen etwa von Arbeitsplatzverlusten betroffen (siehe etwa die *Konstellation WD_A*, dargestellt in Abschnitt 4.1.1). Und dies strahlt durchaus auch auf die weiteren Beschäftigten ab und berührt ihr Sicherheitsgefühl. Zudem können Gefährdungen von Arbeitsplatz und Beschäftigungsverhältnis auch durch prekäre Beschäftigungsverhältnisse wie Leiharbeit, Werkvertragsarbeit, befristete Beschäftigung usw. bestehen. Hier steht nicht die ökonomische oder organisationale Reproduktionsfähigkeit von Unternehmen oder Betrieben auf dem Spiel, sehr wohl aber die der einzelnen Beschäftigten (siehe dazu ausführlich Abschnitt 4.2.3). Trotz all dieser Einschränkungen, was die Stabilität der Beschäftigungsordnung betrifft, ist der Typus der „relativen Stabilität“ insgesamt der „krisenfernste“. Das bedeutet zugleich: Als prägend für die normativen Ansprüche der Beschäftigten erweisen sich in der Regel andere Erfahrungen in der Arbeit. Die Frage von Krisen und dem Erhalt der Beschäftigungsordnung hat keine Priorität in der betrieblichen Lebenswelt der Beschäftigten. Entsprechend lassen sich auch die Anspruchsmuster der Beschäftigten hier nicht für diesen Typus verallgemeinern; daher verzichten wir auf eine eigenständige Darstellung.

(2) Unter den Typus der *prekären Normalität* fassen wir diejenigen Betriebe, deren Bestand zwar nicht akut zur Disposition steht, die sich aber in einer betrieblichen Dauerkrise befinden, die die Beschäftigungsordnung einer Dauererschütterung aussetzt. Auch jenseits globaler Krisentendenzen, d.h. unter gesamtökonomischen „Normalbedingungen“, ist ihre Situation durch Unsicherheit geprägt, etwa deshalb, weil sie in schwierigen oder schrumpfenden Märkten positioniert sind, weil sie innerhalb von organisationalen Netzwerken und

Zulieferpyramiden eine abhängige Position einnehmen, weil sie ihre Zukunft also gleichsam nicht selbst in der Hand haben. Ihre Situation ist in verschiedener Hinsicht dauerhaft prekär und erscheint stets „auf der Kippe“ zu einer dramatischeren Krisenzuspitzung, an deren Ende Auslagerung ganzer Bereiche, Betriebsschließung oder Konkurs stehen könnten. Mit dem Wechselspiel zwischen dieser Art von Krisenerfahrung und den Legitimitätsansprüchen der Befragten sowie den Legitimationsproblemen, die sich in solchen Kontexten möglicherweise ergeben, befassen wir uns in Abschnitt 4.3.2.

(3) Betriebe schließlich, die sich in einer akuten *Schließungskrise* befinden, repräsentieren in unserem Sample das höchste Maß an Krisenhaftigkeit. Es sind Betriebe oder Standorte, die entweder zum Erhebungszeitpunkt bereits geschlossen sind oder bei denen die Schließung unmittelbar bevorsteht. Eine solcher Zusammenbruch der Beschäftigungsordnung kann durch ökonomische Krisen des Unternehmens entstehen, aber auch durch strategische Entscheidungen der Unternehmensleitung, beispielsweise eine Standortschließung oder -verlagerung.[38] Die Beschäftigten verlieren hier nicht nur ihren Arbeitsplatz (und zumeist auch ihr Beschäftigungsverhältnis), sondern die gesamte betriebliche Ordnung steht zur Disposition.[39] Die Beschäftigten sind mit erheblicher, teils plötzlich hereinbrechender Unsicherheit konfrontiert; ihre berufliche Zukunft und ihre materielle Absicherung stehen in Frage, Lebenspläne müssen revidiert werden. Entsprechend schiebt sich die „Krisenfrage“ im Wahrnehmungs- und Bewertungshorizont der Beschäftigten in den Vordergrund, andere Themenfelder und andere Gerechtigkeitsfragen treten dahinter weitgehend zurück. Trotz dieser Gemeinsamkeit unterscheiden sich die betrieblichen Ausprägungen der Schließungskonstellationen erheblich – nach Ursache der Schließung und hinsichtlich ihres Verlaufs sowie insbesondere danach, auf welche Kritik die Schließung bei den Beschäftigten trifft, welche Ansprüche also verletzt werden. Nicht zuletzt ergeben sich daraus ganz unterschiedliche Handlungskonsequenzen, die von massiven Konflikten und Protest bis zum Stillhal-

---

38 Zwei der drei Schließungen sind nicht akut ökonomisch krisenbedingt, im dritten Fall handelt es sich um eine Insolvenz. Dass es zu Standortverlagerungen und damit einhergehenden Betriebsschließungen häufig dann kommt, wenn das Gesamtunternehmen ökonomisch nicht in Gefahr ist oder gar eher prosperiert, dass also betriebliche und unternehmerische Krise auseinanderfallen, zeigt die Studie von Ahlers et al. 2007. Dies unterstreicht, dass ökonomische Prosperität der Unternehmen und Beschäftigungssicherheit sich tendenziell entkoppeln.

39 Knapp die Hälfte der befragten Beschäftigten aus den Schließungsbetrieben haben wir gar nicht mehr am Arbeitsplatz befragen können – entweder weil die Betriebsstätte schon geschlossen oder für die Beschäftigten unzugänglich war oder weil uns ein geordneter Betriebszugang im Rahmen des Projekts nicht möglich war (die Betriebsleitung und häufig auch die Betriebsräte hatten schlicht anderes zu tun). Die individuell vereinbarten Interviews fanden dann in privaten Räumen der Befragten oder im Forschungsinstitut statt.

ten der Belegschaften reichen. Da man an diesen Fällen exemplarisch betrachten kann, unter welchen Bedingungen es zu einer interessenpolitischen Aktivierung und Mobilisierung kommt, widmen wir den Schließungskonstellationen den meisten Raum (Abschnitt 4.3.3).

In den folgenden Abschnitten geht es jeweils – zunächst in Bezug auf die „Große Krise“, dann in Bezug auf die zwei Problemlagen „prekäre Normalität“ und „Schließungskrise“ – um den Zusammenhang von Krisenerfahrung und Legitimitätsansprüchen sowie um die Folgen für (interessenpolitische) Handlungsorientierungen der Beschäftigten. Zunächst betrachten wir die jeweilige Spezifik der Krisenerfahrungen und -deutungen: Inwiefern erleben die Beschäftigten ihre Arbeits- und Lebenssituation jeweils als „krisenhaft“?[40] Die weiteren Kernfragen lauten dann: Welche Gerechtigkeits- bzw. Rationalitätsansprüche treten unter Krisenbedingungen in den Mittelpunkt der Beschäftigtenvorstellungen und des Beschäftigtenhandelns? Und welche Konsequenzen ergeben sich daraus für die normative Stabilität der Legitimitätsordnungen wie für die interessenpolitischen Handlungsperspektiven?

4.3.1 Der Nachhall der „Großen Krise“

Unabhängig von der eigenen Betroffenheit am Arbeitsplatz ist die Große Krise ein im Alltagsbewusstsein der Beschäftigten verankertes Datum und Deutungsschema, auch wenn ihr Ausbruch und Höhepunkt zum Erhebungszeitpunkt bereits mehrere Jahre zurücklag. Jede/r von unseren Befragten hat die Krise in irgendeiner Form „erlebt“ und hat relativ klare Vorstellungen davon, was damit gemeint ist. „Krise“ ist insofern kein ex ante entwickelter oder nachträglicher Interpretationszusammenhang aus sozialwissenschaftlicher Perspektive, sondern durchaus ein alltagsweltlich präsentes und verfügbares Konzept. Dies ist einerseits angesichts eines jahrelang anhaltenden Krisendiskurses in Medien und Öffentlichkeit wenig verwunderlich. „Die Krise“ und ihre Derivate – Finanzkrise, Bankenkrise, Wirtschaftskrise, später dann Euro-Krise usw. – waren (und sind) breit diskutiertes Thema, entsprechend leicht konnten wir mit den Beschäftigten darüber ins Gespräch kommen.

---

40 „Krisenhaft“ heißt hier als Annäherung erst einmal nur: Für die Gegenwart oder Zukunft sind grundsätzliche Umbrüche bzw. Krisensituationen zu erwarten, die eine Verlängerung des Bisherigen in die Zukunft in Frage stellen; es wird sich etwas in den Grundkoordinaten der eigenen Arbeit ändern, so dass unsicher wird, ob es künftig weiter so funktionieren kann wie bisher. Das soll keinesfalls heißen, dass alles als krisenhaft zu bezeichnen wäre, was von der Verheißung eines stabilen Normalarbeitsverhältnisses im selben Unternehmen bis zur Rente abweicht. Krisenhaftigkeit heißt aber, dass eine Perspektive fehlt, wie mit bestehenden Kompetenzen und Strategien die eigene Zukunft gesichert werden kann.

So selbstverständlich es heute auch zu sein scheint, dass „Krise“ als subjektives Deutungskonzept breit verfügbar ist, so markiert dies doch eine Differenz zu sozialwissenschaftlichen Krisenstudien aus vorangegangenen Jahrzehnten. Diese hatten in der Regel längerfristige Erosionstendenzen zur Grundlage – die steigende Arbeitslosigkeit in den 1970er Jahren, den ökonomischen Strukturwandel mit einem Bedeutungsverlust etwa der Stahl- oder Werftindustrie oder generell einen allgemeinen Prozess der Erosion des fordistischen Institutionensystems (z.B. Zoll 1981; Schumann et al. 1982; Bergmann et al. 2002), die in Alltagsbegriffen nicht durchgängig mit dem Begriff der Krise belegt waren. Entsprechend schien das „subjektive“ Krisenerleben den „objektiven“ Krisentendenzen hinterherzuhinken, so zumindest die Meinung mancher Autoren. Es wurden daher weniger unterschiedliche Formen der Krisenwahrnehmung unterschieden, sondern vielmehr Ausprägungen ihrer defizitären Verarbeitung (z.B. „Leugnung“, „Bagatellisierung“, „Personalisierung“, z.B. Zoll 1981). Ein solches Vorgehen, das den Stand des subjektiven Bewusstseins nach dem Maß einer objektiven Krisendefinition beurteilt, erscheint uns heute einerseits soziologisch unlauter. Zwar haben wir oben einige mehr oder weniger objektive Kriterien bestimmt, was wir unter den Begriff fassen, können und wollen damit aber keine Aussage treffen, was die „richtige“ Wahrnehmung einer solchen Krisensituation ist. Eine solche Festlegung erscheint für unsere Studie andererseits auch überhaupt nicht sinnvoll, weil wir die Deutungen und Ansprüche in ihrer Funktion für die Handlungsorientierung in den Mittelpunkt stellen. In einer solchen Perspektive stellt sich die Frage der Angemessenheit schlicht nicht. Gleichwohl schließt unser Vorgehen keinesfalls aus, „subjektives“ Erleben und „subjektive“ Ansprüche der Beschäftigten in den Zusammenhang mit „objektiven“ Merkmalen und Bedingungen der jeweiligen (Krisen-)Konstellation zu stellen, in deren Kontext sie formuliert werden – „objektiv“ heißt dabei nicht: überlegen, besser, richtiger, sondern vielmehr: aus anderen Datenquellen gewonnen und aus einer wissenschaftlichen Beobachterperspektive distanzierend formuliert. So können derart objektiv bestimmte Krisensituationen subjektiv als gerade nicht krisenhaft erlebt werden (oder umgekehrt). Diese Zusammenhänge zu beleuchten ist Ziel der folgenden Ausführungen.

Bei aller Differenziertheit zeigt sich eine gemeinsame Grundtendenz: Im Sprechen über die Krise finden sich bei nahezu allen Befragten Schilderungen und Bewertungen, in denen ein Unbehagen und eine Verunsicherung hinsichtlich der wirtschaftlichen Situation und Entwicklung in Betrieb und Gesellschaft und der eigenen Beschäftigungssituation und -perspektive sichtbar werden. Gleichwohl: Von der Mehrheit der befragten Beschäftigten in Industrie, Bauwirtschaft und Dienstleistungen wurde die „Große Krise“ nicht als *unmittelbare* Gefährdung der eigenen Arbeit – sei es des Arbeitsplatzes oder zentraler Arbeitsbedingungen – erlebt. Die Große Krise ist nicht als Krise der eigenen Arbeit spürbar geworden. Sie markiert keinen zentralen Einschnitt in der (Berufs-)Biografie, sie führt nicht zum Zusammenbruch oder zur Neustrukturierung zentraler arbeits- und lebensweltlicher Deutungen und Grundkoordinaten des Handelns, sie löst keine persönlichen Krisen (etwa Krisen der beruflichen Orientierung, Krisen psychischer Natur) aus. Dies gilt insbesondere für den Dienstleistungsbereich, wo die objektive Krisenbetroffenheit der Unternehmen bzw. Konstellationen gering oder zumindest stark vermittelt war; insbesondere kam es dort nicht zu krisenbedingten Entlassungen, umfänglicher Kurzarbeit oder ähnlichem. Wie in Abschnitt 2.2.3 dargelegt, hatte die Finanz- und Wirtschaftskrise im Industriebereich demgegenüber sehr viel stärkere materielle Auswirkungen, hauptsächlich in den Jahren 2009 und 2010. Dass dort die unmittelbare Gefährdung des eigenen Arbeitsplatzes gleichwohl in der Wahrnehmung der Mehrheit der Befragten eher gering war, ist teilweise bereits Folge der Krise: Wir haben ganz überwiegend mit Angehörigen der sogenannten Stamm- oder Kernbelegschaften gesprochen, die sich selbst trotz teils massiver objektiver betrieblicher Krisenbetroffenheit – etwa durch einen plötzlichen und deutlichen Rückgang der Auftragseingänge – relativ sicher fühlten bzw. fühlen konnten. Denn typischerweise handelt es sich dabei um Konstellationen, in denen durchaus beachtlich große Gruppen von Befristeten und Leiharbeiterinnen diejenigen waren, bei denen die Große Krise unmittelbar zum Beschäftigungsverlust führte – oder wie es ein Leiharbeiter in einer Gruppendiskussion im Maschinenbau ausdrückt: „Ihr habt nur Angst gehabt, wir waren weg!" (*MA_A, G*). Die prekär Beschäftigten bilden innerhalb unseres Samples auch insofern einen Sonderfall, dem wir uns in Abschnitt 4.2.3 schon ausgiebig gewidmet haben.

Diese Grundtendenz – de facto geringe bis keine unmittelbare Gefährdung des Arbeitsplatzes oder der Arbeitskraft bei gleichzeitig merklicher Verunsicherung – wird in einigen Konstellationen allerdings aufgebrochen; teilweise finden sich (Ungerechtigkeits-)Erfahrungen und Urteile von Beschäftigten, die deutlichere Bezüge auf die Große Krise aufweisen, ohne dass damit ein eigener „Krisentypus" konstituiert würde. Das Spektrum von Erfahrungen mit der Großen Krise und deren subjektive Einordnungen und Bewertungen wollen wir in diesem Abschnitt zunächst näher betrachten und fragen, ob und inwiefern in den Erzählungen über die Große Krise veränderte Anspruchshaltungen und (Interessen-)Orientierungen sichtbar werden. Sampleübergreifend können wir drei Varianten des Erlebens der Großen Krise unterscheiden.

Variante 1: Crisis? What Crisis?

Eine verbreitete Variante im Spektrum des Krisenerlebens markieren Erfahrungen und Deutungen, die man bezüglich Arbeit und Betrieb mit „Welche Krise?"

betiteln könnte. „Krise“ als Konzept und Vorstellung ist auch bei diesen Befragten im Alltagsbewusstsein durchaus verankert, aber sie wird als eine für sie äußerliche Erscheinung jenseits des eigenen Erfahrungsraums erinnert; teilweise sehen sich die Befragten geradezu als „Krisengewinner“.

> „[Uns] hat die Finanzmarktkrise gar nicht so stark getroffen. Im Gegenteil, also [wir] sind eigentlich in Teilen sogar Gewinner gewesen, weil sie unheimlich hohe Einnahmenzuwächse gehabt haben. Also da gibt es andere Argumente, wieso man sparen muss, aber nicht unbedingt jetzt die Finanzmarktkrise.“ (Technischer Mitarbeiter, FD_A, 12)

> „Also Finanzkrise, würde ich sagen. haben wir, also meine ich, weniger gemerkt. [...] Also wenn die Wirtschaft dann diese Nachwirkungen hat, dann... Aber ich weiß jetzt nicht, wie die Geschäftsleitung dann sagt: ‚Na gut, wir haben schlechter Geld beschaffen können von den Banken.‘ Aber jetzt so direkt an meinem Arbeitsplatz oder in meinem Bereich habe ich da nichts von gemerkt.“ (Monteur, MA_A, 5)

> „Die allgemeine Wirtschaftskrise ging ja am Bauwesen, sage ich mal, völlig spurlos vorüber. Gut, vielleicht an kleineren Bauunternehmen nicht, ja. Aber nehmen Sie mal 2012, 2011, das waren die zwei besten Jahre, die der [Unternehmensname] in seiner Geschichte jemals hatte. Und das mitten in der Krise, also mitten in der Finanzkrise. Also von dem her gesehen, sage ich mal, haben wir hier letztendlich davon profitiert. Wir haben, wir haben halt Glück gehabt, dass es an uns völlig vorüberging.“ (Bauarbeiter, BA_A, 2)

> „Ach, da gab es verschiedene Meetings usw., wo die Welt komplett schwarz gezeichnet war, und dann hat man, glaube ich, neun Prozent Umsatzrendite noch gehabt. Also unter einer Krise verstehe ich was anderes.“ (Datenverarbeiter, WD_A, 10)

Für die Befragten dieser Variante gilt, dass das eigene Unternehmen als kaum oder gar nicht durch die Große Krise unmittelbar betroffen wahrgenommen und beschrieben wird. Dies trifft für große Teile der Dienstleistungsbereiche,[41] Ausschnitte aus der Bauwirtschaft,[42] aber auch für die Beschäftigten einiger Industrieunternehmen zu. Insbesondere im Einzelhandel werden unmittelbare Kri-

41 Ausnahmen im Feld der Dienstleistungen sind hier zum Teil die unternehmensbezogenen Dienstleistungen, in gewisser Weise auch die öffentlichen Dienstleistungen (siehe dazu Variante 2). In einem Unternehmen des Einzelhandels gab es Kurzarbeit während der Wirtschaftskrise – der Zusammenhang zwischen beidem wird von den Beschäftigten aber nur in Einzelfällen hergestellt.

42 In der Bauindustrie unterscheiden sich allerdings die Einschätzungen unserer Befragten. Während sich die Beschäftigten (überwiegend Bauarbeiter) aus *Konstellation BA_A* sogar eher als Gewinner der Krise sehen, erleben die Bauingenieure aus *BA_B* eine zeitverzögerte indirekte Krisenfolge aufgrund eines Rückgangs von Staatsaufträgen im Bereich Infrastruktur.

senfolgen, die über die Absatz- bzw. Kundenseite vermittelt sind, weitgehend verneint:

> „Die [Wirtschaftskrise] war bei uns überhaupt nicht spürbar. 2008 war eins der besten Jahre bei uns. Da haben wir überhaupt nichts gespürt von der Krise. Möchte man nicht glauben, aber das war wirklich so. Ich habe mir auch letztens die Zahlen angeschaut die letzten Jahre, die sind ja alle abgespeichert hier, eins der besten Jahre war 2008." (Verkäuferin in einem mittlerweile insolventen Unternehmen, EH_B, 9)

> „Irgendwie haben wir das [die Wirtschaftskrise] gar nicht richtig gespürt, weil es heißt ja, die Leute haben kein Geld, aber [...] die, die bei uns einkaufen, die haben, glaube ich, Geld ohne Ende. Weiß ich nicht. Also da merke ich das eigentlich nicht so, dass da Geld weniger ist. Wenn ich sehe, wie die Leute einkaufen, das Einkaufsverhalten, die sparen eigentlich nicht." (Verkäuferin, EH_A, 1)

> „Im [Unternehmensname] haben wir eigentlich weniger die Krise, also ich habe es weniger mitgekriegt. Weil die Leute kamen und haben gekauft, egal, Krise hin oder her. Leute haben eingekauft." (Verkäuferin in einem mittlerweile geschlossenen Markt, EH_C, 3)

Eine solche Interpretation schließt die Erfahrung von Unsicherheit und Prekarität hinsichtlich der eigenen aktuellen Beschäftigungssituation jedoch nicht aus. Dass auf der Kundenseite keine Krisentendenzen zu erkennen sind, heißt für die Einzelhandelsmitarbeiterinnen nicht, dass sich die eigene Beschäftigungssituation dadurch verbessern würde. Vielmehr wird die eigene Lage mit der der Kunden konfrontiert: Während auf der Kundenseite auch in der Krise offenbar kein finanzieller Mangel besteht, ist die Arbeits- und Beschäftigungssituation selbst unter ökonomisch günstigen Bedingungen problematisch.

Auch in Fällen, wo der Betrieb sich zum Zeitpunkt unserer Befragung in einer massiven wirtschaftlichen Schieflage befindet und der eigene Arbeitsplatz zur Disposition steht (etwa in den „Schließungskonstellationen", vgl. Abschnitt 4.3.3), wird dies kaum als mittelfristige Folge der Finanz- und Wirtschaftskrise gedeutet; viel häufiger werden unternehmens- oder konkrete akteurspezifische Ursachen (wie Missmanagement) angeführt.

> „Also diese damalige Kreditkrise und Immobilienkrise, die in Amerika dann grassiert hat, ist nicht wirklich der Grund, dass es uns schlecht geht. Uns ging es schon vorher superschlecht und allein diese Sache, dass dann noch die chinesische Konkurrenz herangezüchtet wurde; ja, dann, dass wir selber Managementfehler gemacht haben mit der Entwicklung von Produkten, das hat uns dann sozusagen in die Misere reinmanövriert. Aber diese Krise von 2007 oder 2009 dann in Europa und jetzt die Eurokrise und so weiter, das ist nicht der Grund für unser Problem. Vielleicht *hilft* es uns sogar, weil jetzt die Kredite billiger sind und so weiter, das Refinanzieren ist billiger und so." (Entwickler, EL_A, 7)

Der Befund lautet in dieser Variante des Krisenerlebens also: Die Große Krise „an sich“ resultiert nicht in einer arbeitsbezogenen Krisenerfahrung oder in einer persönlichen Krise der Beschäftigten; dennoch gemachte Krisenerfahrungen und daraus resultierende Anspruchsverletzungen sind das Ergebnis anders gelagerter, spezifischer betrieblicher Krisenerscheinungen. Die Große Krise selbst berührt aufgrund ihrer wahrgenommenen Entfernung in dieser Variante kaum die Legitimitätsansprüche der Beschäftigten.

Variante 2: Die Große Krise und der „Sparzwang“

Eine zweite, gewissermaßen mittlere Variante des Erlebens der Großen Krise kennzeichnet jene Fälle, etwa im Feld kommunaler oder Finanzdienstleistungen, in denen sich – den Interpretationen der Befragten nach – die Große Krise vor allem als eine Verschärfung des Sparzwangs bemerkbar macht. Wenn auch keine unmittelbaren Entgelteinbußen aus der Krise folgen, so erhöht sich doch der Zwang zur Rationalisierung und Ökonomisierung. Dies hat Folgen insbesondere für die eigenen Arbeitsbedingungen und die Realisierung eigener Arbeitsansprüche, macht Prozesse aufwändiger, führt zu steigendem Rechtfertigungsdruck etc.

> *Frage:* „Die Wirtschaftskrise 2008 oder 2009, haben Sie davon eigentlich irgendwas mitgekriegt im Unternehmen? Also hat das irgendwelche Auswirkungen gehabt?“
>
> „Indirekt. Doch, indirekt sicher. Das ist das, was ich Ihnen vorher gesagt habe. Der Kostendruck. Also der Ergebnisdruck in den [Finanzdienstleistungsunternehmen], der dann zum Kostendruck natürlich unmittelbar [führt]. Dass die einfach schauen, das muss billiger werden oder darf zumindest nicht teurer werden. Insofern haben wir indirekt was mitgekriegt, würde ich sagen.“ (Entwickler, FD_A, 3)
>
> „Es ist dann so, dass irgendwann so ein, zwei Jahre nach Beginn einer Wirtschaftskrise auffällt, dass die kommunalen Steuereinnahmen zurückgehen, und dann wird es an manchen Punkten noch mal ein bisschen enger und ein bisschen schwieriger, so was dann so Übernahme von Auszubildenden angeht oder solche Dinge.“ (pädagogische Bauamtsmitarbeiterin, ÖD_A, 8)
>
> „[Es] kam weniger Geld rein, das heißt, wir wurden aufgefordert, auch zu sparen. [...] Ja, mussten sie ja. Man durfte ja teilweise keinen Stuhl mehr bestellen, ohne nachzufragen oder sich eine Erlaubnis zu holen. Also man durfte mehr oder weniger keine finanziellen Entscheidungen mehr treffen, ohne die Aufsichtsbehörde da mit ins Boot zu holen.“ (Sachbearbeiterin Bauamt, ÖD_A, 11)

Kennzeichnend ist, dass derartige arbeitgeberseitige Aufforderungen zu Rationalisierung und Ökonomisierung teilweise an die Grenzen der Rationalitätsansprüche der Befragten stoßen. Der Verweis auf die allgemeinen Krisenbedingungen wird als wenig überzeugende Rechtfertigung für andere, verdeckte Interessen wahrgenommen (siehe dazu auch Abschnitt 4.1.3); er widerspricht den Ansprüchen der Beschäftigten an eine rationale und regelgeleitete Betriebsführung. Gleichzeitig drückt sich in der (vermuteten) Inszenierung der Krise auch eine Verletzung der Ansprüche an Leistungsgerechtigkeit aus:

> „Pff, also ich denke, das [die Finanzmarktkrise] wird immer als bares Argument hergenommen von allen, irgendwie von allen Entscheidungsträgern, also Vorstände, usw., dass [es] halt ‚uns Banken' – in ihrem Sprachgebrauch – schlecht geht und deshalb müssen wir sparen. Und natürlich auch ein Argument ist dann: Finanzmarktkrise." (technischer Mitarbeiter, FD_A, 12)

> „Und da sitzen halt ganz mächtige Verbandsvorsitzende, die darauf schauen, dass auch im Rahmen von Bankenkrise, von Milliarden, die auch die Bayerische Landesbank oder die West LB, die es schon gar nicht mehr gibt, da ist ja Geld verbrannt worden, für das wir natürlich nix können, wo ich immer sage: Jaja toll, die schmeißen das Geld raus und investieren in irgendwelche windigen Immobiliengeschäfte in Amerika, aber das Geld muss ja dann wieder irgendwo herkommen. Und da wird natürlich geschaut, ja, wo kann man denn noch sparen. Aja, die IT ist ja immer, ist ja ein guter..., gibt ja da ein bisschen was her. Man kann ein bisschen was an den IT-Kosten sparen. Und so wird da richtig Druck aufgebaut und gesagt: ‚Ja, ihr als [IT-Dienstleister], ihr habt Tausende von Mitarbeitern, das geht doch bestimmt auch günstiger, braucht ihr so viele?'" (Technischer Mitarbeiter, FD_A, 5)

Hier ergeben sich Anzeichen für einen Deutungstypus, den wir an anderer Stelle „Krise als machtpolitische Inszenierung" genannt haben (Detje et al. 2011, S. 60f.; Detje et al. 2013, S. 50ff.): Die Rede von der Krise diene politischen Zwecken und Interessen, „Krise" werde inszeniert und instrumentell eingesetzt, um Ausgaben zu sparen und Arbeitsbedingungen nicht verbessern zu müssen oder gar zu verschlechtern.

Variante 3: Die Große Krise ist nah, jedoch: „Der Kelch ist an einem vorbeigezogen"

Vor allem in den Konstellationen der exportorientierten Branchen des Maschinen- und Anlagenbaus, des Automobilbaus und der industrienahen sowie der unternehmensbezogenen Dienstleistungen hat die Große Krise unmittelbare negative Auswirkungen gehabt, die den meisten dort Befragten auch Jahre später noch sehr präsent sind. Eine Reihe von Beschäftigten hat die damalige Krise als eine für sie bedrückende Phase der Verunsicherung und – wie es häufig formuliert wird – der Angst erlebt. Formulierungen der Art, dass etwa „die Einschläge" ziemlich nah kamen, dass man nicht wusste, ob man nicht auch „auf dem Zettel" der womöglich irgendwann doch zu Entlassenden steht, finden sich in einer ganzen Reihe von Interviews. Doch letztlich – so zeigt sich in dieser dritten Variante – ist der „Kelch“ der Entlassung „an einem vorbeigezogen“, wie ein Monteur im Maschinenbau sich erleichtert erinnert. Diesen „Kelch“ nehmen und leeren mussten vor allem Leiharbeitnehmer und befristet Beschäftigte. Mit ihnen hatten alle Industriebetriebe in unterschiedlichem Umfang, jedoch planmäßig und bereits seit Jahren ihre Personalbedarfe gedeckt, sie waren – nach dem Abbau von Überstunden oder überreichlichen Guthaben auf Gleitzeitkonten – die primären Opfer der betrieblichen Maßnahmen zur Krisenbewältigung: Leiharbeiter wurden in der Regel sofort entlassen, bei befristet Beschäftigten wurden Verträge nicht mehr verlängert. Die Entlassung der Prekären wird von vielen Stammbeschäftigten bedauert und teils kritisiert, aber letztlich als „notwendiges Übel“ im Sinne ökonomischer Sachzwänge des gegenwärtigen Kapitalismus akzeptiert und toleriert (siehe Abschnitt 4.2.3). Mit dieser Akzeptanz geht auch eine Legitimierung sozialpartnerschaftlicher betrieblicher Krisenbewältigung einher, die sich in der Perspektive der Stammbelegschaften bewährt hat.

In den Konstellationen dieser Variante kommt es im engeren Zusammenhang mit der Finanz- und Wirtschaftskrise typischerweise zu einem Auftragseinbruch, der von den Befragten auch als unmittelbare Krisenfolge interpretiert wird. Der – wenn auch teils branchentypisch verzögerte – Einbruch vor allem im Jahr 2009 nach mehreren Jahren der Stabilität und des Wachstums kam für viele unerwartet und plötzlich.

> „Also das fing erst 2009 an, soweit ich weiß. [...] Das ist ja dann auch quasi direkt eingebrochen. Das ging ja jetzt nicht schleichend. Dann gab es direkt Kurzarbeit und dann auch ziemlich massiv. Vier Tage die Woche manchmal.“ (Sachbearbeiterin, MA_B, 2)

> „Marktforschung ist immer der Bereich, wo man erstmal am ehesten spart, weil viele denken, das braucht man nicht unbedingt. Und das war natürlich eine Anlaufzeit [...], ja, also 2010 gab es noch die Auswirkungen. 2009 war ja so der ganz große Schwerpunkt, wo es bei uns so richtig schlecht ging, und dann Ende 2010, Anfang 2011 ging es dann wieder bergauf. Inwiefern es sich jetzt erholt hat, habe ich ja dann gar nicht mehr so mitgekriegt.“ (Beraterin, WD_A, 12)

> „Ja, das war 2009, das war 2009, da war ja allgemein Krise eben. Bei uns auch. Deswegen, weil wir ja sehr viele [Industrie-]Kunden haben, und die haben dann zum Teil gar nix mehr gemacht. Die hatten einfach kein Budget mehr beziehungsweise haben das Budget gestrichen, und das haben wir echt sehr stark gemerkt [...]. Und das war dann auch für uns eine Krise.“ (Projektassistentin WD_A, 6)

Ebenso plötzlich normalisierte sich die angespannte Lage dann jedoch auch wieder, die Phase der Unsicherheit und Kurzarbeit ging wieder rasch in den Vor-Krisen-Modus der Mehrarbeit über.

> „Und dann kamen wir nach den Sommerferien wieder, weiß ich noch, Sommerferien 2009, meine ich, war es gewesen, und da ging es sofort wieder los mit Überstunden. Also aus der Kurzarbeit [wieder] Überstunden. Das war schon heftig in diesem Jahr bei uns.“ (Monteur, MA_B, 6)

Für die Mehrheit der Beschäftigten dieser Variante bedeutete „Krisenbetroffenheit“ Kurzarbeit, die je nach Umfang und Dauer mit Entgelteinbußen unterschiedlicher Höhe verbunden war und auch Zukunftsängste mit sich brachte.

> „Ich war auch finanziell betroffen. Wir hatten damals auch Kurzarbeit, das ging ziemlich tief, ja. Die ging ziemlich tief und natürlich, da muss ich ganz ehrlich sagen, das geht, glaube ich, nicht nur mir so, das geht auch anderen Kollegen so, da kriegt man schon ein flaues Gefühl im Bauch.“ (Konstrukteur, MA_B, 4)

Neben den Entgelteinbußen führten die Arbeitszeitreduzierung durch Kurzarbeit, die Entlassung von Leiharbeitern und Befristeten, das Streichen von eigenen Auftragsvergaben bzw. das „Insourcing“ von Teilprozessen sowie interne Reorganisationen und Personalumsetzungen – Maßnahmen, die von allen Betrieben dieser Variante verfolgt wurden – für die Beschäftigten trotz Auftragsrückgangs häufig zu einem Mehraufwand, der sich als Arbeitsintensivierung bemerkbar machte.

> „Da ist alles, was an externe Supplier gegangen ist, nach innen gegangen. Leute machen dann Sachen zum ersten Mal. Das ist natürlich anstrengender. Da passieren dann eher Fehler, die dann irgendwie korrigiert werden müssen, oder Sachen, die doppelt gemacht werden müssen. Bis dann die ganzen Prozesse wieder gelaufen sind, ja, hat es schon ein halbes, dreiviertel Jahr gedauert.“ (Datenverarbeiter, WD_A, 10)

> „Es war dieselbe Anzahl von Projekten mit zwei Mann weniger. Also das ist das, was wir eigentlich kontinuierlich sehen.“ (Entwickler, EL_A, 2)

Und im Zusammenhang damit werden sehr häufig explizit Ungerechtigkeitserfahrungen artikuliert, etwa, weil Angehörige von Abteilungen in Kurzarbeit „geschickt“ wurden, bei denen das Arbeitsvolumen trotz Krise nach wie vor so umfangreich war, dass es an und für sich keine Kurzarbeit rechtfertigen würde. Man könnte dies als eine erzwungene „solidarische“ Kurzarbeit bezeichnen, die in unseren Konstellationen insbesondere die Forschungs- und Entwicklungsbereiche von Industriebetrieben betrifft. Hier verstießen „gleichmacherische“ Kurzarbeitsregelungen aus Sicht der Befragten gegen Prinzipien der Leistungsgerechtigkeit.

In lediglich einer Konstellation, und zwar aus dem Maschinenbau, kam es zur De-facto-Entlassung einer größeren Zahl von „Stammbeschäftigten“, zunächst durch Freistellung in „100-Prozent-Kurzarbeit“, im Anschluss durch „Überleitung“ in eine Transfer- oder „Auffanggesellschaft“, aus der lediglich etwa ein Drittel der Beschäftigten nach Beendigung dieser Maßnahme wieder in den Betrieb, wenn auch nicht immer auf den alten Arbeitsplatz, zurückkehren konnten.[43] In dieser Konstellation, so ein rückblickendes Urteil der dortigen Betriebsräte, wurde der Nachfrageeinbruch im Jahr 2009 genutzt, um vor allem den Angestelltenbereich zu „verschlanken“, unter anderem, indem etwa ein Drittel der damaligen F&E-Belegschaft in diesem zweistufigen Verfahren „freigestellt“ wurde. (Auch hier handelt es sich insofern partiell um eine „Kriseninszenierung“, hier allerdings weniger machtpolitisch als geschäftsstrategisch motiviert.) Dieses Vorgehen, das der Sache nach von manchem Interviewten unter Bezugnahme auf wirtschaftliche Notwendigkeiten oder unter Verweis darauf, dass es sich bei den betroffenen Personen wohl um die weniger Leistungsfähigen gehandelt habe, als gerechtfertigt angesehen wird, erntet aufgrund des Prozederes durchaus verbreitet Kritik. Angerufen wird hier vor allem der moralische Anspruch auf einen würdevollen Umgang: „Unmenschlich“ und gegen die Würde sei dort mit den Betroffenen umgegangen worden in einer Situation, in der ein Unternehmen eigentlich umso mehr verpflichtet wäre, auf basale Ansprüche Rücksicht zu nehmen.

> „Also diese [100%-Kurzarbeit], das war die Krönung hier. Nicht die Maßnahme an und für sich, die musste sein aus wirtschaftlichen Gründen, spreche ich auch nicht gegen, aber wie es kommuniziert wurde oder denen mitgeteilt wurde, das [war nicht in Ordnung].“ (Monteur, MA_A, 5)

> „Allerdings fand ich da damals den Umgang mit den Mitarbeitern sehr miserabel, wie mit [denen] umgegangen worden ist, von der Geschäftsleitung. Ich habe also mehrfach gehört, da sind morgens Leute in den Betrieb gekommen, die haben dann bis zwölf gearbeitet und dann durften sie nach Hause gehen, dann waren sie entlassen. Das war unmenschlich, also Leuten, die 40, 45 Jahre hier im Betrieb waren, dann einfach sagen: ‚Tschüss, du kannst gehen.‘ Also das fand ich unter aller Kante.“ (Monteur, MA_A, 6)

> „Es waren viele natürlich ängstlich, sind natürlich morgens zur Arbeit gekommen und haben sich gedacht, okay, muss ich jetzt meine Sachen packen und gehen? Also es gab Kollegen, die haben gesagt, ich mache jetzt an jedem Tag, den ich hier sitze, einen Haken dran und freue mich einfach, dass ich da sein konnte, weil es sein letzter sein konnte. [...] Das [...] ging jetzt nicht so, dass man gesagt hat, okay, nächste Woche und so, sondern das ging von heute auf morgen.“ (Monteur, MA_A, 7)

Die Kritik am würdelosen Vorgehen des Managements bzw. an den Vorgesetzten fällt bei den „Überlebenden“ nicht zuletzt deswegen so deutlich und emotional aus, weil es sie möglicherweise ebenfalls hätte „treffen“ und auch sie

43 Diese *Konstellation MA_A* ist uns auch schon als Beispielfall einer postpartizipativen Arbeitsordnung bekannt (Abschnitt 4.1.2).

selbst Opfer dieser würdelosen Prozedur hätten sein können (und zukünftig möglicherweise sein werden). Die Angst und Unsicherheit, die die Interviewten in dieser Phase der Krise empfinden, aber auch die Kritik am Umgang wird dadurch verstärkt, dass die Kriterien für die Auswahl der Entlassenen nicht klar gewesen sind.

> „Ich sage mal, die Krise hat uns ja auch getroffen, ja, eindeutig, wo dann hier diese 100 Leute entlassen worden sind, das [...] ging schon sehr an die Nieren, weil keiner wusste, wer ist nun da jetzt betroffen, wer steht denn auf dieser Liste nun, wer muss nun gehen von den Abteilungen. Man hat immer nur eine Zahl gehört, so und so viel Leute und so viel Anteile von der und der Abteilung, aber wer es war, wusste keiner." (Monteur, MA_A, 6)

Sicherlich, einige derer, die man auf Seiten der Betroffenen gekannt hat, gelten als nicht unbedingt so leistungsfähig, aber potenziell hätte jeder betroffen sein können. Es sei zudem – hier werden Ansprüche unter Verweis auf das Fürsorgeprinzip deutlich – auch keine Rücksicht auf die besonderen Bedürfnisse Einzelner genommen worden.

> „Jeder hatte dann irgendwo Angst, ob es einen denn nicht selber betrifft, weil man wusste es vorher nicht, wer ist denn überhaupt..., wer wird denn jetzt gefragt, oder wo geht denn der Zug hin, ne. Da hätte jeder dabei sein können sozusagen, ne. Weil diese soziale Komponente [...] hat da wohl keine Rolle gespielt. Ob da jetzt jemand Kinder hat, keine Kinder hat, Schulden hat, wie lange der hier gewesen ist, das scheint da keine Rolle gespielt zu haben, ne. Also auch vom Alter her nicht, es war ja von 30 bis 60 alles dabei." (Monteur, MA_A, 2)

Bei einer ganzen Reihe von Befragten, die schon länger im Betrieb sind, wird die Große Krise als ein vielleicht dramatischer, aber gleichwohl in der Betriebsgeschichte gewissermaßen „normaler" zyklischer Einbruch eingeordnet. In manchen Fällen relativiert sich das Erleben der Großen Krise angesichts noch stärker einschneidender Krisenphasen der Vergangenheit oder angesichts dessen, dass Krise als gewissermaßen dauernde Begleiterscheinung erfahren wird (siehe dazu auch Abschnitt 4.2.3).

> „Ich meine, die letzte große Krise war eigentlich wirklich 2002, da ist unsere Abteilung um die Hälfte reduziert worden." (Assistentin Engineering, EL_A, 1)

> „Es war dieselbe Anzahl von Projekten mit zwei Mann weniger. Also das ist das, was wir eigentlich kontinuierlich sehen." (Entwickler, EL_A, 2)

> „Also das war [...] ganz schön kniffelig, diese Krise, ne. Also das ging wirklich in das Portemonnaie. [...] Und was kommt nach einer Kurzarbeit? In der Regel stehen dann irgendwann Entlassungen an, ne. Das ist so. Das haben wir Gott sei Dank anders hinbekommen, aber das ist nicht die Regel so. Also ich habe hier schon viele Entlassungswellen erlebt." (Konstrukteur, MA_B, 4)

Allgemeine Verunsicherung nach der Großen Krise – Wirtschaft und Gesellschaft weiter im Krisenmodus?

Unabhängig von der etwaigen eigenen Betroffenheit am Arbeitsplatz zeigen sich vielfach – oftmals subkutane – Verunsicherungen hinsichtlich der gesellschaftlichen, aber auch der eigenen Zukunft, die die Befragten explizit mit den globalökonomischen Krisentendenzen seit den Jahren 2007 in einen Zusammenhang stellen.

Zentral für die Frage nach dem Anspruchsniveau ist zudem: Mit der Wahrnehmung einer allgemeinen Krisenhaftigkeit der ökonomischen Entwicklung der letzten Jahre verschiebt sich der Vergleichshorizont für die Interpretation der eigenen Erfahrungen in Arbeit und Betrieb. Die eigene Situation wird vor dem Hintergrund einer – in der Regel höheren – Krisenbetroffenheit anderer Beschäftigter, anderer Unternehmen und Branchen wie auch anderer Länder (Vergleichshorizont Südeuropa) gedeutet und damit verglichen. So erscheint sie in besserem Licht. Ungerechtigkeitserfahrungen und Ansprüche relativieren sich dadurch.

Entsprechende Vergleiche werden in unseren Interviews häufig angeführt, typische Formulierungen lauten: „Natürlich geht es uns im Verhältnis immer noch gut“ (Sachbearbeiter, EH_C, 5), sagt ein Beschäftigter, der gerade seinen Arbeitsplatz verloren hat, eine andere meint in der gleichen Situation: „In der Eurokrise geht es uns auch noch gut“ (Dekorateurin, EH_C, 4). Die Große Krise kann insofern auch bei denjenigen, die nicht unmittelbar von ihr betroffen sind, Einfluss auf die Legitimitätsansprüche haben, genauer: auf die Stärke, mit der diese eingeklagt werden. Die Große Krise hat einen Vergleichshorizont geschaffen, der teilweise dazu führt, dass Beschäftigte die Einschränkung ihrer Ansprüche eher akzeptieren, als sie früher dazu bereit gewesen wären.

Interessant ist allerdings, dass auch diejenigen Beschäftigten, die eine betriebs- beziehungsweise arbeitsbezogene Krisenbetroffenheit verneinen, durchaus gewisse Folgen hinsichtlich der eigenen Zukunfts(un)sicherheit zum Thema machen. Dies betrifft etwa die Folgen der Krise für die Teuerungsraten, für die Ersparnisse sowie insbesondere für die eigene Altersvorsorge. Die Krise wird hier nicht in der Arbeit erlebt, sondern als steigende Unsicherheit der außerbetrieblichen Rahmenbedingungen. Allerdings sind die Befragten sehr unsicher, was angemessene Handlungsreaktionen auf eine solcherart wahrgenommene diffuse allgemeinökonomische Krisensituation ist: Vermehrt sparen und vorsorgen? Oder eher Geld ausgeben, bevor es seinen Wert verlieren könnte? Andere formulieren (sinngemäß) noch deutlicher: Wenn die ökonomische Zukunft in den Sternen steht, dann wenigstens jetzt gut leben.

> „Ja, man denkt schon mal drüber nach, ob man noch mehr vorsorgen könnte, müsste. Andererseits [...] Ich finde immer, ich lebe auch jetzt und ich weiß nicht mal, ob ich überhaupt so alt werde. Also ist das immer so ein bisschen so ein Zwiespalt. Ich sorge schon vor, ich mache was nebenher, weil ich weiß, dass es die gesetzliche Rente nicht reichen wird, aber es den Versicherungsunternehmen hinterherzuschmeißen ist auch nicht richtig. Es in irgendwelchen Fonds anzulegen ist auch nicht richtig. Also ja, es fehlt auch so ein bisschen das ‘Was kann man überhaupt sinnvoll machen?‘, finde ich.“ (Auszubildender, BA_A, 1)

> „Ich will eigentlich das Geld ausgeben, sage ich mal, weil ich weiß nicht, ob heute oder morgen über Nacht eine andere Währung kommt. Weil ich glaube nicht, dass der Euro noch so lange Bestand hat. Das glaube ich nicht.“ (Verkäufer, EH_B, 2)

> „Ich gebe mehr aus. [...] Also aber auch ganz bewusst, warum soll ich es denn sparen? Oder wir haben uns ein Haus gekauft, und [...] bevor ich in Rente gehe, will ich es bezahlt haben. Da habe ich mich irgendwann davon verabschiedet, da habe ich gesagt: ‚Pff, ich will jetzt leben.‘ Und ob ich dann nachher noch gut leben kann, das weiß ich nicht.‘“ (Mitarbeiter Jugendamt, ÖD_A, 2)

> „Ich weiß nicht, wo das noch hinführen soll, weil es wird ja alles teurer. Und ich meine, wenn du dann den Lebensstandard in Anführungszeichen minderst, [den] Lebensstandard nicht mehr halten kannst, was machst du dann? Du wirst ja älter, irgendwann gehst du in Rente, und dann langt das ganze Geld nicht mehr. Dann musst du Angst haben, dass du im Armenhaus landest in Anführungszeichen. Ist ja so. Also da habe ich schon Angst, aber du kannst ja gar nicht so viel wegsparen. Also das ist schon, du sollst jetzt fürs Alter sparen, aber wenn du drei Kinder daheim hast, was sollst du da noch wegsparen? Kannst ja gar nichts mehr wegsparen. [...] Du kannst gar nicht so viel wegsparen. Ich weiß nicht. Und gut, einen Leck-mich-am-Arsch-Standpunkt habe ich auch nicht in dem Sinn, aber was sollst du machen? Was sollst du noch machen?“ (Verkäuferin, EH_A, 1)

Über die Frage individueller Handlungskonsequenzen hinaus artikuliert die Mehrheit der Befragten eine gewisse Grundunsicherheit hinsichtlich der mittelfristigen Zukunft der deutschen Wirtschaft – eine Grundunsicherheit, die vielleicht auch wieder auf die eigene Arbeits- und Lebenssituation zurückschlagen könnte. Denn viele Befragte sind der Meinung: „Die Krise ist nicht vorbei, nein. Kommt vielleicht schlimmer hier in Deutschland, denke ich“ (Erzieherin, ÖD_B).

> „Wir haben eigentlich permanent Krisen irgendwo, und wenn mal die eine aufhört, dann sucht man sich die nächste aus. Also die Eurokrise, ja, man hat es schon gemerkt, ja.“ (Verkäuferin, EH_B, 8)

> „Also die doch hohen Geldmengen und die niedrigen Zinsen und unsere Situation in manchen Staaten und die immer steigenden Schulden von den Staaten, [da] hat man schon ein bisschen Bammel, dass dann noch mal was kommt dann, ja.“ (Technischer Mitarbeiter, FD_A, 12)

Die Große Krise wirkt also dort, wo die Beschäftigten sich in ihrer Arbeit nicht unmittelbar krisenbetroffen fühlen, gleichsam indirekt auf das Erleben und die Anspruchsmuster: erstens, indem sie die Vergleichshorizonte für die Beurteilung der eigenen Situation verschiebt (und zwar nach unten), und zweitens durch eine diffuse Verunsicherung hinsichtlich der außerbetrieblichen Rahmenbedingungen und der mittel- und langfristigen ökonomischen Prosperität.

4.3.2 Prekäre Normalität: Die betriebliche Beschäftigungsordnung in der Dauerkrise

Die Formel von der „prekären Normalität" soll die Lage derjenigen betrieblichen Konstellationen kennzeichnen, die zwar zum Zeitpunkt unserer Erhebungen (noch) nicht akut in ihrer Existenz gefährdet sind, deren Beschäftigungsordnung sich aber in einer Art von Dauerkrise befindet. Das Damoklesschwert einer Betriebsschließung als deren letzte Konsequenz schwebt mehr oder weniger deutlich über ihnen. Dazu zählen Betriebe von Unternehmen, die in schrumpfenden Geschäftsfeldern oder Märkten agieren, oder auch Firmen(bereiche) in peripherer Position innerhalb von Produktions- und Dienstleistungsnetzwerken, die die eigene Zukunft aufgrund von starken ökonomischen oder organisationalen Abhängigkeiten oder Widrigkeiten gleichsam nicht selbst in der Hand haben. Der Bestand dieser betrieblichen Beschäftigungsordnungen ist auch unter ökonomischen „Normalbedingungen" prekär, also auch unabhängig von gesamtwirtschaftlichen krisenhaften Zuspitzungen.

Art und Grad der Erschütterung der Beschäftigungsordnung sind in den Fällen prekärer Normalität verschieden. Sie reichen von der permanenten Gefahr der Auslagerung zumindest von Teilen der Geschäftsprozesse und mehr oder weniger spürbarem Personalabbau bei ansonsten noch relativer betrieblicher Stabilität (wie in den *Konstellationen MA_A, EL_B* oder *EH_A*) über langanhaltende und tiefgreifende betriebliche Restrukturierungsmaßnahmen (*AU_E*) bis zur unmittelbar bevorstehenden Werksschließung (*AU_C*). Aus dieser Aufzählung wird deutlich, dass diese Problemlage nicht nur in unterschiedlichsten Untersuchungsfeldern virulent ist, sondern auch in Konstellationen, die wir bereits – wie etwa *MA_A* als Beispiel für die „postpartizipative" Problemlage – unter anderen Gesichtspunkten näher betrachtet haben. Prekäre Normalität als Erschütterung der Beschäftigungsordnung überlagert in nicht wenigen Fällen andere für die Legitimitätsfrage relevante Problemlagen bzw. verschränkt sich mit diesen. In diesem Abschnitt geht es uns um die spezifischen Aspekte und Folgen, die sich aus einer Dauergefährdung des Betriebs als Beschäftigungsordnung für die Legitimitätsansprüche und die (auch interessenpolitischen) Handlungsorientierungen der Beschäftigten ergeben.

Um diese Aspekte näher unter die Lupe zu nehmen, betrachten wir in diesem Abschnitt zunächst zwei exemplarische Konstellationen: den Fall des *Automobilzulieferers AU_E*, bei dem die Langfristgefährdung der betrieblichen Beschäftigungsordnung den Erfahrungshorizont der Befragten in besonderem Maße prägt, und den Extremfall des unmittelbar vor der Schließung stehenden *Automobilwerks AU_C*, das den negativen Fluchtpunkt dieser Problemlage repräsentiert – den Punkt nämlich, an dem auch die Restnormalität der Ordnung begonnen hat, sich endgültig aufzulösen.

Der lange Abschied von der Normalarbeit – ein Automobilzulieferer als exemplarischer Fall „prekärer Normalität"

Die *Konstellation AU_E*, die wir als erstes Beispiel für einen Fall prekärer Normalität betrachten wollen, gehört zu einem Werk einer großen Automobilzulieferfirma. Dieser Konzern, der Rechtsform nach eine GmbH und keine Aktiengesellschaft, zählt zu den weltweit größten Zulieferern von Kraftfahrzeugtechnik. Zu den Kernaufgaben des *Werks AU_E* gehört die Fertigung von Kfz-Hilfsaggregaten und Lenkantrieben, es fungiert zudem als „Leitwerk" für diese Zulieferkomponenten im Konzern: Das „Technologiezentrum" – „von der Prozessentwicklung bis hin zur Musterablieferung für größere elektrische Maschinen alles unter einem Dach" (ein Experte) – ist konzernweit für diese Komponenten und damit auch für die Fertigung in einer Reihe weiterer Konzernwerke zuständig. Die Fertigung in *Werk AU_E* soll hingegen künftig weiter stark schrumpfen und perspektivisch lediglich noch zu Testzwecken aufrechterhalten werden.

Die zurückliegende Große Krise bedeutete für die Beschäftigten von *AU_E* keine besonders einschneidende Krisenerfahrung. Im allgemeinen Krisenjahr 2009 verzeichnete der Konzern zwar den ersten Nettoverlust in der Firmengeschichte, danach kam es aber zu einer raschen Erholung mit deutlichen Umsatz- und Gewinnsteigerungen. Die Besonderheit der Krisenerfahrung liegt anderswo: Seit dem Jahr 2000 werden im Werk auf verschiedenen Ebenen „Restrukturierungsmaßnahmen" ergriffen – nicht zuletzt spürbare „Mitarbeiterabbaumaßnahmen", wie es ein Experte nennt. Die Großserienfertigung der Zulieferkomponenten, auf die man spezialisiert ist, ist an ausländischen Standorten kostengünstiger möglich, damit steht das Werk unter erheblichem ökonomischem Druck. Vor diesem Hintergrund stehen die Optionen Verkaufen, Schließen oder „Sanieren" im Raum. Bislang hat man sich für letztere entschieden: vor allem für Personalabbau und den Umbau der Personalstruktur sowie die erwähnte Umfunktionierung zum Leit- bzw. „An- und Hochlaufwerk". Beschäftigte der Konzern in Hochzeiten insgesamt 15.000 Mitarbeiter am Standort, so arbeiten heute in *AU_E* nur noch etwa 1.500 (dazu kommen noch einmal etwa so viele in einem anderen Konzernwerk am Standort). Davon sind inzwischen fast zwei Drittel in indirekten Bereichen wie Forschung, Entwicklung und Planung tätig und nur noch ein Drittel in der materiellen Produktion.

Die traditionelle Firmenkultur wird von deren Protagonisten wie auch von den Befragten immer wieder mit Adjektiven wie „sozial gerecht" und zugleich „wirtschaftlich sinnvoll" umschrieben. Betont wird das kooperative Verhältnis zwischen Arbeitgeber- und Arbeitnehmerseite, wobei der Betriebsrat eine relativ starke klassische Stellvertreterrolle für die Interessenvertretung der Beschäftigten spielt. Im Rahmen der Sanierung bzw. Restrukturierung wurden mit ihm mehrere Standortsicherungsvereinbarungen ausgehandelt, die der Beschäftigtenseite weitreichende Konzessionen abverlangten. Lohnverzicht und Einschnitte bei Prämien und Urlaubsgeld gehören seit langem zum betrieblichen Alltag. Bei den laufenden Verhandlungen zum Erhebungszeitpunkt stehen erneut „Abbauzahlen" im Raum, bislang blieben indes betriebsbedingte Kündigungen ausgeschlossen. Der Abbau erfolgt im Wesentlichen über Altersteilzeit, Vorruhestand und Auflösungsverträge mit Abfindungen. Der Einsatz von Leiharbeitskräften ist im Übrigen bislang eine absolute Ausnahme geblieben, während befristete Beschäftigungsverhältnisse zugenommen haben.

Ebenfalls Teil der Restrukturierung sind Maßnahmen zur Flexibilisierung des Personaleinsatzes – in deren Rahmen es vermehrt zu Verschiebungen und Verlagerungen der Aufgabenbereiche in der Belegschaft kommt – und zur Produktivitätssteigerung. Durch das firmenspezifische „Ganzheitliche Produktionssystem" soll zunehmend Rationalisierungsverantwortung auf die Beschäftigten verlagert werden, allerdings in „gelenkter" Weise. Es gibt Formen von Teamarbeit und KVP in der Produktion, wobei die Teamleiter die unterste Führungsebene bilden. Der Betriebsrat spricht von „gekonnt angewandten Mitteln der indirekten Steuerung": Durch die permanente Konfrontation mit dem Soll- und Ist-Stand der produzierten Stückzahlen auf Anzeigetafeln an den Fertigungslinien werde jeder Beschäftigte ein Stück weit zu einem „kleinen Unternehmer". KVP und Teamarbeit würden von den Beschäftigten aber zunehmend auch als „Pseudobeteiligung" wahrgenommen, die nur der Optimierung der Absatzahlen diene. Und auch ein Experte aus dem Personalmanagement meinte eine gewisse „Übermüdung" der Beschäftigten in puncto „Einbindung" feststellen zu müssen.

Gefährdeter „Konservatismus" der Lebensform

Diese Erfahrung einer bereits seit Jahren in ihren Grundfesten erschütterten und auf absehbare Zeit gefährdeten Beschäftigungsordnung erscheint für die Beschäftigten besonders gravierend, weil diese Ordnung eine wesentliche Grundlage ihrer gesamten Lebensform darstellt(e). Die ganze Lebensführung und

-planung der Beschäftigten ist damit nachhaltig mitbetroffen und miterschüttert. Man hat hier in den letzten zwei bis drei Jahrzehnten die zunehmende Prekarisierung einer Beschäftigungsordnung erfahren, deren „goldenes Zeitalter“ man entweder selbst noch miterlebte oder aus den Erzählungen der Kolleginnen (oder von ebenfalls hier angestellten Verwandten) nur allzu gut kennt.

> „Mein Vater war damals hier Meister, und die Zeit – 1983 – war wirklich eine *goldene* Zeit, sage ich mal, es wurden sehr viele Leute eingestellt, weil die Arbeit auch vorhanden war. Es war sehr viel Arbeit, und ich habe wirklich das Glück gehabt, von heute auf morgen gleich anzufangen.“ (Verpackerin, AU_E, 8)

In dieser goldenen Zeit haben die Befragten ihre persönlichen Vorstellungen vom normalen (Arbeits-)Leben entwickelt – bzw. vorgefunden und sich angeeignet. Mit dem damals eingegangenen Beschäftigungsverhältnis verband sich eine Lebensform, deren normative Bezugsgrößen für sie weiterhin gültig sind, deren institutionelle Stützpfeiler aber in der betrieblichen Praxis zunehmend zu erodieren scheinen. Der zentrale betriebliche Stützpfeiler dieser Lebensform ist die „Normalarbeit“: ein umfassend geregeltes und abgesichertes, stabiles und langfristiges (im Prinzip lebenslängliches) Beschäftigungsverhältnis. Der Einstieg in dieses Beschäftigungsverhältnis und damit eben auch in gewisser Weise die Entscheidung für eine bestimmte Lebensführung wurde einem nicht selten, wie angedeutet, vom familialen Umfeld nahegelegt und vorgelebt.

> „Meine Brüder haben hier beide schon vorher eine Ausbildung gemacht und, ja, meine Eltern waren dann so im Endeffekt eigentlich mehr oder weniger ausschlaggebend, die dann gesagt haben: ‚Überlege dir das nochmal, gehe lieber in ein großes Unternehmen.‘ Und dann habe ich mich halt hier beworben, und es hat geklappt.“ (Qualitätsprüferin, AU_E, 1)

> „Zu [*AU_E*] bin ich im Prinzip *auch* gekommen, weil mein Vater im Geschäftsbereich X schon beschäftigt war. Ich habe unterschiedliche andere Ausbildungen ins Auge gefasst, also hätte auch bei einer Versicherung angefangen oder bei der Bank, aber am Ende hatte ich *hier* die Zusage, und [*AU_E*] stand damals halt für Qualität. Das war was, ein großes Industrieunternehmen, eine Anstellung fürs Leben. Das habe nicht unbedingt ich damit verbunden, aber meine Eltern garantiert. Meine [lachend] Mutter war hocherfreut, als der Brief von [*AU_E*] kam – und, ja, [welche] Erwartungen [hatte ich]? Ja, natürlich: Solidität, das ist ein solides Unternehmen. Das ist ein *großes* Unternehmen...“ (Sekretärin, AU_E, 2)

Die Betonung des *großen* Unternehmens konnotiert vor allem Sicherheit und Aufstiegschancen. Zum Zeitpunkt von Berufswahl und Berufseinstieg schien eine Festanstellung im Unternehmen weitreichende Sicherheit und soziale Absicherung zu garantieren, und sie implizierte auch das Vorhandensein von internen Karrierewegen. Es würden sich also betrieblich individuelle Entwicklungsmöglichkeiten im weiteren Lebensverlauf ergeben, der selbst über das Beschäftigungsverhältnis hinaus noch durch Gratifikationen der Firma – etwa durch eine gute Betriebsrente – abgesichert erschien.

> „[Der Konzern] hat die Möglichkeit, dass ich, sage ich jetzt mal, mich auch woanders intern bewerben kann, ob es nach Ungarn oder nach Italien halt ist. Man [...] ist halt immer noch im selben Unternehmen. Positiv: die [Konzern]-Rente [lacht], das ist auch ein Punkt, wo ich sage: Das hast du auch nicht überall. Darfst halt dir ja nun nichts zu Schulden kommen lassen, weil wenn du irgendwann rausfliegst, weil du auf gut Deutsch Scheiße gebaut hast, ja, hast du selber Schuld. Aber benimmt man sich und klaut nichts, sage ich jetzt mal, bleibst du im Unternehmen und kannst halt auch vorankommen." (Qualitätsplanerin, AU_E, 3)

Zugleich ist man bei einem Unternehmen beschäftigt, das sich durch seine traditionelle „Corporate Governance" eine große Unabhängigkeit vom Kapitalmarkt bewahrt hat. Auch damit verbinden die Befragten die Vorstellung von der längeren Frist und einer damit verknüpften Verlässlichkeit und Planbarkeit – auch der eigenen persönlichen Lebensplanung eben.

> „*Das* schafft auf jeden Fall eine gewisse *Nachhaltigkeit*, weil man nicht so abhängig ist vom kurzfristigen Gewinn, den die Aktionäre fordern, sondern weil man sich auch langfristig überlegen kann: Wie investiere ich? In welche Themen investiere ich?" (Controllerin, AU_E, 6)

> „Es ist natürlich ganz klar: Dass wir kein Aktienunternehmen sind, das macht sich natürlich in der heutigen Zeit [bemerkbar]. Da sind ja die Einflüsse immer stärker in so einem Unternehmen und da sieht man natürlich schon, dass wir schon eine gewisse Freiheit haben in unserer Firma und nicht so angewiesen sind... Natürlich müssen Ergebnisse auch stimmen, und der Druck ist natürlich auch von der Firmenleitung immer wieder da, aber ich sage immer, aus dem, was man in der Zeitung liest oder wie in anderen Firmen teilweise mit Mitarbeitern umgegangen wird, sage ich mal, glaube ich, kann man hier bei uns eigentlich schon doch ganz zufrieden sein." (Qualitätsplanerin, AU_E, 3)

Eine Beschäftigungsordnung dieser Art ist von den Befragten gleichsam als die dauerhafte und sichere „Einkommensmaschine" für eine in hohem Maße familien- und freizeitorientierte Lebensführung eingeplant. Dass der langfristig sichere Einkommensoutput für die Beschäftigten die zentrale Legitimitätsquelle dieser Ordnung ist, erscheint evident. Der Lohn, den die Maschine produziert, gilt einigen Befragten auch ganz explizit als bloßes Instrument für „das Eigentliche", das jenseits der Sphäre der Erwerbsarbeit beginnt:

> „Und natürlich, das Wesentliche, deswegen komme ich hier her, das Geldverdienen, ne. Das ist natürlich das A und O. Wenn ich so viel Geld in der Tasche hätte, dass ich es nicht bräuchte, würde ich hier keinen Tag mehr herkommen." (Bauplaner, AU_E, 5)

> *Frage:* „Wie wichtig ist Arbeit für Sie?"

„Ja, ich würde sagen, wichtig. Sehr wichtig. Weil ohne [lacht kurz]..., wie sagt man so schön? Ohne Knete, keine Fete [Lachen]. Ja, ist schon wichtig, natürlich.“ (Monteurin, AU_E, 9)

Die Dauer und Solidität der Ordnung, die verlässliche Regelung aller möglichen Aspekte des Beschäftigungsverhältnisses und Arbeitslebens, sind ebenfalls in hohem Maße positiv besetzt. Diese Seite bürokratisch-organisationaler Regulierung – die Verfahrens- und Rechtssicherheit, und zwar in erster Linie im Hinblick auf den gleichsam als unbefristet vorgestellten Leistungsvertrag mit dem Unternehmen – ist hier ein ganz wichtiger Rationalitätsanspruch der Beschäftigten an den Betrieb (siehe Abschnitt 3.2.2). Das damit verbundene „Regelvertrauen“ geht dem Anschein nach bei den Befragten sehr weit – bisweilen sogar so weit, dass etwas, das mit rechten Dingen (eben „geregelt“) zugeht, auch schon als „gerecht“ betrachtet wird: moraltheoretisch strenggenommen sicherlich ein Kurzschluss von der Rationalität auf die Moralität bzw. Gerechtigkeit, die dem Muster einer „Legitimation durch Verfahren“ entspricht (Luhmann 1983).

„Ja, gut, bei den Sachen, wo man eh nicht daran rütteln kann, die geregelt sind, sage ich, wenn sich da jeder daran hält, ist es ja nun auch gerecht. [...] In Deutschland ist ja nun auch vieles, ja, geregelter, als es im Ausland ist. Wir haben wirklich mit dem Entgelt, mit der Arbeitszeitregelung, mit der Arbeitszeit, das ist ja teilweise..., im Ausland gibt es da ja gar keine Regelungen, und daher kann ich das dann [verstehen], dass da die Leute auf die Barrikaden gehen...“ (Qualitätsprüferin, AU_E, 1)

Dass die gesuchten und geforderten Absicherungen und Verregelungen aber auch zu Verriegelungen für persönliche Entwicklungsmöglichkeiten werden können, ist den Befragten bisweilen durchaus bewusst. Sie können auch gleichsam das Einfrieren einer bestimmten Lebensform von der Seite des Beschäftigungsverhältnisses her begünstigen – und damit womöglich auch die Fixierung und Einengung der Beschäftigten auf bestimmte Lebensentwürfe. So deutet sich in manchen Statements an, dass etwa zum Zeitpunkt der Berufswahl bzw. des Beschäftigungs- und Laufbahnbeginns vorhandene „Gelegenheitsstrukturen“ sich im individuellen Berufsschicksal bis heute durchhalten. Das schließt Diskriminierungen, nicht zuletzt im Kontext von Geschlechterverhältnissen, die sich so fortschreiben, durchaus ein:

„Zu meiner Zeit, da muss ich jetzt ausholen, zu meiner Zeit..., ich wollte damals Schlosser lernen. Und zu *der* Zeit war es eben halt noch so, dass keine Mädels genommen worden sind. So, und wenn das alles so wäre wie *heute*, dann hätte ich Schlosser gelernt. Und da ich die Möglichkeit nicht hatte, würde ich eigentlich, so wie es ja früher war, sofort wieder bei [diesem Konzern] anfangen. Weil: Die Möglichkeit gab es ja nicht für Mädels, Elektriker oder so, das gab es ja früher alles

> noch gar nicht. Es ist ja erst in den Jahren so entstanden, ne. Aber so, ich bin zufrieden und ich bin froh, dass ich hier angefangen habe in der Firma.“ (Verpackerin, AU_E, 8)

Diese Beschäftigungsordnung ist von einer einmal als absolut sicher geglaubten Konstante in der individuellen bzw. familiären Lebensplanung zu einer variablen Größe geworden. Erstaunlich ist bei den von uns Befragten insgesamt die große Nachhaltigkeit und lange Stabilität ihrer Orientierung am Normalarbeitsverhältnis und an einer „Normalbiografie“ – ein hartnäckiges Erbe des Fordismus, der Prägung durch die goldene Zeit. Insofern kann man von einem „Konservatismus“ der Lebensform sprechen, der durch die Erschütterungen der Beschäftigungsordnung in Gefahr gerät.

> „*Das* war übrigens eine Denke, die ich sehr, sehr lange hatte, bis 2000 fast, dass ich dachte: Hier kriegst du irgendwann mal mit 62, 63, 64, 65 einen Blumenstrauß, dann sagen sie dir, wie gut du warst und tschüss. Das glaube ich seit einigen Jahren nicht mehr. Das kann uns hier jederzeit erwischen, dass sie sagen: ‚Morgen machen wir dicht.‘“ (Planer, AU_E, 7)

Das einmal zugrunde gelegte „Normalprogramm“ individueller Entwicklung im Rahmen einer entsprechenden „Normalordnung“ wurde in den letzten beiden Jahrzehnten mehr und mehr in Frage gestellt. Die Vorstellung von der selbstverständlichen lebenslangen Anstellung hat sich inzwischen verflüchtigt. Es gibt für keinen mehr absolute Garantien.

> „Also, ich habe nicht das Gefühl, dass ich hier außen vor wäre, wenn es um Arbeitsplatzreduktion ginge. Diese Denke gibt es *nicht* mehr. Also, wenn man früher gesagt hätte: ‚Oh, fang mal bei [*AU_E*] an, hast du eine Lebensstellung‘ – ich glaube, diesen Gedanken kann man abhaken, das ist heute nicht mehr so. Und deshalb habe ich auch immer ein beklemmendes Gefühl, wenn solche Nachrichten durch die Presse gehen oder auch bei uns auf den Versammlungen, wenn darüber was erzählt wird. Ich denke immer, ich könnte potenziell auch einer der Fälle sein, der seinen Job verliert.“ (Sekretärin, AU_E, 2)

> „Also dadurch, dass es ja hier am Standort im Moment sehr schwierig ist, weil sie ja die Mitarbeiteranzahl deutlich senken wollen, es gibt keine Garantie. [...] Es kann ja keiner sagen, gibt es hier den Standort noch in zehn Jahren, gibt es den noch in fünf Jahren, gibt es den noch in fünfzig Jahren? Das weiß ja keiner.“ (Qualitätsprüferin, AU_E, 1)

Das wird gleichwohl noch nicht als eine Gefährdung ums Ganze wahrgenommen. Immer noch gilt für die meisten – vor allem die älteren – Befragten der Gesamtkonzern als gleichsam zeitlos-ewige Institution, in deren Rahmen man sich selbstverständlich noch bewegt und auch weiter bewegen wird. Auch die jüngeren Befragten sehen das im Prinzip ähnlich, am Horizont tauchen allerdings bei ihnen doch auch deutlich größere Befürchtungen auf.

„Jetzt sage ich mir: Ich bin im großen Konzern. Klar kann es passieren, wenn jetzt hier nichts mehr los ist, dass ich versetzt werde. Das kann immer passieren, die Frage ist dann, wie man selbst reagiert dann. Ich wüsste jetzt nicht, ob ich weggehen würde, sage ich jetzt mal, oder nicht. Das, denke ich mal, würde ich irgendwo mit meinem Mann dann besprechen, aber man macht sich darüber jetzt nicht so den Kopf. [...] Ich denke, ich hätte noch relativ gute Chancen. Ich bin noch jung, habe meinen Techniker gemacht. Also sagen wir mal: [...] [der Konzern] geht pleite oder sonst irgendwas, man müsste sich halt woanders bewerben. Denke ich doch, dass ich noch bessere Chancen habe als manche anderen. Halt wie gesagt: Habe meinen Techniker, bin noch nicht zu alt. Ja, ist halt wirklich die Frage, wo manche Leute sich sagen: Ja, du bist ja aber eine Frau. Irgendwann wirst du schwanger. Das ist natürlich, wo man sagt: Hm, ja, okay, das spricht vielleicht dagegen. Aber ich bin noch jung, aktiv und, ja, möchte noch was bewegen." (Qualitätsplanerin, AU_E, 3)

Auf jeden Fall würde das die Lebensplanung empfindlich durcheinanderbringen. Die – eigentlich kaum vorgesehene – Frage der individuellen Mobilität wird aufgeworfen. Gerade bei den etwas Älteren, die ihr privates Umfeld gleichsam um Arbeit und Betrieb herum aufgebaut und organisiert haben, erzeugt das erkennbare Befürchtungen.

„Ich denke, der Arbeitsplatz an sich ist auch sicher, heutzutage. Was eben nicht so sicher ist, ist, *wo* der Arbeitsplatz ist." (Controllerin, AU_E, 6)

„Ja, gut, was einem ja offen steht oder die Möglichkeiten, die einem immer geboten werden, [bedeuten] halt, den Standort zu wechseln, ne. [...] Ja, und wir haben ein Haus gekauft, und [der Wechsel in einen anderen Standort] wäre wirklich, wenn es so wäre, wirklich der allerletzte Ausweg, sage ich mal, ne." (Qualitätsprüferin, AU_E, 1)

Eine wachsende Verunsicherung greift unter den Beschäftigten um sich. Über die einstmals so eindeutige Perspektive der eigenen Lebensführung und Lebensplanung sind durch die Prekarisierung der betrieblichen Entwicklung unvorhergesehene Unwägbarkeiten hereingebrochen, Existenzängste tauchen auf und große Fragezeichen.

„Ich sage mir mal, man kann heute, in der heutigen Zeit froh sein, dass man Arbeit hat. Und wem das gleich[gültig] ist, da sage ich immer: ‚Da, bitte, es warten genug andere Leute, die gerne arbeiten möchten, ne.'" (Verpackerin, AU_E, 8)

„Die Angst, den Arbeitsplatz zu verlieren, das ist natürlich, sage ich mal, vielleicht das [Oberste]. Ich habe Familie, zwei Kinder, eine Frau. Von daher im Endeffekt geht es wirklich [einfach darum:] Was kommt am Monatsende raus. Und ob das dann mit Stempeluhr ist und ich den Stapler fahre und stumpf irgendwie nicht nachdenken muss, im Endeffekt ist es dann irgendwann mal egal. Also die Arbeitsplatzsicherheit, sage ich mal, ist bei mir das Höchste." (Instandhalter, AU_E, 4)

„Wir können nicht sagen: ‚Ich habe einen sicheren Arbeitsplatz.' Ich glaube, das kann nun niemand mehr sagen. [...] Dann steht man immer mit einem großen Fragezeichen da, ne. Rauft sich das wieder zusammen, oder geht das kaputt? Was passiert dann, wenn es dann nicht in Ordnung ist? Was passiert dann? Ne, das sind solche Sachen. Fragt man sich." (Monteurin, AU_E, 9)

Output-Legitimation: Noch Luft nach unten?

Die Beschäftigungsordnung von *AU_E* legitimiert sich für die Beschäftigten in erster Linie als Stützpfeiler ihrer individuellen, in ihren Grundzügen „konservativen" Lebensform, und das bedeutet: über den Output, vor allem die Gewährleistung von Beschäftigungs- und Einkommenssicherheit. Ansprüche auf Leistungsgerechtigkeit dominieren deshalb die Anspruchsmuster der Befragten noch klarer als anderswo, allerdings mit einem besonderen Akzent: Das Interesse an Sicherheit der individuellen bzw. familialen Reproduktion und Planungsperspektive steht hier als zentraler Wert im Vordergrund und dieses Sicherheitsinteresse impliziert einen spezifischen Leistungsbegriff bzw. vor allem spezifische Erwartungen an die Gegenleistung der Ordnung. Deren Eckpunkte sind eine flexible, individuell beeinflussbare „sozial orientierte" Arbeitszeitregelung, ein „gutes Gehalt" mit ebenfalls individuell beeinflussbaren Steigerungsmöglichkeiten sowie soziale Zusatz- und Versorgungsleistungen, die die individuelle bzw. familiale Reproduktionsperspektive zusätzlich absichern. In die Vorstellung von der gerechten Gegenleistung mischen sich erkennbar auch Elemente eines Fürsorgeprinzips im Sinne einer bedarfsorientierten Daseinsfürsorge durch das Unternehmen.

„Es hat sich sicherlich vieles verändert, *aber* einige *Grund*dinge sind geblieben. Ich finde, dass es ein weiterhin sozial orientiertes Unternehmen ist, im Hinblick auf Arbeitszeiten zum Beispiel. Also, dass wir größtenteils hier Gleitzeit haben. Im Hinblick auf die Bezahlung, die, zumindest hier in unserer Region, wie man hört, ihresgleichen sucht. [...] Dann die Möglichkeiten, die man hier hat: Es ist eine Kantine angegliedert, wir haben einen eigenen werkärztlichen Dienst, wir haben Sonderzahlungen, die auch so einen sozialen Aspekt haben, mitunter Weihnachtsgeld und Arbeits- und Erfolgsprämie. Also das ist sicherlich nicht überall selbstverständlich und das ist nach wie vor, wenn auch in abgespeckter Version zu anderen Jahrzehnten, immer noch vorhanden." (Sekretärin, AU_E, 2)

Der implizite Leistungs-Sicherheits-Fürsorglichkeits-Deal hält also offensichtlich noch, seine grundlegenden Parameter sind weiterhin gegeben. Und gerade im Vergleich mit anderen Branchen oder Betrieben werden die Rahmenbedingungen des Beschäftigungsverhältnisses in der *Konstellation AU_E* nicht bloß als relativ erträglich eingeschätzt. Sondern man „hat" im Grunde „alles", bewegt sich „auf einem hohen Level", ja wähnt sich noch immer auf einer „Insel der Glückseligkeit".

„Die Themen, die Sie da ansprechen: Also ich habe alles. Ich habe nette Kollegen, ich habe Gleitzeit, passt alles, und ich habe hier so viele positive Dinge für mich, die ich *nirgends* anders bekommen könnte.“ (Planer, AU_E, 7)

„Ich sehe das *immer* im Vergleich zu anderen. Wenn ich das halt mit anderen Branchen [...] vergleiche, komme ich immer zu der Einschätzung: Insel der Glückseligkeit sind wir hier – *immer noch*, obwohl sich vielleicht einiges schon mit den Jahren verschlechtert hat, sind wir [es] *immer noch*, aufgrund der Rahmenbedingungen eben.“ (Sekretärin, AU_E, 2)

„Es gibt natürlich andere Firmen, da ist es noch klarer, [...], also da wird gesagt: ‚So, morgen musst du nicht mehr kommen‘, und dann war es das. Also ja, wir sind vielleicht auf einem hohen Level, wo wir uns befinden, sage ich mal, in der Verantwortung vom Betrieb den Mitarbeitern gegenüber, und deswegen, ja, ist das vielleicht manchmal vielleicht auch teilweise ein bisschen Gejammer auf hohem Niveau, ich weiß es nicht.“ (Qualitätsplanerin, AU_E, 3)

„Draußen würde ich das Geld nicht verdienen, was ich bei der Firma hier verdiene. Selbst in meinem Beruf würde ich es nicht verdienen, ne, da kann man wirklich froh sein als Frau, dass man das Geld verdient, ne. Man muss natürlich auch was dafür tun, umsonst gibt es nichts, ne.“ (Verpackerin, AU_E, 8)

Der spezifische Leistungs-Gegenleistungs-Deal verlangt selbstverständlich auch von den Beschäftigten etwas, „man muss natürlich auch etwas tun“: Hier greift erkennbar der Selbstanspruch und die Selbstverpflichtung, auch seinen eigenen fairen Part im Austauschverhältnis mit der Arbeitsorganisation einzuhalten. In manchen Äußerungen klingt das tatsächlich wie ein zwar ungeschriebener, aber doch sehr genauer Leistungsvertrag, bei dem der Stand von Leistung und Gegenleistung genau registriert und immer wieder bilanziert wird:

„Im Kopf mache ich immer eine Waage auf: ‚Wann hast du mal auf deine Pause verzichtet? Wann hast du mal etwas über Gebühr geleistet, was *nirgendwo* dokumentiert ist?‘ Und: ‚Kannst du dir das jetzt leisten, hier eine halbe Stunde oder eine Viertelstunde, was auch immer, mit dem zu quatschen?‘ So dass ich mit mir immer im Reinen darüber bin, was ich hier leiste und was ich mir herausnehme an Freiheiten.“ (Sekretärin, AU_E, 2)

Häufig wird indes berichtet, dass das, was man sich in diesem Sinne „herausnehmen“ kann, immer weniger wird. Eine zunehmende Leistungsverdichtung hat zur Konsequenz, dass die Waage sich immer häufiger zuungunsten der Beschäftigten zu neigen scheint. Im Zusammenspiel mit den zeitlichen und sozialen Anforderungen für Reproduktion und Familie kann sich das offensichtlich zu einer enormen Gesamtbelastung aufschaukeln.

„Ja, weil die Arbeitsbelastungen deutlich angestiegen sind, ne, die Arbeit ist mehr geworden für jeden Einzelnen, man ist mehr belastet dadurch und, ja, man weiß: ‚Wenn ich jetzt hier noch zehn Minuten länger sitze und über was gaukele, fehlt mir das hinten dran und ich muss einen Zacken schneller tun, oder beziehungsweise ich lass es ganz sein dann, an dem Tag. Aber das ist dann ja immer nur ein Aufschieben, in der Hoffnung, dass irgendwann mal die zehn Minuten wieder reinzuholen sind." (Qualitätsplanerin, AU_E, 3)

„Ja, es ist halt manchmal schwierig und anstrengend, weil ich halt so arbeite, je nachdem, wie mein Mann halt Schicht hat. Wenn der morgens Frühschicht hat, bringe ich unsere Tochter halt in den Kindergarten und bin dann erst mal so um acht hier, und wenn er halt Spätschicht hat, dann kann ich morgens um sechs schon anfangen zu arbeiten, weil er ja dann zu Hause ist und sich um unser Kind kümmert usw. [...] Also, das ist schon manchmal echt *schwierig*, und wir greifen da auch regelmäßig auf Oma und Opa zurück [...]. Und, sage ich mal, so ein normaler Alltag, dadurch, dass ich halt vollbeschäftigt bin, ist für mich halt auch schwierig, weil ich eigentlich von morgens bis abends nicht eine Auszeit habe. Also ich falle dann wirklich abends tot ins Bett. Ist halt schwer, wirklich. Da geht man schon manchmal am Zahnfleisch." (Qualitätsprüferin, AU_E, 1)

In diesem Statement zeigt sich auch sehr deutlich, warum „sozial orientierte" Arbeitszeiten – d.h. eine flexible, individuell zu beeinflussende (am sinnvollsten: Gleitzeit-)Regelung – in dieser Konstellation so ausgesprochen wichtig sind und als Gegenleistung für den eigenen Leistungsinput, die auch Fürsorgeansprüche berücksichtigt, von den Beschäftigten so sehr geschätzt werden. Die familien- und freizeitorientierte Lebensform erfordert kalkulierbare und zugleich möglichst variable Zeitstrukturen, die sich auch an die Bedürfnisse und Ansprüche im sozialen Umfeld anpassen lassen.

„Also meine Arbeitszeit passt, sage ich mal jetzt. Letzte Woche war der Junge krank, da war es kein Problem, dass ich zu Hause bleibe. Das ist natürlich auch immer von dem Vorgesetzten abhängig, wie so was gehandhabt wird. Aber sicherlich auch von dem Arbeitsplatz, den man hat, weil in der Fertigung ist das nicht so einfach." (Qualitätsplanerin, AU_E, 3)

„Und ich denke mal mit knapp 50 hat man das auch hinter sich, in der Weise, dass man dieses oder jenes ‚umreißen' möchte. Ich bin gerne zu Hause, ich habe meine Hobbys, ich habe meine Familie und von der Seite aus ist das okay. Und von der Flexibilität der Arbeitszeit habe ich eigentlich dadurch, dass ich Gleitzeit habe, alle Möglichkeiten." (Bauplaner, AU_E, 5)

Hier bestehen einerseits durchaus Anspruchskonkurrenzen zwischen Erwerbsarbeits- und Nichterwerbsarbeitssphäre.[44] Und es entstehen andererseits immer wieder kleine Konflikte, wenn die Möglichkeiten einer entsprechenden Arbeits-

44 Damit ist eine eigene Gerechtigkeitsproblematik angesprochen, die über die Erwerbsarbeitssphäre hinausweist und die wir an dieser Stelle nur streifen können. Es machen sich hier insbesondere Fürsorgeansprüche von Familienmitgliedern geltend (bzw. werden von den Beschäftigten geltend gemacht), die zu den betrieblichen Leistungsanforderungen, aber auch zu den

zeitgestaltung betrieblicherseits beschnitten und damit Outputansprüche der Beschäftigten verletzt werden.

> „Ja, was manchmal halt ein bisschen schwierig ist: Ich sage zwar, ich habe Gleitzeit, aber seitdem wir einen neuen Chef haben, der achtet halt sehr auf die Arbeitszeiten, und ich habe halt ein kleines Kind zu Hause und muss halt manchmal so ein bisschen variieren, weil man Mann halt schichtet. [...] Manchmal ist mein Chef da halt [so] und sagt: ‚Hier, so geht es nicht, du kannst nicht früher Feierabend machen, du musst jetzt [...] das und das und das noch erledigen!' Das ist für mich manchmal halt ein bisschen schwierig." (Qualitätsprüferin, AU_E, 1)

> „Mit der Geburt unseres ersten Sohnes wollte ich dann gerne aus diesem Zweischichtbetrieb raus, um eben mehr am Familienleben teilzuhaben und, ich sage mal, für mich sozusagen ein geordnetes Leben zu führen. Mit früh aufstehen und abends zu Hause sein. Diesem Wunsch konnte mir in der Abteilung nicht entsprochen werden, weil die Gleitzeitstellen mehr oder weniger abgebaut wurden. Hintergrund ist ganz klar: um flexibler zu sein, dem Betrieb zu dienen, sage ich jetzt mal. Das war so der Hintergrund, das sind ja teilweise noch Privilegien, diese Gleitzeit, gerade für mechanische Berufe oder so." (Instandhalter, AU_E, 4)

Erkennbar wird hier, dass der Leistungs-Sicherheits-Deal an einigen Stellen recht brüchig geworden ist, und frühere Ansprüche verwandeln sich zusehends in „persönliche Wünsche", denen „nicht mehr entsprochen werden kann". Sei es in Arbeitszeitfragen, sei es beim Einkommen und der Einkommenssicherheit oder etwa den Karriereoptionen: Sukzessive wurden in den verschiedenen Phasen der betrieblichen „Sanierung" diese oder jene „Privilegien" der unterschiedlichen Beschäftigtengruppen beseitigt, im Rahmen von Standortsicherungsvereinbarungen sind immer wieder peu à peu weitere Lohnprozentpunkte weggebrochen.

> „Zum einen ist natürlich ein deutlicher Aspekt für mich die Entlohnung logischerweise gewesen, denn das sind etwa 14 Prozent, die man dann weniger hat. Das ist natürlich das A und O, als Alleinverdiener mit vier Personen ist es dann schon eng." (Qualitätsplanerin, AU_E, 3)

> „Also bei [*AU_E*] war es ja sonst immer so, dass man auch mal einen Lehrgang machen konnte und sich weiterqualifizieren konnte. Da wurden ja alle Gelder gestrichen!" (Qualitätsprüferin, AU_E, 1)

Es wird also „enger" und es mussten in den letzten Jahren deutliche Einschnitte bei Arbeitszeit und Entlohnung hingenommen werden – Anspruchsverletzungen, die auch Kritik hervorrufen. Allerdings bleibt sie doch eher gedämpft. Ihr Anspruchsniveau scheinen viele Befragte schon deutlich abgesenkt zu haben,

---

Legitimitätsansprüchen der Beschäftigten an Erwerbsarbeit und Betrieb potenziell in Konflikt treten.

und die Einschnitte von Unternehmensseite nehmen sie auch nicht als grundsätzlich illegitim wahr. Die Konzessionsbereitschaft hat Grenzen, gewiss, aber sie sind für die Befragten offenbar noch nicht erreicht. Um die ja durchaus vorhandenen Reste an Sicherheit, auf die man sich angewiesen sieht und auf die man weiter baut, nicht aufs Spiel zu setzen, würde man schon noch – in den Worten eines Befragten – „ein gewisses Spielchen mitgehen".

> „Ich war halt zwischendurch schon am Überlegen, ob ich Stunden reduziere, und habe es mir halt auch ausrechnen lassen, aber da ist dann halt die Schwierigkeit: Wir haben ein Haus gekauft, und das dann zu vereinbaren, wenn es wirklich halt weniger im Monat ist, ist halt schwierig. Aber da kann ich ja nichts daran ändern." (Qualitätsprüferin, AU_E, 1)

> „Ja, auf jeden Fall, diese Reduktion der Stunden bedeutet für mich Einkommensverlust. Aber das sehe ich nicht als Problem an, weil mich auf jeden Fall ein Stundenverlust wesentlich weniger schmerzt, als wenn es zu einem Arbeitsplatzverlust kommen würde. Also, ich bin eher bereit, irgendwas Geldwertes herzugeben, wenn es dann dazu führt, dass ein Arbeitsplatz erhalten bleibt. *Mein* Arbeitsplatz erhalten bleibt." (Sekretärin, AU_E, 2)

> „Und wenn man mir jetzt sagen würde: ‚Du musst für 200 Euro weniger arbeiten', da würde ich nicht Applaus klatschen, aber ich könnte meine Kosten, zu Hause halt, decken. Also ich habe diese Grenze nicht [erreicht]. Und *irgendwann* hätte ich natürlich auch eine Grenze, jeder hat *irgendeine* Grenze, in jeder Beziehung. Natürlich würde ich irgendwann sagen, so jetzt, wenn du sagst: ‚Komme umsonst hierher, nur damit wir den Standort nicht schließen' – ‚Natürlich nicht!' Und vielleicht habe ich dann auch irgendwo eine Grenze, wo ich sage: ‚Okay, wenn ich jetzt Brötchen ausfahre und auf der Tankstelle arbeite, dann habe ich ja auch nicht weniger.' Aber im Moment würde ich erst mal ein gewisses Spielchen mitgehen." (Planer, AU_E, 7)

Sicher ist jedenfalls: Ein Zurück zu den goldenen Zeiten wird es nicht geben. Sowohl die Beschäftigungsordnung als auch der eigene Lebensentwurf und die „Normalbiografie", die einen so eng mit dieser Ordnung verbanden, sind nicht mehr das, was sie einmal waren. Und die Konzessionen, die man schon gemacht hat, um die Beschäftigung zu sichern, sind nicht mehr umkehrbar:

> „Nö, das ist weg. Da bin ich mir ganz sicher. Also ich glaube mal, und das geht, denke ich mal, jedem Arbeitnehmer so, das, was man einmal verloren hat, das kommt nicht wieder. Das glaube ich nicht. [...] Auch wenn sich andere dann die Erfolgsbonis einstecken, als Arbeitnehmer wird man da keine Chance mehr haben, [das] wieder zu bekommen, das glaube ich nicht." (Bauplaner, AU_E, 5)

Schwache Beteiligungsansprüche, Interessendelegation, Zukunftsangst

Wie wir gesehen haben, werden die Legitimitätsansprüche, die sich an die betriebliche Ordnung richten, von den Befragten in *Konstellation AU_E* vorrangig aus der Perspektive ihres Lebensschwerpunkts und des Programms einer „Normalbiografie" formuliert, deren Fokus für die meisten jenseits der Erwerbssphäre liegt. Das gilt nicht nur für die Leistungs- bzw. Gratifikations- und auch Fürsorgeansprüche, sondern auch für Beteiligungs- und Selbstverwirklichungsansprüche. Insbesondere für letztere bedeutet das auch explizit, dass ihr primärer Verwirklichungsort gar nicht im Betrieb gesucht wird.

> „Das muss ich auch ganz klar sagen, also: Ich könnte mich dann sicherlich auch anders verwirklichen. Also, die Arbeit ist also nur, um Geld zu bekommen." (Instandhalter, AU_E, 4)

> „Ich habe *relativ* wenig Vorgaben, die Vorgaben ergeben sich aus den Aufgaben und nicht aus dem Diktat des Chefs oder so. [...] Ich kann entscheiden, mache ich den Vorgang heute fertig oder morgen? Oder bis wann muss er fertig sein? Ich mache mir selber meine Vorgaben. Das empfinde ich als einen ganz großen Vorteil." (Sekretärin, AU_E, 2)

> „Die Verantwortung wird mehr auf die Mitarbeiter rübergebracht, also man wird vielleicht weniger geführt. Es wird, sage ich mal, Eigenständigkeit von einem erwartet und verlangt – ohne so richtig Druck zu machen, aber irgendwo schon." (Qualitätsplanerin, AU_E, 3)

Beteiligungsansprüche treten genau dann in den Vordergrund, wenn sie im Zusammenhang mit dem Leistungs-Sicherheits-Fürsorge-Deal und den damit verbundenen spezifischen Ansprüchen an Leistungsgerechtigkeit in Anschlag gebracht werden. Wie ausgeführt, impliziert jener Deal in den Augen der Beschäftigten grundsätzlich auch Einflussmöglichkeiten auf die Arbeitsbedingungen nach Maßgabe privater (familien- oder freizeitbezogener) Erfordernisse. Das betrifft vor allem die Regelung der Arbeitszeit, an die gleichsam privat motivierte direkte Beteiligungsansprüche geknüpft werden. Deren Verletzung wird offensichtlich als besonders gravierend erlebt, weil sie als direkter Eingriff in die individuelle Handlungssphäre und tendenziell als persönlicher Angriff gedeutet werden kann.

> *Frage:* „Wie beurteilen Sie die Möglichkeiten der Beteiligung und Einflussnahme der Beschäftigten hier im Betrieb?"

> „Also im Moment sehr schlecht. Ich war da gerade persönlich ja auch betroffen. Da ging es auch um das Thema Arbeitszeiten und Pausenzeiten. Ich habe anderthalb Jahre jetzt manche Tage acht Stunden gearbeitet und manche Tage sechs Stunden und habe dann die Mittagspause durchgearbeitet, damit ich einfach diese halbe Stunde Zeit gewinne und habe dann dementsprechend früher Feierabend gemacht.

Und das wird jetzt halt zum Beispiel nicht mehr gewollt. Das sind so Sachen, sage ich, wo einem immer mehr ein Stück weit auch eine Freiheit, die man hatte, halt genommen wird, wo der Chef dann sich einschaltet und sagt: ‚So geht es nicht!' – was aber in manch anderen Abteilungen geht. Also da ist schon manchmal halt eine totale Ungerechtigkeit, ne. Letztes Jahr wurde [der Konzern] zum familienfreundlichsten Unternehmen gekürt. Wenn man das von der Seite mal betrachtet und ich jetzt heute dastehe und mir [das] dann auf einmal verboten wird, [...] ja, das ist halt schwierig." (Qualitätsprüferin, AU_E, 1)

Ganz generell führt die Mischung aus betrieblicher Normalität und Prekarität, die angesichts langwieriger Sanierungsmaßnahmen, Umstellungen und doch nicht gänzlich ausgeräumter Schließungsbefürchtungen die Situation in *AU_E* kennzeichnet, zu spürbarer Unruhe und Anspannung in der Belegschaft. Als Basso continuo stehen die Fragen „Was kommt?" oder „Wann kommt's?" ständig im Raum und prägen das Klima.

„Also da merkt man schon, dass viele angespannt sind und manche Sachen..., gleich aus einer Mücke ein Elefant gemacht wird, wo man wahrscheinlich vor zehn Jahren gesagt hätte: ‚Ist doch nicht schlimm.'" (Qualitätsprüferin, AU_E, 1)

„Also es hat sich deutlich geändert, ja, insbesondere durch die [geringere] Anzahl der Mitarbeiter. Und natürlich bedingt dadurch, dass man immer mehr Aufgaben bekommt, sind auch viele Menschen, oder jeder, denke ich mal, sehr angespannt. Also dieses Miteinander, so wie es früher war, das ist nicht mehr." (Qualitätsplanerin, AU_E, 3)

„Und ich hoffe nicht, dass das unseren Bereich betrifft, dass gesagt wird: ‚Nee, jetzt haben wir für euch nichts mehr, jetzt seht mal zu', also das hoffe ich nicht. Weil im Moment ist eine Unruhe, weil keiner eigentlich weiß, was passiert jetzt: Habe ich hier noch die Sicherheit oder ist das vielleicht nur noch ein Jahr und dann bin ich hier auch weg, und was passiert dann mit mir, ne? Also da ist im Moment eine Unruhe drin." (Verpackerin, AU_E, 8)

Wie die Schilderungen zeigen, ist dies eher ein angespanntes individuelles Warten, bei dem sich jede/r um sich und seinen/ihren Bereich sorgt, aber keine übergreifende gemeinsame Handlungsperspektive sichtbar wird. Dafür fehlen, so die Einschätzung der Befragten, elementare Voraussetzungen eines „Miteinander" und eines „Zusammenhalts", die den Beschäftigten im Verlaufe der Entwicklungen der letzten beiden Jahrzehnte abhandengekommen seien.

„Also am Anfang war es schon so, dass alle wirklich zusammengehalten haben, aber jetzt über die Jahre hinweg hat sich das irgendwie mehr so entwickelt, dass, glaube ich, jeder an sich denkt. Habe ich schon das Gefühl." (Qualitätsprüferin, AU_E, 1)

„Sagen wir mal so: wenn *alle* an einem Strang ziehen, aber wirklich alle, ich denke mal, dann könnte man etwas reißen. Aber da nicht alle an einem Strang ziehen, wird es so sein, dass ein Teil der Aggregatefertigung halt weg ist, ja, und mal gucken, was hier noch ist. [Lacht] Und ich sage mal so: Die Idee mit dem Technologiezentrum hier finde ich ganz gut, muss ich sagen, weil man sagt ja: Das ist schon was, [...] aber man sieht dann halt auch die Fertigung und man kennt es halt noch von früher. Man weiß, wie viel Leute hier gearbeitet haben, und wenn dann ein anderer noch erzählt: ‚Früher war es hier noch voller...', ja. [Lacht] Ist schon was anderes." (Qualitätsplanerin, AU_E, 3)

„Zusammenhalt. Das war mal *früher* ganz gut hier. Aber ich weiß nicht, seitdem das irgendwie hier so alles anders geworden ist, haben vielleicht auch alle Angst, ich weiß es nicht. Also so richtig eng ist man nicht. Früher hat man sich sogar hier befreundet, man wurde Freunde. Jetzt eigentlich: Wenn Schluss ist, ist Schluss. Ne, Feierabend." (Monteurin, AU_E, 9)

Während in der Belegschaft Vereinzelung und passives Abwarten vorherrschen, verkörpern Betriebsrat und Gewerkschaft eine kollektive Handlungsperspektive, die von den Befragten als angemessen und realistisch beurteilt wird. Sie „machen ihren Job" und sind dafür bei Beschäftigten als ihre Stellvertreter anerkannt, an die man die Durchsetzung seiner Interessen delegiert und diese in treuen Händen wähnt. Nach dem Urteil der Befragten ringt der Betriebsrat mit ökonomischen Sachzwängen, die wenig Handlungsspielraum lassen; eine Alternative zum „Concession bargaining" scheint nicht in Sicht.

„Ja, was soll [der Betriebsrat] tun, genau. [...] Es wird sicher kein Unternehmen der Welt hingehen und sagen: ‚Wir machen zwar Miese, aber wir zahlen euch weiter gut und wir beschäftigen euch auch weiter. Ist ja egal auf die paar Miese.' Das macht ja keiner, also ich habe da auch schon dann [Verständnis], ich verstehe dann auch den [Betriebsrat]." (Planer, AU_E, 7)

Die Ursachen für die Misere und die Prekarisierung der betrieblichen Zukunftsaussichten sind im Wesentlichen „draußen", in der anonymen und schwer verständlichen Dynamik der ökonomischen Globalisierung, zu suchen. Diese Dynamik setzt neue Rahmenbedingungen selbst für das zum „Global Player" mutierte große Unternehmen, auf dessen Sicherheit und Kalkulierbarkeit man früher baute. Damit gerät die betriebliche Ordnung, in der man groß wurde und sich eingerichtet hatte, unter Dauerdruck.

„Und so kam halt dieser Schnitt durch die Globalisierung. Dann hat man das Werk [im Ausland] gebaut, das war der nächste Schritt." (Planer, AU_E, 7)

„Also der Druck ist natürlich auf so ein Wirtschaftsunternehmen, egal ob DAXgeführtes oder nicht, schon enorm groß, und wenn man dann noch als Global Player, sage ich mal, in einem führenden Industriebetrieb [arbeitet], muss man sich natürlich schon auch mit anderen messen und dementsprechend ist natürlich auch der Druck. Durch die ganze Globalisierung, sage ich mal, ging es natürlich auch nicht an uns spurlos vorbei." (Qualitätsplanerin, AU_E, 3)

„Die Rahmenbedingungen, die werden halt schlechter. Weil ich nicht mehr weiß, ob ich einen sicheren Job habe, weil man nur Negatives gepredigt bekommen, weiß auch nicht, inwieweit das stimmt, dass unser Produkt nichts mehr abwirft oder..., das könnte ja auch vorgeschwindelt sein. Kann ja sein, dass der [Konzern] ein anderes Bauteil an den [Automobilendhersteller] verkauft und sagt: ‚Das Produkt [von *AU_E*] kriegst du umsonst. Also so übertrieben, dass man *deshalb* nichts mehr verdient, ich weiß es einfach nicht." (Planer, AU_E, 7)

Einerseits also sieht man globale ökonomische Sachzwänge am Werk, denen man sich – auch als Arbeitnehmerin und Arbeitnehmerinteressenvertretung – nur anpassen kann. Andererseits gibt es doch auch – wie das letzte Statement zeigt – gehörige Zweifel an der ökonomischen Rationalität der Konzernstrategie und der Sanierungsmaßnahmen. Aber man „weiß es einfach nicht": Es bleibt bei den Zweifeln an einer Sache, für die man nicht zuständig ist und bei der andere das Sagen haben. Skepsis wird auch mit Blick auf die eingeschlagene Strategie formuliert, *AU_E* zu einem „Leitwerk" umzufunktionieren, hier eher mit Blick auf technisch-funktionale Rationalitätsansprüche, die man womöglich verletzt sieht.

„Aber wenn ich hier anfange irgendwann als Ingenieur und hier ist gar keine [Fertigungs-]Linie mehr, wie soll ich denn dann eine Linie für ein Produkt planen? Da glaube ich nicht so richtig daran." (Planer, AU_E, 7)

Aber auch hinter solchen Zweifeln scheint kein wirklicher kritischer Nachdruck zu stehen. Klar ist bei alledem allein: Die Zukunft ist in vielerlei Hinsicht ungewisser und offener geworden, und das betrifft mit der betrieblichen nicht nur die individuelle und familiäre Zukunft, sondern auch die der Gesellschaft, in der man bislang zu leben glaubte. Ausgehend von der Wahrnehmung einer nachhaltigen Erschütterung der betrieblichen Beschäftigungsordnung, die eine so wesentliche Stütze der eigenen Lebensplanung darstellt, werden von den Befragten auch relativ häufig allgemeinere Überlegungen über in ihren Augen problematische Entwicklungstendenzen der gesellschaftlichen Gesamtordnung angestellt, als deren wesentlichen Bestandteil und Spiegel man jene Beschäftigungsordnung begreift.

„Irgendwann wird es keinen Mittelstand mehr geben, wenn das so weiter geht. Die Reichen werden immer reicher, und die Armen werden immer ärmer. Na, okay, es hat auch manchmal damit zu tun, wie manche Leute sich anstellen, davon mal abgesehen. Also ich glaube schon, dass es irgendwann, wenn das jetzt so weiter geht, wie es jetzt ist, wir anstatt einer Drei-Klassen- nur noch eine Zwei-Klassen-Gesellschaft haben werden." (Qualitätsplanerin, AU_E, 3)

> „Ich glaube, das ist ganz Mitteleuropa, dass wir hier ein Problem haben mit der Produktion in Mitteleuropa, dass langfristig die Arbeit halt von ziemlich vielen Großfirmen in Niedriglohnländer wandern wird. Und ich bin da froh, dass ich 48 bin und nicht 28. Wenn ich jetzt überlegen würde, Haus bauen, Familie gründen – die armen Schweine, die hier diese Werksverträge und Zeitverträge haben und werden nicht übernommen...“ (Planer, AU_E, 7)

Angesichts dessen heißt die Schlussfolgerung unserer Befragten nicht in erster Linie: Widerspruch und Kritik äußern, gemeinsame (betriebs-)politische Handlungsoptionen ausloten o.ä., sondern: Zeit gewinnen, hoffen, „dass das hier wirklich noch lange weiter geht“, die „persönlichen zehn, zwölf Jahre“ noch still halten, Durchhalten bis zur Rente...

> „Ich hoffe, dass das hier wirklich noch lange weiter geht. Also das würde ich mir wünschen. Für alle uns hier, ne.“ (Monteurin, AU_E, 9)

> „Und dann sind meine persönlichen zehn, zwölf Jahre noch nicht im Sack, also die sehe ich noch nicht. Also mal sehen, wie es kommt.“ (Planer, AU_E, 7)

> *Frage:* „Können Sie sich vorstellen, hier bis 67 zu arbeiten?“

> „Um Gottes Willen, nein, ne. Um Gottes Willen, das möchte ich nicht, nein. Also wenn man mir genug Geld anbieten würde, dann würde ich morgen schon zu Hause bleiben. Wie gesagt, ich habe ein gutes Zuhause [lacht].“ (Bauplaner, AU_E, 5)

> „Ich sage: ‚Guckt euch die Rente an in Frankreich, ich glaube, die gehen schon mit 60 oder 63. Und wir sollen hier bis 67 arbeiten?‘ Da sage ich: ‚Das schafft keiner. Das schafft keiner.‘ Also wenn Sie die Männer [sehen], die in der Vierschicht oder in der Dreischicht arbeiten, das schafft keiner bis 67. Selbst wenn man in der Fabrik arbeitet, sage ich mal, also das ist schon ein stolzes Alter, 67, also da muss man erst mal hinkommen. Die meisten, die gehen vorher, das schafft man auch gar nicht, gesundheitlich nicht mehr.“ (Verpackerin, AU_E, 8)

Damit hätten wir unterschiedliche Facetten der Ausprägung von Legitimitätsansprüchen der Beschäftigten im Erfahrungsraum „prekärer Normalität“ in einem ersten Beispielfall herausgearbeitet. Dieser exemplarische Fall *AU_E* steht für eine Erfahrung langanhaltender und tiefgreifender betrieblicher Restrukturierungs- und Personalabbaumaßnahmen bei permanenter Auslagerungsgefahr. Wir betrachten nun noch kurz ein weiteres Beispiel „prekärer Normalität“, das insofern einen Extrem- und Fluchtpunkt dieser Problemlage darstellt, als sich hier der völlige Zusammenbruch der Ordnung bereits deutlich abzuzeichnen beginnt, der Punkt, wo die prekäre Normalität dieser Ordnung in die pure Prekarität der Arbeitnehmerexistenz umschlägt.

Von der prekären Normalität zur Schließung – das Beispiel eines Automobilwerks

Die *Konstellation AU_C* ist Teil eines Werks eines multinationalen Automobilkonzerns. Bereits seit gut zwanzig Jahren ist der Werksstandort umkämpft, und zum Zeitpunkt unserer Befragungen findet ein Einigungsstellenverfahren statt, mit der Perspektive einer Werksschließung zum Jahresende. Dem gingen in den vorangegangenen Jahren mehrere Sanierungspläne voraus, und *Werk AU_C* musste bereits vor zehn Jahren einen Großteil der Fertigung aufgeben. „Prekäre Normalität" manifestiert sich hier sehr zugespitzt als langjähriger Prozess einer Schließung auf Raten, in dessen Verlauf die Beschäftigten immer wieder Konzessionen bei den Lohn-Leistungs-Ansprüchen machen mussten. Dabei handelte es sich allerdings lange Zeit aus der Sicht der Betroffenen um konkrete Deals, auf die man sich einlassen konnte, weil kalkulierbar blieb, was als Gegenleistung des Unternehmens noch zu erwarten war. Im Vergleich mit dem regionalen Umfeld hat man lange auch die „Outputbedingungen" (Arbeitsplatzsicherung, Einkommen, Qualifizierung) am Standort so eingeschätzt, dass man auch nach den Konzessionen immer noch überdurchschnittlich gut dastand. Der Modus eines kalkulierbaren Geben-und-Nehmens sei in der letzten Phase der Standortauseinandersetzung vom Unternehmen nun allerdings aufgekündigt worden.

Die Situation ist zugleich geprägt durch eine traditionell hochaktive, offensive und beteiligungsorientierte Politik der Interessenvertretung am Standort. Das hat zu einer nachhaltigen Aktivierung von Beteiligungsansprüchen in der Belegschaft geführt, die auch im regionalen Umfeld mit einer starken Industrietradition gut verankert ist. Man sieht sich als Opfer der Standortkonkurrenz innerhalb eines multinationalen Konzerns, zugleich erscheint die sich abzeichnende Werksschließung als „Politikum": Der Konzern wolle eine besonders kampfstarke Belegschaft loswerden und so im Konzern ein Signal setzen. Inzwischen schätzen die Beschäftigten die Machtpotenziale, die man früher hatte, um noch entscheidenden Einfluss auf den Krisenverlauf zu nehmen, u.a. durch veränderte Arbeitsteilung im Konzern, als verbraucht an. Am Ende bleibt den Beschäftigten eine ungewisse Hoffnung auf regional- bzw. landespolitische Abfederungen und kleinere Übergangslösungen – und eine große Gewissheit: sich ansonsten anpassen zu müssen an die „Zeichen der Zeit", sich flexibel und mobil auf den Arbeitsmarkt zu begeben.

Von der Selbstrelativierung zur erzwungenen Rücknahme von Ansprüchen an Leistungsgerechtigkeit

Die Konzessionen, die mit Abstrichen bei Leistungsansprüchen verbunden waren, schienen für die Befragten – wie bereits angedeutet –, solange die Schließung damit immer wieder abgewendet werden konnte, noch wegen des im regionalen Vergleich hohen Niveaus bei Einkommen und Arbeitsbedingungen akzeptabel zu sein.

> „Also als Mitarbeiter [...] macht man Vergleiche. So, ne? Jetzt haben wir, hat man bei [diesem Unternehmen] immer gut verdient. Und ich vergleiche das immer mit außerhalb. Wie viel verdient der? Und was für Tätigkeiten führt der aus? [Dann] sind wir immer noch gut, bin ich immer noch gut bedient mit meinem Job und mit meinem Lohn und so weiter. Denn im Kopf macht man dann halt so den Vergleich. Und manchmal ist es für jemanden in Ordnung und für jemanden nicht." (Jungfacharbeiter, AU_C, 2)

Die verschlechterte Gesamtsituation und der schleichende Abwärtsprozess in Arbeit und Beschäftigung strahlen allerdings nun seit langem auf die ganze Lebenssituation aus, legen sich wie eine schwere Last auf die Gesamtexistenz, verunsichern – ohne dass bislang eine endgültige Entscheidung über die konkreten Konsequenzen gefallen wäre. Trotz aller Relativierung im lokalen und regionalen Vergleich: Allmählich zieht der Schatten einer möglichen Prekarisierung der Arbeits- und Lebensbedingungen über die Befragten und verursacht manifeste Zukunftsängste.

> „Die Probleme. Die Zukunftsängste sage ich mal. Ne? Die man hier am Standort hat. Die nimmt man auch irgendwann nach Hause mit. Obwohl man es vielleicht nicht will. Aber irgendwann, irgendwann nimmt man sie mit nach Hause. [...] Also da werden schon Wege gesucht: ‚Ah, was könnte ich denn da machen?' Und: ‚Was passiert, wenn es [das Tochterunternehmen] nicht mehr gibt? Was passiert, wenn es weiter geht? Was machen wir?' ‚Soll es so weiter gehen mit dem Hin und Her?' Ziemlich belastend also, das Thema. Ich habe das Wort dafür gefunden [lacht]: belastend einfach, ne? Man nimmt das mit nach Hause mit." (Jungfacharbeiter, AU_C, 2)

Dieser schleichende Prozess scheint die Ansprüche der Beschäftigten auf Leistungsgerechtigkeit mehr und mehr ausgehöhlt zu haben. Am Anfang stand das Bewusstsein eines auf der eigenen Kampfkraft und Machtposition beruhenden überdurchschnittlichen Grads von Outputgerechtigkeit, nun steht diesbezüglich in jeder Hinsicht „Anpassung" an: „Also man muss sich dem Zeitalter, würde ich mal sagen, anpassen, ne?" (Jungfacharbeiter, AU_C, 2). Ihre Leistungsansprüche, das wurde den Beschäftigten immer deutlicher gemacht, lassen sich unter den veränderten Rahmenbedingungen und Kräfteverhältnissen nicht mehr länger in der gewohnten Weise durchsetzen. Entscheidend ist auch der Zeitfaktor: Die mehr oder weniger akzeptable Gegenleistung der Gegenseite, des Unternehmens, trägt spürbar immer kürzere Verfallsdaten, wird zunehmend unkalkulierbar. Man muss deshalb flexibel und gegebenenfalls auch mobil sein, um wieder eine hinlängliche Sicherheit der Lohn- und Arbeitsbedingungen zu erreichen, die die Voraussetzung für eine erneute Stabilisierung der Lebensverhältnisse und der Möglichkeiten der Lebensplanung wären.

> „In der jetzigen Zeit muss man halt flexibel sein. [...] Mobil sein, flexibel sein, ja." (Jungfacharbeiter, AU_C, 2)

Das Thema Sicherheit drängt sich immer mehr in den Vordergrund, gerade der Jüngste der von uns Befragten betont das in besonderer Weise.

> „Auf jeden Fall in erster Hinsicht die Sicherheit natürlich. Das ist für mich sehr wichtig. Einen entsprechenden Lohn, dass man über Wasser bleiben kann. Dass man sich eine Wohnung leisten kann. Halt den gleichen Lebensstandard, den man hier hat, [...] hier in [dieser Stadt]. Dass man den da auch leben kann. Dass man keine Abschläge machen muss. Weil man, weil man die Stadt gewechselt hat, oder so hat, ne?" (Jungfacharbeiter, AU_C, 2)

Ausgeprägte, aber ohnmächtige Beteiligungsansprüche

Die Erfahrungen der Belegschaft sind durch eine langjährige Aktivierung von Beteiligungsansprüchen gekennzeichnet: einerseits eine unternehmensseitige Aktivierung via Einführung von Gruppenarbeit und Elementen partizipativer Arbeitsorganisation, die auch hier allerdings schon lange in ein postpartizipatives Stadium eingetreten ist (siehe Abschnitt 4.1.2). Andererseits und vor allem einer interessenpolitischen Aktivierung im Rahmen der aktiven, beteiligungsorientierten Interessenpolitik am Standort.

Im Hinblick auf die Beteiligungsansprüche wird die Lage von den Befragten als eine der zunehmenden Ohnmacht erfahren. Der Entscheidungsprozess läuft in der Ferne ab und erscheint kaum beeinflussbar. Der inzwischen endgültige „Beschluss" zur Schließung kommt „von außen", „von Amerika", dort liegt die Ursache, dort wurde entschieden: „Ihr (Deutschen) müsst ein Werk schließen." Wie dabei der Standort als Schließungskandidat „herausgefunden" wurde, wer weiß...?

> „Ja, das ist von außen [beschlossen], das ist Amerika, [der Konzern]. [Der] macht die Vorgabe: ‚Ihr müsst ein Werk schließen!' Und dann mussten die sich ja einigen. Das heißt jetzt, Werk A, Werk B, Werk C und unser Werk mussten jetzt einen ausgucken. Man hat dann also irgendwann auf irgendeinem Wege herausgefunden: ‚Aha, nehmen wir unser Werk.' Ich war nicht dabei, ich kann mir vorstellen, wie das gewesen sein könnte, aber ich weiß es nicht. Die Ursache liegt außen, ne?" (Facharbeiter, AU_C, 1)

Welche Rolle die eigene Werksleitung spielt, bleibt für die Befragten unklar. Man kann nicht genau wissen, welchen Handlungsspielraum das Management vor Ort hat, ob es am Entscheidungsprozess überhaupt beteiligt wurde. Es wird eher als Handlanger und „dressierter Affe" (so ein Befragter) gesehen, der Planungen von oben bedenkenlos ausführen muss. An wen soll man also die Beteiligungsansprüche richten?

Auch die Rolle der Gewerkschaft im Prozess sich verschärfender Prekarisierung der betrieblichen Beschäftigungsbedingungen wird kritisch gesehen. Sie habe sich letztlich auch gegen den Standort entschieden und „winke“ die Abwicklung nun nur noch „durch“. „Für so was brauche ich keine Gewerkschaft“, urteilt ein Befragter. Auch nach dieser Seite hin erlebt man mithin Beteiligungsansprüche als verletzt. Das führt bei den Befragten allerdings nicht etwa zum Austritt. Nüchtern kalkuliert man, dass der Standort im Zweifel wohl zum Opfer der Organisationsrationalität wurde: Der Zentralstandort, der durch die Schließungsentscheidung gesichert werden soll, hat einfach mehr Mitglieder.[45] Solche Einschätzungen hängen eng damit zusammen, wie man den unterschiedlichen Stellenwert von Rationalitätsansprüchen wahrnimmt.

Stellenwert von Rationalitätsansprüchen und Würdeverlust

Die Topmanagement-Entscheidungen, die letztlich in die Werksschließung münden werden, werden mit ökonomischen Gründen zu rechtfertigen versucht. Sie folgen einer ökonomischen Rationalität, die man nicht wirklich versteht, die auch nicht wirklich transparent und nachvollziehbar gemacht wird und eben anderenorts ausgedacht wurde (in den USA, der Konzernzentrale).

> „Und das Unternehmen ist gar nicht darauf ausgelegt, um Gewinne zu machen. Sie wollen gar nicht mit [dem Tochterunternehmen] Geld gewinnen, sie wollen [Konzern-]Gewinne machen. Aber immer wieder wird uns zur Last gelegt: ‚Ihr habt Verluste gemacht!‘ Und wir können das nicht mal nachvollziehen, ob wir Verluste oder Gewinne gemacht haben. Ich weiß nicht mal, ob wir ein eigenes Konto haben.“ (Instandhalter, AU_C, 4)

Nachvollzogen und „gekauft“ werden allerdings teilweise durchaus Argumentationsfiguren, die um die „Globalisierung“ als Begründung von Standortentscheidungen kreisen.

> „Also die globale... Globalisierung: Sie wollen weg von Hochlohnländern, was Montagetätigkeiten angeht. Ich würde mich nicht wundern, wenn sie in zwei oder drei Jahren in der Türkei ein Montagewerk errichten für [das Tochterunternehmen].“ (Instandhalter, AU_C, 4)

Aus der Unternehmensperspektive mag sich dies so darstellen. Technisch-funktionale Gesichtspunkte stehen dem aus Befragtensicht aber entgegen: Wir kön-

---

45 Angemerkt sei hier, dass alle vier befragten Beschäftigten in *AU_C* nicht nur Gewerkschaftsmitglieder, sondern entweder auch gewerkschaftliche Vertrauensleute sind oder doch längere Zeit waren.

nen hier gute Autos entwickeln und bauen („trotz dieses Managements"). Diese Kompetenz wird gewissermaßen enteignet bzw. spielt unter der Dominanz einer fragwürdigen ökonomischen Rationalität kaum eine Rolle. Sie wird zum Opfer von Missmanagement.

> „Missmanagement in erster Linie, hauptsächlich. [Der Konzern] hat [das Tochterunternehmen] vernachlässigt und tut es immer noch. [...] Trotzdem hat [das Tochterunternehmen] ein Potenzial, [...] wo es Fähigkeiten innehat, gute Autos zu entwickeln, erstaunlicherweise, trotz dieses Managements, ne. Aber [...] diese Gewinne, diese Entwicklungen, das, was wir erzielen hier an Design und Technologie, das wird eher dafür verwendet, um andere Konzern-Marken aufzuwerten." (Instandhalter, AU_C, 4)

Durch die Statements zieht sich eine Art generalisiertes Entfremdungsgefühl im Hinblick auf die Vorgänge im Unternehmens- und Konzernüberbau und auf „den Märkten". In diesem Entfremdungsgefühl drückt sich nicht nur das Empfinden einer Verletzung von Beteiligungsansprüchen aus. Die ökonomische Rationalität und die Managemententscheidungen „sehen" gewissermaßen auch die Menschen nicht, ignorieren die Region, die Stadt, die Tradition, die Kompetenzen und das Erfahrungswissen der Menschen. Und darin, das schwingt immer wieder mit, liegt eine Missachtung der Würde dieser Menschen, eine Missachtung, die – auch aufgrund der langen Dauer der Erosion der Beschäftigungsordnung – auf die Befragten zutiefst verletzend wirkt.

Ausblick: Prekäre Normalität als Ent-Legitimierung „von oben"

Prekäre Normalität bedeutet für die Beschäftigten: Die betriebliche Beschäftigungsordnung ist schon lange in der Krise und wird es auch auf absehbare Zeit bleiben. Nicht nur die Beschäftigungsordnung wird seit langem durch immer neue externe wie interne „Einschläge" (Verlagerungsdrohung, Personalabbau, Rationalisierungs- und Sparprogramme) gefährdet und erschüttert. Auch die persönliche Lebensform, der Lebensentwurf der Arbeitnehmerinnen und Arbeitnehmer und damit ihre private Existenz, die auf Normalarbeit im Kontext jener Beschäftigungsordnung gründen, geraten zusehends in den Sog der Verunsicherung, den die Erschütterungen auslösen. Einige Etappen und Episoden des langen Abschieds von der Normalarbeit, der dadurch eingeleitet wird, haben wir am Beispiel des Automobilzulieferers *AU_E* und des Automobilwerks *AU_C* beleuchtet. Am Ende des Abschnitts wollen wir nochmals kurz einige dabei gewonnene Befunde aufrufen, um weiterreichende Implikationen anzudeuten.

Charakteristisch für die betrachteten Konstellationen prekärer Normalität ist zum einen die enge Verschränkung einer „alten", auf Kontinuität und Langfristperspektiven ausgerichteten betrieblichen Sozialordnung mit einem bemerkenswerten „Konservatismus“ einer dazu komplementären „normalbiografischen“ Lebensform, die manche Züge eines „familial-beruflichen Privatismus“ trägt. Eine solche Verschränkung scheint insbesondere für viele Industriekonstellationen immer noch typisch zu sein (siehe auch Abschnitt 4.1.2). Langlebige implizite Leistungs-Sicherheits-Fürsorge-Deals bildeten den materiellen wie moralischen Kitt solcher Konstellationen (dazu auch: Köhler et al. 2005). Charakteristisch ist zum anderen, dass die Erschütterung und Prekarisierung dieser Normalordnung im doppelten Sinne „von oben“ erfolgen und dass der lange Abschied von der Normalarbeit „von oben“ angetreten wird: Erstens resultieren die „Einschläge“ aus Entwicklungen und aus Handlungsstrategien der Entscheidungsträger im Management der Unternehmen. Das macht klar, dass die einstigen Garanten einer vermeintlich stabilen Beschäftigungsordnung auf Unternehmensseite (zumindest teilweise) begonnen haben, jene Leistungs-Sicherheits-Fürsorge-Deals einseitig aufzukündigen. Und zweitens erfolgt die Prekarisierung der Ordnung auch in dem Sinne „von oben“, als die Beschäftigten sich in vergleichsweise privilegierter Position sehen, was die bisherige Einlösung ihrer grundlegenden Ansprüche und Interessen an Erwerbsarbeit (Entlohnung, Arbeitszeitregelungen, Sozialleistungen) anbelangt.

In dieser Gemengelage scheint sich, zumindest in unseren Fällen, der Zusammenhang von Legitimitätsansprüchen der Beschäftigten und „Legitimitätsangeboten“ seitens der Ordnung in Richtung einer schleichenden Ent-Legitimierung der Ordnung zu bewegen. Vor allem die Ansprüche an Leistungsgerechtigkeit werden von den Beschäftigten immer mehr relativiert (im Vergleich zu anderen „geht es uns noch gut“), minimiert und zurückgenommen statt eingeklagt. In puncto Outputlegitimation scheint es in unseren Konstellationen prekärer Normalität, weil eben in der Sicht der Beschäftigten von relativ weit oben kommend, sehr lange noch Luft nach unten zu geben. Das ist durchaus nicht mit einer widerstandslosen Selbstaufgabe und bloßen Anpassung an übermächtige Abwärtsentwicklungen zu verwechseln. Zwar sind etwa in *Konstellation AU_E* die direkten Beteiligungsansprüche in der Belegschaft eher schwach ausgebildet bzw. aktualisiert, die vorherrschende Interessendelegation an die betrieblichen Interessenvertreter aber erscheint durchaus noch als wirksames Gegengewicht. Und in *Konstellation AU_C* treffen wir auf ausgesprochen ausgeprägte Beteiligungsansprüche, die interessenpolitisch in einer langen Reihe betrieblicher Konflikte auch phasenweise durchaus erfolgreich „aktiviert“ werden konnten – die sich freilich angesichts der für den Standort letztlich aussichtslosen Gesamtinteressenlage als ohnmächtig erwiesen.

Vor dem Hintergrund einer allmählichen Aufkündigung der Normalität „von oben“ kann sich, wie wir sahen, der Stellenwert von Rationalitätsansprüchen verändern und vergrößern: Die ökonomischen wie technisch-funktionalen Gründe von Verlagerungen, Outsourcing, damit verbundener Fragmentierung der Arbeit und generell von Rationalisierungsmaßnahmen werden in prekärer Normalität zum Dauerthema. Entsprechend werden insbesondere technisch-funktionale Rationalitätsansprüche zu einer wichtigen Achse der Kritik an Managemententscheidungen. Deren Bedeutung nimmt im Umschlagspunkt der Prekarität, im „worst case" der tatsächlich akut werdenden Schließung, offenbar nochmals zu, wie wir ausführlich im nächsten Abschnitt sehen werden. Und je aussichtsloser das Sich-Festklammern an den Resten der erschütterten Ordnung zu werden scheint, desto stärker tritt das Bewusstsein in den Vordergrund, dass mit dieser Ordnung auch der persönliche Lebensentwurf, die Lebensform der Familie etc. verbunden ist – und damit wird die Auflösung der Ordnung mehr und mehr auch zu einer Gefährdung der eigenen Person. Desto deutlicher tritt auch das Motiv der Würdeverletzung durch die zunehmenden Prekarisierungseffekte in den Vordergrund, wie auch die Betrachtung der Schließungsfälle im Folgenden zeigen wird.

Prekäre Normalität bedeutet damit in der Bilanz hauptsächlich: schleichende Ent-Legitimierung der Ordnung – und nicht De-Legitimierung durch Verteidigung von Legitimitätsansprüchen, daraus gespeiste wachsende Kritik und Protest. Der lange Abschied von der Normalarbeit geht mit einer Auszehrung und starken Relativierung von Anspruchshaltungen der Beschäftigten einher. Dass es sich dabei in unseren Fällen um eine „Relativierung nach unten" handelt – eine Relativierung der eigenen Situation im Hinblick auf relevante Vergleichsordnungen im sozialen Umfeld – und nicht, wie bei den Beispielfällen zur Problemlage fragmentierter Arbeit, um eine „Relativierung nach oben" (siehe Abschnitt 4.2.1), trägt hier nicht unwesentlich dazu bei, dass die Rücknahme der Gerechtigkeitsansprüche so alternativlos erscheint.

4.3.3 Der Zusammenbruch der betrieblichen Ordnung: die Schließungskrise

Betriebsschließungen markieren innerhalb unseres Samples die am stärksten ausgeprägte Form der betrieblichen Krisenhaftigkeit mit den weitreichendsten Folgen für die Beschäftigten: Der Arbeitsplatz steht zur Disposition, bisherige Lebens- und Zukunftspläne der Beschäftigten werden untauglich, neue berufliche und häufig auch neue private Handlungsstrategien müssen erarbeitet werden. Für die Frage der betrieblichen Legitimität dürfte eine solche Situation die größte Herausforderung darstellen, geht es hier doch nicht einfach um betriebliche Veränderungen, revidierte Verteilungsprinzipien, Krisenbewältigungsmechanismen etc. „innerhalb" der betrieblichen Ordnung, die begründet werden müssen oder ins Fadenkreuz normativ fundierter Kritik geraten können, sondern um den Bestand der Ordnung selbst. Legitimität wird nicht nur herausgefordert, ihr wird im Schließungsprozess gleichsam die Geschäftsgrundlage entzogen.

Zugleich bergen Schließungsprozesse – so unsere Ausgangsannahme – auch interessenpolitisch einen besonderen Konfliktstoff und sind von besonderer Relevanz. Die Betriebsschließung ist im Unterschied zu den Krisenphänomenen einer „prekären Normalität" oder einer eher diffusen allgemeinökonomischen Krise ein vergleichsweise konkretes, abgrenzbares Ereignis, das mit konkreten Akteuren, Entscheidungen, Prozessen usw. in Verbindung gebracht werden kann und damit auch interessenpolitischen Handlungsstrategien weiter offenstehen dürfte als andere Krisenformen. Auch dürfte aufgrund der besonderen Spürbarkeit und Massivität der Krise das interessenpolitische Engagement besonders hoch sein – eine Ausgangsüberlegung, die wir im Verlauf unserer Untersuchung zwar nicht revidieren, aber doch deutlich konkretisieren und differenzieren mussten.

Den Zusammenhang von Krisenerleben, Anspruchsverletzungen und interessenpolitischer Aktivierung möchten wir an drei Beispielfällen nachverfolgen. Wir beginnen mit zwei Unternehmen aus dem Einzelhandel, deren Beschäftigte mit dem Verlust ihres Betriebs konfrontiert sind: einmal aufgrund einer strategischen Unternehmensentscheidung, einen großen innerstädtischen Standort aufzugeben, im anderen Falle aufgrund der Insolvenz des gesamten Unternehmens. Anschließend kontrastieren wir dies mit dem Fall der Standortschließung eines IT-Dienstleisters aus dem Bereich Finanzwirtschaft, der durch eine völlig andere Qualifikations- und Beschäftigtenstruktur geprägt ist. Zugleich ist der Schließungsprozess hier stärker sozial abgefedert, weil den Beschäftigten alternative Standortangebote gemacht werden.

Standortschließung Einzelhandel: „Ein Nichts, in dem sie dich einfach zurücklassen"

Besonderes Charakteristikum der ersten Konstellation ist die Plötzlichkeit, mit der die Schließung verkündet wurde. Quasi über Nacht verlieren die Beschäftigten ihren Arbeitsplatz. Bei *Konstellation EH_C* handelt es sich um einen innerstädtischen Standort einer großen Einzelhandelskette, die in Deutschland etwa 25 Märkte betreibt und insgesamt ca. 10.000 Mitarbeiterinnen und Mitarbeiter beschäftigt. Der Standort war vor knapp zehn Jahren von einem Warenhauskonzern übernommen und auf den aktuellen Markennamen umgestellt worden. Bis zur Schließung waren hier 160 Beschäftigte tätig. Das Unternehmen mit Sitz im nahen europäischen Ausland ist in mehr als 140 Gesellschaften aufgegliedert; die Befragten sind seit einigen Jahren Angestellte einer lokalen Personalservice-Gesellschaft, die allein für die personelle Bewirtschaftung des Standorts zuständig ist. Die Ware wie auch die genutzte Immobilie gehören anderen Gesellschaften des Konzerns.

Die Schließung des Standorts, vom Unternehmen offenbar schon seit längerem geplant, wurde den Beschäftigten in absolut kürzester Frist mitgeteilt. An einem Samstagnachmittag, wenige Wochen vor unseren Interviews, wurde das Geschäft auf Anweisung der Geschäftsführung plötzlich für Kunden geschlossen. Die Mitarbeiter und Mitarbeiterinnen wurden im Restaurant des Standorts zusammengerufen, wo man ihnen die Schließung und ihre sofortige Freistellung verkündete. Wer an diesem Tag nicht bei der Arbeit war, erfuhr von der Schließung nur über informelle Kontakte mit Kolleginnen und Kollegen.

> „Für mich war das eigentlich schon ziemlich, ja, ich sage es halt, brutal. Das war ein Samstagnachmittag, um halb sechs hat mein Handy geklingelt, ruft mich ein Kollege vom Verkauf an und sagt zu mir: ‚Du, erschrick nicht, wenn du am Montag kommst, ist keiner mehr da.‘ ‚Äh, schlechter Aprilscherz.‘ Ich habe das gar nicht geglaubt, man denkt, die wollen mich jetzt irgendwie verarschen oder sonst irgendwas. Dann sagte er: ‚Nein, das Haus wird geschlossen. Wir dürfen von jetzt auf gleich heimgehen, und der Lohn ist bis Ende Juni gesichert.‘ Da sage ich: ‚Nein, das kann nicht sein, ich muss ja das Montag machen, das und das.‘ ‚Nein, brauchst nicht mehr hinfahren, das ist erledigt.‘“ (Handwerklicher Mitarbeiter, EH_C, 1)

> „Dann am Montag bin ich dann rein, es hieß dann, ja, es kriegt jeder eine Freistellung per Post. Ich hatte nichts in der Hand, kein Schriftstück, und da saß aber schon jemand anderer auf meinem Stuhl. Also dann kam das Rollkommando, die ja dann den Abverkauf organisiert haben. Und dem habe ich dann meine Sachen so weggezogen, weil ich den Arbeitsplatz aufgeräumt habe.“ (Sachbearbeiter, EH_C, 5)

Den Beschäftigten wurde nicht unmittelbar gekündigt, sondern sie wurden zunächst freigestellt und durften das Haus nicht mehr betreten.[46] Den Abverkauf der Waren übernahmen bereits andere Beschäftigte aus dem Einzelhandelskonzern, die vom Unternehmen teilweise über weite Entfernungen, mitunter aus dem deutschsprachigen Ausland, herantransportiert wurden. Für die Altbeschäftigten am Standort entstand nun eine monatelange Zeit der Ungewissheit. Zwar wurde das Gehalt zunächst weitergezahlt (allerdings ohne Zusatzbestandteile wie Verkaufsprovisionen), und das Unternehmen erklärte, die Kündigungsfristen einhalten und auch Abfindungen zahlen zu wollen. Allerdings blieb völlig unklar, ob die Personalservice-Gesellschaft, der formale Arbeitgeber, überhaupt über nennenswerte Mittel verfügte (oder vom Mutterunternehmen mit solchen ausgestattet werden würde), um zumindest die rechtlich garantierten Mindestleistungen übernehmen zu können, oder ob sie nicht binnen kurzem in die Insolvenz gehen würde. Sicher war für die Beschäftigten zum Erhe-

46 Zumindest nicht die Personalbereiche: Als Kunden waren sie weiterhin erwünscht, gar explizit umworben. Kurz nach der Freistellung erhielten sie ein Schreiben des Unternehmens, das sie aufforderte, doch bei den Sonderangeboten des Räumungsverkaufs zuzugreifen.

bungszeitpunkt nur: Sie werden an ihren Arbeitsplatz nicht zurückkehren können, und sie werden in absehbarer Zeit die Kündigung erhalten.[47] Angebote, in andere Standorte des Mutterunternehmens zu wechseln, wurden nicht gemacht. Auch etwaige andere Formen der Unterstützung bei der Suche nach einem neuen Arbeitsplatz gab es nicht. Zur Rufwahrung signalisierte das Mutterunternehmen zwar in den Medien – der Schließungsfall hatte innerhalb kurzer Zeit für öffentliche Empörung gesorgt – ein wie auch immer geartetes Entgegenkommen gegenüber den Beschäftigten, machte zugleich aber auch klar, dass es sich rechtlich nicht in der Verantwortung sehe. Ganz offensichtlich diente die vorangegangene Auslagerung der Beschäftigten in die Servicegesellschaft, die auch an anderen Standorten praktiziert wird, dezidiert dazu, sich Verpflichtungen gegenüber dem Personal zu entledigen. Von vielen Seiten wurde gemutmaßt, dass der Beschluss, unseren Untersuchungsstandort aufzugeben, bereits seit Jahren feststand,[48] und die Servicegesellschaft primär zu dem Zweck gegründet worden war, die Abwicklung zu vereinfachen und die Verantwortung gegenüber den Mitarbeitern zu reduzieren.

Die Gründe für die Standortschließung liegen offenbar in strategischen Entscheidungen des Mutterunternehmens hinsichtlich Marketing und Filialbewirtschaftung.[49] Offiziell wird von der Unternehmensseite angeführt, dass der innerstädtische Standort zu wenig Lagerfläche und nicht ausreichend Parkmöglichkeiten biete. Zum wirklichen Mangel wird dies allerdings erst aus Perspektive der spezifischen Geschäftsstrategie. Unser Untersuchungsstandort war Jahre zuvor – noch in Eigentümerschaft des Warenhauskonzerns – stärker auf hochpreisige, beratungsintensive Produkte fokussiert, die einem gehobenen Großstadtpublikum, teilweise auch zahlungskräftigen internationalen Kunden (z.B. aus dem Nahen Osten) angeboten wurden. Das neue Mutterunternehmen wollte die Marke nun stärker am preissensiblen Massenmarkt ausrichten, es setzt auf große Abholmärkte am Stadtrand und in Autobahnnähe und auf einen hohen Grad von Standardisierung der Filialen, der Produkte und der Abläufe. Hier passte der Schließungsstandort nicht ins Konzept.

---

47 Zum weiteren Verlauf der Ereignisse nach Abschluss der Erhebung siehe das Ende dieses Abschnitts.

48 Darauf weist hin, dass über Jahre zukunftsgerichtete Investitionen in Gebäude und Ausstattung ausgeblieben waren und der Markt sich in einem bereits sichtbar schlechten Zustand befand.

49 Experteninterviews mit Vertretern der Unternehmensseite kamen nicht zustande. Die objektiven Ursachen und Mechanismen des Schließungsprozesses können und sollen hier auch nicht ausgelotet werden. Wir rekonstruieren im Folgenden die offiziellen Verlautbarungen des Unternehmens, Presseberichte sowie die Vermutungen der Beschäftigten und der Interessenvertreter, weil sich hierauf die Deutungen und Urteile der Befragten beziehen.

Vermutet werden von Beschäftigten- und Gewerkschaftsseite noch andere, nicht offengelegte Motive: Das Unternehmen möchte sich insbesondere älterer Beschäftigter entledigen, die noch über Arbeitsverträge mit der früheren Muttergesellschaft verfügen, in denen hinsichtlich Urlaub und Sonderzahlungen bessere Regelungen vorgesehen sind. Zudem möchte das Unternehmen den kritischen Betriebsrat loswerden.[50] Tatsächlich machte das Unternehmen bzw. die lokale Geschäftsführung nie einen Hehl aus ihrer generellen Betriebsrats- und Gewerkschaftsfeindlichkeit. Zudem möchte das Unternehmen vermutlich die Immobilie, die ein absolutes Filetstück in bester städtischer Lage darstellt, gewinnbringend verwerten. Hier wären höherwertige und damit lukrativere Nutzungsformen denkbar, als es im Rahmen der unternehmenseigenen Markenstrategie möglich ist.

Sicher ist aus Perspektive aller befragten Beteiligten: Der Markt war keineswegs unprofitabel, der Umsatz pro Fläche und pro Beschäftigte war innerhalb des Unternehmens überdurchschnittlich. Aber er genügte womöglich nicht Maßgaben von Maximalprofitabilität, und er passte nicht länger in die Strategie der Unternehmensmutter.

Krisenerleben: „Enttäuschung, Wut, Depression“

Das Krisenerleben der Beschäftigten lässt sich als quasi schockhaft beschreiben. Buchstäblich über Nacht wird ihre berufliche Zukunftsperspektive in Frage gestellt, und dies in einer hinsichtlich elementarer Gerechtigkeitserwartungen ganz und gar inakzeptablen Art und Weise. Unsere Befragten beschreiben „Enttäuschung, Wut, Depression“ (Verkäuferin, EH_C, 3), ebenso Resignation und Apathie.

> „Ich meine, du stehst mittendrin im Leben [...]. Du bist da ständig am Machen und am Tun. [...] Ich bin gerne arbeiten gegangen, und das hat auch Spaß gemacht, und du hattest deine Anerkennung. [...] Du warst halt mitten im Leben gestanden und jetzt stehst du da, von jetzt auf gleich, ohne dich vorzubereiten. Okay, ich muss nicht mehr arbeiten gehen, mhm, was mache ich denn jetzt? Gar nicht so einfach. Die ersten zwei Wochen waren: Eh, da denkst du sowieso, das gibt es gar nicht. Und jetzt sind es, glaube ich, zwei Monate, noch nicht ganz. Ja, jetzt wird's langsam besser. Ich gehe auch immer mal wieder in den Laden rein, schaue mir an, wie er so zusammenfällt.“ (Dekorateurin, EH_C, 4)

> „Da zieht es einem wirklich den Boden unter den Füßen weg.“ (Handwerklicher Mitarbeiter, EH_C, 1)

---

50 In weniger als der Hälfte der deutschen Märkte gibt es einen Betriebsrat; einige davon scheinen unter deutlichem Einfluss der Unternehmensseite besetzt worden zu sein. Der Betriebsrat am Schließungsstandort galt als besonders arbeitgeberkritisch eingestellt.

> „Für mich ist momentan die Situation, dass ich seit über einer Woche jetzt nicht aus dem Bett rauskann. Ja, ich könnte weinen, ich könnte lachen, ich befinde mich momentan in einem Wahnsinnstunnel. [...] Es ist einfach, man hängt in der Luft, man weiß nicht. Es ist schön, zu Hause zu hocken, aber nach drei Wochen fällt einem die Decke auf den Kopf. Ich habe früher im Haushalt viel mehr geschafft zu machen als jetzt. Jetzt habe ich Lust zu gar nix, wirklich zu gar nix. Ich hänge nur noch im Bett oder im Haus, und alles, was ich mir anschaue, ich könnte drauf kotzen. Am liebsten würde ich meine Koffer packen und gehen. Gehen dahin, wo mich kein Mensch kennt.“ (Verkäuferin, EH_C, 3)

> „Ja, ich finde es halt schon schlimm, weil ich meine, ich habe da letztendlich mein Herzblut in die Arbeit gesteckt, habe da unheimlich viel... Und das reißt *Legitimitätsansprüche im Kontext* einen natürlich schon ganz schön raus und war die ersten drei, vier Wochen, nachdem ich das erfahren habe..., ich war auch zu nichts großartig zu gebrauchen. Ich hatte auch keine Lust, mich irgendwie zu bewerben oder jetzt nach vorne zu gehen. Da habe ich dann schon so drei bis vier Wochen gebraucht, um zu sagen, gut, jetzt bist du halt in dieser Situation.“ (Abteilungsleiter, EH_C, 6)

So einmütig die Beschäftigten schildern, wie sie den Schließungsbeschluss und die darauffolgende Zeit erlebt haben – enttäuscht, paralysiert, fassungslos –, so unterschiedlich beschreiben sie, aus einer gewissen Distanz, ihre persönlichen Zukunftsaussichten. Ob die Schließung zu einem tiefen Einschnitt und einer negativen Veränderung in der (Berufs-)Biografie führt, ob die „Krise als Chance“ – um ein in den letzten Jahren etwas überstrapaziertes Klischee zu bemühen – genutzt werden kann oder ob sie mehr oder weniger folgenlos bleibt, hängt von vielen Faktoren ab: Alter, Ausbildung und vorangegangene Berufslaufbahn – und vor allem von den Chancen auf dem Arbeitsmarkt, die durch die genannten Faktoren wesentlich bestimmt werden. Wer alt genug ist und durch längere Kündigungsfristen und Arbeitslosengeld bis zur Rente gelangen kann, gerät nicht in existenzielle Not.

> „Aber das hat mich am wenigsten eigentlich beeindruckt bei der Geschichte. Weil, also, ich bin 63 Jahre alt, mir tut das nicht mehr weh. Ich kann jetzt zwei Jahre, wenn alle Stricke reißen, wenn es ganz schlimm kommt, kriege ich jetzt zwei Jahre Arbeitslosengeld, das ist auch nur 60 Prozent, tut weh, klar. Und dann gehe ich in Rente, so. Ich hätte aber gern noch zwei Jahre gearbeitet. Aber es ist jetzt nicht so, dass ich jetzt Existenzängste in dem Sinne haben müsste wie vielleicht manch anderer. Da habe ich die nicht.“ (Dekorateurin, EH_C, 4)

Ähnliches gilt für geringfügig Beschäftigte, die finanziell nicht allein von diesem Unternehmen abhängig waren. Auf der Gegenseite finden sich ältere Beschäftigte ohne direkten Übergang von der Arbeitslosigkeit in die Rente oder Mitarbeiter ohne fachbezogene Ausbildung, die ganz erhebliche Schwierigkeiten auf dem Arbeitsmarkt erwarten. Beschäftigte mit besonderen betrieblichen

Fach- und Führungsqualifikationen befürchten, keine angemessene Alternativbeschäftigung zu finden; ihre Anstrengungen und Leistungen in der bisherigen betrieblichen Karriere sind auf einen Schlag entwertet. Die Auszubildenden stehen wenige Monate vor Ende ihrer Ausbildung ohne Unternehmen da; sie können voraussichtlich ihren Abschluss nicht erlangen, ihre bisherigen Qualifikationsleistungen werden wertlos.

Besonders eindrücklich schildert ein Beschäftigter mittleren Alters die Auswirkungen der Betriebsschließung auf seine persönlich-beruflichen Perspektiven. Er hatte sich nach langen Jahren unsicherer Beschäftigung und häufigen (zumeist krisenbedingten) Arbeitgeberwechseln und einer Phase prekärer Selbstständigkeit von der Beschäftigung bei *EH_C* eine gewisse berufliche Sicherheit, verbunden mit einem erfüllenden Arbeitsinhalt, versprochen. Und er hat seine Tätigkeit auch durchaus als Erfüllung dieser Ansprüche erlebt. Er beschreibt seine Berufsbiografie metaphorisch als ständige Bemühung, einige der unteren Stufen auf der beruflichen Leiter zu erklimmen – und als Erleben, immer wieder „von der Leiter geschmissen" zu werden, so dass er nun daran zweifelt, ob sich erneute Bemühungen überhaupt lohnen würden.

> „Also ich für meinen Beruf her sitze ich also schon so weit da, wo ich sage, hänge ich komplett den Beruf an den Nagel, weil ich da kein Weiterkommen mehr habe, weil da wieder keine Existenz mit dabei ist. Ich war jetzt zuversichtlich, habe gemeint, es ist eine sichere Stelle, da kann ich jetzt wirklich die nächsten zehn, 15, 20 Jahre bleiben. Wieder nicht! Weil ich habe ja, bevor ich bei der Firma [*EH_C*] war, so im Schnitt so alle zwei Jahre einen Firmenwechsel machen müssen, weil zu wenig Arbeit dann wieder da war. Am Anfang habe ich aus meiner Seite gewechselt, weil ich gesagt habe, ich möchte ein bisschen was lernen, unterschiedliche Berufe oder Betriebe, der macht das, der macht das und so und so, dass ich also wirklich den Beruf von allen vier Seiten rundrum kennengelernt habe, und jetzt steht man aber da, jetzt habe ich das ganze Fachwissen und die ganzen Kenntnisse und ich werde immer wieder von der Leiter geschmissen. Kaum ist man eine Sprosse raufgekommen, werden wir wieder runtergestoßen. Gehe ich irgendwo zu UPS und mache Kurierfahrer, dann habe ich meine Ruhe und fertig. Ist die Lebenserfüllung halt nicht mehr mit dabei, dann schleppt man halt so Päckchen Tag für Tag oder hat man so viel Energie und sagt, man bemüht sich wieder, dass man irgendwo mit Freude das, was man gelernt hat, weitermachen kann. Also es ist momentan wirklich schwierig. Und man hat natürlich auch die Zeit zum Nachdenken und Grübeln. Was macht man, wie macht man es. Mache ich die Richtung, mache ich die Richtung? Wandere ich aus?" (Handwerklicher Mitarbeiter, EH_C, 1)

Andere wiederum erfahren die betriebliche „Freisetzung" gewissermaßen als (positiven) Zwang zur Freiheit. Sie sind nun gezwungen, das zu tun, was sie eigentlich schon immer vorhatten: sich beruflich umzuorientieren und fortzuentwickeln.

> „Ja, Katastrophe. Ich persönlich bin ja ganz glücklich [...]. Ich bin ganz glücklich, weil ich mich umorientieren kann. Also für mich bedeutet die Situation momentan Freiheit. Ich kann einfach wieder schauen, was ich machen möchte." (Sachbearbeiter, EH_C, 5)

Häufig sind es allerdings nicht nur materielle oder berufliche Unsicherheiten oder Chancen, die die Bewertung der Zukunftsperspektiven prägen. Die Schließung wird – und dies gilt wiederum quer zu den unterschiedlichen „materiellen" Betroffenheiten – in besonderer Weise als Zerschlagung des sozialen Zusammenhangs zwischen den Beschäftigten, bisweilen auch zwischen Beschäftigten und Kunden, wahrgenommen. Immer wieder beschreiben die Beschäftigten in den Interviews rückblickend das vergleichsweise positive Betriebsklima, die gelungenen Kooperationsbeziehungen unter den Beschäftigten, ein Gefühl der Gemeinschaftlichkeit, den Zusammenhalt untereinander – auch und gerade gegen die Widrigkeiten des Arbeitsalltags und gegen allerlei Zumutungen, die sie bereits in den letzten Jahren von der Unternehmensseite erleben mussten. Ihr Gehalt beziehen sie übergangsweise noch eine gewisse Zeit, die Zerstörung des gemeinsamen sozialen Raums ist dagegen sofort wirksam geworden.

> „Es hat mir riesigen Spaß gemacht und das, was jetzt passiert ist, ist für mich ein kleiner, ein großer Weltuntergang. Weil, wie gesagt, wo finde ich wieder eine Stelle, die diese Aufgaben hat, diese Menschen?" (Verkäuferin, EH_C, 3)

Eine wichtige Rolle spielt für viele Beschäftigte auch ein Gefühl der „Unabgeschlossenheit" hinsichtlich der Arbeitsinhalte: Begonnene Aufgaben, die man mit Elan betrieben hat, können plötzlich nicht zu Ende gebracht, Verpflichtungen gegenüber den Kunden nicht eingehalten werden. Der bereits zitierte Befragte aus dem Service versucht gar, seine Tätigkeit in gewissem Maße eigenmächtig und unbezahlt fortzuführen. Dazu kontaktiert er nach dem Rauswurf seinen Nachfolger – einen Solo-Selbstständigen, den das Unternehmen zur Abwicklung der letzten Tätigkeiten beauftragt hat –, um sicherzugehen, dass seine Arbeitsaufgaben gut weitergeführt werden.

> „Und das sind genau die Fragen, die halt immer wieder durch den Kopf kreisen und sagen: ‚Warum dürfen wir den Kunden nicht persönlich ‚abschließen'?' [...] Das war nicht fair, dass wir von jetzt auf gleich nicht mehr rein haben dürfen, dass der Kunde... Ich hätte ganz persönlich aus meiner Sicht her halt meine Kunden selber ‚fertiggestellt'. Weil man hat sich ja doch Gedanken gemacht, den Kunden dementsprechend beraten, das alles, Energie investiert und dann, tja, darf man das nicht mehr umsetzen." (Handwerklicher Mitarbeiter, EH_C, 1)

Das Thema der „Unabgeschlossenheit" taucht immer wieder auch in anderen Zusammenhängen auf. Durch die abrupte Schließung fehlt den Beschäftigten eine Möglichkeit des Abschiednehmens, eines halbwegs geregelten und begreifbaren Endes von Tätigkeit und Sozialbeziehungen.

> „Ja, ohne Abschied, also wir hatten noch nicht mal die Möglichkeit, eine Abschiedsfeier in dem Haus zu feiern. Also wirklich schön abzuschließen. Selbst wenn man sagt, okay, wir wollen den Standort schließen, alles schön und gut. Mit einem gewissen Vorlauf, dass man sich daran gewöhnen kann, wäre alles kein Thema gewesen. Und dann noch eine schöne Abschiedsfeier machen und dann ist es halt einfach so." (Mitarbeiter Haustechnik, EH_C, 2)

Anspruchsmuster: Würdeverletzungen im Zentrum – „So geht man nicht mit Menschen um!"

Dass die Geschehnisse um die Betriebsschließung und insbesondere die Art und Weise ihrer Umsetzung auf massive Kritik der Beschäftigten treffen, verwundert nicht. Im Folgenden möchten wir nun die in Anschlag gebrachten Bewertungsprinzipien näher betrachten, auf die die Beschäftigten sich in ihrer Kritik berufen. Das normative Profil des Schließungsfalls *EH_C* konturiert sich durch zwei dominante Gerechtigkeitsprinzipien, die in den Schilderungen und Bewertungen der Beschäftigten immer wieder aufscheinen: Charakteristisch ist die Verbindung einer massiven Würdeverletzung mit einer – eher nachgeordneten – Verletzung des Anspruchs auf Leistungsgerechtigkeit.

In den Interviews taucht immer wieder der Satz auf „So geht man nicht mit Menschen um!", den wir als qualitativen Indikator für wahrgenommene Verstöße gegen das Würdeprinzip werten. Beklagt wird die massive Missachtung der Grundregeln des menschlichen Umgangs, eine tiefgehende Respektlosigkeit gegenüber den Mitarbeitern, die sich sowohl im Gesamtverfahren der Schließung, insbesondere ihrer Plötzlichkeit, als auch in konkreten Maßnahmen oder auch in einzelnen Interaktionen mit dem Leitungspersonal ausdrückt.

> „Am Sonntag kriege ich einen Anruf von der Kollegin: ‚Am Samstag haben sie das Haus geschlossen.' Sage ich: ‚Wie, Haus geschlossen?' ‚Ja, die haben uns alle raus und wir können am Montagmorgen rein und unsere privaten Sachen rausholen! Wir treffen uns alle um acht.' Okay, haben wir uns um acht in der Deko getroffen, an dem Schreibtisch sitze ich seit 20 Jahren, 22. Ich wusste gar nicht, was ist jetzt privat und was ist nicht privat? [...] Und dann stehst du mit deiner Truppe hier, jeder hat Tränen in den Augen, da denkst du doch nicht, was kann ich jetzt mitnehmen! Wir haben alle, ich habe die Hälfte, ich habe alles liegenlassen! Dann haben wir halt unsere Papiere mitgenommen. Was weiß ich, was man noch so hat, persönliche Papiere. Und man musste da raus, dann stehst du vor der Tür und denkst, das ist nicht wahr, ich darf da jetzt nicht mehr rein. Du wachst jede Nacht auf und denkst, aha, Schreibtisch, wo muss ich jetzt noch was machen und warum? Das ist schon hart. Das geht so nicht, so geht man nicht mit Menschen um." (Dekorateurin, EH_C, 4)

> „Als ob wir Verbrecher wären. Wir wurden von der Security hinausbegleitet, als ob wir wirklich das Haus unter, was weiß ich, um Gottes Willen, mit Bomben gelegt hätten. Das war wirklich, ich weiß es nicht, ich weiß nicht, wie ich es beschreiben soll. Dass man uns gar nix zutraut, dass man uns wie dumm behandelt.“ (Verkäuferin, EH_C, 3)

> „Das wäre eigentlich was, was ich mir wünschen würde letztendlich, dass man halt Leute, die ja auch teilweise 30, 40 Jahre da gearbeitet haben, die da mehr oder weniger zu Hause sind, für die eine ganze Welt zusammengebrochen ist, die teilweise auch alleinlebend sind, für die das ihr sozialer Anknüpfungspunkt auch war, dass man halt einfach auf die Art und Weise nicht mit Menschen umgeht.“ (Abteilungsleiter, EH_C, 6)

> „Ich glaube, unser Geschäftsführer oder unser Hausleiter ist ja auch nur eine Marionette. Ich war mit dem Mann per du. [...] Der Tag des Rauswurfes, dieser Montag, hat er mir die Tür aufgemacht, ich habe ihm nur gesagt: ‚Hallo!‘, bin in meine Abteilung, mehr konnte ich noch nicht sagen. Und dann, als wir fertig waren, habe ich ihn aber gesucht und bin in sein Büro und habe gesagt: ‚Ich wollte mich verabschieden.‘ Habe gesagt, ‚Tschüss, Holger, vielen Dank für alles.‘ Da kam auch nichts. Er hat mich nur angeschaut wie ein Zeiserl, wenn's blitzt. Und das, so geht man nicht mit Menschen um, es tut mir leid.“ (Dekorateurin, EH_C, 4)

In die Kritik, in deren Zentrum die Würdeverletzung steht, mischen sich immer wieder auch Elemente des Leistungsprinzips. Die Beschäftigten verweisen auf ihre langjährige Beschäftigungsdauer, auf ihr Engagement, ihre erbrachte Leistung – auf all das, was von der Unternehmensseite komplett ignoriert wird, wie sie es empfinden. Es gibt keine Würdigung ihrer Bemühungen, nicht einmal einen symbolischen Dank für die Anstrengungen der Belegschaft und auch keine Erklärungen oder Begründungen für die vollzogene Entscheidung. Die Schließung findet in einer Art sozialem Vakuum statt, ohne Austausch von Argumenten, ohne Reziprozitätsbeziehungen, überhaupt ohne Räume, in denen Diskussion oder Konfrontation denkbar wären.

> „Du kommst dir wirklich vor wie: Der Mohr hat seine Schuldigkeit getan, der Mohr kann gehen. Einfach Tür auf, raus, Tür zu, kein danke, kein ‚Tolle Arbeit geleistet‘, keine Zukunftsperspektive, du stehst da wie nichts. Du hast weder eine Zukunftsperspektive noch ein Dankeschön für das, was du gemacht hast, noch... Ich weiß es nicht, das ist so ein hohler Raum, ein Nichts, in dem sie dich einfach zurücklassen. Und das ist halt schon krass.“ (Dekorateurin, EH_C, 4)

> „Das ist ja auch genau dieses Dankeschön, das fehlt ja beim [Unternehmen] auch. Einfach dieses Danke für die Arbeit. Danke, dass ihr da wart. Danke, deswegen machen wir noch mal eine schöne große Abschiedsfeier oder tun das so gemeinsam beenden, das fehlt! Das fehlt. Man hat so viel Energie reingesteckt, nicht nur ich, alle Mitarbeiter. So viel Leidenschaft. Und dann einfach dieser brutale widerwärtige Arschtritt, anders kann man es nicht... man könnte es noch detaillierter beschreiben, aber das würde den Rahmen der Höflichkeit und der Nettigkeiten sprengen. Mir

würden noch viel schlimmere Worte für diese Firma einfallen. Ja, aber es ist nicht der Rahmen, wo man sich äußern sollte, sage ich mal. Aber das ist einfach so, das fehlt beim [Unternehmen], dieses Dankeschön.“ (Mitarbeiter Haustechnik, EH_C, 2)

„In erster Linie Wut und Enttäuschung und einfach, so geht man nicht miteinander um! Wir sind Menschen, wir haben da neun Jahre gearbeitet, da kann man doch nicht einfach dir den Tritt in den Hintern geben und dich vor die Tür setzen! Ohne ein vernünftiges Wort! Außer diesem Zettel da! Das macht man definitiv nicht. Und wenn die Firmen heutzutage keinen Anstand mehr haben und du nur eine Nummer bist, dann sollen sie es sagen, dann arbeiten wir auch nur mit Nummern. Das tun sie natürlich nicht. Also richtig, richtig sauer!“ (Dekorateurin, EH_C, 4)

Bei der Bewertung des Schließungsprozesses spielen auch Rationalitätskriterien eine Rolle. Insbesondere die Tatsache, dass der Markt profitabel arbeitet, dass die Schließung also bestenfalls aus übersteigerten Profitansprüchen erklärbar ist, nicht aber aus gewöhnlichen ökonomischen Plausibilitätsgründen, stößt auf normativen Widerspruch. Hinzu kommt die Kritik an falschen Managemententscheidungen: Durch fehlende Investitionen sei der Standort heruntergewirtschaftet worden; durch Standardisierung und eine falsche Produktauswahl seien die Kundenerwartungen missachtet worden. Wenn der Schließung also überhaupt eine ökonomische Rationalität beigemessen wird, dann seien die zugrundeliegenden wirtschaftlichen Probleme „hausgemacht“: Sie lägen im Verantwortungsbereich von Geschäftsführung und Management insbesondere der Muttergesellschaft. Rationalitätsansprüche bleiben aber – insgesamt betrachtet – deutlich im Hintergrund des normativen Kritikhorizonts. Sie bilden zusätzliche Argumente für die grundsätzliche Illegitimität der Schließung und ihrer Umsetzung; in erster Linie werden Gerechtigkeits- und insbesondere Würdeansprüche verletzt.

Handlungskonsequenzen: Aktivierung und Politisierung

Kommen wir abschließend zu den Folgen für die (insbesondere interessenpolitischen) Handlungsorientierungen. Kennzeichnend für diese Konstellation ist die Vielfalt der Handlungsoptionen, die die Beschäftigten in Erwägung ziehen und häufig auch praktisch verfolgen. Zunächst ist für viele Beschäftigte erwartungsgemäß eine individuelle Absicherung der beruflichen Zukunft wichtig. Nach einer vorübergehenden Phase des resignativen Rückzugs, von der viele Befragte berichten, ergreifen sie die Initiative und bemühen sich – trotz formal ungekündigtem Beschäftigungsverhältnis bei *EH_C* – aktiv um ein neues Beschäftigungsverhältnis.[51] Nicht wenige Beschäftigte prüfen zudem ein individualrechtliches Vorgehen gegen den alten Arbeitgeber. Teilweise sind die Arbeitsverträge unklar formuliert – hat überhaupt ein rechtmäßiger Betriebsübergang in die Personalservice-Gesellschaft stattgefunden? Warum sind die Beschäftigten in ihren Gehaltsbescheinigungen als Mitarbeiter des Mutterunternehmens genannt? Fehlen bei der Gehaltsfortzahlung bestimmte Entgeltbestandteile, auf die die Beschäftigten weiterhin ein Recht haben? In diesen Fragen ist zwar auch ver.di als die zuständige Gewerkschaft aktiv, viele Beschäftigte suchen aber zusätzlich individuellen anwaltlichen Rat.

Die für viele wohl wichtigste Rolle in der Auseinandersetzung mit den Schließungsfolgen spielt allerdings die kollektive Organisation und Aktivierung. Gemeinsam mit ver.di[52] hat die Belegschaft – oder zumindest eine größere Gruppe interessenpolitisch Aktiver – über Wochen hinweg eine Vielfalt von Protestaktionen geplant und durchgeführt und damit erhebliche Resonanz erzeugt. Im nahegelegenen Gewerkschaftshaus, wo auch der Betriebsrat in einem Büro Unterschlupf gefunden hatte,[53] fanden regelmäßig Betriebsversammlungen statt. Eine große Kundgebung auf einem zentralen Platz der Stadt, die eigentlich im Zusammenhang mit der Tarifrunde im Einzelhandel organisierte wurde, wurde kurzerhand zu einer Protestveranstaltung gegen die Standortschließung umfunktioniert. Es fanden tägliche Mahnwachen vor der Schließungsfiliale statt. Die Beschäftigten fuhren in gemieteten Bussen zu anderen Häusern der Kette, wo sie gemeinsam vor den Filialen demonstrierten. Weitere gesellschaftliche Akteure wurden angesprochen und einbezogen. So fand beispielsweise eine öffentliche ökumenische Andacht unter freiem Himmel vor dem Betriebsgelände statt. In den Medien – Zeitungen, Radio, Fernsehen – wurde über die Schließung und den Protest berichtet, die Beschäftigten sowie Betriebsrats- und Gewerkschaftsvertreter gaben Interviews. Auch in der Politik zeigte sich Resonanz. Abgeordnete trafen sich mit den Beschäftigten, im Landtag fand eine Anhörung zum Thema statt. Parallel dazu verhandelten Betriebsrat und Gewerkschaftsvertreter mit dem Geschäftsführer und seinen Anwälten über einen Sozialplan.

---

51 Mit unterschiedlichem Erfolg: Einige Befragte berichten von ersten Bewerbungsgesprächen; eine konkrete Aussicht auf eine neue Beschäftigung hat zum Erhebungszeitpunkt (allerdings erst wenige Wochen nach der „Freistellung“) noch niemand.

52 Sowohl ver.di als auch der Betriebsrat verfolgen im Fall *EH_C* explizit eine beteiligungsorientierte Strategie, in der die Belegschaft selbst die zentrale Rolle spielen soll. Wir können an dieser Stelle nicht im Detail auf die Aktivierungsstrategien von betrieblicher und gewerkschaftlicher Interessenvertretung eingehen.

53 Auch der Betriebsrat durfte den Standort, obwohl dieser anfangs ja noch – mit Fremdpersonal – in Betrieb blieb, nicht mehr betreten. Das von Unternehmensseite angebotene Alternativbüro lag außerhalb der Innenstadt und war nur schwer zu erreichen.

Die Vielfalt der Aktivitäten und Aktionen darf allerdings nicht darüber hinwegtäuschen, dass die Interessenpolitik in *Konstellation EH_C* vor besonderen Problemen stand: Erstens fehlte den Beschäftigten das wichtigste Mittel im Arbeitskampf, der Streik – der Arbeitgeber verzichtete ja bereits selbst auf die Nutzung der Arbeitskraft. Ihnen ging also bereits eine ganz zentrale Ressource „struktureller Macht" der Arbeiterschaft ab (Wright 2000; Brinkmann et al. 2008). Zweitens fiel es schwer, einen konkreten Akteur zu identifizieren, dem die Verantwortung für die Schließung und deren Verlauf zugeschrieben werden konnte. Arbeitsrechtlich betrachtet ist der Geschäftsführer der Servicegesellschaft das Gegenüber, an das Forderungen sich zu richten haben. Sicher erschien allerdings, dass dieser über wenig eigene Entscheidungsmöglichkeiten und Handlungsfreiheiten verfügt, da er finanziell und auch organisatorisch stark abhängig von der Muttergesellschaft ist. Ob er selbst Opfer oder eher Täter im Schließungsgeschehen ist, blieb zudem unklar: War er von Beginn an mit der Abwicklung des Standorts betraut, oder ist er selbst Leidtragender der Unternehmenspolitik? Wer fällt überhaupt die relevanten Standortentscheidungen: die deutsche Dachgesellschaft, das ausländische Mutterunternehmen, deren private Eigentümer?

> „Was genau dahinter steckt, das weiß keiner. Außer die Verantwortlichen. Und wer die Verantwortlichen sind, wissen wir ja nicht." (Mitarbeiter Haustechnik, EH_C, 2)

Wer auch immer der relevante Akteur im Hintergrund ist – das Unternehmen ist jedenfalls definitiv angreifbar über die Kundenseite. Zentraler Ansatz für die Protestaktionen der Beschäftigten war es, eine entsprechende Sensibilität unter potenziellen Käufern herzustellen. Sie versuchten daher einerseits, die Auseinandersetzung direkt vor die weiterhin bestehenden Märkte anderswo zu bringen: durch Mahnwachen und Demonstrationen vor Ort, Flugblätter, persönliche Ansprache der Kunden usw. Andererseits wurde die Medienarbeit zur Information der allgemeinen Öffentlichkeit zentral. In beiden Fällen war es wichtig, den Zusammenhang zwischen lokaler Schließung und der deutschlandweit bekannten Marke herzustellen, unter der die verschiedenen Märkte der unterschiedlichen Unternehmensgesellschaften gelabelt sind.

Die Resonanz der Proteste wird von den Aktivisten insgesamt eher ambivalent eingeschätzt. Viele Kunden des Unternehmens konnten für die Situation der Beschäftigten durchaus sensibilisiert werden. Dies betrifft allerdings vorwiegend die Kunden anderer Standorte, an denen Proteste stattgefunden haben. Vor dem eigenen Markt sehen sich die protestierenden Beschäftigten vor allem „Sparfüchsen" gegenüber, die im Räumungsverkauf auf ein Schnäppchen hoffen – und damit die bereits erlebten Würdeverletzungen der Beschäftigten noch einmal verstärken.

„Man braucht ja bloß sich Bilder anschauen, wie Hyänen sind sie vor der Tür gestanden für den Abverkauf.“ (Handwerklicher Mitarbeiter, EH_C, 1)[54]

Die Medienresonanz war zwar zunächst durchaus beachtlich, ließ nach einiger Zeit aber erheblich nach. Hier vermuten die Beschäftigten, dass die Medien ihre Berichterstattung bewusst zurückgefahren haben, weil die Dachmarke einer der großen Anzeigen- und Werbekunden für Zeitungen und Rundfunk ist. Die Solidarisierung der Belegschaften anderer Standorte gelang nicht – zu gering war zumeist dort die gewerkschaftliche Basis oder zu groß die Angst vor Folgen.

Auch wenn also manche Hoffnungen der Beschäftigten im Verlauf der Aktionen und Proteste enttäuscht wurden, bereut keiner der Befragten, interessenpolitisch aktiv geworden zu sein. Eine ganz spezifische Zwecksetzung war mit den Protesten ohnehin nicht verbunden. Dass der Schließungsbeschluss revidiert wird, hatte niemand erwartet. Natürlich ist den Beschäftigten die Fortsetzung ihrer Entgeltzahlungen wichtig, ebenso eine angemessene Abfindung. Die Kernmotivation für Aktivierung und Protest liegt aber in der erlebten Würdeverletzung, nicht in einem angestrebten „materiellen“ Erfolg. Öffentlich auf die massive Ungerechtigkeit hinzuweisen, die der Belegschaft widerfahren ist, war zentraler Antrieb.

Zugleich ist der kollektive Protest auch eine Möglichkeit, die Kollegialität und den sozialen Zusammenhalt der Belegschaft, die mit der Schließung zur Disposition stehen, für eine gewisse Zeit aufrechtzuerhalten oder sogar zu intensivieren.

„Das ist dann immer so eine eingeschworene Gemeinschaft, da gibt es dann Leute, die trifft man immer wieder. Und das hat sehr viel ausgemacht letztendlich, diese Kollegialität untereinander. Also das schweißt schon auch sehr zusammen.“ (Abteilungsleiter, EH_C, 6)

Gemeinsame Protesterfahrungen verstärken die bereits zuvor bestehende soziale Kohäsion in der Belegschaft – oder zumindest innerhalb des Kreises, der als „freundschaftlicher Kern“ der Belegschaft verstanden wird.

„Also man sieht diese Organisation von diesen ganzen Demonstrationen, das wäre ohne diesen Zusammenhalt, glaube ich, gar nicht in diesem Umfang möglich. Klar, auch wenn es jetzt nur von 160 Mitarbeitern 60 Mitarbeiter sind, aber das sind auch tatsächlich diese 60 Mitarbeiter, die diesen inneren Kern, also diesen freundschaftlichen Kern immer gebildet haben in dieser Filiale. Ja, das macht dann schon Spaß. Auch mit denen zu arbeiten oder auch jetzt mit denen mit zu demonstrieren und zu kämpfen.“ (Mitarbeiter Haustechnik, EH_C, 2)

---

54 Laut Aussage unserer Befragten sind die Kunden dabei im Übrigen vom Unternehmen übers Ohr gehauen worden. So seien viele Preise nominell erhöht worden, um sie dann im Ausverkauf auf das ursprüngliche Niveau abzusenken.

Wer sich von der Belegschaft an den Protesten beteiligt, scheint – wie im Zitat bereits angedeutet – in erster Linie über die Einbindung in persönliche Netzwerke und informelle Beziehungen erklärbar; zudem spielt der gewerkschaftliche Hintergrund eine Rolle.[55] Die „objektive" Betroffenheit von den Schließungsfolgen ist nicht ausschlaggebend: Unter unseren im Protest aktiven Befragten sind sowohl solche Beschäftigte, die zu den klaren Schließungsverlierern gehören, als auch solche, die ihre Zukunftsaussichten als eher gesichert ansehen, ebenso wie Beschäftigte, die hier nur einen Nebenjob hatten und deren materielle Absicherung nicht ans Unternehmen gekoppelt ist. Zudem verläuft die Aktivierung quer zu Tätigkeitsbereichen und Hierarchieebenen innerhalb der Belegschaft. Im Fallvergleich kann *EH_C* – trotz mancher Enttäuschungen aus Beschäftigtensicht – definitiv als Beispiel gelungener Mobilisierung und öffentlicher Sensibilisierung gelten, erst recht, wenn man in Rechnung stellt, dass es eine vergleichsweise kleine Belegschaft ist, die hier interessenpolitisch aktiv geworden ist.

Charakteristisch für diesen Fall ist ein weiterer Punkt, der ihn von anderen abhebt: Die Kritik und die Ansprüche der Beschäftigten manifestieren sich zwar zunächst auch hier in der Auseinandersetzung mit dem konkreten Schließungsfall. Die kognitive und normative Beschäftigung mit „Krise" findet weniger im Hinblick auf allgemeine Fragen „der Ökonomie" statt, sondern vielmehr unter Bezug auf die konkreten eigenen Erfahrungen in Arbeit und Beschäftigungsverhältnis. Diese „Lokalität", die den Ausgangspunkt der Krisenerfahrungen bildet, wird im Falle von *EH_C* allerdings nach und nach überschritten. Denn im konkreten Schließungsfall zeigt sich, so die geteilte Perspektive unserer Befragten, ein allgemeines Missverhältnis von politischer Regulierung und unternehmerischer Freiheit. Die Anspruchsverletzungen erfolgen zwar im konkreten Fall; dass so etwas allerdings überhaupt möglich ist, wird auf ein allgemeines Politikversagen zurückgeführt. Dass Unternehmen sich durch die Bildung undurchschaubarer Geflechte aus eigenständigen Gesellschaften aus der Verantwortung für ihre Mitarbeiter ziehen können, empfinden die von uns Befragten über die eigene Betroffenheit hinaus als einen Skandal. Dass das politische System zum Adressaten von Kritik und normativen Ansprüchen wird, erklärt sich somit weniger aus dem Wunsch nach Unterstützung in der eigenen Krisensituation (hier sind die Erwartungen sehr niedrig gehängt). Vielmehr wird das eigene Krisenerleben zum Anlass einer gewissen breiteren gesellschaftspolitischen Bewusstseinsbildung.

55 Der Organisationsgrad im Betrieb liegt bei 40 bis 50%; unter den interessenpolitisch Aktiven ist – zumindest innerhalb unseres Befragtensamples – der Anteil der Gewerkschaftsmitglieder noch deutlich höher.

> „Also wenn jemand ungerecht behandelt wurde, [sollten die Politiker] unterstützen auf jeden Fall. Aber eigentlich viel wichtiger ist, zu erkennen, was denn da eigentlich passiert ist. Und wenn so was... ob das ein Modell ist, das jetzt Schule machen könnte, das finde ich sehr, sehr gefährlich. Also diese Aufspaltung eben in diese verschiedenen GmbHs und diese Dienstleistungen und dann wirklich eine Schließung, so dass das Unternehmen an sich keine Verantwortung mehr übernehmen muss, rein rechtlich betrachtet. Das ist ja wahnsinnig gefährlich, und das darf ja auf gar keinen Fall Schule machen. Also das muss sich die Politik schon ganz genau anschauen, was ist denn hier passiert? Und kann es jetzt sein, oder geht das so weiter? Also da haben sie schon eine wichtige Aufgabe. Ich meine, bei den Verhandlungen selber, es ist toll, wenn man Unterstützung kriegt, aber da gibt es ja bestimmte rechtliche Rahmenbedingungen, durch die wir da jetzt durch müssen. Da braucht man nicht unbedingt einen Politiker, der da mitmischt, aber sich diesen Vorgang genau anschauen, das finde ich sehr, sehr wichtig, ja." (Sachbearbeiter, EH_C, 5)

> „Was mir wichtig wäre, dass diese Unternehmenskultur, diese Unternehmensstruktur, mit der dieses Rausschmeißen möglich ist, dass das vehement bekämpft wird, dass das nicht Einzug hält in Deutschland. Also dass da auch ein Stückchen weit die Politik diesen Fall, auch wenn es nur ein kleiner Ein-Filialen-Fall ist, aber dass die da aufmerksam werden." (Mitarbeiter Haustechnik, EH_C, 2)

Epilog

Auch ein Jahr nach unseren Interviews ist die Auseinandersetzung um *Konstellation EH_C* noch nicht abgeschlossen; der Konflikt konzentriert sich mittlerweile vor allem auf die juristische Ebene.[56] Ein knappes halbes Jahr nach der Schließung wurde den Beschäftigten schließlich gekündigt. Die Mehrheit der Betroffenen klagt derzeit vor dem Arbeitsgericht auf Weiterbeschäftigung. Die Verhandlungen über einen Sozialplan sind bislang weitgehend ergebnislos verlaufen. Das Unternehmen versuchte immer wieder, die Gewerkschaft aus dem Verfahren herauszudrängen. Ver.di wirft der Unternehmensseite die Erpressung der Einigungsstelle, wo die Sozialplanauseinandersetzungen derzeit liegen, vor und hat angekündigt, die Staatsanwaltschaft einzuschalten. Das Unternehmen ist gegenwärtig in eine Vielzahl weiterer Gerichtsverfahren verwickelt. Aus der Öffentlichkeit und den Medien ist der Schließungsfall inzwischen weitgehend verschwunden.

---

56 Den Verlauf des Konflikts nach Abschluss der Erhebungen können wir hier nur grob unter Rückgriff auf Medienberichte sowie Stellungnahmen von ver.di skizzieren.

Insolvenz Einzelhandel: „Wut bringt mir da gar nichts“

Hinsichtlich unserer zweiten Schließungskonstellation aus dem Einzelhandel, der *Konstellation EH_B*, greifen wir zu Kontrastierungszwecken im Wesentlichen nur diejenigen Dimensionen heraus, bei denen sich im Fallvergleich charakteristische Unterschiede zu *EH_C* ergeben. Augenfälligster Unterschied sind – dies sei vorweggenommen – die grundsätzlich anderen interessenpolitischen Handlungskonsequenzen, die die Beschäftigten aus dem Schließungserleben und den damit einhergehenden Anspruchsverletzungen ziehen. Aber auch der Charakter der Anspruchsverletzungen unterscheidet sich deutlich.

Die Konstellation gehört zu einem großen deutschen Unternehmen aus dem Einzelhandel, das im Untersuchungsjahr Insolvenz anmelden musste. Das Unternehmen, vor knapp 40 Jahren gegründet, war vor etwa zehn Jahren von einer großen Handelsgruppe, die ihr Eigentümer war, an die Börse gebracht worden. Es betrieb zwei Ketten im gleichen Geschäftsfeld, die marktstrategisch allerdings etwas unterschiedlich positioniert waren: eine Discount- und eine Premium-Marke. Letztere war erst vor wenigen Jahren durch eine Übernahme zum Unternehmen hinzugekommen. Bei dem Discounter, auf den wir uns im Weiteren beschränken, waren im Untersuchungsjahr bis zur Insolvenz insgesamt mehr als 10.000 Mitarbeiterinnen und Mitarbeiter in über 200 Filialen in Deutschland beschäftigt. Die Qualifikationsstruktur der Beschäftigten in den Filialen ist ähnlich derjenigen des Vergleichsfalls *EH_C*, es überwiegen Einzelhandelskaufleute und Verkäufer/innen, die allerdings häufig aus anderen Teilbranchen des Einzelhandels kommen. Die Verkaufstätigkeit ist insgesamt weniger beratungsintensiv, erfordert aber gleichwohl nicht unerhebliche Produktkenntnisse. Das Marktumfeld ist schwieriger als im Vergleichsfall, die Teilbranche befindet sich im Umbruch; *EH_B* ist allerdings das einzige große Unternehmen, das den Strukturwandel nicht überlebt hat.

In der Folge der Insolvenz wurden schließlich – teilweise erst nach Abschluss unserer Erhebung – die meisten deutschen Märkte von *EH_B* geschlossen, und die Mehrheit der Beschäftigten hat ihren Arbeitsplatz und ihr Beschäftigungsverhältnis verloren. Einige wenige Standorte wurden von Konkurrenten übernommen, darunter sind allerdings nicht unsere Untersuchungskonstellationen. Die Erhebungen fanden in insgesamt vier Märkten in einem jeweils deutlich unterschiedlichen regionalen Umfeld statt; zum Befragungszeitpunkt befand sich das Unternehmen unter der Leitung des Insolvenzverwalters, die Schließung einzelner Märkte war bereits beschlossen oder absehbar; in einzelnen Fällen war allerdings noch eine Übernahme durch andere Unternehmen im Bereich des Möglichen. Alle von uns befragten Beschäftigten waren noch an ihrem Arbeitsplatz tätig und konnten auch dort noch befragt werden; sie erhielten noch Gehalt, ihnen war noch nicht gekündigt worden. Die Versorgung der

Märkte mit neuen Waren stockte bereits, aber der Verkauf wurde in unseren Filialen zum Erhebungszeitpunkt noch aufrechterhalten, eine davon befand sich bereits im Abverkauf. Andere Märkte des Discounters waren zu diesem Zeitpunkt bereits geschlossen.[57]

Krisenerleben: „Ein Schlag ins Gesicht, aber nicht mehr so heftig"

Das Krisenerleben der Beschäftigten fällt weniger schockhaft aus als in unserem Vergleichsfall; zwar gibt es auch hier einen konkreten Kulminationspunkt im betrieblichen Krisenprozess – die Beantragung der Insolvenz –, dieser reiht sich aber in einen etwas längerfristigen Niedergang des Unternehmens ein. Dass das Unternehmen in Schwierigkeiten ist, war bereits bekannt und für die Beschäftigten auch unmittelbar spür- und sichtbar, etwa aufgrund ausbleibender Warenlieferungen in den Filialen.

> „Es war eigentlich fast klar. Man hat im Prinzip bloß den Zeitpunkt abgewartet, auch schon zwei Monate vorher. Nachdem diverse Lieferanten halt dann nicht mehr geliefert haben oder irgendwelche Leistungen eingestellt haben, hat man gesagt: ‚Da kommt irgendwas', dann war es halt so. Also es war kein großer Schock, es war eine Frage der Zeit. [...] In dem Moment, klar, da war es natürlich schon ein bisschen ein Schlag ins Gesicht, aber nicht mehr so heftig, weil man wusste ja, was im Konzern passiert." (Verkäufer, EH_B, 6)

Nach dem Insolvenzantrag blieb über mehrere Wochen hinweg unsicher, was mit den Filialen des Unternehmens passieren würde. Dass es zu Schließungen und damit zu Entlassungen kommen würde, war von Beginn an klar; zunächst sollte aber nur etwa ein Drittel der Märkte betroffen sein. Für die weiteren Standorte sollten Käufer gesucht werden, die größere Pakete von Märkten übernehmen. Zu Beginn sah es so aus, als wäre nur der Discounter von der Insolvenz und Schließung betroffen und als könnte die besser am Markt positionierte Premiummarke überleben, daher wurden zwischenzeitlich Märkte umbenannt und ihr Warenangebot umgestellt. Allerdings geriet kurz darauf auch das Schwesterunternehmen in die Krise; auch hier wurden schließlich die meisten Märkte geschlossen. Für eine Übergangszeit war für die Beschäftigten denkbar, dass ein Erhalt ihrer Filiale und ihres Arbeitsplatzes für diejenigen möglich sein könnte, die sich in der unternehmensinternen Konkurrenz gegenüber anderen Filialen durchsetzen.

> „Also das erste Mal, als ich gehört habe, wir sind insolvent, na, am Mittwoch [...] sind wir noch auf ein paar Halbe weggegangen nach der Arbeit. Und dann kommst du heim und dann liest du das so in Facebook. Das Erste ist halt: ‚Mein Gott, jetzt

57 Mit Beschäftigten bereits geschlossener Standorte kamen aufgrund von Zugangsschwierigkeiten keine Interviews zustande.

bin ich arbeitslos‘, weil ich habe ja noch nicht gewusst, wie das läuft bei einer Insolvenz. Da meinst du als Erstes: ‚Oh mein Gott, jetzt macht er zu, jetzt ist es vorbei‘, das war mein erster Gedanke. [...] Und dann habe ich halt so gelesen, ja, das kann auch gut werden, dass es halt bereinigt wird alles und dass halt die schlechten Märkte vielleicht wegkommen und die guten überleben und so. Und ich habe auch immer gewusst, dass unser Markt in der Spitzenklasse ist. Dann bin ich ruhiger geworden und dann habe ich mir gedacht, da war ich auch nicht der Einzige, war einer von den wenigen, der reingegangen ist und gesagt hat: ‚Leute, das schaffen wir!‘“ (Verkäufer, EH_B, 1)

Recht bald kursierten erste Listen potenzieller Schließungskandidaten. Was für die Mitarbeiter der betreffenden Märkte den sicheren Arbeitsplatzverlust bedeutet, verbessert die Wettbewerbssituation benachbarter Filialen.

„Das ist jetzt unser Plus. Die rundum machen alle zu, die Kunden kommen wahrscheinlich zu uns dann [...]. Bin der Meinung, dass das unser großes Plus ist, und das sage ich auch den Leuten: ‚Leute, lasst Euch nicht hängen, wir schaffen das!‘“ (Verkäufer, EH_B, 1)

Diese Hoffnungen sollten sich – nachträglich betrachtet – allerdings nicht erfüllen. Die Verhandlungen über den Verkauf größerer Kontingente von Filialen scheiterten, fast alle Märkte wurden schließlich geschlossen. Auch eine Beschäftigungsgesellschaft, die insbesondere von Seiten des Gesamtbetriebsrats propagiert worden war, kam mangels Masse nicht zustande.

Ebenso wie in *Konstellation EH_C* gilt: Die (potenziellen) persönlichen Folgen von Schließung und Arbeitsplatzverlust sind insbesondere nach Alter und Qualifikation, auch nach Region, sehr unterschiedlich; in dieser Hinsicht wirkt die betriebliche Krise differenzierend, nicht homogenisierend. Insbesondere ältere Beschäftigte rechnen sich wenig Arbeitsmarktchancen aus; wer hier nicht über das maximal zweijährige Arbeitslosengeld bis zur Rente kommt, dem droht Hartz IV. Wie tiefgehend die möglichen Krisenfolgen erlebt werden können, macht der Selbstmord eines Kollegen deutlich, der in mehreren Filialen Gesprächsthema ist. Jüngere, qualifizierte Beschäftigte berichten demgegenüber bereits von Jobangeboten von Konkurrenzunternehmen. Allerdings heißt dies zumeist verschlechterte Bedingungen: *EH_B* zahlt nach Einzelhandelstarif plus einige betriebliche Zusatzleistungen, viele Märkte der Mitbewerber werden im Franchisesystem geführt, die Vergütungen sind dort niedriger. Ebenso wie im Vergleichsfall findet sich eine Gruppe von Beschäftigten, die den möglichen Arbeitsplatzverlust als Anlass nehmen will, sich grundsätzlich beruflich neu zu orientieren, und insofern die „Krise als Chance“ sieht.

Verletzte Anspruchsmuster: „Der Kleine hat jetzt wieder den Verlust"

Das Urteil der Beschäftigten darüber, was Ursache von Krise, Insolvenz und schließlich Schließung ist, fällt eindeutig und konsensuell aus: „Missmanagement, falsche Strategien gefahren" (Verkäufer, *EH_B, 6*); und der Adressat der Kritik ist klar: „Nieten in Nadelstreifen" (Verkäuferin, *EH_B, 10*). Mit Fehlentscheidungen, insbesondere hinsichtlich Marketing und Preispolitik, sei das Unternehmen durch das Management systematisch ruiniert worden. Die immer mehr intensivierten Rabattaktionen, für die das Unternehmen bekannt war, hätten zu einer Abwärtsspirale geführt. Die Kunden seien nur dann noch in die Märkte gekommen, wenn Aktionen mit hohen prozentualen Preisreduzierungen durchgeführt wurden. Um den Kundenrückgang in Normalzeiten und finanzielle Engpässe zu kompensieren, seien diese Rabattaktionen in immer rascherer Folge durchgeführt worden, was sowohl Kunden verunsichert als auch die Einnahmen reduziert habe. Hinzu kämen weitere Gründe, für die ebenfalls die Unternehmensleitung die Verantwortung trage: zu teurer Einkauf, die schlecht geplante Übernahme der Schwestermarke aus dem Premiumsegment, verschwenderische Beraterverträge, die das Unternehmen Summen im höheren zweistelligen Millionenbereich gekostet hätten.

Diese vehement vorgetragene Kritik beruft sich zunächst auf *Rationalitätsansprüche*: Die Entscheidungsträger hätten Basisprinzipien ökonomischer und technisch-funktionaler Rationalität[58] missachtet, so lautet das normative Grundmuster, das in den Interviews prägend ist. Diese Rationalitätskritik mischt sich allerdings unmittelbar mit *Gerechtigkeitsprinzipien*. Erstens werden gerade diejenigen, die die Verantwortung für die Misswirtschaft tragen, nicht zur Rechenschaft gezogen, während die einfachen Beschäftigten für deren Fehler büßen müssen.

> „Mitarbeiter können nix dafür. Die können jeden Tag hier reinkommen, können arbeiten, können ihren Job machen, was sie auch supertoll machen. Also [wir] von den Mitarbeitern, wir haben keinen Einfluss auf das ganze Unternehmen. Wir müssen halt da sein. Wir müssen halt gucken, dass wir nett sind, Umsatz machen, das wird auch regelmäßig kontrolliert, wie sind die Mitarbeiter und und und..." (Verkäuferin, Betriebsratsmitglied, EH_B, 8)

58 Erinnern wir uns: Technisch-funktionale Rationalität soll heißen Orientierung an Prinzipien der Effektivität und Funktionalität, die der Sachlogik des Arbeitsprozesses entsprechen. Charakteristisch gerade für „marktbearbeitende" Arbeitsprozesse wie im Einzelhandel ist das Verschwimmen von ökonomischen, marktbezogenen und technisch-funktionalen Rationalitätsansprüchen (siehe die Abschnitte 3.2.1 und 3.2.3).

> „Weil der Kleine hat jetzt wieder [...] den Verlust. Ja, immer wieder nur der Kleine, der jeden Tag aufsteht, herkommt zum Arbeiten, freundlich ist, ja, der muss jetzt wieder die Suppe auslöffeln. Ja, die sollen einmal an die Verursacher gehen, weil die haben die Taschen immer noch voll." (Kassenaufsicht, EH_B, 5)

> „Bei Managementfehlern finde ich immer noch, dass diejenigen, die das verbocken, immer noch selber zahlen müssten dafür, selber büßen müssten. Und nicht sich einfach vorher verpissen und sagen: ‚Nach mir die Sintflut.'" (Verkäufer, EH_B, 6)

Dieses hier in Anschlag gebrachte Prinzip, Verantwortung übernehmen zu müssen und haftbar für eigene Entscheidungen zu sein, lässt sich als Element des Anspruchs auf Leistungsgerechtigkeit fassen: Dazu gehört nicht nur, den eigenen Bemühungen und Fähigkeiten entsprechende Erträge zu erzielen, sondern auch, die Konsequenzen der eigenen Handlungen zu tragen.

Zweitens scheinen hinter der Rationalitätskritik auch verletzte Beteiligungsansprüche auf. Das Wissen, über das die Beschäftigten aufgrund ihrer Alltagserfahrung in den Märkten vor Ort verfügen, wird nicht wahr- und ernstgenommen, wäre für rationale Unternehmensentscheidungen aber durchaus wichtig. Die Mitarbeiterinnen und Mitarbeiter erfahren im täglichen Umgang mit den Kunden, wie Marketingkonzepte „ankommen", welche Produkte verlangt werden, wie die Rabattaktionen wirken. Von „oben" wird dieses Wissen aber systematisch missachtet.

> „Diese Ideologie einfach von denen, die in der Zentrale sitzen. Ich meine, ich finde, das sind einfach Leute, die sitzen oben, die haben keine Ahnung. Vielleicht haben die nur studiert oder waren vielleicht noch nie in einem Laden drin. Die wissen gar nicht, wie das ausschaut hier. Da kriegt man bloß eine E-Mail und dann mit ihren ganzen 20 Prozent oder dann 35 Prozent. Ich meine, letztes Jahr hatten wir ein halbes Jahr lang keine 20-Prozent-Aktion gehabt. Und wir haben trotzdem Kunden gehabt in dem Laden drin. Und dann haben sie wieder angefangen, und dann kommen die Leute halt auch natürlich nicht mehr. Dann mit den 20 Prozent, das sind natürlich 20 Prozent, die wir Minus machen. Und wir haben dieses Jahr wirklich auch ganz viel 35 Prozent auf die ganze Ware gegeben, und da zahlen wir nur drauf. Und wenn ich nur so was mache, ist ja klar, dass ich kein Geld mehr einnehme." (Auszubildender, EH_B, 4)

Diese Erfahrung der Missachtung eigener Kompetenzen und Wissensbestände wird eingeordnet in die Wahrnehmung einer festgefügten dualistischen betrieblichen Hierarchie. Auffällig häufig argumentieren die Beschäftigten mit Formulierungen, die sonst eher für Industriebetriebe als für den Dienstleistungsbereich typisch sind, wie „unten", „uns kleine Mitarbeiter" versus „die oben", „die ganz oberen Bosse", „unsere Herren Vorstände" usw.

Neben den genannten Leistungs- und Beteiligungsansprüchen spielen auch Würdeverletzungen in der normativen Auseinandersetzung mit den Krisenfolgen eine Rolle – allerdings in anderer Weise als zuvor bei *EH_C* beschrieben.

Es sind vor allem manche Kunden, die gegenüber den Beschäftigten respektlos agieren.

> „Wir müssen uns teilweise mit bösen Kunden rumschlagen, da komme ich mir vor wie auf dem türkischen Basar. [...] Ja, ich habe auch schon Gespräche geführt, es ging um 3,50 Euro. [Sagt der Kunde]: ‚Ich will und ich will und ich will!', Sage ich: ‚Sagen Sie, was Sie wollen, es werden 28 meiner Kollegen arbeitslos.'
>
> ‚Ach, ist mir doch scheißegal.'"(Verkäufer, EH_B, 6)

> „Man merkt, wenn ich das ganz bösartig sagen darf, dass es richtige Aasgeier mittlerweile gibt, die hier reinkommen. Ein Kollege hat mir letztens was erzählt, da bin ich ganz entsetzt gewesen eigentlich. Da kam ein Kunde zu ihm, der wollte dann einen Spiegelschrank um zehn Euro billiger. Und da hat er gesagt, nein, er kann ihm den nicht noch mal zehn Euro billiger machen, er kriegt die Prozente und gut. Der Ware fehlt ja nichts. Und dann sagt der Kunde doch glatt zu ihm: ‚Naja, es kann ihm doch wurscht sein, er ist ja jetzt dann eh arbeitslos.' [...] Das sind dann schon unverschämte Sachen. Oder einer Kassiererin hat einer gesagt, naja, sie könnte dann als Bedienung gehen in eine Oben-ohne-Bar. Also wissen Sie, das sind dann Momente, wo man sagt, wie weit kann das Personal so was eigentlich noch aushalten?" (Mitarbeiterin in Verwaltung und Verkauf, EH_B, 11)

Handlungskonsequenzen: kollektiver Produktivismus

Aus den Krisenerfahrungen und den damit einhergehenden Anspruchsverletzungen ziehen die Beschäftigten beider Einzelhandelsunternehmen ganz unterschiedliche Handlungskonsequenzen. Beide Fälle ähneln sich zwar darin, dass viele Beschäftigte *individuell* versuchen, durch aktives Handeln ihre eigene Zukunft abzusichern, indem sie sich bewerben, alternative berufliche Perspektiven abschätzen usw. Die *kollektiven* Handlungsorientierungen unterscheiden sich aber diametral. Während im ersten Fall der Weg von Aktivierung und Protest gewählt wird, lehnen die Beschäftigten des insolventen Unternehmens dies explizit ab.

> „Proteste, Streiks ist so eine Sache, die ist für uns im Moment unrelevant, weil wir kriegen weiterhin die Gehälter bezahlt und wir gehen weiterhin arbeiten. Da brauchen wir nix großartig protestieren. [...] Weil es im Prinzip nix zum Protestieren gibt. Weil wir sind ja jetzt in der Insolvenz, es ist so, wir müssen uns damit momentan abfinden. Was anderes bleibt uns momentan nicht übrig." (Verkäufer, EH_B, 6)

Widerstand wäre im wohlverstandenen Eigeninteresse kontraproduktiv. Eine letzte Chance zum Erhalt des eigenen Standorts und damit des Arbeitsplatzes angesichts der Insolvenz des Unternehmens sehen die Beschäftigten darin, sich gegenüber möglichen Investoren als erfolgreich, produktiv und leistungswillig zu präsentieren. Protest würde dieses Bild stören und die Chancen auf eine erfolgreiche Selbstvermarktung des lokalen Belegschaftskollektivs reduzieren.

Zudem seien die richtigen Adressaten von Kritik und Protest sowieso nicht greifbar.

> „Die da oben haben bloß noch aufs Geld geschaut. Die sind auch nicht mehr da, die das gemacht haben damals, diese ganzen Vorstände sind mittlerweile alle fort.“ (Verkäufer, EH_B, 2)

Eine solche Handlungsstrategie – die Selbst- und Außendarstellung als funktionierende Leistungsgemeinschaft, um die Chance auf eine Übernahme zu wahren –, erfordert von den Beschäftigten regelrechte Arbeit an den eigenen Ungerechtigkeitsempfindungen, emotionales „*deep acting*“ (Hochschild 1990). Negative Gefühle und Empörung – für die die Beschäftigten definitiv gute Gründe haben – müssen explizit zurückgestellt werden, um die Leistungsfähigkeit der Belegschaft nicht zu gefährden.

> „Wütend – was bringt es mir [...]. Die das ganze Ding in den Sand gesetzt haben, die meisten sind davon weg [...]. Also ich sage jetzt mal, Wut bringt mir da gar nichts. Das muss man jetzt alles reell sehen, vor allem hier kann ich jetzt überhaupt keine Wut nicht rauslassen, auch bei den Mitarbeitern, das bringt mir nix. Da mache ich mich fertig, da mache ich draußen eine schlechte Laune und schlecht gelaunte Mitarbeiter bringen keine Leistung. Das hat hier keinen Wert nicht.“ (Verkäuferin, auch Mitglied im Betriebsrat, EH_B, 8)

In entsprechender Weise definiert der Betriebsrat auch seine Aufgabe in der Krisensituation. Er sieht sich primär als Ansprechpartner der Beschäftigten in ihren Sorgen und Ängsten. „Beruhigen, runterbringen“ (Verkäufer, EH_B, 2, zugleich Mitglied des Betriebsrats), aber auch zur Arbeit motivieren, nicht interessenpolitisches Aktivieren und Agitieren ist sein Ziel.

Die kollektive Leistungsorientierung erhält sich interessanterweise über den Zeitpunkt hinaus, zu dem sie mit der Hoffnung auf eine Übernahme noch ein konkretes interessenpolitisches Ziel hat. Auch dort, wo die Schließung schon feststeht, schwören die Beschäftigten sich auf ihre betriebliche Leistungsgemeinschaft ein, die durchaus auch Elemente von Solidarität und Kollegialität enthält.

> „Also man merkt, wir ziehen jetzt alle in eine Richtung, weil jeder sagt: ‚Okay, wir wollen zusammen bleiben, wir wollen auch nach außen zeigen, dass wir ein Team sind und dass wir hier den Laden schmeißen bis zum Schluss.‘ Das hält uns irgendwie zusammen. Man entwickelt dann auch so einen gewissen Galgenhumor [lacht]. Man macht sich dann schon Gedanken, was machen wir hinterher, wenn hier wirklich die Lichter endgültig ausgehen würden, und man sieht, dass doch jeder interessiert ist, dass man zusammen bleibt. Das schweißt dann schon noch enger zusammen.“ (Mitarbeiterin in Verwaltung und Verkauf, EH_B, 11)

Es entsteht ein Gefühl intensivierter Vergemeinschaftung durch gemeinsamen Produktivismus, der die Perspektive auf konkrete Erfolgsaussichten transzendiert. Aber wohl auch aufgrund von Alternativ- und Perspektivlosigkeit stürzen sich die Beschäftigten in die Arbeit – solange sie noch welche haben.

> „Das [Verhältnis unter den Kollegen] ist ein sehr gutes. Und das ist eigentlich der Grund, warum so dieser ganz harte Kern noch nicht auseinandergefallen ist. Auch die letzten drei, vier Wochen nicht, obwohl absehbar war, wo es hinläuft. Man hat immer noch die Hoffnung gehabt: ‚Mensch, wir sind da reingerutscht. Vielleicht geht es doch.' Aber es geht nicht. Aber die Leute bleiben trotzdem bei der Stange. [...] Und das sind alles Leute, da bin ich von der Zugehörigkeit eigentlich der Jüngste mit zehn Jahren. Die sind weit über zehn Jahre schon da. Und für die wird es Ende November ganz hart, wenn hier zugesperrt wird. Weil, was sollen die noch machen? Die gehen aufs Amt: ‚Na, Sie können wir nicht mehr vermitteln.'" (Handwerklicher Mitarbeiter, EH_B, 12)

Standortschließung Finanzdienstleistungs-IT: „Streiken, das machen die Metaller, aber doch nicht wir!"

Unser dritter Schließungsfall hat wiederum eine ganz eigene normative und interessenpolitische Fallstruktur, die sich von den beiden Einzelhandelsunternehmen unterscheidet. *FD_A* ist ein Standort des IT-Dienstleisters einer großen Finanzgruppe. Die Mitgliedsunternehmen der Gruppe sind zugleich die Kunden des Dienstleisters wie auch seine Eigentümer. Der IT-Dienstleister beschäftigt ca. 4.500 Mitarbeiter und Mitarbeiterinnen deutschlandweit, am Standort waren es bis zum Schließungsprozess 600 eigene Angestellte, zudem noch eine große und während des Schließungsprozesses wachsende Gruppe von Werkvertragsbeschäftigten. Die Beschäftigten sind überwiegend hochqualifiziert. Viele verfügen über einen Studienabschluss, zumeist mit wirtschaftlicher oder technischer Ausrichtung, es gibt aber auch einige fachliche Quereinsteiger, etwa mit geisteswissenschaftlichem Ausbildungshintergrund. Die Beschäftigten ohne Studienabschluss haben zumeist eine Bankausbildung. Die Aufgaben der Beschäftigten sind nicht nur technischer, sondern häufig auch betriebswirtschaftlicher Natur. Aufgabe des Dienstleisters ist sowohl die Administration der IT-Infrastruktur und Softwareentwicklung als auch die Abbildung komplexer ökonomischer Strukturen in der Softwarearchitektur. Die Tätigkeiten sind ganz überwiegend inhaltlich anspruchsvoll und hochspezialisiert.

Der IT-Dienstleister ist nach und nach durch Fusionen von mehr als zehn jeweils regional orientierten Ursprungsgesellschaften entstanden. Der Untersuchungsstandort hat im vergangenen Jahrzehnt zwei Fusionen erlebt. Etwa ein Jahr vor dem Befragungszeitpunkt hat das Unternehmen beschlossen, sich deutschlandweit auf drei Standorte zu konzentrieren und damit sechs der zu diesem Zeitpunkt noch bestehenden neun Betriebe zu schließen, darunter unsere Untersuchungskonstellation. Begründet wird dies vom Unternehmen mit der Notwendigkeit technischer und organisatorischer Effizienzsteigerung, die mit einer Struktur verteilter Standorte nicht möglich sei. Internen Unterlagen des Unternehmens zufolge, auf die sich der Bericht einer renommierten Zeitung beruft, zählt zu den Zielen der Standortkonzentration der Abbau von etwa einem Drittel der Stellen – was das Unternehmen in dieser Form nicht bestätigt, aber auch nicht dementiert hat.

Die Belegschaft des IT-Dienstleisters, zuvor vollkommen protestunerfahren und nur in geringem Maße gewerkschaftlich organisiert, reagierte auf den Schließungsbeschluss des Unternehmens unter anderem mit mehreren Demonstrationen (unter anderem vor Filialen von Mitgliedsunternehmen der Finanzdienstleistungsgruppe sowie vor der Zentrale) sowie mit Warnstreiks. Nach längerem Zögern ließ sich das Unternehmen – nicht zuletzt aufgrund der Sorge der Finanzgruppe um ihr Ansehen bei Kunden und in der Öffentlichkeit – auf Verhandlungen zu einem Tarifsozialplan ein. Nach etwa zweimonatigen Verhandlungen wurde schließlich der Tarifsozialvertrag zwischen Geschäftsführung und Arbeitnehmervertretern abgeschlossen. Die Zustimmung von Seiten des Betriebsrats und ver.di erfolgte nicht einstimmig, sondern „mit Magenschmerzen" (wie ein Betriebsrat formuliert). Die Einigung sieht Abfindungsregelungen, Altersteilzeitangebote, einen dreijährigen Schutz vor betriebsbedingten Kündigungen sowie „Mobilitätsunterstützung" für Mitarbeiter vor, die den Standort wechseln (etwa Pendlerpauschalen, Pauschalen für die Wohnsitzverlegung). Alle Beschäftigten erhalten ein Angebot zur Weiterbeschäftigung an einem der verbleibenden Standorte.

Betroffenheit und Erleben der Schließung: „Ich hab das nicht für möglich gehalten!"

Verschiedene Beschäftigtengruppen des Standorts sind von der Standortschließung in ganz unterschiedlicher Weise und in ganz unterschiedlichem Ausmaß betroffen. Die Schließung führt, anhand der „äußeren Bedingungen" betrachtet, stärker noch als in unseren Vergleichsfällen erst einmal zur Differenzierung der möglichen Interessen. Generell bedeutet der Schließungsprozess: Die Beschäftigten müssen an den sogenannten Zielstandort – dorthin, wohin die eigene Arbeitsaufgabe bzw. Abteilung verlagert wird – umziehen. Drei Zielstandorte sind möglich, wobei bereits der nächste nur in mehrstündiger Fahrt zu erreichen ist, tägliches Pendeln ist in jedem Fall ausgeschlossen. Alternativ können die Beschäftigten das nach Betriebszugehörigkeit gestaffelte Abfindungsangebot in Anspruch nehmen und das Unternehmen verlassen. Dies bedeutet für praktisch alle Beschäftigten, die nicht an den Zielstandort mitgehen, sich eine neue Arbeitsstelle suchen zu müssen; eine zumindest mittelfristige Finanzierungsperspektive bietet die Abfindung nicht – auch wenn ihre Höhe insgesamt „in Ordnung" ist (subjektiv aus Beschäftigtenperspektive betrachtet und auch verglichen mit üblichen Abfindungsregelungen in anderen Fällen); der Übergang in die Rente wird damit für niemanden möglich. Mehrere Zusatzvereinbarungen für bestimmte Beschäftigtengruppen mildern für diese die Schließungsfolgen ab. Für ältere Beschäftigte (ab 57 Jahren) gibt es eine betriebliche Altersteilzeitregelung, die für viele der Anspruchsberechtigten attraktiv ist, zumal sie mit einer Telearbeitsregelung verbunden ist. Die Beschäftigten können alternierend zu Hause und am Zielstandort arbeiten. Dort ist die Anwesenheitspflicht auf eine Woche pro Monat festgelegt.

Ein Teil der Beschäftigten ist nicht direkt beim Unternehmen *FD_A* angestellt, sondern besitzt ältere Arbeitsverträge mit einer rechtlich anders verfassten Organisation, die ebenfalls zu der Finanzgruppe gehört, der unser Untersuchungsbetrieb entstammt. Diese Beschäftigten sind rechtlich betrachtet an *FD_A* ausgeliehen. In ihren Arbeitsverträgen ist die Stadt des Standorts als Arbeitsort fixiert; zudem besteht diese Schwesterorganisation weiter, d.h., sie können weder versetzt noch im Zuge der Standortschließung entlassen werden. Diese Beschäftigten müssen also weder umziehen oder pendeln, noch besteht für sie akute Arbeitsplatzgefahr. Allerdings werden sich ihre Tätigkeit und ihr Arbeitszusammenhang voraussichtlich massiv ändern; die inhaltlichen und organisatorischen Zukunftsperspektiven dieser Gruppe sind weitgehend unklar.

Hinzu kommt eine weitere Gruppe: Am Standort ist eine Vielzahl von Werkvertragsnehmern beschäftigt, die entweder als Solo-Selbstständige oder als Angestellte kleinerer IT-Unternehmen – häufig Seite an Seite mit den Angestellten – im Unternehmen arbeiten.[59] Ein nicht unerheblicher Anteil der Festangestellten ist selbst vor längerer Zeit zunächst über eine Selbständigentätigkeit zu *FD_A* gekommen.

Diese unterschiedliche Betroffenheit wird noch einmal gebrochen durch die unterschiedlichen persönlichen Konstellationen. Erlauben die familiäre Situation oder andere regionale Bindungen einen Ortswechsel? Wie sehen die Arbeitsmarktchancen aus, die insbesondere nach Lebensalter erheblich variieren? Zum Zeitpunkt unserer Interviews haben alle Befragten in irgendeiner Form ein für sie zumindest halbwegs erträgliches Arrangement gefunden. Insbesondere die älteren Beschäftigten, die Telearbeit mit einer geblockten Anwesenheit am Ziel-

59 Auf diese Beschäftigtengruppe, die wir nicht befragen konnten, gehen wir im Weiteren nicht ein. Sie war an den Auseinandersetzungen um die Standortschließung nicht beteiligt und wurde auch nicht in die Protestaktionen einbezogen. Alle der sonstigen genannten Beschäftigtengruppen sind in unserer Befragung vertreten. Die Interviews wurden entsprechend an ganz unterschiedlichen Orten geführt: Im Unternehmen (der Erhebungszeitpunkt lag einige Monate vor der endgültigen Standortschließung), bei den Beschäftigten zuhause (bei Telearbeiter/innen), im neuen Unternehmen (wer *FD_A* bereits verlassen hat), telefonisch (u.a. bei Beschäftigten, die bereits umgezogen sind) oder im Forschungsinstitut.

standort verbinden, und damit ihren Wohnort behalten können und zugleich noch Altersteilzeit beanspruchen können, sind – in den eigenen Worten – „mit einem hellblauen Auge davongekommen“ (FD_A, 3). Wer eine neue Stelle gefunden hat (nur einer von unseren Befragten), kann von der Schließung gar profitieren, weil er die Abfindung in Anspruch nehmen kann. Weitaus schwieriger ist die Situation für diejenigen, die Arbeits- und Wohnort wechseln mussten; aber auch hier haben die meisten unserer Befragten schließlich eine irgendwie tragbare Lösung für sich gefunden.

Aber unabhängig davon, wie sich die Beschäftigten letztlich arrangieren, wurde die Schließungsentscheidung häufig zunächst als wesentlicher Einschnitt in der eigenen Berufsbiografie erlebt. Für die Ausprägung und das Ausmaß des krisenhaften Erlebens ist die letztlich erreichte persönliche Lösungsstrategie gar nicht so bedeutend. Ein unmittelbarer Zusammenhang zwischen der jeweiligen „objektiven“ Betroffenheit der verschiedenen Beschäftigtengruppen und der Tiefe des Krisenerlebens lässt sich nicht belegen. Diesbezüglich wirkt die Krisenerfahrung eher kollektivierend. Das Ende des Standorts heißt für praktisch alle Befragten, dass ein längerer Abschnitt relativer Stabilität im Arbeitsleben zu Ende geht.[60] Auch wenn sich für einige Beschäftigte die Schließungsmöglichkeit zumindest schon abgezeichnet hatte, bedeutet der endgültige Beschluss, den Standort aufzugeben, dass zentrale Koordinaten des Arbeits-, aber auch des Privatlebens in sich zusammenfallen. Dies führt zu teilweise massivem Belastungserleben und zu Verunsicherungen, die bis hin zu psychischen Erkrankungen reichen können.

> „Dann haben die ja tatsächlich entschieden, dass es geschlossen wird, und das war dann irgendwie jetzt erstmal wie so in ein Loch fallen. [...] Also ich habe es nicht für möglich gehalten, dass sie das jetzt so schnell machen. [...]. Also ich bin dann Anfang diesen Jahres so in eine richtige [...] Depression verfallen. Ich war auch drei Monate krank, musste mich auch behandeln lassen und das war ganz sicher einfach auch ausgelöst durch diese extremen Veränderungen. [...] Also es hat eine ganze Menge mit mir gemacht, muss ich echt sagen. Also es ist im wahrsten Sinne des Wortes nicht spurlos an mir vorübergegangen.“ (Assistentin, FD_A, 11)

Stellvertretend für die eigene Belastungssituation und das Unsicherheitserleben stehen der vollzogene Suizid eines Kollegen sowie ein weiterer Suizidversuch, auf die in den Interviews immer wieder Bezug genommen wird. Zwar gilt den Befragten eine solche verzweifelte Reaktion gewissermaßen als „objektiv übertrieben“, sie zeigt aber die subjektive Belastungssituation, unter der viele Beschäftigte stehen.

60 Betriebszugehörigkeit und Durchschnittsalter (mehr als 45 Jahre) sind sowohl im Betrieb generell wie auch bei unserer Gruppe von Befragten relativ hoch; Neueinstellungen wurden in den letzten Jahren praktisch nicht mehr vorgenommen.

> „Aber für den war diese unklare Situation, was er danach machen kann, manche Leute brauchen einfach diese, müssen wissen, was sie tun, wie ihr Leben weitergeht, damit sie funktionieren. Und das scheint ein Mensch zu sein, der sowieso seelisch irgendwie belastet war, und das war für ihn scheinbar das Sahnehäubchen. [...] Seine Rufbereitschaft, der hat einen Sondereinsatz gehabt, das hat er noch fertig gemacht, der hat seinen Schreibtisch aufgeräumt und hat sich dann aufgehängt.“ (Projektmanagerin, FD_A, 10)

Nicht nur die eigene Zukunft wird unsicher, mit der Schließung werden nachträglich das eigene Engagement und die eigene Leistungsbereitschaft in Frage gestellt. Die vorangegangenen Bemühungen um die Arbeitsaufgabe und das Unternehmen, die auf Langfristigkeit und Vorstellungen von Gegenseitigkeit angelegt waren, werden mit der einseitigen Aufkündigung der Beziehung zwischen Beschäftigten und Unternehmen entwertet.

> „Also, es hat mich schon persönlich mitgenommen, einmal aus dem Grund, weil in dem Bereich, wo ich tätig war, hat man immer wirklich sehr, sehr viel zu tun, und da war es auch so, dass so gut wie alle Mitarbeiter sehr engagiert am Thema dran waren. [...] Und ich habe mich da persönlich auch ziemlich reingehängt und das ist auch anerkannt worden, also von ganz oben dann mit Leistungszulagen und so Dinge, muss ich schon sagen. Aber zu dem Zeitpunkt, wo dann gesagt worden ist ‚Wir schließen‘, da war ich in Frankfurt bei der Demo, da kommt schon so ein Gefühl hoch: ‚Für was habe ich mich so reingehängt?‘“ (Abteilungsleiter, FD_A, 13)

Hinzu kam für viele Beschäftigte die Erfahrung, dass ihre Arbeitskraft auf dem externen Arbeitsmarkt nur geringe Verkaufschancen besitzt. Trotz eines großstädtischen regionalen Umfelds, das durch eher geringe Arbeitslosigkeit geprägt ist, und trotz der im medialen Diskurs immer wieder verbreiteten Behauptung, dass gerade gut qualifizierte IT-Experten wenig Beschäftigungsprobleme hätten, haben viele Befragten entmutigende Erfahrungen bei der Beschäftigungssuche gemacht.

> „Ich glaube, [...] dass Sie ab 50 oder spätestens ab 55 im EDV-Bereich kaum eine Chance haben, einen Job zu finden. Ja, da können Sie noch so gut und kerngesund sein und tolle Referenzen haben, da wird sofort jede, und die Erfahrung habe ich jetzt auch an Kollegen halt miterleben dürfen oder müssen, da, wo eine Fünf an erster Stelle des Alters stand, da hatte man das Gefühl, da liest man keine Zeile weiter mehr in einer Bewerbungsunterlage, sondern die wird sofort aussortiert.“ (Technischer Mitarbeiter, FD_A, 1)

Die meisten der älteren Befragten sind aufgrund erwarteter Aussichtslosigkeit gar nicht mehr in die Suche eingestiegen. Aber auch Beschäftigte unter 50 Jahren berichten von ernüchternden Sucherfahrungen und erfolglosen Bewerbungen. Auch das führt zu einer persönlichen Verunsicherung. Die Beschäftigten hatten sich – über Jahre und teilweise Jahrzehnte hinweg – einen beruflichen Status erarbeitet, der an die betriebliche Position gebunden war. Nun wird deutlich, dass ihr erarbeiteter Status außerhalb des Unternehmens kaum etwas wert ist. Im Betrieb waren ihre Qualifikation, ihr Engagement und ihre Leistung geschätzt, für ihre allgemeine „Employability" bedeutet dies allerdings wenig.

Verletzte Anspruchsmuster I: Varianten massiver Rationalitätskritik

Auf den Beschluss zur Standortschließung und seine Umsetzung reagieren unsere Befragten allesamt mit erheblicher Empörung. Vorgehen und Verlauf stoßen auf starken normativen Widerspruch, das Unternehmen und seine Entscheidungsträger geraten in eine massive Legitimitätskrise. Interessant ist nun – insbesondere im Fallvergleich mit unseren zwei weiteren Schließungsbetrieben – die Spezifität der Bewertungsmuster und die besondere interessenpolitische Dynamik, die aus den verletzten Ansprüchen entsteht.

Zunächst einmal fällt auf, dass die prinzipielle Freiheit des Unternehmens, über seine Organisation, über Fusionen und damit auch über Unternehmensstandorte zu verfügen, nicht grundsätzlich normativ angezweifelt wird. Die Kritik der Beschäftigten wendet sich nicht gegen die unternehmerische Verfügungsgewalt generell oder gar gegen allgemeine ökonomische Grundprinzipien.

Zwar müssten solche Entscheidungen in gewissem Maße sozialverträglich abgefedert werden, aber ein grundsätzlicher Vorrang von Beschäftigteninteressen und -bedürfnissen, hinter dem unternehmerische Entscheidungen zurückzustehen hätten, wird nicht postuliert.

> „Ja, ich würde sagen, dass die Fusionen als solche natürlich gerechtfertigt sind. Also ich habe ja BWL studiert. Ich wüsste, ich könnte Ihnen jetzt keinen einzigen Grund sagen, der [dafür] spricht, dass es ‚n' Rechenzentren gibt in Deutschland, die alle das Gleiche machen." (Entwickler, FD_A, 3)

> „Also für mich ist das ein absolut legitimes Recht einer Firma zu sagen, wir wollen uns so und so verändern und bieten aber einen wirklich guten Sozialplan an. Da muss man noch ein bisschen nachverhandeln, gebe ich ja zu, aber auch der erste Plan, fand ich, [war] schon relativ großzügig und man hat jetzt ein paar Dinge sogar verbessern können. Verpflichtung insofern, dass man die Arbeitnehmer nicht von heute auf morgen auf die Straße schmeißt und sagt ‚Leute, wir machen jetzt hier dicht und such dir mal einen neuen Job und ich wünsch dir alles Gute', das wäre nicht ok. Das ist aber nicht passiert. Man bietet ja jedem Mitarbeiter auf jeden Fall einen Arbeitsplatz an, halt an den anderen Zielstandorten, oder die Möglichkeit, sich das noch eine Weile zu überlegen. Auch [...] die Möglichkeit, die Abfindung zu nehmen, rauszugehen und das endet 2014. [...] Also ich denke, damit hat sich die Firma absolut fair verhalten. Und wer da immer noch sagt, ‚Also nein, also das ist nicht in Ordnung', da würde ich sagen: ‚Dann führt ihr mal ein Unternehmen!'" (Technischer Mitarbeiter, FD_A, 1)

Das Unternehmen hat hierbei allerdings – und dies ist der zentrale Punkt, um den sich sämtliche Kritikformen gruppieren – den Prinzipien ökonomischer und technisch-funktionaler Rationalität zu folgen. Die Legitimität der Verfügungsgewalt wird konditional formuliert: Die unternehmerische Entscheidungsfreiheit ist daran gebunden, auch unternehmerisch rational zu handeln, d.h. effizient in technisch-funktionaler Hinsicht sowie ergebnisorientiert und marktgerecht in ökonomischer Hinsicht – so wäre das zugrunde liegende Anspruchsmuster zu beschreiben. Und genau gegen dieses Prinzip wurde aus Beschäftigtensicht massiv verstoßen. Die Standortschließung sei ökonomisch und organisatorisch absolut unnötig, sie sei in vieler Hinsicht unter Rationalitätsgesichtspunkten sogar kontraproduktiv. Dies bildet den Kern der massiven Empörung in der Belegschaft. Vier Argumente spielen eine Rolle:

(1) Als erstes wird die Schließung aus technisch-funktionaler Perspektive kritisiert. Die Standortschließung sei nicht durch gesteigerte Effizienz oder verbesserte Kooperation legitimiert. Zwar seien die vorangegangenen Unternehmensfusionen wie auch die Vereinheitlichung der IT-Systeme der Finanzdienstleistungsgruppe nachvollziehbar und sinnvoll; daraus folge aber keinesfalls notwendigerweise die Konzentration der Unternehmensstandorte auf wenige Städte und erst recht nicht die Schließung gerade dieses Standorts. In Frage steht, ob angesichts neuer Kommunikationsmedien Kopräsenz überhaupt nötig ist.

> „In der heutigen Zeit, es gibt Videokonferenzen, man muss ja nicht ständig zwischen [den zentralen Standorten] pendeln. Ich arbeite schon seit Jahren in der Abteilung, meine ganzen Kollegen sind teilweise [hier am Standort], teilweise in [Standort Südwestdeutschland] und in [Mitteldeutschland]. Und, ja Gott, das klappt wunderbar. Ich wüsste eigentlich gar nicht, wie das anders sein sollte, wenn die Kollegen alle auf einem Gang sitzen. Das bringt überhaupt nix. Das [...] ist ein Argument, das ist an den Haaren herbeigezogen, dass man sagt, ok, alles an einem Standort und das macht die Arbeit wesentlich schneller und besser. Das ist Quatsch, ja.“ (Technischer Mitarbeiter, FD_A, 5)

> „Wir sind in einer modernen IT-Kommunikationsgesellschaft, wir können das komplett von überall aus machen. Meine Mitarbeiter sind auch zu 80 Prozent Telearbeiter. Weil wir die Aufträge projektmäßig betreuen und abwickeln, habe ich auch kein Problem, die Mitarbeiter, wenn sie zu Hause arbeiten, zu steuern. Wir machen das jetzt seit sechs Jahren, ich weiß, welche Aufwände dahinterstecken, die Probleme. Die Kommunikation zu den Mitarbeitern, die zu Hause arbeiten, ist blendend gut. Die Ergebnisse sind gut. Das gibt keinen Grund, das hier aufzulösen [am Standort]. [...] Also aufgabentechnisch, selbst finanztechnisch, Finanzen einzusparen durch die Standortschließung ist höchst zu bezweifeln.“ (Abteilungsleiter, FD_A, 13)

(2) Zweitens fehle eine plausible ökonomische Begründung für die Standortschließung. Das Unternehmen sei nicht in wirtschaftlichen Schwierigkeiten, der Betrieb arbeite profitabel. Abgesehen von vielen Zusatzkosten, die der Verlage-

rungs- und Schließungsprozess verursache, sei auch mittel- und langfristig keine Kosteneinsparung zu erwarten.

> „Ich meine, wenn Firmen schließen müssen, weil sie einfach kein Geld mehr verdienen, ok, dann ist das schrecklich, aber ok, das ist dann halt nun mal so. Aber bei uns ist es ja nun so gewesen, das ist ja keine Not gewesen. Man könnte nicht sagen ‚Ah ja, ihr geht pleite, deshalb müssen die Standorte geschlossen werden.' Das war ja nie ein Thema." (Technischer Mitarbeiter, FD_A, 5)

Die Eigentümer- und Kundenseite – die in diesem Unternehmensfall weitgehend identisch sind – übe zwar ständigen Kostendruck aus, dieser sei aber weder wirklich rational ökonomisch begründet, noch reduziere die Schließung überhaupt die Kosten. Darüber hinaus – dies wird als häufiges Zusatzargument angeführt – verlaufe der Schließungsprozess unprofessionell und unökonomisch. Während die Mitarbeiter an die Zielstandorte verschwinden oder das Unternehmen verlassen haben, müssen sie am Standort durch teure Werkvertragsbeschäftigte ersetzt werden; die Beschäftigten würden demotiviert und leisteten daher weniger.

(3) Zentral für die Kritikmuster im Schließungsfall Finanzdienstleistungen ist eine unternehmensorientierte Perspektive auf die Organisation. Argumentiert wird nicht in erster Linie damit, dass die Schließung berechtigten Beschäftigteninteressen widerspricht, sondern damit, dass sie – aus einer Gesamtperspektive „des Unternehmens" heraus – technisch-organisatorisch und ökonomisch irrational sei. Zwischen unterschiedlichen Ansprüchen und Interessen unterschiedlicher Gruppen und Akteure wird nicht grundlegend unterschieden; vielmehr wird eine technisch-ökonomische Gesamtrationalität als Anspruchs- und Kritikmuster zugrunde gelegt. Wie konsequent die Beschäftigten diese Perspektive verfolgen, wird in einem weiteren typischen Argument deutlich: Die Irrationalität des Gesamtprozesses zeige sich darin, dass das Unternehmen den Leistungsträgern Anreize gebe zu kündigen, die älteren, leistungsschwächeren Beschäftigten dagegen mit Telearbeits- und Teilzeitregelungen binde.

> „Aus Sicht des Unternehmens allerdings hätte man sich dümmer nicht anstellen können. [...] So wie die das angepackt haben, den ganzen Prozess der Standortschließung durch Ankündigen [...]: ‚Wir wollen Mitarbeiter abbauen, wir bieten euch eine hohe Abfindung an.' Wenn [man] das so anpackt, dann werden genau die jüngeren guten Leute [...] eher sagen ‚Poh, warum nicht, eine Zukunft in [Standort] in dieser Firma habe ich sowieso nicht, die möchte ich gar nicht, also suche ich mir einen neuen Job und nehme noch die Abfindung oben drauf.' Das ist die sicherste Methode, eine Firma ausbluten zu lassen. Was bleibt über? Das sind die demotivierten Leute, die vielleicht nicht den hohen Kenntnisstand haben, die genau wissen, ich kriege so leicht keinen neuen Job oder jedenfalls keinen gut bezahlten neuen Job, aber die will man ja auch eigentlich nicht unbedingt behalten. Und natürlich, wie in meinem Fall, die Leute, die sagen ‚Ich will, also mit 57, 58 brauche ich mich

nicht mehr bewerben, also sitze ich das Thema hier noch aus.‘ Also die Leute bleiben über. Und da muss ich mir als Firma natürlich schon die Frage stellen: ‚Ist das genau das Personal, was ich behalten will?‘ Also von daher, meiner Meinung nach, der Prozess, wie diese Standortschließung jetzt angestoßen und durchgeführt wurde, halte ich für sehr unkorrekt.“ (Technischer Mitarbeiter, FD_A, 1)

„Es gehen ja die Verkehrten. Es gehen ja, [...] ich sage mal, die Mobilen. Wer ist mobil? Jung und gut ausgebildet. Diejenigen, viele Seiteneinsteiger oder was, die bleiben, und die Alten bleiben. In der Bank gibt es die Bodensatz-Theorie, so aus der Bilanz. Ich würde sagen, der Bodensatz bleibt, Leute wie ich, teuer, alt, die bleiben ihnen. Die Jungen, was weiß ich, Java-Entwicklung oder auch teilweise Know-how-Träger, die gehen natürlich.“ (Entwickler, FD_A, 3)

Interessant ist, dass hier mit technisch-funktionaler Rationalität argumentiert wird, obwohl die Kritik ganz offensichtlich den eigenen Interessen widerspricht und obwohl sie eine Abwertung der hier sprechenden Beschäftigten beinhaltet: eine Selbstbeschreibung als weniger leistungsfähig. Zudem beinhaltet diese Kritik in gewisser Weise auch eine Kritik am Fürsorgeprinzip. Aus sozialen bzw. Bedürftigkeitsgründen sei es ja durchaus zu unterstützen, wenn die Älteren gefördert werden, weil sie keine Chancen am Arbeitsmarkt haben. Da das aber unternehmerisch nicht rational sei, erscheint es dennoch falsch und ist Anstoß der Kritik. Nicht alle Befragten vertreten dies gleichermaßen stark wie in den beiden Zitaten. Das Grundmuster der rationalitätsorientierten Kritik ist gleichwohl überall verbreitet.[61]

(4) Wenn es bei der Schließung – gemessen an technisch-funktionalen wie ökonomischen Prinzipien – nicht mit rechten Dingen zugeht, bleibt zu fragen, was dann Gründe und Ursache sind. Die Theorien der Beschäftigten, die sie zu dieser Frage formulieren, zeigen ein weiteres Argumentationsmuster: die Kritik an Willkür und individueller Interessenorientierung der verantwortlichen Akteure. Profilierungsversuche Einzelner, Machtspiele, „politisches“ Handeln gelten als Grund dafür, dass die Schließung ohne Rücksicht auf Rationalitätsmaßstäbe durchgezogen wird.

„Der Grund war schlicht und einfach, dass [...] der Geschäftsführer letztendlich sich irgendwo mal hingestellt hat vor den Gesellschaftern [...]: ‚Wir haben demnächst nur noch 3.000 Mitarbeiter und nur noch drei Standorte, wir sparen dadurch noch mal, was weiß ich, wie viele hundert Millionen jährlich‘, dann haben alle ‚Hurra‘ geschrien. [...] Bevor der sein Gesicht verliert, muss er es irgendwie durchprügeln,

61 An diesem Beispiel zeigt sich besonders prägnant die Differenz zwischen Anspruch und Wunsch. Die fürsorgliche Absicherung älterer Beschäftigter ist von den Befragten im eigenen Interesse durchaus wünschenswert, aber sie ist nicht das zentrale Legitimationsprinzip einer ökonomisch-rationalen Organisation.

auch wenn hunderttausend Argumente kommen, das anders zu machen. Und so läuft das ja. Aber da ist [es] schon sehr, ich möchte fast sagen, diktatorisch aufgebaut, dieses Unternehmen, und gesteuert." (Technischer Mitarbeiter, FD_A, 1)

Den Beschäftigten erscheint die Organisation als mikropolitisches Geflecht, in dem es den zentralen Akteuren um die Maximierung von eigener Macht, Erfolg und Ansehen geht, nicht aber um ökonomische und organisationale Rationalität des Gesamtsystems.

„Also irgendwo in keinster Weise, sage ich jetzt mal, in irgendeiner Form, sage ich jetzt mal, logisch oder, ja, wie sagt man, kaufmännisch. Aber für meine Begriffe geht es manchmal auch gar nicht oder einfach nicht um diese, wie soll man sagen, Wertschöpfung oder kaufmännische Sache. Sondern da geht es echt um die Befriedigung von einigen wenigen persönlichen Privatinteressen. Und das finde ich, also das geht ja gar nicht." (Assistentin, FD_A, 11)

„Jetzt habe ich ein Haus, ich habe eine Software für alle [Finanzunternehmen der Gruppe], ich habe eingespart und jetzt? Ich bin zu jung, um in Rente zu gehen. Ich weiß nicht, wie alt [der verantwortliche Geschäftsführer] ist, so um die 60 rum. Also welchen Erfolg kann ich denn bis zu meinem Rentenalter weiter vorweisen? Ja, also ergo gehe ich in die Gesellschafter rein und sage ‚Ich konsolidiere', was ja grundsätzlich richtig ist. Nur die Frage: ‚Wie mache ich es?'" (Abteilungsleiter, FD_A, 13)

Funktionale Hierarchien sind durchaus legitim. Die Kritik der Beschäftigten läuft keinesfalls auf eine grundsätzliche Enthierarchisierung oder gar eine Demokratisierung der Organisationsstruktur als normativen Fluchtpunkt hinaus. Entscheidungsbefugnis und Hierarchie, „legale Herrschaft", um es in Anlehnung an Max Weber zu formulieren, hat sich aber durch Sachlichkeit und Fachqualifikation auszuweisen.

Die Verletzung dieser Prinzipien wird nicht nur auf individuelles Fehlverhalten, sondern in manchen Interviews auch auf strukturelle Merkmale der Organisation zurückgeführt. Hier herrscht gleichsam eine Mischung aus vormodernen Prinzipien und neuen Managementstrategien, die beide gleichermaßen die Maßstäbe rationaler Legitimität verfehlen.

„Und ich vergleiche die [Finanzgruppe] gerne mit dem Mittelalter. Wir haben überall kleine Fürsten sitzen. Und der Kaiser, der in [der Zentrale] sitzt, tut sich zum einen schwer, diese Fürsten alle im Zaum zu halten, unter einen Hut zu kriegen, aber auf der anderen Seite leicht, zentral politisch sich durchzusetzen, weil sie untereinander zerstritten sind. [...] Aber im Gesamt zu sehen ist es einfach ein Managementproblem aus meiner Sicht heute, dass unsere Manager global in der Bundesrepublik Angestellte sind, einen Fünfjahresvertrag haben und ausschließlich auf ihre eigenen Tantiemen ausgerichtet sind. Wie kriege ich am schnellsten innerhalb von fünf Jahren mein Gehalt maximiert? Indem ich Personal abbaue. Da kommt am schnellsten was rüber für die Aktionäre, ist hier nicht anders." (Entwickler, FD_A, 3)

Verletzte Anspruchsmuster II: Ungerechtigkeitserfahrungen

Kern des Illegitimitätsempfindens der Beschäftigten ist eine an der Gesamtperspektive des Unternehmens orientierte Rationalitätskritik, wie wir gesehen haben. Diese schlägt allerdings bei vielen Befragten anschließend in eine stärker moralisch eingefärbte Kritik um, die auf Gerechtigkeitsmaßstäbe rekurriert. Die Verletzung der Rationalitätskriterien durch das Unternehmen führt in einem zweiten Schritt zu einer Missachtung der Beschäftigten. Das normative Schlüsselkonzept hier lautet „Aufrichtigkeit". Das Unternehmen und sein Management spielen nicht mit offenen Karten, sie argumentieren mit Gründen, an die sie selbst nicht glauben, agieren im Geheimen, enthalten den Beschäftigten Informationen vor usw. – sie verhalten sich unehrlich und nehmen die Beschäftigten damit nicht wirklich ernst. Eine solchermaßen begründete Kritik ist vielfältig:

Die Schließung sei insgeheim schon jahrelang beschlossene Sache gewesen, während das Management nach außen noch den langfristigen Erhalt des Standorts versprochen habe.

„[Da] hat der Vorstandsvorsitzende, der [Name], tatsächlich [den Standort] besucht und ist in alle Räume und hat [mit den] Mitarbeitern, die zufällig an dem Tag da waren, kurz Shake Hands gemacht und kurz geplaudert, und da ist er in dem Zimmer bei uns, [da] sind seine Worte gefallen: Standortschließungen wird es mit ihm nicht mehr geben." (Technischer Mitarbeiter, FD_A, 12)

Zugleich sei aber in den Standort schon nicht mehr investiert worden: Es wurden keine Neueinstellungen vorgenommen, nur minderwertiges Arbeitsmaterial wurde angeschafft usw.

Zentrales Argument in der Kritik an der mangelnden Aufrichtigkeit ist ein weiterer Punkt: Das Unternehmen habe immer wieder angeführt, dass die Standortschließung (in der Unternehmenssprache: „Strukturverbesserung" oder „Standortkonsolidierung") vor allem auf organisatorische Effizienzsteigerung abziele. In Wirklichkeit gehe es allerdings vor allem darum, Mitarbeiter „loszuwerden". Die Standortschließung sei im Kern nichts anderes als Mittel zum unausgesprochenen Zweck des Beschäftigungsabbaus. Dafür würden die Arbeitsbedingungen gezielt verschlechtert, um die Weiterbeschäftigung unattraktiv zu machen. Telearbeitsregelungen seien bewusst und ohne organisatorischen Sinn eingeschränkt worden, um Beschäftigte, die aus privaten Gründen nicht umziehen können oder wollen, aus dem Unternehmen zu drängen. So könne das Unternehmen eine Beschäftigungsgarantie versprechen und ohne Aufsehen Arbeitsplätze abbauen, weil die Beschäftigten nun „freiwillig“ gehen würden. Nicht organisatorische Rationalisierung – ein Prinzip, gegen das keine grundsätzlichen Einwände formuliert werden –, sondern (ökonomisch nicht zwingende) Kosteneinsparung durch Beschäftigtenabbau sei der nicht öffentlich ausgesprochene Sinn der Standortschließung.

In unserer Unterscheidung von fünf Mustern moralischer Ansprüche lässt sich die Kritik an der Unehrlichkeit des Unternehmens am ehesten dem Prinzip der (verletzten) Beteiligungsorientierung zuordnen. Indem das Unternehmen die wahren Ursachen des eigenen Agierens bewusst verschleiert, auf Einwände und Kritik nicht ernsthaft reagiert, missachtet es die berechtigen Ansprüche der Beschäftigten, als rationale Akteure und Diskurspartner ernst genommen zu werden. „Der ganze Quatsch, der einem da erzählt wird“ (technischer Mitarbeiter, FD_A, 5) ist eine Beleidigung des eigenen Verstandes. Dies wird gerade in diesem Beschäftigtensegment als empfindliche Verletzung der eigenen Ansprüche wahrgenommen, weil hier die erfolgreiche Arbeitstätigkeit und -organisation selbst auf dem aktiven Einbringen der eigenen Fähigkeiten basiert. Rational und zielgerichtet zu arbeiten, die eigenen Fähigkeiten aktiv einzubringen ist für das Arbeitshandeln im Feld der Wissensarbeit, zu dem die *Konstellation FD_A* zu rechnen ist, absolut konstitutiv und offizielle Anforderung auch von Unternehmensseite. Dadurch, dass die Arbeitsorganisation nicht den berechtigten Erwartungen hinsichtlich ökonomischer und technisch-funktionaler Rationalität genügt, missachtet sie auch den Status der Beschäftigten als kompetente und handlungsfähige Betriebsbürger.

> „Eine Sache, die ich dann selber miterlebt habe ist, dass Argumente eben gar nicht zählen. Dass also argumentativ zu arbeiten oder dass das einfach gar nicht gehört wurde. Und das hat mich dann schon auch sehr, sehr aufgebracht. Also gegenüber richtig guten, sage ich jetzt mal, und nicht leicht vom Tisch zu wischenden Argumenten also so borniert zu sein, zu sagen: ‚Nein, das ist, das wollen wir alles nicht.‘ Na. Und da verliert man dann schon den Glauben an die Menschheit, so gesehen. Das hat mich dann schon auch wirklich richtig sauer gemacht.“ (Assistentin, FD_A, 11)

Dies zeigt die enge Verschränkung von Rationalitäts- und Gerechtigkeitsansprüchen. Die mangelnde sachliche Begründung, die Hauptargument in der normativen Auseinandersetzung um die Standortschließung ist, wird zugleich als Verletzung von „moralischen“ Beteiligungsansprüchen erlebt. Gleichwohl bleiben die Rationalitätsansprüche in dieser Auseinandersetzung dominant, die Rationalitätskritik gewinnt aber eine stärkere Dynamik, wo sie sich mit Ungerechtigkeitserfahrungen verbindet. Eigenständige, gewissermaßen selbsttragende Gerechtigkeitsansprüche bleiben in *Konstellation FD_A* eher im Hintergrund.

Interessant ist, dass die weiteren von uns unterschiedenen Gerechtigkeitsansprüche in dieser Konstellation nur eine untergeordnete Rolle spielen. Leistungsgerechtigkeit wird fallweise dort herangezogen, wo die Schließung als Missachtung des in der Vergangenheit erbrachten Arbeitsengagements verstanden wird.

„Für was habe ich mich so reingehängt?“ fragt sich der oben bereits zitierte Beschäftigte (FD_A, 13) angesichts der Betriebsschließung – dies ist aber weder bei ihm noch bei den anderen von uns Befragten das zentrale Begründungsmuster. Auch mit dem Anspruch der Würde – in dem oben zuerst dargestellten Einzelhandelsschließungsfall im Mittelpunkt der normativen Auseinandersetzung – wird kaum argumentiert. Zwar herrscht viel Empörung und Unzufriedenheit im Betrieb, als grundsätzlicher Angriff auf die Würde wird die Schließung gleichwohl nicht erlebt. Ähnliches trifft auf das Fürsorgeprinzip zu. Der Schließungsbeschluss ist sachlich falsch, aber in seiner Umsetzung hat das Unternehmen durchaus seiner Fürsorgepflicht Genüge getan, indem es soziale Abfederungen, Abfindungsregelungen, längere Entscheidungsfristen usw. vorgesehen hat (teils erst auf Druck der Beschäftigten, allerdings werden auch die ursprünglichen Angebote des Unternehmens zumindest als fair bezeichnet).

> „Also wie gesagt, man muss es klar trennen: Ist das sinnvoll, was die Firma macht? Würde ich sagen, so ist es nicht so toll. Verhält sich die Firma unfair gegenüber Arbeitnehmern? Muss ich sagen, nein, eigentlich nicht.“ (Technischer Mitarbeiter, FD_A, 1)

Dass den Beschäftigten Selbstverwirklichungsansprüche wichtig sind, zeigen insbesondere diejenigen Interviewpassagen, in denen es um berufliche Entscheidungen und die Bewertung der eigenen Arbeitstätigkeit geht. Die Möglichkeit, die eigenen Fähigkeiten und Kompetenzen einzubringen, interessante und verantwortungsvolle Arbeitsaufgaben usw. sind für die Beschäftigten von hoher Bedeutung. Diese Wünsche gewinnen aber nicht die normative Kraft von durchsetzungsfähigen Ansprüchen. In der „harten“ Debatte um die Schließung wird auf Selbstverwirklichungsansprüche nicht zurückgegriffen.

Handlungskonsequenzen: „Das war mir einfach zu dumm“

Selbstverständlich spielt die individuelle Bewältigung der Schließungsfolgen bei den Beschäftigten auch in diesem Fall eine große Rolle – gerade angesichts der differenzierten Betroffenheit. In Abhängigkeit von der persönlichen Situation (Arbeitsmarktfähigkeit, lokaler Bindung, familiärer Situation) muss entschieden werden, was eine gangbare Lösungsstrategie ist: die Suche nach alternativen Beschäftigungsmöglichkeiten, der Umzug an den Zielstandort, die Nutzung der Telearbeits- und Altersteilzeitmöglichkeiten usw.

Darüber hinaus hat ein nicht unerheblicher Teil der Belegschaft (und fast alle von uns Befragten) den Weg kollektiven Handelns gewählt und gegen die Schließungspläne und ihre Umsetzung in verschiedenen Formen protestiert, zunächst mit öffentlichkeitswirksamen Demonstrationen vor Filialen einzelner Unternehmen der Finanzgruppe, später auch mit einem konzertierten Streik und einer zentralen Protestaktion, an der sich Beschäftigte von verschiedenen Standorten von *FD_A* – nicht nur solchen, die geschlossen werden sollten – beteiligt haben. Die Belegschaft von *FD_A* war durchweg unerfahren, was interessenpolitische Auseinandersetzungen angeht. Über Protest- oder gar Streikerfahrungen verfügte niemand, zu Gewerkschaften, teilweise auch zum Betriebsrat, besteht für die meisten eine Art „kulturelle Distanz“ (dazu weiter unten).

> „Es ist schon ein bisschen komisch, muss ich ja sagen. Also gerade das erste Mal, wenn man so mit Trillerpfeife und Plastikdings da um die [Filiale] herum lärmt und seine Plakate hoch hält oder so was, das ist schon ein komisches Gefühl, das ist gewöhnungsbedürftig. Wie ich vorhin schon gesagt habe: Diese Art von Streiks machen die anderen, aber nicht wir.“ (Projektmanagerin, FD_A, 10)

Protest und Streik sind ganz und gar nicht die „normale“, bereits eingeübte und naheliegende Reaktion dieser Wissensarbeiter; kollektive interessenpolitische Aktivitäten sind für sie Neuland. Was hat unsere Befragten dazu geführt?

Zunächst einmal ist festzustellen, dass kein unmittelbarer Zusammenhang zwischen der persönlichen Schließungsbetroffenheit und der interessenpolitischen Aktivität der Befragten besteht. Unter den Aktiven befinden sich Mitarbeiter aller genannten Betroffenheitsgruppen. Auch diejenigen, die sich selbst eher zu den Gewinnern des Prozesses zählen, beteiligen sich (und unter den Passiven sind auch solche Beschäftigte, die am stärksten unter der Schließung leiden). Die Ursache des Protests ist normativer Natur: die Verletzung legitimer Ansprüche, insbesondere solcher „rationaler“ Ausprägung.

> „Dann gab es aber auch noch so einen Arbeitskreis, da habe ich mich schon sehr aktiv eingebracht, ja, obwohl ich natürlich sehr früh erkannt habe, für mich läuft das optimal. Weil ich fand es einfach nicht in Ordnung, dass jetzt eine Firma sagt: ‚Wir schließen‘ [...], weil wir irgendwann mal unseren Gesellschaftern versprochen haben, wir haben drei Standorte. Also das Argument war mir einfach zu dumm. Deshalb hatte ich gesagt, also wenn man es anders organisiert, können wir den Standort erhalten. Was für viele eigentlich der beste Weg wäre. Deshalb habe ich da wohl mitgemacht und habe mich da eigentlich schon sehr aktiv auch eingebracht.“ (Technischer Mitarbeiter, FD_A, 1)

Der Betriebsrat erarbeitete ein Alternativkonzept, das den Standorterhalt für eine so lange Zeit vorsah, bis die überwiegend schon älteren Beschäftigten aus Altersgründen aus dem Unternehmen ausscheiden. Dies berücksichtige nicht nur die Interessen der Belegschaft besser, sondern sei zugleich in Kostengrößen

– immerhin entfallen Abfindungen und Umzugskosten – der sofortigen Schließung zumindest ebenbürtig. Dieses Konzept wird von den Beschäftigten in inhaltlicher Perspektive befürwortet; ob es in strategisch-interessenpolitischer Hinsicht taugt, ist dagegen umstritten. Denn ob eine solche Auseinandersetzung in wirtschaftlichen und organisatorischen Begriffen überhaupt aussichtsreich ist, wird unter den Beschäftigten unterschiedlich beurteilt – je nachdem, ob glaubhaft erscheint, dass es dem Unternehmen überhaupt um solche Rationalitätskriterien geht. Unabhängig von der konkreten Position macht die erfolgte Ablehnung des Alternativkonzepts durch das Unternehmen dessen Verstoß gegen Prinzipien ökonomischer und technisch-funktionaler Rationalität noch einmal offensichtlich.

> „Das war der Gegenvorschlag der Tarifkommission und es war aber klar, dass das nicht durchsetzbar ist. Weil die [Geschäftsführung] das nicht geglaubt haben, denke ich. Und einfach nur den Zahlen der Unternehmensberatung geglaubt haben, die die Schließung schön gerechnet hat für die Geschäftsführung." (Technische Mitarbeiterin, FD_A, 15)

> „Das Modell, was unser Betriebsrat da hatte, war, finde ich, durchaus nachvollziehbar und gut, ja. Aber das ist ja alles sozusagen, bei den anderen Standorten genauso, also vom Tisch gewischt worden. Es hat nicht gezählt, es wurde plattgemacht, sage ich jetzt mal, und dann haben sie eben das entschieden." (Assistentin, FD_A, 11)

> „Und dieses [Alternativkonzept), das war meines Erachtens von Anfang an für mich absehbar, dass das eine Totgeburt ist. Weil da muss ich mir ja überlegen, was wollen denn die? Die wollen Leute packen. Das ist eine politische Entscheidung, die kann ich mit Argumenten nicht aushebeln." (Entwickler, FD_A, 3)

Im Verlauf der Auseinandersetzung wandelte sich das Ziel, die Schließung zu verhindern oder zumindest zeitlich zu strecken, in das Ziel, die Konditionen der Schließung für die Beschäftigten zu verbessern. Die Protestaktionen waren nicht in erster Linie auf unmittelbare materielle Konsequenzen für das Unternehmen (Produktionsausfall etc.) gerichtet, sondern auf Öffentlichkeitswirksamkeit – ein Punkt, in dem das Unternehmen durchaus sensibel und angreifbar ist, weil es sich nach außen auf seine Kunden- und Gemeinwohlorientierung beruft, wozu Arbeitsplatzabbau und Standortschließungen nicht recht passen wollen. Parallel zum Protest verhandelte eine Tarifkommission, zusammengesetzt aus Mitgliedern der Betriebsräte, ver.di-Funktionären, aber auch einfachen Beschäftigten, mit der Unternehmensseite. Mit dem Ergebnis von Protest und Verhandlung – am Ende steht der Abschluss eines Sozialtarifvertrags – sind die Befragten insgesamt trotz verschiedentlicher Kritik zufrieden, nicht aber mit dem Verlauf der Mobilisierung und der interessenpolitischen Aktivität der Kolleginnen und Kollegen.

Gewerkschaftliche Aktivierung: „Streiken, das machen die Metaller, aber doch nicht wir“?

Für die Frage nach den Möglichkeiten und Grenzen einer gewerkschaftspolitischen Aktivierung in Krisensituationen ist *Konstellation FD_A* von besonderem Interesse. Während der gewerkschaftliche Organisationsgrad in den beiden anderen Schließungsbetrieben bereits seit langem im mittleren Bereich oder hoch lag und sich daran durch die betriebliche Krise nichts Grundlegendes geändert hat, ist der IT-Dienstleister aus der Finanzwirtschaft – ausgehend von einer niedrigen Ausgangsbasis – durch einen erheblichen Anstieg der Gewerkschaftsmitgliedschaft geprägt. Im Verlauf der Auseinandersetzung um die Schließung des Unternehmensstandorts ist der Organisationsgrad von ca. 5% auf etwa 30% gestiegen – aus Sicht der befragten Gewerkschafts- und Betriebsratsmitglieder wie auch vieler Beschäftigter zwar keine wirkliche Erfolgsgeschichte (denn viele von ihnen sahen ein noch größeres, unausgeschöpft gebliebenes Aktivierungspotenzial), aber insgesamt ein doch sehr respektables Ergebnis. Ein Blick auf die Hintergründe und Motive der neuen Gewerkschaftsmitglieder lohnt, weil davon ausgehend einige Überlegungen zu der Möglichkeit und Nachhaltigkeit von gewerkschaftlichen Organisationserfolgen unter akuten betrieblichen Krisenbedingungen angestellt werden können.

Von den 14 von uns befragten Beschäftigten in *Konstellation FD_A* sind 13 Mitglied bei ver.di,[62] und außer einem sind alle erst im Zuge der Auseinandersetzung um die Schließung in die Gewerkschaft eingetreten. Die Belegschaft des Unternehmens – überwiegend Hochqualifizierte, viele mit akademischem Hintergrund – ist traditionell eher gewerkschaftsfern. Der Organisationsgrad in der Finanzwirtschaft ist insgesamt unterdurchschnittlich, der technisch-ökonomische Back-Office-Bereich, zu dem *FD_A* zählt, ist innerhalb der Branche noch einmal besonders wenig gewerkschaftsaffin. Trotz Fusionen und Turbulenzen im vorangegangenen Jahrzehnt herrschte bis zum Schließungsbeschluss in der Belegschaft ein Gefühl relativer Sicherheit. Viele Befragte formulieren sinngemäß, dass sie zuvor nie den Eindruck gehabt hätten, Gewerkschaften „gebraucht zu haben“. Gewerkschaftliche Aktivitäten spielten im Betrieb nie eine Rolle, und auch von Seiten von ver.di war das Unternehmen nie Ziel etwa von Organisierungskampagnen. Gewerkschaftliche Vertrauensleute oder Betriebsgruppentreffen gab es nicht, nie zuvor wurde im Unternehmen gestreikt. Damit korrespondierte vielfach eine als „kulturell“ empfundene Distanz zur

62 Aufgrund unserer Zugangswege zu den Befragten und auch der Motivation zur Beteiligung an den Erhebungen ist unser Sample selbstverständlich nicht typisch für die gesamte Belegschaft, die ja weiterhin überwiegend nicht gewerkschaftlich organisiert ist. Für die im Folgenden relevante Frage nach der Eintrittsmotivation ist dies indes kein Nachteil.

Gewerkschaft und ihren typischen Aktivitäten (etwa Streiks), sie wurde als Organisation für einen andersartigen Beschäftigtentypus wahrgenommen, die der eigenen Arbeits- und Lebenswelt fern steht.

> „Streiken, das kriegt man im Fernsehen mit, das machen die Metaller, aber doch nicht wir. Na, das ist wirklich das Gefühl, glaube ich, das viele hatten. Also ich insbesondere.“ (Projektmanagerin, FD_A, 10)

Drei Typen gewerkschaftlicher Reorientierung

Die neuen Gewerkschaftsmitglieder können wir drei Typen zuordnen. Nur die erste und mit zwei Befragten zugleich kleinste Gruppe, die *„Aktivierten“*, hatte bereits in der Vergangenheit eine grundsätzlich positive Einstellung zu Gewerkschaften. Die Auseinandersetzung um die Betriebsschließung war dann der noch fehlende letzte Anlass zum Gewerkschaftsbeitritt. Insofern brachten die Krisenerfahrungen keine Revision ihrer grundlegenden Orientierungen hinsichtlich gewerkschaftlicher Interessenvertretung im Allgemeinen; ihre bereits bestehende Grundeinschätzung wurde im aktuellen Konfliktfall aktiviert und aktualisiert. Erst als setzt sich diese allerdings in konkretes Handeln um, etwa in Form der Beteiligung an gewerkschaftlich unterstützen Protestaktionen. Die Gruppe der *„Instrumentalisten“* teilt mit den Aktivierten die Kontinuität hinsichtlich der Grundeinstellungen zu Gewerkschaften, allerdings in entgegengesetzter Weise: Sie bewahren ihre „kulturelle“ Distanz auch über den Schließungsprozess hinaus. Zum Gewerkschaftseintritt bewegt sie die rein zweckrational motivierte Einschätzung, im konkreten Fall mit gewerkschaftlicher Unterstützung die eigenen Ziele und Interessen besser realisieren zu können. Liegen die „rationalen“ Gründe für die Mitgliedschaft nicht länger vor, verlassen sie die Organisation konsequenterweise wieder.[63] Die *„Politisierten“* dagegen beschreiben einen Lernprozess im Zuge der jüngsten betrieblichen Entwicklungen, in dessen Verlauf sie ihre kulturelle Gewerkschaftsdistanz verloren haben. Ihre Beteiligung am Protest und ihr Gewerkschaftseintritt, die zunächst ebenfalls rein instrumentell-interessenorientiert begründet waren, haben Reflexionsprozesse angestoßen, in deren Verlauf schließlich Fragen der Beteiligung, der Solidarität auch mit anderen Beschäftigtengruppen usw. hinzukamen. Ihre Gewerkschaftsorientierung geht damit mittelfristig über die unmittelbare eigene Betroffenheit hinaus, entsprechend wollen sie Mitglied der Gewerkschaft bleiben.[64] Im Einzelnen:

---

63 Zumindest kündigen sie dies an. Tatsächlich wieder ausgetreten war zum Erhebungszeitpunkt allerdings nur einer der Befragten.

64 Anders als in vielen Industriebereichen finden wir im Fall *FD_A* überhaupt keine Beschäftigten mit einer „traditionellen“ Gewerkschaftsorientierung (z.B. Gewerkschaftsmitgliedschaft als

(1) Die *„Aktivierten"* beschreiben sich als grundsätzlich interessenpolitisch orientiert – auch bereits vor den jüngst gemachten Krisenerfahrungen. Dass sie bislang nicht gewerkschaftlich organisiert waren, lag primär daran, dass sie sich nicht wirklich von gewerkschaftspolitischen Fragen betroffen fühlten. Gewerkschaftsmitgliedschaft erschien gleichsam als individuell nicht notwendig, aber aus abstrakt-normativen Gründen richtig. Gewerkschaften sahen und sehen sie als wichtige gesellschaftliche Institution an, die grundsätzlich unterstützenswert sei – auch unabhängig von der eigenen Betroffenheit. Die Auseinandersetzung um die Standortschließung war dann ein konkreter Anlass zum Eintritt, aber nicht Ausdruck einer grundsätzlichen Reorientierung. Daraus folgt, dass die Mitgliedschaft auch über diese situative Nützlichkeit hinaus aufrechterhalten wird. Die schon zuvor bestehende positive Einschätzung von Gewerkschaften – primär aus Perspektive solidarischer Orientierung, weniger aus zweckrationalem Kalkül heraus – ist dann im Prozess der interessenpolitischen Auseinandersetzungen eher noch bestärkt worden. Zu den „moralischen" Gründen für die Legitimität gewerkschaftlicher Organisation kommen nun Rationalitätsgründe noch hinzu: Die Gewerkschaft hat bewiesen, dass sie nicht nur normativ auf der richtigen Seite steht, sondern zudem auch noch effizient und zielgerichtet arbeitet.

> „Für mich waren die Gewerkschaften eigentlich schon immer wichtig, und ich habe ehrlich gesagt immer ein schlechtes Gewissen gehabt, dass ich nicht Mitglied war und von den Verhandlungen immer profitiert habe. Mir war es immer zu teuer, muss ich sagen, weil ich ja alleinerziehend bin und so, da habe ich schon immer ein bisschen schmarotzt. Tut mir im Nachhinein auch noch leid, weil ich tatsächlich einmal ein bisschen schlechtes Gewissen hatte, und für mich ist das gar keine Frage, dass ich dann natürlich dabei bleibe. Klar, Gewerkschaften kann man so und so sehen. Die haben sicherlich auch viele Sachen, die man viel verbessern könnte. Aber das ist das Einzige, was man als Arbeitnehmer hat, und es war für mich interessant zu sehen, wie gut das eigentlich funktioniert. [...] Also wenn da etwas gemacht werden muss, dann haben die das ruck, zuck auf die Beine gestellt. Also das ist einfach absolut professionell gewesen meiner Meinung nach. Da war ich auch ganz überrascht, wie gut das funktioniert. Ich habe ja vorher nie damit zu tun gehabt, weil ich ja nie etwas gebraucht habe oder so. [...] Es treten zwar sicherlich viele wieder aus, das weiß ich, aber für mich ist das gar keine Frage, da drin zu bleiben." (Technische Mitarbeiterin, FD_A, 2)

(2) Den *„Instrumentalisten"* fehlt die grundsätzliche gewerkschaftliche Ausrichtung, die die „Aktivierten" formulieren. Ihre Orientierung an den Gewerkschaften und ihre Motivation für die Mitgliedschaft sind rein zweckrational:

Familientradition, Selbstverständlichkeit des Gewerkschaftseintritts bei Beginn der Ausbildung oder Berufstätigkeit).

Ohne gewerkschaftliche Unterstützung kann im konkreten Fall das eigene Interesse – die Verhinderung der Standortschließung oder zumindest die Verbesserung der Schließungskonditionen – nicht realisiert werden. Wenn die Gewerkschaft nützlich ist, „holt man sie ins Boot", ansonsten vertritt man seine Interessen alleine. An dieser individualistischen Perspektive auf Interessenpolitik – wie sie als typisch für Hochqualifizierte gilt – ändert die Standortschließung nichts Grundsätzliches. Der konkrete interessenpolitische Konfliktfall ist eher die Ausnahme.

> „Also ich bin ja auch immer jemand gewesen, der gesagt hat, ich bin erwachsen genug, ich verhandle meine Verträge mit dem Arbeitgeber. Wenn wir uns handelseinig werden, wie schön, wenn nicht, dann sollte es halt nicht sein. Und ich war auch nie in der Gewerkschaft, ja. Aber da war einfach so der Punkt erreicht, wo ich sage, gut, es gibt Dinge, die kann man nicht mehr als Einzelner verhandeln, da muss man sich einen starken Partner mit ins Boot holen. Und in dem Fall war es für mich klar, also über den Betriebsrat ver.di mit ins Boot holen, die dann doch so Streiks organisieren können [...]. Ich bin dann auch in ver.di eingetreten, weil, wie gesagt, irgendwann kann man nicht mehr einzeln verhandeln, weil ich komme an die Leute auch nicht ran, die das zu entscheiden haben. Und irgendwann hilft auch nur noch der Druck, den man aufbauen kann." (Technischer Mitarbeiter, FD_A, 1)

An späterer Stelle formuliert derselbe Befragte:

> „Ich werde in meinem Leben nicht mehr irgendwelche Protestaktionen machen, werde mich davon etwas zurückziehen, habe da jetzt andere Interessen. Also ich werde sicherlich jetzt irgendwann wieder austreten." (Technischer Mitarbeiter, FD_A, 1)

Die Gewerkschaftsmitgliedschaft ist nicht nur anlassbezogen entstanden – das trifft auf alle drei Gruppen zu –, sie hat auch ihre Ursache nur im konkreten Fall der Betriebsschließung. Entfällt diese Ursache, steht auch die Mitgliedschaft in Frage.

> „Und also mein Grund, warum ich beigetreten bin, war einfach, weil ich damals überzeugt war, es ist nicht gut für die Firma, wenn sie [den Standort] schließen, und wir haben das nicht verdient, dass man uns [...] zumacht. Und vielleicht kann man es denn mit so einer Gewerkschaftsaktion verhindern. Das war so meine Hoffnung. Auch wenn die Hoffnung nur klein war, aber das war eigentlich der Hauptgrund, weshalb ich in die Gewerkschaft bin. Also um irgendetwas zu tun, um die Standortschließung zu verhindern [...] Muss ich schon sagen, also ich wäre nie zur Gewerkschaft gegangen, wenn nicht diese Aktion gewesen wäre dann. [...] Ich habe jetzt also zum November oder Dezember meine Kündigung abgegeben, ja. Hängt einfach auch ein bisschen zusammen, dass ich, wie gesagt, kein echter Gewerkschaftler bin." (Technischer Mitarbeiter, FD_A, 12)

Ob die „Instrumentalisten“ wieder aus der Gewerkschaft austreten, hängt allerdings auch von ihrer Zukunftseinschätzung ab: Werden sie die Organisation demnächst noch einmal brauchen, haben sie also gute (zweckrationale) Gründe für die Mitgliedschaft?

> „Also ich habe mich um das Thema [Gewerkschaft] eigentlich überhaupt nicht gekümmert. [...] Nein, kann ich jetzt nicht behaupten, dass sich da die Einstellung geändert hat. Ich meine, ich war vorher nicht Mitglied, weil ich nicht wusste, weshalb mich das überhaupt betreffen sollte, ja. Dann war ich eben betroffen, und ich sehe jetzt auch keinen Grund, wieder auszutreten.“ (Technische Mitarbeiterin, FD_A, 15)

Fragen von Solidarität (auch mit anderen Beschäftigten außerhalb des eigenen Unternehmens), weitergehende wirtschafts- oder gesellschaftspolitische Bewertungen der Gewerkschaften oder eine Beurteilung ihrer gesellschaftlichen Rolle spielen hier bei der Entscheidung über Gewerkschaftsmitgliedschaft keine Rolle – weder im positiven noch im negativen Sinne.

Eine solche für die „Instrumentalisten“ typische Zweckrationalitätsorientierung kann selbstverständlich auch für diejenigen gelten, die nicht Gewerkschaftsmitglieder (geworden) sind. Die individuellen Vor- und Nachteile abzuwägen kann auch zu dem Ergebnis führen, dass in der aktuellen Situation ein Gewerkschaftseintritt nicht zweckdienlich ist. So plädiert etwa ein Befragter, im Übrigen Mitglied der betrieblichen Interessenvertretung, zwar vehement für den Eintritt in ver.di – aber nur in Bezug auf die unmittelbar Betroffenen der Standortschließung. Weil er selbst nicht dazu zählt (er ist formal nicht direkt bei *FD_A* angestellt, sondern von der Schwestergesellschaft „ausgeliehen“), ist er nicht organisiert und sieht auch keinen Grund, dies zu ändern.

> „Natürlich ist da auch die Gewerkschaft dabei, [Tarifverträge] und so weiter, aber die Basissicherheit ist hier [in der Schwestergesellschaft] eine weitaus höhere. Wir haben eine Gesamtzusage vom Präsidenten bekommen, Kündigungsschutz. [...] Und ja, jetzt kommen wir wieder auf das Thema der Versicherung. Was bietet mir die Gewerkschaft für meinen Arbeitgeber, für meinen Arbeitsvertrag, wo bräuchte ich sie denn? Ich sehe keinen Vorteil für mich.“ Frage: Aber das heißt, es wäre im Grunde sinnvoll, wenn die [*FD_A*-]Beschäftigten höher organisiert wären? „Ja, unbedingt. Aus der Erfahrung, die wir jetzt haben, müssten aus meiner Sicht 80 Prozent aller [*FD_A*-]Beschäftigten, die es dann noch überleben, in die Gewerkschaft eintreten, mindestens 80. Weil es ist nach wie vor nicht gesichert, dass, wenn die drei Standorte, die überleben jetzt bis 2017, ob aus den dreien nicht einer gemacht wird.“ (Abteilungsleiter, FD_A, 13)

Dass die „Instrumentalisten“ ihre – distanziert-abwägende – Grundeinstellung zu Gewerkschaften im Zuge der Auseinandersetzung nicht revidieren, bedeutet nicht, dass keine Lernprozesse stattfinden würden. Gerade weil es für diese normalerweise gewerkschaftsferne Beschäftigtengruppe der erste wirkliche Kontakt mit ver.di ist, sammeln sie hier wichtige Erfahrungen, die für ihre weitere Einschätzung der Organisation von Bedeutung sein dürften. Diese Erfahrungen beschreiben sie ganz überwiegend als positiv: Die Gewerkschaft habe professionell und zielorientiert agiert, sie habe in angemessenem Maße die Eigenverantwortlichkeit der Belegschaft zugleich respektiert und eingefordert. Dass die Mobilisierung der Beschäftigten erfolgreicher hätte ausfallen können und dass dann auch bessere Ergebnisse hätten durchgesetzt werden können, wird nicht der Gewerkschaft angelastet, sondern vielmehr den Kollegen, die es nicht ausreichend verstanden hätten, sich für die eigenen Interessen zu engagieren. Dass alles führt die „Instrumentalisten" allerdings nicht in Richtung einer engeren oder längerfristigen Gewerkschaftsbindung, sondern bestätigt eher ihre rationalistische Position: Gewerkschaftliche Unterstützung ist dort gut und nützlich, wo man mit der eigenen Verhandlungsfähigkeit allein nicht weiterkommt. Darüber hinausgehende Ziele werden nicht verfolgt.

(3) Die *„Politisierten"* waren vor Beginn der Auseinandersetzungen um die Standortschließung ebenso gewerkschaftsfern wie die Instrumentalisten. Auch sie sahen sich in „kultureller Distanz" zu den Gewerkschaften oder hatten schlicht noch keinerlei Berührungspunkte oder Erfahrungen mit ihnen. Gewerkschaften waren für sie – anders als für die „Aktivierten" – nie „Thema".

> „Mit Gewerkschaft hatten wir halt nie was zu tun früher. Das fing halt erst an, ja, letztes Jahr, als es da um diese Standort-Konsolidierung ging." (Technischer Mitarbeiter, FD_A, 5)

Einzelne von ihnen beschreiben sich als zuvor dezidiert gewerkschaftskritisch eingestellt.

> „Ich bin nur in dem Zusammenhang [eingetreten], aber relativ früh, weil ich mir gedacht habe, dass es ein wichtiges Signal ist. Wenn Sie zu mir vor sechs Jahren gesagt hätten, dass ich ver.di jemals in meinem Leben beitrete, hätte ich gesagt:
>
> ‚Du hast einen Vogel!', weil das für mich mein erklärtes Feindbild war. Also ich habe in denen eigentlich eher destruktive Leute gesehen." (Entwickler, FD_A, 3)

Die Diskussion und die Auseinandersetzungen um den Beschluss und schließlich die Umsetzung der Schließung erleben die „Politisierten" als einen Prozess der Meinungs- und Willensbildung, in dem sie eine spezifische Grundeinstellung zu Gewerkschaften entwickeln, die man als solidaritäts- und gerechtigkeitsorientiert bezeichnen kann. Auch bei ihnen spielen Nützlichkeitserwägungen bei der Frage nach dem Beitritt eine wichtige Rolle. Im Verlaufe ihrer persönlichen Auseinandersetzungen wie auch der kollektiven Diskussion etwa beim Betriebsgruppentreffen oder in der Tarifkommission bilden sie aber eine stärker politische Gewerkschaftsorientierung heraus, die über die ursprüngliche konkrete Zwecksetzung hinausreicht. Der den Gewerkschaften beigemessene

Sinn liegt für die „Politisierten" im Ergebnis nicht mehr allein in der konkreten Unterstützung im akuten Konfliktfall.

Eine Befragte beschreibt ihre Erfahrung rückblickend folgendermaßen:

> „Und bevor diese Entscheidung [zur Standortschließung] gefallen ist, gab es ja schon diese so genannten Mittagspausen, auf die ich dann auch aufmerksam geworden bin, und dann habe ich mich auch ein bisschen mal mit dem Thema beschäftigt. Vorher war das irgendwie gar nicht so an mir dran oder habe es irgendwie gar nicht so wahrgenommen, dass das also tatsächlich sein könnte, dass jetzt hier dieser Standort zugemacht wird. Dann habe ich da mich beteiligt und irgendwann habe ich dann auch entschieden, dass ich in die Gewerkschaft eintrete, was ich von mir niemals gedacht hätte, weil ich mich auch damit überhaupt nie auseinandergesetzt habe. Aber mich hat es da dann das erste Mal zunächst wirklich selber betroffen und dann habe ich auch gedacht, man muss sich einfach solidarisch zeigen, und das war mir also dann ganz wichtig, also bin ich in die Gewerkschaft gegangen. [...] Und ich bin dann wie die Jungfrau zum Kinde, möchte ich sagen, in diese Tarifkommission gewählt worden. [...] Und ich habe einfach auch festgestellt, dass es also wirklich eine große Notwendigkeit gibt, sich mit dieser Thematik auseinanderzusetzen, auch wenn man jetzt da nicht in der Tarifkommission ist, sondern überhaupt allgemein. Also ich finde, Gewerkschaften sind durchaus ganz wichtig, also nach wie vor. Es gibt ja auch so Leute, die gesagt haben, sie gehen jetzt da rein und dann wieder raus. Also das kommt für mich überhaupt nicht in Frage." (Assistentin, FD_A, 11)

Die „Politisierten" schildern die vergangenen Jahre als einen (insgesamt positiven) Lernprozess, in dem sie sich dafür sensibilisiert haben, dass solidarisches Handeln wichtig ist, dass Gewerkschaften – über die konkrete Unterstützung im eigenen Fall hinaus – eine wichtige gesellschaftliche Funktion übernehmen, dass sie Organisationen sind, die ihren eigenen Gerechtigkeitsmaßstäben auch in anderen Handlungs- und Politikfeldern entsprechen.

> „Also generell finde ich es ja unterstützenswert, muss man ja sagen, jetzt nicht nur die Erfahrung, die ich so gemacht habe, sondern die Gewerkschaft macht ja auch noch andere Dinge, die jetzt wichtiger sind." (Technischer Mitarbeiter, FD_A, 5)

Und: Man erkennt sich selbst in der Situation anderer Beschäftigter oder Bürger wieder.

> „Es ist schon merkwürdig. Es berührt einen jetzt im Fernsehen schon ganz anders, wenn man jetzt so Leute sieht, die da demonstrieren oder was. Man ist mal selber da gestanden, [da] hat man einen ganz anderen Bezug dazu." (Entwickler, FD_A, 3)

Am Ende dieses (gewerkschafts-)politischen Sozialisationsprozesses kann dann auch ein veränderter Blick nicht nur auf Arbeit, Betrieb und Beschäftigung, sondern überhaupt auf das politisch-ökonomische Gefüge der Gesellschaft stehen. In der Auseinandersetzung um die Standortschließung haben die „Politisierten" die Wichtigkeit eigener Beteiligungsaktivität erfahren, die sie nun auch auf andere Handlungsbereiche übertragen. Daraus resultiert ein kritischerer Blick auf Politik und Gesellschaft, zugleich aber auch ein erweiterter Anspruch auf Teilhabe sowie der Selbstanspruch, sich künftig aktiver in Politik und Gesellschaft einzubringen.

> „Also ich möchte mal sagen, dieses gewerkschaftlich-soziale Engagement..., ich bin jetzt nicht aktiv in der Politik unterwegs, aber mein passives politisches Interesse ist aktiver geworden. Also ich schaue mir kritischer Sachen an. Ich bin viel kritischer dieses Mal in die Bundestagswahl gegangen. [...] Also das ist so eine Tendenz gewesen aus der eigenen Erfahrung, was man mit der Gewerkschaft machen kann [...]. Also das ist für mich eine persönliche Entwicklung gewesen, wo ich sage, die hat mir nicht geschadet. [...]. Also mir ist durch die Maßnahme, auch was politisch so in der Zwischenzeit abläuft, erst richtig bewusst geworden, dass der Souverän im Staat, in einer Demokratie wirklich der Bürger ist. Und dass leider die Passivität so massiv geworden ist, dass jeder was hinnimmt, jeder was als gegeben sieht. Oder, wie es unsere Bundeskanzlerin so schön sagt, ‚alternativlos' [ist]. Und es gibt sehr wohl Alternativen und es gibt noch zu wenig Sprachrohre der Bürgerschaft und da möchte ich auch aktiver werden. [...] Gewerkschaftlich, wie gesagt, bleibe ich dabei, werde ich da aktiv sein, werde aktiv in der Betriebsgruppe weiterhin mehr Informationen einholen." (Mitarbeiter Kundenservice, FD_A, 7)

Beteiligungsorientierung oder Stellvertretung?

Interessanterweise unterscheiden sich die Bewertungen der gewerkschaftlichen Aktivitäten im Zuge der Auseinandersetzungen um die Standortschließung nicht grundsätzlich nach den genannten Typen gewerkschaftlicher Orientierung. Ob eher gerechtigkeits- bzw. solidaritätsorientierte oder eher instrumentalistische Ansprüche zugrunde gelegt werden, wirkt sich kaum darauf aus, ob die Beschäftigten mit Gewerkschaft und Betriebsrat (hier wird von den Befragten nicht systematisch unterschieden) und ihrem Verhalten in den Krisenauseinandersetzungen zufrieden waren oder nicht. Ganz überwiegend fällt das Urteil der Befragten positiv aus:[65]

> „Interessenvertretung war gut. Also wir haben da wirklich einen guten aktiven Betriebsrat gehabt. Ver.di hat sich auch gut eingebracht. Kann man anders nicht sagen." („Instrumentalistischer" technischer Mitarbeiter FD_A, 1)

In Einzelfällen wird kritisiert, Betriebsrat und Gewerkschaft hätten sich nicht nachdrücklich genug für den Standorterhalt eingesetzt und nicht hart genug verhandelt:

---

65 Hier ist natürlich zu beachten, dass wir mit einer ganz spezifischen Auswahl der Belegschaft gesprochen haben.

„Also ich fand, wenn ich es mir recht überlege, haben [Betriebsrat und Gewerkschaft] sich schon ein bisschen über den Tisch ziehen lassen, [...] Letztes Jahr im November, glaube ich, ist der Tarifsozialplan verabschiedet worden. Und das ging dann relativ schnell. Also die haben, die Firma hat den Verhandlungspartnern, also Betriebsrat und Gewerkschaft schon ziemlich die Pistole auf die Brust gesetzt so nach dem Motto, wir müssen uns jetzt unbedingt einigen. Die wollten das unbedingt letztes Jahr noch vom Tisch haben. Und da hat es eben in meinen Augen, hat sich da die sowohl Ver.di als auch der Betriebsrat, die haben sich da schon ein bisschen über den Tisch ziehen lassen. [...] Es wurde monatelang gestreikt und hin und her gemacht und plötzlich, innerhalb von kurzer Zeit haben sie mal eine Nacht zusammen gesessen, am nächsten Tag hatten sie sich geeinigt, das kam mir schon ein bisschen komisch vor." („Politisierter" technischer Mitarbeiter, FD_A, 5)

Die Kritik an der zu geringen Standhaftigkeit und Durchsetzungsfähigkeit von betrieblicher und gewerkschaftlicher Interessenvertretung scheint desto stärker zu sein, je weiter die Beschäftigten selbst von den Protestaktionen und Auseinandersetzungen entfernt waren.[66] Wer enger in die Organisation und Durchführung von Demonstrationen, die Streiks und die Verhandlungen eingebunden war, sieht die Rolle der Interessenvertretung durchweg positiver.[67] Denn: Dann wird umso deutlicher, wie stark die Verhandlungsposition vom Engagement und dem Druck der Belegschaft abhängt. Dies verweist auf eines der Grundprobleme interessenpolitischer Aktivierung: auf das Spannungsverhältnis von Beteiligung und Stellvertretung sowie von Protest und Verhandlung. Die zuständige Gewerkschaftssekretärin sowie der lokale Betriebsrat verstehen sich ausdrücklich als Vertreter einer beteiligungsorientierten Interessenpolitik. Nicht die Aushandlung „hinter verschlossenen Türen" zwischen Experten, sondern die aktive Einbindung der Betroffenen soll im Mittelpunkt der Interessenvertretungsarbeit stehen. Insbesondere die Gewerkschaft sieht sich vor allem in einer aktivierenden, unterstützenden und beratenden Rolle; die eigentlichen Widerstandsaktivitäten sollen von der betrieblichen Basis aus erfolgen und hier auch koordiniert werden. Auch dort, wo die Gewerkschaft ihre klassische Verhandlungs- und Stellvertretungsfunktion ausfüllen muss, die Verhandlung und den Abschluss des Sozialtarifvertrags, bemüht sie sich um Beteiligungsorientierung.

66 Dies scheint nicht nur für die von uns Befragten, sondern auch darüber hinaus für die Belegschaft zu gelten. Uns wurde in den Interviews berichtet, dass eine Kritik an „zu lascher" Betriebsrats- und Gewerkschaftsaktivität, die in unseren Interviews nur selten und in der Regel sehr differenziert vertreten wurde, unter den (weiteren, nicht befragten) Beschäftigten insgesamt recht verbreitet war.

67 Entsprechend ist davon auszugehen, dass unsere Befragten Betriebsrat und Gewerkschaften positiver einschätzen als der Durchschnitt der Belegschaft, denn Beschäftigte, die sich aktiv an den Protesten und den gewerkschaftlich unterstützten Aktionen beteiligt haben, sind in unserem Sample stark überrepräsentiert.

So sind in der Tarifkommission nicht nur professionelle oder ehrenamtliche Interessenvertreter, sondern auch einfache Beschäftigte, die Zwischenstände der Verhandlungen werden mit der Betriebsgruppe rückgekoppelt und diskutiert usw.

Den Ausgangspunkt für die Organisation und Aktivierung der Belegschaft bildete während der Auseinandersetzung die Betriebsgruppe, die sich regelmäßig trifft, Strategien entwirft, Aktionen (wie etwa die Demonstrationen vor Filialen) erarbeitet und durchführt, Aufgaben verteilt usw. Der Kreis der Aktiven blieb allerdings die meiste Zeit recht übersichtlich: An den Betriebsgruppentreffen nehmen üblicherweise zwischen 20 und 60 Beschäftigte teil, mit wechselnder Besetzung. Der „harte Kern“ der Aktiven, zu dem auch ein Teil der von uns Befragten zählt, ist noch deutlich kleiner. Betriebsräte und auch Gewerkschaftsvertreter geraten auch bei den Betriebsgruppentreffen immer wieder in die Rolle der zentralen Organisatoren und Akteure – durchaus ungewollt.

Die beteiligungsorientierte Strategie der Interessenvertreter ist keinesfalls ausschließlich deren normativem Demokratieanspruch geschuldet, auch wenn das Leitbild einer beteiligungsorientierten, demokratischen Interessenvertretungsorganisation eine zentrale Rolle spielt. Auch eher pragmatische Gründe sind ausgesprochen wichtig. Zunächst einmal ist eine durchsetzungsfähige konfliktorientierte Politik der betrieblichen und gewerkschaftlichen Vertreter ohne mobilisierte Basis kaum möglich. Erfolgreiche Verhandlungsführung kann ohne Druck einer kritischen Masse der Beschäftigten nicht gelingen – und erst recht nicht in einem Unternehmen mit nur geringem Organisationsgrad. Natürlich hat die Gewerkschaft auch ein eigenständiges Organisationsinteresse, die Gewinnung von zahlenden Mitgliedern.[68] Der dritte pragmatische Grund sind die begrenzten (insbesondere personellen) Ressourcen. Betriebsräte und Gewerkschaftssekretäre wären mit der kompletten Übernahme der Organisationsarbeit hinsichtlich Aktionen, Protest und schließlich Streik schlicht überlastet.

Im Grundsatz trifft der beteiligungsorientierte Handlungsansatz auf Zustimmung der von uns Befragten, und zwar sowohl aus normativ-demokratischer wie auch aus pragmatisch-zweckrationaler Perspektive. Die Beteiligungsorientierung korrespondiert im Übrigen gut mit dem Selbstverständnis der gut qualifizierten, selbstbewussten Beschäftigten: sich nicht von klassischen Gewerkschaftsfunktionären „bevormunden“ zu lassen, seine Interessen im Wesentlichen selbst vertreten zu können usw. Gleichwohl, wie bereits dargestellt, wurde gerade die nicht ausreichende Basisaktivität zum zentralen Problem für

68 Dieses Interesse verübelt ihr im Übrigen niemand von den Befragten: die „Aktivierten“ und „Politisierten“ nicht, weil sie die Grundorientierung der Gewerkschaft sowieso (zumindest nach und nach) teilen, die „Instrumentalisten“ nicht, weil sie ein solches zweckgerichtetes Vorgehen grundsätzlich für legitim halten (und für sich ja ebenfalls in Anspruch nehmen).

die Wirksamkeit der Proteste. Geschmälert wurde der Erfolg der interessenpolitischen Aktivitäten nicht durch fehlende Bereitschaft der klassischen Interessenvertretungsakteure, Beteiligung von unten zuzulassen, sondern durch fehlende Bereitschaft der Beschäftigten, die Beteiligungschancen aktiv zu nutzen – so zumindest die weitgehend geteilte Interpretation der befragten Beschäftigten.

> „Die Unterstützung von der Gewerkschaft war da, von ver.di. Es gab wertvolle Tipps und so, aber bis wir ins Laufen gekommen sind und uns organisiert haben und klar war, was wir tun können überhaupt und was man dann auch tun muss, das war ein sehr zäher Prozess, und man hat gemerkt, es ist eigentlich, da sind andere Standorte [...] anders organisiert gewesen [...]. Die haben Aktionen gemacht, die haben Leute auf die Straße gebracht und das ist hier [am Standort] null. Da war null Basis da, weder von den Leuten eigentlich als auch von der Mitarbeiterschaft und das Wissen, was möglich ist, und wir haben gearbeitet in den Arbeitsgruppen. Da hat es unterschiedliche Arbeitsgruppen gegeben. Es waren komischerweise immer die Gleichen, die sich engagiert haben, das war sehr ermüdend auch für mich. Angefangen von Öffentlichkeitsarbeit bis Mitarbeitermobilisierung, Arbeitsgruppenarbeit und dann bis hin zu Flugblätter verteilen und so, das haben immer die Gleichen gemacht." (Mitarbeiter Kundenservice, FD_A, 07)

Diese Enttäuschung und Kritik richtet sich, wie gesagt, in erster Linie an die Kolleginnen und Kollegen, nicht an Betriebsrat oder Gewerkschaft (und an dieser Stelle auch nicht an das Unternehmen – dass es angesichts fehlenden Drucks nicht mehr Zugeständnisse gemacht hat, sei zu erwarten gewesen und könne man ihm kaum vorwerfen). Die Kritik bleibt eher verhaltens- und prozess- als ergebnisbezogen: Letztlich ist der erzielte Tarifsozialplan trotz allerlei Kritik im Detail insgesamt akzeptabel, wie es die Befragten sehen. Die Enttäuschung resultiert eher aus der Differenz zwischen Möglichem und Realität. In den Protestaktionen und im Streik haben die Beschäftigten einen Eindruck ihrer potenziellen Handlungsmächtigkeit erfahren – sie konnten die Chancen der Mobilisierung aber nicht ausschöpfen. Unabhängig vom konkreten Verhandlungsergebnis hätten die Befragten sich vor allem für das Unternehmen spürbare Wirkungen erhofft – z.B. ein Zusammenbruch der EDV-Systeme der Kundenunternehmen, stillstehende Geldautomaten usw.

> „Da haben wir das verbockt, weil [der Standort], ich muss es jetzt so sagen, einfach den Arsch nicht hoch gekriegt hat." (Projektmanagerin, FD_A, 10)

> „Die Proteste, natürlich, es wurde auch mal gestreikt, aber mein Gott, da war, das fand ich halt auch schlecht. Da war, die Beteiligung war nicht so supertoll, und pff, ja. Im Endeffekt ist halt auch während der Streiks nicht so arg viel passiert. Das, gut, es ist mal durch die Presse gegangen, weil jetzt die, das ist natürlich der Supergau, wenn Geldautomaten ausfallen bei den [Unternehmen der Finanzgruppe], da werden die natürlich hellhörig, das ist wohl einmal passiert. Aber ansonsten ist halt so ein Streik, mal so ein Tag, das fällt halt nicht so auf. Aber wenn die IT mal län-

gere Zeit nicht supportet wird, dann hat das schon, hat das schon ein bisschen Auswirkungen. Und dazu ist es halt nie gekommen.“ (Technischer Mitarbeiter, FD_A, 05)

„Da hat wirklich die Beteiligung gefehlt. Wenn da viel mehr, wenn alle Mitarbeiter da zusammen gestanden wären und immer wieder auf die Straße gegangen und hätten einen Riesenradau verursacht, dann wäre das mit Sicherheit viel mehr an der Öffentlichkeit gewesen. [...] Ich war fassungslos. Ich habe eigentlich immer gedacht, das, ich habe früher einen ganz einen anderen Beruf gehabt, habe ich noch nicht studiert gehabt. Ich dachte, wenn man einen Beruf einmal studiert hat, und dass die Bildung Voraussetzung ist, dass da andere, ja, wie soll ich sagen, ein bisschen politisches Denken da ist, aber null. Null Komma null, da war ich entsetzt.“ (Technische Mitarbeiterin, FD_A, 02)

Als Ursache für das fehlende Engagement sehen die Befragten insbesondere eine klassische Orientierung am Stellvertretermodell der Interessenvertretung. Die Kollegen würden in einem überkommenen Institutionenvertrauen und Sicherheitsgefühl, das heute nicht (mehr) angemessen sei, verharren und die stellvertretende Regelung ihrer eigenen Interessen erwarten.

„Wie sagt man da: ‚Die Gewerkschaft macht es ja.‘ Und das ist ja das Gefühl gewesen, Gewerkschaft, der Funktionär, der uns betreut, der macht das nicht alleine. Das ist die Firma, die Mitarbeiterschaft, da ist viel Passivität teilweise drin gewesen, da, wo ich vermute, ein Teil davon sagt: ‚Es wird ja was gemacht und das wird schon reichen.‘ Wenn man es bewertet, gewichtet, welche Gründe gibt es jetzt, ich kann das nur selektiv sagen, es gibt ein... der größte Teil ist für mich nicht fassbar, kann ich es nicht begründen, die nicht mitgemacht haben. Kenne ich keine Motivation, da nicht mitzumachen oder so passiv dabei zu sein und am Schluss doch zu mäkeln.“ (Mitarbeiter Kundenservice, FD_A, 7)

„Es gab aber eine deutlich schweigende Mehrheit. Die dann gesagt hat: ‚Betriebsrat, warum hast du nix Vernünftiges ausgehandelt?‘ Waren aber nicht dabei.“ (Technischer Mitarbeiter, FD_A, 8)

Die Mehrheit der Befragten zieht entsprechend eine zwiespältige Bilanz der Proteste und des Streiks. Niemand bereut allerdings die eigene Beteiligung. Was bleibt, ist – neben dem nicht zu vernachlässigenden Erfolg des Tarifsozialplans – ein gewisses Gefühl eigener Wirkmächtigkeit, der Eindruck, die eigenen Verhältnisse beeinflussen zu können, wenn auch nur in geringem Maße.

„Ich habe mich gefreut, es hat mir was gebracht, dass ich Bestandteil war, ein ganz kleiner Bestandteil, und ich habe es so gemerkt, Mensch Meier, das Stimmvolk, wenn das ein aktives Volk wieder werden würde, unsere Demokratie würde ein bisschen anders ausschauen, nicht mehr so alternativlos.“ (Technischer Mitarbeiter, FD_A, 01)

Zwischenfazit: Krise, Legitimitätsansprüche und Mobilisierung

Resümiert man unsere Krisenkonstellationen, fallen zunächst die Unterschiede ins Auge. Ganz offensichtlich erklärt beispielsweise das objektive Krisenmerkmal „Betriebsschließung“ bestenfalls ausschnittsweise die subjektiven Reaktionen der Beschäftigten in Bezug auf Anspruchsmuster und interessenpolitische Aktivität. Und ganz offensichtlich sind es nicht Branche, Beschäftigungs- oder Tätigkeitstypus, die die Differenzen erklären. Denn während unsere beiden Einzelhandelsunternehmen in diesen Kriterien sich am ähnlichsten sind, stehen sie hinsichtlich Mobilisierung und Protest für die größten Gegensätze innerhalb unseres Fallspektrums. Aber gehen wir zunächst auf die Gemeinsamkeiten der drei „Schließungsfälle“ ein und vergleichen diese mit unseren Dauerkrisenfällen „prekärer Normalität“. Trotz aller Differenzen in der Ausgangssituation und im Krisenverlauf in den drei Schließungsfällen finden sich verschiedene weithin geteilte Deutungen hinsichtlich der betrieblichen Krisenprozesse bei den Befragten.

(1) Zunächst einmal stehen in den Einschätzungen und Bewertungen der Betriebsschließung die konkreten Bedingungen des jeweiligen Unternehmens im Zentrum, nicht darüber hinausreichende Interpretationen einer weitergehenden Krisenhaftigkeit der Branche oder der nationalen und internationalen Ökonomie. Auch wenn sich etwa im Einzelhandel in den letzten Jahren durchaus spektakuläre Insolvenzen und Betriebsschließungen gehäuft haben, dient doch nicht die breitere Branchenentwicklung als Interpretationshintergrund. Ebenso wenig werden Argumente herangezogen, die auf das deutsche Entwicklungsmodell mit seiner starken Exportorientierung und seiner schwachen, für den Einzelhandel problematischen Binnenkonjunktur rekurrieren. Auch im Fall der Finanzdienstleistungs-IT wäre eine Erklärung der Standortschließung (auch) aus branchentypischen Entwicklungen – etwa der generellen Zentralisierung und räumlichen Konzentration von Back-Office-Funktionen als einer Entwicklungstendenz, die weit über unseren Untersuchungsfall hinausreicht (Stadlinger 2013) – denkbar. Darauf wird in den Interviews kaum rekurriert. Ähnliches gilt für unseren Autohersteller in der „Dauerkrise“ (die schließlich ebenfalls in eine Standortschließung mündet). Nicht der Strukturwandel der Automobilindustrie dient als Erklärungsmuster, sondern die spezifische Stellung des Standorts im globalen Konzern sowie die Frage der Managementstrategien. Bezüge auf die „Große Krise“ sind in den Einschätzungen ebenfalls kaum zu finden – zumindest werden diese nur selten mit der aktuellen Krisensituation des eigenen Unternehmens in Zusammenhang gestellt.

Mit dieser jeweils *lokalen Interpretation der Krisenkonstellation* fehlt der Objektivitätsüberhang externer Bedingungen;[69] die betriebliche Krise bzw. Schließung wird in der Wahrnehmung der Beschäftigten vielmehr zum Ergebnis von fehlerhaftem und ungerechtem Akteurshandeln, und zwar von Akteuren (primär) innerhalb der eigenen Organisation. Eine wesentliche Rolle spielen Managementfehler: falsche Unternehmens- oder Marketingstrategien, unplausible, ökonomisch nicht begründete Reorganisationskonzepte, aber auch selbstgerechtes, eigennütziges Verhalten ohne Rücksicht auf die Ansprüche und Interessen der Beschäftigten. Entweder gilt die Schließung als sachlich überhaupt nicht gerechtfertigt oder als das Ergebnis von vorangegangenen Fehlentscheidungen, die die Schließung dann später unumgänglich gemacht haben. Das Verfügungsrecht der Unternehmenseigner oder die Entscheidungsmacht der Manager wird von der Mehrheit dabei nicht grundsätzlich normativ bestritten, auf erhebliche Kritik trifft aber, wenn diese Rechte nicht „sachlich richtig" ausgeübt werden. Eine Ausnahme bildet hier, wie wir gesehen haben, die *Konstellation EH_C*, wo zwar nicht die unternehmerische Freiheit grundsätzlich angezweifelt wird, wo aber die Entledigung der Verantwortung durch die Bildung undurchsichtiger Unternehmensnetzwerke und Eigentümerstrukturen massiv kritisiert wird.

(2) Aus der Lokalität der Krisendeutung entsteht die prinzipielle Möglichkeit, auch einen *lokalen Adressaten* für Kritik (und womöglich Protest) zu benennen. Wenn nicht basale ökonomische Gesetzmäßigkeiten oder komplexe Kausalketten mit entferntem Ursprung, sondern konkrete Akteure verantwortlich gemacht werden können, eröffnet sich dadurch auch ein lokaler Raum für Kritik. Allerdings wird dieses Potenzial immer wieder eingeschränkt: wenn die eigentlichen Verursacher der betrieblichen Krise schon längst entschwunden (*EH_B*), in einem undurchsichtigen Geflecht von Eigentümerstrukturen und unklaren Verantwortlichkeiten gar nicht mehr zu identifizieren (*EH_C*) oder räumlich weit entfernt sind (*AU_C*). Es lässt sich zwar ungefähr eine Gruppe von Akteuren ausmachen, die für die Anspruchsverletzungen verantwortlich ist, diese bleiben aber häufig nicht konkret greifbar und können nur schwer zum konkreten Gegenüber interessenpolitischen Handelns gemacht werden.

---

69 Dies macht den charakteristischen Unterschied zur „Großen Krise" aus. Zwar werden deren Folgen (teilweise) im eigenen Betrieb konkret erlebt; aber diese erscheinen nur als Resonanz fernliegender Krisenherde. Anspruchsverletzungen treten etwa bei als ungerecht erlebter Verteilung der Krisenfolgen oder bei „irrationalen" betrieblichen Reaktionen auf die Krise auf. Die Krisendynamik insgesamt tritt den Betrieben und ihren Beschäftigten als objektive Rahmenbedingung gegenüber, die kaum handlungsoffen erscheint und auch nicht durch interessenpolitische Aktivitäten beeinflusst werden kann.

(3) Die grundsätzliche Lokalität potenzieller Adressaten ermöglicht einerseits Kritik, andererseits begrenzt sie deren Reichweite auch, weil sie zunächst keine weiteren gesellschaftlichen Adressaten fokussiert. Ein wesentlicher Unterschied zwischen unseren Fällen besteht in der Frage, ob die Kritik eine Dynamik gewinnt, die im Ergebnis schließlich über den eigenen Fall hinausreicht. Am klarsten geschieht dies bei der Einzelhandelsschließung *EH_C*. Die konkrete Verantwortlichkeit für die ungerechte Schließung und das unwürdige Verhalten des Managements liege im Lokalen; dass ein solches Verhalten aber überhaupt möglich und legal ist, sei eine Frage mangelnder politischer Regulierung, so die geteilte Einschätzung. Aus der Auseinandersetzung mit den Erfahrungen im eigenen Handlungsumfeld erwächst somit ein breiterer Anspruch darauf, die unternehmerische Handlungsfreiheit politisch einzuhegen oder zumindest die schlimmsten Auswüchse von Willkür unmöglich zu machen. Mit dem Leerlaufen der Kritik aufgrund der fehlenden Greifbarkeit der lokalen Verantwortlichen wird der Adressat gewechselt, das politische System kommt ins Spiel.

In einer anderen Weise kommt es auch bei einzelnen Beschäftigten des Finanzwirtschaftsdienstleisters zu einem Bedeutungsgewinn des Politischen. Im Verlauf ihres zunächst lokalen Politisierungsprozesses entwickelt mancher der Befragten ein Verständnis von Solidarität unter Beschäftigten, das weit über die unmittelbaren Kolleginnen und Kollegen hinausreicht, und einen breiteren Anspruch auf gesellschaftliche und politische Partizipation. Wirkliche Hoffnungen darauf, dass aus dem politischen System heraus Maßnahmen ergriffen würden, die in der erfahrenen lokalen Krisensituation hilfreich sind, hat allerdings keiner der Beschäftigten. Teilweise werden darauf gar keine Ansprüche formuliert (*EH_B, FD_A*), teilweise bleiben die Erwartungen hinter den Ansprüchen zurück (*EH_C*).

(4) Charakteristisch für unsere Krisenbetriebe ist ein typisches Verhältnis von *Differenzierung und Vereinheitlichung*. Die konkreten Krisenfolgen für die Beschäftigten und deren berufliche Zukunftsaussichten wirken differenzierend: Je nach Alter und Qualifikation ist die Krisenbetroffenheit innerhalb der gleichen Belegschaft stark unterschiedlich verteilt. Ursache dafür ist vor allem eine ganz unterschiedliche Situation auf dem Arbeitsmarkt, die für ältere Beschäftigte selbst in ökonomisch prosperierenden Regionen problematisch ist. Hinsichtlich der Qualifikation hängt die „Employability" eher von Generalität oder Spezialisierung ab. Keinesfalls gilt die Regel, dass Hochqualifizierte generell bessere Arbeitsmarktchancen haben als die Niedrig- oder Mittelqualifizierten (etwa die Einzelhandelsbeschäftigten oder Automobilarbeiter). Trotzdem zeigt sich im Fallvergleich eine starke Ungleichheit in der Belastung durch Krisenfolgen auch nach Tätigkeitssegmenten. Die „objektiv-materielle" Lage unserer Hochqualifizierten ist am besten, das Automobilunternehmen liegt in der Mitte,

am schlechtesten sind unsere Einzelhandelsbeschäftigten in der betrieblichen Krisensituation materiell abgesichert. Die betrieblichen Übergangsregelungen und sozialen Absicherungen sind in den oberen Beschäftigtensegmenten erheblich besser: Abfindungsregeln, Altersteilzeit, alternative Beschäftigungsangebote im Unternehmen usw. Es zeigt sich auch ein klarer Geschlechterbias bei den Krisenfolgen: Die stärker weiblich geprägten Tätigkeitsfelder sind materiell erheblich schlechter gestellt. Das heißt allerdings nicht, dass bei den Hochqualifizierten das persönliche Krisenerleben weniger intensiv wäre. Auch wenn die unmittelbare materielle Existenzbedrohung geringer ist, kann die Schließung doch als entscheidender Einschnitt im Berufsleben wahrgenommen werden und zu erheblicher Verunsicherung führen – dies variiert wiederum stärker innerhalb als zwischen den Belegschaften.

Während die konkrete „materielle" Krisen*betroffenheit* und das subjektive Krisen*erleben differenzierend* wirken, wirken die wahrgenommenen *Anspruchsverletzungen* eher *vereinheitlichend*. Dies gilt zunächst für die einzelnen Belegschaften. Die geschilderten Ungerechtigkeits- und Irrationalitätserfahrungen und die ihrer Bewertung zugrunde liegenden Anspruchsmuster unterscheiden sich innerhalb der drei Schließungsfälle bzw. der insgesamt fünf Krisenfälle kaum. Systematische Unterschiede nach Alter, Geschlecht und Qualifikation lassen sich nicht erkennen. Die betrieblichen Krisen haben in dieser Hinsicht vergemeinschaftende Folgen: Die Anspruchsverletzungen werden gemeinsam erlebt. Berücksichtigt man den Befund, dass Krisen*betroffenheit* und *-erleben* sich innerhalb der Belegschaften demgegenüber deutlicher unterscheiden, folgt daraus: Die Anspruchsmuster und die Erfahrung ihrer Verletzung erklären sich nicht direkt aus der „objektiven" oder „subjektiven" Krisenbetroffenheit, es gibt hier keinen eindeutigen Kausalzusammenhang. Zugleich lässt sich vermuten: Das Ungerechtigkeits- (oder Irrationalitäts-)Erleben entsteht offenbar aus einer *gemeinsam vorgenommenen Deutung der Krisengeschehnisse und ihrer Ursachen* – daher die relativ hohe Einheitlichkeit jeweils innerhalb der Betriebe.

(5) Das *Spektrum der Anspruchsmuster* in den Schließungsbetrieben ist zwar nicht betriebsübergreifend einheitlich, aber doch durch bestimmte Gemeinsamkeiten geprägt. In allen unseren Fällen spielen verletzte Ansprüche auf *ökonomische und technisch-funktionale Rationalität* eine zentrale Rolle, im Fall des IT-Dienstleisters sind dies sogar die dominanten Ansprüche. Damit haben „inhärente" Prinzipien der Organisation eine hohe Bedeutung bei ihrer Kritik: Die Organisationen werden an ihren eigenen Leitansprüchen gemessen – der Erfüllung organisationaler Effizienz und ökonomischen Erfolgs. Die besondere Empörung, die die Betriebsschließungen bei den Beschäftigten auslösen, speist sich aber zumeist aus den massiven *Ungerechtigkeitserfahrungen*, die in der Folge der Rationalitätsdefizite entstehen. Während ökonomisches oder technisches Fehlverhalten oder auch die Willkür der Unternehmensleitung (der Eigen-

tümer etc.) die Schließung verursacht haben, tragen die Konsequenzen in erster Linie die ausführend Beschäftigten. Die wirklich Verantwortlichen würden kaum zur Rechenschaft gezogen, so die breit geteilte Einschätzung.

Ungerechtigkeitserleben entsteht zudem daraus, dass die auf Langfristigkeit angelegte Reziprozitätsbeziehung zwischen Beschäftigten und Unternehmen plötzlich einseitig aufgekündigt wird. Das langjährige Engagement der Beschäftigten, für das diese eine entsprechende Anerkennung erwarten, ist binnen kurzer Frist nichts mehr wert – der Gegenpart in der normativen Wechselbeziehung hat sich schlicht aufgelöst. Der Betrieb, der nicht nur als zweckrational strukturierter Zusammenhang gilt, sondern auch als ein normativ geprägtes Gefüge, in dem inhaltliches Engagement und dessen Anerkennung mindestens ebenso wichtig sind, implodiert in ein normatives Vakuum. Von besonderer Bedeutung ist das Prinzip der Leistungsgerechtigkeit, wie wir gesehen haben, in den Fällen „prekärer Normalität“. Hier wird die Zeitdimension dieses normativen Prinzips deutlich: Es geht um eine auf Langfristigkeit angelegte Wechselbeziehung zwischen Unternehmen und Beschäftigten, und diese gerät im längeren Zeithorizont unter Druck. Während die Implosion der betrieblichen Ordnung in unseren Schließungsfällen zu spontaner Empörung führt, führt die betriebliche Dauerkrise zu einem fortgesetzten Schwelen von Gerechtigkeitsansprüchen.

Neben dem Leistungsprinzip spielen vor allem im Fall der Einzelhandelsschließung (*EH_C*) auch *Würdeansprüche* in der gerechtigkeitsbasierten Schließungskritik eine wichtige Rolle. Der Umgang des Arbeitgebers mit seinen Beschäftigten stellt nicht nur eine Missachtung ihrer Arbeitsanstrengungen, ihrer eingebrachten Fähigkeiten und Kompetenzen dar; er ist vielmehr von grundlegender Respektlosigkeit geprägt, von einer Verletzung der Grundregeln des menschlichen Zusammenlebens, so die Kritik. Dabei handelt es sich um eine besonders tiefgehende Verletzung: Die Beschäftigten sind nicht nur in ihrer Rolle als Leistungssubjekte, sondern überhaupt in ihrem Menschsein angegriffen; auch daraus erklärt sich die besondere Vehemenz der in diesem Modus vorgetragenen Ansprüche. *Beteiligungsansprüche* haben in allen Schließungsfällen eine ungefähr ähnliche Bedeutung. Sie sind nicht der normative Knotenpunkt der Kritik, aber sie werden auch nicht krisenbedingt zurückgestellt. Kritik an mangelnder Beteiligung entsteht im Gefolge der monierten Rationalitätsdefizite. Dass falsch oder unsachlich entschieden wurde, hätte vermieden werden können, wenn das Wissen und die Kompetenzen der Beschäftigten ausreichend Berücksichtigung gefunden hätten. Was zugleich bedeutet: Es sind weniger autarke Ansprüche auf Demokratie, auf einen Betriebsbürgerstatus, der sich eigenständig begründete; Beteiligung wird nicht als Prozessanspruch formuliert, der unabhängig vom potenziellen Beteiligungsergebnis wäre. Vielmehr soll Beteiligung die Rationalität der Entscheidungen erhöhen. Anders formuliert: Könnte man den verantwortlichen Entscheidungsträgern moralisch und rational trauen, wäre Beteiligung nicht nötig. Aufgrund der bestehenden Rationalitätsdefizite in den Entscheidungen aber steigen die Beteiligungsansprüche unter Krisenbedingungen tendenziell.

(6) Die betriebsfallspezifischen Unterschiede in den Anspruchsmustern könnten sich aus zweierlei Perspektive erklären. Denkbar wäre, dass unterschiedliche Beschäftigtengruppen Träger unterschiedlicher Ansprüche sind. Ebenso möglich wäre, dass bestimmte normative Ansprüche – obwohl überall vorhanden – in bestimmten Krisenkonstellationen nicht „abgerufen" werden, weil sie nicht verletzt worden sind. Hinsichtlich des „Würdeprinzips", das nur in einem betrieblichen Fall mit besonderer Wucht in Anschlag gebracht wird, trifft aller Wahrscheinlichkeit nach letztere Möglichkeit zu, denn es ist wohl kaum davon auszugehen, dass dieses Prinzip den Beschäftigten jenseits von *EH_C* weniger wichtig wäre. Bei aller Kritik sind die krisenbedingten Anspruchsverletzungen in den anderen Fällen nicht so ausgeprägt, dass sie als regelrechter Angriff auf die Grundbedingungen des Menschseins wahrgenommen würden. Die Dominanz der Rationalitätsansprüche beim IT-Dienstleister würden wir dagegen eher aus der erstgenannten Perspektive erklären. Wie wir gesehen haben, werden auch in den anderen Konstellationen Prinzipien technisch-funktionaler und ökonomischer Rationalität verletzt. Dass dieser Anspruch aber mit einem solchen Nachdruck vertreten wird wie bei *FD_A*, erklärt sich womöglich aus der Spezifik der Beschäftigtengruppe. Sie fungieren in ihrer Arbeitspraxis zum großen Teil selbst als wichtige „technische" oder „ökonomische" Experten; entsprechende Rationalitätsansprüche dürften damit zum Kernbestand ihrer professionellen Orientierungen und ihrer beruflichen Sozialisationsbedingungen zählen. Dass diese Prinzipien im Schließungsfall grundlegend in Mitleidenschaft gezogen werden, stößt daher bei dieser Beschäftigtengruppe auf besonderen Widerspruch.

Interessant ist nicht nur, welche Ansprüche unter Krisenbedingungen virulent werden, sondern auch, welche in den Hintergrund treten. Eine Verschiebung zwischen den beiden Gruppen von Ansprüchen – Gerechtigkeits- und Rationalitätsansprüchen – scheint aus den betrieblichen Krisen nicht zu entstehen. Es lässt sich weder von einer „Moralisierung" noch von einer „Rationalisierung" der Schließungskonflikte sprechen. Allerdings ergeben sich Umgewichtungen innerhalb der Gerechtigkeitsprinzipien. Auf das *Fürsorgeprinzip* wird in den Schließungsfällen seltener zurückgegriffen als in anderen Konstellationen. Womöglich gilt es den Beschäftigten in Konfliktsituationen als normativ zu schwach, als dass man sich explizit darauf berufen könnte, um Forderungen gegenüber dem Unternehmen zu begründen. Fürsorge impliziert in gewisser Weise immer auch, ein personenbezogenes Entgegenkommen einzufordern. Angesichts der Härte der Anspruchsverletzungen, die die Beschäftigten erlebt haben, erwarten sie möglicherweise keine wirkliche Berücksichtigung eines solchen Personenbezugs. Auch *Selbstverwirklichungsansprüche* werden unter Krisenbedingungen seltener formuliert. Krise und Schließung gelten offenbar nicht als die richtigen Zeiten, um diese in Anschlag zu bringen. Stärker formuliert: Wo der Arbeitsplatz zur Disposition steht, macht es wenig Sinn, auf eine Verbesserung der Arbeitsinhalte und -bedingungen zu drängen. Dass Selbstverwirklichung als *Wunsch* (aber nicht als einzuforderndes Recht) wichtig bleibt, zeigt sich in den verschiedenen Zukunftsträumen, die die Beschäftigten angesichts der Krisensituation formulieren: die Krise als Anlass zu nehmen für eine grundlegende berufliche Neuorientierung – und dabei werden immer wieder solche Tätigkeiten ins Spiel gebracht, wo es um Kreativität, soziales Engagement und Autonomie geht.

Die Verschiebung zwischen den Anspruchsmustern lässt sich zumindest zum Teil dadurch erklären, dass die verschiedenen betrieblichen Handlungs- und Politikfelder, an denen sich die normativen Ansprüche exemplifizieren, durch die Krise ihre Bedeutung verändern. Angesichts der akuten Krisensituation treten praktisch alle anderen arbeitspolitischen Themen in den Hintergrund. Zwar können wir rückblickend in den Interviews mit den Befragten auch über Fragen wie Entgelt, Arbeitsorganisation, Belastungen, Kooperation – also all diejenigen Themen, die „normalerweise", etwa im Fall der „relativen Stabilität", im Mittelpunkt der Erfahrungswelt der Beschäftigten stehen – sprechen. Die Schilderungen sind aber wenig intensiv und dicht, das normative Engagement ist viel geringer. Im Zentrum des kognitiven wie normativen Erlebens stehen die Betriebsschließung und die Verfahren und Maßnahmen ihrer Umsetzung.

In zwei der drei Dienstleistungskonstellationen haben die Schließungsankündigungen zu einer erheblichen Mobilisierung der Belegschaften geführt. Streiks, Mahnwachen, Proteste vor anderen Standorten des Unternehmens, Demonstrationen usw. wurden, teils mit starker Resonanz unter den Kollegen, durchgeführt. Im dritten Unternehmen reagierte die Belegschaft allerdings ganz anders. Obwohl auch hier Ungerechtigkeitserfahrungen weit verbreitet waren, blieben interessenpolitische Aktivitäten aus – nicht, weil diese als grundsätzlich ungerechtfertigt angesehen würden, sondern eher, weil sie als wenig hilfreich erschienen. Die Belegschaften wählten stattdessen eine Strategie des „kollektiven Produktivismus", die sie zunächst mit der Hoffnung auf erfolgreiche Selbstvermarktung einschlugen, aber auch über den erfolgten Schließungsbescheid hinaus aufrechterhielten. Moralische Empörung wurde dafür explizit zurückgestellt. Der Automobilstandort ist wiederum durch andere Bedingungen geprägt – vor allem durch eine andere Zeitstruktur. Er blickt bereits auf eine längere Geschichte der Auseinandersetzungen um den Standorterhalt zurück, die von Seiten der Beschäftigten und ihrer Interessenvertretung durchaus konfliktorientiert geführt wurden. Zum gegenwärtigen Zeitpunkt, wo die Schließung nun definitiv ist, scheint die Konfliktdynamik dagegen eher zu erlahmen.

Allerdings sind es nicht nur konkrete Krisensituationen, die zu einer interessenpolitischen Aktivierung der Belegschaften führen können. In der folgenden Zwischenbetrachtung möchten wir nun die Aktivierungs- und Mobilisierungsbedingungen in einer allgemeineren Perspektive betrachten.

4.4 Anspruchsverletzungen und Mobilisierung

In allen drei Ordnungskontexten – Arbeitsordnungen im Wandel, heterogenen Ordnungen, erschütterten Beschäftigungsordnungen –, die wir in diesem Kapitel untersucht haben, sind wir immer wieder auf Konstellationen gestoßen, die in hohem Maße durch interessenpolitische Aktivierung und Mobilisierung geprägt sind. Die Beschäftigten weichen hier in auffälliger Weise von den „üblichen" Handlungsorientierungen im Hinblick auf Interessendurchsetzung und deren Institutionalisierungsformen – Betriebsräte und Gewerkschaften – ab. Sie nehmen ihre Interessenpolitik gleichsam selbst in die Hand: Sie organisieren Protest und Widerstand, nehmen an Streiks, Mahnwachen und Demonstrationen teil und suchen die unmittelbare Konfrontation mit der Unternehmens- bzw. Arbeitgeberseite. Das unterscheidet sich von den interessenpolitischen Passivierungskonstellationen, von denen wir grob drei Ausprägungen unterscheiden können:

(1) In vielen Untersuchungskonstellationen – insbesondere im Industriebereich, aber auch in Teilen der Bauwirtschaft sowie des Öffentlichen Dienstes – herrscht auch heute noch ein „sozialpartnerschaftlicher Geist" der Interessenregulation zwischen Kapital und Arbeit (vgl. Tullius/Wolf 2012) vor, mit dem ein „Stellvertreterhandeln" korrespondiert, welches nach wie vor als legitim gilt. Die Beschäftigten verlassen sich darauf, dass zumindest grobe Interessen- und Anspruchsverletzungen durch eine funktionierende Interessenvertretung weitgehend verhindert werden können und ansonsten der „Output" noch „passt", so dass substanzielle Eigenaktivitäten von Seiten der Beschäftigtenbasis als nicht notwendig erscheinen. Auch die lange Welle partizipativer Managementkonzepte, die mancherorts durchaus – wenn auch inzwischen gebrochen – zu einer nachhaltigen Aktivierung direkter Beteiligungsansprüche der Beschäftigten führte, hat daran offenbar nichts Grundsätzliches geändert (siehe vor allem die Abschnitte 4.1.2 und 4.3.2).

(2) In anderen Fällen (etwa in niedrig- und mittelqualifizierten Dienstleistungsbereichen) finden wir zwar eine auf den ersten Blick ähnliche interessenpolitische Passivierung der Beschäftigtenbasis. Diese ist aber anders verursacht. Nicht aufgrund funktionierender Stellvertretung wird auf interessenpolitische

Eigenaktivität verzichtet, sondern eher wegen ihrer mutmaßlichen Erfolglosigkeit. Dass man über Interessenhandeln – sei es durch eigenes, sei es durch Einschaltung des Betriebsrats – maßgeblichen Einfluss auf die Wahrung von Ansprüchen nehmen kann, gerät hier gar nicht ernsthaft in den Blick. Die Einflussmöglichkeiten der Betriebsräte sind schwach, und auch die eigenen interessenpolitischen Handlungsfähigkeiten werden als gering eingeschätzt. Lohnabhängig zu sein heißt für diese Beschäftigten, betrieblicher Herrschaft unterworfen zu sein, die nicht grundsätzlich für Beteiligung und Einflussnahme von Seiten der Beschäftigten offen ist.

(3) Wiederum anders gelagert ist die Situation in vielen Bereichen der hochqualifizierten Wissensarbeit. Zumeist bestehen hier in unseren Untersuchungsfällen durchaus funktionsfähige Institutionen der Interessenvertretung. Und es überwiegen wohlwollende Einschätzungen gegenüber den Betriebsräten und in Teilen auch gegenüber den Gewerkschaften. Nur gelten diese kaum als „ihre" Institutionen. Kollektive und insbesondere explizit konfliktorientierte Formen der Durchsetzung von Ansprüchen erscheinen Wissensarbeitern nicht als ihrer betrieblichen Position und Tätigkeit angemessen. Nicht Widerstand, Protest und Gegenmacht, sondern dezentrale, individuelle Verhandlungen auf gleicher Augenhöhe ist für viele der Wissensarbeiterinnen der bevorzugte Modus des Interessenhandelns.

In einigen unserer Untersuchungsfälle – und zwar quer zu den damit benannten Untersuchungsfeldern, d.h. von ganz unterschiedlichen Arbeitnehmergruppen – wird die interessenpolitische Passivierung nun aufgebrochen, und es kommt zu einer Mobilisierung und (Selbst-)Aktivierung der Beschäftigten, die nun selbst für ihre Ansprüche und Interessen „auf die Straße gehen" oder zumindest innerhalb der Betriebe für verschiedene Formen verdeckter oder offener interessenpolitischer Aktionen sorgen. Im vorliegenden Abschnitt möchten wir nach den Gründen dafür fragen: Was trägt zur Entstehung von basisgetragenem Widerstand und Protest in- und außerhalb der Betriebe und Organisationen bei? Am Beispiel von fünf bereits dargestellten Konstellationen, die in besonders ausgeprägter Weise durch eine solche interessenpolitische Basisaktivität geprägt sind, möchten wir dies resümieren: Das sind zwei unserer Schließungskonstellationen aus Einzelhandel und Finanzdienstleistungen-IT (*EH_C, FD_A*, siehe Abschnitt 4.3.3), die kommunale Kindertagesstätte (*ÖD_B*, siehe Abschnitt 4.1.3) sowie zwei Konstellationen im Bereich der Industrie-Dienstleistungen (*ID_A*, siehe Abschnitt 4.2.1).

Dass entsprechende Mobilisierungsformen kein bloßer Reflex auf die „objektive" Betroffenheit der Beschäftigten – etwa von Interessenverletzungen, Unsicherheit oder Leid – sind, ist bekannt (in historischer Perspektive z.B. Moore 1987). Insbesondere die *Mobilization-Studies* (Kelly 1998, Badigannavar/Kelly 2005, Blyton/Jenkins 2013), an deren Thesen wir im Folgenden anschließen möchten, verweisen auf die zentrale Bedeutung von Ungerechtigkeitserfahrungen für die Entstehung von interessenpolitischer Aktivierung. Die Deutung von Erlebnissen als ungerecht bildet, dieser Perspektive nach, einen wichtigen Vermittlungsschritt zwischen Betroffenheiten und Erfahrungen einerseits und Mobilisierung und Aktivierung andererseits. Die Mobilization Studies zeigen allerdings zugleich, dass ein solches Ungerechtigkeitserleben oder, allgemeiner gesprochen, die Verletzung von legitimen Ansprüchen, nur unter bestimmten Bedingungen zu kollektiver interessenpolitischer Aktivität und Protest führen. Wenn es zur Krise oder zum Zusammenbruch von Legitimität kommt, dann sind durchaus auch andere Handlungskonsequenzen denkbar und möglich als gemeinsamer Protest, z.B. individuelles interessenpolitisches Handeln, aber auch Rückzug und Resignation.

Umgekehrt gilt allerdings: keine kollektive Mobilisierung, die nicht durch Ungerechtigkeitserfahrungen grundiert sind. „The sine qua non for collective action is a sense of injustice, the conviction that an event, action or situation is ‚wrong' or ‚illegitimate'" (Kelly 1998, S. 27). Dies bestätigen unsere Befunde uneingeschränkt. In allen unseren Mobilisierungsfällen – beim Streik und den Demonstrationen der Beschäftigten des Finanzdienstleistungsinformatik-Unternehmens (*FD_A*), bei den öffentlichkeitswirksamen Protesten gegen die abrupte Schließung der Einzelhandelsfiliale (*EH_C*), bei der Betriebsratsgründung, den Streiks, aber auch den informellen Arbeitskampfformen bei den Industrie-Dienstleistern (*ID_A* und *ID_B*) sowie bei den streikenden Erzieherinnen (*ÖD_B*) – spielt eine massive Empörung der Beschäftigten über die erlebten Geschehnisse sowie der Entscheidungen der Unternehmen und Organisationen eine prägende Bedeutung.

Interessanterweise geht es dabei weniger um die individuelle Betroffenheit der einzelnen Beschäftigten. Es sind innerhalb der Belegschaften keinesfalls diejenigen Männer und Frauen, die besonders unter Konsequenzen der kritisierten Geschehnisse (der Schließungen, der ungerecht niedrigen Vergütung usw.) zu leiden haben, die sich besonders empören und besonders aktiv werden. Unter den Protestierenden finden sich ebenso viele, für die die materiellen Konsequenzen nicht besonders hoch sind (z.B. durch Übergangsregelungen für ältere Beschäftigte, durch gute Arbeitsmarktaussichten usw.). Ausschlaggebend für die Aktivierung ist eine gemeinsame Deutung der Erfahrungen und Geschehnisse als illegitim, nicht eine bloße individuelle Interessenverletzung oder die Missachtung von persönlichen Wünschen. Entsprechend ist gerade in unseren Mobilisierungsfällen innerhalb der Konstellationen die Homogenität in den Einschätzungen und Bewertungen relativ hoch. Was Ursache und was Wirkung ist, ist schwer zu bestimmen: Erhöht eine hohe normative Integration die Chance zur kollektiven Mobilisierung? Oder verstärkt sich vielmehr die normative

Integration durch den Mobilisierungsprozess? Womöglich verstärkten sich beide Zusammenhänge wechselseitig.

Die Mobilisierung basiert auf einem soliden normativen Fundament: auf der Vorstellung, dass die gemeinsam geteilten Ansprüche, die verletzt wurden, berechtigt und begründet sind. Dieses Fundament kann, wie unsere Untersuchungsfälle zeigen, allerdings gleichermaßen aus Gerechtigkeits- wie auch aus Rationalitätsansprüchen bestehen. An diesem Punkt ist die Mobilization Theory zu ergänzen, denn wir haben auch interessenpolitische Auseinandersetzungen vorgefunden, die sich in erster Linie an Fragen der Rationalität entzünden und sich erst über solche Rationalitätsverletzungen zu Gerechtigkeitskonflikten erweitern. Beispielhaft dafür sind die Auseinandersetzungen um die Standortschließung des IT-Dienstleisters des Finanzunternehmens (siehe ausführlich Abschnitt 4.3.3). Im Zentrum der normativen Empörung stehen hier sachliche Fehlentscheidungen des Managements, die ökonomischen oder technisch-funktionalen Rationalitätskriterien zuwiderlaufen, wie die Beschäftigten meinen. In der Folge entstehen daraus durchaus auch Gerechtigkeitsprobleme – etwa dadurch, dass die Arbeitnehmer unter Entscheidungen leiden müssen, in die sie nicht einbezogen wurden und die sie daher nicht zu verantworten haben. Den Kern der Empörung und den normativen Anstoß zur Mobilisierung bildet aber der Verstoß gegen die Rationalitätsprinzipien; an Rationalitätsfragen lagern sich in unseren Interviews im genannten Fall die intensivsten Schilderungen von Anspruchsmissachtungen an.

Dort, wo Gerechtigkeitsfragen zentral für die Mobilisierungsdynamik sind (und dies ist in der Mehrheit der genannten Konstellationen so), unterscheiden sich die im Vordergrund stehenden Anspruchsverletzungen (und -muster) wiederum. Während im Fall der Filialschließung des Einzelhandels Würdeverletzungen das stärkste Mobilisierungspotenzial ausmachen, sind es im Falle der Erzieherinnen eher Fragen der Leistungsgerechtigkeit, die sich mit Fürsorgeansprüchen verbinden. Bei den Industrie-Dienstleistern spielen ebenfalls Fragen verletzter Ansprüche an Leistungsgerechtigkeit eine bedeutsame Rolle, insbesondere die erhebliche Schlechterstellung der Beschäftigten gegenüber dem Stammpersonal in den höheren Segmenten des fragmentierten Produktionskomplexes, d.h. bei den Automobilendherstellern. Den letztlichen Auslöser für die interessenpolitische Aktivierung und die Betriebsratsgründungen bilden jedoch Erfahrungen von willkürlichen Disziplinierungen und des Ausschlusses aus Entscheidungen durch das Management des Dienstleisters, die als Würdeverletzungen, aber auch als Missachtung elementarer Beteiligungsansprüche empfunden werden.

Über weniger Potenzial zur Mobilisierung verfügt offenbar der Selbstverwirklichungsanspruch, einen bedeutenderen Einfluss haben indes die zuletzt erwähnten Beteiligungsansprüche. Zwar bilden sie in keinem unserer Fälle den zentralen und einzigen Fokus der normativen Empörung oder den Ausgangspunkt der Mobilisierung, jedoch kann Beteiligung ein zentrales Mittel sein, um sich gegen die Anspruchsverletzungen zu wehren und für die Realisierung von anderen Ansprüchen zu kämpfen. Im Verlauf der Aktivierungsprozesse und der Proteste nehmen Beteiligungsansprüche zudem ganz offensichtlich an Fahrt auf. Dort, wo Unzufriedenheit mit den Ergebnissen und Entscheidungen besteht, wird verstärkt Partizipation eingefordert – nicht zum Selbstzweck, sondern als das normativ gebotene, legitime Mittel, um die erfahrenen Ungerechtigkeiten und Irrationalitäten zu korrigieren. Dies zeigt eindrücklich die Dynamisierung von Beteiligungsansprüchen in den Fällen „fragmentierter Arbeit" (*ID_A, ID_B*). Daran wird deutlich: Legitimitätsansprüche sind in Aktivierungs- und Mobilisierungsprozessen ganz offensichtlich „in Bewegung" und können sich in deren Verlauf ändern. Es handelt sich also nicht zwangsläufig um eine zeitliche Abfolge, zu deren Beginn Ungerechtigkeitserfahrungen und an deren Ende Mobilisierung steht. Vielmehr entwickeln sich die normativen Ansprüche selbst im Prozessverlauf weiter, verschieben sich oder werden zurückgenommen.

Eine wichtige Rolle spielt der Mobilization Theory zufolge die Möglichkeit der Zurechnung von Verantwortlichkeit für Ungerechtigkeitserfahrungen. „Workers must [...] attribute blame for their problems to an agency" (Badigannavar/Kelly 2005, S. 520). Diesen Zusammenhang haben wir in unseren konzeptuellen Rahmen mit dem Begriff der „Adressaten" von Ansprüchen zu fassen versucht. Die Adressaten von normativ basierter Kritik und die Adressaten von interessenpolitischen Aktivitäten sind dabei nicht automatisch identisch, und ihr Verhältnis zueinander kann sich verändern, wie unsere Konstellationsanalysen gezeigt haben. Dass Verantwortliche etwa für betriebliche Krisen ausgemacht werden können, heißt nicht, dass diese auch als Adressaten von interessenpolitischen Forderungen oder Handlungsstrategien überhaupt „verfügbar" sind. Dadurch wird im Verlauf der Bewusstseinsbildung und Mobilisierung gegebenenfalls ein Adressatenwechsel nötig – und zugleich ein Politisierungsprozess möglich, wie wir ihn im Fall der Einzelhandlungsschließung (*EH_C*) gesehen haben. Der „eigentliche" Krisenverursacher, der im Zentrum von Kritik und Empörung steht, ist für die Protestierenden nicht fassbar. Die ursprüngliche Lokalität der Adressierung von Kritik und Verantwortung wird aufgebrochen, die Krisenfrage wird stärker politisch gefasst: als Thema der politischen Regulierung von unternehmerischer Willkür. Häufig kann auf den eigentlichen Adressaten der Kritik kein direkter Druck ausgeübt werden, und es muss der „Umweg" über die Öffentlichkeit und die Kunden genommen werden. Die Ausrichtung des Protestes auf die Herstellung von Öffentlichkeit spielt in allen Aktivierungsfällen eine wichtige Rolle, besonders ausgeprägt in den Schließungsfällen. Sie zielt darauf ab, ein ökonomisches Drohpotenzial gegenüber dem jeweiligen Unternehmen aufzubauen, indem bestehende oder potenzielle Kunden zu Komplizen (und z.B. zu Boykotteuren) gemacht werden. Ebenso wichtig scheint beim Weg in die Öffentlichkeit auch eine stärker symbolische Dimension zu sein: Öffentlich auf die eigenen Anspruchsverletzungen hinzuweisen, heißt immer auch, die eigene Subjektposition, die den Protestierenden im Betrieb geradezu abgesprochen wird, aktiv wiederherzustellen.

Die Mobilization Theory verweist auf einen weiteren Faktor, der für die Herausbildung kollektiver interessenpolitischer Aktivitäten wichtig sei: die Entwicklung einer spezifischen Gruppenidentität, die sich aus der gemeinsamen Definition von Interessen in Gegenüberstellung zu denjenigen des Arbeitgebers entwickele und in der Unterscheidung von „them and us" (Kelly 1998, S. 127, vgl. ebd. S. 30f.) zum Ausdruck komme. In unseren Mobilisierungsfällen ist es in der Regel tatsächlich zu einer solchen polarisierenden Gruppendefinition gekommen: Die Verantwortlichen (Unternehmensleitung, Eigentümer usw.) sind „die Anderen", die an Anspruchsverletzungen Schuld sind, während die Beschäftigten das gegenüberstehende „Wir" repräsentieren. Die Herstellung sozialer Gemeinschaftlichkeit zwischen den Beschäftigten spielt in allen fünf Konstellationen eine wichtige Rolle und wird von den Beschäftigten ausgesprochen positiv erlebt. Auch hier spielt die Wiederherstellung einer (kollektiven) Subjektposition offensichtlich eine wichtige Rolle.

Allerdings funktioniert eine solche „mobilisierungsstärkende" Polarisierung auch ohne Rückgriff auf einen klassischen Begriff von Interessendivergenz, an dem Kelly sich orientiert. Ein Beispiel dafür ist der Fall unseres IT-Dienstleisters aus der Finanzwirtschaft. Die Beschäftigten, selbstbewusste, (zunächst) überwiegend gewerkschaftsferne Hochqualifizierte, interpretieren ihre soziale Stellung und ihre Organisation nicht in Kategorien von Hierarchie oder sozialer Ungleichheit (und erst Recht nicht in Begriffen von Klassenunterschieden). Die Arbeitsorganisation ist für die Beschäftigten (oder besser: sollte es sein) ein funktionaler Zusammenhang technischer und ökonomischer Effizienz. „Sie" und „Wir" unterscheiden sich hier – in den subjektiven Orientierungsmustern der Befragten – nicht entlang einer strukturellen Interessendivergenz, sondern entlang der Kriterien für „Rationalität". Das heißt zugleich: Ihre Anspruchsmuster sind nicht oppositionell zur Organisation, etwa, indem „eigene" Gerechtigkeitsansprüche der Beschäftigten gegen (vermeintliche) Anforderungen von Marktrationalität oder organisationale Effizienzanforderungen gestellt werden. Vielmehr ist das zentrale Kritikmuster der Beschäftigten zugleich wichtigstes Rechtfertigungsprinzip von der Unternehmensseite für die Schließung – nur wird die Plausibilität der von der Unternehmensseite angeführten Begründungen bezweifelt. Der Legitimitätsanspruch ist unstrittig, kontrovers ist seine Realisierung.

Auch die Mobilisierung der Erzieherinnen ist nicht an eine generelle Oben-/Unten-Polarisierung und an Vorstellungen eines systematischen Interessengegensatzes gebunden. Unsere Befragten verstehen sich als selbstbewusste Kämpferinnen für bessere Arbeitsbedingungen und höhere Leistungsgerechtigkeit wie auch für das Wohl der Kinder und ihrer Eltern. Damit berufen sie sich auf normative Prinzipien, die ihrem Arbeitgeber durchaus selbst wichtig sind (zumindest nimmt dieser selbst häufig Bezug darauf). Die Gruppenidentität der Beschäftigten ist hoch und hat sich, wie die Befragten schildern, im Laufe der verschiedenen Proteste und der mit den Veränderungen im Berufsfeld einhergehenden gesellschaftlichen Debatten und internen Diskussionen eher verstärkt. Gleiches gilt für ihre gewerkschaftliche Bindung, die in unserer Untersuchungskommune bereits seit längerem relativ hoch ist und sich im Zuge der Proteste noch verstärkt hat. Eine scharfe Klassenkampfrhetorik liegt den Beschäftigten allerdings eher fern; auch eine Generalisierung ihrer Ansprüche unter Bezug auf einen allgemeinen „LohnarbeiterInnen-Standpunkt" findet kaum statt.

Dem stehen unsere weiteren Mobilisierungsfälle, der Schließungsfall *EH_C* im Einzelhandel und die Industrie-Dienstleister, gegenüber, wo sich eine stärker hierarchisierende Wahrnehmung der eigenen Arbeitsorganisation findet. Allerdings ist diese Wahrnehmung in den Konstellationen *ID_A* und *ID_B* – wie der positive Bezug auf erfahrungsnahe Vergleichsordnungen zeigt, in denen es nicht nur gerechter und rationaler, sondern auch „partnerschaftlicher" zugeht – zugleich eingebettet in eine weniger polarisierende Gruppendefinition. Dass eine abstrakte Polarisierung von „Oben" und „Unten" und eine generelle Perspektive auf strukturelle Interessendivergenzen nicht zwangsläufig das Mobilisierungspotenzial verstärkt, zeigt etwa auch unser zweiter Schließungsfall aus dem Einzelhandel *EH_B*. Hier ist ein dichotomes Betriebs- bzw. Gesellschaftsbild am stärksten ausgeprägt, die geschilderten Ungerechtigkeitserfahrungen sind massiv. Zur Mobilisierung ist es gleichwohl nicht gekommen. Die Beschäftigten haben sich stattdessen in einen kollektiven Produktivismus gestürzt und ihre Ansprüche zurückgestellt. Die Wahrnehmung von Ungleichheit schärft möglicherweise den Sinn für Gerechtigkeitsfragen, sie führt aber nicht automatisch zu mehr Mobilisierung.

„People must have a sense of agency (or efficacy), i.e. the belief that collective organization and action can make a difference" (Badigannavar/Kelly 2005, S. 520). Diese These können wir in bestimmter Hinsicht bestätigen, müssen sie aber auch einschränken. Eine regelrechte „cost-benefit-calculation", wie sie im Modell kollektiven Handels von McAdam (1988) konstatiert wird, haben wir bei unseren Befragten nicht vorgefunden. Es werden nicht systematisch Ziele bestimmt und Mittel abgewogen. Natürlich verfolgt interessenpolitische Aktivierung und Mobilisierung immer auch konkrete Zwecke, in unseren Fällen etwa die Verhinderung von Betriebsschließungen (oder zumindest die Verbesserung der materiellen Konditionen für die Beschäftigten bei der Betriebsabwicklung) oder die Verbesserung der Arbeitsbedingungen und eine gerechtere Vergütung.

Legt man diese Ziele als Erfolgsmaßstäbe zugrunde, wären Mobilisierung und Protest in unseren Fällen zum Teil als erfolglos zu bewerten. Tatsächlich schildern viele der „aktivierten" Beschäftigten ihre Enttäuschung über die Ergebnisse ihrer Mobilisierungen und Proteste. So konnte in keiner der betreffenden Konstellationen die Schließung verhindert werden; die materiellen Erfolge der Erzieherinnenstreiks werden als eher mager eingeschätzt, ebenso die (geringfügigen) Verbesserungen im betrieblichen Gesundheitsschutz. Den größten Erfolg – an „Output"- wie „Input"-Kriterien" gemessen – haben die Beschäftigten der Industrie-Dienstleister erzielt. Zwar kann von einer gerechten Bezahlung auch nach den erzielten Verbesserungen noch lange keine Rede sein; generell wurde aber die managerielle Willkür deutlich eingeschränkt, und auch die Beschäftigungssicherheit konnte erhöht werden. Der Kampf der Beschäftigten, der mit ganz unterschiedlichen Mitteln geführt wurde, von informellen Widerstandformen auf dem shop floor über Streiks und Demonstrationen, war auch im Hinblick auf die Institutionalisierung von Beteiligung durch die Einrichtung eines Betriebsrats erfolgreich.

Bezogen auf den Mobilisierungsprozess selbst finden sich in verschiedenen Konstellationen deutlich kritische Einschätzungen. Eine höhere Beteiligung an den Protesten wäre denkbar gewesen, die öffentliche Resonanz sei geringer ausgefallen als erwartet usw. – solche negativen Bewertungen werden in mehreren der Mobilisierungsfällen geäußert. Allerdings: Absolut niemand unserer Befragten bereut es, den Weg der interessenpolitischen Aktivierung gegangen zu sein, niemand bezweifelt seine generelle Sinnhaftigkeit. Die berichtete Enttäuschung entsteht aus der wahrgenommenen Diskrepanz zwischen dem, was (hinsichtlich Prozess sowie Ergebnis) möglich gewesen wäre, und dem, was realisiert wurde.

Mobilisierung und Protest haben aus Beschäftigtenperspektive einen weitergefassten „Sinn", der über einen eng gefassten Ergebnisbezug hinausreicht. Dieser Sinn der Mobilisierung liegt nicht ausschließlich und vielleicht nicht einmal primär darin, konkrete Erfolge in Bezug auf die eigene Arbeit, die materielle Absicherung usw. zu erzielen. Vielmehr geht es auch um die Konstitution einer solidarischen Gemeinschaft im Mobilisierungsprozess, die als positiv erlebt wird. Eine große Bedeutung hat zudem ganz gewiss das Öffentlichmachen von Ungerechtigkeitserfahrungen. Mobilisierung und Aktivierung beinhalten für die Beschäftigten immer auch, nach außen deutlich zu machen, dass ihre berechtigten Ansprüche verletzt worden sind. Die Opfer von Ungerechtigkeiten werden im Prozess der Aktivierung zu Subjekten von Mobilisierung und Protest. Die Erfahrung, „nicht alles mit sich machen zu lassen", sondern aufzubegehren und zu handeln, die eigenen Ansprüche praktisch werden zu lassen und öffentlich zu artikulieren, gehört zu einem solchen erweiterten Sinnbezug von Mobilisierung und kollektivem Protest. Auch jenseits konkreten „Outputs" entsteht daraus ein Gefühl der Handlungsmächtigkeit und der Selbstermächtigung, das positiv erlebt wird.

Nur begrenzt einschätzen können wir die Frage nach der konkreten Organisation der Aktivierungs- und Mobilisierungsprozesse oder – in Begriffen der Mobilization Studies – das Thema „leadership". Ob es zur Mobilisierung der Beschäftigten kommt, hängt entscheidend davon ab, ob sich Akteure finden, die Andere aktivieren, Protest und Streiks organisieren usw. Dies betrifft insbesondere die Rolle von betrieblicher Interessenvertretung und jeweiliger Gewerkschaft. Zwar galt dem Mobilisierungsprozess nicht unser Hauptaugenmerk unserer Untersuchung, jedoch haben wir unser Untersuchungsdesign in den Mobilisierungsfällen teilweise erweitert um prozessbezogene Verfahren. So haben wir beispielsweise an Betriebsgruppentreffen und gewerkschaftlichen Veranstaltungen teilgenommen, wo der Protest organisiert wurde und auch Interviews mit Vertretern aus Gewerkschaft und betrieblicher Interessenvertretung geführt; über eine zeitliche Streckung der Interviews haben wir verschiedene Phasen der Mobilisierungsprozesse betrachten können. Zudem verfügen wir über (sehr zeitnahe) retrospektive Berichte über solche Prozesse aus den Interviews, und schließlich konnten wir auch vielerlei schriftliches Material heranziehen, um zumindest Schlaglichter auf die interessenpolitischen Aktivitäten werfen zu können. Für eine umfassendere Erklärung von Mobilisierung sind unsere Recherchen im Umfeld betrieblicher und gewerkschaftlicher Interessenvertretung gleichwohl zu knapp ausgefallen; insbesondere die Frage nach Netzwerkbildung und „leadership", die durchweg als wichtig gilt für gelungene interessenpolitische Organisation und Aktivität, können wir kaum beantworten.

Auffällig ist allerdings: Eine große Bedeutung für einen erfolgreichen Aktivierungs- und Mobilisierungsprozess scheint eine beteiligungsorientierte Strategie von Gewerkschaften und Betriebsräten zu haben. Zumindest sind alle drei „Mobilisierungsfälle" aus dem Dienstleistungsbereich durch ein solches Vorgehen geprägt, das den Beschäftigten selbst eine zentrale Rolle bei der Organisation und Durchführung von Protest und Demonstrationen zuweist. Insbesondere in den beiden Schließungsfällen (*EH_C* und *FD_A*) verstanden sich Betriebsrat und Gewerkschaften als Promotoren, Unterstützer und Berater einer jeweils selbsttätig agierenden Belegschaft. Den organisatorischen Kern für die Mobilisierung und die Aktivitäten bildete eine Gruppe von Beschäftigten, die im engen Austausch zu den Interessenvertretungen standen, sich aber kaum als deren Erfüllungsgehilfen verstanden. Auch der Erzieherinnenstreik, der natürlich der gewerkschaftlichen Leitung bedurfte, war im Fall unserer Untersuchungskommune durch einen hohen Grad an Eigenaktivität der Beschäftigten und eine enge Einbindung der Belegschaften in die gewerkschaftliche Konzeptionierung der Aktivitäten geprägt. Eine solche beteiligungsorientierte Strategie wird von den Beschäftigten sehr geschätzt. Insbesondere diejenigen Beschäftigten, die selbst eine aktive Rolle in den Auseinandersetzungen und Protesten eingenommen haben, bewerten die beteiligungsorientierten Strategien von Betriebsräten und Gewerkschaften ausgesprochen positiv. Dasselbe gilt auch für die beiden Fälle im Bereich der Industrie-Dienstleistungen, wo es ohne die massive Unterstützung der an der Organisierung dieses organisationspolitisch umkämpften Feldes stark interessierten Gewerkschaft auch wohl kaum zu einer derart erfolgreichen Etablierung von Betriebsräten gekommen wäre.

Aktivierung und Mobilisierung entwickeln sich immer in lokalen Kontexten. Die Anlässe und primären Ursachen der Ungerechtigkeitserfahrungen und weiterer Anspruchsverletzungen liegen in Betrieb und Unternehmen (und kaum in allgemeinökonomischen Fragen wie etwa der Wirtschaftskrise). Proteste entzünden sich am konkreten Fall – den falschen Managemententscheidungen für eine Schließung, Würdeverletzungen im Umgang mit den betroffenen Belegschaften, der Missachtung der Arbeitsleistung der Beschäftigten, um auf unsere Beispielfälle zu rekurrieren. Nicht immer bleibt es aber bei dieser Lokalität, dann kommt es im Zuge der Mobilisierung zu einer breiteren Politisierung, die über den konkreten Fall hinausreicht. Gesellschafts- oder wirtschaftspolitische Themenstellungen geraten dadurch auf die Tagesordnung, Mobilisierung und Protest können eine überschießende Kraft gewinnen, die die Grenzen von Betrieb und Unternehmen überschreiten.

Dies trifft in unserem Untersuchungsfeld vor allem auf zwei Fälle zu. Bei der Einzelhandelsschließung *EH_C* entzündet sich die normative Empörung am konkreten Verhalten des Managements, das die Schließung zu verantworten hat. Dass ein derartiges würdeverletzendes Verhalten aber überhaupt möglich und legal ist, ist eine Frage mangelnder politischer Regulierung, so die geteilte Einschätzung. Aus der Auseinandersetzung mit den Erfahrungen im eigenen Handlungsumfeld erwächst somit ein breiterer Anspruch darauf, die unternehmerische Handlungsfreiheit politisch einzuhegen oder zumindest die schlimmsten Auswüchse von Willkür zu verhindern. Mit dem Leerlaufen der „dezentralen" Kritik aufgrund der fehlenden Greifbarkeit der lokalen Verantwortlichen wird der Adressat gewechselt, Staat und Politik kommen ins Spiel.

Ein weiterreichendes immanent politisches Potenzial ist im Fall der Erzieherinnen (*ÖD_B*) erkennbar. In diesem Konflikt werden zwar immer wieder die besonderen lokalen Bedingungen thematisiert und infrage gestellt, etwa die finanzielle Situation der betreffenden Kommune oder ungerechte Entscheidungen der lokalen Politiker (ausführlich Abschnitt 4.1.3). Zugleich geht es aber – und dies ist den Erzieherinnen sehr bewusst – immer auch um gesamtgesellschaftliche Themen und Konflikte: um die Frage der gesellschaftlichen Bewertung von Erziehung und Bildung, um Anerkennung von fürsorgeorientierter Arbeit und in doppelter Hinsicht um Geschlechterfragen, um die Frage der Anerkennung von klassisch weiblich konnotierten Care-Arbeitsleistungen (der Erzieherinnen) und zugleich um eine moderne Familien- und Geschlechterpolitik, die Frauen (Müttern) eine gleichberechtigte Teilhabe an der Erwerbsarbeit ermöglicht, weil von Politik und Gesellschaft ausreichende Ressourcen für eine qualifizierte und professionelle Kinderbetreuung bereit gestellt werden. Nicht zuletzt aus dieser gesellschaftlichen Bedeutsamkeit speist sich die Dauerhaftigkeit der Auseinandersetzung, die sich über Jahre hinzieht. Sie verweist auf grundlegende gesellschaftliche Fragen, die ungeklärt und umstritten sind.

Der Fall der Montage- und Logistikarbeiter bei den Industrie-Dienstleistern stellt in dieser Hinsicht ein Zwischending dar. Der lokale betriebliche Ungerechtigkeitskontext wird hier im Lauf der Selbstaktivierung und Mobilisierung allein schon deshalb überschritten, weil der Betrieb in einen größeren Industriekomplex fragmentierter Arbeit eingelagert ist, dessen Konstruktionsprinzipien ja gerade ein Gutteil jener Ungerechtigkeit verursachen, die Anlass der Mobilisierung sind. Die Bezugsgröße des Kampfes um Anerkennung von Gerechtigkeits- und Rationalitätsprinzipien ist von daher eine regionale (des Umfelds des großstädtischen Industriestandortes) oder gar eine ganze überregionale „Wertschöpfungskette". Damit sind noch nicht unmittelbar die hohen Ebenen von „Staat und Politik" und noch keine allgemeinen gesellschaftlichen Fragen ins Blickfeld gerückt, aber eine intermediäre Ebene praktischer regionaler Gewerkschafts- und Industriepolitik, in der sich ein aktiver Kern der Beschäftigten inzwischen interessenpolitisch durchaus engagiert und selbstbewusst bewegt.

Eher im Lokalen verbleibt der Protest bei der Standortschließung in den Finanzdienstleistungen. Dieser Fall zeigt zwar, dass es keinesfalls nur Gerechtigkeitsansprüche sind, die mobilisierend wirken können. Vielmehr können sich vehemente interessenpolitische Auseinandersetzungen auch an Fragen der sachlichen Richtigkeit von Entscheidungen und Verfahren entzünden. Auch „Rationalitätsthemen" eignen sich also für Aktivierung und Mobilisierung. Und zumindest einige der Befragten schildern, dass die Auseinandersetzungen zu einer grundsätzlichen Erweiterung ihrer politischen Perspektive geführt haben, zu einem neuen Blick auf Demokratie und Gesellschaft (siehe ausführlich Abschnitt 4.3.3). Eine umfassende Gesellschaftskritik – etwa an den „notwendigen" Irrationalitäten kapitalistischen Wirtschaftens – entzündet sich an diesem Fall freilich nicht. Verletzte Rationalitätsansprüche haben konkretes Aktivierungs- und Mobilisierungspotenzial, Ungerechtigkeitserfahrungen bzw. das Einfordern von Gerechtigkeitsansprüchen reichen jedoch – unseren Befunden zufolge – prinzipiell weiter über den konkreten Fall hinaus, weil sie ein größeres Potenzial zur Verallgemeinerung beinhalten.

5 Legitimationsprobleme in der Erwerbsarbeit – und darüber hinaus?

Ausgegangen waren wir von der Frage nach den Legitimitätsressourcen und -problemen des kapitalistischen Wirtschaftssystems. Diese Frage haben wir so auf die Sphäre von Arbeit und Betrieb, genauer: die Legitimitätsansprüche und Legitimationsprobleme in der Erwerbsarbeit, „heruntergebrochen" – manche/r mag auch sagen: enggeführt –, dass sie arbeitssoziologisch greifbar und mit den Mitteln empirischer Sozialforschung untersuchbar wurde. Eine Fülle an Befunden über die Gerechtigkeits- und Rationalitätsansprüche und die Arbeits- und Beschäftigungskontexte, in denen sich heute Legitimationsprobleme in der Erwerbsarbeit stellen, haben wir in den vorangegangenen Kapiteln ausgebreitet. Welche Ergebnisse unserer Untersuchung lohnen es nun, am Ende des Buches noch einmal besonders hervorgehoben und überdacht zu werden? Welche wissenschaftliche, zeitdiagnostische oder (interessen-)politische Perspektiven zeichnen sich – auch über den Fokus auf Arbeit und Betrieb hinaus – vor ihrem Hintergrund ab?

Wichtige Befunde, die auch über die engere Fragestellung hinaus von allgemeinerem Interesse sind, betreffen zum einen die große Beharrungskraft des Anspruchs auf Leistungsgerechtigkeit, zum anderen die Vielzahl wie Vielfalt von Legitimitätsansprüchen und Ungerechtigkeitserfahrungen. Weitere in diesem Sinne wichtige Ergebnisse betreffen die partielle Erosion der Vergleichsordnungen für Gerechtigkeitsurteile sowie die Formen wie die Grenzen normativ motivierten interessenpolitischen Protests. Am Ende verorten wir die vorliegende Untersuchung in der Tradition arbeits- und industriesoziologischer Bewusstseinsstudien, und zwar nicht zuletzt deshalb, um dadurch den Status der Ergebnisse, aus denen hier einige weiterführende Schlussfolgerungen gezogen werden, noch einmal zu verdeutlichen. Beginnen wollen wir dieses abschließende Kapitel aber mit dem letzten Geist des Kapitalismus, dem neoliberalen Marktdiskurs, und seinem Stellenwert für die reale moralische Ökonomie.

Moralische Ökonomie ohne neoliberale Hegemonie

Wie es scheint, besteht der Kern des vorherrschenden neoliberalen Diskurses vor allem im Glauben an die Hegemonie des Diskurses. Dieser Glaube steckt nicht selten – und das bestätigt jene Vorherrschaft – auch seine Kritiker an. Vor dieser Ansteckungsgefahr sind zum einen gewisse Annahmen über die Hegemonie und den prägenden Einfluss einer „neoliberalen Kultur" (Hall 2011), zum anderen aber auch gewisse Vorstellungen von einem um sich greifenden

„neuen Geist des Kapitalismus“ (Boltanski/Chiapello 2003) nicht gefeit. Der „Marketization“ als zentraler Stoßrichtung des „neoliberalen Projekts“ – im Sinne der Unterordnung aller sozialen Vorgänge unter das Marktprinzip – stünden, so wird häufig angenommen, „Kollektivbegriffe wie Solidarität im Weg“ und insgesamt würden „unter dem Einfluss der neoliberalen Kultur grundlegende Werte verändert. [...] Das gilt insbesondere für den umfassenden Begriff der Freiheit, der unter neoliberalem Vorzeichen eher den verantwortungslosen Egoismus propagiert. [...] In ähnlicher Weise verlieren in der neoliberalen Kultur Würde und Anerkennung ihre ursprüngliche fundamentale Bedeutung“ (Billmann/Held 2013, S. 15). Von dieser – egoistischen, würde- und solidaritätslosen – neoliberalen Kultur sei, wie es schließlich in kritischer Absicht heißt, inzwischen „das Denken und Handeln mehrerer Generationen geprägt“ (ebd.).

Nun hatten wir bereits zu Beginn unseres Buches als eine Ausgangsannahme formuliert, dass eine solche rein ökonomische „Moral“, wie sie der neoliberale Marktdiskurs impliziert, keine ausreichende Legitimitätsquelle kapitalistischen Wirtschaftens sein kann. So allgegenwärtig neoliberale Diskursfiguren wie die soeben beispielhaft zitierten in Politik, Medien und Wirtschaft sein mögen, so problematisch ist es, daraus auf die konkreten Handlungsorientierungen und Ansprüche der Bevölkerung (und gar mehrerer ihrer Generationen) oder – in unserem Fall – der Beschäftigten zurückzuschließen. Die Hegemonie der „neoliberalen Kultur“ und des neoliberalen Diskurses findet sich überall – nur nicht in den Ansprüchen der von uns interviewten Beschäftigten an Erwerbsarbeit. Weder stoßen wir auf Anhaltspunkte für eine nennenswerte Ausbreitung des Vorrangs egoistischer Nutzenkalküle und einer Orientierung des „Ich-Unternehmertums“, noch einer Entwertung der sonstigen genannten Werte.

Bemerkenswert ist zweierlei: Klassische Arbeitswerte wie Leistungsgerechtigkeit bestehen durchaus fort, obwohl viele der Beschäftigten alltäglich mit Prozessen der Vermarktlichung konfrontiert sind – und trotzdem gerät beides nicht unbedingt unmittelbar in Konflikt. Zwar wurden in unserer Studie vielfache legitimatorische Bruchstellen deutlich. Um nur zwei wichtige noch einmal aufzurufen: Durch Vermarktlichungsprozesse werden eingespielte Wechselverhältnisse von Leistung und Gegenleistung, die sich über Jahrzehnte etabliert haben, von Unternehmensseite aufgebrochen und provozieren erhebliche Kritik der Beschäftigten. Eine zweite Bruchstelle resultiert aus der Zerklüftung und Fragmentierung von Beschäftigungsverhältnissen, die massiv gegen das Gebot der Leistungsgerechtigkeit verstößt.

Diese Anspruchsverletzungen verdichten sich allerdings nicht zu einer umfassenden Legitimationskrise des „betrieblichen Marktregimes“ (Menz 2009) oder des neo-liberalen Politikmodells. Die Vermarktlichung und das neoliberale Projekt verfügen kaum über eine legitimatorische Basis unter den Beschäftigten, ihre Basiswerte werden nicht zu Handlungsorientierungen der Beschäftigten. Sie geraten allerdings auch nicht unter derartig massiven normativen Beschuss, dass wir hier von einer regelrechten Legitimationskrise sprechen könnten. Vielmehr zeigen sich hier Anzeichen dessen, was wir als „Ent-Legitimierung“ bezeichnet haben: Bestimmte Ansprüche und Erwartungen, die enttäuscht werden könnten, werden gar nicht (mehr) an die betriebliche und gesellschaftlich-ökonomische Ordnung gestellt. Die Ordnung ist dann nicht mehr legitim, aber sie stößt auch nicht auf normativen Widerspruch. Sie ist nicht gerechtfertigt, wird aber nicht Gegenstand expliziter Kritik.

Ähnliches wie für die vermeintliche Hegemonie der neoliberalen Kultur lässt sich über den scheinbar um sich greifenden neuen Geist des Kapitalismus sagen, der Legitimationslogik einer „Netz“- oder „Projektordnung“ im Sinne von Boltanski/Chiapello (2003). Die Metapher des Netzes steht bekanntlich im Mittelpunkt dieses neuen Geistes, dessen Losung lautet: Selbstverwirklichung durch Projektvielfalt; positiv bewertet sind Flexibilität, Polyvalenz, Autonomie. Weder fanden wir derart ausgeprägte emphatische Vorstellungen von einer Projekt- und Netzrationalität als Anspruchsmuster und Kritikperspektive noch eine besonders starke betriebliche Wirksamkeit von Selbstverwirklichungsansprüchen, die ebenfalls mit dieser prototypischen Legitimitätsordnung des neuen Geistes in Verbindung zu bringen wäre. Dieses Ergebnis bestätigt die bereits von anderen formulierte Kritik an der auch hier zu beobachtenden Voreiligkeit von (Management-)Diskursen, wie sie etwa von Boltanski/Chiapello untersucht wurden, direkt auf Beschäftigtendiskurse und gar Arbeitsrealitäten (kurz-) zu schließen (vgl. Hessinger/Wagner 2008).

Statt der Prägekraft eines neoliberalen, kapitalistischen Geistes belegen unsere Befunde hingegen viel eher die Bedeutung und Lebendigkeit einer Art „professioneller Industrieordnung“ als Rechtfertigungs- wie Kritikperspektive für die Mehrheit der Beschäftigten, insbesondere Produktionsarbeiter und Wissensarbeiterinnen. Hier trifft sich eine starke Besetzung technisch-funktionaler Rationalität mit dem fortbestehenden Anspruch auf Leistungsgerechtigkeit sowie mit starken Beteiligungsansprüchen für den Nahbereich der Arbeitsausführung.[1]

1 Das korrespondiert übrigens mit Befunden von Vester/Teiwes-Kügler (2013), denen zu Folge Verschiebungen in der Berufsstruktur zu einer „Renaissance des Berufsethos“ führen. Vester und Mitarbeiter sprechen gar von einem „neuen Gerechtigkeitskonflikt: Berufsethos vs. Kapitalverwertung“. In anderer theoretischer Perspektive, aber mit ähnlicher Stoßrichtung sieht Nies (2015) in den Widersprüchen zwischen arbeitsinhaltlichen Orientierungen und neuen Formen der markt- und ergebnisorientierten Leistungssteuerung ein zentrales Charakteristikum aktueller Arbeitsformen.

Das (keineswegs) befremdliche Überleben des Anspruchs auf Leistungsgerechtigkeit

Der bedeutsamste dieser – zumindest vor dem Hintergrund der neoliberalen Erfolgsrhetorik oder gemessen an den Prinzipien der Netzpolis – etwas altmodisch erscheinenden Arbeitswerte ist derjenige der Leistungsgerechtigkeit. Leistungsgerechtigkeit ist das wichtigste Anspruchsmuster der Beschäftigten in unserer Studie – keiner unserer Befragten kommt ohne es aus, es wird von Beschäftigten sämtlicher Tätigkeitsfelder und aller Qualifikationsniveaus in Anschlag gebracht bzw. eingeklagt (auch wenn es jeweils unterschiedlich ausbuchstabiert wird). Das mag durchaus befremdlich erscheinen, wurde „Leistungsgerechtigkeit" in der Geschichte der soziologischen Analyse von Ansprüchen und Handlungsorientierungen doch immer wieder totgesagt, mit variierenden Begründungen.

Das Instrumentalismustheorem, das ausgehend von Goldthorpe et al. (1970) längere Zeit die Studien zum Arbeitsbewusstsein prägte, verneinte überhaupt die Existenz von normativen Orientierungen in Bezug auf Arbeit. Der selbstbewusste „neue Arbeiter" habe ein vorwiegend zweckrational bestimmtes Verhältnis zu Arbeit, Einkommen und Kollegen; arbeitsinhaltliche und leistungsbezogene Orientierungen seien demgegenüber unbedeutend. Was damals politisch nicht recht ins Bild und theoretisch nicht ins Konzept passte, machte sich empirisch allerdings immer wieder bemerkbar. So stellten vor allem die späteren Bewusstseinsstudien etwas erstaunt fest, dass das Prinzip der Leistungsgerechtigkeit von großen Teilen der Arbeiterschaft durchaus befürwortet wird und auch als Selbstanspruch (etwa in Form einer eigenen Leistungsbereitschaft und -orientierung) wirksam ist. Dies wurde allerdings eher in Begriffen der Ideologie- bzw. Bewusstseinskritik interpretiert. Die Arbeiter würden hier bloß „bürgerlichen Normen" folgen (Kern/Schumann 1970; Hack et al. 1979), sich mit „Surrogaten" identifizieren (Kudera et al. 1979) oder Leistungsgerechtigkeit einfach als „Ad-hoc-Legitimation" zu Argumentationszwecken heranziehen (Eckart et al. 1974) – diese Orientierungen seien also gleichsam nicht authentisch und damit auch kaum nachhaltig und zukunftsträchtig. Etwa zur gleichen Zeit lieferte Claus Offe aus anderer Perspektive eine Erosionsdiagnose von Leistungsgerechtigkeit. Die ständige und wachsende Verletzung dieses Prinzips – etwa angesichts fortgeschrittener Formen der Arbeitsteilung in großen Organisationen, die eine Zurechenbarkeit von Erträgen auf einzelne Leistungsbeiträge kaum mehr zulasse – sei so offensichtlich, dass Leistungsgerechtigkeit als normative Orientierung kaum mehr überlebensfähig sei (Offe 1970). In ähnlicher Weise sah auch Habermas im Übergang zum Spätkapitalismus sowohl eine Erosion der „bürgerlichen Leistungsideologie" wie auch der der Leistungsorientierungen der Beschäftigten – und damit eine grundlegende Erosion jener Sinnressourcen, die er zu den kulturellen Rahmenbedingungen des Kapitalismus zählte (Habermas 1973).

Neue Diagnosen zur Krise des Leistungsprinzips argumentieren vor dem Hintergrund neuer „post-fordistischer" Arbeitsverhältnisse und neuer Formen der Leistungssteuerung. „Leistung", verstanden als Arbeitsanstrengung, in Begriffen von Aufwand, werde in Betrieb und Gesellschaft immer weniger honoriert und tendenziell durch das „Ergebnis"- oder „Erfolgsprinzip" abgelöst (Menz/Siegel 2001; Bahnmüller 2002; Kratzer et al. 2008). Diese These, die hinsichtlich der gesellschaftlichen Verteilungsnormen und der betrieblichen Anforderungsstrukturen heute kaum mehr strittig ist, wird dann allerdings auf den normativen Anspruchshaushalt der Beschäftigten verlängert: Mit der Transformation von „kapitalistischen Arbeitsgesellschaften" in „erfolgsorientierte Marktgesellschaften", würden leistungsbasierte Gerechtigkeitsnormen aus dem „moralischen Horizont" der Gesellschaft tendenziell verschwinden (Neckel 1999; 2000; 2014).

Wie sich zeigt, sind diese Nachrichten vom Ableben des Anspruchs auf Leistungsgerechtigkeit stark übertrieben. All diesen Verfallsdiagnosen zum Trotz halten die Beschäftigten, so lautet unser Befund, an Leistungsgerechtigkeit und am Leistungsprinzip bis heute grundsätzlich fest. Zwar erwartet niemand, dass sich sämtliche Regelungen und Beziehungen in Arbeit und Betrieb linear aus diesem Prinzip ableiten sollten; und es werden vielfältige Verletzungen dieses Anspruchs registriert und am eigenen Leib erfahren. Dies alles führt aber nicht dazu, dass der normative Anspruch auf Leistungsgerechtigkeit aufgegeben würde. Praktisch alle Beschäftigten, die wir befragt haben, formulierten bestimmte Vorstellungen von „guter Arbeitsleistung", die sie für ihr eigenes Arbeitshandeln als Zielgrößen heranziehen: Vorstellungen darüber, was sie als angemessene Leistung ansehen und erbringen möchten. Und für ihre Leistungsanstrengung fordern sie von Betrieb und Arbeitgeber wie auch von Kollegen Wertschätzung und ein angemessenes Entgelt ein. Genau dies ist der Kern des Leistungsprinzips, der Bestand hat.

Dies bedeutet nicht, dass der Leistungsbegriff der Beschäftigten statisch wäre. Zweifelsohne wird registriert, dass sich Anforderungen verändern, dass die Arbeitsorganisationen neue Erwartungen an ihre Mitglieder formulieren, dass sich aus Marktbedingungen neue Erfordernisse ergeben usw. – jeder Beschäftigte, der zumindest über eine gewisse Arbeitserfahrung verfügt, kann uns in den Interviews solche Veränderungstendenzen der eigenen Arbeit schildern. Zu solchen Veränderungen zählen ganz gewiss der Bedeutungsgewinn von Erfolgs- und Ergebniskriterien und steigende Anforderungen der Absatz- oder Finanzmärkte. Deren „ökonomische Legitimität" wird von der Mehrheit der Beschäftigten keineswegs bestritten, sie tangiert jedoch nicht den Kern des Anspruchs auf Leistungsgerechtigkeit. Wer sich in Arbeit und Betrieb engagiert und einsetzt, wer seine Qualifikationen einbringt, der darf von der Arbeitsorganisation eine Honorierung erwarten, die diesem Engagement und diesem Einsatz entspricht. Leistungsgerechtigkeit hat damit einen fortbestehenden „subjektiven Sinn“: Sie verbindet die eigene Identität als „guter Arbeiter“, „Leistungsträgerin“, „Fachkraft“ oder „Expertin“, als „Arbeiterin am Gemeinwohl“ mit betrieblichen und gesellschaftlichen Verteilungsnormen. Aufgrund des Erlebens seiner wiederholten Verletzung bleibt der Anspruch auf Leistungsgerechtigkeit aber eben auch ein dauerhafter Konflikt- und Kritikherd in den Betrieben. Wir haben keine Anzeichen dafür gefunden, dass sich dies in Zukunft ändern würde.

Angesichts dieser Resistenz des Prinzips der Leistungsgerechtigkeit (aber auch anderer Anspruchsmuster, auf die wir gleich nochmals eingehen wollen), könnte man fragen, ob für die moralische Ökonomie der Erwerbsarbeit nicht eine Art von „moralischem Konservatismus“ kennzeichnend ist. Vieles spricht ja in der Tat auch für eine – wenn man so sagen darf – lange Haltbarkeit eines Moralbewusstseins und von normativen Ansprüchen, die in langen persönlichen Sozialisationsprozessen angeeignet und im Verlauf prägender subjektiver Erfahrungen verinnerlicht worden sind. Es geht letztlich um die Identität von Subjekten – die von diesen gewiss nicht so einfach abgestreift wird, wie in Arbeitsorganisationen die Steuerungsmodi, Managementkonzepte und Rationalisierungswellen sich abwechseln. Die Umschlagszeit des moralischen „Kapitals“ dürfte eine viel längere sein als die letzterer. Dass „moralischer Konservatismus“ keineswegs interessenpolitischer Konservatismus heißen muss, sondern durchaus Konfliktpotential birgt, haben wir mehrfach zeigen können; auch darauf werden wir noch einmal zurückkommen.

Die Vielzahl (nicht nur) von Ungerechtigkeiten

Aber der moralische Horizont der Erwerbsarbeit reicht deutlich weiter. Neben diesem Querschnittsanspruch von Leistungsgerechtigkeit haben wir noch eine ganze Reihe weiterer normativer Ansprüche vorgefunden, die für die Beschäftigten von Bedeutung sind – eine Bandbreite, die deutlich über das hinausgeht, was in der bisherigen Forschung thematisiert wurde. Das *Würdeprinzip* ist gleichsam ein universalistisches „Basic“ – es ist Voraussetzung dafür, dass andere Ansprüche überhaupt bedeutsam werden können. Angegriffen wird dieser Anspruch insbesondere in niedrig qualifizierten oder prekären Tätigkeitsbereichen (und wird deshalb auch dort am stärksten thematisiert); es ist aber davon auszugehen, dass die Wahrung von Würde in der Arbeit überall von hoher Bedeutung ist. *Selbstverwirklichung* oszilliert zwischen Wunsch und Anspruch – sie ist für viele Beschäftigte von großer Bedeutung, wird aber zumeist nicht als verallgemeinerbares Anrecht formuliert, sondern soll eher durch individuelle

Entscheidungen (etwa bei der Wahl von Beruf oder Arbeitgeber) gewahrt werden. Wichtig ist zudem – mit unterschiedlicher Ausprägung und Intensität – das Fürsorgeprinzip, verstanden als Rücksichtnahme auf die besonderen Bedingungen des „Lebens". Hier geht es um weit mehr als „nur" um arbeitsinhaltliche Ansprüche in der Care- oder Gemeinwohlarbeit, obwohl das *Fürsorgeprinzip* dort eine besonders hohe Bedeutung besitzt. Es begründet einen breiteren, von vielen Beschäftigten formulierten Anspruch gegenüber Arbeitsorganisationen wie Kollegen, auf die besonderen individuellen Bedürfnisse, Fähigkeiten und Defizite konkreter Personen zu achten und Rücksicht zu nehmen.

Unsere Befunde in Bezug auf den Anspruch auf *Beteiligung* sind zwiespältig. Beteiligungsansprüche artikulieren sich in erster Linie auf die eigene Tätigkeit und das eigene Arbeitsumfeld bezogen – und hier sind sie stark ausgeprägt. Beteiligung am Arbeitsplatz ist eng an die Vorstellung gebunden, die eigene Tätigkeit gut und richtig ausführen zu wollen; die Beschäftigten fordern mit dem Beteiligungsanspruch die dafür notwendigen Mittel und Entscheidungsmöglichkeiten ein. Dieser Anspruch wird durchgängig artikuliert und betrifft keinesfalls nur oder in besonderem Maße gut- oder hochqualifizierte Tätigkeiten. Weitere – höhere – Ebenen von Beteiligung über diesen eigenen Handlungsbereich hinaus tauchen im Anspruchsrepertoire viel seltener explizit auf. Die Teilhabe an Entscheidungen in Betrieb und Unternehmen, gar auf gesamtwirtschaftlicher Ebene wird kaum thematisiert – und wenn, dann nicht als Selbstzweck und mit genuin „demokratischer" Konnotation, sondern in eher funktionaler Weise: zur Vermeidung oder Korrektur von Fehlentscheidungen. Dass Arbeitsorganisationen grundsätzlich Orte von sozialer Fremdbestimmung sind – dieses Faktum wird von den Beschäftigten weitgehend akzeptiert. Das Demokratiedefizit in Bezug auf Arbeit und Betrieb ist als solches kein offenes Thema.

Die Beschäftigten artikulieren aber keinesfalls nur Gerechtigkeitsansprüche (in unserer Typologie: auf Würde, Beteiligung, Leistungsgerechtigkeit, Fürsorge, Selbstverwirklichung). Geht man davon aus, dass „Arbeit" und „Betrieb" in der gesellschaftlichen Funktionsdifferenzierung für das Feld der ökonomischen Reproduktion stehen, dann ist eigentlich kaum verwunderlich, dass hier besondere normative Erwartungen im Hinblick auf Effizienz und Effektivität eine wichtige Rolle spielen – allerdings wurde dies in bisherigen Studien häufig vernachlässigt. Die Beschäftigten verlangen und erwarten nicht nur, dass moralische Ansprüche (d.h. Gerechtigkeitsansprüche) verwirklicht werden, sondern formulieren ebenso *Rationalitätsansprüche* (in unserer Typologie: Ansprüche auf ökonomische, auf technisch-funktionale und auf bürokratische Rationalität).

Zwar können die unterschiedlichen normativen Ansprüche auf Legitimität in Widerspruch zueinander geraten, worauf besonders Dubet (2008) abhebt. Typischer sind allerdings *spezifische Kombinationen* von bestimmten Anspruchsmustern, die dadurch eine besondere normative Schlagkraft gewinnen. In der – verbreiteten – Kritik der Beschäftigten an organisationalen Dysfunktionalitäten verbünden sich beispielsweise technisch-funktionale Ansprüche mit solchen auf Leistungsgerechtigkeit: Die Beschäftigten fordern, in ihrer Leistung, mit ihren Kompetenzen und Fähigkeiten anerkannt und ernst genommen werden, und sie fordern, Bestandteil eines rationalen, gut organisierten produktiven Gesamtzusammenhangs zu sein. Organisationale Irrationalitäten beeinträchtigen nicht nur den Output der Organisation, sie bedeuten zugleich eine Missachtung der Leistungsbeiträge der Beschäftigten. Auch Beteiligungs- und Rationalitätsansprüche sind oft eng miteinander verknüpft. Beteiligungsansprüche äußern sich häufig, wie erwähnt, nicht als Selbstzweck, sondern im Gefolge von Kritik an manageriellen Fehlentscheidungen. Rationalitätsdefizite werden offenbar, die deutlich machen, dass der Einbezug der Beschäftigten als kompetente Akteure und qualifizierte Entscheider unhintergehbar ist.

Die Legitimitätsansprüche schweben nicht im luftleeren Raum – sie füllen sich in unterschiedlichen Erfahrungskontexten mit variierenden Inhalten und gehen typische Verbindungen miteinander ein. Erst dadurch gewinnen sie eine spezifische soziale Dynamik, die Kontroversen und soziale Auseinandersetzungen um Gerechtigkeit und Rationalität im Betrieb antreibt. In solchen Auseinandersetzungen mit ihren vielfältigen Argumenten und Fronten wird immer auf eine Pluralität von Ansprüchen zurückgegriffen, die zwar in einem Spannungsverhältnis zueinander stehen können, sich aber häufig wechselseitig verstärken.

Kapitalismus ohne Fortschritt – Die schleichende Erosion der Vergleichsordnungen

Gerechtigkeitsurteile sind immer auch Ergebnis von Vergleichen – nicht nur von Realitäten mit Prinzipien, sondern vor allem auch der „eigenen“ Realität mit anderen Realitäten, an denen die eigene Situation gemessen und als gerecht bzw. ungerecht empfunden wird. „Vergleichsordnungen“, also die Bezüge auf alternative Ordnungen, in Relation zu denen die eigene Lage eingeschätzt und bewertet wird, haben für die moralische Ökonomie der Erwerbsarbeit und die Frage der Legitimität von Arbeitsorganisationen eine wichtige Bedeutung. Wie wir sahen, kann das Vergleichen hinsichtlich Dynamik und Handlungsrelevanz von Ansprüchen zu unterschiedlichen Ergebnissen führen: zur Relativierung (und Stillstellung) von Ungerechtigkeitsempfinden, aber auch zu seiner Verstärkung.

In vielen Fällen führt Vergleich nicht zu Unzufriedenheit, sondern zu einer deutlichen Relativierung vorhandener Ansprüche – zur Duldung und Akzeptanz von Verfahrens- und Verhaltensweisen, die „eigentlich“ als illegitim empfunden werden. Viele Beschäftigte beurteilen beispielsweise die betrieblichen Gratifikationen angesichts ihres Arbeitsaufwands oder auch angesichts hoher Gewinne des Unternehmens als ungerecht niedrig. Durch Entgeltvergleiche über die Betriebe oder Branchen hinweg erscheint die eigene Situation jedoch nicht selten in deutlich rosigerem Licht. Wenig überraschen mag das bei Befragten, die sich innerhalb des deutschen Gehaltsgefüges tatsächlich in einer vergleichsweise günstigen Position befinden: Beschäftigte aus Kernunternehmen des Maschinenbaus oder der Automobilindustrie zum Beispiel. Aber auch für Beschäftigte aus Bereichen, in denen das Entgeltniveau niedriger ist, bilden nicht automatisch besser gestellte Bereiche oder Branchen den Vergleichshorizont. So etwa im Einzelhandel. Den Hintergrund für die Relativierung eigentlich vorhandenen Ungerechtigkeitsempfindens bildet hier die Erfahrung sinkender oder stagnierender Löhne bei steigenden Lebenshaltungskosten; man nimmt wahr, dass jüngere Kolleginnen niedrigere Einstiegsgehälter bekommen, dass eigene Entgelte als „Besitzstände“ gelten. Relativ betrachtet geht es einem dann vergleichsweise gut, weil man innerhalb eines Gesamtprozesses schleichender Verschlechterung sich doch noch als „Gewinner“ sehen kann.

Gerade das Erleben der Wirtschaftskrise führte bei vielen Befragten zu einer Verschiebung der Vergleichshorizonte „nach unten“. Von der Krise sehen sich viele persönlich wenig betroffen – während im öffentlichen Diskurs von massiven Einbrüchen und Einschnitten vielerorts die Rede war. Indem ihr (medial vermittelter) Vergleichsmaßstab sinkt, erscheint die eigene materielle Situation noch als vergleichsweise günstig. Solche relativierenden Vergleiche „von oben“ ändern nichts an den in Anschlag gebrachten normativen Prinzipen, etwa der Leistungsgerechtigkeit, aber sie dämpfen das Anspruchsniveau: Der Maßstab, an dem das Äquivalenzverhältnis von Leistung und Gegenleistung geeicht wird, sinkt.

Auffällig ist, dass viele Befragte ihren Bewertungen das Bild einer generellen gesellschaftlichen Abwärtsbewegung zugrunde legen, das von einer anhaltenden Verschlechterung der Arbeits- und Lebensbedingungen geprägt ist – ein Bild, das auch in die Zukunft verlängert wird: Die soziale Ungleichheit in Deutschland wachse; und auch wenn man selbst dabei durch individuelle Absicherung nicht automatisch auf der Verliererseite stehen muss, so ist doch die Vergleichsgruppe (etwa der eigenen Berufsgruppe oder der Arbeitnehmerinnen und Arbeitnehmer insgesamt) davon negativ betroffen. Ungesicherte Beschäftigungsverhältnisse nähmen zu, während Löhne und Gehälter stagnierten oder gar gesunken seien. Generell stiegen Arbeits- und Leistungsanforderungen, sowohl im eigenen Tätigkeitsbereich als auch in anderen Branchen. Dies betrifft auch das unmittelbare eigene Arbeitsumfeld im Betrieb: Jüngere Beschäftigte verdienten weniger und hätten geringere Entwicklungschancen. Den eigenen Kindern werde es voraussichtlich schlechter (oder zumindest nicht besser) gehen als der eigenen Generation, so die geteilte Einschätzung. Vom charakteristischen wachstumsorientierten und lange nachwirkenden Nachkriegsoptimismus in Deutschland – der Wohlstand wird steigen, die Arbeit wird besser abgesichert und „humaner“, die Chancen auf soziale und ökonomische Teilhabe größer werden usw. – ist nicht mehr viel übriggeblieben.

Folgt man Wolfgang Streeck, müsste sich damit der Kapitalismus insgesamt – „als Gesellschaftsordnung, die von einem Versprechen unbeschränkten kollektiven Fortschritts zusammengehalten wird“ (Streeck 2015, S. 120) – vor ernsthafte Legitimationsprobleme gestellt sehen. Denn an das Fortschrittsversprechen glaubt kaum noch jemand. Unsere Diagnose lautet allerdings, dass durch eine Art relativierende, über normative Vergleichsurteile vermittelte Staffelung solcher Erosionsprozesse der Ausbruch von Legitimationskrisen – jedenfalls für eine Übergangszeit – vertagt werden kann. Unser relevanter Befund beinhaltet: Die Arbeitnehmer und Arbeitnehmerinnen sehen sich selbst weniger stark von diesen negativen Entwicklungen betroffen als andere, mit denen sie sich vergleichen. Die gesellschaftliche und ökonomische Situation insgesamt verschlechtere sich, während der eigene Status eher stabil bleibe oder sich im Vergleich eben weniger stark verschlechtere. Dies gilt umso mehr, wenn von den Befragten eine internationale Perspektive eingenommen wird (Stichworte: Eurokrise, Südeuropa/Griechenland). Ein häufiger Satz in unseren Interviews lautet: „Uns geht es dabei ja noch relativ gut.“ Das heißt zugleich: Die Bezugspunkte für Vergleiche verlieren an Niveau. Die Vergleichsordnungen, an denen die Beschäftigten sich bei der Formulierung ihrer Ansprüche orientieren, erodieren tendenziell. Daraus entstehen keine wirklichen Legitimitätsgewinne, aber es folgt doch eine gewisse Relativierung des eigenen Anspruchsniveaus.[2]

Wir finden allerdings auch charakteristische Ausnahmen von diesem Vergleichen mit erodierenden Bezugsordnungen. Zieht man Vergleiche nicht „nach unten“ oder in Bezug auf „den Süden“, sondern vielmehr „nach oben“, dann kann der Vergleich zu Kritik und Empörung, zur Verstärkung des Ungerechtigkeitsempfindens führen. Zwei wichtige Beispiele haben wir dafür gefunden: Das eine betrifft Bereiche einer „Fragmentierung von Arbeit“. Fragmentierte Arbeitszusammenhänge, in denen allen Beteiligten die soziale Ungleichheit in allen Dimensionen der Arbeit tagtäglich vor Augen steht, fordern Vergleiche geradezu heraus. Vergleichsfolie sind die Arbeits-, Leistungs- und Entlohnungsbedingungen bei den Endherstellern in gestaffelten Wertschöpfungsketten. Mit

2 Ähnliche Befunde zeigt die aktuelle Studie von Hürtgen/Voswinkel (2014). In ihrer Untersuchung zu den „Anspruchslogiken aus der Arbeitnehmermitte“ resümieren sie, dass die „Normalarbeitnehmer/innen“ zwar ihre normativen Ansprüche insgesamt aufrechterhalten, dass sie aber verunsichert darüber sind, ob diese weiterhin Gültigkeit haben und von anderen geteilt werden. Sie sehen sich zunehmend in einer Sondersituation, umgeben von immer größer werdenden Zonen der Unsicherheit.

Bezug auf diese Parallel- und Vergleichsordnung werden dezidierte Ansprüche auf Gleichbehandlung und Gerechtigkeit artikuliert, die die Legitimität betrieblicher Herrschaft im „eigenen" Betrieb in Frage stellen. Das schlägt sich auch im interessenpolitischen Handeln und Konfliktverhalten der Beschäftigten nieder: Durch teilweise unkonventionelles Konflikthandeln gelingt es, Anschluss an die Standards der Vergleichsordnung zu gewinnen, nämlich einen Betriebsrat zu etablieren und bessere Entlohnungsbedingungen durchzusetzen.

Als zweites Beispiel sind unsere Erzieherinnen zu nennen. Auch sie ziehen Vergleiche „nach oben", mit deutlich besser bezahlten Tätigkeiten und Berufen. Zudem sehen sie im rückblickenden Vergleich eine erhebliche Steigerung ihrer Anforderungen wie auch ihrer Qualifikationen und Kompetenzen, betrachten sie ihren Beruf etwa zehn oder 15 Jahre zuvor. Anhand der Vergleiche wird eine erhebliche Gerechtigkeitslücke offenbar, die schließlich zu einer anhaltenden interessenpolitischen Mobilisierung führt. Einen weiteren Vergleichshorizont, so könnte man diese Konstellation interpretieren, bildet die steigende Wahrnehmung und Wertschätzung ihrer Arbeit in der Gesellschaft, hinter der die monetäre Gratifikation und die Anerkennung durch die Arbeitsorganisation ganz erheblich zurückbleibt.

Solche Phänomene des Vergleichens „nach unten" wie „nach oben", mit ihren Konsequenzen für das Ungerechtigkeitsempfinden und Interessenhandeln, müssten eigentlich für eine Soziologie des Vergleichs, wie sie seit einiger Zeit diskutiert wird, von Belang sein. Dort stehen mit Rankings und Benchmarking aller Art Prozesse *numerischen* Vergleichens im Zentrum, wie sie in vielen Institutionen und Organisationen um sich greifen (Heintz 2010). Die soziale Relevanz *moralischer* Vergleiche dürfte vor dem Hintergrund unserer Ergebnisse ebenfalls einleuchten und sollte in eine Soziologie des Vergleichs systematisch einbezogen werden.

Die Rückkehr des Protestes?

Während die Wirtschaftskrise ab 2007 in anderen Ländern eher zu einer Erhöhung der Anzahl von Arbeitskämpfen (insbesondere auch politischer Streiks) geführt hat, schienen wir es in Deutschland mit einer „Krise ohne Konflikt" zu tun zu haben. Die Wirtschaftskrise verstärkte hier den ohnehin bestehenden Trend zu einer Pazifizierung der Arbeitsbeziehungen noch einmal. Dies erklärt sich, unseren Befunden zufolge, zum Teil aus einer vergleichsweise geringen Bedeutung der unmittelbaren Krisenfolgen für die einzelnen Beschäftigten. Hinzu kommt, dass die „große Krise" als primär systemisch verursacht gilt; Adressaten für Protest zu identifizieren, fällt ausgesprochen schwer. Allerdings wurde vermutet (auch von einigen von uns: Detje et al. 2011), dass mit dem Abflauen der Krisenphänomene die Konfliktorientierung der Beschäftigten wieder zunehmen könnte. Die Statistiken zeigen seitdem tatsächlich einen leichten Wiederanstieg von Arbeitskämpfen in Deutschland, allerdings auf einem im internationalen Vergleich immer noch eher niedrigen Niveau (Lesch 2015; WSI 2015). Zugleich könnte das – zunächst noch mit einem Fragezeichen versehene – „Comeback der Gewerkschaften" (Dörre/Schmalz 2013) dafür sprechen, dass die interessenpolitischen Aktivitäten von Beschäftigten und ihrer Interessenvertretung an Bedeutung gewinnen.

Unsere Studie kann in zweierlei Hinsicht einen Beitrag zu dieser Diskussion liefern. Erstens haben wir kein interessenpolitisches „Großthema" vorgefunden, das einen derartigen normativen Brennpunkt ausmachen würde, dass eine breite Mobilisierung und Aktivierung der Beschäftigten insgesamt zu erwarten wäre. Anzeichen für eine generelle Intensivierung von normativ motivierten interessenpolitischen Konflikten können wir nicht erkennen. Der Grund dafür liegt nicht zuletzt in der tendenziellen Erosion der normativen Vergleichsordnungen: Stellt man die eigenen Anspruchsverletzungen in einen breiteren Kontext, gelangen die Beschäftigten immer wieder zu Relativierungen ihrer Ansprüche und Erwartungen. Zwar dürften die Verteilungsspielräume mit der wirtschaftlichen Erholung in Deutschland in den letzten Jahren tatsächlich „objektiv" gewachsen sein; es fehlt aber unter anderem wohl aufgrund dieser Relativierungen am normativen Nachdruck von Beschäftigtenseite, ihn auch auszuschöpfen.

Und zweitens: Wenn sich zwar kein genereller Trend zur Aktivierung und Konfliktorientierung erkennen lässt, so haben wir doch verschiedene „Selbst-Aktivierungsfälle" vorgefunden, die nicht nur durch ein Erleben massiver Anspruchsverletzungen geprägt sind, sondern auch durch eine erhebliche Konfliktorientierung, die sich in vielfältigen Formen des Widerstands und Protestes ausdrückt. Die Aktivierungsprozesse und interessenpolitischen Konflikte entwickeln sich zunächst fallbezogen, aus den konkreten Bedingungen, Erfahrungen und Anspruchsverletzungen „vor Ort" heraus, nicht anhand von „größeren" – etwa politischen – Themen und auch nicht aus gesamtgesellschaftlichen Verteilungsfragen. Gleichwohl zeigen sich in diesen Aktivierungs- und Konfliktfällen typische gesellschaftliche Bruchlinien und Ungerechtigkeitserfahrungen, etwa solche, die in Zusammenhang mit der wachsenden Fragmentierung von Arbeitsprozessen und Beschäftigungsverhältnissen stehen.

Auch der seit einiger Zeit zu beobachtende Trend zur Tertiarisierung und zur Feminisierung von Arbeitskonflikten zeigt sich in unserem Sample; ebenso der Trend, dass die Auseinandersetzungen eher fallbezogener und kleinformatiger (aber dabei durchaus auch intensiver) werden. Am stärksten über den eigenen Fall hinaus reicht die interessenpolitische Aktivierung der Erzieherinnen. Zwar finden wir auch viele „lokale" und tätigkeitsspezifische Bedingungen, die für die anhaltende Mobilisierung und das hohe Niveau interessenpolitischer

Ansprüche verantwortlich sind. Gleichwohl bleibt die interessenpolitische Aktivierung der Erzieherinnen immer auch Ausdruck eines gewachsenen Selbst- und Leistungsbewusstseins wie auch der gestiegenen gesellschaftlichen Wahrnehmung der Care-Arbeiterinnen und ist insofern womöglich Ausdruck und Bestandteil einer anwachsenden „Care-Bewegung" (Winker 2015).

Besonders von Seiten der Gewerkschaften dürfte sich die Frage stellen, welche Ansprüche und Anspruchsverletzungen besonders „aktivierbar" und „politisierbar" sind. Organisationspolitisch ist die Frage relevant, welche arbeitspolitischen Themen und welche Ungerechtigkeitserfahrungen am ehesten dazu genutzt werden können, um Beschäftigte anzusprechen und für interessenpolitische Aktivitäten zu gewinnen. Als ganz besonders brisant und konfliktträchtig hat sich in unserem Sample das Thema der Betriebsschließungen erwiesen, hier konnten die Gewerkschaften auch die deutlichsten Mitgliedergewinne erzielen. Es bleibt allerdings ein Thema mit sehr hohem Fallbezug und engem zeitlichem Horizont. Die Phasen intensiver Aktivierung sind vergleichsweise kurz, und nur ein Teil der „Aktivierten" bleibt längerfristig gewerkschaftlich orientiert.

Ebenfalls brisant und mobilisierungsfähig, zugleich aber dauerhafter, ist die Frage der Fragmentierung und Differenzierung von Beschäftigungsverhältnissen – Stichworte: Outsourcing, Leiharbeit, Werkverträge –, werden hier doch die verbreiteten Ansprüche auf Leistungsgerechtigkeit massiv verletzt. Das Mobilisierungspotenzial ist dabei allerdings vor allem in denjenigen Beschäftigtengruppen hoch, die selbst Opfer von Anspruchsverletzungen werden (und diese verfügen häufig nicht über ausreichende Machtressourcen, um durchsetzungsfähig zu werden). Die Kernbelegschaften reagieren durchaus emphatisch auf die Ungleichbehandlung ihrer Kollegen – eigenen interessenpolitischen Einsatz für diese zeigen sie dagegen nicht.

Unsere Kontextanalysen haben deutlich gemacht, dass es keineswegs nur *Gerechtigkeits*ansprüche sind, deren Verletzung aktivierend wirken kann. Auch an Fragen ökonomischer und technisch-funktionaler *Rationalität* können sich Aktivierungs- und Mobilisierungsprozesse entzünden. Diese scheinen zunächst ein geringeres Potenzial an Verallgemeinerungsfähigkeit zu besitzen; Rationalitätskonflikte bleiben stärker lokal, d.h. berufs-, betriebs- oder unternehmensbezogen. Sie entwickeln seltener eine breitere Dynamik. Bislang interessenpolitisch weitgehend unausgelotet bleibt die womöglich vorhandene Chance, an häufiger auftauchenden Momenten von „Berufsethos" und „professioneller Industrieordnung" anzuknüpfen, in die starke Rationalitätsansprüche eingehen und an deren Relevanz als Kritikpotenzial wir zu Beginn dieses Kapitels erinnerten. Dies dürfte durchaus wichtig für eine „Revitalisierung" oder ein „Comeback" der Gewerkschaften sein: Wo kann die Partikularität von Konflikten überwunden werden, wie kann also die Vielfalt der erlebten „fallbezogenen" Anspruchsverletzungen zurückbezogen werden auf allgemeinere Fragen der gesellschaftlich-ökonomischen Ungleichheit und Ungerechtigkeit?

Alle unsere interessenpolitischen Mobilisierungsfälle verweisen – unabhängig von ihrem Ausgangspunkt und ihrem Verlauf, unabhängig von Sektor und Tätigkeitsfeld – auf eine hohe Legitimität beteiligungsorientierter Gewerkschaftskonzepte, und zwar sowohl in „pragmatischer" Hinsicht wie auch in Hinblick auf Demokratieansprüche. Die Beschäftigten fühlten sich im Rahmen von Beteiligungskonzepten in ihren Ungerechtigkeitserfahrungen und Ansprüchen von der Interessenvertretung ernst genommen (dabei gilt: Je aktiver sie selbst sind, desto positiver fällt ihr Urteil über Betriebsräte und Gewerkschaften aus). Zugleich haben die Beschäftigten durchaus Verständnis für das Ressourcenproblem der Gewerkschaften, also dafür, dass diese überhaupt nicht in der Lage wären, sämtliche drängenden Interessenfragen nach dem Stellvertreterprinzip zu verfolgen. Dass Beteiligung also immer auch mit erhöhtem Aufwand und Einsatz der Beschäftigten selbst verbunden ist und damit durchaus mühsam und anstrengend sein kann, wie die Beschäftigten in den Auseinandersetzungen am eigenen Leib erfahren, schmälert keinesfalls ihr positives Urteil über beteiligungsorientierte Handlungsstrategien von Gewerkschaften und Betriebsräten.

Dass beteiligungsorientierte Konzepte in unseren Mobilisierungskonstellationen auf Zustimmung stoßen, heißt indes keinesfalls, dass das klassische Modell der Stellvertreterpolitik delegitimiert wäre. Dort, wo die Arbeitsverhältnisse durch relative Stabilität geprägt sind, wo funktionierende Betriebsratsstrukturen bestehen und wo der „Output" stimmt (v.a. in Teilen der Industrie wie des Öffentlichen Dienstes), besteht aus Beschäftigtensicht kein Grund für eine grundlegende Kritik am „sozialpartnerschaftlichen Geist" (vgl. auch Tullius/Wolf 2012).

Von Gesellschaftsbild und Klassenbewusstsein zu normativen Ansprüchen und pragmatischer Kritik

Seit längerem werden Forderungen danach laut, die zwischenzeitlich unterbrochene arbeits- und industriesoziologische Tradition der Bewusstseinsstudien neu zu beleben (Detje et al. 2011, Dörre et al. 2013). Auch wir teilen diese nicht ganz unbescheidene Ambition bis zu einem gewissen Grad und hoffen, mit dieser Studie einen Beitrag zu der sich tatsächlich abzeichnenden Renaissance einer alten, aber aktuellen Thematik geleistet zu haben. Um ein einfaches Zurück zu den – aus heutiger Sicht – fast erschreckend umfassenden Erklärungs- und Deutungsansprüchen damaliger Untersuchungen kann es heute unserer Meinung nach freilich nicht gehen. Wir möchten deshalb nachfolgend nicht nur die Anschlusspunkte an diese Tradition, sondern auch die Differenzen möglichst pointiert benennen, um damit Status wie Reichweite der hier vorgelegten Analysen und Befunde abschließend noch einmal deutlich zu machen.

Die frühen industriesoziologischen Bewusstseinsstudien – von der Pionierstudie zum „Gesellschaftsbild des Arbeiters" (Popitz et al. 1957) bis zu den Studien der 1960er bis frühen 1980er Jahre – verfolgten einen sehr weitreichenden Anspruch. Es ging ihnen stets um Antworten auf die „großen" gesellschaftlichen und politischen Fragen: nach der Integration der Arbeiterklasse in die fortgeschrittene kapitalistische Gesellschaft, nach Heterogenität und Homogenität innerhalb der Arbeiterschaft und nicht zuletzt auch nach dem Klassenbewusstsein. Die subjektiven Einstellungen und Orientierungen von Arbeitern und Angestellten sollten stets auf ihre unmittelbare Bedeutung für Stabilität und Wandel von Sozialstruktur und gesellschaftlichem System insgesamt durchleuchtet werden. Der Ausgangs- und Bezugspunkt waren dabei immer die Arbeitsbedingungen und konkreten Arbeitserfahrungen. Sie sollten die Erklärung bilden nicht nur für arbeitsbezogene Einstellungen und Orientierungen, sondern ebenso für weiterreichende Fragen, etwa Gesellschaftsbilder und das gewerkschaftliche oder politische Bewusstsein.

Der Forschungsansatz der Bewusstseinsstudien geriet nicht zuletzt aufgrund dieses weit gesteckten Erklärungsanspruchs in die Kritik und in die Krise. Sollten sich die gesamte Gesellschaft betreffende Bewusstseinsstrukturen aus der Arbeit erklären lassen, so führte das entweder zu Simplifizierungen, die auf „die Arbeiterklasse" als Kollektiv rekurrierten, das so einheitlich schon lange nicht mehr bestand oder vielmehr nie bestanden hatte (so etwa in Versuchen einer Aktualisierung der marxistischen Klassentheorie in den 1970er Jahren) oder es führte unweigerlich zum Ausufern der Analyse- und Ergebniskategorien, die kaum noch handhabbar waren (etwa im Versuch von Hack et al. [1979], umfassende „gesellschaftliche Relevanzstrukturen" herauszuarbeiten, die – zu einer unübersichtlichen Vielzahl von Typen zusammengefasst – sämtliche Gesellschaftsbereiche abdecken sollten). Häufig geriet zudem der Bewusstseinsbegriff allzu schlicht: als „subjektive Reaktion" auf vorgefundene (dem Subjekt nicht unbedingt „bewusste") „objektive Bedingungen", nicht aber als aktive Auseinandersetzung, Verarbeitung und Aneignung gesellschaftlicher Wirklichkeit durch die Beschäftigten als „Akteure" oder „Subjekte" (zur Kritik der Bewusstseinsstudien siehe Knapp 1981 und Voß 1984).

In der Folge wurde der Forschungszuschnitt in den 1980er Jahren radikal geändert. Das Arbeitssubjekt mit seinen Deutungsleistungen und Handlungsstrategien wurde in den Mittelpunkt gerückt, die subjektive Sinnorganisation gewürdigt. Die Forschung zu Arbeiterbiographien (z.B. Giegel et al. 1988; Brock/ Vetter 1982) und der Analyseansatz der „Alltäglichen Lebensführung" (Jurczyk/ Rerrich 1993, Projektgruppe Alltägliche Lebensführung 1995, Voß 1993) traten das „Erbe" der Bewusstseinsstudien an. Diese – vor dem Hintergrund der Schwierigkeiten der Bewusstseinsstudien überaus plausible – Subjekt- und Biographieorientierung wirkt bis heute nach. Auch die aktuelle Studie von Hürtgen und Voswinkel (2014), die dem thematischen Zuschnitt unserer eigenen Untersuchung durchaus nahe steht, lässt sich dieser Traditionslinie zuordnen: Sie interpretiert subjektive Ansprüche und Orientierungen nicht nur vor dem Hintergrund der „vergangenen" Biographie der Beschäftigten, sondern auch im Zusammenhang mit ihren Zukunftsentwürfen.

Die konkreten Arbeitserfahrungen der Beschäftigten geraten durch diese Subjekt- und Biographieorientierung der Analyse von Ansprüchen und Orientierungen freilich deutlich in den Hintergrund. Dies halten wir für problematisch und möchten es mit unserem Ansatz vermeiden und korrigieren – insofern schließen wir durchaus an die früheren Bewusstseinsstudien an: Die Auseinandersetzung der Beschäftigten mit den praktischen Problemen und den konkreten Umbrüchen in der Arbeit, mit ihren Arbeitsbedingungen und den Organisationsstrukturen, mit den in Arbeitsorganisationen erlebten Krisenphänomenen usw. bilden den Entstehungs- wie Anwendungskontext für normative Ansprüche in unserer Untersuchung. Denn in solchen praktischen Kontexten – „Konstellationen" in unserer Begrifflichkeit – entstehen bzw. reproduzieren sich Ansprüche und Bewertungen nicht nur, hier finden sie auch ihre Anwendung und begründen Akzeptanz oder Kritik. Ansprüche und Kritik sind eingebettet in konkrete Praktiken und werden bezogen auf konkrete „soziale Gegenstände" oder „Ordnungen" formuliert, sie richten sich zudem an bestimmte Adressaten (zu denen neben dem Betrieb auch die Kollegen, das politische System oder auch das eigene Selbst gehören können), sie sind nicht bloße im Subjekt stabil verankerte normative Strukturen. Wir beziehen uns auf *Legitimitätsansprüche*, um genau auf diese immanente und praktische Verbindung von Ansprüchen, Kritik und den „sozialen Ordnungen", auf die diese sich beziehen (und die zugleich einen ihrer Entstehungskontexte bilden) hinzuweisen und diese aufzuhellen. Wir haben keine hypothetischen Bewertungen und abstrakten Einstellungen erhoben, sondern solche Orientierungen, die handlungsorientiert und handlungsrelevant sind. Insofern sprechen wir von pragmatischen Ansprüchen und pragmatischen Formen der Kritik.

Diese wieder stärker auf Arbeitserfahrungen abstellende Perspektive hat sich als ausgesprochen produktiv erwiesen. Die identifizierten Anspruchsmuster stehen tatsächlich – wie wir an einer ganzen Reihe von Beispielen sahen – im engen Zusammenhang mit den betrachteten „Konstellationen". Es sind dabei nicht einfach die konkreten Betroffenheiten (etwa von Krisen, von betrieblichen Maßnahmen), die bestimmte Ansprüche freisetzen; diese Ansprüche entstehen ganz offensichtlich auch in einem kollektiven Austausch- und Deutungsprozess, nicht als primär individuelle Erfahrung. Sie bleiben aber eben dennoch kontextbezogen, gerichtet auf konkrete betriebliche Handlungsprobleme, Verfahren, Organisationsprinzipien. Auch wenn unsere Studie die Bedeutung wichtiger Querschnittsansprüche wie etwa Leistungsgerechtigkeit deutlich macht, so sind diese allgemeinen Prinzipien doch jeweils konstellationsbezogen ausbuchstabiert.

Das markiert zugleich auch wieder eine Differenz zu den Bewusstseinsstudien. Zwar teilen wir mit ihnen den Bezug auf die Erfahrungen in der Arbeit für die Aufklärung von Ansprüchen oder eben von „Bewusstsein". Aber diese Arbeitskontexte sind bei uns nicht primär und vorab bestimmt durch die objektive Klassenlage, durch Technisierungsniveaus, Organisationskonzepte und -strukturen, die Prekarisierung der Beschäftigungsbedingungen usw., wie sie in den Bewusstseinsstudien im Vordergrund standen, sondern als je spezifische „Konstellationen" von Akteuren, Organisationsprinzipien und Sozialordnungen konkreter Betriebe. Für die Darstellung im vorliegenden Buch haben wir diese Kontexte dann wiederum verdichtet und zusammengefasst zu bestimmten typischen Problemlagen von Arbeits- und Beschäftigungsordnungen. Damit sind dann durchaus Generalisierungen möglich und angestrebt. Diese erfolgen aber eben erst in einem letzten, zudem nach verschiedenen Seiten hin notwendig offenbleibenden Interpretationsschritt, der Anschlüsse an ergänzende oder korrigierende Ergebnisse aus anderen Forschungszusammenhängen finden muss – weil wirkliche Verallgemeinerungen bei qualitativen Studien wie der vorliegenden allein mit „Bordmitteln" schlicht nicht möglich sind.

Damit ist unser Anspruch auf „Erklärung" weitaus bescheidener als derjenige der Bewusstseinsstudien. Auch unmittelbare Rückschlüsse von Arbeitserfahrungen auf weitere gesellschaftliche Orientierungen, z.B. politische Einstellungen, können und wollen wir nicht ziehen – dies wäre eine massive Überschätzung der „Erfahrungswelt Arbeit" und gewiss auch eine Überdehnung des arbeitssoziologischen Erklärungsanspruchs. Wir können allerdings durchaus – bezogen auf die konkreten Konstellationen, Problemlagen und Ordnungen – danach fragen, ob wir hier jeweils ein bestimmtes Politisierungspotenzial identifizieren können: ob also beispielsweise in Anspruchsverletzungen, die die Beschäftigten in ihrem konkreten betrieblichen Handlungskontext erfahren, ein Verallgemeinerungspotenzial steckt; ob etwa in den vorgefundenen interessenpolitischen Auseinandersetzungen Prozesse der politischen Bewusstseinsbildung angestoßen werden, die eine größere Dynamik entwickeln.

In diesem präzisierten Sinn denken wir allerdings schon, dass unsere Befunde zu den Legitimitätsansprüchen und Legitimationsproblemen, zur De- oder Ent-Legitimierung von Arbeits- und Beschäftigungsordnungen auch wichtige Bausteine bilden für eine umfassende Diskussion über Fortbestand, Krise und Wandel der Gegenwartsgesellschaft. Über die Zukunftsaussichten der Systemintegration des kapitalistischen Wirtschaftssystems können wir auf Basis einer Untersuchung wie dieser nicht urteilen. Über die Zukunftsaussichten der

Sozialintegration in der nach wie vor wichtigen Sphäre der Erwerbsarbeit hingegen durchaus. Wie brüchig die Legitimationsverhältnisse der Arbeits- und Beschäftigungsordnungen hier und dort geworden sind und welche Folgen die sichtbar gewordenen Risse für die Motivationen und das interessenpolitische Handeln der Beschäftigten haben (können), haben wir im vorliegenden Buch versucht, auf Grundlage unserer breit angelegten empirischen Erhebungen materialreich zu demonstrieren.

Nachwort zur 2. Auflage: Zur Dynamik arbeitsweltlicher Legitimationsprobleme

Die Änderungen, die wir in der vorliegenden 2. Auflage dieses Buches an seinem Haupttext vorgenommen haben, berühren nichts Wesentliches und bedeuten keinerlei Revision oder grundlegende Überarbeitung der nun vergriffenen 1. Auflage. Wir haben uns auf eine gründliche Durchsicht und die Korrektur verbliebener orthographischer, grammatischer oder sachlicher Fehler beschränkt; in nur sehr wenigen Fällen schienen uns auch geringfügige stilistische Nachbesserungen angezeigt. Das Literaturverzeichnis wurde allerdings deutlich erweitert und aktualisiert, d.h., vor allem um die in diesem Nachwort zitierte neuere Literatur ergänzt.

Freilich haben sich inzwischen sowohl unser Thema wie auch seine Thematisierungen – die Arbeitsorientierungen und -ansprüche von Erwerbstätigen ebenso wie die Bemühungen um deren soziologische Untersuchung und Deutung – weiterbewegt. Knapp vier Jahre nach Erscheinen der Erstauflage machen wir deshalb in diesem Nachwort den Versuch, ausgehend von der bisherigen Rezeption unserer Befunde und unseres Ansatzes (und der eigenen wie fremden Weiterarbeit an und mit ihm), die seitherigen Beiträge wie den heutigen Stand der Diskussion und der Forschungen in diesem Themenfeld zu skizzieren, um am Ende einige knappe Bemerkungen über das „Wie weiter?" anzufügen – im Sinne einer Forschungsagenda, die (auch) an das von uns Erarbeitete anknüpft und es weiterspinnt.

Die Renaissance der arbeitssoziologischen Bewusstseinsforschung, die sich mit den Wissens- und Denkformen, den Gesellschaftsbildern und der sozialen Identität von Lohnabhängigen beschäftigt, hat sich in den vergangenen Jahren fortgesetzt. An dieser Schnittstelle von Arbeits- und Wissenssoziologie finden wieder rege Forschungsaktivitäten statt, die der Aufklärung erwerbsarbeitsspezifischer und -bezogener Wissensformen wie -inhalte, der Gestalten und Gehalte sozialen (geteilten) Wissens im betrieblichen und gesellschaftlichen Kontext dienen – und auf die Beantwortung von zwei Fragen abzielen: *Was* (und wie) „wissen" die Lohnabhängigen, an welchen Wissensbeständen über Arbeit, Betrieb und Gesellschaft orientieren sie sich und ihr Handeln; und *wer* genau – also welches „Wissenssubjekt", welche (z.B. Gender- oder Berufs-) Gruppe, Schicht, Klasse(nfraktion) – „weiß" etwas und orientiert sich an jenen Wissensbeständen in welcher Weise. An beiden Fragen arbeitet sich die arbeitssoziologische Bewusstseinsforschung ab.

Im Hinblick auf das *Was* und *Wie* des Wissens der Arbeitenden betrat unser Ansatz insofern Neuland, als er auf ihr normatives und praktisches (im Unterschied zum diskursiven) Bewusstsein, mithin auf ihre moralischen (Gerechtigkeits-) und rationalen (technisch-funktionalen, wirtschaftlichen und bürokratischen Rationalitäts-) Ansprüche abhob und sich damit als Teil einer „Soziologie der Legitimation“ (Menz 2017) und einer „Soziologie der Kritik“ verstand (siehe Kap. 3, insbesondere Abschnitt 3.3). Dieser neue Ansatz eröffnete eine Forschungsperspektive, auf die auch andere ForscherInnen ihre Arbeiten inzwischen zumindest teilweise ausrichten, indem sie etwa unsere Analysekategorien aufgreifen. So versucht beispielsweise Walker (2017), die von uns empirisch herausgearbeiteten Gerechtigkeits- und Rationalitätsanspruchsmuster für die Analyse subjektiver Aneignungspraktiken von Beschäftigten im Einzelhandel, die diese angesichts des Einsatzes digitaler Techniken in Anschlag bringen, fruchtbar zu machen, während Dammayr (2019) in ihrer Studie über „legitime Leistungspolitiken“ die Ansprüche und Handlungspraktiken von Beschäftigten in der Altenpflege angesichts der Ökonomisierung ihrer Arbeit und eines veränderten Wohlfahrts- und Care-Regimes teilweise unter Bezug auf unsere Analysekategorien aufzuschlüsseln versucht.

Ansonsten sind Teilaspekte des Ansatzes oder einzelne, als besonders bemerkenswert erachtete Befunde ebenfalls in weiteren Untersuchungen wie in der Debatte aufgegriffen worden. So ist häufiger registriert und zustimmend darauf verwiesen worden, dass unsere Kategorie der Rationalitätsansprüche auf wichtige Aspekte erwerbsarbeitsbezogener subjektiver Orientierungen aufmerksam macht. Die besondere Bedeutung technisch-funktionaler Rationalitätsansprüche oder „Gebrauchswertorientierungen“ hebt Mohan (2019) in seiner empirischen Untersuchung der Ökonomisierung des Krankenhauses und von Pflegearbeit hervor und zeichnet entsprechende, vom Standpunkt des konkreten Arbeits- und Kooperationsprozesses aus formulierte Formen der Kritik der Beschäftigten an der Leitungsebene nach. Der Bezug solcher Ansprüche zu den Vorstellungen der ArbeitnehmerInnen von „sinnvoller Arbeit“ ist offensichtlich (Voswinkel 2016). Derartige Motive und Bezüge tauchen deshalb in der seit einiger Zeit geführten Diskussion über „Sinn“ wie „Nützlichkeit und Nutzung von Arbeit“ (Nies 2015) und generell über „inhaltliche“ Arbeitsansprüche immer wieder auf (Hardering u.a. 2015, Nies 2019). Das gilt im Übrigen auch für den von uns herausgearbeiteten problematischen Status des Anspruchs auf Selbstverwirklichung in der Arbeit (Hardering/Lenz 2017).

Der Befund, dass Leistungsgerechtigkeit den unangefochtenen Kernanspruch der (meisten) Befragten an Erwerbsarbeit und Arbeitsorganisationen bildet, hatte uns angesichts einer häufig diagnostizierten Erosion und Krise des Leistungsprinzips wie auch der vorherrschenden neoliberalen „Markt“- und „Erfolgs“-Leitbilder in seiner Eindeutigkeit selbst erstaunt. Er ist auch von anderen als wichtig herausgestrichen worden (Flecker 2016 und 2017; Breisig 2018; Bahnmüller u.a. 2019). Immer deutlicher zeigt sich, dass die verbreitete

„objektive“ Diagnose, dass „Leistung“ – verstanden als Arbeitsanstrengung – in Betrieb und Gesellschaft immer weniger honoriert und tendenziell durch das „Markt“- oder „Erfolgsprinzip“ als Steuerungs- und Gratifizierungsparadigma von Organisationen abgelöst würde (Menz 2009, S. 197 ff.), bislang häufig viel zu umstandslos auf die subjektiven Orientierungen von Beschäftigten hin verlängert worden ist: Mit der Transformation von kapitalistischen Arbeitsgesellschaften in erfolgsorientierte Marktgesellschaften würden zugleich auch leistungsbasierte Gerechtigkeitsnormen aus dem moralischen Horizont der Gesellschaft verschwinden (Neckel 2001, 259; Neckel 2014). Die Beschäftigten halten indes, wie von uns (und auch anderen inzwischen) gezeigt, am Anspruch auf Leistungsgerechtigkeit und am Leistungsprinzip grundsätzlich fest. Die vielfältig erfahrenen Verletzungen dieses Anspruchs führen nicht dazu, dass dieser moralische Anspruch aufgegeben würde. Zentrales Kriterium der Bewertung einer „gerechten Leistung“ ist – bei allen Veränderungen der betrieblichen Leistungsanforderungen und allem Bedeutungsgewinn von Erfolgs- und Ergebniskriterien – auch weiterhin ein aufwandsbezogener Leistungsbegriff, und dem Leistungsprinzip kommt als „umstrittenem Versprechen des Kapitalismus“ (Aulenbacher u.a. 2017) in der Anspruchsperspektive der Arbeitenden weiterhin eine zentrale Bedeutung zu.

Diese Feststellung sollte durchaus – wie es Breisig (2018, S. 188) formuliert – ein Anlass zu einer „Reflexionsphase“ für die Arbeits- und Industriesoziologie sein. Denn nicht nur allein mit Blick auf die Leistungsgerechtigkeit zeigt sich, dass Manches von dem, was im Managementdiskurs, in offiziell propagierten Leitbildern und der öffentlichen wie wissenschaftlichen Debatte als vermeintlich zentrales aktuelles Kennzeichen oder brennende Problematik von Erwerbsarbeit im Vordergrund steht – zum Beispiel die „Tugenden“ und das Rollenbild eines sich selbst vermarktenden *Homo oeconomicus* (etwa als „Arbeitskraftunternehmer“), die Ablösung des Leistungs- durch das Erfolgsprinzip oder auch der Übergang von „industriellen“ Ordnungsvorstellungen zu „Netzwerk“- und „Projekt“-Leitbildern (und man könnte hier durchaus noch die allenthalben beschworene „Digitalisierung“ anfügen) – , in der anspruchsgeleiteten Wahrnehmung und Beurteilung heutiger Arbeitsrealitäten durch die Arbeitenden in unseren Befunden überaus blass blieb und in den uns diktierten Erzählungen über Arbeit und Betrieb häufig bloß als Marginalie vorkam oder sogar überhaupt keine Rolle spielte. Solche Diskrepanzen zwischen den „angesagten“ Themen und Problembeschreibungen und dem Problemverständnis wie der Relevanzzuschreibung der Beschäftigten waren in unseren Befunden teilweise sehr deutlich und haben sich in der Zwischenzeit, wie das Beispiel „Leistung“ zeigt, eher bestätigt.

Auf eine mögliche Begrenzung unseres Ansatzes der Ermittlung subjektiver Orientierungen hat dagegen Birke (2017) in der einzigen ausführlichen Rezension unseres Buches hingewiesen: Dieser Ansatz bleibe eventuell zu immanent und zu eng auf den Arbeitsprozess und die konkreten Arbeitserfahrungen fixiert. Dadurch entgingen ihm sozusagen erwerbsarbeitstranszendierende Phantasien und Exit-Hoffnungen, und das Leiden an der Arbeit werde theoretisch wie empirisch nicht hinreichend erfasst. Dass solche „transzendierenden" Orientierungen nicht hätten artikuliert und von uns registriert werden können, halten wir bei der gewählten sehr offenen und „induktiven" empirischen Herangehensweise für eher unwahrscheinlich, was freilich keinesfalls heißen soll, dass sie grundsätzlich nicht vorhanden wären. Die von uns in unserem Sample festgestellte „Erwerbsarbeitstranszendenz" schien sich aber eher im Rahmen „privatistischer Orientierungen" zu bewegen, ohne dass wir dies systematischer hätten herausarbeiten können (siehe z.B. Abschnitt 4.1.2). Umgekehrt sollte man vielleicht auch die potentielle Radikalität und „Systemtranszendenz" zum Beispiel weit verbreiteter Beteiligungs-, technisch-funktionaler oder auch Fürsorgeansprüche nicht unterschätzen. Die Kritik Birkes verweist aber in jedem Fall auf eine mögliche Blindstelle (nicht nur) unseres Ansatzes: Dieser impliziert, bei allem Insistieren auf dem *praktischen* Bewusstsein, wohl immer noch eine zu „rationalistische" oder „kognitivistische" Fassung von Ansprüchen und subjektiven Orientierungen und läuft Gefahr, die Gefühle und das Leiden der Arbeitenden an den Ungerechtigkeiten der Erwerbsarbeitssphäre wie die möglichen psychosozialen Dynamiken, die sich damit verbinden, nicht in den Blick zu bekommen.

Kommen wir zu der Frage nach dem *Wer?* Bei unserer Untersuchung lag zunächst der Akzent auf der Herausarbeitung der grundlegenden Anspruchsmuster oder Anspruchs-Grundstrukturen, um deren Wirksamkeit und je spezifischen Ausprägungen dann im Rahmen von exemplarischen konkreten betrieblichen Kontexten und „Konstellationen" genauer zu analysieren. Wir versuchen zu zeigen, wie die Ansprüche, gleichsam als Teil der Handlungsprogramme von ArbeitnehmerInnen, in den unterschiedlichsten Kontexten der Erwerbsarbeit wirksam werden und ihr konkretes Handeln beeinflussen: in Konstellationen „fragmentierter Arbeits- und Beschäftigungsordnungen", der „Wissensarbeit unter Marktdruck" oder der Dauer- oder einer Schließungskrise zum Beispiel (siehe Kap. 4). Die Bedingungen und Bestimmungsgründe jenes konkreten Handelns haben wir in solchen Konstellationsanalysen beispielhaft ausgelotet.

Bei diesen betrieblichen Konstellationen und ihrer Analyse stehen nicht direkt, als „unabhängige", „erklärende", bedingende Kontextvariablen, die gewohnten Kategorien der soziologischen Ungleichheitsforschung – wie Klassen(fraktionen), Schichten, soziale Großgruppen – im Vordergrund. Entsprechende „Zuordnungen" sind möglich, entsprechende „Hochrechnungen" (z.B. von konstellationsspezifischen auf schichtspezifische Anspruchsmuster) jedoch nicht. Zuordnungen zu entsprechenden Großgruppen liegen z.B. bei unseren

Konstellationen „prekärer Beschäftigung“, „Produktionsarbeit“ oder „Gemeinwohlarbeit“ nah und könnten noch weiter ausbuchstabiert werden. Gerade das übrigens, was wir „Gemeinwohlarbeit“ genannt haben (siehe dazu z.B. auch Vogel/Pfeuffer 2019) und hier vor allem der Bereich Pflege- und Sorgearbeit wie auch die zunehmenden „Sorgekämpfe“, hat seit der Erstauflage noch einmal an gesellschaftlicher Aufmerksamkeit gewonnen und wird – auch in der hier im Vordergrund stehenden Perspektive – intensiver „beforscht“ (z.B. Dammayr 2019; Artus u.a. 2017, darin auch Menz 2017).

Im letztgenannten Fall zeigt sich allerdings durchaus, dass der methodische Zuschnitt auf die konkreten Konstellationen, wie wir ihn in unserer Studie verfolgt haben, für weiterreichende Diagnosen und Prognosen hinsichtlich gesellschaftlicher Mobilisierungs- und Transformationsprozesse womöglich zu eng ist. Im Fall einer untersuchten Gruppe von ErzieherInnen in einer süddeutschen Großstadt hatten wir ein hohes, normativ begründetes interessenpolitisches Mobilisierungspotenzial identifiziert und dies aus dem Zusammenschluss von Ansprüchen auf Leistungsgerechtigkeit und auf Fürsorge erklärt; als wichtig für die Mobilisierungsdynamik hatten wir zugleich Risse in der Legitimität von Austeritätspolitiken und Sparzwängen benannt (Abschnitt 4.1.3). Gerade dies erschien uns indes – im Fallvergleich mit einer westdeutschen Kommune unter prekären Finanzierungsbedingungen – als eher konstellationsspezifisch. Die weitreichenden Mobilisierungsprozesse im Streik des Sozial- und Erziehungsdienstes 2015, die sich für unseren Untersuchungsfall bereits deutlich abzeichneten, scheinen unsere stärker konstellationsbezogene Interpretation zu relativieren, denn die Streikbewegung reichte weit über finanziell besser gestellte Kommunen, wie die von uns untersuchte süddeutsche, hinaus. Allerdings blieben die Beschäftigten und ihre gewerkschaftliche Interessenvertretung in dieser Kommune auch im Streik 2015 ein wichtiges „Zugpferd“; ihr Mobilisierungsgrad überschritt diejenige anderer Regionen erheblich. Deutlich wurde aber an dieser Streikbewegung: Die politische Einhegung von Gerechtigkeitsansprüchen durch den Verweis auf leere Kassen hat in den letzten Jahren immer weniger Bestand; die staatliche Austeritätspolitik scheint in eine generelle Legitimationskrise zu schlittern.

In anderer Hinsicht fühlen wir uns durch die wachsenden Mobilisierungsprozesse in den sozialen Dienstleistungen (genauer genommen: in bestimmten Teilbereichen davon wie in den Sozial- und Erziehungsdiensten, in – einigen – Kliniken; weniger in der Altenpflege) in unserem Ansatz bestätigt: Die Entstehung kollektiver interessenpolitischer Aktivitäten lässt sich nicht verstehen, ohne die soziale Dynamik normativer Anspruchsverletzungen in den Mittelpunkt zu rücken. Der vorherrschende Fokus auf die verfügbaren Machtressourcen (Schmalz/Dörre 2013, 2014) erklärt plausibel die letztlich eher geringen materiellen Erfolge der Streikbewegung, aber nicht ihre Entstehung, die sich nicht begreifen lässt ohne die moralische Empörung über die Minderbewertung der eigenen Arbeitsleistung und die Missachtung des Fürsorgeprinzips, die unser Analyseansatz freilegt. Einen scheinbaren Ausweg bietet die Möglichkeit, die normativen Ansprüche der Beschäftigten selbst als Machtressource zu redefinieren (Becker u.a. 2017); daraus ergibt sich freilich die Merkwürdigkeit, die Motivation zu Aktivität und Mobilisierung strukturlogisch immer schon vorauszusetzen und die normativen Ansprüche (wie etwa ein Carearbeitsethos) dann als ein bloßes Mittel zu ihrer Realisierung anzusehen (Menz/Nies 2016, Menz 2017).

Als eine relevante soziale Untergruppe haben wir selbst die „jungen ArbeitnehmerInnen" - die 25- bis 34-Jährigen - aus unserem Sample einer konstellationsübergreifenden Anspruchsanalyse unterzogen. Dazu erfolgte eine ausführliche Sonderauswertung des erhobenen Materials im Rahmen eines Anschlussprojektes, das ebenfalls von der Hans-Böckler-Stiftung finanziert wurde (Nies/Tullius 2017). Als besonders beachtenswert erscheint uns dabei der Befund, dass weniger generationenspezifische Kohorteneffekte (wie diverse „Generationenstudien" nahelegen würden) als vielmehr lebensphasenspezifische bzw. erwerbsbiografische Erfahrungen einen Einfluss auf arbeitsbezogene Anspruchsmuster Jüngerer haben. Anders formuliert: Die Erwerbsorientierungen und Anspruchsmuster jüngerer Befragter gleichen sich mit zunehmender Erwerbsarbeitserfahrung jenen älterer Alterskohorten an. Dabei spielt eine große Rolle, dass nahezu alle Jüngeren Erfahrungen mit allemal unsicheren, teilweise prekären Übergängen in Erwerbsarbeit haben machen müssen, wobei diese Erfahrungen nur selten explizit problematisiert oder kritisch gegen die herrschende arbeitsweltliche Ordnung gewendet wurden.

Ein Gutteil der arbeitssoziologischen Bewusstseinsforschung konzentriert sich nach wie vor eher auf die Ebene des diskursiven Bewusstseins von ArbeitnehmerInnen (wie z.B. auch Goes [2015] in seiner Studie über die Deutungsmuster von prekär Beschäftigten im Großhandel) oder deren „Gesellschaftsbild" (ebenfalls von „Prekären": Lütten/Köster 2019). Im Zuge der wachsenden Bedeutung und der zunehmenden Aufmerksamkeit für rechtspopulistische Bewegungen und Parteien ist in den vergangenen Jahren vor allem das Interesse an den politischen Orientierungen von ArbeitnehmerInnen stark gestiegen und die Frage nach einem rechtspopulistischen oder -extremen Bewusstsein in der Arbeiterschaft in den Vordergrund gerückt worden (Becker u.a. 2018; Sauer u.a. 2018). Da wir keine systematisch zur Beantwortung solcher Fragen erhobene Empirie anbieten können (und zu einer Zeit Erhebungen durchgeführt haben [2012/13], als viele der heute relevanten Sachverhalte noch andere Namen hatten und andere Formen annahmen), können wir aus unserer Forschungsperspektive zu dieser Diskussion allenfalls weitere klärende Mosaiksteine beisteuern. Mit der somit gebotenen Vorsicht sind neben den vorhandenen demokratischen Deutungsperspektiven der eruierten Anspruchsmuster in unserem Material deutliche Hinweise auf Verunsicherungserfahrungen in der Erwerbsarbeit zu finden, die mit Deutungsmustern einhergehen, die für rechtspopulistische Positionen „anschlussfähig" sind (Wolf 2018).

Eine mögliche Erklärungshypothese für rechtspopulistische Abwertungen und Ausgrenzungen, die an unsere Befunde der „Verschiebung der Vergleichshorizonte" (Abschnitt 4.3) sowie der Persistenz des Leistungsprinzips anschließt und die wir in zwei Aufsätzen ausführlich dargelegt haben (Menz/Nies 2019a,b), lässt sich so zusammenfassen: Die Beschäftigten beharren, wie unsere Studie zeigt, auf der normativen Gültigkeit von Leistungsgerechtigkeit; sie sehen zudem ihre erreichten Positionen in Betrieb und Arbeit als (berechtigtes) Ergebnis der eigenen Anstrengungen und Aufwände an; dies bildet die Basis ihres Vertrauens in die eigene Leistungsfähigkeit. Dieses Vertrauen wird allerdings durch beständige Reorganisationsprozesse und eine steigende Bedeutung der Marktbewertung von Leistung mehr und mehr verunsichert (wie auch unsere Studien zu Arbeitsbelastungen gezeigt haben: Menz u.a. 2011, Nies 2015). Parallel dazu wächst das Bewusstsein dafür, dass das Leistungsprinzip für andere Gruppen offenbar die faktische Gültigkeit schon verloren hat: Leiharbeiter werden in der Krise entlassen, ohne dass dies auf ihr eigenes mangelndes Leistungsverhalten zurückführbar wäre; jüngere Beschäftigte verdienen grundlos weniger; die Eurokrise trifft in Südeuropa viele Menschen, denen selbst keinerlei Schuld daran zugeschrieben werden kann; und Analoges gilt nun für die – zumindest medial – immer präsenteren Geflüchteten. Aus den entsprechend sinkenden Vergleichshorizonten entsteht die Vorstellung, dass es einem selbst eigentlich noch relativ gut geht – doch zugleich dämmert die Erkenntnis, dass die eigene Position weder allein durch Leistung künftig stabilisiert werden kann, noch dass die eigene „relativ gute" soziale Stellung überhaupt primär durch erbrachte Leistungsaufwände selbst erarbeitet worden sein kann. Der Abwehr dieser unliebsamen Einsichten kann nun die massive Abwertung derjenigen dienen, die uns durch ihre bloße Existenz auf jene Zusammenhänge hinweisen (wie etwa Geflüchtete, vermeintlich faule Griechen). Entsprechende Deutungsmuster dafür stellen rechtspopulistische und rassistische Ideologien bereit.

Wie kann es nun weiter gehen? Konturen einer Forschungsagenda, die sich ausgehend von unseren bisherigen Arbeiten abzeichnen, sind bereits sichtbar geworden, und auf erste Schritte, die wir selbst schon gegangen sind, wurde oben schon hingewiesen. Neben pointierten Zusammenfassungen und Weiterführungen von Teilaspekten (Tullius/Wolf 2015, 2016; Menz/Nies 2016, 2018; Menz/Tullius 2015, Menz 2017, 2018, Wolf 2017) sind hier die „sekundäranalytischen" Nutzungen des empirischen Materials für die Betrachtung der „Jungen" (s.o.; Nies/Tullius 2017) wie auch der gerade erwähnte Beitrag zur

Rechtspopulismus-Debatte zu nennen. Vor allem die weitere sekundäranalytische Auseinandersetzung mit dem großen Material-Korpus an Beschäftigteninterviews und Gruppendiskussionen, das wir im Rahmen unserer Studie zusammentrugen und das digitalisiert und auch für Dritte prinzipiell zugänglich vorliegt, dürfte sich weiter als nutzbringend erweisen. Im Forschungsverbund „eLabour" (http://elabour.de) entstand bereits eine Reihe von Sekundäranalysen zum Arbeitsbewusstsein, die teilweise auch auf dieses Korpus zurückgreifen (vgl. Mayer-Ahuja u.a. 2019 und darin Wolf 2019, Menz/Nies 2019 sowie Lütten/Köster 2019). Durch das Einbringen unseres empirischen Materials in die mit „eLabour" entstehende Forschungsumgebung steht es in geeigneter Form für weitere Forschungsinitiativen auch von Dritten zur Verfügung.

Naheliegend ist auch eine Übertragung des Forschungsansatzes auf weitere, speziell neue Arbeitsformen und ein Vergleich der empirischen Befunde zu Beschäftigtenansprüchen. In die Studie ging ein breites Spektrum von Tätigkeiten, Branchen und Arbeitsformen ein, die aber alle die Gemeinsamkeit hatten, zu betrieblich organisierter abhängiger Beschäftigung zu zählen. Welche Herausforderungen bieten nun beispielsweise neue digitale Arbeitsformen und „Geschäftsmodelle", die von herkömmlichen betrieblichen Organisationsweisen von Arbeit abweichen? Was sind potenzielle Legitimationsprobleme dieser neuen digitalisierten Arbeitswelten? Für einen Ausschnitt von digitaler Arbeit, nämlich Crowdworking, haben wir versucht, explorativ zu erkunden, wo die Ansprüche der Beschäftigten mit den Verheißungen dieser Arbeitsform und ihrer praktischen Realität in Konflikt geraten könnten (Menz/Cardenas 2017). Einen weiteren Beitrag dazu möchten wir in einem derzeit laufenden Forschungsprojekt an der Universität Hamburg („Teilhabe durch Crowdworking") leisten.

Eine ebenfalls weiterführende eigene Forschungsinitiative schließlich zielt auf ein breiter und auf Langzeitbeobachtung angelegtes, qualitativ-empirisches „Mentalitätsmonitoring". An unseren Fokus auf Ansprüche und praktisches Bewusstsein anschließend und diesen verbreiternd, ist eine Arbeitsgruppe am SOFI gegenwärtig dabei, ein Konzept von Mentalität zu entwickeln und Umsetzungsschritte vorzubereiten, das u.a. an der Geiger'schen Gegenüberstellung von Ideologien („Überzeugungsinhalte", „diskursives Bewusstsein", Welt- und Gesellschaftsbilder) und Mentalitäten (im Sinne von „Haltungen", „Geistesverfassungen", „Lebensrichtungen" in den Formulierungen Theodor Geigers; vgl. Knoblauch 2010, S. 317) ansetzt. Das projektierte „Mentalitätsmonitoring" soll unseren Anspruchs-Ansatz in eine neue Form der qualitativ-empirischen Panel-Untersuchung integrieren, die zugleich über dessen arbeitsweltlichen Fokus hinausgeht und weitere lebensweltliche Erfahrungszusammenhänge (im familiären, freundschaftlichen, nachbarschaftlichen und zivilgesellschaftlichen Umfeld) und „soziale Milieus" (Vester u.a. 2015) einbezieht.

Unser Ansatz einer arbeitssoziologischen Anspruchsforschung und einer Soziologie der Legitimation und Kritik hat sich also bisher alles in allem in mancherlei Hinsicht als „anschlussfähig“ erwiesen, insbesondere für den wieder breiter gewordenen Strom arbeitssoziologischer Bewusstseinsforschung, und kann für seine Fortführung wie für seine notwendigen Erweiterungen, wie wir meinen, auch künftig noch weiter fruchtbar gemacht werden.

Nick Kratzer, Wolfgang Menz, Knut Tullius, Harald Wolf
München, Hamburg und Göttingen im Juli 2019

Literatur

Abel, Jörg/Hirsch-Kreinsen, Hartmut/Ittermann, Peter (2014): Einfacharbeit in der Industrie. Strukturen, Verbreitung, Perspektiven. Berlin

Acker, Joan (1990): Hierarchies, Jobs, Bodies. A Theory of Gendered Organizations. In: Gender & Society, Vol. 4/No. 2, S. 139–158

Ahlers, Elke/Öz, Fikret/Ziegler, Astrid (2007): Standortverlagerung in Deutschland – einige empirische und politische Befunde. Düsseldorf

Artus, Ingrid/Birke, Peter/Kerber-Clasen, Stefan/Menz, Wolfgang (Hg.) (2017): *Sorge-Kämpfe. Auseinandersetzungen um Arbeit in sozialen Dienstleistungen*. Hamburg

Artus, Ingrid/Pflüger, Jessica (2015): Feminisierung von Arbeitskonflikten. Überlegungen zur gendersensiblen Analyse von Streiks. In: Arbeits- und Industriesoziologische Studien 8 (2), S. 92–108.

Aspers, Patrik/Beckert, Jens 2008: Märkte. In: Maurer, Andrea (Hg.): Handbuch der Wirtschaftssoziologie. Wiesbaden, S. 225–246

Aulenbacher, Brigitte/Dammayr, Doris (2014a): Zwischen Anspruch und Wirklichkeit: Zur Ganzheitlichkeit und Rationalisierung des Sorgens und der Sorgearbeit. In: Aulenbacher, Brigitte/ Riegraf, Brigitte/Theobald, Hildegard (Hg.): Sorge: Arbeit, Verhältnisse, Regime. Sonderband 20 der Sozialen Welt. Baden-Baden, S. 125–140

Aulenbacher, Brigitte/Dammayr, Doris (Hg.) (2014b): Für sich und andere sorgen. Krise und Zukunft von Care in der modernen Gesellschaft. Weinheim, Basel

Aulenbacher, Brigitte/Dammayr, Doris/Décieux, Fabienne (2015): Prekäre Sorge, Sorgearbeit und Sorgeproteste. Über die Sorglosigkeit des Kapitalismus und eine sorgsame Gesellschaft. In: Völker, Susanne/Amacker, Michèle (Hg.): Prekarisierungen. Arbeit, Sorge, Politik. Weinheim, Basel, S. 59–74

Aulenbacher, Brigitte/Dammayr, Maria/Dörre, Klaus/Menz, Wolfgang/Riegraf, Birgit/Wolf, Harald (Hg.) (2017): *Leistung und Gerechtigkeit. Das umstrittene Versprechen des Kapitalismus*. Weinheim, Basel

Badigannavar, Vidu/Kelly, John (2005): Why are Some Union Organizing Campaigns More Successful Than Others? In: British Journal of Industrial Relations, Vol. 43/No. 3, S. 515–535

Baethge, Martin (1991): Arbeit, Vergesellschaftung, Identität – Zur zunehmenden normativen Subjektivierung der Arbeit. In: Zapf, Wolfgang (Hg.): Die Modernisierung moderner Gesellschaften – Verhandlungen des 25. Deutschen Soziologentages in Frankfurt am Main 1990. Frankfurt/M., New York, S. 6–19

Baethge, Martin/Oberbeck, Herbert (1986): Zukunft der Angestellten. Neue Technologien und berufliche Perspektiven in Büro und Verwaltung. Frankfurt/M.

Bahnmüller, Reinhard (2002): Wandel der Leistungsentlohnung: Ausmaß, Ziele, Formen. In: Sauer, Dieter (Hg.): Dienst – Leistung(s) – Arbeit. München, S. 35–60

Bahnmüller, Reinhard/Hoppe, Markus/Mugler, Walter/Salm, Rainer/Schwarz-Kocher, Martin (2019), Wohin treibt die Leistungsentlohnung? Befunde aus der Metall- und Elektroindustrie, *Industrielle Beziehungen* 26 (1), S. 5–34

Baszenski, Norbert/Stowasser, Sascha (2013): Flexibilität in Unternehmen der Metall- und Elektroindustrie. In: Bornewasser, Manfred/Zülch, Gert (Hg.): Arbeitszeit – Zeitarbeit. Flexibilisierung der Arbeit als Antwort auf die Globalisierung. Wiesbaden, S. 61–76

Becker, Karina/Dörre, Klaus/Reif-Spirek, Peter (Hg.) (2018): Arbeiterbewegung von rechts? Ungleichheit - Verteilungskämpfe - populistische Revolte. Frankfurt/New York

Becker, Karina/Kutlu, Yalcin/Schmalz, Stefan (2017): Die mobilisierende Rolle des Berufsethos. Kollektive Machtressourcen im Care-Bereich. In: Artus, Ingrid/Birke, Peter/Kerber-Clasen, Stefan/Menz, Wolfgang (Hg.): Sorge-Kämpfe. Auseinandersetzungen um Arbeit in sozialen Dienstleistungen. Hamburg, S. 255–277.

Bergmann, Joachim/Bürckmann, Erwin/Dabrowski, Hartmut (2002): Krisen und Krisenerfahrungen. Einschätzungen und Deutungen von Betriebsräten und Vertrauensleuten. Supplement der Zeitschrift Sozialismus 4/2002

Bertelsmann Stiftung (2011): Studienergebnisse zur Presseerklärung „Gerechter Arbeitsmarkt“, November 2011, Gütersloh

Bertelsmann Stiftung (2013): Kommunaler Finanzreport 2013. Einnahmen, Ausgaben und Verschuldung im Ländervergleich. Gütersloh

Beyer, Jürgen (2013): Varieties of Capitalism. In: Hirsch-Kreinsen, Hartmut/Minssen, Heiner (Hg.): Lexikon der Arbeits- und Industriesoziologie. Berlin, S. 473–478

Bierbaum, Christiane/Bischoff, Joachim/Eppenstein, David/Herkommer, Sebastian/Moldauer, Karlheinz/Martin, Arnhild (1977): Ende der Illusionen? Bewußtseinsveränderungen in der Wirtschaftskrise. Köln

Billmann, Lucie/Held, Josef (2013): Einführung. Solidarität, kollektives Handeln und Widerstand. In: Billmann, Lucie/Held, Josef (Hg.): Solidarität in der Krise. Gesellschaftliche, soziale und individuelle Voraussetzungen solidarischer Praxis. Wiesbaden, S. 13–29

Birke, Peter (2017), Besprechung von Kratzer/Menz/Tullius/Wolf, Legitimationsprobleme in der Erwerbsarbeit, Sozial.Geschichte Online, Nr. 20, S. 215–226

Bischoff, Joachim/Detje, Richard/Lieber, Christoph/Müller, Bernhard/Siebecke, Gerd (2010): Die Große Krise. Finanzmarktcrash – verfestigte Unterklasse – Alltagsbewusstsein – Solidarische Ökonomie. Hamburg

Blyton, Paul/Jenkins, Lean (2013): Mobilizing Protest: Insights from Two Factory Closures. In: British Journal of Industrial Relations, Vol. 51/No. 4, S. 733–753

Böhle, Fritz (2012): Neue Anforderungen an Kompetenzen industrieller Fachkräfte. In: Hirsch-Kreinsen/Hartmut/Lay, Gunter Lay/Abel, Jörg (Hg.): Sozialwissenschaftliche Beiträge zur Produktionsforschung, Stuttgart, S. 43–54

Bogumil, Jörg/Grohs, Stephan/Kuhlmann, Sabine/Ohm, Anna K. (2007): Zehn Jahre Neues Steuerungsmodell. Eine Bilanz kommunaler Verwaltungsmodernisierung. Berlin

Bohnsack, Ralf (2000): Rekonstruktive Sozialforschung – Einführung in Methodologie und Praxis qualitativer Forschung (4. Aufl.). Opladen

Bohnsack, Ralf/Nentwig-Gesemann, Iris/Nohl, Arnd-Michael (Hg.) (2001): Die dokumentarische Methode und ihre Forschungspraxis. Opladen

Bohnsack, Ralf/Przyborski, Aglaja/Schäffer, Burkhard (Hg.) (2006): Das Gruppendiskussionsverfahren in der Forschungspraxis. Opladen

Bogner, Alexander/Littig, Beate/Menz, Wolfgang (2014): Interviews mit Experten. Eine praxisorientierte Einführung. Wiesbaden

Boltanski, Luc/Chiapello, Ève (2003): Der neue Geist des Kapitalismus. Konstanz

Boltanski, Luc/Honneth, Axel (2009): Soziologie der Kritik oder Kritische Theorie? Ein Gespräch mit Robin Celikates. In: Jaeggi, Rahel/Wesche, Tilo (Hg.): Was ist Kritik? Philosophische Positionen. Frankfurt/M., S. 81–114

Boltanski, Luc/Thévenot, Laurent (2007): Über die Rechtfertigung. Eine Soziologie der kritischen Urteilskraft. Hamburg

Bora, Alfons/Epp, Astrid (2000): Die imaginäre Einheit der Diskurse. Zur Funktion von „Verfahrensgerechtigkeit". In: Kölner Zeitschrift für Soziologie und Sozialpsychologie, Jg. 52/Heft 1, S. 1–35

Brandt, Gerhard (1990): Marx und die neuere deutsche Industriesoziologie. In: Brandt, Gerhard: Arbeit, Technik und gesellschaftliche Entwicklung. Frankfurt/M., S. 254–280

Braverman, Harry (1985): Die Arbeit im modernen Produktionsprozess. Studienausgabe (2. Aufl.; orig. 1977). Frankfurt/M., New York

Breisig, Thomas (2018): Arbeiten Sie noch oder leisten Sie schon? Ein Essay über Entwicklungen und Praktiken der betrieblichen Leistungspolitik. In: Zeitschrift für Arbeitswissenschaft 72 (3), S. 185–189

Brinkmann, Ulrich/Choi, Hae-Lin/Detje, Richard/Dörre, Klaus/Holst, Hajo/Karakayali, Serhat/Schmalstieg, Catharina (2008): Strategic Unionism: Aus der Krise zur Erneuerung? Umrisse eines Forschungsprogramms. Wiesbaden

Brock, Ditmar/Vetter, Hans-Rolf (1982): Alltägliche Arbeiterexistenz. Soziologische Rekonstruktionen des Zusammenhangs von Lohnarbeit und Biographie. Frankfurt/M., New York

Bröckling, Ulrich (2007): Das unternehmerische Selbst. Soziologie einer Subjektivierungsform. Frankfurt/M.

Brunsson, Nils (2002): The Organization of Hypocrisy. Talk, Decisions and Action in Organizations (2. Aufl.). Kopenhagen

Buschmeyer, Anna (2013): Zwischen Vorbild und Verdacht. Wie Männer im Erzieherberuf Männlichkeit konstruieren. Wiesbaden

Celikates, Robin (2009): Kritik als soziale Praxis. Gesellschaftliche Selbstverständigung und kritische Theorie. Frankfurt/M., New York

Conradi, Elisabeth (2001): Take Care. Grundlagen einer Ethik der Achtsamkeit. Frankfurt/M., New York

Dammayr, Maria (2019), Legitime Leistungspolitiken? Leistung, Gerechtigkeit und Kritik in der Altenpflege. Weinheim, Basel

Davey, Liane M./Bobocel, D. Ramona/Hing, Leanne S. Son/Zanna, Mark P. (1999): Preference for the Merit Principle Scale: An Individual Difference Measure of Distributive Justice Preferences. In: Social Justice Research, Vol. 3/No. 12, S. 223–240

Demirovic, Alex/Dück, Julia/Becker, Florian/Bader, Pauline (Hg.) (2011): VielfachKrise im finanzmarktdominierten Kapitalismus. Hamburg

Detje, Richard/Menz, Wolfgang/Nies, Sarah/Sauer, Dieter (2011): Krise ohne Konflikt? Interessen- und Handlungsorientierungen im Betrieb – die Sicht von Betroffenen. Hamburg

Detje, Richard/Menz, Wolfgang/Nies, Sarah/Sauer, Dieter/Bischoff, Joachim (2013): Krisenerfahrungen und Politik. Der Blick von unten auf Betrieb, Gewerkschaft und Staat. Hamburg

Deutschmann, Christoph (2012): Die Legitimität des Kapitalismus: eine wirtschaftssoziologische Sicht. In: Geis, Anna/Nullmeier, Frank/Daase, Christopher (Hg.): Der Aufstieg der Legitimitätspolitik. Rechtfertigung und Kritik politisch-ökonomischer Ordnungen. Leviathan Sonderband 27. Baden-Baden, S. 245–261

DGB-Index Gute Arbeit GmbH (2010): Repräsentativerhebung 2010. Wie die Beschäftigten die Arbeitsbedingungen in Deutschland beurteilen. Berlin

Dispan, Jürgen (2009): Werkzeugmaschinenbau 2009. Krisenwirkungen und aktuelle Herausforderungen. Informationsdienst des IMU-Instituts Heft 5/2009

DIW Berlin (2013): Handelt es sich bei Ihrem jetzigen Arbeitsverhältnis um ein Zeitarbeits- bzw. Leiharbeitsverhältnis? (Internet: http://de.statista.com/statistik/daten/studie/179865/ umfrage/ zeitarbeit-oder-leiharbeit-im-jetzigen-arbeitsverhaeltnis/; Zugriff am 12. Mai 2015)

Dörre, Klaus (2002): Kampf um Beteiligung. Arbeit, Partizipation und industrielle Beziehungen im flexiblen Kapitalismus. Wiesbaden

Dörre, Klaus/Happ, Anja/Matuschek, Ingo (Hg.) (2013): Das Gesellschaftsbild der LohnarbeiterInnen. Soziologische Untersuchungen in ost- und westdeutschen Industriebetrieben. Hamburg

Dörre, Klaus/Schmalz, Stefan (Hg.) (2013): Comeback der Gewerkschaften? Machtressourcen, innovative Praktiken, internationale Perspektiven. Frankfurt/M., New York

Dröge, Kai/Neckel, Sighard/Somm, Irene (2006): Das Leistungsprinzip als Deutungsressource. Zur Rekonstruktion von gesellschaftlichem Bewertungswissen. In: Bohnsack, Ralf/Przyborski, Aglaja/Schäffer, Burkhard (Hg.): Das Gruppendiskussionsverfahren in der Forschungspraxis. Opladen, S. 203–215

Dubet, François (2008): Ungerechtigkeiten. Zum subjektiven Ungerechtigkeitsempfinden am Arbeitsplatz. Hamburg

Dubet, François (2014): Der Wille zur Gleichheit. Ein Zwischenruf zu Ungleichheit und Solidarität in Europa. In: Mittelweg, Jg. 36/Heft 2, S. 97–112

Dulitz, Sonja (2012): Ingenieursbefragung 2012. Ergebnisse. ZVEI Abteilung Forschung, Berufsbildung, Fertigungstechnik (Internet:http://www.zvei.org/Publikationen/Ing-Umfrage%202012%20Ergebnisse.pdf; zuletzt aufgerufen am 7.8.2014)

Eckart, Christel/Herding, Richard/Jaerisch, Ursula/Japp, Klaus/Kirchlechner, Berndt (1974): Soziale Ungleichheit und materielle Ansprüche. Veränderungen der Interessenorientierung von Arbeitern und Angestellten. Forschungsbericht, Band 1. Frankfurt/M.

Ehrenberg, Alain (2004): Das erschöpfte Selbst. Depression und Gesellschaft in der Gegenwart. Frankfurt/M., New York

Eicker-Wolf, Kai/Truger, Achim (2012): Kommunalfinanzbericht 2012. Entwicklung und Perspektiven der Kommunalfinanzen in Nordrhein-Westfalen. Düsseldorf

Ekardt, Hanns-Peter/Löffler, Reiner/Hengstenberg, Heike (1992): Arbeitssituationen von Firmenbauleitern. Frankfurt/M., New York

Engler, Wolfgang (2005): Der Herbst der guten Arbeit und der Osten Deutschlands – Essay. In: Aus Politik und Zeitgeschichte, Heft 15, S. 6–9

Ernst & Young (2012): Kommunen in der Finanzkrise: Status quo und Handlungsoptionen 2012/13. Ergebnisse eine Befragung von 300 deutschen Kommunen. o.O. (Broschüre)

Faust, Michael/Bahnmüller, Reinhard/Fisecker, Christiane (2011): Das kapitalmarktorientierte Unternehmen. Externe Erwartungen, Unternehmenspolitik, Personalwesen und Mitbestimmung. Berlin

Feministische Studien (2000): Fürsorge – Anerkennung – Arbeit. Weinheim

Flecker, Jörg (2016): Leistung und Inklusion in kommerzialisierten Dienstleistungen und fragmentierter Beschäftigung. In: Österreichische Zeitschrift für Politikwissenschaft 45 (1), S. 37–49

Flecker, Jörg (2017): Arbeit und Beschäftigung. Eine soziologische Einführung, Wien

Flick, Uwe (1998): Qualitative Forschung – Theorie, Methoden, Anwendung in Psychologie und Sozialwissenschaften (3. Aufl.). Reinbek

Flick, Uwe (2007): Qualitative Sozialforschung. Eine Einführung. Reinbek

Fuchs, Martina/Kempermann, Hanno (2010): Regionale Auswirkungen der Krise 2008/2009 im Maschinenbau. Working Paper No. 2010-02. Köln

Fuchs, Tatjana/Trischler, Falko (2009): Arbeitsqualität aus Sicht von Erzieherinnen und Erziehern. Ergebnisse aus der Erhebung zum DGB-Index Gute Arbeit. Stadtbergen

Geis, Anna/Nullmeier, Frank/Daase, Christopher (Hg.) (2012): Der Aufstieg der Legitimitätspolitik. Rechtfertigung und Kritik politisch-ökonomischer Ordnungen. Leviathan Sonderband 27. Baden-Baden

Gerlmaier, Anja/Latniak, Erich (Hg.) (2011): Burnout in der IT-Branche. Ursachen und betriebliche Prävention. Kröning

Gerst, Detlef (2011): Sind ganzheitliche Produktionssysteme und Gute Arbeit vereinbar? In: Hirsch-Kreinsen, Hartmut/Minssen, Heiner (Hg.): Einfacharbeit: Ein vernachlässigter Sektor der Arbeitsforschung. Schwerpunktheft Arbeit, Jg. 20/Heft 3, S. 246–250

Gerst, Detlef/Hardwig, Thomas/Kuhlmann, Martin/Schumann, Michael (1995): Gruppenarbeit in den 90ern: Zwischen strukturkonservativer und strukturinnovativer Gestaltungsvariante. In: SOFI-Mitteilungen, Nr. 22, S. 39–65

Giddens, Anthony (1992): Die Konstitution der Gesellschaft. Grundzüge einer Theorie der Strukturierung. Frankfurt/M., New York

Giegel, Hans-Joachim/Frank, Gerhard/Billerbeck, Uli (1988): Industriearbeit und Selbstbehauptung. Berufsbiographische Orientierung und Gesundheitsverhalten in gefährdeten Lebensverhältnissen. Opladen

Gilligan, Carol (1984): Die andere Stimme. Lebenskonflikte und Moral der Frau. München, Zürich

Goes, Thomas E. (2015): Zwischen Disziplinierung und Gegenwehr. Wie Prekarisierung sich auf Beschäftigte im Großhandel auswirkt. Frankfurt/New York

Goldthorpe, John H./Lockwood, David/Bechhofer, Frank/Platt, Jennifer (1970): Der „wohlhabende“ Arbeiter in England, Band I: Industrielles Verhalten und Gesellschaft. München

Greifenstein, Ralph/Jansen, Peter/Kißler, Leo (1993): Gemanagte Partizipation: Qualitätszirkel in der deutschen und der französischen Automobilindustrie. München, Mering

Grewer, Hans-Günter/Matthäi, Ingrid/Reindl, Josef (2007): Der innovative Ältere. Warum die Entwickleruhr länger als sieben Jahre tickt. München, Mering

Habermas, Jürgen (1973): Legitimationsprobleme im Spätkapitalismus. Frankfurt/M., New York

Hack, Lothar/Brose, Hanns-Georg/Czasny, Karl/Hack, Ingrid/Hager, Frithjof/Moser, Roland/ Viesel, Karin (1979): Leistung und Herrschaft. Soziale Strukturzusammenhänge subjektiver Relevanz bei jüngeren Industriearbeitern. Frankfurt/M., New York

Hall, Stuart (2011): Eine permanente neoliberale Revolution? In: Das Argument, Bd. 53/Nr. 5, S. 651–671

Hall, Anja/Leppelmeier, Ingrid (2015): Erzieherinnen und Erzieher in der Erwerbstätigkeit. Ihre Arbeitsbedingungen, Arbeitsbelastungen und die Folgen. Bonn

Hardering, Friedericke/Lenz, Sarah (2017): Wie viel Nachhaltigkeit braucht gute Arbeit? Arbeitsansprüche in beruflichen Umbruchphasen. In: *Arbeits- und Industriesoziologische Studien* 10 (2), S. 7–19

Hardering, Friedericke/Will-Zocholl, Mascha/Hofmeister, Heather (2015): Sinn der Arbeit und sinnvolle Arbeit: Zur Einführung. In: Arbeit 24 (1–2), S. 3–12

Hartmann, Michael (2002): Der Mythos von den Leistungseliten. Frankfurt/M., New York Haug, Wolfgang Fritz (2012): Hightech-Kapitalismus in der Großen Krise. Hamburg HDE (2012): HDE-Zahlenspiegel 2012, Handelsverband Deutschland, Berlin

HDE (2014): HDE-Zahlenspiegel 2014, Handelsverband Deutschland, Berlin

Hegel, Georg Wilhelm Friedrich (1986): Vorlesungen über die Philosophie der Geschichte (Werke, Bd. 12). Frankfurt/M.

Heiden, Matthias/Jürgens, Kerstin (2013): Kräftemessen. Betriebe und Beschäftigte im Reproduktionskonflikt. Berlin

Heintz, Bettina (2010): Numerische Differenz. Überlegungen zu einer Soziologie des (quantitativen) Vergleichs. In: Zeitschrift für Soziologie, Jg. 39/Nr. 3, S. 162–181

Heil, Barbara/Wolf, Harald (2013): Arbeiterbewusstsein. In: Hirsch-Kreinsen, Hartmut/Minssen, Heiner (Hg.): Lexikon der Arbeits- und Industriesoziologie. Berlin, S. 53–58

Helfen, Markus/Nicklich, Manuel (2013): Zwischen institutioneller Kontinuität und De-Institutionalisierung – Industrielle Dienstleistungen als Parallelwelt überbetrieblicher Arbeitsbeziehungen. In: Berliner Journal für Soziologie, Jg. 23, Heft 471–491

Helfferich, Cornelia (2004): Die Qualität qualitativer Daten. Wiesbaden

Hermanns, Harry (1995): Narratives Interview. In: Flick, Uwe/Kardorff, Ernst von/Keupp, Heiner/ Rosenstiel, Lutz/Wolff, Stephan (Hg.): Handbuch Qualitative Sozialforschung. Weinheim, S. 182–185

Hessinger, Philipp/Wagner, Gabriele (Hg.) (2008): Ein neuer Geist des Kapitalismus? Wiesbaden

Hielscher, Volker/Nock, Lukas/Kirchen-Peters, Sabine/Blass, Kerstin (2013): Zwischen Kosten, Zeit und Anspruch. Das alltägliche Dilemma sozialer Dienstleistungsarbeit. Wiesbaden

Hochschild, Arlie Russell (1990): Das gekaufte Herz. Zur Kommerzialisierung der Gefühle. Frankfurt/M., New York

Höffe, Otfried (2015): Kritik der Freiheit. Das Grundproblem der Moderne. München

Holst, Hajo (2009): Disziplinierung durch Leiharbeit? Neue Nutzungsstrategien von Leiharbeit und ihre arbeitspolitischen Folgen. In: WSI-Mitteilungen, Jg. 62/Heft 3, S. 143–149

Holst, Hajo/Singe, Ingo (2013): Ungleiche Parallelwelten – Zur Organisation von Arbeit in der Paketzustellung. In: Arbeits- und Industriesoziologische Studien, Jg. 6/Nr. 2, S. 41– 60

Holtgrewe, Ursula (2002): Narratives Interview. In: Kühl, Stefan/Strodtholz, Petra (Hg.): Methoden der Organisationsforschung. Ein Handbuch. Reinbek, S. 71–102

Honneth, Axel (1994): Kampf um Anerkennung. Zur moralischen Grammatik sozialer Konflikte. Frankfurt/M.

Honneth, Axel (2002): Organisierte Selbstverwirklichung. Paradoxien der Individualisierung. In: Honneth, Axel (Hg.): Befreiung aus der Mündigkeit. Paradoxien des gegenwärtigen Kapitalismus. Frankfurt/M., New York, S. 141–158

Honneth, Axel (2011): Das Recht der Freiheit. Grundriß einer demokratischen Sittlichkeit. Berlin

Hürtgen, Stefanie/Voswinkel, Stephan (2014): Nichtnormale Normalität? Anspruchslogiken aus der Arbeitnehmermitte. Berlin

Hürtgen, Stefanie/Voswinkel, Stephan (2012): Lebensorientierungen als subjektive Zugänge zum Wandel der Arbeit. In: Arbeits- und Industriesoziologische Studien, Jg. 5/Nr. 2, S. 54–67

IG Metall (2013): Längst kein Randphänomen mehr (Internet: http://www.igmetall.de/werk vertraege-von-der-ausnahme-zur-regel-12537.htm; zuletzt aufgerufen am 18.6.2014)

Institut für Demoskopie Allensbach (2010): Einstellungen zur sozialen Marktwirtschaft in Deutschland am Jahresanfang 2010. Erkenntnisse aus repräsentativen Trendfortschreibungen. Gütersloh

Jaffee, Sara/Hyde, Janet Shibley (2000): Gender differences in moral orientation: A metaanalysis. In: Psychological Bulletin, Vol. 126/No. 5, S. 703–726

Jurczyk, Karin/Rerrich, Maria S. (Hg.) (1993): Die Arbeit des Alltags. Beiträge zu einer Soziologie der alltäglichen Lebensführung. Freiburg

Kädtler, Jürgen (2006): Sozialpartnerschaft im Umbruch. Industrielle Beziehungen unter den Bedingungen von Globalisierung und Finanzmarktkapitalismus. Hamburg

Kädtler, Jürgen (2010): Finanzmärkte und Finanzialisierung. In: Böhle, Fritz/Voß, G. Günter/ Wachtler, Günther (Hg.): Handbuch Arbeitssoziologie. Wiesbaden, S. 619–639

Kädtler, Jürgen (Hg.) (2012): Sozialpartnerschaft in der Krise – Bewährung oder Krise der Sozialpartnerschaft? Schwerpunktheft der Industriellen Beziehungen, Jg. 19./Heft 4

Kämpf, Tobias (2008): Die neue Unsicherheit. Folgen der Globalisierung für hochqualifizierte Arbeitnehmer. Frankfurt/New York

Kelly, John (1998): Rethinking Industrial Relations. Mobilization, Collectivism and Long Waves. London, New York

Kerber-Clasen, Stefan (2014a): Gewerkschaftliches Interessenhandeln im Bereich kommunaler Kindertagesstätten – Voraussetzungen, Formen, Ergebnisse. In: Industrielle Beziehungen, Jg. 21/Heft 3, S. 238–256

Kerber-Clasen, Stefan (2014b): Pädagogische Fachkräfte als AkteurInnen (in) der Reorganisation der Kitas. München, ISF: Vortrag beim Expertenworkshop „Care-Work, Ungerechtigkeit und Aktivierung. Interessenpolitische Perspektiven sozialer Dienstleistungen"

Kern, Horst/Schumann, Michael (1970): Industriearbeit und Arbeiterbewusstsein. Eine empirische Untersuchung über den Einfluss der aktuellen technischen Entwicklung auf die industrielle Arbeit und das Arbeiterbewusstsein, Teil 1. Frankfurt am Main.

Klein-Schneider, Hartmut/Beutler, Kai (2013): Werkvertragsunternehmen: Outsourcing auf dem Betriebsgelände. In: WSI-Mitteilungen, Jg. 66/Heft 2, S. 144–148

Klinger, Cornelia (2013): Krise war immer. Lebenssorge und geschlechtliche Arbeitsteilungen in sozialphilosophischer und kapitalismuskritischer Perspektive. In: Appelt, Erna/ Aulenbacher, Brigitte/Wetterer, Angelika (Hg.): Gesellschaft. Feministische Krisendiagnosen. Münster, S. 82–104

Knapp, Gudrun-Axeli (1981): Industriearbeit und Instrumentalismus. Zur Geschichte eines Vor-Urteils. Bonn

Knoblauch, Hubert (2010): *Wissenssoziologie*, 2. Auflage, Konstanz

Kocyba, Hermann (2005): Selbstverwirklichungszwänge und neue Unterwerfungsformen. Paradoxien der Kapitalismuskritik. In: Arbeitsgruppe SubArO (Hg.): Ökonomie der Subjektivität Subjektivität der Ökonomie. Berlin, S. 79–93

Köhler, Christoph/Struck, Olaf/Krause, Alexandra/Sohr, Tatjana/Pfeifer, Christian (2005):

„Schutzzone Organisation – Risikozone Markt? Entlassungen, Gerechtigkeitsbewertung und Handlungsfolgen“. In: Kronauer, Martin/Linne, Gudrun (Hg.): Flexicurity. Die Suche nach Sicherheit in der Flexibilität. Berlin, S. 295–316

Korsch, Karl (1980): Was ist Sozialisierung? In: ders., Gesamtausgabe. Band 2. Rätebewegung und Klassenkampf. Schriften zur Praxis der Arbeiterbewegung 1919–1923. Herausgegeben und eingeleitet von Michael Buckmiller. Frankfurt am Main, S. 99–133

Kotthoff, Hermann (1997): Führungskräfte im Wandel der Firmenkultur. Quasi-Unternehmer oder Arbeitnehmer? Berlin

Kotthoff, Hermann (2009): „Betriebliche Sozialordnung“ als Basis ökonomischer Leistungsfähigkeit. In: Beckert, Jens/Deutschmann, Christoph (Hg.): Wirtschaftssoziologie. Sonderheft 49 der Kölner Zeitschrift für Soziologie und Sozialpsychologie. Wiesbaden, S. 428–446

Kotthoff, Hermann (2016): Arbeit, Arbeitsbewusstsein und Interessenorientierung von Hochqualifizierten Angestellten. In: *Industrielle Beziehungen*, Jg. 23, H.4, S. 415–439

Kotthoff, Hermann/Wagner, Alexandra (2008): Die Leistungsträger. Führungskräfte im Wandel der Firmenkultur – eine Follow-up-Studie. Berlin

Kratzer, Nick (2003): Arbeitskraft in Entgrenzung – Grenzenlose Anforderungen, erweiterte Spielräume, begrenzte Ressourcen. Berlin

Kratzer, Nick/Dunkel, Wolfgang (2013): Neue Steuerungsformen bei Dienstleistungsarbeit – Folgen für Arbeit und Gesundheit. In: Junghanns, Gisa/Morschhäuser, Martina (Hg.): Immer schneller. immer mehr. Psychische Belastungen bei Wissens- und Dienstleistungsarbeit. Wiesbaden, S. 41–61

Kratzer, Nick/Menz, Wolfgang/Nies, Sarah/Sauer, Dieter (2008): Leistungspolitik als Feld „umkämpfter Arbeit“. In: Prokla, Jg. 38/Heft 1, S. 11–26

Kratzer, Nick/Nies, Sarah (2009): Neue Leistungspolitik bei Angestellten. ERA, Leistungssteuerung, Leistungsentgelt. Berlin

Kudera, Werner/Mangold, Werner/Ruff, Konrad/Schmidt, Rudi/Wentzke, Theodor (1979): Gesellschaftliches und politisches Bewusstsein von Arbeitern. Eine empirische Untersuchung. Frankfurt/M.

Kuhlmann, Martin (2004): Modellwechsel? Die Entwicklung betrieblicher Arbeits- und Sozialstrukturen in der deutschen Automobilindustrie. Berlin

Kuhlmann, Martin/Schumann, Michael (2000): Was bleibt von der Arbeitersolidarität? Zum Arbeits- und Betriebsverständnis bei innovativer Arbeitspolitik. In: WSI-Mitteilungen, Jg. 53/ Heft 1, S. 18–27

Kutlu, Yalcin (2013): Partizipative Streikführung: Der Erzieherinnenstreik. In: Schmalz, Stefan/ Dörre, Klaus (Hg.): Comeback der Gewerkschaften? Machtressourcen, innovative Praktiken, internationale Perspektiven. Frankfurt/New York, S. 226–241

Kutzner, Edelgard/Jacobsen, Heike/Goldmann, Monika (2009): Dienstleistungsarbeit im Kund/ innenkontakt – Wandel von Arbeits- und Geschlechterarrangements. In: Aulenbacher, Brigitte/ Wetterer, Angelika (Hg.): Arbeit. Perspektiven und Diagnosen der Geschlechterforschung. Münster, S. 157–175

Ladwig, Bernd (2011a): Gerechtigkeitstheorien zur Einführung. Hamburg

Ladwig, Bernd (2011b): Freiheit. In: Göhler, Gerhard/Iser, Mattias/Kerner, Ida (Hg.): Politische Theorie. 25 umkämpfte Begriffe zur Einführung (2. aktualisierte und erweiterte Auflage). Wiesbaden, S. 79–93

Lamnek, Siegfried (2005), Gruppendiskussion. Theorie und Praxis. Weinheim

Lauenroth, Bernd (2010): Maschinenbau – zwischen Krise und Perspektive. Präsentation Branchentag Maschinenbau 2010 (Internet: http://www.igmetall.de/internet/0163715_ Praesentation_Branchentag_Maschinenbau_2010_51670cd5828303a31937eb2d267a1bf bb3be3d5b.pdf; zuletzt aufgerufen am 7.8.2014)

Lesch, Hagen (2015): Strukturwandel des Arbeitskampfs: Deutschland im OECD-Ländervergleich. In: IW-Trends 3/2015, Vierteljahresschrift zur empirischen Wirtschaftsforschung. Köln

Liebig, Stefan/Sauer, Carsten/Schupp, Jürgen (2011): Die wahrgenommene Gerechtigkeit des eigenen Erwerbseinkommens: Geschlechtstypische Muster und die Bedeutung des Haushaltskontextes. In: Kölner Zeitschrift für Soziologie und Sozialpsychologie, 63, S. 33–59

Lippl, Bodo/Wegener, Bernd (2004): Soziale Gerechtigkeit in West- und Ostdeutschland. In: Gesellschaft – Wirtschaft – Politik, Jg. 53/Heft 2, S. 261–280

Lohmann-Haislah, Andrea (2012): Stressreport Deutschland 2012. Psychische Anforderungen, Ressourcen und Befinden. Dortmund u.a.

Lohr, Karin (2013): „Subjektivierung von Arbeit“. In: Hirsch-Kreinsen, Hartmut/Minssen, Heiner (Hg.): Lexikon der Arbeits- und Industriesoziologie. Berlin, S. 430–437

Loos, Peter/Schäffer, Burkhard (2001): Das Gruppendiskussionsverfahren – Theoretische Grundlagen und empirische Anwendung. Opladen

Luhmann, Niklas (1983): Legitimation durch Verfahren (3. Auflage). Frankfurt/M.

Major, Brenda/Bylsma, Wayne H./Cozzarelli, Catherine (1989): Gender Differences in Distributive Justice Preferences: The Impact of Domain. In: Sex Roles, Vol. 21/No. 7–8, S. 487–497

Marchington, Mick/Grimshaw, Damian/Rubery, Jill/Willmott, Hugh (2005): Fragmenting Work. Blurring Organizational Boundaries and Disordering Hierarchies. Oxford, New York

Marrs, Kira (2008): Arbeit unter Marktdruck – Die Logik der ökonomischen Steuerung in der Dienstleistungsarbeit. Berlin

Matuschek, Ingo (2010): Konfliktfeld Leistung. Eine Literaturstudie zur betrieblichen Leistungspolitik. Berlin

Mayer-Ahuja, Nicole/Dunkel, Wolfgang/Hanekop, Heidemarie (Hg.) (2019): Blick zurück nach vorn. Sekundäranalysen zum Wandel von Arbeit nach dem Fordismus. Frankfurt/New York

Mayntz, Renate/Ziegler, Rolf (1977): Soziologie der Organisation. In: König, René (Hg.): Handbuch der empirischen Sozialforschung. Band 9: Organisation, Militär. Stuttgart, S. 1–141

McAdam, Doug (1988): Micromobilization Contexts and Recruitment to Activism. In: International Social Movement Research, No. 1, S. 125–154

Meine, Hartmut/Schumann, Michael/Urban, Hans-Jürgen (Hg.) (2011): Mehr Wirtschaftsdemokratie wagen! Hamburg

Meißner, Heinz-Rudolf/Bochum, Ulrich (2011): Industrie- und Produktions-Services. Studie zu einer Branche „under cover". Berlin

Meißner, Heinz-Rudolf (2013): Logistik- und Entwicklungsdienstleister in der deutschen Automobilindustrie – neue Herausforderungen für die Gestaltung der Arbeitsbeziehungen (OBS-Arbeitspapier Nr. 9). Frankfurt/M.

Menz, Wolfgang (2005): Ende der Leistungsgerechtigkeit? Neue Arbeitspolitik und Beschäftigtenorientierungen. In: WSI-Mitteilungen, Jg. 58/Heft 2, S. 69–75

Menz, Wolfgang (2009): Die Legitimität des Marktregimes. Leistungs- und Gerechtigkeitsorientierungen in neuen Formen betrieblicher Leistungspolitik. Wiesbaden

Menz, Wolfgang (2012): Arbeit und gesellschaftliche Legitimation – Zum kapitalismustheoretischen Nutzen einer normativ interessierten Industriesoziologie. In: Dörre, Klaus/ Sauer, Dieter/Wittke, Volker (Hg.): Kapitalismustheorie und Arbeit. Neue Ansätze soziologischer Kritik. Frankfurt/New York, S. 446–461

Menz, Wolfgang (2014): Brüchige Legitimationen? Krisenerfahrungen als betriebliche und politische Legitimationsprobleme. In: Vedder, Günther/Pieck, Nadine/Schlichting, Brit/ Schubert, Andrea/Krause, Florian (Hg.): Befristete Beziehungen. Menschengerechte Gestaltung von Arbeit in Zeiten der Unverbindlichkeit. München, Mering, S. 117–134

Menz, Wolfgang (2017a): Gerechtigkeit, Rationalität und interessenpolitische Mobilisierung. Die Perspektive einer Soziologie der Legitimation. In: Artus u.a. 2017, S. 278–305

Menz, Wolfgang (2017b): Das befremdliche Überleben der Leistungsgerechtigkeit. Zur Beharrlichkeit eines vielfach totgesagten normativen Prinzips. In: Aulenbacher u.a. 2019, S. 191–209.

Menz, Wolfgang/Cardenas, Ana (2017): Gerechte neue Arbeitswelt? Crowdworking aus normativempirischer Perspektive der Soziologie. In: Dabrowski, Brigitte/Wolf, Judith (Hg.): Crowdworking und Gerechtigkeit auf dem Arbeitsmarkt, Paderborn, S. 9–31.

Menz, Wolfgang/Detje, Richard/Nies, Sarah/Sauer, Dieter (2013): Verriegelte Verhältnisse – Solidarität und interessenpolitische Handlungsorientierungen unter Krisenbedingungen. In: Lucie Billmann; Josef Held (Hg.): Solidarität in der Krise. Gesellschaftliche, soziale und individuelle Voraussetzungen solidarischer Praxis. Wiesbaden, S. 31–52

Menz, Wolfgang/Dunkel, Wolfgang/Kratzer, Nick (2011): Leistung und Leiden. Neue Steuerungsformen von Leistung und ihre Belastungswirkungen. In: Kratzer, Nick/Dunkel, Wolfgang/ Becker, Karin/ Hinrichs, Stephan (Hg.): Arbeit und Gesundheit im Konflikt. Analysen und Ansätze für ein partizipatives Gesundheitsmanagement. Berlin, S. 143–198.

Menz, Wolfgang/Nies, Sarah (2015): Wenn allein der Erfolg zählt. Belastungen und WorkLife-Balance in den Finanzdienstleistungen. In: Kratzer, Nick/Menz, Wolfgang/Pangert, Barbara (Hg.): Work-Life-Balance – eine Frage der Leistungspolitik. Wiesbaden, S. 233–273

Menz, Wolfgang/Nies, Sarah (2016): Gerechtigkeit und Rationalität - Motive interessenpolitischer Aktivierung", WSI Mitteilungen 69 (7), S. 530–539

Menz, Wolfgang/Nies, Sarah (2018): Doing Inequality at Work? Zur Deutung und Herstellung von Ungleichheiten in Arbeit und Betrieb. In: Behrmann, Laura/Eckert, Falk/Gefken, Andreas/ Berger, Peter A. (Hg.): 'Doing Inequality' – Prozesse sozialer Ungleichheit im Blick qualitativer Sozialforschung. Wiesbaden, S. 123–147

Menz, Wolfgang/Nies Sarah (2019a): Marktautoritarismus und bedrohte Selbstverständnisse. Impulse der arbeitssoziologischen Bewusstseinsforschung zur Erklärung von Rechtspopulismus", in: Book, Carina/Huke, Nikolai/Klauke, Sebastian/Tietje, Olaf (Hg.), Alltägliche Grenzziehungen. Das Konzept der „imperialen Lebensweise", Externalisierung und exklusive Solidarität, Münster, S. 207-227

Menz, Wolfgang/Nies Sarah (2019b): Fragile Sicherheiten und Legitimationsprobleme. Rechtspopulismus aus arbeitssoziologischer Perspektive. In: WSI Mitteilungen 72 (3), S. 177–184

Menz, Wolfgang/Nies, Sarah (2019c): Autorität, Markt und Subjektivität: Ergebnisse einer sekundäranalytischen Längsschnittstudie. In: Mayer-Ahuja u.a. 2019, S. 177-220

Menz, Wolfgang/Siegel, Tilla (2001): Markt statt Normalleistung – Denkmuster der Leistungs (lohn)politik im Wandel. In: Ehlscheid, Christoph/Mathes, Horst/Scherbaum, Manfred (Hg.): Das regelt schon der Markt! – Marktsteuerung und Alternativkonzepte in der Leistungs- und Arbeitszeitpolitik. Hamburg, S. 133–152

Menz, Wolfgang/Tullius, Knut (2015): Stellvertreterpolitik in der Legitimitätskrise? Bedingungen und Grenzen von Aktivierung und Mobilisierung. In: Arbeits- und Industriesoziologische Studien (online-Journal), Jg. 8, H. 2, S. 5–19

Merton, Robert K./Fiske, Marjorie/Kendall, Patricia L. (1990): The Focused Interview. A Manual of Problems and Procedures (2. Aufl.; orig. 1956). New York

Meyer, John W./Rowan, Brian (1977): Institutionalized Organizations: Formal Structures as Myth and Ceremony. In: American Journal of Sociology, Vol. 83/No. 2, S. 340–363

Miller, David (1999): Principles of Social Justice. Cambridge/MA, London Miller, David (2008): Grundsätze sozialer Gerechtigkeit. Frankfurt/M., New York

Mohan, Robin (2019), Die Ökonomisierung des Krankenhauses. Eine Studie über den Wandel pflegerischer Arbeit. Bielefeld

Moldaschl, Manfred (2012): Mythen der Modernisierung – Arbeit in der Wissensökonomie. In: Priddat, Birger P./West, Klaus-W. (Hg.): Die Modernität der Industrie. Marburg, S. 215–247

Moldaschl, Manfred/Voß, G. Günter (Hg.) (2002): Subjektivierung von Arbeit. München, Mering

Moore, Barrington (1987): Ungerechtigkeit. Die sozialen Ursachen von Unterordnung und Widerstand. Frankfurt/M.

Müller, Birgit (2012): Die Entzauberung der Marktwirtschaft. Ethnologische Erkundungen in ostdeutschen Betrieben. Frankfurt/M.

Müller-Jentsch, Walther (2013): Industrielle Beziehungen. In: Hirsch-Kreinsen, Hartmut/ Minssen, Heiner (Hg.): Lexikon der Arbeits- und Industriesoziologie. Berlin, S. 273–280

Nachtwey, Oliver (2010): Legitimationsprobleme des Spätkapitalismus revisited. In: Becker, Karina/Gertenbach, Lars/Laux, Henning/Reitz, Tilman (Hg.): Grenzverschiebungen des Kapitalismus. Umkämpfte Räume und Orte des Widerstands. Frankfurt/New York, S. 359–379

Naphtali, Fritz (1966): Wirtschaftsdemokratie. Ihr Wesen, Weg und Ziel, Frankfurt am Main.

Neckel, Sighard (1999): Blanker Neid, blinde Wut? Sozialstruktur und kollektive Gefühle. In: Leviathan, Jg. 27/Heft 2, S. 145–165

Neckel, Sighard (2000): „Leistung“ und „Erfolg“. Zum Wandel sozialer Ungleichheit in der Marktgesellschaft (Manuskript)

Neckel, Sighard (2014): Die Pflicht zum Erfolg. Genealogie einer Handlungsorientierung. In: Hänzi, Denis/Matthies, Hildegard/Simon, Dagmar (Hg.): Erfolg. Konstellationen und Paradoxien einer gesellschaftlichen Leitorientierung. Leviathan Sonderband 29. Baden-Baden, S. 29–44

Neckel, Sighard/Dröge, Kai/Somm, Irene (2004): Welche Leistung, welche Leistungsgerechtigkeit? Soziologische Konzepte, normative Fragen und einige empirische Befunde. In: Berger, Peter A./Schmidt, Volker H. (Hg.): Welche Gleichheit, welche Ungleichheit? Grundlagen der Ungleichheitsforschung. Opladen, S. 137–164

Neckel, Sighard/Dröge, Kai/Somm, Irene (2005): Das umkämpfte Leistungsprinzip – Deutungskonflikte um die Legitimationen sozialer Ungleichheit. In: WSI-Mitteilungen, Jg. 58/Heft 7, S. 368–374

Neuendorff, Hartmut/Sabel, Charles (1976): Zur relativen Autonomie der Deutungsmuster. In: Bolte, Karl Martin (Hg.): Materialien aus der soziologischen Forschung. Verhandlungen des 18. Deutschen Soziologentags. München, S. 842–463

Nies, Sarah (2015): Nützlichkeit und Nutzung von Arbeit. Beschäftigte im Konflikt zwischen Unternehmenszielen und eigenen Ansprüchen. Baden-Baden

Nies, Sarah (2019): Verwertungszwang und Eigensinn. Inhaltliche Ansprüche an Arbeit als Perspektive für Nachhaltigkeit“. In: WSI Mitteilungen 72 (1), S. 13-21

Nies, Sarah/Menz, Wolfgang (2015): Wenn allein der Erfolg zählt. Belastungen und WorkLife-Balance in den Finanzdienstleistungen, in: Kratzer, Nick/Menz, Wolfgang/Pangert, Barbara (Hg.): Work-Life-Balance – Eine Frage der Leistungspolitik. Analysen und Gestaltungsansätze. Wiesbaden, S. 233–274

Nies, Sarah/Sauer, Dieter (2012): Arbeit – mehr als Beschäftigung? Zur arbeitssoziologischen Kapitalismuskritik. In: Dörre, Klaus/Sauer, Dieter/Wittke, Volker (Hg.): Kapitalismustheorie und Arbeit. Neue Ansätze soziologischer Kritik. Frankfurt/M., New York, S. 34– 62

Nies, Sarah/Tullius, Knut (2017): Zwischen Übergang und Etablierung. Beteiligungsansprüche und Interessenorientierungen jüngerer Erwerbstätiger, HBS-Study, Nr. 357, Hans-Böckler-Stiftung, Düsseldorf

Nitzan, Jonathan/Bichler, Shimshon (2009): Capital as Power. A Study of Order and Creorder. London, New York

Noller, Peter/Vogel, Berthold/Kronauer, Martin (2004): Zwischen Integration und Ausgrenzung – Erfahrungen mit Leiharbeit und befristeter Beschäftigung. Reihe „SOFI Berichte“. Göttingen

Nöllenheidt, Christoph/Wittig, Peter/Brenscheidt, Simone (2014): Grundauswertung der BIBB/BAuA-Erwerbstätigenbefragung 2012. Vergleich zur Grundauswertung 2006. Bundesanstalt für Arbeitsschutz und Arbeitsmedizin (Hg.). Dortmund u.a.

Nollmann, Gerd (2004): Leben wir in einer Leistungsgesellschaft?. In: Österreichische Zeitschrift für Soziologie, Jg. 29/Heft 3, S. 24–48

Nullmeier, Frank (2010): Kritik neoliberaler Menschen- und Gesellschaftsbilder und Konsequenzen für ein neues Verständnis von „sozialer Gerechtigkeit“. Expertise im Auftrag der Abteilung Wirtschafts- und Sozialpolitik der Friedrich-Ebert-Stiftung. Bonn

Nunner-Winkler, Gertrud (1994): Eine weibliche Moral? Differenz als Ressource im Verteilungskampf. In: Zeitschrift für Soziologie, Jg. 23/Heft 6, S. 417–433

Nunner-Winkler, Gertrud (2010): Weibliche Moral: Geschlechterdifferenzen im Moralverständnis?. In: Becker, Ruth/Kortendiek, Beate (Hg.): Handbuch Frauen- und Geschlechterforschung. Wiesbaden, S. 81–87

Nunner-Winkler, Gertrud (Hg.) (1991): Weibliche Moral. Die Kontroverse um eine geschlechtsspezifische Ethik. Frankfurt/New York

Offe, Claus (1970): Leistungsprinzip und industrielle Arbeit. Mechanismen der Statusverteilung in Arbeitsorganisationen der industriellen „Leistungsgesellschaft". Frankfurt am Main

Olberg, Robert von (2015): Versprochen, gebrochen. Die SPD und das Aufstiegsversprechen. In: Blätter für deutsche und internationale Politik, Jg. 60/Heft 4, S. 69–76

Osterland, Martin (1973): Lebensgeschichtliche Erfahrung und gesellschaftliches Bewußtsein. Anmerkungen zur sozio-biographischen Methode. In: Soziale Welt, Jg. 24/Heft 4, S. 409–417

Pflüger, Jessica/Pongratz, Hans J./Trinczek, Rainer (2010): Fallstudien in der deutschen Arbeits- und Industriesoziologie. Eine Bestandsaufnahme. In: Pongratz, Hans J./Trinczek, Rainer (Hg.): Industriesoziologische Fallstudien. Entwicklungspotenziale einer Forschungsstrategie. Berlin, S. 23–70

Pieper, Wolfgang; Wegner, Alexander (2015): Aufwertung muss sein: von der gewerkschaftlichen Forderung zum Gesellschaftlichen Konsens. In: WSI-Mitteilungen 68 (8), S. 639–641.

Pollock, Friedrich (1955): Gruppenexperiment – Ein Studienbericht. Frankfurter Beiträge zur Soziologie. Frankfurt am Main

Polanyi, Karl (1977): The Great Transformation. Politische und ökonomische Ursprünge von Gesellschaften und Wirtschaftssystemen. Wien

Pongratz, Hans J./Voß, G. Günter (2003): Arbeitskraftunternehmer. Erwerbsorientierungen in entgrenzten Arbeitsformen. Berlin

Popitz, Heinrich/Bahrdt, Hans-Paul/Jüres, Ernst August/Kesting, Hanno (1957): Das Gesellschaftsbild des Arbeiters. Soziologische Untersuchungen in der Hüttenindustrie. Tübingen Projektgruppe Alltägliche Lebensführung (Hg.) (1995): Alltägliche Lebensführung. Arrange-ments zwischen Traditionalität und Modernisierung. Opladen

Rawls, John (1979): Eine Theorie der Gerechtigkeit (orig. 1971). Frankfurt am Main

Reichardt, Sven (2014): Authentizität und Gemeinschaft: Linksalternatives Leben in den siebziger und frühen achtziger Jahren. Berlin

Riegraf, Brigitte (2014): Care, Geschlecht, Gerechtigkeit. Von der Chancengleichheit und Verteilungsgerechtigkeit zur Entdeckung der Leistungsgerechtigkeit. In: Aulenbacher, Brigitte/ Dammayr, Doris (Hg.): Für sich und andere sorgen. Krise und Zukunft von Care in der modernen Gesellschaft. Weinheim, Basel, S. 160–170

Rohrmann, Tim (2006): Männer in Kindertageseinrichtungen und Grundschulen: Bestandsaufnahme und Perspektiven. In: Krabel, Jens/Stuve, Olaf (Hg.): Männer in „Frauen-Berufen" der Pflege und Erziehung. Opladen, S. 111–134

Roth, Ines (2012): Die Arbeitsbedingungen im Finanzdienstleistungssektor. Stuttgart: Input Consult

Saraceno, Chiara (2008): „Care" leisten und „Care" erhalten zwischen Individualisierung und Refamilialisierung. In: Berliner Journal für Soziologie, Jg. 18/Heft 2, S. 244–256

Sauer, Dieter (2010): Vermarktlichung und Vernetzung der Unternehmens- und Betriebsorganisation. In: Böhle, Fritz/Voß, G. Günter/Wachtler, Günther (Hg.): Handbuch Arbeitssoziologie. Wiesbaden, S. 545–568

Sauer, Dieter/Stöger, Ursula/Bischoff, Joachim/Detje, Richard/Müller, Bernhard (2018), Rechtspopulismus und Gewerkschaften. Eine arbeitsweltliche Spurensuche, Hamburg

Sayer, Andrew (2011): Why Things Matter to People. Social Science, Values and Ethical Life. Cambridge, New York

Schäfer, Armin (2009): Krisentheorien der Demokratie: Unregierbarkeit, Spätkapitalismus und Postdemokratie. In: der moderne staat, Jg. 2/Nr. 1, S. 159–183

Schieck, Daniela (2012): Über das gute Leben. Zur Erosion der Normalbiographie am Beispiel von Prekarität. In: BIOS – Zeitschrift für Biographieforschung, Oral History und Lebensverlaufsanalysen, Jg. 25/Heft 1, S. 50–68

Schimank, Uwe (2010): Die funktional differenzierte kapitalistische Gesellschaft als Organisationsgesellschaft – eine theoretische Skizze. In: Endreß, Martin/Matys, Thomas (Hg.): Die Ökonomie der Organisation – die Organisation der Ökonomie. Wiesbaden, S. 33–61

Schmalz, Stefan/Dörre, Klaus (Hg.) (2013): Comeback der Gewerkschaften? Machtressourcen, innovative Praktiken, internationale Perspektiven. Frankfurt/New York

Schmalz, Stefan/Dörre, Klaus (2014): Der Machtressourcenansatz. Ein Instrument zur Analyse gewerkschaftlichen Handlungsvermögens. In: Industrielle Beziehungen 21 (3), S. 217–237.

Schmidt, Volker H. (1992): Lokale Gerechtigkeit. Perspektiven soziologischer Gerechtigkeitsanalyse. In: Zeitschrift für Soziologie, Jg. 21/Nr. 1, S. 3–15

Schütze, Fritz (1977): Die Technik des narrativen Interviews in Interaktionsfeldstudien – dargestellt an einem Projekt zur Erforschung kommunaler Machtstrukturen. Bielefeld: Universität Bielefeld (Fakultät für Soziologie, Manuskript)

Schumann, Michael/Einemann, Edgar/Siebel-Rebell, Christa/Wittemann, Klaus P. (1982): Rationalisierung, Krise, Arbeiter. Eine empirische Untersuchung der Industrialisierung auf der Werft. Frankfurt am Main

Schumann, Michael/Gerlach, Frank/Gschlössl, Albert/Milhoffer, Petra (1971): Am Beispiel der Septemberstreiks – Anfang der Rekonstruktionsperiode der Arbeiterklasse? Eine empirische Untersuchung. Frankfurt am Main

Senghaas-Knobloch, Eva (2000): Fairness und Fürsorglichkeit in Familie und Betrieb. In: Feministische Studien extra, Jg. 18/Heft 1, S. 67–80

Senghaas-Knobloch, Eva (2008): Care-Arbeit und das Ethos fürsorglicher Praxis unter neuen Marktbedingungen am Beispiel der Pflegepraxis. In: Berliner Journal für Soziologie, Jg. 18/Heft 2, S. 221–243

Simpson, Patricia A./Kaminski, Michelle (2007): Gender, Organizational Justice Perceptions, and Union Organizing. In: Employee Responsibilities and Rights Journal, Vol. 19/No. 1, S. 57–72

Springer, Roland (1999): Rückkehr zum Taylorismus? Arbeitspolitik in der Automobilindustrie am Scheideweg. Frankfurt/New York

Stadlinger, Jörg (2013): Industrialisierungsprozesse und neue Steuerungsformen im Backoffice-Bereich des Finanzdienstleistungsgewerbes. Herausforderungen für die betriebliche Interessenvertretung? Düsseldorf

Statista (2013): Elektroindustrie in Deutschland – Statista-Dossier 2013 (Internet: http://de. statista.com/statistik/studie/id/6673/dokument/elektroindustrie-statista-dossier/; zuletzt aufgerufen am 4.6.2014)

Statista (2014a): Bruttoproduktionswert in der deutschen Automobilindustrie in den Jahren 2008 bis 2011 (in Milliarden Euro) (Internet: http://de.statista.com/statistik/daten/studie/ 290105/ umfrage/bruttoproduktionswert-der-deutschen-automobilindustrie/; zuletzt aufgerufen am 13.6.2014)

Statista (2014b): Anzahl der betrieblich Beschäftigten in der deutschen chemisch-pharmazeutischen Industrie in den Jahren 1991 bis 2012 (Internet: http://de.statista.com/statistik/daten/studie/362 87/umfrage/anzahl-der-beschaeftigten-in-der-chemieindustrie-seit-1991/; zuletzt aufgerufen am 19.6.2014)

Statistisches Bundesamt (Hg.) (2008): Klassifikation der Wirtschaftszweige. Mit Erläuterungen. Downloadversion. Erschienen im Dezember 2008. Wiesbaden

Statistisches Bundesamt (Hg.) (2014a): Fachserie 1 Reihe 4.1.1. Mikrozensus. Bevölkerung und Erwerbstätigkeit. Stand und Entwicklung der Erwerbstätigkeit in Deutschland. Wiesbaden

Statistisches Bundesamt (Hg.) (2014b): Beschäftigte, Umsatz, Produktionswert und Wertschöpfung der Unternehmen im Verarbeitenden Gewerbe: Deutschland, Jahre, Wirtschaftszweige (WZ2008) (Internet: https://www.genesis.destatis.de/genesis/online/data; jsessionid=B0AD3C ACC27D6C7AF66471898E093C3F.tomcat_GO_2_2?operation= abruftabelleAbrufen&selectionname=42251-0003&levelindex=1&levelid=1402647460 849&index=3; zuletzt aufgerufen am 13.6.2014)

Streeck, Wolfgang (2013): Gekaufte Zeit. Die vertagte Krise des demokratischen Kapitalismus. Frankfurter Adorno-Vorlesungen 2012. Berlin

Streeck, Wolfgang (2015): Wie wird der Kapitalismus enden? In: Blätter für deutsche und internationale Politik, Jg. 60, Heft 3–4, S. 99–111 (3) und S. 109–210

Suchman, Mark C. (1995): Managing Legitimacy: Strategic and Institutional Approaches. In: Academy of Management Review, Vol. 20/No. 4, S. 571–610

Taylor, Charles (1996): Quellen des Selbst. Die Entstehung der neuzeitlichen Identität. Frankfurt am Main

Thompson, Edward P. (1971): The Moral Economy of the English Crowd in the Eighteenth Century. In: Past & Present, Jg. 50/Heft 1, S. 76–136

Thompson, Edward P. (1991): Customs in Common. New York

Thomssen, Wilke (1980): Deutungsmuster – eine Kategorie der Analyse von gesellschaftlichem Bewußtsein. In: Weymann, Ansgar (Hg.): Handbuch zur Soziologie der Weiterbildung. Darmstadt, S. 358–373

Thomssen, Wilke (1982): „Die Konstitution des Klassenbewußtseins“. Vom Altern eines wissenschaftlichen Anspruchs. In: Schmidt, Gert/Braczyk, Hans-Joachim/von dem Knesebeck, Jost (Hg.): Materialien zur Industriesoziologie (Kölner Zeitschrift für Soziologie und Sozialpsychologie, Sonderheft 24). Opladen, S. 313–328

Trettin, Lutz/Lageman, Bernhard/Dürig, Wolfgang/Espig, Tobias/Groß, Verena/Werkle, Gregor (2006): Ein anderer Weg aus der Krise? Der Absatzradius als strategischer Handlungsparameter von handwerklichen Bauunternehmen. In: Informationen zur Raumentwicklung, Heft 10, S. 589–603

Tullius, Knut/Wolf, Harald (2012): Legitimationsprobleme im System industrieller Beziehungen: Krise oder Revitalisierung des sozialpartnerschaftlichen Geistes? In: Industrielle Beziehungen, Jg. 19/Heft 4, S. 367–386

Tullius, Knut/Wolf, Harald (2015): Gerechtigkeitsansprüche und Kritik in Arbeit und Betrieb. In: Dammayr, Maria/Grass, Doris/Rothmüller, Barbara (Hg.): Legitimität. Gesellschaftliche, politische und wissenschaftliche Bruchlinien der Rechtfertigung". Bielefeld, S. 269 - 287.

Tullius, Knut/Wolf, Harald (2016): Moderne Arbeitsmoral: Gerechtigkeits- und Rationalitätsansprüche von Erwerbstätigen heute. In: WSI Mitteilungen 69 (7), S. 493–502

VDMA (2014): Maschinenbau in Zahl und Bild 2014 (Internet: http://ost.vdma.org/documents/106133/948481/Maschinenbau_Statistik_Gesamtjahr2013/e391044e-cb4e-496b9184-37bc870fd40c; zuletzt aufgerufen am 7.8.2014)

ver.di (Hg.) (2012): Tarifrunde 2012. TVöD Bund und Gemeinden. Daten und Fakten. Berlin

Verheyen, Nina (2014): Die soziale Konstruktion individueller Leistung. Forschungsperspektiven zwischen Geschichts- und Sozialwissenschaften. In: Neue Politische Literatur, Jg. 59/Heft 1, S. 63–87

Vester, Michael/Teiwes-Kügler, Christel (2013): Arbeitnehmer/innen in der Krise: zunehmende Kompetenzen – wachsende Unsicherheit. In: Billmann, Lucie; Held, Josef (Hg.): Solidarität in der Krise. Gesellschaftliche, soziale und individuelle Voraussetzungen solidarischer Praxis. Wiesbaden, S. 53–77

Vester, Michael/Teiwes-Kügler, Christel/Lange-Vester, Andrea (2007): Die neuen Arbeitnehmer. Zunehmende Kompetenzen – wachsende Unsicherheit. Hamburg

Vester, Michael/von Oertzen, Peter/Geiling, Heiko/Hermann, Thomas/Müller, Dagmar (2015): Soziale Milieus im gesellschaftlichen Strukturwandel. Zwischen Integration und Ausgrenzung. 4. Auflage, Frankfurt am Main.

Viernickel, Susanne/Nentwig-Gesemann, Iris/Nicolai, Katharina/Schwarz, Stefanie/Zenker, Luise (2013): Schlüssel zu guter Bildung, Erziehung und Betreuung – Bildungsaufgaben, Zeitkontingente und strukturelle Rahmenbedingungen in Kindertageseinrichtungen. Berlin

Vogel, Berthold (1999): Ohne Arbeit in den Kapitalismus. Der Verlust der Erwerbsarbeit im Umbruch der ostdeutschen Gesellschaft. Hamburg

Vogel, Berthold (2014): Wer trägt die Verantwortung für öffentliche Güter? Ein Kämmerer, ein Hauptamtsleiter, ein Infrastrukturmanager und ein Postbetriebsrat nehmen Stellung. In: Schultheis, Franz/Vogel, Berthold/Mau, Kristina (Hg.): Im öffentlichen Dienst. Kontrastive Stimmen aus einer Arbeitswelt im Wandel. Bielefeld, S. 165–183

Vogel, Berthold/Pfeuffer, Andreas (2019), „Wertschätzungskonflikte statt Jobkultur. Arbeiten und Arbeitshaltungen im öffentlichen Sektor", in: Graß, Doris/Altrichter, Herbert/Schimank, Uwe (Hg.), Governance und Arbeit im Wandel. Bildung und Pflege zwischen Staat und Markt, Wiesbaden, S. 75–91

Voß, G. Günter (1984): Bewusstsein ohne Subjekt? Eine Kritik des industriesoziologischen Bewusstseinsbegriffs. Großhesselohe

Voß, G. Günter (1993): Der Strukturwandel der Arbeitswelt und die alltägliche Lebensführung. In: Jurczyk, Karin/Rerrich, Maria S. (Hg.): Die Arbeit des Alltags. Beiträge zu einer Soziologie der alltäglichen Lebensführung. Freiburg, S. 70–111

Voswinkel, Stephan (2005): Welche Kundenorientierung? Anerkennung in der Dienstleistungsarbeit. Berlin

Voswinkel, Stephan (2016): „Sinnvolle Arbeit leisten – Arbeit sinnvoll leisten“, in: Arbeit 24 (1-2), S. 31–48

WABE-Institut (2012): Einzelhandel Branchendaten. Berlin

Waerness, Kari (2000): Fürsorgerationalität. Zur Karriere eines Begriffs. In: Feministische Studien extra, Jg. 18/Heft 1, S. 54–66

Walker, Eva-Maria (2017): Subjektive Aneignungspraktiken digitaler Technologien und die zugrunde liegenden Gerechtigkeitsansprüche der Beschäftigten. In: Arbeit 26 (3–4), S. 315–342

Warich, Bert (WABE Institut) (2009): Einzelhandel. Branchendaten. Ausgabe 2009. Berlin

Weber, Max (1980): Wirtschaft und Gesellschaft. Grundriß der verstehenden Soziologie (5., revidierte Aufl.). Tübingen

Wehler, Hans-Ulrich (2008): Deutsche Gesellschaftsgeschichte. Fünfter Band. Bundesrepublik und DDR 1949–1990. München

Wetterer, Angelika (2002): Arbeitsteilung und Geschlechterkonstruktion. ‚Gender at Work‘ in theoretischer und historischer Perspektive. Konstanz

Wetterer, Angelika (2009): Das erfolgreiche Scheitern feministischer Kritik. Rhetorische Modernisierung, symbolische Gewalt und die Reproduktion männlicher Herrschaft. In: Appelt, Erna/ Aulenbacher, Brigitte/Wetterer, Angelika (Hg.): Gesellschaft. Feministische Krisendiagnosen. Münster, S. 246–265

Wilz, Sylvia M. (2010): Organisation: Die Debatte um ‚Gendered Organizations‘. In: Becker, Ruth/ Kortendiek, Beate (Hg.): Handbuch Frauen- und Geschlechterforschung. Wiesbaden, S. 513–519

Windolf, Paul (2013): Finanzmarkt-Kapitalismus. In: Hirsch-Kreinsen, Hartmut/Minssen, Heiner (Hg.): Lexikon der Arbeits- und Industriesoziologie. Berlin, S. 215–222

Winker, Gabriele (2015): Care-Revolution. Schritte in eine solidarische Gesellschaft. Bielefeld Wittemann, Klaus Peter/Kuhlmann, Martin/Schumann, Michael (2010): SOFI-Fallstudienansatz im Wandel. Exemplarische Empirie zur Entwicklung von Industriearbeit. In: Pongratz, Hans J./Trinczek, Rainer (Hg.): Industriesoziologische Fallstudien. Entwicklungspotenziale einer Forschungsstrategie. Berlin, S. 73–117

Witzel, Andreas (1985): Das problemzentrierte Interview. In: Jüttemann, Gerd (Hg.): Qualitative Forschung in der Psychologie – Grundlagen, Verfahrensweisen, Anwendungsfelder. Weinheim, S. 227–255

Witzel, Andreas (2000): Das problemzentrierte Interview In: Forum Qualitative Sozialforschung, Jg. 1 (Internet: http://qualitative-research.net/fqs; Zugriff: 31.08.01)

Wolf, Harald (1994): Rationalisierung und Partizipation. In: Leviathan, Jg. 22/Heft 4, S. 243– 259

Wolf, Harald (1999): Arbeit und Autonomie. Ein Versuch über Widersprüche und Metamorphosen kapitalistischer Produktion. Münster

Wolf, Harald (2003): Partizipatives Management – was bleibt? Expertise für die Hans-Böckler-Stiftung. (http://www.sofi-goettingen.de/fileadmin/Harald_Wolf/Material/Wolf_Partizipatives_Management.pdf)

Wolf, Harald (2008): Die duale Institution der Arbeit und der neue(ste) Geist des Kapitalismus. Einige Anmerkungen zu einer Anmerkung. In: Hessinger, Philipp/Wagner, Gabriele (Hg.): Ein neuer Geist des Kapitalismus? Wiesbaden, S. 219–231

Wolf, Harald (2014): Gerechtigkeitsansprüche an Erwerbsarbeit. Ein Trendreport. Arbeitspapier der Hans-Böckler-Stiftung, Arbeit und Soziales, Bd. 297. Düsseldorf

Wolf, Harald (2017): Leistungsgerechtigkeit im Vergleich. Formen und Folgen sozialkomparativer Leistungsorientierungen. In: Aulenbacher u.a. 2017, S. 228-245.

Wolf, Harald (2018): Arbeitsbewegung von links? Gerechtigkeit, Rationalität und Privatismus in der Arbeitswelt. In: Becker u.a. 2018, S. 157–167

Wolf, Harald (2019): Fragmentierte Arbeit im Postfordismus. Übersehene Wechselwirkungen zwischen betrieblicher und überbetrieblicher Rationalisierung in der Automobilindustrie, in: Mayer-Ahuja, Nicole/Dunkel, Wolfgang/Hanekop, Heidemarie (Hg.) (2019), Blick zurück nach vorn. Sekundäranalysen zum Wandel von Arbeit nach dem Fordismus, Frankfurt/New York, S. 135–172

Wolf, Luigi (2013): ‚Patienten wegstreiken' – Arbeitskämpfe an der Charité. In: Luxemburg, Heft 1, S. 58–63

Wortmann, Michael (2003): Strukturwandel und Globalisierung des deutschen Einzelhandels. Berlin: Wissenschaftszentrum Berlin für Sozialforschung (WZB), discussion paper SP III 2003 – 202a (August 2003)

Wright, Eric Olin (2000): Working Class Power, Capitalist Class Interests, and Class Compromise. In: American Journal of Sociology, Vol. 105/No. 4, S. 957–1002

WSI (2008): Tarifpolitischer Jahresbericht 2008 (Internet: http://www.boeckler.de/pdf/p_ta_jb_2008.pdf; zuletzt aufgerufen am 4.6.2014)

WSI (2010): Tarifpolitischer Halbjahresbericht. Stand Juli 2010 (Internet: http://www.boeckler.de/pdf/p_ta_hjb_2010.pdf; zuletzt aufgerufen am 4.6.2014)

WSI (2015): WSI-Arbeitskampfbilanz 2014. Düsseldorf

ZDB (2014): Baumarkt 2013. Berlin: Zentralverband des Deutschen Baugewerbes e.V.

Zoll, Rainer (Hg.) (1981): Arbeiterbewusstsein in der Wirtschaftskrise. Erster Bericht: Krisenbetroffenheit und Krisenwahrnehmung. Köln

ZVEI (2013): Elektroindustrie in Zahlen (Internet: http://www.zvei.org/Publikationen/ZVEI-Elektroindustrie%20in%20Zahlen%202013.pdf; zuletzt aufgerufen am 7.8.2014)

Anhang

1. Erhebungsinstrumente

Den von ISF-München und SOFI-Göttingen arbeitsteilig durchgeführten empirischen Erhebungen lagen gemeinsam konzipierte Erhebungsverfahren und -instrumente zugrunde. Den Kern der empirischen Erhebungen bildeten Einzelinterviews mit abhängig Beschäftigten (1.1) und Gruppendiskussionen (1.2). Die bei diesen Befragungen angewandten Erhebungsinstrumente sind nachfolgend dokumentiert, auf die Dokumentation der Interviewleitfäden für die Experteninterviews und der Erhebungsbögen zur Sozialstatistik der befragten Beschäftigten verzichten wir hingegen.

1.1 Einzelinterview (Beschäftigteninterview)

Den Beschäftigteninterviews lagen Interviewleitfäden zugrunde, die je nach Untersuchungsfeld und Konstellation in Teilen variieren konnten, im Kern jedoch folgende einheitliche Themenfelder aufriefen:

- Ausbildung, Berufsweg, Unternehmen
- Arbeit und Betrieb
- Art der Tätigkeit; Erfahrungen; Bewertung
- Ansprüche an Arbeit (in Bezug auf Arbeitsbedingungen, Beschäftigungssicherheit, Arbeitszeit, Lohn/Leistung)
- Probleme/Konflikte in der Arbeit/im Betrieb; Einfluss- und Lösungsmöglichkeiten
- Beteiligung – am Arbeitsplatz und im Betrieb
- Krisenbetroffenheit und Handlungsmöglichkeiten
- Rolle/Bewertung betrieblicher Akteursgruppen (Management, BR)
- Konflikte und Konfliktbearbeitung; Kritik
- Gesellschaftliche Krise(n), Konflikte, Kritik, Protest
- Stellenwert Arbeit – sonstige Tätigkeiten und Interessen

Exemplarisch zeigen wir hier einen der eingesetzten Leitfäden in vollem Umfang – hier einen Leitfaden des ISF München. Den eigentlichen Interviews gingen Erläuterungen zum Forschungsprojekt und zum Umgang mit dem Datenmaterial voraus. Am Ende der Interviews wurde um das Ausfüllen eines Sozialstatistikbogens gebeten. Der Leitfaden zielt darauf ab, mit der Einstiegsfrage zu jedem Themenblock Schilderungen der Befragten hervorzurufen. Die eingerückten Fragen sind Sondierungen, die nur bei Bedarf zum Einsatz kommen, falls die Narrationen diese Themen nicht bereits abdecken.

1. Werdegang

Können Sie uns zum Einstieg Ihren beruflichen Werdegang erzählen? Wie lange sind Sie schon im Unternehmen? Haben Sie vorher anderswo gearbeitet?

- Was für eine Ausbildung haben Sie?
- Wie sind Sie zu dieser Arbeit gekommen? Was das Ihr Wunschberuf oder eher Zufall? Was waren die Gründe dafür, diesen Beruf zu wählen?

2. Arbeitstätigkeit – Inhalt und Bewertung

Wir würden gerne ganz allgemein von Ihnen wissen, was Ihre Tätigkeit ist? Was gehört alles zu Ihrer Arbeitsaufgabe? Was machen Sie alles an einem Arbeitstag, was gehört hier alles dazu?
Hat es wesentliche Veränderungen in Ihrer Tätigkeit in den letzten Jahren gegeben? Was sind denn die wichtigsten Unterschiede, wenn Sie an Ihre frühere und an Ihre heutige Arbeitssituation denken?
Wenn Sie Ihre gegenwärtige Arbeit insgesamt betrachten: Was sind eher positive, was sind eher negative Seiten?

Zum Beschäftigungsverhältnis: Sind sie Vollzeit- oder Teilzeit beschäftigt?

- Wie viele Arbeitsstunden?
- Sind sie befristet oder unbefristet angestellt? ggfs. anderer Arbeitgeber / Leihbeschäftiger

3. Kooperation

Ist Ihre Arbeit eher eine Einzeltätigkeit? Oder arbeiten Sie viel mit Kollegen zusammen? In welcher Weise haben Sie mit Kollegen zu tun? Was machen Sie gemeinsam?

Kollegen: Wie finden Sie die Zusammenarbeit mit Ihren Kollegen? Was ist hier positiv? Gibt es etwas, was Sie stört?

- Gibt es manchmal Konflikte mit den Kollegen? Worum geht es da? Wie beurteilen Sie das?
- Wie lösen Sie die Konflikte? An wen können Sie sich wenden?

Vorgesetzte/r: Wie schätzen Sie Ihr Verhältnis zu Ihrer/m Vorgesetzten ein? Was finden Sie hier gut? Was stört Sie?

4. Politikfelder

Wie würden Sie zu verschiedenen Themenbereichen nach Ihren Einschätzungen fragen:

- Arbeitszeiten
- Wie sehen Ihre Arbeitszeiten aus?
- Gleitzeit? Schichten? Zeitkonto? Überstunden?

Sind Sie mit Ihren Arbeitszeiten zufrieden?

- Gibt es Unterschiede zwischen Regelungen und Praxis? Machen Sie unbezahlte Überstunden?
- Ist das angemessen? Oder finden Sie das unfair?

Wer bestimmt über die Arbeitszeiten?

- Abstimmung mit Kollegen? Rolle der Vorgesetzten?
- Eigener Einfluss?

Welche Kriterien spielen bei der Arbeitszeitplanung eine Rolle? Finden Sie diese Kriterien richtig?

- Wie schneiden Sie bei der Arbeitszeitplanung ab?
- Ist die Arbeitszeitplanung insgesamt fair? Oder gibt es da Ungerechtigkeiten?

Wie geschieht die Urlaubsplanung?

- Wer macht das?
- Nach welchen Kriterien geschieht das? Wie schneiden Sie dabei ab?
- • Leistungsanforderungen

Wie schätzen Sie die Leistungsbedingungen bei Ihrer Arbeit ein? Ist die Arbeit anstrengend oder belastend? Wie haben sich die Leistungsanforderungen verändert?
Was sind typische Stressfaktoren oder Stressmomente?

- Wodurch entsteht das? Ist das eigentlich fair?
- Woher kommen eigentlich die Leistungsanforderungen? Was ist die Ursache?
- Gibt es konkrete Ziele, Vorgaben, Maßzahlen?
- Sind die Leistungsanforderungen einigermaßen fair oder gerecht verteilt zwischen den Kollegen? Oder zwischen Kollegen und Vorgesetzten?
- Sind die Anforderungen angemessen oder verlangt das Unternehmen zu viel von Ihnen? Können Sie Ihre Arbeit bis zur Rente machen?
- Sehen Sie Alternativen?
- Entgelt

Finden Sie, dass Sie angemessen bezahlt werden?
Wenn Sie Ihr Gehalt im Vergleich zu den Kollegen oder Vorgesetzten einschätzen – stimmt da das Verhältnis?

- Sind die Unterschiede zu groß oder zu klein?

Nach welchen Kriterien richtet sich Ihr Gehalt, wie kommt das zustande?

- Leistungsbezogene Entgeltbestandteile? Prämien nach Unternehmenserfolg?

Finden Sie diese Kriterien angemessen?

- Sollte stärker nach Leistung bezahlt werden?
- Sollte stärker die Erfahrung oder das Lebensalter berücksichtigt werden?
- Sollten familiäre Kriterien (z.B. Kinder) stärker oder weniger stark berücksichtigt werden? Sollte stärker nach dem Prinzip der Gleichheit bezahlt werden?

Beschäftigungssicherung
Ist Ihr Arbeitsplatz sicher?

- Haben Sie manchmal Angst vor Arbeitslosigkeit?

Wovon hängt ab, ob Ihr Arbeitsplatz sicher ist?

- Unternehmensentscheidungen? Allgemeine ökonomische Lage?

Ist das fair? Oder eher ungerecht, wenn Sie sich Sorgen machen müssen um Ihren Arbeitsplatz?

- Arbeitsinhalte

Sind Sie mit Ihren Aufgaben und Inhalten bei der Arbeit zufrieden? Entspricht die Arbeit dem, was Sie gerne tun würden?
Wenn Sie an Ihre Berufswahl zurückdenken – können Sie ungefähr das machen, was Sie erwartet haben, was Sie machen möchten?
Wenn Sie nochmal ganz neu entscheiden könnten – was würden Sie gerne arbeiten? Was für eine Tätigkeit würden Sie gerne machen?

- Reorganisation

Gab es irgendwelche Restrukturierungen, Veränderungen bei der Arbeit?

- Was ist da passiert? Wie haben Sie das wahrgenommen? Konnten Sie Einfluss nehmen?
- Ist das fair abgelaufen?
- Waren Arbeitsplätze in Gefahr? Ist jemand entlassen worden (wer war betroffen, welche Kriterien haben eine Rolle gespielt?)

5. Wertschätzung, Anerkennung?
Fühlen Sie sich bei Ihrer Arbeit anerkannt? Wird Ihre Leistung wertgeschätzt?

... von den Kollegen?
... vom Vorgesetzten?
... vom Unternehmen?
... von der Gesellschaft?

- Nach welchen Kriterien wird Ihre Arbeit/werden Sie beurteilt? Sind diese Kriterien fair? Oder eher ungerecht?
- Wann ist Ihr Chef mit Ihnen zufrieden? Wann sind Sie selbst mit sich zufrieden?

6. Beteiligung

- Können Sie in irgendeiner Form Einfluss nehmen bei Ihrer Arbeit?
- Werden die Beschäftigten bei Veränderungen in irgendeiner Form gefragt oder einbezogen? Gibt es Möglichkeiten, selbst Neues auszuprobieren oder zu schaffen?
- Gibt es etwas, was Sie selbst machen, ohne den Vorgesetzten oder das Unternehmen, z.B. Urlaubsplanung, Arbeitsverteilung,...?
- Qualitätszirkel? Gesundheitszirkel? Leistungsbewertung?

Gibt es so etwas wie Gruppen- oder Projektarbeit?

- Was kann die Gruppe selbst entscheiden? Gruppensprecher? Gewählt?
- Gruppentreffen?
- Gibt es typische Probleme in der Gruppe?
- Wünschen Sie sich mehr Beteiligung?

7. Krise

In den letzten Jahren ist ja viel von „Krise“ die Rede. Hat die Wirtschaftskrise oder die Eurokrise für Sie irgendeine Rolle gespielt?

- Gab es Auswirkungen in Ihrem Unternehmen? Gab es Auswirkungen auf Ihre Arbeit?
- Gab es besondere Maßnahmen zur Krisenbewältigung?
- Wie sahen die aus? Wie schätzen Sie diese Maßnahmen ein? War das fair? Waren die Beschäftigten beteiligt?

Ist die Euro- oder Wirtschaftskrise vorbei? Oder ist hier noch etwas in der Zukunft zu erwarten? Erwarten Sie irgendwelche Folgen für sich selbst? Macht Ihnen die Krise Angst?
Ändert die Krise irgendetwas in Ihrem Handeln?

- Z.B. hinsichtlich der Arbeit, Sparen, Vorsorge?

Unabhängig von der Wirtschafts- oder Euro-Krise – gab es andere Krisen im Unternehmen?

- Wie hat das ausgesehen? Welche Folgen hatte das?
- Welche Maßnahmen gab es? Wie beurteilen Sie diese Maßnahmen?
- Wie schätzen Sie die ökonomische Situation Ihres Unternehmens ein? Sind Krisen eigentlich normal?

8. Protest, Streik, Widerstand
Wurde in Ihrem Unternehmen/Betrieb schon mal gestreikt?

- Tarifrunde? Oder einen besonderen Grund? Haben Sie mitgemacht?
- Was wären Gründe, für die Sie streiken würden?
- Sollte eigentlich mehr oder weniger gestreikt werden?

In anderen Ländern gibt es ja auch radikalere Formen des Protests – Betriebsbesetzungen in Frankreich, Generalstreiks in Griechenland – was halten Sie davon? Wäre das hier vorstellbar oder sinnvoll?

9. Interessenvertretung
Wie beurteilen Sie die Arbeit des Betriebsrats im Unternehmen? Was könnte der Betriebsrat anders bzw. besser machen?

- Hatten Sie schon einmal mit dem Betriebsrat zu tun?
- Was sind Themen, in denen Sie oder Ihre Kollegen sich an den Betriebsrat wenden?
- Sind Sie Gewerkschaftsmitglied? Was ist der Grund dafür?

Wie schätzen Sie die Gewerkschaft ein?

- Was macht die Gewerkschaft eigentlich? Was nehmen Sie da wahr?
- Sollte die Gewerkschaft radikaler oder kooperativer gegenüber den Unternehmen sein? Gibt es irgendwelche Beteiligungsmöglichkeiten? Können Sie Einfluss nehmen?
- Sind Sie in irgendeiner Form politisch oder ehrenamtlich aktiv?

10. Abschluss: Veränderungswünsche und Zukunftsaussichten Zum Abschluss einige allgemeine Bewertungen:
Finden Sie – alles in allem –, dass es bei Ihnen bei der Arbeit gerecht zugeht?

- Was könnte das Unternehmen dafür tun, damit es bei der Arbeit gerechter zugeht?

Wenn Sie sich etwas wünschen dürften: Was sollte an ihrer Arbeitssituation gleich bleiben? Was sollte sich ändern?

- Wenn wir in zehn Jahren wiederkommen für ein Interview – was wäre in der Zwischenzeit passiert? Haben wir noch etwas vergessen? Geht Ihnen noch etwas durch den Kopf?

1.2 Erzählaufforderungen und Fragen für die Gruppendiskussion

Auch den eigentlichen Gruppendiskussionen ging eine Einführungssequenz voraus, in der das Forschungsprojekt und die Forschenden vorgestellt, der Umgang mit dem Datenmaterial erläutert und Fragen der Teilnehmerinnen und Teilnehmer beantwortet werden konnten. Den Gruppendiskussionen lag, anders als den Einzelinterviews, kein ausgearbeiteter Leitfaden zugrunde. Vielmehr haben wir uns auf eine eingangs gestellte Eingangsfrage als Erzählaufforderung und einige (Nach-)Fragen beschränkt, gelegentlich ergänzt durch konstellationsspezifische Zusatzfragen. Dieser „Katalog“ wurde von den Forscherinnen und Forschern nicht „durchgearbeitet“, sondern wichtig war uns, dass die Teilnehmerinnen und Teilnehmer die Diskussionen selbst bestimmen und gestalten. Dies ist unterschiedlich gut gelungen. Abbildung 2 gibt beispielhaft den Fragenkatalog des SOFI Göttingen wieder.

Abb. 2: Exemplarische Fragen in den Gruppendiskussionen (SOFI Göttingen)

Eingangsfrage: Welche Dinge, die Sie hier stören oder belasten, die Ihre Interessen verletzen, sollten nach Ihrer Meinung denn einmal ganz offen angesprochen und ernsthaft diskutiert werden?
Wenn Sie einmal grundsätzlich an Arbeit denken: Was wäre für Sie idealer Weise „Gute Arbeit“ – und was davon ist hier und heute Realität?
Wenn hier im Bereich oder der Firma Entscheidungen getroffen werden, sind Sie dann einbezogen – oder treffen immer andere diese Entscheidungen für Sie?
Die Finanz- und Wirtschaftskrise der letzten Jahre hatte sehr gravierende Auswirkungen. Auch für Sie? Und wie fair war die Lastenverteilung?
Es gibt große – manche sagen wachsende – Einkommens- und Machtunterschiede in Gesellschaft und Unternehmen, zwischen unterschiedlichen Arbeitnehmergruppen oder zwischen Arbeitnehmern und Managern oder Eigentümern. Sind diese Unterschiede gerechtfertigt?

2. Ergänzende Informationen zu den empirischen Erhebungen

2.1 Befragte nach Konstellation

Insgesamt wurden 207 Beschäftigteninterviews, 19 Gruppendiskussionen und 47 Interviews mit betrieblichen Expertinnen und Experten (in Management und Betriebsrat) durchgeführt. Hinzu kamen 19 Interviews mit Branchenvertreterinnen und -vertretern, ganz überwiegend Gewerkschaftsfunktionären. Die Anzahl der je Konstellation durchgeführten Beschäftigteninterviews hat stark variiert, in drei Fällen (CH_A, EH_A, ID_B) konnten nur jeweils zwei bzw. drei Gespräche geführt werden, während andererseits in elf Konstellationen neun bis 15 Interviews möglich waren. In allen anderen Konstellationen wurden zwischen fünf und acht Beschäftigteninterviews geführt. An den 19 Gruppendiskussionen haben insgesamt 113 Beschäftigte teilgenommen, auch hierbei hat die Zahl der Teilnehmerinnen und Teilnehmer variiert.

Tab. 1: Befragte nach Konstellationen

Feld	Betrieb/ Konstellation	Interviews Beschäftigte	Gruppendiskussionen (Teilnehmer/TN)	Interviews mit betrieblichen Expertinnen und Experten
Automobilindustrie	**AU_A:** PKW-End-hersteller/Werkzeugbau & Entwicklung	5	–	1
	AU_B: NFZ-Komponenten-werk/Produktion	6	–	2
	AU_C: PKW-Aggregate/ Produktion	4	–	2
	AU_D: PKW-End-hersteller/Planungsbereich	5	1 (6 TN)	2
	AU_E: PKW-Zulieferer/ Produktion	11	–	2
Industrie-Dienstleistungen	**ID_A:** Industrie/Produktions-dienstleister für Auto-OEM	6	–	2
	ID_B: Industrie/Logistik-dienstleister für Auto-OEM	3	–	2
Chemieindustrie	**CH_A:** Chemie/Produktion	2	2 (je 4 TN)	2
	CH_B: Chemie/Chemiepark-Dienstleister	9	1 (10 TN)	2
Ma-schi-nenbau	**MA_A:** Feinwerkstechnik/ Produktion und Entwicklung	9	1 (11 TN)	4

Feld	Betrieb/ Konstellation	Interviews Beschäftigte	Gruppendiskussionen (Teilnehmer/TN)	Interviews mit betrieblichen Expertinnen und Experten
	MA_B: Maschinenbau/ Produktion und indirekter Bereich	9	2 (7 TN, 5 TN)	3
	MA_C: Anlagenbau/ Produktion und indirekte Bereiche	9	–	4
	MA_D: Prozesstechnologien/ Produktion und Entwicklung	8	1 (3 TN)	2
Elektroindustrie	**EL_A:** Elektro/ITKEntwicklung	8	2 (7 TN, 6 TN)	4
	EL_B: Elektro/Zulieferer	7	2 (3 TN, 6 TN)	1
Bauindustrie	**BA_A:** Baufirma	8	2 (je 4 TN)	1
	BA_B: Baufirma/ Zentrale Technik	10	–	1
Einzelhandel	**EH_A:** Handel	3	–	1
	EH_B: Handel	12	–	0
	EH_C: Handel	6	–	0
	EH_D: Handel	5	1 (9 TN)	2
Finanz-dienstleistungen	**FD_A:** Finanz-IT	14	–	1

Feld	Betrieb/ Konstellation	Interviews Beschäftigte	Gruppendiskussionen (Teilnehmer/TN)	Interviews mit betrieblichen Expertinnen und Experten
Wissensintensive Dienstleistungen	**WD_A:** Dienstleistung	13	–	2
	WD_B: IT-Dienstleister	15	2 (5 TN, 8 TN)	1
Öffentlicher Dienst	**ÖD_A:** Kommunalverwaltung	13	1 (8 TN)	3
	ÖD_B: Kommunale KITAs	7	1 (3 TN)	0

2.2 Ergänzende sozialstatistische Informationen zum Beschäftigtensample (nur Einzelinterviews)

In Kapitel 2 wurde ein grober Überblick über einige sozialstatistische Merkmale der von uns in Einzelinterviews befragten Beschäftigten gegeben. Die interessierte Leserin bzw. der interessierte Leser kann sich anhand der folgenden sieben Tabellen noch etwas genauer informieren über: Geschlechterverteilung, Nationalität, Schulabschluss und formales berufliches Ausbildungsniveau, Art des Beschäftigungsverhältnisses sowie die vertraglich vereinbarte Arbeitszeit.

Tab. 2: Geschlecht (Angaben in absoluten Zahlen)

	Weiblich	Männlich	Gesamt
Industrie	22	79	101
Bau	5	13	18
Dienstleistungen	44	44	88
Gesamt	71	136	207

Tab. 3: Nationalität (Angaben in absoluten Zahlen)

	Deutsche/r	Andere	k.A.	Gesamt
Industrie	97	2	2	101
Bau	18	–	–	18
Dienstleistungen	81	3	4	88
Gesamt	196	5	6	207

Tab. 4: Höchster Schulischer Abschluss (Angaben in absoluten Zahlen)

	Kein Schulabschluss	Volks-/ Hauptschulabschluss, POS 8. Klasse	Realschulabschluss, Mittlere Reife, POS 10. Klasse	Fachhochschulreife/ Fachabitur	Abitur/ Hochschulreife	k.A./ Anderer	Gesamt
Industrie	1	22	46	10	20	2	101
Bau	–	5	3	1	8	1	18
Dienstleis-tungen	1	15	22	10	36	4	88
Gesamt	2	42	71	21	64	7	207

Tab. 5: Berufliche Ausbildung (Angaben in absoluten Zahlen)

	Ohne abgeschlossene Berufsausbildung	Abgeschlossenen Lehre/Ausbildung	Studium an Universität/ Fachhochschule	k.A.	Gesamt
Industrie	2	69	25	5	101
Bau	–	10	7	1	18
Dienstleistungen	1	49	38	–	88
Gesamt	3	128	70	6	207

Tab. 6: Beschäftigungsverhältnis (Angaben in absoluten Zahlen)

	Fest angestellt	Befristet angestellt	In Zeitarbeit tätig	Gesamt
Industrie	91	–	10	101
Bau	17	1	–	18
Dienstleistungen	86	2	–	88
Gesamt	194	3	10	207

Tab. 7: Arbeitszeit (Angaben in absoluten Zahlen)

	Vollzeit	Teilzeit	Keine Angabe	Gesamt
Industrie	100	1	–	101
Bau	17	1	–	18
Dienstleistungen	73	14	1	88
Gesamt	190	16	1	207